Português
LINGUAGENS

1

William Roberto Cereja
Professor graduado em Português e Linguística e licenciado em Português pela Universidade de São Paulo
Mestre em Teoria Literária pela Universidade de São Paulo
Doutor em Linguística Aplicada e Análise do Discurso pela PUC-SP
Professor da rede particular de ensino em São Paulo, capital

Thereza Cochar Magalhães
Professora graduada e licenciada em Português e Francês pela FFCL de Araraquara, SP
Mestra em Estudos Literários pela Unesp de Araraquara, SP
Professora da rede pública de ensino em Araraquara, SP

Autores também de:

Obras para o ensino fundamental
Português: linguagens (1º ao 9º ano)
Gramática – Texto, reflexão e uso (6º ao 9º ano)
Gramática reflexiva (6º ao 9º ano)
Todos os textos (6º ao 9º ano)

Obras para o ensino médio
Literatura brasileira
Literatura portuguesa
Gramática reflexiva – Texto, semântica e interação
Texto e interação
Interpretação de textos

8ª edição - 2ª reimpressão

Atual Editora

Rua Henrique Schaumann, 270 – Pinheiros
05413-010 – São Paulo – SP
PABX: (0xx11) 3613-3000
SAC: (0xx11) 0800-0117875
www.editorasaraiva.com.br

Dados Internacionais de Catalogação na Publicação (CIP)
(Câmara Brasileira do Livro, SP, Brasil)

Cereja, William Roberto
Português : linguagens, 1 / William Roberto Cereja, Thereza Cochar Magalhães. – 8. ed. reform. – São Paulo : Atual, 2012.

Bibliografia.
ISBN 978-85-357-1522-4 (aluno)
ISBN 978-85-357-1523-1 (professor)

1. Português (Ensino médio) I. Magalhães, Thereza Cochar. II. Título.

12-10619 CDD-372.6

Índice para catálogo sistemático:
1. Português : Ensino médio 372.6

Português: linguagens
Volume 1

Gerente editorial: Lauri Cericato
Editor: Noé G. Ribeiro
Editoras-assistentes: Paula Junqueira e Caroline Zanelli Martins
Preparação de texto: Célia Tavares
Revisão: Pedro Cunha Jr. e Lilian Semenichin (coords.)/Luciana Azevedo/Maura Loria/Eduardo Sigrist/Albertina Piva/Rhennan Santos/Elza Gasparotto/Aline Araújo/Gabriela Moraes/Patricia Cordeiro
Pesquisa iconográfica: Cristina Akisino (coord.)/Vanessa Volks/Ana Szcypula/Danielle Alcântara (estagiária)/Thiago Fontana
Licenciamento de textos: Marina Murphy
Sugestões de textos e atividades: Carlos Henrique Carneiro, Carolina Assis Dias Vianna, Norberto Lourenço Nogueira Júnior, Pedro Reinato e Rosineide de Melo

Gerente de arte: Nair de Medeiros Barbosa
Supervisor de arte: José Maria de Oliveira
Projeto gráfico e capa: Homem de Melo & Troia Design
Imagem de capa: *Catadores de lixo de Gramacho*, de Vik Muniz. © Vik Muniz. Licenciado por AUTVIS, Brasil, 2012. Coleção particular.
Ilustrações: Cássio Lima/Filipe Rocha/Ivan Coutinho/Jótah/Laerte Silvino/Marcos Guilherme/Mariângela Haddad/Mario Yoshida/Rafael Herrera/Ricardo Dantas/Rico/Toninho Gonçalves/Vera Basile/Vicente Mendonça/Weberson Santiago/Zuri
Diagramação: Alexandre M. Uehara/José Aparecido de Oliveira/Setsumi Sinzato
Assessoria de arte: Maria Paula Santo Siqueira e Carlos Magno
Encarregada de produção e arte: Grace Alves
Coordenação de editoração eletrônica: Silvia Regina E. Almeida

Produção gráfica: Robson Cacau Alves

Visite nosso *site*: www.atualeditora.com.br
Central de atendimento ao professor: 0800-0117875

729221.008.002

Prezado estudante:

No mundo em que vivemos, a linguagem perpassa cada uma de nossas atividades, individuais e coletivas. Verbais, não verbais ou transverbais, as linguagens se cruzam, se completam e se modificam incessantemente, acompanhando o movimento de transformação do ser humano e suas formas de organização social.

A invenção e a popularização do cinema, do rádio e da tevê nos conduziram à era da informação, que, em virtude dos avanços da informática, tem como marca principal a aproximação entre vários povos e nações, propiciada pela rede internacional de computadores, a Internet.

Nesse mundo em movimento e em transformação, os estudos de linguagem ou de linguagens tornam-se cada vez mais importantes. É por meio das linguagens que interagimos com outras pessoas, próximas ou distantes, informando ou informando-nos, esclarecendo ou defendendo nossos pontos de vista, alterando a opinião de nossos interlocutores ou sendo modificados pela opinião deles. É pela linguagem que é expressa toda forma de opinião, de informação e de ideologia.

Também é por meio da linguagem ou das linguagens que o homem tem se expressado, no transcorrer da História, registrando o resultado de suas ideias, emoções e inquietações em livros científicos ou filosóficos, nas artes plásticas, na música, na literatura – enfim, nas obras que constituem o rico acervo científico-cultural que temos hoje à disposição.

Esta obra pretende ajudá-lo na desafiante tarefa de resgatar a cultura em língua portuguesa, nos seus aspectos artísticos, históricos e sociais, e, ao mesmo tempo, cruzá-la com outras culturas e artes. Assim, coloca-se o desafio de estabelecer relações e contrastes com o mundo contemporâneo, por meio das diferentes linguagens em circulação – o cinema, a pintura, a música, o teatro, a tevê, o quadrinho, o cartum, a informática, etc. –, e analisar os diálogos que a literatura brasileira estabeleceu com outras literaturas, bem como o diálogo que as literaturas africanas de língua portuguesa têm estabelecido com a literatura brasileira.

Por meio de atividades sistematizadas e de roteiros de leitura, pretende também dar-lhe suporte para a leitura e interpretação de textos não verbais, como o cinema e a pintura, prepará-lo para os desafios do Enem e dos vestibulares e oferecer-lhe condições para que produza, com adequação e segurança, textos verbais, orais e escritos, de diferentes gêneros, como um seminário, um debate, um relatório científico, uma carta argumentativa de reclamação, um poema, um anúncio publicitário, um editorial, um texto dissertativo-argumentativo para o vestibular, etc.

Além disso, tem em vista ajudá-lo a compreender o funcionamento e a fazer o melhor uso possível da língua portuguesa, em suas múltiplas variedades, regionais e sociais, e nas diferentes situações sociais de interação verbal.

Enfim, este livro foi feito para você, jovem sintonizado com a realidade do século XXI, que, dinâmico e interessado, deseja, por meio das linguagens, descobrir, criar, relacionar, pesquisar, transformar... viver intensa e plenamente.

Um abraço,

Os Autores.

Para Ciley e Rodolfo,
companheiros de todas as horas,
e para Lis e Carolina,
irmãs desta obra.

Agradecimentos

A Noé G. Ribeiro, editor incomum, que, sem temer o novo, compartilha todas as decisões sobre esta obra.

Ao competente grupo editorial: a Paula Junqueira e Caroline Zanelli Martins, pelo grande apoio; a Cristina Akisino, pelo entusiasmo e pela cuidadosa pesquisa iconográfica; a Célia Tavares, pelas preciosas sugestões na preparação de texto; aos demais membros da equipe editorial, pelo dedicado acompanhamento do processo de edição da obra.

Aos professores Norberto Lourenço Nogueira Júnior, Rosineide de Melo e Carlos Henrique Carneiro, pelas sugestões de textos e atividades.

À equipe de assessores pedagógicos, que, em todo o país, difunde nossas propostas de ensino e otimiza o diálogo entre professores e autores.

Aos professores de todo o Brasil, que enriqueceram esta reformulação com suas sugestões, em especial a Fernanda Cabral Costa, Janaína Patrícia, Joana D'arque Paula Carvalho, Helenice Rodrigues Carvalho Figueira, Kátia Cristina de Oliveira Torres, Nilza Elnia Pires Bonfin e Valéria Duarte Ferreira Guedes.

Os Autores

Sumário

INTRODUÇÃO

LEITURA-PRAZER 10

COMO GOSTAR DE LER . . . 10

ENTRE TEXTOS E PALAVRAS . . . 12

LITERATURA: VIAGEM SEM RETORNO . . . 14

LITERATURA | PRODUÇÃO DE TEXTO | LÍNGUA: USO E REFLEXÃO | INTERPRETAÇÃO DE TEXTO

UNIDADE 1

A LITERATURA NA BAIXA IDADE MÉDIA 16

A IMAGEM EM FOCO: *Maestà*, de Duccio, e *Lamentação*, de Giotto . . . 18

CAPÍTULO 1 - O que é literatura? 20

LITERATURA

A NATUREZA DA LINGUAGEM LITERÁRIA . . . 21

A LITERATURA E SUAS FUNÇÕES . . . 23

LEITURA: "A literatura e a formação do homem", de Antonio Candido; fragmento de *Laboratório de literatura*, de Ely Vieitez Lanes . . . 25

LEITURA: "Grito negro", de José Craveirinha . . . 27

ESTILOS DE ÉPOCA: ADEQUAÇÃO E SUPERAÇÃO . . . 28

LEITURA: "Meus oito anos", de Casimiro de Abreu; "E com vocês a modernidade", de Antônio Cacaso . . . 29

A LITERATURA NA ESCOLA . . . 31

PERIODIZAÇÃO DAS LITERATURAS PORTUGUESA E BRASILEIRA . . . 32

CAPÍTULO 2 - Introdução aos gêneros do discurso 34

PRODUÇÃO DE TEXTO

O QUE É GÊNERO DO DISCURSO? . . . 38

OS GÊNEROS LITERÁRIOS . . . 38

CAPÍTULO 3 - Linguagem, comunicação e interação 42

LÍNGUA: USO E REFLEXÃO

LINGUAGEM VERBAL E LINGUAGEM NÃO VERBAL . . . 43

CÓDIGOS . . . 46

A LÍNGUA . . . 46

A TEORIA DA COMUNICAÇÃO . . . 48

AS FUNÇÕES DA LINGUAGEM NA CONSTRUÇÃO DO TEXTO . . . 55

SEMÂNTICA E DISCURSO . . . 57

Mohammed Ballas

Barry Lewis

CAPÍTULO 4 – O poema 58

PRODUÇÃO DE TEXTO
TRABALHANDO O GÊNERO . . . 58
OS VERSOS E SEUS RECURSOS MUSICAIS . . . 59
O POEMA NO ESPAÇO . . . 65
A POESIA DE TRADIÇÃO ORAL: O CORDEL . . . 66
PRODUZINDO O POEMA . . . 67

CAPÍTULO 5 – A linguagem do Trovadorismo 69

LITERATURA
LEITURA: cantiga de amigo, de Martim Codax, e cantiga de amor, de D. Dinis . . . 70
DO TEXTO AO CONTEXTO DO TROVADORISMO . . . 72

CAPÍTULO 6 – O texto teatral escrito 75

PRODUÇÃO DE TEXTO
TRABALHANDO O GÊNERO . . . 75
PRODUZINDO O TEXTO TEATRAL . . . 80
ESCREVENDO COM EXPRESSIVIDADE: A DENOTAÇÃO E A CONOTAÇÃO . . . 83

CAPÍTULO 7 – As variedades linguísticas 86

LÍNGUA: USO E REFLEXÃO
DIALETOS E REGISTROS . . . 89
GÍRIA . . . 90
AS VARIEDADES LINGUÍSTICAS NA CONSTRUÇÃO DO TEXTO . . . 92
SEMÂNTICA E DISCURSO . . . 93

CAPÍTULO 8 – A produção literária medieval 95

LITERATURA
A FORMAÇÃO DA LÍNGUA E DA LITERATURA PORTUGUESA . . . 96
A ERA MEDIEVAL E SUAS ÉPOCAS . . . 96
LITERATURA COMPARADA: DIÁLOGO ENTRE A CANÇÃO POPULAR NO BRASIL E A CANTIGA TROVADORESCA . . 101
LEITURA: fragmento do *Auto da barca do inferno*, de Gil Vicente . . . 107
PARA QUEM QUER MAIS . . . 109

CAPÍTULO 9 – Figuras de linguagem 111

LÍNGUA: USO E REFLEXÃO
AS FIGURAS DE LINGUAGEM NA CONSTRUÇÃO DO TEXTO . . . 122
SEMÂNTICA E DISCURSO . . . 123

CAPÍTULO 10 – A fábula contemporânea e o apólogo 126

PRODUÇÃO DE TEXTO
A FÁBULA CONTEMPORÂNEA . . . 126
TRABALHANDO O GÊNERO . . . 126
PRODUZINDO A FÁBULA CONTEMPORÂNEA . . . 130
O APÓLOGO . . . 132
TRABALHANDO O GÊNERO . . . 132
PRODUZINDO O APÓLOGO . . . 134
ESCREVENDO COM TÉCNICA: A DESCRIÇÃO . . . 134

J. Vermeer

CAPÍTULO 11 – Competência leitora e habilidades de leitura 139

INTERPRETAÇÃO DE TEXTO
O QUE SÃO COMPETÊNCIAS E HABILIDADES? . . . 140
PREPARE-SE PARA O ENEM E O VESTIBULAR . . . 142

EM DIA COM O ENEM E O VESTIBULAR 144

INTERVALO
PROJETO: PALAVRA EM CENA . . . 152

LITERATURA | PRODUÇÃO DE TEXTO | LÍNGUA: USO E REFLEXÃO | INTERPRETAÇÃO DE TEXTO

UNIDADE 2 HISTÓRIA SOCIAL DO CLASSICISMO 154

A IMAGEM EM FOCO: *O nascimento de Vênus*, de Botticelli . . . 156

CAPÍTULO 1 – A linguagem do Classicismo renascentista 158

LITERATURA
LEITURA: fragmento da *Divina comédia*, de Dante Alighieri, um poema de Petrarca e dois poemas de Camões . . . 159
DO TEXTO AO CONTEXTO DO CLASSICISMO . . . 162

CAPÍTULO 2 – O relato pessoal 166

PRODUÇÃO DE TEXTO
TRABALHANDO O GÊNERO . . . 166
PRODUZINDO O RELATO PESSOAL . . . 169

CAPÍTULO 3 – Texto e discurso – Intertexto e interdiscurso 171

LÍNGUA: USO E REFLEXÃO
- TEXTUALIDADE, COERÊNCIA E COESÃO ... 174
- A COERÊNCIA E O CONTEXTO DISCURSIVO ... 176
- INTERTEXTUALIDADE, INTERDISCURSIVIDADE E PARÓDIA ... 177
- A COERÊNCIA E A COESÃO NA CONSTRUÇÃO DO TEXTO ... 181
- SEMÂNTICA E DISCURSO ... 182

CAPÍTULO 4 – O Classicismo em Portugal 184

LITERATURA

Rafael Olbinski

- LUÍS DE CAMÕES: O GRANDE SALTO ... 185
- LEITURA: fragmentos de *Os lusíadas* ... 189
- LITERATURA COMPARADA: DIÁLOGO ENTRE OS QUADRINHOS E A EPOPEIA DE CAMÕES ... 191
- LEITURA: dois sonetos de Camões ... 195
- LITERATURA COMPARADA: DIÁLOGO ENTRE A LÍRICA CAMONIANA E A CANÇÃO POPULAR ... 197
- PARA QUEM QUER MAIS ... 199

CAPÍTULO 5 – A biografia 201

PRODUÇÃO DE TEXTO
- TRABALHANDO O GÊNERO ... 201
- PRODUZINDO A BIOGRAFIA ... 204

CAPÍTULO 6 – Introdução à semântica 206

LÍNGUA: USO E REFLEXÃO

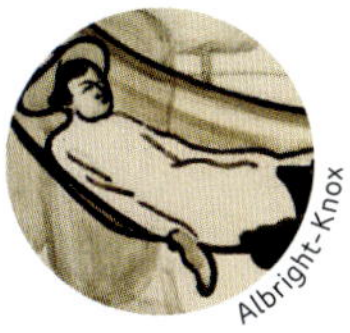
Albright-Knox

- SINONÍMIA E ANTONÍMIA ... 208
- CAMPO SEMÂNTICO, HIPONÍMIA E HIPERONÍMIA ... 209
- POLISSEMIA ... 210
- A AMBIGUIDADE ... 212
- A AMBIGUIDADE NA CONSTRUÇÃO DO TEXTO ... 214
- SEMÂNTICA E DISCURSO ... 214

CAPÍTULO 7 – O Quinhentismo no Brasil 216

LITERATURA
- A PRODUÇÃO LITERÁRIA NO BRASIL-COLÔNIA ... 217
- A LITERATURA DE INFORMAÇÃO ... 218
- LEITURA: fragmentos da *Carta* de Caminha, tira de Nilson e cartum de Marcos Müller ... 219
- A LITERATURA DE CATEQUESE: JOSÉ DE ANCHIETA ... 221
- LITERATURA COMPARADA: DIÁLOGO ENTRE A LITERATURA MODERNA E A LITERATURA DE INFORMAÇÃO ... 223

CAPÍTULO 8 – Hipertexto e gêneros digitais: o *e-mail*, o *blog* e o comentário 224

PRODUÇÃO DE TEXTO

Guy Crittenden

- TRABALHANDO O GÊNERO ... 225
- O *E-MAIL* ... 225
- PRODUZINDO O *E-MAIL* ... 226
- O *BLOG* ... 227
- O COMENTÁRIO ... 228
- PRODUZINDO O COMENTÁRIO ... 232
- ESCREVENDO COM COERÊNCIA E COESÃO: PARALELISMOS SINTÁTICOS E SEMÂNTICOS ... 232

CAPÍTULO 9 – A observação, a análise e a identificação 239

INTERPRETAÇÃO DE TEXTO
- PREPARE-SE PARA O ENEM E O VESTIBULAR ... 241

EM DIA COM O ENEM E O VESTIBULAR 243

INTERVALO
- PROJETO: DA ESPADA À VELA: O MUNDO EM MUDANÇA ... 253

LITERATURA | PRODUÇÃO DE TEXTO | LÍNGUA: USO E REFLEXÃO | INTERPRETAÇÃO DE TEXTO

UNIDADE 3

BARROCO: A ARTE DA INDISCIPLINA 256
- A IMAGEM EM FOCO: *As vaidades da vida humana*, de Harmen Steenwyck ... 258

CAPÍTULO 1 – A linguagem do Barroco 260

LITERATURA
- LEITURA: "Nasce o sol, e não dura mais que um dia" e "Carregado de mim ando no mundo", poemas de Gregório de Matos, e fragmento de sermão de Pe. Antônio Vieira ... 261
- DO TEXTO AO CONTEXTO DO BARROCO ... 264

CAPÍTULO 2 – Os gêneros instrucionais 267

PRODUÇÃO DE TEXTO

O TUTORIAL ... 267
TRABALHANDO O GÊNERO ... 267
PRODUZINDO O TUTORIAL ... 269
OUTROS GÊNEROS INSTRUCIONAIS: RECEITAS, REGRAS, DICAS ... 272
TRABALHANDO O GÊNERO ... 272
PRODUZINDO A RECEITA ... 275
PRODUZINDO DICAS ... 277
ESCREVENDO COM EXPRESSIVIDADE: A SÍNTESE E A CLAREZA DE IDEIAS ... 280

Glow Images

CAPÍTULO 3 – Sons e letras 283

LÍNGUA: USO E REFLEXÃO

CLASSIFICAÇÃO DOS FONEMAS ... 285
SÍLABA ... 286
ENCONTROS VOCÁLICOS ... 288
ENCONTROS CONSONANTAIS ... 288
DÍGRAFOS ... 288
ORTOEPIA E PROSÓDIA ... 290
SONS E LETRAS NA CONSTRUÇÃO DO TEXTO ... 292
SEMÂNTICA E DISCURSO ... 294

Juan Gris

CAPÍTULO 4 – O Barroco em Portugal 296

LITERATURA

PE. ANTÔNIO VIEIRA: A LITERATURA COMO MISSÃO ... 297
LEITURA: fragmento do "Sermão pelo bom sucesso das armas de Portugal contra as de Holanda", de Pe. Antônio Vieira ... 300
LITERATURA COMPARADA: DIÁLOGO ENTRE A LITERATURA CONTEMPORÂNEA E A PROSA DE VIEIRA ... 303

CAPÍTULO 5 – O resumo 306

PRODUÇÃO DE TEXTO

TRABALHANDO O GÊNERO ... 306
PRODUZINDO O RESUMO ... 310

CAPÍTULO 6 – A expressão escrita: ortografia – divisão silábica 313

LÍNGUA: USO E REFLEXÃO

ORTOGRAFIA ... 313
DIVISÃO SILÁBICA ... 323
A DIVISÃO SILÁBICA NA CONSTRUÇÃO DO TEXTO ... 324
SEMÂNTICA E DISCURSO ... 325

CAPÍTULO 7 – O Barroco no Brasil 328

LITERATURA

GREGÓRIO DE MATOS: ADEQUAÇÃO E IRREVERÊNCIA ... 329
LEITURA: "Ofendi-vos, Meu Deus, bem é verdade", de Gregório de Matos ... 332
LITERATURA COMPARADA: DIÁLOGO ENTRE A CANÇÃO CONTEMPORÂNEA E A POESIA DE GREGÓRIO DE MATOS ... 334
PARA QUEM QUER MAIS ... 337

CAPÍTULO 8 – O seminário 339

PRODUÇÃO DE TEXTO

TRABALHANDO O GÊNERO ... 339
PRODUZINDO O SEMINÁRIO ... 339
PLANEJAMENTO E PREPARAÇÃO DE UM SEMINÁRIO ... 339
COMO APRESENTAR UM SEMINÁRIO ... 340
COMO APRESENTAR UM SEMINÁRIO EM GRUPO ... 342
PROPOSTAS PARA A PRODUÇÃO DE SEMINÁRIOS ... 343
REVISÃO E AVALIAÇÃO DOS SEMINÁRIOS ... 347

Thinkstock/Getty Images

CAPÍTULO 9 – A expressão escrita: acentuação 348

LÍNGUA: USO E REFLEXÃO

REGRAS DE ACENTUAÇÃO GRÁFICA ... 350
A ACENTUAÇÃO NA CONSTRUÇÃO DO TEXTO ... 353
SEMÂNTICA E DISCURSO ... 354

CAPÍTULO 10 – A comparação e a memorização 356

INTERPRETAÇÃO DE TEXTO

COMPARAÇÃO ... 356
MEMORIZAÇÃO ... 358
PREPARE-SE PARA O ENEM E O VESTIBULAR ... 359

EM DIA COM O ENEM E O VESTIBULAR 363

INTERVALO

PROJETO: FEIRA DE INCLUSÃO DIGITAL ... 374

UNIDADE 4

HISTÓRIA SOCIAL DO ARCADISMO

HISTÓRIA SOCIAL DO ARCADISMO 376
A IMAGEM EM FOCO: *O juramento dos Horácios*, de Jacques-Louis David ... 378

CAPÍTULO 1 – A linguagem do Arcadismo 380
LITERATURA
LEITURA: poemas de Cláudio Manuel da Costa e Tomás Antônio Gonzaga e soneto de Bocage ... 381
DO TEXTO AO CONTEXTO DO ARCADISMO ... 384

CAPÍTULO 2 – O debate regrado público 388
PRODUÇÃO DE TEXTO
TRABALHANDO O GÊNERO ... 388
PRODUZINDO O DEBATE REGRADO ... 392

CAPÍTULO 3 – Estrutura de palavras 396
LÍNGUA: USO E REFLEXÃO
TIPOS DE MORFEMAS ... 398
OS ELEMENTOS MÓRFICOS NA CONSTRUÇÃO DO TEXTO ... 401
SEMÂNTICA E DISCURSO ... 402

CAPÍTULO 4 – O Arcadismo em Portugal 405
LITERATURA
POMBAL E VERNEY: A MISSÃO DE "ILUMINAR" PORTUGAL ... 406
AS ACADEMIAS ... 406
BOCAGE: O SALTO DA EMOÇÃO ... 406
LEITURA: sonetos de Bocage ... 408
PARA QUEM QUER MAIS ... 410

CAPÍTULO 5 – O artigo de opinião 412
PRODUÇÃO DE TEXTO
TRABALHANDO O GÊNERO ... 412
PRODUZINDO O ARTIGO DE OPINIÃO ... 415

CAPÍTULO 6 – Formação de palavras 419
LÍNGUA: USO E REFLEXÃO
PROCESSOS DE FORMAÇÃO DE PALAVRAS ... 420
EMPRÉSTIMOS E GÍRIAS ... 426
PROCESSOS DE FORMAÇÃO DE PALAVRAS NA CONSTRUÇÃO DO TEXTO ... 428
SEMÂNTICA E DISCURSO ... 429

CAPÍTULO 7 – O Arcadismo no Brasil 431
LITERATURA
ARCADISMO NA COLÔNIA: ENTRE O LOCAL E O UNIVERSAL ... 432
OS ÁRCADES E A INCONFIDÊNCIA ... 432
CLÁUDIO MANUEL DA COSTA: A CONSCIÊNCIA ÁRCADE ... 433
LEITURA: poema de Cláudio Manuel da Costa ... 435
TOMÁS ANTÔNIO GONZAGA: A RENOVAÇÃO ÁRCADE ... 436
LEITURA: "Lira 77", de Tomás Antônio Gonzaga ... 437
LEITURA: fragmentos da "Carta 2ª", de Tomás Antônio Gonzaga ... 439
BASÍLIO DA GAMA E O NATIVISMO INDIANISTA ... 441
SANTA RITA DURÃO: APEGO AO MODELO CLÁSSICO ... 443
LEITURA: fragmento de *O Uraguai*, de Basílio da Gama, e de *Caramuru*, de Santa Rita Durão ... 445
LITERATURA COMPARADA: DIÁLOGO ENTRE A POESIA MODERNA E A POESIA ÁRCADE ... 447
PARA QUEM QUER MAIS ... 449

Antônio Parreiras

CAPÍTULO 8 – O texto dissertativo-argumentativo 451
PRODUÇÃO DE TEXTO
TRABALHANDO O GÊNERO ... 451
PRODUZINDO O TEXTO DISSERTATIVO-ARGUMENTATIVO ... 455
ESCREVENDO COM EXPRESSIVIDADE: OS ESTRANGEIRISMOS ... 457

CAPÍTULO 9 – A explicação e a demonstração 461
INTERPRETAÇÃO DE TEXTO
PREPARE-SE PARA O ENEM E O VESTIBULAR ... 464

EM DIA COM O ENEM E O VESTIBULAR 467
INTERVALO
PROJETO: ENTRE O BARROCO E O ILUMINISMO: A ARTE BRASILEIRA NO PERÍODO COLONIAL ... 477

SuperStock/Getty Images

Mãe e criança (1951), de Bharati Chaudhuri.

INTRODUÇÃO

LEITURA-PRAZER

COMO GOSTAR DE LER

Numa época em que a Internet, o mercado de DVDs, os *videogames* e os inúmeros canais de TV por assinatura oferecem tantas opções de entretenimento e diversão, parece anacrônico falar de livros como fonte de prazer. Entretanto, existe uma legião de leitores (que as pesquisas sempre dizem ser poucos) e, vez ou outra, surgem publicações, como, por exemplo, a série Harry Potter e o livro *O código Da Vinci*, que sacodem estrondosamente o mercado editorial, arrebatando crianças, jovens e adultos para a leitura. Livros como esses podem ser uma boa porta de entrada para a leitura, um meio para despertar nas pessoas o interesse pela literatura? O que provoca o nascimento de um leitor e o impulsiona a ler sempre mais e mais?

O jornal *O Estado de S. Paulo*, em uma matéria intitulada "Como começar a gostar de ler", reproduziu relatos de alguns leitores que responderam à seguinte pergunta: **Qual livro você lembra de ter lido bem cedo e que o empurrou para outras leituras ao longo da vida?** Leia, a seguir, alguns desses relatos.

"Acho que o livro mais importante de minha vida e que literalmente me iniciou foi *Reinações de Narizinho*. Quando tinha 6 anos, tive uma pericardite muito séria que me fez ficar 6 meses na cama com antibiótico, sem poder ir à escola. Minha mãe começou a ler pra mim. Eu comecei a adorar aquele livro, e minha vontade de continuar a ler era tão grande que não aguentava esperar por ela, para que ela lesse pra mim. Aos poucos fui aprendendo a ler sozinha... Ela me ajudando, eu descobrindo... [...] Quando acabou o livro, eu chorei tanto... Minha mãe dizia: 'Mas ler um livro é maravilhoso... Agora você vai poder ler de novo sozinha quando quiser...' Mas eu dizia que nunca seria a mesma coisa... e não seria mesmo. Tenho uma admiração imensa pelo Monteiro Lobato e uma gratidão enorme também."

J. U. Campos

Visconde de Sabugosa, personagem de Monteiro Lobato

(Lígia Cortez – Atriz)

"Dois livros, ambos lidos em classe, em capítulos, como se fossem novelas, por duas professoras de português, Dona Nídia e Dona Estela, deixaram marcas: *O Príncipe e o Mendigo*, de Mark Twain, e *Coração*, de Edmundo de Amicis. Na adolescência, devorei quase toda a obra de Mark Twain, e *Coração*, o mais querido, me acompanhou pela vida. Minha atual paixão chama-se *Istambul*, de Pamuk."

(Naum Alves de Souza – Dramaturgo)

Companhia Editora Nacional

"Um livro que me lembro ter lido bem cedo e que me encantou foi *Cazuza*, de Viriato Corrêa. Gostei muito da história da infância simples de um menino de interior, cheia de imagens e de coisas tão brasileiras. Eu sou do Ceará e a história se passa no Maranhão. Apesar de os dois Estados serem do Nordeste, têm uma paisagem natural bem diferente. E, de qualquer maneira, como eu não conhecia o Maranhão, no livro este aparecia como um lugar fantástico. Acho que é porque Cazuza também empresta uma certa poesia à vida simples das pequenas cidades do Brasil."

(Isabel Lustosa – Historiadora)

Por que ler?

Numa entrevista dada à revista *Veja*, o crítico literário americano Harold Bloom, autor do livro *Como e por que ler* (Editora Objetiva), respondeu assim a essa pergunta:

A informação está cada vez mais ao nosso alcance. Mas a sabedoria, que é o tipo mais precioso de conhecimento, essa só pode ser encontrada nos grandes autores da literatura. Esse é o primeiro motivo por que devemos ler. O segundo motivo é que todo bom pensamento, como já diziam os filósofos e os psicólogos, depende da memória. Não é possível pensar sem lembrar — e são os livros que ainda preservam a maior parte de nossa herança cultural. Finalmente, e este motivo está relacionado ao anterior, eu diria que uma democracia depende de pessoas capazes de pensar por si próprias. E ninguém faz isso sem ler.

(*Veja*, nº 1685.)

Literatura: a palavra que transforma

Muitos escritores falam sobre o poder transformador da literatura. Para aqueles que desejam compartilhar o amor pelos livros, sugerimos a leitura destes: *O Sr. Pip*, de Lloyd Jones (Rocco); *Balzac e a costureirinha chinesa*, de Dai Sijei (Objetiva); *A casa de papel*, de Carlos María Dominguez (Francis); *Terra sonâmbula*, de Mia Couto (Companhia das Letras); *Se uma criança, numa manhã de verão... – Carta para meu filho sobre o amor pelos livros*, de Roberto Cotroneo (Rocco); *Como e por que ler os clássicos universais desde cedo*, de Ana Maria Machado (Objetiva); *A paixão pelos livros*, organização de Julio Silveira e Martha Ribas (Casa da Palavra).

1. Você se lembra de algum livro que tenha lido (ou que leram para você) e que o incentivou a ler outros livros? Escreva um texto curto, semelhante aos que você leu anteriormente, relatando como foi essa experiência.

2. Seja na escola, seja em casa, seja na biblioteca, você já deve ter lido muitos textos (e livros).

a) Você se lembra de algum texto ou livro cuja releitura lhe daria prazer novamente?

b) Por que você gostaria de relê-lo?

ENTRE TEXTOS E PALAVRAS

Leia os textos:

Weberson Santiago

Geração Paissandu

Vim, como todo mundo,
do quarto escuro da infância,
mundo de coisas e ânsias indecifráveis,
de só desejo e repulsa.
Cresci com a pressa de sempre.

Fui jovem, com a sede de todos,
em tempo de seco fascismo.
Por isso não tive pátria, só discos.
Amei, como todos pensam.
Troquei carícias cegas nos cinemas,
li todos os livros, acreditei
em quase tudo por ao menos um minuto,
provei do que pintou, adolesci.

(Paulo Henriques Britto. In: Italo Moriconi, org. *Os cem melhores poemas brasileiros do século.* Rio de Janeiro: Objetiva, 2001. p. 281.)

Por que quem nasce no Rio Grande do Sul se chama *gaúcho*?

Beatrix Boscardin/Opção Brasil Imagens

Uns dizem que a palavra vem do guarani e significa "homem que canta triste". A maioria, no entanto, aceita o termo como um sinônimo de *guacho*, que significa "órfão" e designaria os filhos cujos pais, uma índia e um português ou espanhol, haviam morrido. No princípio, *gaúcho* era a forma pejorativa usada para ladrões de gado e vadios. Servia também para os mestiços e índios que, fugindo dos primeiros povoados espanhóis, cuidavam do gado. De tanto cavalgar pelas pastagens, eles se tornaram hábeis cavaleiros, manejadores de laço e da boleadeira. No século XVIII, os gaúchos brasileiros foram importantes porque ocuparam as fronteiras e garantiram a manutenção destas para os portugueses. Como reconhecimento, a palavra *gaúcho* perdeu o sentido pejorativo e passou a exaltar a coragem e o amor à terra.

(Marcelo Duarte. *Guia dos curiosos – Brasil*. São Paulo: Cia. das Letras, 1999. p. 301.)

A palavra

Rogério Reis/Pulsar Imagens

... Sim, senhor, tudo o que queira, mas são as palavras as que cantam, as que sobem e baixam... Prosterno-me diante delas... Amo-as, uno-me a elas, persigo-as, mordo-as, derreto-as... Amo tanto as palavras... As inesperadas... As que avidamente a gente espera, espreita até que de repente caem... Vocábulos amados... Brilham como pedras coloridas, saltam como peixes de prata, são espuma, fio, metal, orvalho... Persigo algumas palavras... São tão belas que quero colocá-las todas em meu poema... Agarro-as no voo, quando vão zumbindo, e capturo-as, limpo-as, aparo-as, preparo-me diante do prato, sinto-as cristalinas, vibrantes, ebúrneas, vegetais, oleosas, como frutas, como algas, como ágatas, como azeitonas... E então as revolvo, agito-as, bebo-as, sugo-as, trituro-as, adorno-as, liberto-as... Deixo-as como estalactites em meu poema, como pedacinhos de pedra polida, como carvão, como restos de um naufrágio, presentes da onda... Tudo está na palavra... Uma ideia inteira muda porque uma palavra mudou de lugar ou porque outra se sentou como uma rainha dentro de uma frase que não a esperava e que a obedeceu... Têm sombra, transparência, peso, plumas, pelos, têm tudo o que se lhes foi agregando de tanto vagar pelo rio, de tanto transmigrar de pátria, de tanto ser raízes... São antiquíssimas e recentíssimas. Vivem no féretro escondido e na flor apenas desabrochada... Que bom idioma o meu, que boa língua herdamos dos conquistadores torvos... Estes andavam a passos largos pelas tremendas cordilheiras, pelas Américas encrespadas, buscando batatas, butifarras, feijõezinhos, tabaco negro, ouro, milho, ovos, frutos, com aquele apetite voraz que nunca mais se viu no mundo... Tragavam tudo: religiões, pirâmides, tribos, idolatrias iguais às que eles traziam em suas grandes bolsas... Por onde passavam a terra ficava arrasada... Mas caíam das botas dos bárbaros, das barbas, dos elmos, das ferraduras, como pedrinhas, as palavras luminosas que permaneceram aqui resplandecentes... o idioma. Saímos perdendo... Saímos ganhando... Levaram o ouro e nos deixaram o ouro... Levaram tudo... e nos deixaram tudo... Deixaram-nos as palavras.

(Pablo Neruda. *Confesso que vivi*. 11. ed. Rio de Janeiro: Difel, 1980. p. 51-2.)

1. A literatura – do mesmo modo que a música, a pintura, a escultura, a arquitetura, a dança e o cinema – tem linguagem própria. Na sua opinião, qual(is) dos textos lidos pode(m) ser considerado(s) literatura?

2. Ao fazer sua escolha, você certamente usou algum critério. Tente explicá-lo, isto é, dizer o que considerou no(s) texto(s) para classificá-lo(s) como literário(s).

LITERATURA: VIAGEM SEM RETORNO

O contato com a leitura e com as grandes obras da literatura, nacional e estrangeira, tem sido uma experiência inesquecível para um grande número de pessoas. Leia, a seguir, relatos de experiências e depoimentos de profissionais de diferentes áreas a propósito da leitura.

Jutta Klee/Glow Images

O único risco que se corre em livrarias e bibliotecas é abrir um livro ao acaso e deparar com uma informação ou ideia que nos transforma para sempre, para o bem ou para o mal.

(Ruy Castro. Apud Marta Morais da Costa. *Sempreviva, a leitura*. Curitiba: Aymará, 2009. p. 91.)

Hemera/Thinkstock/Getty Images

Ler rima com prazer

O sem-teto Severino Manoel de Souza nos pegou a todos de surpresa quando em 2006 sua história chegou à mídia. O catador de papel havia inaugurado em setembro de 2005 uma biblioteca com livros encontrados no lixo em um prédio invadido no centro de São Paulo, na Avenida Prestes Maia. Os usuários eram os próprios moradores do prédio, cerca de 1800 pessoas devidamente cadastradas em um computador doado a Severino. No acervo, entre os mais de 16 mil títulos, Machado de Assis, Érico Veríssimo, Jorge Amado, Gabriel García Márquez e tantos outros. O prédio foi desocupado e Severino ficou sem o seu acervo.

Com a perseverança que só os corajosos têm, o pernambucano nascido no sítio Olho D'Água Seco montou em Itapecerica da Serra, em São Paulo, uma nova biblioteca, que já conta com 4500 títulos. Para ele, Machado de Assis é o preferido [...]. Severino diz que aprende muita coisa boa nos livros e gosta especialmente de romance e poesia. E ele é realmente um apaixonado por livros. "Para mim, são como uma boa sobremesa. Hoje mesmo, depois do almoço, achei um 'livrozinho' de Camões, sentei na beirada da cama e fiquei lendo".

(Cássia Fragatta. *Revista da Cultura*. Apud Marta Morais da Costa, *Sempreviva, a leitura*. p. 71-2.)

Creatas Images/Thinkstock/Getty Images

Um livro amigo é...

"... aquele que me impulsiona a ler cada vez mais". (Simone Spoladore, atriz)

"... aquele que a gente conhece na juventude e nos acompanha pela vida toda". (Marcelo Madureira, humorista)

"... aquele que, mesmo não sendo extraordinário, contribui para a formação de nossa concepção de mundo". (Sergio Paulo Rouanet, ensaísta)

"... aquele que me faz ficar preso até a última página e que não me canso de revisitar". (Tony Ramos, ator)

"... aquele que nos enriquece e ao mesmo tempo nos dá prazer". (Italo Moriconi, professor e organizador de antologias)

(*Veja*, nº 1806.)

Andrew Judd/Other Images

A cada livro, um novo aprendizado

A literatura tem algo de mágico, permite viajar, no melhor sentido da palavra, ingressar no pensamento alheio, vivenciar outras experiências. E também é revolucionária, no sentido de permitir a transformação da vida. Há livros fundamentais. Depois de lê-los, o leitor nunca mais será a mesma pessoa.

(José Renato Nalini, juiz)

iStockphoto/Thinckstock/Getty Images

A leitura era um modo de me abstrair de tudo o que me incomodava, de colocar minhas raivas para fora. Depois, passou a ser uma forma de resolver meus conflitos, de viver os personagens, de amar todas aquelas mulheres... Fui Julien Sorel, Clyde Griffiths, Mr. Ripley, Simbad, o marujo, e assim por diante. Ler era a minha maneira de entender a vida, de ir embora. Ainda é. Quando estou lendo, me concentro, levito, saio de mim. Ler é ganhar a alma. É ser sobrevivente. A leitura é uma boia salva-vidas. Um escaler.

(Ignácio de Loyola Brandão, escritor)

A boa leitura é a que provoca inquietação

De fato, uma pessoa pode passar a vida inteira sem ler uma única página. No entanto, acredito que, por mais feliz que ela seja, sua existência será mais pobre por causa da falta de leitura. Os livros não mudam a vida, mas nos fazem ter uma perspectiva diferente dela. Uma perspectiva, nos melhores casos, menos iludida – sobre os outros e sobre nós mesmos.

(Mario Sabino, jornalista e escritor)

Fonte: Os três últimos depoimentos foram extraídos do endereço: www.livrariacultura.com.br, no *link* "biblioteca ideal".

1. Você notou que, entre tantos depoimentos, não há um consenso sobre o que é literatura nem sobre qual é o papel dela. Para alguns, ela é revolucionária, generosa; para outros, um meio de conhecer a si mesmo; para outros, ainda, permite ver a vida sob novas perspectivas, permite viajar e vivenciar outras experiências. E para você, o que é literatura? Troque ideias com os colegas da classe, dê seu depoimento e ouça o deles.

2. Em vários dos depoimentos lidos, aparece a ideia de que a literatura é capaz de transformar o ser humano. Você concorda com essa ideia? Justifique sua resposta.

3. Entre os depoimentos lidos, há o das pessoas que definem o que é para elas o "livro amigo". E para você, o que é um livro amigo? A exemplo dos autores dos textos lidos, escreva um pequeno texto no qual você relate sucintamente sua experiência com a leitura literária e o que ela tem representado para você. Quando terminar, leia o seu texto para os colegas e ouça o deles. Por fim, passe o texto a limpo e, com a orientação do professor, reúna seu texto ao de seus colegas e, juntos, criem um painel, que pode ter o título "Leitura literária: uma viagem sem retorno", ou outro que escolherem.

Escriba medieval (1910), de Joseph Ratcliffe.

Joseph Ratcliffe Skelton/The Bridgeman Art Library/Glow Images

UNIDADE 1 A LITERATURA NA BAIXA IDADE MÉDIA

A linguagem é um dos mais importantes patrimônios da humanidade. Por meio dela, interagimos com outras pessoas, traduzindo e expressando nossas experiências e ideias, nossos desejos e sentimentos, nossas opiniões e emoções. Ela também nos permite expressar nossa cultura, nossos valores, as tradições de nosso povo. E, ainda, transmitir, em prosa e verso, as histórias, as canções, os poemas que criamos.

Em épocas remotas, quando ainda não havia a escrita, tudo isso era transmitido oralmente, de geração a geração. A invenção da escrita permite deixar gravado para as gerações futuras a riqueza cultural de cada povo. Dessa riqueza destaca-se a literatura, que, além de expressar a cultura, os valores e as tradições de um povo, reflete valores universais e atemporais, isto é, valores válidos para as pessoas de qualquer época e lugar.

A história das culturas portuguesa e brasileira está associada ao surgimento da língua portuguesa, que ocorreu na Idade Média.

Estudar a literatura portuguesa e a literatura brasileira implica conhecer sua origem, sua história e suas relações socioculturais, além das relações existentes entre elas e outras linguagens e entre elas e o mundo contemporâneo.

Thinkstock/Getty Images

INTERVALO

Projeto:
Palavra em cena

Produção e montagem de um varal de textos, de um sarau poético e de uma representação teatral.

O apanhador de desperdícios

Uso a palavra para compor meus silêncios.
Não gosto das palavras
fatigadas de informar.
Dou mais respeito
às que vivem de barriga no chão
tipo água pedra sapo.
Entendo bem o sotaque das águas.
Dou respeito às coisas desimportantes
e aos seres desimportantes.
Prezo insetos mais que aviões.
Prezo a velocidade
das tartarugas mais que a dos mísseis.
[...]

(Manoel de Barros. In: Manuel da Costa Pinto. *Antologia comentada da poesia brasileira do século 21*. São Paulo: Publifolha, 2006. p. 73.)

Fique ligado! Pesquise!

Para você ampliar seus conhecimentos sobre linguagem, linguagem literária, literatura e artes, eis algumas sugestões:

- Nos blocos 1 e 2 do DVD ***Literatura e outras linguagens***, há declamações, entrevistas, depoimentos, trechos de filmes e músicas, espetáculos de teatro e dança relacionados com leitura, linguagens, literatura e Idade Média. Converse com seu professor sobre a possibilidade de assistir a esses blocos.
- ***A última legião***, de Doug Lefler; ***As brumas de Avalon***, de Uli Edel; ***Excalibur***, de John Boorman; ***O feitiço de Áquila***, de Richard Donner; ***O senhor dos anéis***, de Peter Jackson; ***Mais estranho que a ficção***, de Marc Forster; ***O baile***, de Ettore Scola; ***Cinema Paradiso***, de Giuseppe Tornatore; ***A rosa púrpura do Cairo*** e ***A era do rádio***, de Woody Allen; ***A última borboleta***, de Karel Kachyna; ***Poesia***, de Lee Chang-Dong; ***O carteiro e o poeta***, de Michael Radford.

- ***O mestre das iluminuras***, de Brenda Rickman Vantrease (Sextante); ***A dama e o unicórnio***, de Tracy Chevalier (Bertrand do Brasil); ***O nome da rosa***, de Umberto Eco (Nova Fronteira); ***O cavaleiro inexistente***, de Italo Calvino (Companhia das Letras); ***Nos passos de... Rei Artur***, de Claudine Glot (Rocco); ***A demanda do Santo Graal*** (Ateliê Editorial); ***Contos e lendas da Távola Redonda***, de Jaqueline Miranda (Companhia das Letras); ***Histórias medievais***, de Hermann Hesse (Record); ***História da pintura***, de Wendy Becckett (Ática); ***Uma breve história da música***, de Roy Bennett (Jorge Zahar); ***A vida pelo vídeo***, de Ciro Marcondes Filho (Moderna); ***Publicidade – A linguagem da sedução***, de Nelly de Carvalho (Ática).

Ouça os discos ***Musikantiga I*** (que contêm músicas medievais) e ***Cantigas de amigo***, de La Bataglia; a canção "Love song", do grupo Legião Urbana; os discos de Elomar Figueira de Melo, que apresentam canções inspiradas em cantigas medievais; o CD ***Sem mim***, com direção musical de José Miguel Wisnik, que reúne canções de Martim Codax (produzido para o espetáculo homônimo do grupo de dança Corpo).

- http://cantigas.fcsh.unl.pt/
- http://cvc.instituto-camoes.pt/literatura/cantigasamigo.htm
- www.carcassonne.org/

A IMAGEM EM FOCO

A arte medieval apresentou várias tendências em sua evolução. As mais conhecidas são a arte bizantina, a arte românica e a arte gótica. Na Baixa Idade Média, essas tendências se misturavam, se renovavam e preparavam a grande revolução que ocorreria com o Renascimento dois séculos depois.

A seguir, você vai fazer a leitura comparada de duas pinturas medievais, nas quais se evidenciam as transformações que a arte vinha sofrendo naquele momento.

Museo dell'Opera del Duomo, Siena, Itália

: *Maestà* (1308-1311), de Duccio.

Scrovegni (Arena) Chapel, Pádua, Itália

: *Lamentação* (1304-1313), de Giotto.

1. Como se observa pelas datas indicadas nas legendas, as duas obras foram criadas simultaneamente, mas apresentam diferenças que apontam para a evolução da própria pintura. A pintura de Duccio (1284-1344) ainda está ligada à tradição da arte bizantina; a de Giotto (1267-1337) é a expressão da arte gótica.

Eis as principais características da pintura de influência bizantina:

- justaposição de imagens;
- coordenação e paralelismo das partes;
- ausência de profundidade e hierarquia dos espaços (do mais sagrado para o menos sagrado);
- iconização (a pintura é um *ícone*, isto é, a representação de uma figura religiosa, geralmente em uma superfície plana);
- hieratismo (a figura retratada tem uma postura rígida e majestosa);
- frontalidade (imagens representadas apenas de frente);
- isodactilia (dedos das mãos do mesmo tamanho).

a) Qual das obras apresenta imagens justapostas e em perfeito paralelismo, como se fosse uma montagem?

b) A pintura bizantina explorou exaustivamente ícones (imagens) sagrados, como Cristo, a Virgem, os apóstolos, os santos e mártires. Qual das obras utiliza essa técnica? Qual delas retrata não um ícone, mas uma cena?

c) Tradicionalmente, a arte bizantina procura dar às figuras religiosas um ar solene e grandioso. Cristo, por exemplo, normalmente é retratado como rei, e a Virgem Maria, como rainha. Ambas as obras em estudo retratam figuras da história cristã. Porém, em qual delas a personagem se apresenta majestosa?

d) Para despertar no observador uma atitude de respeito e veneração para com a figura religiosa retratada, a arte bizantina trabalha com o princípio da *frontalidade*. Em qual das obras estudadas ainda se verifica a aplicação desse princípio?

e) Na pintura bizantina, o espaço é ocupado de forma hierárquica: do centro para as extremidades, as figuras são distribuídas de acordo com seu grau de sacralidade. Além disso, tanto na arte bizantina quanto na românica as figuras eram chapadas contra um fundo normalmente amarelo ou ocre. Somente com o aparecimento do gótico, já no fim da Idade Média, é que a noção de profundidade começou a ser explorada. Das duas obras em estudo, qual delas apresenta:

- hierarquia espacial?
- as inovações do gótico? Por quê?

f) Com base em suas respostas anteriores, conclua: Das duas obras, qual se prende mais à tradição da arte bizantina? Qual apresenta novidades, apontando para uma nova concepção artística?

2. Giotto é considerado por alguns especialistas como o pai da pintura ocidental, por causa das inovações em seu trabalho. Compare as duas obras e responda:

a) Em qual delas as figuras retratadas expressam maior humanidade e naturalidade, como se fossem pessoas comuns?

b) Qual delas transmite mais a ideia de movimento, de vida?

3. Leia no boxe abaixo o texto do crítico e historiador Erich Auerbach.

A arte na Idade Média

A arte desempenha na Idade Média papel de muito maior importância que nas outras épocas da história europeia. Essa afirmativa pode surpreender, mas o fato é assaz natural. Desde o fim do primeiro milênio, os povos europeus se cristianizaram profundamente; o espírito dos mistérios do Cristianismo os possuiu e neles criou uma vida interior extremamente rica e fecunda. Ora, essa vida interior não tinha nenhuma outra possibilidade de expressão que não fossem as artes, visto que tais povos não sabiam ler nem escrever e desconheciam a língua latina, a única que era considerada instrumento digno de exprimir as ideias religiosas. Toda a sua vida interior se realizava, pois, nas obras de arte, e era através delas que, em primeiro lugar, os fiéis aprendiam e sentiam o que constituía a própria base de sua vida.

(Erich Auerbach. *Introdução aos estudos literários*. São Paulo: Cultrix, 1972. p. 108.)

As pinturas de Duccio e Giotto confirmam o ponto de vista do especialista sobre o papel da arte na Idade Média? Por quê?

4. As cantigas trovadorescas surgiram na Baixa Idade Média e são contemporâneas das duas obras em estudo. Ao deixar de lado os temas religiosos para tratarem dos sentimentos amorosos do ser humano ou de problemas sociais, as cantigas apontam um caminho de superação do teocentrismo medieval. As duas obras de pintura analisadas apresentam tema religioso. Qual delas, entretanto, reflete mudanças correspondentes à mesma influência que se manifestou nas cantigas? Por quê?

LITERATURA

Mohammed Ballas/AP Photo/Glow Images

CAPÍTULO 1

O que é literatura?

A palavra serve para comunicar e interagir. E também para criar literatura, isto é, criar arte, provocar emoções, produzir efeitos estéticos. Estudar literatura implica apropriar-se de alguns dos conceitos básicos dessa arte, mas também deixar o espírito leve e solto, pronto para saltos, voos e decolagens.

A literatura é uma das formas de expressão artística do ser humano, juntamente com a música, a pintura, a dança, a escultura, o teatro, etc. Assim como o material da escultura são as formas e os volumes e o da pintura são as formas e as cores, o material básico da literatura é a palavra. Literatura é a arte da palavra.

Como parte integrante da cultura, a literatura já passou por diferentes formas de expressão, de acordo com o momento histórico e com a situação de produção. Na Grécia antiga e na Idade Média, por exemplo, sua transmissão ocorria basicamente de forma oral, já que pouquíssimas pessoas eram alfabetizadas. Nos dias de hoje, em que predomina a cultura escrita, os textos literários são escritos para serem lidos silenciosamente. Contudo, juntamente com o registro escrito da literatura, publicada em livros e revistas, há outros suportes que levam o texto literário até o público, como o CD, o audiolivro, o livro digital, a Internet e inúmeras adaptações feitas para cinema e TV.

O que é literatura? Não existe uma definição única e unânime para literatura. Há quem prefira dizer o que ela não é. De qualquer modo, para efeito de reflexão, é possível destacar alguns dos aspectos que envolvem o texto literário do ponto de vista da linguagem e do seu papel social e cultural.

A NATUREZA DA LINGUAGEM LITERÁRIA

Você já deve ter tido contato com muitos tipos de texto literário: contos, poemas, romances, peças de teatro, novelas, crônicas, etc. E também com textos não literários, como notícias, cartas comerciais, receitas culinárias, manuais de instrução. Mas, afinal, o que é um texto literário? O que distingue um texto literário de um texto não literário?

O escritor gaúcho Moacyr Scliar escreveu, durante anos, no jornal *Folha de S. Paulo*, crônicas inspiradas nos acontecimentos cotidianos divulgados pelo jornal.

Você vai ler, a seguir, a última crônica que o escritor publicou nesse jornal antes de sua morte. E vai ler também a notícia na qual ele se inspirou para escrever a crônica.

TEXTO I

Cientistas americanos estudam o caso de uma mulher portadora de uma rara condição, em resultado da qual ela não tem medo de nada.

(*Folha de S. Paulo*, 17/12/2010. Cotidiano.)

Jótah

TEXTO II

A mulher sem medo

Ele não sabia o que o esperava quando, levado mais pela curiosidade do que pela paixão, começou a namorar a mulher sem medo. Na verdade havia aí também um elemento interesseiro; tinha um projeto secreto, que era o de escrever um livro chamado "A Vida com a Mulher sem Medo", uma obra que, imaginava, poderia fazer enorme sucesso, trazendo-lhe fama e fortuna. Mas ele não tinha a menor ideia do que viria a acontecer.

Dominador, o homem queria ser o rei da casa. Suas ordens deveriam ser rigorosamente obedecidas pela mulher. Mas como impor sua vontade? Como muitos ele recorria a ameaças: quero o café servido às nove horas da manhã, senão... E aí vinham as advertências: senão eu grito com você, senão eu bato em você, senão eu deixo você sem comida.

Acontece que a mulher simplesmente não tomava conhecimento disso; ao contrário, ria às gargalhadas. Não temia gritos, não temia tapas, não temia qualquer tipo de castigo. E até dizia, gentil: "Bem que eu queria ficar assustada com suas ameaças, como prova de consideração e de afeto, mas você vê, não consigo".

Aquilo, além de humilhá-lo profundamente, deixava-o completamente perturbado. Meter medo na mulher transformou-se para ele em questão de honra. Tinha de vê-la pálida, trêmula, gritando por socorro.

Como fazê-lo? Pensou muito a respeito e chegou a uma conclusão: para amedrontá-la só barata ou rato. Resolveu optar pela barata, por uma questão de facilidade: perto de onde moravam havia um velho depósito abandonado, cheio de baratas. Foi até lá e conseguiu quatro exemplares, que guardou num vidro de boca larga.

Voltou para casa e ficou esperando que a mulher chegasse, quando então soltaria as baratas. Já antegozava a cena: ela sem dúvida subiria numa cadeira, gritando histericamente. E ele enfim se sentiria o vencedor.

Foi neste momento que o rato apareceu. Coisa surpreendente, porque ali não havia ratos, sobretudo um roedor como aquele, enorme, ameaçador, o Rei dos Ratos. Quando a mulher finalmente retornou encontrou-o de pé sobre uma cadeira, agarrado ao vidro com as baratas, gritando histericamente.

Fazendo jus à fama ela não demonstrou o menor temor; ao contrário, ria às gargalhadas. Foi buscar uma vassoura, caçou o rato pela sala, conseguiu encurralá-lo e liquidou-o sem maiores problemas. Feito que ajudou o homem, ainda trêmulo, a descer da cadeira. E aí viu que ele segurava o vidro com as quatro baratas. O que deixou-a assombrada: o que pretendia ele fazer com os pobres insetos? Ou aquilo era um novo tipo de perversão?

Àquela altura ele já nem sabia o que dizer. Confessar que se tratava do derradeiro truque para assustá-la seria um vexame, mesmo porque, como ele agora o constatava, ela não tinha medo de baratas, assim como não tivera medo do rato. O jeito era aceitar a situação. E admitir que viver com uma mulher sem medo era uma coisa no mínimo amedrontadora.

(Moacyr Scliar. *Folha de S. Paulo*, 17/1/2011.)

1. O texto I é parte de uma notícia internacional.

a) Por que esse fato noticiado mereceu destaque no noticiário?

b) A que campo do conhecimento humano esse fato causa interesse?

2. O texto II foi criado pelo escritor Moacyr Scliar a partir da notícia reproduzida no texto I.

a) Qual dos dois textos trata de um fato concreto da realidade?

b) Qual deles cria uma história ficcional a partir de dados da realidade?

3. O texto II, sendo uma crônica, apresenta vários componentes comuns a outros gêneros narrativos, como fatos, personagens, tempo, espaço e narrador. Além disso, apresenta também preocupação quanto ao *modo* como os fatos são narrados.

a) O que a narrativa revela quanto a características psicológicas do marido ao longo da história?

b) Que dados da história comprovam sua resposta?

4. Observe estes fragmentos do texto:

- "Aquilo, além de humilhá-lo profundamente, deixava-o completamente perturbado."
- "E ele enfim se sentiria o vencedor."

Jótah

Com base nesses fragmentos, conclua: Como o homem encarava a característica da mulher de não sentir medo?

5. Em sua última tentativa de amedrontar a mulher, o homem pensa em baratas e ratos.

a) Por que ele imaginou que esses seres poderiam amedrontá-la?

b) O que o resultado dessa experiência mostrou quanto a quem tinha medo desses seres?

6. Você observou que os dois textos abordam o mesmo tema. Apesar disso, eles são bastante diferentes. Essas diferenças se devem à finalidade e ao gênero de cada um dos textos, bem como ao público a que cada um deles se destina.

a) Qual é a finalidade principal do texto I, considerando-se que se trata de uma reportagem jornalística?

b) Qual é a finalidade principal do texto II, considerando-se que se trata de uma crônica literária?

7. A fim de sintetizar as diferenças entre os dois textos, compare-os e responda:

a) Qual deles apresenta uma linguagem objetiva, utilitária, voltada para explicar um problema da realidade?

b) Em qual deles a linguagem é propositalmente organizada com o fim de criar expectativa ou envolvimento do leitor?

c) Qual deles tem a finalidade de informar o leitor sobre a realidade?

d) Qual deles tem a finalidade de entreter, divertir ou provocar reflexões no leitor a partir de um tema da realidade?

e) Considerando as reflexões que você fez sobre a linguagem dos textos em estudo, responda: Qual deles é um texto literário? Por quê?

A LITERATURA E SUAS FUNÇÕES

Você viu, pelos estudos anteriores, que a literatura é uma linguagem especial, carregada de sentidos e capaz de provocar emoções e reflexão no leitor.

Conheça agora o que dizem os teóricos e especialistas em literatura sobre outras funções que ela desempenha no mundo em que vivemos.

Literatura: prazer e catarse

The Granger Collection/Other Images

O teatro na Grécia antiga.

Para os gregos, a arte tinha também outras duas funções: a *hedonística* e a *catártica*. De acordo com a concepção hedônica (*hedon* = prazer), a arte devia proporcionar *prazer*, retratando o belo. E, para eles, o belo na arte consistia na semelhança entre a obra de arte e a verdade ou a natureza.

A concepção catártica advém do papel que as tragédias desempenhavam no mundo grego. Aristóteles, o primeiro teórico a conceituar a tragédia, define esse tipo de texto a partir de dois conceitos: a *mimese*, ou imitação da palavra e do gesto, que para ser eficaz deve despertar no público os sentimentos de terror e piedade; e a *catarse*, efeito moral e purificador que proporciona o alívio desses sentimentos. Com finais que normalmente culminam em envenenamento, assassinatos e suicídio, as tragédias aliviavam as tensões e os conflitos do mundo grego.

Modernamente, esses conceitos desapareceram, mas a arte ainda cumpre o papel de proporcionar prazer e fruição estética e de aliviar as tensões da alma humana. Ou, na concepção do teórico russo Chklovski, o papel de provocar um *estranhamento* em face da realidade, como se nos desautomatizássemos e passássemos a ver o mundo com outros olhos.

Literatura: comunicação, interlocução, recriação

Literatura é linguagem e, como tal, cumpre, juntamente com outras artes, um papel comunicativo na sociedade, podendo tanto influenciar o público quanto ser influenciada por ele.

O leitor de um texto literário ou o contemplador da obra de arte não é um ser passivo, que apenas recebe a comunicação, conforme lembra o pensador russo Mikhail Bakhtin. Mesmo situado em um tempo histórico diferente do tempo de produção da obra, ele também a recria e atualiza os seus sentidos com base em suas vivências pessoais e nas referências artísticas e culturais do seu tempo. Por outro lado, no momento em que está criando a obra, o artista já é influenciado pelo perfil do público que tem em mente. Isso se reflete nos temas, nos valores e no tipo de linguagem que escolhe.

A literatura e outras mídias

O poeta e compositor Arnaldo Antunes comenta assim as mudanças na poesia decorrentes do contato com a tecnologia digital:

> O público dos livros de poesia pode ser mínimo, mas ele vem sendo ampliado por meio do contágio com outras mídias. [...] Hoje, o que se fazia nas revistas migrou, em grande parte, para a Internet. Você vê *sites* de poesia e *blogs* com debates interessantes, tudo associado a outras linguagens, poemas com áudio, inserção de imagens e movimento na palavra escrita. Esse tipo de composição virou coisa natural hoje em dia. A poesia só tem a ganhar quando se contamina com outros códigos, pois alcança outros públicos e descobre possibilidades de linguagem.
>
> (Revista *Língua Portuguesa*, nº 13.)

Patricia Stavis/Folhapress

Arnaldo Antunes.

Visite o *site* de Arnaldo Antunes (http://www.arnaldoantunes.com.br) e veja como ele põe em prática essas ideias.

Literatura: a humanização do homem

Você leu, neste capítulo e na Introdução, diferentes textos relacionados com a literatura. Leu textos literários, conheceu depoimentos de escritores e de pessoas comuns e viu também que a literatura é feita, antes de tudo, para dar prazer e provocar reflexão.

Conheça agora o que teóricos e especialistas em literatura dizem sobre o papel que ela desempenha no mundo em que vivemos.

LEITURA

O que é a poesia?

Veja a tentativa de responder à pergunta acima no depoimento do escritor mexicano Octavio Paz:

> A poesia é conhecimento, salvação, poder, abandono. Operação capaz de transformar o mundo, a atividade poética é revolucionária por natureza; exercício espiritual, é um método de libertação interior. A poesia revela este mundo; cria outro. Pão dos eleitos; alimento maldito. Isola; une.

(*O arco e a lira*. Rio de Janeiro: Nova Fronteira, 1982. p. 15.)

A arte e as energias submersas

O artista conduz os outros homens a um mundo de fantasia, onde seus anseios se libertam, afirmando desse modo a recusa da consciência humana em aceitar o condicionamento do meio: mobiliza-se assim um potencial de energias submersas que, por sua vez, regressam ao mundo real para transformar a fantasia em realidade.

(George Thompson. Apud Hélder Pinheiro. *Poesia na sala de aula*. 2. ed. João Pessoa: Ideia, 2002.)

TEXTO I

Um certo tipo de função psicológica é talvez a primeira coisa que nos ocorre quando pensamos no papel da literatura. A produção e a fruição desta se baseiam numa espécie de necessidade universal de ficção e de fantasia, que de certa forma é coextensiva ao homem, por aparecer invariavelmente em sua vida, como indivíduo e como grupo, ao lado da satisfação das necessidades mais elementares. E isto ocorre no primitivo e no civilizado, na criança e no adulto, no instruído e no analfabeto. A literatura propriamente dita é uma das modalidades que funcionam como resposta a essa necessidade universal, cujas formas mais humildes e espontâneas de satisfação talvez sejam coisas como a anedota, a adivinha, o trocadilho, o rifão. Em nível complexo surgem as narrativas populares, os cantos folclóricos, as lendas, os mitos. No nosso ciclo de civilização, tudo isto culminou de certo modo nas formas impressas, divulgadas pelo livro, o folheto, o jornal, a revista: poema, conto, romance, narrativa romanceada. Mais recentemente, ocorreu o *boom* das modalidades ligadas à comunicação oral, propiciada pela técnica: fita de cinema, [...] história em quadrinhos, telenovela. Isto, sem falar no bombardeio incessante da publicidade, que nos assalta de manhã à noite, apoiada em elementos de ficção e de poesia e em geral da linguagem literária.

Portanto, por via oral ou visual, sob formas curtas e elementares, ou sob complexas formas extensas, a necessidade de ficção se manifesta a cada instante; aliás, ninguém pode passar um dia sem consumi-la, ainda que sob a forma de palpite na loteria, devaneio, construção ideal ou anedota. E assim se justifica o interesse pela função dessas formas de sistematizar a fantasia, de que a literatura é uma das modalidades mais ricas.

(Antonio Candido. "A literatura e a formação do homem". Revista *Ciência e Cultura*, set. 1972. p. 804.)

boom: crescimento rápido, ação intensa.
fruição: ato ou efeito de fruir, isto é, de aproveitar ou desfrutar prazerosamente algo.
rifão: espécie de provérbio ou de adágio popular que transmite um ensinamento moral.

TEXTO II

Hoje já chegamos a uma época em que os romancistas e os poetas são olhados como criaturas obsoletas, de priscas eras. No entanto, só eles, só a boa literatura poderá evitar o tráfico final desta mecanização: o homem criando mil milhões, virando máquina azeitada que age corretamente ao apertar do botão — estímulo adequado. A Arte, e dentro dela a Literatura, é talvez a mais poderosa arma para evitar o esclerosamento, para manter o homem vivo, sangue, carne, nervos, sensibilidade; para fazê-lo sofrer, angustiar-se, sorrir e chorar. E ele terá então a certeza de que ainda está vivo, de que continua escapando.

A Literatura é o retrato vivo da alma humana; é a presença do espírito na carne. Para quem, às vezes, se desespera, ela oferece consolo, mostrando que todo ser humano é igual, e que toda dor parece ser a única; é ela que ensina aos homens os múltiplos caminhos do amor, enlaçando-os em risos e lágrimas, no seu sofrer semelhante; ela é que vivifica a cada instante o fato de realmente sermos irmãos do mesmo barro.

A moléstia é real, os sintomas são claros, a síndrome está completa: o homem continua cada vez mais incomunicável (porque deturpou o termo Comunicação), incompreendido e/ou incompreensível, porque se voltou para dentro e se autoanalisa continuamente, mas não troca com os outros estas experiências individuais; está "desaprendendo" a falar, usando somente o linguajar básico, essencial, e os gestos. Não lê, não se enriquece, não se transmite. Quem não lê, não escreve. Assim, o homem do século XX, bicho de concha, criatura intransitiva, se enfurna dentro de si próprio, ilhando-se cada vez mais, minado pelas duas doenças do nosso tempo: individualismo e solidão.

(Ely Vieitez Lanes. *Laboratório de literatura*. São Paulo: Estrutural, 1978.)

Em busca do equilíbrio

O progresso da sociedade de consumo (que tanto bem tem trazido e traz à humanidade, no plano material) precisa ser contrabalanceado com o progresso do reencontro do Homem com seu Espírito. E esse reencontro essencial poderá ser feito (entre outros caminhos) através do estudo da literatura [...].

(Nelly Novaes Coelho. In: Maria Thereza F. Rocco. *Literatura/Ensino: uma problemática*. 2. ed. São Paulo: Ática, 1992. p. 214.)

Designpics/Glow Images

azeitado: lubrificado.
obsoleto: antigo, ultrapassado, arcaico.
priscas: primeiras.
síndrome: conjunto de sinais e sintomas de uma doença.

1. De acordo com Antonio Candido (texto I), a literatura satisfaz uma necessidade essencial do ser humano.
   a) Qual é essa necessidade?
   b) Qual é o perfil das pessoas que têm essa necessidade? São crianças ou adultos? São pessoas com ou sem escolaridade?

2. De acordo com o texto II, a falta de comunicação e, consequentemente, o individualismo e a solidão são as doenças do mundo em que vivemos.
   a) Segundo o ponto de vista do autor, por que a literatura pode contribuir no combate a essas doenças?
   b) O pensamento de Nelly Novaes Coelho, expresso no boxe "Em busca do equilíbrio", coincide com o pensamento do autor do texto II? Por quê?

Literatura: o encontro do individual com o social

Segundo o escritor Guimarães Rosa, literatura é feitiçaria que se faz com o sangue do coração humano. Isso quer dizer que a literatura, entre outras coisas, é também a expressão das emoções e reflexões do ser humano.

Leia, a seguir, um poema do escritor africano José Craveirinha.

LEITURA

Patrik Giardino/Iconica/Getty Images

alcatrão: um dos componentes do carvão.

motriz: que se move ou faz mover alguma coisa.

Grito negro

Eu sou carvão!
E tu arrancas-me brutalmente do chão
e fazes-me tua mina, patrão.

Eu sou carvão!
e tu acendes-me, patrão
para te servir eternamente como força motriz
mas eternamente não, patrão.
Eu sou carvão
e tenho que arder, sim
e queimar tudo com a força da minha combustão.
Eu sou carvão
tenho que arder na exploração
arder até às cinzas da maldição
arder vivo como alcatrão, meu irmão
até não ser mais a tua mina, patrão.
Eu sou carvão
Tenho que arder
queimar tudo com o fogo da minha combustão.
Sim!
Eu serei o teu carvão, patrão!

(In: Mário de Andrade, org. *Antologia temática de poesia africana*. 3. ed. Lisboa: Instituto Cabo-Verdeano do Livro, 1980. v. 1. p. 180.)

1. O texto lido é um poema, um dos vários gêneros literários. Nos poemas, é comum o eu lírico expor seus sentimentos e pensamentos.

a) Qual é o tema do poema lido?

b) O que predomina nesse poema: aspectos individuais ou sociais?

2. Os poemas geralmente utilizam uma **linguagem plurissignificativa**, isto é, uma linguagem figurada, em que as palavras apresentam mais de um sentido. O eu lírico do poema lido, por exemplo, chama a si mesmo de *carvão*. Que sentidos têm as palavras *carvão* e *mina* no contexto?

Eu lírico: a voz do poema

Chamamos de *eu lírico*, *eu poético* ou simplesmente *sujeito* à pessoa que fala no poema.

Nem sempre a voz do eu lírico corresponde à do escritor. Em várias canções de Chico Buarque, por exemplo, o eu lírico é feminino. Veja um trecho da canção "Ana de Amsterdam":

Eu cruzei um oceano
Na esperança de casar
Fiz mil bocas pra Solano
Fui beijada por Gaspar

3. Para o patrão, o eu lírico é carvão, pois é a força motriz do trabalho e da produção. O eu lírico aceita sua condição de "carvão", mas com um sentido diferente do que tem para o patrão. Releia os versos finais do poema e interprete o último verso.

> Eu sou carvão
> Tenho que arder
> queimar tudo com o fogo da minha
> [combustão.
> Sim!
> Eu serei o teu carvão, patrão!

4. O poema de Craveirinha, além de expressar os sentimentos e as ideias do eu lírico, é também uma recriação da realidade. Por meio dessa recriação o poeta denuncia as condições de vida a que eram submetidos os negros em Moçambique antes do processo de independência. Na sua opinião, a literatura pode contribuir para transformar a realidade concreta? Explique.

5. O escritor e educador Rubem Alves afirma que o escritor "escreve para produzir prazer". Em sua opinião, a literatura proporciona prazer ao ser humano, mesmo quando trata de problemas sociais, como ocorre no poema de Craveirinha? Justifique sua resposta.

6. Reúna-se com um colega e, com base na leitura do poema de Craveirinha e do conto "A mulher sem medo", de Moacyr Scliar, montem um quadro com as principais características do texto literário.

José Craveirinha: um grito de liberdade

José Craveirinha (1922-2002) é considerado um dos principais escritores africanos de língua portuguesa. Moçambicano, participou ativamente do processo de libertação de seu país. Entre outras obras, escreveu *Chigubo*, *Karingana ua Karingana*, *Maria* e *Hamina e outros contos*.

Instituto Nacional do Livro e do Disco

A arte como resistência política

Nas décadas de 1960 e 1970, a música popular brasileira – muito mais do que a literatura – representou uma forma popular de combate ao regime militar. Artistas como Geraldo Vandré, Chico Buarque de Hollanda, Milton Nascimento e Ivan Lins compuseram *músicas engajadas*, que falavam do sonho de liberdade e de tempos de alegria. Alguns escritores também se engajaram nesse processo, entre eles Antônio Callado e Ferreira Gullar. Este escreveu, por exemplo:

> Eu sei que a vida vale a pena
> Mesmo que o pão seja caro
> E a liberdade, pequena.

ESTILOS DE ÉPOCA: ADEQUAÇÃO E SUPERAÇÃO

O ser humano se modifica através dos tempos: muda sua forma de pensar, de sentir e de ver o mundo. Consequentemente, promove mudanças nos valores, nas ideologias, nas religiões, na moral, nos sentimentos. Por isso, é natural que as obras literárias expressem características próprias do momento histórico em que são produzidas. Em certas épocas, por exemplo, determinados temas podem ser mais explorados do que outros; já em outras épocas, os escritores podem estar mais interessados no trabalho formal com os textos do que nas ideias, e assim por diante.

Ao conjunto de textos que apresentam certas características comuns em determinado momento histórico, chamamos **estilo de época** ou **movimento literário**. Ao escrever, o escritor recebe influências e sofre coerções do grupo de escritores do seu tempo, mas isso não quer dizer que ele sempre se limite aos procedimentos comuns àquele grupo. Como a literatura é um organismo vivo e dinâmico, o escritor está em constante diálogo não só com a produção do grupo local, mas também com a produção literária de outros países, com a literatura do passado e, mesmo sem saber, com a do futuro. Por isso, não é difícil os escritores surpreenderem e levarem a literatura a uma situação completamente inusitada. Assim foi com Camões em Portugal, com Cervantes na Espanha e com Machado de Assis e Guimarães Rosa no Brasil.

LEITURA

A seguir, você vai ler e comparar versos de dois poemas: o primeiro é um fragmento do poema "Meus oito anos", de Casimiro de Abreu (1839-1860), poeta romântico que viveu no século XIX; o segundo é um poema de Antônio Cacaso (1947-1987), poeta contemporâneo que viveu na segunda metade do século XX.

TEXTO I

Mariângela Haddad

Meus oito anos

Oh! que saudades que tenho
Da aurora da minha vida,
Da minha infância querida
Que os anos não trazem mais!
Que amor, que sonhos, que flores,
Naquelas tardes fagueiras
À sombra das bananeiras,
Debaixo dos laranjais!
[...]

(*Poesias completas de Casimiro de Abreu*. Rio de Janeiro: Ediouro, s. d. p. 19.)

TEXTO II

Mariângela Haddad

E com vocês a modernidade

Meu verso é profundamente romântico.
Choram cavaquinhos luares se derramam e vai
por aí a longa sombra de rumores e ciganos.
Ai que saudade que tenho de meus negros
[verdes anos!

(Cacaso. *Lero-lero*. Rio de Janeiro: 9 Letras; São Paulo: Cosac & Naify, 2002. p. 113.)

1. Em "Meus oito anos", Casimiro de Abreu aborda a infância como tema.
   a) Na condição de adulto, como ele vê a infância?
   b) Que elementos são valorizados pelo poeta na descrição de sua infância?

2. O poema "E com vocês a modernidade", de Cacaso, estabelece um diálogo com o poema de Casimiro de Abreu. Que verso evidencia esse diálogo?

3. No poema de Cacaso, as lembranças do passado são diferentes das do poema de Casimiro de

Abreu. O passado recordado também é o período da infância? Se não, que elementos mencionados no poema constituem a memória do eu lírico?

4. O verso final do poema de Cacaso quebra a perspectiva ingênua e bem-comportada do poema de Casimiro de Abreu. Dê uma interpretação a esse verso e, com base nela, explique o título do poema: "E com vocês a modernidade".

5. Em ambos os poemas a linguagem é simples. Em qual deles, contudo, a linguagem é mais informal, mais próxima da oralidade e se prende menos às normas da língua escrita?

As diferenças entre os dois textos quanto à linguagem e à visão de mundo evidenciam dois momentos distintos da literatura, ou seja, dois *movimentos literários* ou *estilos de época* diferentes. O texto I é ligado ao Romantismo, movimento literário do século XIX que, entre outras características, distinguiu-se pela idealização da infância, do amor e da mulher e pelo emprego de uma linguagem elevada, rica em imagens, comparações, inversões, etc. O texto II é representante da literatura contemporânea, que se caracteriza pela ironia, pela revisão e destruição de modelos passados.

Além das variações de época, existem também as variações pessoais. Nenhum escritor escreve exatamente igual a outro. Cada um desenvolve um *estilo pessoal*, que consiste numa forma particular de se expressar fazendo uso da língua.

Diálogos na tradição literária

As relações entre o escritor e o público ou as relações entre o escritor e o seu contexto não podem ser vistas de forma mecânica. Classificar um escritor como participante deste ou daquele estilo de época geralmente é uma preocupação de natureza didática ou científica. Os escritores nem sempre estão preocupados em escrever de acordo com este ou aquele estilo.

Além disso, entre uma época literária e outra, é comum haver uma fase de transição, um período em que o velho e o novo se misturam. Machado de Assis, por exemplo, durante certo tempo foi um escritor com traços românticos; depois abandonou-os, dando origem ao Realismo em nossa literatura.

Meninas lendo (1934), de Picasso.

Há escritores que não se ligam à tendência literária vigente em sua época, mas produzem obras cuja originalidade chega a despertar, em autores de outras épocas, interesse pelo mesmo projeto. Esses escritores, de épocas diferentes mas com projetos artísticos comuns, não pertencem ao mesmo movimento, mas *perseguem a mesma tradição literária*. Por exemplo, há escritores filiados à tradição gótica no Romantismo, no Simbolismo e na atualidade.

Há ainda a situação de um autor estar muito à frente de seu tempo, o que lhe traz problemas de reconhecimento. É o caso, por exemplo, do poeta Joaquim de Sousa Andrade, mais conhecido por Sousândrade, que, apesar de ter vivido na época do Romantismo, foi precursor daquilo que aconteceria cinquenta anos depois na literatura, ou seja, o Modernismo. Só a partir da década de 70 do século XX, o escritor teve sua importância reconhecida definitivamente.

A partir do capítulo 5 desta unidade, você iniciará o estudo sistematizado da literatura em língua portuguesa. Conhecerá, primeiramente, as origens da literatura em Portugal, uma vez que a literatura brasileira surgiu somente alguns séculos depois.

A LITERATURA NA ESCOLA

A literatura, bem como outras artes e ciências, independe da escola para sobreviver. Apesar disso, dada sua importância para a língua e a cultura de um país, bem como para a formação de jovens leitores, transformou-se em disciplina escolar em várias partes do mundo.

Na escola, há diferentes possibilidades de abordar e sistematizar o estudo da literatura: por épocas, por temas, por gêneros, por comparações, etc. No Brasil, no último século, a abordagem histórica da literatura, isto é, o estudo da produção literária dos principais escritores e suas obras no transcorrer do tempo, tem sido a mais comum.

Nesta coleção, você vai aprender literatura de uma forma híbrida: a abordagem histórica se mistura a atividades que comparam textos de épocas distintas, que relacionam a literatura com as artes plásticas da época, com o contexto histórico-social e com produções artísticas (música, literatura, cinema) do mundo em que vivemos.

Apresentamos, a seguir, um esquema dos períodos das literaturas portuguesa e brasileira e os séculos correspondentes, para que você tenha uma visão da sequência histórica dos movimentos literários. Volte a esse esquema sempre que tiver necessidade de situar no tempo um autor ou um estilo de época.

Editora Saraiva

PERIODIZAÇÃO DAS LITERATURAS PORTUGUESA E BRASILEIRA

		IDADE MÉDIA		IDADE MODERNA		
		Trovadorismo (séc. XII a XIV)	2ª época medieval (séc. XV e início do XVI)	Classicismo (séc. XVI)	Barroco (séc. XVII)	Arcadismo (séc. XVIII)
Literatura Portuguesa	Marco Introdutório	1189(?): "Cantiga da Ribeirinha", de Paio Soares de Taveirós	1434: Criação do cargo de cronista-mor do reino	1527: Volta de Sá de Miranda da Itália	1580: Domínio espanhol e morte de Camões	1756: Fundação da Arcádia Lusitana
Literatura Portuguesa	Principais Autores	D. Dinis Martim Codax João Garcia de Guilhade Pero da Ponte	Fernão Lopes Gil Vicente Garcia de Resende João-Roiz de Castelo Branco	Luís de Camões Sá de Miranda Bernardim Ribeiro Fernão Mendes Pinto Antônio Ferreira	Pe. Antônio Vieira Pe. Manuel Bernardes D. Francisco Manuel de Melo Antônio José da Silva Sóror Maria Alcoforado	Manuel Maria de Barbosa du Bocage Filinto Elísio Cruz e Silva Correia Garção Cândido Lusitano
Literatura Brasileira	Marco Introdutório			1500: *Carta*, de Pero Vaz de Caminha	1601: *Prosopopeia*, de Bento Teixeira	1768: Obras de Cláudio Manuel da Costa
Literatura Brasileira	Principais Autores			Pero Vaz de Caminha Pero M. Gândavo Gabriel Soares de Sousa José de Anchieta	Gregório de Matos Pe. Antônio Vieira	Cláudio Manuel da Costa Tomás Antônio Gonzaga Silva Alvarenga Alvarenga Peixoto Santa Rita Durão Basílio da Gama
CONTEXTO ARTÍSTICO		 Duccio di Buoninsegna	 Giotto di Bondone	 Leonardo da Vinci	 Michelangelo Merisi (Caravagio)/Universal Images Group/Getty Images	 Jacques-Louis David

IDADE CONTEMPORÂNEA

Romantismo (séc. XIX)	Realismo/Naturalismo (séc. XIX)	Simbolismo (séc. XIX)	Modernismo (séc. XX)	Contemporaneidade (séc. XX e XXI)
1825: Publicação de *Camões*, de Almeida Garrett	**1865**: Questão Coimbrã	**1900**: Publicação de *Oaristos*, de Eugênio de Castro	**1915**: Revista *Orpheu* **1927**: Revista *Presença* **1940**: Neorrealismo	**1975**: Revolução dos Cravos
Almeida Garrett Alexandre Herculano Antônio Feliciano de Castilho João de Deus Soares de Passos Camilo Castelo Branco Júlio Dinis	Antero de Quental Eça de Queirós Guerra Junqueiro Cesário Verde Gomes Leal	Camilo Pessanha Eugênio de Castro Antônio Nobre	Fernando Pessoa Mário de Sá-Carneiro Almada-Negreiros José Régio Miguel Torga Ferreira de Castro Alves Redol Fernando Namora Vergílio Ferreira	Mário Cesariny de Vasconcelos Jorge de Sena Alexandre O'Neill Agustina Bessa-Luís Sophia de Mello Breyner Andresen David Mourão Ferreira Antônio Ramos Rosa Herberto Helder José Saramago Antônio Lobo Antunes Gonçalo M. Tavares Valter Hugo Mãe
1836: *Suspiros poéticos e saudades*, de Gonçalves de Magalhães	**1881**: *Memórias póstumas de Brás Cubas*, de Machado de Assis, e *O Mulato*, de Aluísio Azevedo	**1893**: *Missal e Broquéis*, de Cruz e Sousa	**1922**: Semana de Arte Moderna	**1944**: *Perto do coração selvagem*, de Clarice Lispector
Gonçalves Dias Álvares de Azevedo Casimiro de Abreu Junqueira Freire Fagundes Varela Castro Alves José de Alencar Manuel Antônio de Almeida Joaquim Manuel de Macedo Visconde de Taunay Bernardo Guimarães Franklin Távora	Machado de Assis Aluísio Azevedo Raul Pompeia Olavo Bilac Raimundo Correia Alberto de Oliveira	Cruz e Souza Alphonsus de Guimaraens Pedro Kilkerry	**1ª geração** Oswald de Andrade Mário de Andrade Manuel Bandeira Antônio de Alcântara Machado **2ª geração** Graciliano Ramos José Lins do Rego Rachel de Queiroz Jorge Amado Érico Veríssimo Carlos Drummond de Andrade Murilo Mendes Jorge de Lima Vinícius de Morais Cecília Meireles	Clarice Lispector Guimarães Rosa João Cabral de Melo Neto Haroldo de Campos Augusto de Campos Décio Pignatari Ferreira Gullar Mário Chamie Mário Faustino Lygia Fagundes Telles Mário Palmério Osman Lins Mário Quintana Fernando Sabino Rubem Braga José J. Veiga Otto Lara Resende Antônio Callado Adonias Filho Autran Dourado Dalton Trevisan João Antônio Ricardo Ramos Sérgio Porto Rubem Fonseca Paulo Leminski Cacaso João Ubaldo Ribeiro José Paulo Paes Adélia Prado Luis Fernando Verissimo Ignácio de Loyola Brandão Nélia Piñon Hilda Hilst Affonso Romano de Sant'Anna Glauco Mattoso Arnaldo Antunes

William Blake

Gustave Courbet/Latinstock

Redon Odilon

Pablo Picasso

Andy Warhol

PRODUÇÃO DE TEXTO

Thinkstock/Getty Images

CAPÍTULO 2

Introdução aos gêneros do discurso

Em casa, na rua, na escola, no clube, no restaurante, todos nós, no dia a dia, circulamos entre textos. O que é texto? Uma conversa telefônica informal entre amigos é um texto? A letra de uma música que ouvimos pelo rádio é um texto? Um capítulo de novela, um *outdoor*, um letreiro de ônibus, uma conta de telefone, um debate político, um texto publicitário, uma notícia de jornal, uma bula de remédio são textos? Quando falamos, também produzimos textos ou são textos apenas os escritos? Para que servem os textos? O que diferencia um texto do outro?

Os textos que seguem não têm a intenção de dar respostas a todas essas questões, mas estimular você a participar com seus colegas de uma conversa sobre a natureza e a função dos textos.

Leia os textos e, a seguir, responda ao que se pede.

TEXTO I

Crianças infelizes

Uma em cada onze crianças com idade entre 8 e 16 anos está infeliz, segundo um estudo divulgado em janeiro deste ano pela *Children's Society*. Apesar de a pesquisa trazer à tona uma realidade do Reino Unido, especialistas brasileiros em saúde infantil afirmam que esse não é um problema exclusivo das crianças britânicas. Para eles, mais do que infelizes, elas estão ansiosas, estressadas, deprimidas e sobrecarregadas. "As crianças de hoje estão desconfortáveis com a infância", diz Ivete Gattás, coordenadora da Unidade de Psiquiatria da Infância e Adolescência da Universidade Federal de São Paulo (Unifesp). [...]

(*Veja*, nº 2 256.)

TEXTO II

Como fazer para evitar o câncer de pele?

Masterfile/Other Images

A exposição prolongada e repetida da pele ao sol causa o envelhecimento cutâneo, além de predispor a pele ao surgimento do câncer. Tomando-se certos cuidados, os efeitos danosos do sol podem ser atenuados. Aprenda a seguir como proteger sua pele da radiação solar.

- Use sempre um filtro solar com fator de proteção solar (FPS) igual ou superior a 15, aplicando-o generosamente pelo menos 20 minutos antes de se expor ao sol e sempre reaplicando-o após mergulhar ou transpiração excessiva (saiba mais sobre filtros solares e FPS).
- Use chapéus e barracas grossas, que bloqueiem ao máximo a passagem do sol. Mesmo assim use o filtro solar, pois parte da radiação ultravioleta reflete-se na areia, atingindo a sua pele.
- Evite o sol no período entre 10 e 15 horas.
- A grande maioria dos cânceres de pele localiza-se na face, proteja-a sempre. Não se esqueça de proteger os lábios e orelhas, locais comumente afetados pela doença.
- Procure um dermatologista se existem manchas na sua pele que estão se modificando, formam "cascas" na superfície, sangram com facilidade, feridas que não cicatrizam ou lesões de crescimento progressivo.
- Faça uma visita anual ao dermatologista para avaliação de sua pele e tratamento de eventuais lesões pré-cancerosas.

(http://www.dermatologia.net/novo/base/cancer.shtml)

TEXTO III

Do seu coração partido

Sentada junto à sacada para que com a luz lhe chegasse a vida da rua, a jovem costurava o longo traje de seda cor de jade que alguma dama iria vestir.

Essa seda agora muda — pensava a costureira enquanto a agulha que retinha nos dedos ia e vinha — haveria de farfalhar sobre mármores, ondeando a cada passo da dama, exibindo e ocultando nos poços das pregas seu suave verde. O traje luziria nobre como uma joia. E dos pontos, dos pontos todos, pequenos e incontáveis que ela, aplicada, tecia dia após dia, ninguém saberia.

Assim ia pensando a moça, quando uma gota de sangue caiu sobre o tecido.

De onde vinha esse sangue? perguntou-se em assombro, afastando a seda e olhando as próprias mãos limpas. Levantou o olhar. De um vaso na sacada, uma roseira subia pela parede oferecendo, ao alto, uma única rosa flamejante.

— Foi ela — sussurrou o besouro que parecia dormir sobre uma folha. — Foi do seu coração partido.

Esfregou a cabeça com as patinhas. — Sensível demais, essa rosa — acrescentou, não sem um toque de censura. — Um mancebo acabou de passar lá embaixo, nem olhou para ela. E bastou esse nada, essa quase presença, para ela sofrer de amor.

Por um instante esquecida do traje, a moça debruçou-se na sacada. Lá ia o mancebo, afastando-se num esvoejar de capa em meio às gentes e cavalos.

— Senhor! Senhor! — gritou ela, mas nem tão alto, que não lhe ficaria bem. E agitava o braço.

O mancebo não chegou a ouvir. Afinal, não era o seu nome que chamavam. Mas voltou-se assim mesmo, voltou-se porque sentiu que devia voltar-se ou porque alguém do seu lado virou a cabeça de súbito como se não pudesse perder algo que estava acontecendo. E voltando-se viu, debruçada no alto de uma sacada, uma jovem que agitava o braço, uma jovem envolta em sol, cuja trança pendia tentadora como uma escada. E aquela jovem, sim, aquela jovem o chamava.

Retornar sobre os próprios passos, atravessar um portão, subir degraus, que tão rápido isso pode acontecer quando se tem pressa. E eis que o mancebo estava de pé junto à sacada, junto à moça. Ela não teve nem tempo de dizer por que o havia chamado, que já o mancebo extraía seu punhal e, de um golpe, decepava a rosa para lhe oferecer.

Uma última gota de sangue caiu sobre a seda verde esquecida no chão. Mas a moça costureira, que agora só tinha olhos para o mancebo, nem viu.

(Marina Colasanti. *23 histórias de um viajante*. São Paulo: Global, 2005. p. 157-9. *by Marina Colasanti.*)

TEXTO IV

Vale a pena investir em energia nuclear no Brasil?

Creio que ainda não temos estudos suficientes para o uso da energia nuclear, principalmente em um país como o Brasil, onde a estrutura e segurança dificilmente são prioridades. Acho que devíamos investir em outros métodos de energia, alguma energia sustentável e segura. Agora, devemos nos preocupar um pouco mais com o planeta e com a segurança das pessoas, para garantir um futuro.

(http://blogs.estadao.com.br/radar-economico/2011/03/18/vale-a-pena-investir-em-energia-nuclear-no-brasil/)

TEXTO V

Por que sentimos calafrios e desconforto ao ouvir certos sons agudos — como unhas arranhando um quadro-negro?

Esta é uma reação instintiva para protegermos nossa audição. A cóclea (parte interna do ouvido) tem uma membrana que vibra de acordo com as frequências sonoras que ali chegam. A parte mais próxima ao exterior está ligada à audição de sons agudos; a região mediana é responsável pela audição de sons de frequência média; e a porção mais final, por sons graves. As células da parte inicial, mais delicadas e frágeis, são facilmente destruídas — razão por que, ao envelhecermos, perdemos a capacidade de ouvir sons agudos. Quando frequências muito agudas chegam a essa parte da membrana, as células podem ser danificadas, pois, quanto mais alta a frequência, mais energia tem seu movimento ondulatório. Isso, em parte, explica nossa aversão a determinados sons agudos, mas não a todos. Afinal, geralmente não sentimos calafrios ou uma sensação ruim ao ouvirmos uma música com notas agudas.

Aí podemos acrescentar outro fator. Uma nota de violão tem um número limitado e pequeno de frequências — formando um som mais "limpo". Já no espectro de som proveniente de unhas arranhando um quadro-negro (ou do atrito entre isopores ou entre duas bexigas de ar) há um número infinito delas. Assim, as células vibram de acordo com muitas frequências e aquelas presentes na parte inicial da cóclea, por serem mais frágeis, são lesadas com maior facilidade. Daí a sensação de aversão a esses sons agudos e "crus".

Ronald Ranvaud
Departamento de Fisiologia e Biofísica, Universidade de São Paulo
(*Ciência Hoje*, nº 282, p. 4.)

TEXTO VI

Anuário do Clube de Criação de São Paulo

(*32º Anuário do Clube de Criação de São Paulo*, p. 156.)

1. O texto "Do seu coração partido" é narrativo, isto é, conta uma história. O texto narrativo apresenta fatos em sequência: um fato causa um efeito, que dá origem a outro fato, e assim por diante.
   a) Uma jovem costurava um traje de seda quando uma gota de sangue caiu sobre o tecido. O que esse fato provocou na moça?
   b) O besouro conta à moça que a passagem de um mancebo partira o coração da rosa. Que efeito essa explicação causa na jovem costureira?
2. Compare os textos I e III. Ambos contam fatos. Entretanto, os fatos relatados são de naturezas diferentes.
   a) Qual deles conta uma história ficcional?
   b) Qual deles relata fatos que acontecem na realidade?
3. Observe os textos II e IV. Qual deles instrui, isto é, indica como devemos proceder para obter determinado resultado?
4. Os textos IV e V abordam assuntos ligados à realidade. Entretanto, cada um deles tem uma finalidade diferente.
   a) Qual é a finalidade do texto IV?
   b) E a do texto V?
5. O texto VI é um anúncio publicitário relacionado à Copa do Mundo de 2014. Qual é a finalidade dele?

6. Como síntese desta atividade, indique o texto cujo objetivo principal é:

a) narrar uma história fictícia;

b) relatar fatos reais;

c) expor conhecimentos formais, científicos;

d) divulgar um produto ou uma ideia;

e) argumentar para persuadir o interlocutor sobre um ponto de vista;

f) instruir como proceder para obter um resultado.

O QUE É GÊNERO DO DISCURSO?

Ao desenvolver a atividade anterior, você deve ter observado que os textos foram produzidos em situações e contextos diferentes e que cada um deles cumpre uma finalidade específica. Se o objetivo do locutor é, por exemplo, instruir seu interlocutor, ele indica passo a passo o que deve ser feito para se obter um bom resultado. Se é expressar sua opinião e defender um ponto de vista sobre determinado assunto, ele produz um texto que se organiza em torno de argumentos. Se é contar fatos reais ou fictícios, ele pode optar por produzir um texto que apresente em sua estrutura os fatos, as pessoas ou personagens envolvidas, o momento e o lugar em que os fatos ocorreram. Se é transmitir conhecimentos, o locutor deve construir um texto que exponha os saberes de forma eficiente.

O gênero do discurso e a situação de produção

Suponha que você esteja insatisfeito(a) porque sua rua tem sofrido constantes enchentes. Para resolver o problema, é necessário que uma reclamação oficial seja feita. Que gênero discursivo utilizar então?

Você poderia escrever uma **carta argumentativa de reclamação** à prefeitura de sua cidade ou ao governo de seu Estado. Contudo, esse não é um problema só seu. Logo, o documento teria mais força se tivesse o apoio de outros moradores da rua ou do bairro. Nesse caso, vocês poderiam lançar mão de um **abaixo-assinado** ou de uma **carta aberta** dirigida à população e aos governantes. A escolha dependeria de outros fatores, como o número de pessoas que poderiam assinar, se a carta aberta seria divulgada numa assembleia ou manifestação, se haveria cobertura da imprensa, etc.

Observe que a escolha de um determinado gênero discursivo depende em grande parte da **situação de produção**, ou seja, a finalidade do texto a ser produzido, quem são o(s) locutor(es) e o(s) interlocutor(es), o meio disponível para veicular o texto, etc.

Assim, quando interagimos com outras pessoas por meio da linguagem, seja a linguagem oral, seja a linguagem escrita, produzimos certos tipos de texto que, com poucas variações, se repetem no conteúdo, no tipo de linguagem e na estrutura. Esses tipos de texto constituem os chamados **gêneros do discurso** ou **gêneros textuais** e foram historicamente criados pelo ser humano a fim de atender a determinadas necessidades de interação verbal. De acordo com o momento histórico, pode nascer um gênero novo, podem desaparecer gêneros de pouco uso ou, ainda, um gênero pode sofrer mudanças até transformar-se em um novo gênero.

Numa situação de interação verbal, a escolha do gênero é feita de acordo com os diferentes elementos que participam do contexto, tais como: quem está produzindo o texto, para quem, com que finalidade, em que momento histórico, etc.

Os gêneros discursivos geralmente estão ligados a **esferas de circulação**. Assim, na *esfera jornalística*, por exemplo, são comuns gêneros como notícias, reportagens, editoriais, entrevistas e outros; na *esfera de divulgação científica* são comuns gêneros como verbete de dicionário ou de enciclopédia, artigo ou ensaio científico, seminário, conferência.

OS GÊNEROS LITERÁRIOS

Entre os gêneros discursivos, existem aqueles que são próprios da *esfera artística e cultural* e são utilizados com finalidade estética, artística: os **gêneros literários**. Como o escritor tem liberdade para criar e recriar gêneros literários, é difícil traçar as fronteiras entre estes. Na esfera artística, os gêneros se multiplicam ou se combinam e sofrem transformações quase constantes.

Apesar disso, desde as primeiras tentativas de classificação feitas por Platão e Aristóteles, na Grécia antiga, a literatura tem sido organizada por gêneros. De acordo com essa *concepção clássica*, há três gêneros literários básicos: o *lírico*, o *épico* e o *dramático*. Ao longo dos séculos, contudo, essa divisão foi sendo questionada por escritores e críticos, já que deixou de corresponder à variedade dos gêneros existentes, uma vez que novos gêneros surgiam e antigas formas se renovavam.

Veja, a seguir, as características básicas dos gêneros literários clássicos, segundo a classificação aristotélica.

Gênero lírico

Trata-se da manifestação de um *eu lírico*, que expressa no texto seu mundo interior, suas emoções, sentimentos, ideias e impressões. É um texto geralmente subjetivo, com predominância de pronomes e verbos na 1ª pessoa e que explora a musicalidade das palavras.

Veja os seguintes versos, do poeta português Fernando Pessoa:

Relógio, morre —
Momentos vão...
Nada já ocorre
Ao coração
Senão, senão...

Bem que perdi,
Mal que deixei,
Nada aqui
Montes sem lei
Onde estarei...

Ninguém comigo!
Desejo ou tenho?
Sou o inimigo —
De onde é que venho?
O que é que estranho?

(*Obra poética*. Rio de Janeiro: Aguilar, 1965. p. 521.)

Filipe Rocha

Gênero épico

Nas composições desse gênero há a presença de um narrador, que conta uma história em versos, em um longo poema que ressalta a figura de um herói, um povo ou uma nação. Geralmente envolvem aventuras, guerras, viagens e façanhas heroicas e apresentam um tom de exaltação, isto é, de valorização de heróis e feitos grandiosos. É um texto narrativo com verbos e pronomes na 3ª pessoa e que pressupõe a presença de um ouvinte ou de uma plateia.

Os poemas épicos intitulam-se *epopeias*. As principais epopeias da cultura ocidental são a *Ilíada* e a *Odisseia*, de Homero, a *Eneida*, de Virgílio, *Os lusíadas*, de Luís de Camões, *Paraíso perdido*, de Mílton, *Orlando Furioso*, de Ariosto.

No Brasil, entre os vários poemas épicos produzidos – a maioria deles conforme o modelo oferecido por Camões – destacam-se *Caramuru*, de Santa Rita Durão, e *O Uraguai*, de Basílio da Gama.

A estrofe a seguir pertence ao poema *Os lusíadas*. Observe a linguagem culta, a narração em 3ª pessoa e o engrandecimento dos navegantes portugueses.

Já no batel entrou do Capitão
O rei, que nos seus braços o levava;
Ele, co'a cortesia que a razão
(Por ser rei) requeria, lhe falava.
Cumas mostras de espanto e admiração,
O Mouro o gesto e o modo lhe notava,
Como quem em mui grande estima tinha
Gente que de tão longe à Índia vinha.

batel: barco. **cumas**: com umas.
co'a: com a. **mouro**: árabe.

Cinema épico

Warner Bros-Pictures/Album/Latinstock

Cena do filme *300*.

Modernamente, também se chamam *épicos* certos filmes cujo tema são aventuras de um herói ou guerras que definem a história de um povo. São considerados épicos, por exemplo, filmes como *300*, de Zack Snyder; *Cruzada* e *Gladiador*, de Ridley Scott; *Troia*, de Wolfgang Petersen; *1900*, de Bernardo Bertolucci; *Ran*, de Akira Kurosawa; *Quilombo*, de Cacá Diegues.

Gênero dramático

Enquanto o gênero épico exalta as realizações humanas e os grandes feitos de heróis, o gênero dramático expõe o conflito dos homens e seu mundo, as manifestações da miséria humana.

São do gênero dramático os textos escritos para serem encenados. Nesse tipo de texto, em vez de ser contada por um narrador, a história é mostrada no palco, ou seja, é representada por atores que fazem o papel das personagens. O texto se desenrola a partir de diálogos, o que exige uma sequência rigorosa das cenas e das relações de causa e consequência.

Observe no fragmento da peça *Bodas de sangue*, de Federico García Lorca, a seguir, como o enredo se constrói a partir do diálogo entre as personagens Mãe e Noivo.

Emiliano Piedra/Television Española/Album/Latinstock

Cena do filme *Bodas de sangue*, de Carlos Saura.

Casa pintada de amarelo

NOIVO (*entrando*) — Mãe.
MÃE — Que é?
NOIVO — Já vou.
MÃE — Aonde?
NOIVO — Para a vinha. (*Vai sair*)
MÃE — Espere.
NOIVO — Quer alguma coisa?
MÃE — Filho, o almoço.
NOIVO — Deixe. Vou comer uvas. Me dê a navalha.
MÃE — Para quê?
NOIVO (*rindo*) — Para cortá-las.
MÃE (*entre dentes e procurando-a*) — A navalha, a navalha... Malditas sejam todas as navalhas, e o canalha que as inventou.
NOIVO — Vamos mudar de assunto.
MÃE — E as espingardas e as pistolas, e a menorzinha das facas, e até as enxadas e os ancinhos do roçado.
NOIVO — Bom.

MÃE — Tudo o que pode cortar o corpo de um homem. Um homem bonito, com sua flor na boca, que vai para as vinhas ou para os olivais que tem, porque são dele, herdados...

NOIVO (*baixando a cabeça*) — Chega, mãe.

MÃE — ... e esse homem não volta. Ou, se volta, é só para que a gente lhe ponha uma palma por cima, ou um prato de sal grosso, para não inchar. Não sei como você se atreve a levar uma navalha no corpo, nem sei como ainda deixo essa serpente dentro do baú.

NOIVO — Já não chega?

MÃE — Nem que eu vivesse cem anos, não falaria de outra coisa. Primeiro seu pai, que cheirava a cravo; e só o tive por três anos, tão curtos. Depois, seu irmão. E é justo? E é possível que uma coisa tão pequena como uma pistola ou uma navalha possa dar cabo de um homem, que é um touro? Não vou me calar nunca. Os meses passam e o desespero me perfura os olhos e pica até nas pontas dos cabelos.

NOIVO (*forte*) — Vamos parar?

MÃE — Não. Não vamos parar. Alguém pode me trazer seu pai de volta? E seu irmão? E depois, o presídio. Mas o que é o presídio? Lá se come, lá se fuma, lá se toca música! Os meus mortos cobertos de grama, sem fala, viraram pó; dois homens que eram dois gerânios... Os assassinos, no presídio, folgados, olhando a paisagem...

(São Paulo: Abril Cultural, 1977. p. 11-3.)

Gêneros narrativos modernos

Além da concepção clássica de gêneros literários, há também uma *concepção moderna*, que leva em conta outras modalidades de texto, que não existiam no tempo de Aristóteles. Entre elas, encontram-se os gêneros narrativos modernos que guardam, em suas origens, um parentesco com a epopeia e outras formas narrativas primitivas, pois, como estas, se prestam a narrar uma história ficcional.

São gêneros narrativos modernos, por exemplo, o romance, a novela, o conto e a crônica. Qualquer um desses gêneros tem como elementos básicos de sua estrutura os fatos narrados numa sequência de causa e efeito, as personagens, o tempo, o ponto de vista do narrador.

De modo geral, procura-se diferenciá-los com base em critérios como tamanho, tempo e espaço narrativo, tipo e número de personagens, número de conflitos, desenvolvimento da ação, interiorização psicológica, meio de divulgação, etc. Assim, supõe-se que um *romance*, comparado a um *conto*, narre uma história na qual tempo e espaço são mais amplos, há várias personagens e várias histórias organizadas em torno de uma história central. Já a crônica é marcada pela brevidade temporal e apresenta episódios do cotidiano captados com sensibilidade pelo cronista, que extrai deles momentos de humor e reflexão sobre a vida e o mundo.

A distinção entre os gêneros modernos, entretanto, é bastante controvertida. Com frequência, deparamos com textos que misturam gêneros, ou que quebram a sequência narrativa tradicional ou, ainda, que usam na prosa os recursos da poesia.

Tanto os gêneros do discurso produzidos nas situações cotidianas de comunicação quanto os gêneros literários serão estudados de forma mais aprofundada nos capítulos subsequentes que tratam de literatura brasileira e portuguesa e nos capítulos voltados à produção de texto.

LÍNGUA: USO E REFLEXÃO

Barry Lewis/In Pictures/Corbis/Latinstock

CAPÍTULO 3

Linguagem, comunicação e interação

CONSTRUINDO O CONCEITO

Leia o anúncio publicitário:

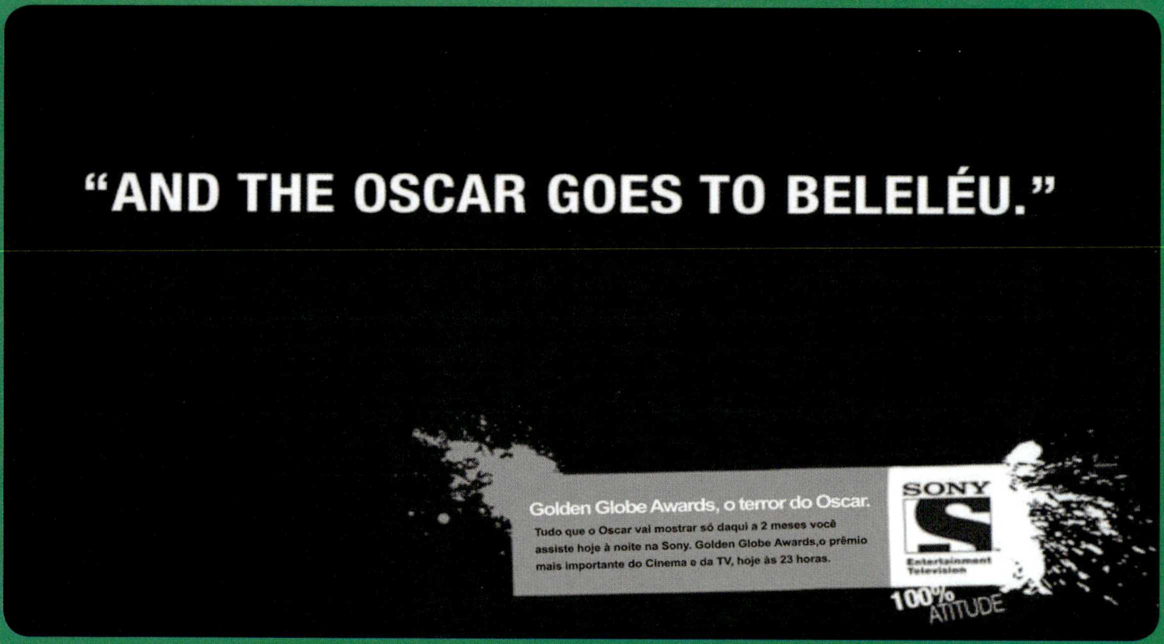

Reprodução

1. Quanto à situação de comunicação relacionada ao anúncio, responda:
   a) Quem é o anunciante?
   b) A que tipo de público o anúncio se destina?
   c) O que o anúncio divulga?

2. Apesar de ter sido veiculado no Brasil, o anúncio tem em seu enunciado principal uma frase em inglês. Levante hipóteses:
   a) Por que o anunciante fez essa opção?
   b) O público-alvo do anúncio teria dificuldade para ler o enunciado escrito em língua estrangeira?

3. A frase "And the Oscar goes to..." ("E o Oscar vai para...") é tradicionalmente utilizada na noite da cerimônia do Oscar, no anúncio dos vencedores, completada pelo nome do ganhador do prêmio. Que efeito de sentido é criado pela substituição do nome de um vencedor pelo termo *beleléu*?

4. No texto da parte inferior do anúncio, lemos: "Golden Globe Awards, o terror do Oscar" e "100% atitude".

Reprodução

   a) Que relação se pode estabelecer entre o enunciado principal do anúncio e a expressão "Golden Globe Awards, o terror do Oscar"?
   b) E entre o enunciado principal e a expressão "100% atitude"?
   c) Que imagem de si o locutor pretende construir com esse anúncio?

CONCEITUANDO

No anúncio lido, o canal de TV, apesar de se dirigir a leitores brasileiros, utiliza uma frase em inglês. Mesmo sendo falante de outro idioma, certamente o público-alvo do anúncio entende o que o texto diz, pois se trata de um enunciado muito conhecido dos espectadores de cinema, a quem o anúncio se dirige. Assim, é possível considerar que ocorre comunicação entre o locutor e o público ao qual o anúncio se dirige.

Para que haja uma comunicação bem-sucedida, é fundamental que os produtores dos textos e seus leitores/ouvintes compartilhem conhecimentos e conheçam as convenções que regem as situações sociais de que participam. Palavras, gestos, expressões corporais e faciais fazem parte da linguagem e têm seus significados convencionados socialmente. Um mesmo gesto, por exemplo, pode ter significados opostos em comunidades diferentes.

Linguagem é a expressão individual e social do ser humano e, ao mesmo tempo, o elemento comum que possibilita o processo comunicativo entre os sujeitos que vivem em sociedade.

LINGUAGEM VERBAL E LINGUAGEM NÃO VERBAL

Além da **linguagem verbal**, cuja unidade básica é a palavra (falada ou escrita), existem também as **linguagens não verbais**, como a música, a dança, a mímica, a pintura, a fotografia, a escultura, etc., que possuem outros tipos de unidades – o gesto, o movimento, a imagem, etc. Há, ainda, as **linguagens mistas**, como as histórias em quadrinhos, o cinema, o teatro e os programas de TV, que podem reunir diferentes linguagens, como o desenho, a palavra, o figurino, a música, o cenário, etc.

Durante muito tempo se pensou que a unidade básica dos textos fosse a palavra e que as outras unidades seriam supérfluas, acessórias. Sabemos hoje, entretanto, que todas se complementam na construção de sentidos de um texto, não sendo possível estabelecer uma hierarquia entre elas.

Mais recentemente, com o aparecimento da informática, surgiu também a **linguagem digital**, que permite armazenar e transmitir informações em meios eletrônicos.

No anúncio lido, o anunciante prevê seu público-alvo e interage com ele por meio da linguagem, isto é, por meio de signos e construções compartilhadas por ambos (ainda que pertencentes a idiomas diferentes).

Assim, pode-se concluir que a comunicação se estabelece por meio de textos (orais, escritos, verbais, não verbais, etc.) produzidos e lidos por pessoas – os interlocutores do processo comunicativo – que compartilham conhecimentos comuns e que constroem, solidariamente ou não, os sentidos desses textos.

Interlocutores são as pessoas que participam do processo de interação por meio de linguagem(ns).

ADESF

(http://labbioiee.blogspot.com/2009_06_01_archive.html)

Se consideramos apenas a parte verbal do anúncio, apreendemos um sentido oposto ao que é construído quando levamos em conta todos os elementos que o compõem: linguagem verbal, linguagem não verbal e contexto social em que ele circula (o das conhecidas campanhas contra o fumo e dos comprovados problemas de saúde causados pelo cigarro).

EXERCÍCIOS

Leia os cartuns a seguir, de Laerte, e responda às questões de 1 a 3.

Laerte

Laerte

(*Classificados*. São Paulo: Devir, 2004. v. 3, p. 49.)

O que é cartum?

Cartum é uma espécie de desenho humorístico ou anedota gráfica cujo objetivo é divertir o leitor e quase sempre fazer uma crítica a um tema da realidade.

1. Que tipo de linguagem é utilizado nos cartuns?

2. O humor do primeiro cartum é construído a partir da relação entre dois tipos de linguagem, inseridos em uma situação social específica. Identifique as linguagens e a situação social e explique essa relação.

3. Na segunda tira, o humor é construído a partir da sobreposição de duas áreas do conhecimento: uma científica e outra técnica.

   a) Quais são essas áreas?

   b) Que relação existe entre os papéis que as personagens estão desempenhando na tira e as palavras escritas na parte de trás de sua roupa?

Leia a tira a seguir, de Quino, e responda às questões de 4 a 7.

Joaquín Salvador Lavado (Quino). *Toda Mafalda*. Martins Fontes, 1991.

(Quino. *Mafalda*. São Paulo: Martins Fontes, 1998. v. 2, p. 25.)

4. A mãe de Mafalda encontra uma amiga na rua. Observe as falas e os gestos da mulher nos dois primeiros quadrinhos. O que sugerem expressões como *filhinha*, *gracinha*, *querida* e *meu bem*? E os gestos da mulher em relação a Mafalda?

5. A mulher faz uma pergunta a Mafalda.

   a) O que expressa o gesto de Mafalda no 3º quadrinho?

   b) Por que a resposta de Mafalda surpreende a mulher?

6. Quando duas pessoas se comunicam, elas levam em conta não apenas o que é dito, mas também outros elementos da situação. Tais elementos são, por exemplo, o contexto, quem fala e com quem se fala, a imagem de si própria que cada uma das pessoas tem ou deseja transmitir para a outra, etc. Esses vários elementos da situação fazem parte do jogo social da linguagem.

   a) Que tipo de imagem de si mesma a mulher deseja transmitir para Mafalda e sua mãe? Justifique sua resposta.

   b) Ao se comunicar com Mafalda, que imagem ela parece fazer da menina e das crianças em geral?

   c) E Mafalda? Ela está disposta a participar do tipo de jogo social da linguagem iniciado pela mulher? Por quê?

7. Mafalda faz referência a dois tipos de resposta que poderia dar à mulher: uma resposta-padrão e outra não padrão.

   a) Levante hipóteses: Qual seria a resposta-padrão?

   b) Na pergunta-resposta de Mafalda, a menina acaba revelando a imagem que construiu da mulher. Qual é essa imagem?

   c) Que função da linguagem se nota na pergunta de Mafalda?

CÓDIGOS

Código é uma convenção estabelecida por um grupo de pessoas ou por uma comunidade, com base em um conhecimento compartilhado, a fim de que a comunicação ocorra com maior rapidez. Por essa razão, é comum haver códigos em ruas, rodovias, rodoviárias, aeroportos, *shopping centers*, etc. São códigos os sinais de trânsito, os símbolos, o código Morse, as buzinas dos automóveis, as indicações de locais para estacionamento ou de caixas para clientes preferenciais, etc.

Alexandre Tokitaka/Pulsar Imagens

É comum a concepção da língua como código, uma vez que ela resulta de uma convenção social. Entretanto, trata-se de um código especial, estabelecido ao longo de um processo social e histórico complexo, pois a língua não só permite que seus falantes desenvolvam maneiras de falar do mundo, mas também influi diretamente em como eles se constituem como sujeitos sociais.

A LÍNGUA

O anúncio lido no começo do capítulo, escrito em língua portuguesa, mistura elementos de outro idioma, o inglês, para criar o efeito de sentido pretendido pelo anunciante e chamar a atenção de um público específico. Na tira de Quino estudada em exercícios anteriores, as personagens interagem, como vimos, por meio de linguagem verbal e não verbal: para se expressarem, falam português e fazem gestos convencionalmente utilizados em nossa sociedade.

A tira de Quino foi criada em espanhol, já que esse é o idioma oficial da Argentina, país do cartunista. Ao ser publicada no Brasil, ela foi traduzida para o português, idioma oficial do nosso país – e também de outros países colonizados por Portugal, como Moçambique, Angola, Cabo Verde, São Tomé e Príncipe, Guiné-Bissau (África) e Timor Leste (Ásia).

Sabemos que o idioma oficial do nosso país é o português, ao qual costumamos também chamar língua portuguesa. Mas em que consiste uma língua? Será que apenas no léxico, ou seja, em um conjunto de palavras?

Babel das línguas

No mundo existem aproximadamente 2700 línguas e 7 mil dialetos. As três línguas com o maior número de falantes são o mandarim, falado na China, o hindi, falado na Índia, e o inglês, falado nos Estados Unidos, na Inglaterra e em várias partes do mundo.

O português ocupa o 7º lugar e é falado por cerca de 200 milhões de pessoas em quatro continentes, e no Brasil estão quase 90% dos seus falantes.

O documentário *Língua – Vidas em português* (2001), de Victor Lopes, mostra como se dá o uso da língua portuguesa em várias partes do mundo.

Ana Ottoni/Folhapress

Mia Couto, escritor moçambicano que participa do filme *Língua – Vidas em português*.

Quantas línguas são faladas no Brasil?

Além do português, há no Brasil aproximadamente 180 línguas indígenas, faladas por 225 etnias. Dessas línguas, 110 são consideradas em extinção, pelo fato de serem faladas por menos de 500 pessoas.

Estima-se que, em 1500, cerca de 6 milhões de índios falavam 1 078 idiomas. Hoje, a população indígena brasileira chega a no máximo entre 440 mil e 500 mil indivíduos. Atribui-se o desaparecimento das línguas indígenas às pressões políticas do colonizador e, posteriormente, às necessidades de sobrevivência das populações indígenas.

Fonte: Revista *Língua Portuguesa*, nº 26.

O signo linguístico

Para Saussure, o signo linguístico (a palavra) é constituído por dois componentes: o significado e o significante. O primeiro seria o conceito, e o segundo, a imagem acústica desse conceito.

Assim, quando ouvimos ou lemos uma palavra (significante), associamos esse som a um objeto do mundo (significado).

A língua está presente em todas as interações sociais de que participamos em nosso cotidiano, e por meio dela nos constituímos como sujeitos sociais. A maneira como falamos das coisas influi diretamente nas concepções que temos delas. E, dependendo do meio social e cultural em que uma pessoa vive, a língua se desenvolve de um jeito ou outro, de forma que os sujeitos sociais e sua linguagem se influenciam mutuamente em sua constituição.

Nas interações sociais de que participamos, podemos, por meio dos usos que fazemos da língua, abrir caminhos, atingir nossos objetivos, conquistar aqueles com quem interagimos ou, pelo contrário, perder oportunidades, ser mal compreendidos, criar inimizades ou antipatias.

Vimos, na tira de Quino, que tanto a amiga da mãe de Mafalda quanto a menina mostram muito de si mesmas pela maneira como usam a língua, pelas escolhas que fazem ao formular ou responder a uma pergunta. Pode-se, pelo uso da língua, buscar ser uma pessoa agradável, amável, gentil, assim como também quebrar expectativas, romper estereótipos.

A relação entre sociedades e línguas é constatada há muitos séculos. Entretanto, os estudos sobre língua só passaram a ser considerados científicos com o advento da linguística, que vem se firmando desde o início do século XX e tem como um de seus pioneiros o estudioso Ferdinand de Saussure.

A fim de definir o que é língua e analisar seus componentes, Saussure propõe uma separação entre língua e fala e considera como objeto de estudo da linguística apenas a língua.

Segundo a perspectiva adotada por esse estudioso, é possível considerar a língua como um sistema de signos, regido por regras socialmente construídas, utilizado pelos falantes em suas interações.

As ideias de Saussure foram extremamente importantes para que a linguística moderna se tornasse uma ciência. Entretanto, a reflexão sobre os diferentes usos sociais da língua requer que se vá além da dissociação proposta por Saussure.

EXERCÍCIOS

Leia a tira:

Calvin Hobbes, Bill Watterson © 1987 Watterson/Dist. by Universal Uclick

(http://depositodocalvin.blogspot.com/2010/01/calvin-haroldo-tirinha-571.html)

1. No primeiro quadrinho, Calvin faz um pedido a sua mãe: "Posso fazer um lanche?". Com base no 3º quadrinho, responda:

   a) A quais objetos do mundo a palavra *lanche* remete Calvin?

   b) A quais objetos do mundo a palavra *lanche* remete a mãe de Calvin?

2. Vimos que é possível considerar a língua um sistema de signos utilizado pelos falantes em suas interações. No último quadrinho, Calvin faz uma afirmação sobre sua comunicação com a mãe. Levante hipóteses: Por que o menino considera que ele e a mãe "não falam a mesma língua"?

3. Você concorda com a afirmação de Calvin? Justifique sua resposta.

A TEORIA DA COMUNICAÇÃO

Calvin Hobbes, Bill Watterson © 1987 Watterson/Dist. by Universal Uclick

Ao ler a tira e responder às questões, você viu que a palavra *lanche* pode assumir diferentes sentidos para pessoas diferentes, dependendo da posição social que cada uma ocupa. Para Calvin, uma criança, "fazer um lanche" fora do horário das refeições quer dizer comer bolachas, o que comprovamos com a imagem do 3º quadrinho. Já para a mãe do menino, como percebemos por sua fala no mesmo quadrinho, "fazer um lanche" fora do horário das refeições significa comer uma fruta ("uma maçã ou uma laranja").

Assim, percebemos que um mesmo significante pode remeter a significados distintos, dependendo de quem são os sujeitos envolvidos na interação, isto é, quem fala, para quem, com que objetivos, em que contexto. Daí a importância de considerarmos também esses outros elementos, e não só a língua, como um sistema de correspondências entre palavras e representações mentais de objetos no mundo, quando temos a intenção de analisar seus usos sociais.

Uma das tentativas de analisar a língua em uso foi proposta por Roman Jakobson, que sugere, em sua **teoria da comunicação**, que a comunicação humana também é regida por regras e pode, sim, ser analisada, ao contrário do que postulava Saussure.

Numa situação de comunicação, há pelo menos dois interlocutores, que podem alternar os papéis de locutor – aquele que produz o texto, oral ou escrito – e locutário – aquele a quem o texto se dirige.

EXERCÍCIOS

Leia a tira:

Renato Machado

(http://blog.diarinho.com.br/quadrinhos-136)

1. Para que a comunicação aconteça, é importante que os interlocutores se compreendam mutuamente. No 1º quadrinho, o atendente faz uma pergunta ao cliente da padaria. Tendo em vista a situação de comunicação em que os interlocutores estão inseridos, o que se espera que o cliente responda?

2. No 2º quadrinho, percebe-se que o cliente ignora a situação de comunicação em que ele e seu interlocutor estão inseridos e responde considerando outras situações compatíveis com o verbo *desejar*. Com base nos diferentes sentidos que podem ser atribuídos a um mesmo termo, explique como se constrói o efeito de humor da tira.

3. Após ler toda a tira, levante hipóteses: O cliente teve dificuldade para entender a pergunta do garçom? Justifique sua resposta.

Funções da linguagem

Como foi visto, na tira lida os interlocutores participam de uma situação de comunicação. Para descrever e analisar uma situação de comunicação, Jakobson propõe, em sua teoria da comunicação, que se considerem seis elementos essenciais:

- o locutor (emissor): aquele que diz algo a alguém;
- o locutário (receptor): aquele a quem o texto do locutor se dirige;
- a mensagem: o texto produzido pelo locutor;
- o código: a língua, o conjunto de sinais estabelecidos por convenção e que permite compreender a estrutura da mensagem;
- o canal: o meio físico que conduz a mensagem (som, ar, papel, etc.);
- o referente: o contexto, o assunto, os objetos aos quais se refere a mensagem.

Tais elementos são representados na teoria da comunicação pelo esquema abaixo, e a cada um deles corresponde uma **função da linguagem**, dependendo da finalidade principal de cada texto produzido (expressar emoções, explorar recursos linguísticos, transmitir informações, etc.).

referente

locutor (emissor) ——— mensagem ——— locutário (receptor)

canal

código

Segundo Jakobson, é possível determinar funções da linguagem com base nas características dos textos e nas intenções do locutor. Assim, a linguagem desempenharia uma ou outra função, de acordo com o elemento da comunicação posto em foco pelo locutor.

Desse modo, a cada um dos elementos da comunicação Jakobson associou uma função da linguagem: emotiva, conativa, referencial, metalinguística, fática e poética.

Função emotiva

O locutor (ou emissor) é o foco, ou seja, ele determina as escolhas feitas na construção do texto.

Leia este poema, de Hilda Hilst:

Filipe Rocha

Eu amo Aquele que caminha
Antes do meu passo
É Deus e resiste.

Eu amo a minha morada
A Terra triste.
É sofrida e finita
E sobrevive.

Eu amo o Homem-luz
Que há em mim.
É poeira e paixão
E acredita.
Amo-te, meu ódio-amor
Animal-Vida.
És caça e perseguidor
E recriaste a Poesia
Na minha Casa.

(XXIII. *Cantares de perda e predileção.* São Paulo: Massao Ohno & M. Lydia Pires e Albuquerque, 1983.)

O poema centra-se na expressão dos sentimentos, emoções e opiniões do eu lírico, sendo um texto muito pessoal, subjetivo. Esse destaque dado ao eu que enuncia é reforçado pela presença de verbos e pronomes na 1ª pessoa: "Eu amo", "meu passo", "minha morada", "em mim", "meu ódio-amor", "na minha Casa".

Como se trata de dar destaque às emoções, é comum nos textos em que predomina esse tipo de função também a presença de interjeições, além de, na pontuação, reticências e pontos de exclamação.

Os textos líricos que expressam o estado de alma do locutor são exemplos típicos da predominância da função emotiva.

Função conativa (ou apelativa)

O locutário (receptor) é o foco, ou seja, ele determina as escolhas feitas na construção do texto. Leia o anúncio:

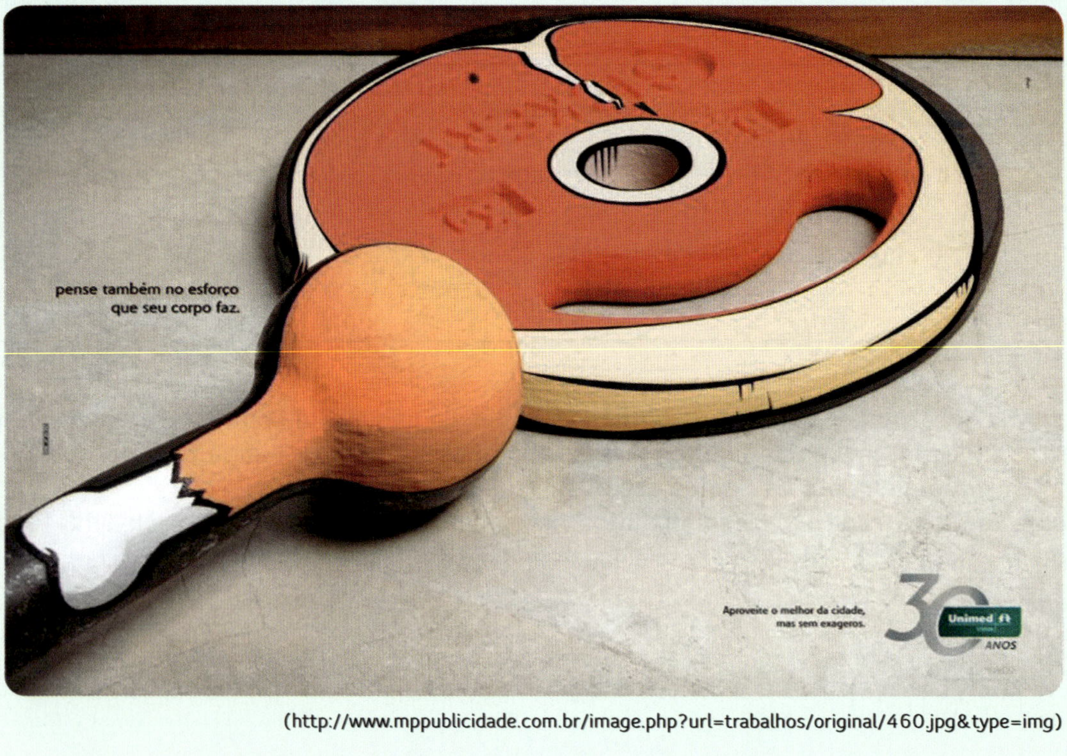

WMO

(http://www.mppublicidade.com.br/image.php?url=trabalhos/original/460.jpg&type=img)

É possível considerar que o objetivo principal do anúncio é convencer o interlocutor de que ele deve pensar antes de escolher o cardápio de suas refeições, pois isso afeta sua saúde e seu bem-estar. Para tanto, o anunciante emprega vários recursos. Por exemplo, associa a coxa de frango e o pedaço de carne vermelha a pesos utilizados em academias de ginástica para exercícios de musculação, mostrando que são alimentos pesados e de difícil digestão. Essa ideia é reforçada pela imagem, com os desenhos das carnes pintados em pesos, e pelo enunciado "pense também no esforço que seu corpo faz". Também a frase "Aproveite o melhor da cidade, mas sem exageros" dirige-se diretamente ao interlocutor, sugerindo que ele cuide do corpo e não cometa exageros na alimentação.

É comum, nos textos em que a função conativa é predominante, o emprego de verbos no modo imperativo ("Pense", "Aproveite") e de verbos e pronomes na 2ª ou na 3ª pessoa ("*seu* corpo").

Nesse tipo de função pode ocorrer também a exploração de recursos sonoros. Os textos publicitários são exemplos típicos da predominância da função conativa, pois geralmente têm como objetivo principal persuadir os interlocutores a aderir a uma ideia ou comprar determinado produto.

Função referencial

O referente é o foco, ou seja, ele determina as escolhas feitas na construção do texto.

Leia o texto:

Há alguma razão para não haver janelas nos banheiros de avião?

Tem sim. E não é para evitar que algum passageiro de outro avião veja você em momentos íntimos. Os banheiros ficam em locais estratégicos — na frente, no fundo e também no meio. Nesses pontos está a junção reforçada da fuselagem da aeronave com o bico, com a cauda e com as asas. Perto dos sistemas hidráulicos e elétricos, essas áreas carregam um peso bem grande. Uma janela ali significaria recortes desnecessários e arriscados na estrutura, que poderiam fragilizar a aeronave e causar acidentes. Ou seja, aquela baita vista na hora do xixi não valeria a pena.

(http://revistagalileu.globo.com/Revista/Common/0,,EMI244164-17798,00-HA+ALGUMA+RAZAO+PARA+NAO+HAVER+JANELAS+NOS+BANHEIROS+DE+AVIAO.html)

Thinkstock/Getty Images

A função principal desse texto é informar o leitor, esclarecendo-o quanto a uma possível dúvida sobre a ausência de janelas nos banheiros dos aviões. A resposta é direta e precisa ("Tem sim") e a justificativa procura ser objetiva ao descrever e explicar a situação.

Geralmente textos jornalísticos, científicos e didáticos são exemplos típicos da predominância da função referencial.

Função metalinguística

O código é o foco, ou seja, ele determina as escolhas feitas na construção do texto.

Leia este texto, de Carlos Drummond de Andrade:

Poesia

Gastei uma hora pensando em um verso
que a pena não quer escrever.
No entanto ele está cá dentro
inquieto, vivo.
Ele está cá dentro
e não quer sair.
Mas a poesia deste momento
inunda minha vida inteira.

(*Alguma poesia*. São Paulo: José Olympio, 1930.)

A começar pelo título, "Poesia", percebe-se que o texto compõe-se de versos que falam sobre poesia. Nesse caso, no qual um poema fala de poesia, a função metalinguística é a predominante no texto.

Veja outro exemplo nesta tira, de Laerte:

Laerte

(http://irajamenezesleituras.blogspot.com/2010_07_01_archive.html)

Ao retratar o processo de criação artística, Laerte cria humor mostrando como uma ideia criativa pode ser perdida. Assim, trata-se de uma tira que aborda o processo de criação de quadrinhos, ou seja, de um claro exercício de metalinguagem.

É possível ainda encontrar a predominância da função metalinguística em, por exemplo, verbetes de dicionário, os quais utilizam palavras para explicar o sentido das palavras; filmes que tematizam o próprio cinema; programas de televisão que discutem a função social da televisão; etc.

Exemplos típicos de textos em que há predomínio da função metalinguística são aulas de língua, livros de gramática e dicionários.

A metalinguagem no cinema

Michel Hazanavicius/Paris Filme

Um dos mais recentes e bem-sucedidos exemplos de metalinguagem no cinema está no filme *O artista*, de Michel Hazanavicius. Em pleno século XXI, o diretor criou um filme mudo e em preto e branco para mostrar as transformações pelas quais o cinema e os atores passaram a partir da década de 1930, quando o som chegou às telas, procurando aproximar o cinema da vida real.

O filme ganhou cinco Oscars. Vale a pena conferir.

Função fática

O canal é o foco, ou seja, ele determina as escolhas feitas na construção do texto. Observe o diálogo que compõe o texto a seguir.

– Oi.
– Oi.
– Você está esperando alguém?
– Uma amiga, mas ela não pode vir.
– Se incomoda se eu me sentar?
– Não, não, de jeito nenhum.
– Bar legal, hein? Você vem sempre aqui?
– Não, primeira vez.
– Nem nos apresentamos: Hélio.
– Laura. Muito prazer.
– ...
– Algum problema?
– Não, é que eu lembrei de um compromisso. Desculpa, preciso ir. Prazer, hein?
– ?

PolyFion dental prev.
O fio dental mais indicado contra as gafes.

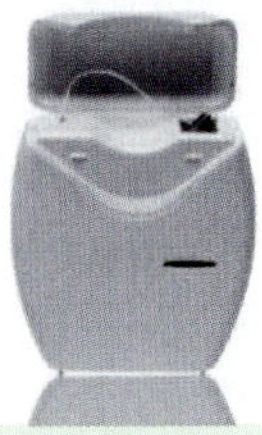

(http://redacaopp220091.blogspot.com/)

No diálogo que compõe o texto acima, é possível perceber que os interlocutores não se conheciam antes e naquele momento estão iniciando uma conversa. Portanto, não têm ainda um tópico sobre o qual desenvolver suas falas, o que permite considerar que estão testando o canal da comunicação.

Assim, os interlocutores buscam apenas manter a atenção um do outro ao dizerem "Oi.", "Você está esperando alguém?", "Bar legal, hein? Você vem sempre aqui?". No caso desse diálogo, componente de um anúncio que faz propaganda de uma marca de fio dental, a conversa é interrompida por um pequeno acidente, uma folhinha de alface no dente de um dos interlocutores, que acaba afastando o outro.

Os exemplos mais típicos da predominância da função fática da linguagem são os cumprimentos diários ("Bom dia", "Boa tarde", "Oi", "Tudo bem?", "Como vai?"), as conversas de elevador ("Está quente, não?") ou as primeiras palavras de qualquer interação, quando não há ainda um assunto em foco e o objetivo dos interlocutores é começar a conversa.

Função poética

A mensagem é o foco, ou seja, ela determina as escolhas feitas na construção do texto. Leia este poema, de Augusto de Campos:

fer
ida
sem
ferida
tudo
começa
de novo
a cor
cora
a flor
o ir
vai
o rir
rói
o amor
mói
o céu
cai
a dor
dói

Filipe Rocha

(Ferida. *Não poemas*. São Paulo: Perspectiva, 2003.)

Mais do que falar sobre uma ferida, o poeta busca construir sentidos a partir da exploração semântica de palavras e partes de palavras, bem como da estrutura e do formato visual do texto. Há um trabalho sugestivo com a sonoridade e com as imagens das palavras utilizadas (*ferida, ida, ir / vai, rói, cai, mói*) e ainda com a maneira como elas estão dispostas no papel (no formato de uma ferida, de um corte na pele).

O uso de recursos literários na construção do texto evidencia a predominância da função poética. Os textos literários, tanto em prosa quanto em verso, são exemplos típicos da predominância desse tipo de função da linguagem.

As funções dos textos e a concepção social da linguagem

A teoria da comunicação de Jakobson, embora tenha sido de enorme importância, não considera o processo dinâmico e interativo da linguagem. Nela, os elementos que compõem a comunicação (locutor, locutário, mensagem, etc.) são vistos de maneira estática, separados, o locutor ativo e o locutário passivo e, com isso, ignora o fato de que estes se influenciam mutuamente no processo interativo, antes mesmo do início da interação propriamente dita.

Para entender melhor essa ideia, veja este texto:

Multi Park

Se procuramos apenas a "mensagem transmitida" pelo texto, vamos concluir que o locutor tenta convencer o locutário de que será fácil encontrar uma vaga porque muitos carros estão sendo roubados.

No entanto, se consideramos toda a situação de comunicação em que o texto se insere (quem o produziu, para quem, com quais objetivos, em que contexto social), percebemos que, na verdade, seu produtor se apropria de um pensamento do motorista que procura uma vaga na rua ("Logo, logo, aparece uma vaga") para criar um efeito de ironia, isto é, dizer o contrário do que se quer: se a vaga aparecer é porque o carro que estava ali foi roubado. Assim, é melhor o motorista guardar seu veículo no estacionamento "com seguro total" do anunciante, em vez de deixá-lo na rua, sem segurança e exposto a roubo.

Uma leitura que considere esse texto como um "incentivo" para quem está procurando uma vaga na rua para seu carro é superficial, pois tal leitura não é capaz de apreender a construção de sentidos proposta pelo produtor do texto no jogo social da linguagem.

É importante considerar, portanto, que a língua é constituída pelo fenômeno social da interação verbal e se realiza nos enunciados, cujos sentidos são construídos pelos interlocutores no processo interativo. Assim, ao analisar um texto (seja ele verbal, não verbal, misto, oral ou escrito), é extremamente importante levar em conta os aspectos da situação de comunicação em que ele foi produzido.

AS FUNÇÕES DA LINGUAGEM NA CONSTRUÇÃO DO TEXTO

1. Leia o texto:

Meu sonho era ser um origami

Vivi numa resma de papel sobre a enorme mesa de reunião de uma empresa multinacional. Sonhei com uma vida de artista, me formar um origami, mas veio a decepção: após uma rápida reunião de board eu fui amassado e jogado aqui, na sarjeta. Um papel como eu, de origem nobre, não merecia acabar a vida nesse meio-fio, sendo pisado, chutado, esmagado.

(www.putasacada.com.br/rio-eu-amo-eu-cuido-1121/)

a) Qual dos elementos da comunicação propostos por Jakobson está em destaque nesse texto? Justifique sua resposta com palavras e expressões utilizadas no texto.

b) Tendo em vista sua resposta ao item anterior, conclua: Qual é a função da linguagem predominante nesse texto?

2. Agora leia o mesmo texto, porém situado no contexto do qual ele foi extraído:

Plano1 comunicação

Abaixo do trecho lido na questão 1, lemos o enunciado "Se uma bolinha de papel não merece isso, imagine a cidade mais bonita do mundo".

a) A qual cidade o enunciado se refere? Que elementos do texto, verbais e não verbais, permitem chegar a essa conclusão?

b) Levante hipóteses: A que se refere o pronome *isso* em "não merece isso"?

3. Como é comum nos anúncios publicitários, há um cuidadoso trabalho com as linguagens verbal e não verbal no texto em estudo. Observe a imagem e responda:

a) Qual imagem está em primeiro plano na foto? Qual está em segundo plano?

b) É possível considerar que há uma inversão de foco no destaque dado às imagens da foto? Justifique sua resposta.

c) Qual é o efeito de sentido provocado por essa inversão de foco entre os dois planos da foto?

RIO EU AMO EU CUIDO
Amar é pouco. Cuide.

Plano1 comunicação

4. Na parte inferior do anúncio, aparece o *slogan* de uma campanha: "Rio: eu amo, eu cuido. Amar é pouco. Cuide". Qual é a função da linguagem em destaque nesse enunciado? Justifique sua resposta.

5. Se você confrontar as respostas que deu à questão 1b e à questão 4, verá que um texto pode apresentar mais de uma função da linguagem. Contudo, para identificar qual delas é predominante, é necessário considerar a situação de produção, ou seja, quem são os interlocutores, qual é a finalidade principal do texto, o gênero, etc. Considerando esses elementos, responda:

a) Quem são os destinatários do anúncio?

b) Qual é a finalidade principal dele, como um todo?

c) Conclua: Que função da linguagem predomina no texto?

d) Explique: Que papel cumpre, no texto, o emprego de recursos como a função emotiva da linguagem, a sonoridade do *slogan*, o emprego de verbo no imperativo, a sobreposição de planos visuais e a personificação da bola de papel?

Plano1 comunicação

SEMÂNTICA E DISCURSO

Leia o anúncio:

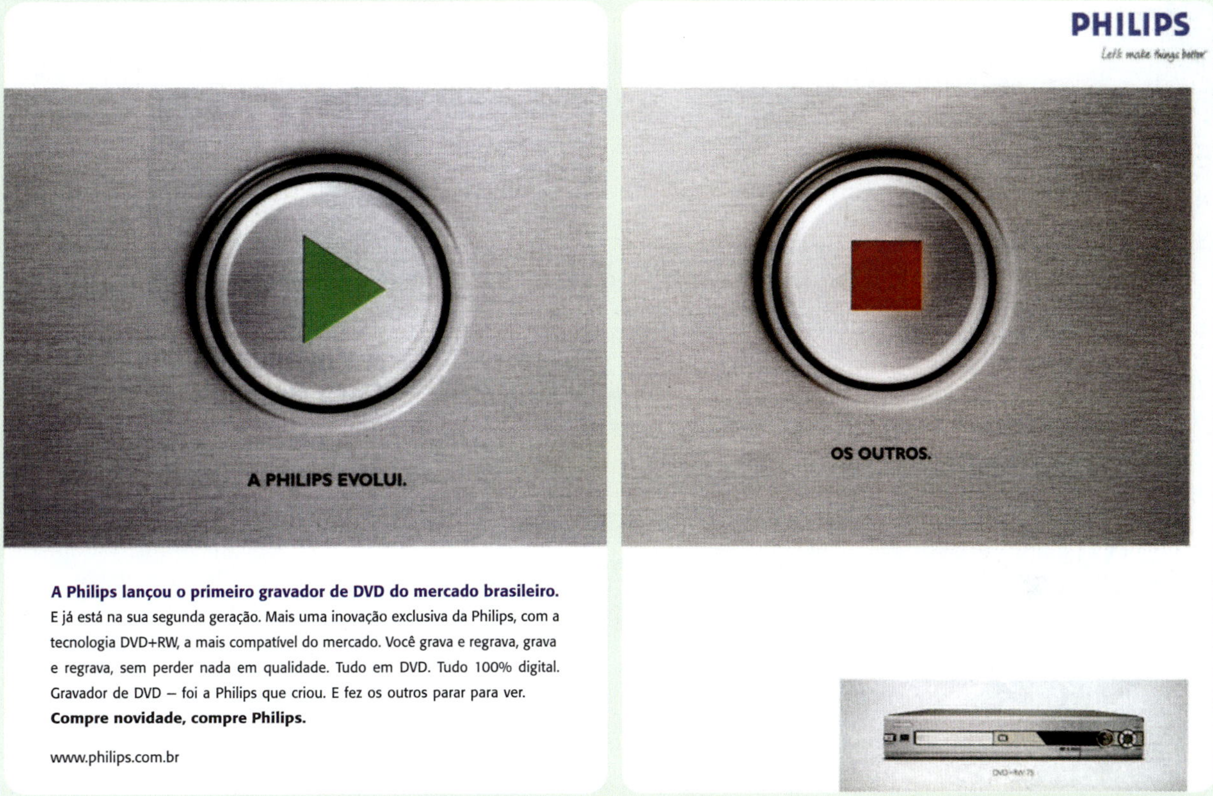

DM9DDB

(*Veja*, nº 1823.)

1. De que tipo é a linguagem utilizada no anúncio: verbal, não verbal ou mista?

2. No anúncio, foram utilizados dois dos símbolos que aparecem em aparelhos de som e de DVD.

a) Nesses aparelhos, o que representa o triângulo?

b) E o quadrado?

3. Lemos, abaixo desses símbolos, as frases "A Philips evolui" e "Os outros".

a) Que relação existe entre a primeira frase e o triângulo?

b) A frase "Os outros" está incompleta. Como você a completaria?

c) Logo, qual é a relação existente entre a segunda frase e o quadrado?

4. Leia o texto verbal da parte de baixo do anúncio.

a) Qual é o principal argumento utilizado para promover a imagem do produto anunciado?

b) As duas últimas frases desse texto sintetizam as ideias principais do anúncio. Associe-as aos símbolos utilizados.

▶ "E fez os outros parar para ver."

■ "Compre novidade, compre Philips."

PRODUÇÃO DE TEXTO

Retrato de Madame de la Pleigne, de François Pascal Simon Gerard.

CAPÍTULO 4

O poema

TRABALHANDO O GÊNERO

Leia em voz alta o poema abaixo, procurando ficar atento(a) aos sons e ritmos que ele apresenta. A seguir, responda ao que se pede.

Minha desgraça

Minha desgraça, não, não é ser poeta,
Nem na terra de amor não ter um eco,
E meu anjo de Deus, o meu planeta
Tratar-me como trata-se um boneco...

Não é andar de cotovelos rotos,
Ter duro como pedra o travesseiro...
Eu sei... O mundo é um lodaçal perdido
Cujo sol (quem mo dera!) é o dinheiro...

Minha desgraça, ó cândida donzela,
O que faz que o meu peito assim blasfema,
É ter para escrever todo um poema,
E não ter um vintém para uma vela.

(Álvares de Azevedo. In: Frederico Barbosa, org. *Clássicos da poesia brasileira.* São Paulo: O Estado de S. Paulo/Klick Editora, 1997. p. 98.)

1. O título do poema é "Minha desgraça". Deduza: Como se sente o eu lírico em relação à vida e ao mundo?

2. Nas duas primeiras estrofes, o eu lírico tenta definir qual é a sua desgraça pela negação; e, na terceira estrofe, pela afirmação.
   a) De acordo com as duas primeiras estrofes, o que não é a desgraça do eu lírico?
   b) De acordo com a última estrofe, qual é a desgraça do eu lírico?
   c) Por que na revelação da desgraça do eu lírico há humor?

3. Há, no poema, três **estrofes** – grupos de versos separados por uma linha em branco. Cada estrofe apresenta um grupo de versos, as linhas poéticas. Quantos versos há em cada estrofe?

4. O poema caracteriza-se por apresentar uma forte **sonoridade**, construída por meio de repetições, ritmo, rima. Destaque do poema um trecho em que há a *repetição* de uma palavra.

5. No poema, o ritmo é dado pela alternância de sílabas acentuadas e não acentuadas, isto é, sílabas que apresentam maior ou menor intensidade quando pronunciadas. Leia em voz alta os seguintes versos do poema, pronunciando com intensidade maior as sílabas destacadas.

"Minha desgraça, **não**, não é ser po**e**ta,
Nem na terra de a**mor** não ter um **e**co"

Tracy Hebden/Alamy/Other Images

Leia agora estes outros dois versos e identifique as sílabas acentuadas.

"É ter para escrever todo um poema,
E não ter um vintém para uma vela."

6. Ao ler o poema, você provavelmente fez uma pequena pausa no final de cada linha ou verso. Essa pausa se acentua em razão da rima – semelhança sonora – que há no final dos versos, como, por exemplo, entre as palavras *eco* e *boneco* da primeira estrofe. Que outros pares de palavras rimam entre si no poema?

7. A linguagem empregada no poema é figurada, ou seja, é construída a partir de imagens. Identifique a figura de linguagem presente nestes versos do poema:

"Eu sei... O mundo é um lodaçal perdido
Cujo sol (quem mo dera!) é o dinheiro..."

8. A linguagem do poema é expressiva, figurada e própria da norma-padrão. Além disso, ela é pessoal e subjetiva ou impessoal e objetiva?

9. A que tipo de público o poema se destina?

10. O poema lido foi publicado no século XIX, quando o livro era o principal veículo da poesia. Hoje, em que veículos e suportes esse poema pode ser divulgado?

11. Reúna-se com os colegas de seu grupo e concluam: Quais são as características do poema? Ao responder, considerem os seguintes critérios: finalidade do gênero, perfil dos interlocutores, suporte ou veículo, tema, estrutura, linguagem.

OS VERSOS E SEUS RECURSOS MUSICAIS

Segundo o poeta Carlos Drummond de Andrade, "entre coisas e palavras – principalmente entre palavras – circulamos". As palavras, entretanto, não circulam entre nós como folhas soltas no ar. Elas são organizadas em textos, por meio dos quais podem criar significados capazes de transmitir ideias, sentimentos, desejos, emoções.

Muitas delas se combinam de tal forma que fica evidente terem sido selecionadas com a finalidade de compor imagens, sugerir formas, cores, odores, sons, permitindo múltiplas sensações, leituras e interpretações. Isso é o que observamos quando lemos, ouvimos ou vemos um poema, forma de composição que se destaca também por uma espécie de melodia e de ritmo que emanam do modo como as palavras são arranjadas.

O **poema** é um gênero textual que se constrói não apenas com ideias e sentimentos, mas também por meio do emprego do verso e de seus recursos musicais – a sonoridade e o ritmo das palavras – e de palavras com sentido figurado, conotativo.

A musicalidade que caracteriza os textos poéticos é resultado da utilização de recursos presentes na poesia de todos os tempos, tais como a métrica, o ritmo, a rima, a aliteração e a assonância.

O que é poesia?

Talvez ninguém consiga dar uma resposta definitiva a essa pergunta. Entretanto, a poesia está em toda parte: nas canções de ninar, nas cantigas de roda, nos trava-línguas, nas parlendas, nos provérbios, nas quadrinhas populares, nas propagandas, nas letras de música, nos livros...

O conceito de poesia varia de acordo com a época, o movimento literário e também de escritor para escritor.

O poeta francês Mallarmé, por exemplo, definiu poesia como a "suprema forma da beleza". Para o americano Edgar Allan Poe, é a "criação rítmica da beleza". Cassiano Ricardo diz: "Pouco importa, contudo, definir o que seja poesia. O que importa, literariamente, é que ela encontre o seu núcleo no poema, feito e trabalhado precisamente para consegui-la. Ela é indefinível, porém definidora".

O verso e a estrofe

O poema "Minha desgraça" apresenta doze versos.

Verso é uma sucessão de sílabas ou fonemas que formam uma unidade rítmica e melódica, correspondente em geral a uma linha do poema.

Os versos organizam-se em estrofes. No poema em estudo, estão organizados em três estrofes.

Estrofe ou **estância** é um agrupamento de versos.

O número de versos agrupados em cada estrofe pode variar. **Dístico** é o nome que se dá à estrofe de dois versos.

Leia o poema a seguir, de Mário Quintana, formado por um único dístico:

Viajante

Ricardo Dantas

Eu, sempre que parti, fiquei nas gares
Olhando, triste, para mim...

(Mário Quintana. *Apontamentos de história sobrenatural.* São Paulo: Globo. by Helena Quintana.)

Veja como se chamam outros tipos de estrofe:

- **terceto**: três versos;
- **quadra** ou **quarteto**: quatro versos;
- **quintilha**: cinco versos;
- **sexteto** ou **sextilha**: seis versos;
- **sétima** ou **septilha**: sete versos;
- **oitava**: oito versos;
- **nona**: nove versos;
- **décima**: dez versos.

As formas fixas

Uma das composições de forma fixa mais conhecidas é o **soneto**, em que os versos são agrupados em duas quadras e dois tercetos. O soneto geralmente desenvolve uma ideia até o penúltimo verso e no último, considerado *chave de ouro*, apresenta uma síntese do que foi desenvolvido.

Na língua portuguesa, destacam-se como sonetistas Camões, Antero de Quental, Bocage e Vinícius de Morais.

Outros poemas de forma fixa são, por exemplo, a **balada** (três oitavas e uma quadra), o **vilancete** (um terceto e outros tipos de estrofe, à escolha do poeta), o **rondó** (apenas quadras, ou então quadras combinadas com oitavas).

Um tipo curioso de forma fixa é o **haicai**, poema de origem japonesa. Constituído por uma estrofe de três versos, ele deve ter 17 sílabas, distribuídas do seguinte modo: 1º verso: 5 sílabas; 2º verso: 7 sílabas; 3º verso: 5 sílabas.

Veja este haicai, de Yataro Kobayashi, poeta japonês do século XVIII:

Vem cá passarinho
E vamos brincar nós dois
Que não temos ninho.

(In: Millôr Fernandes. *Hai-Kais.* Porto Alegre: L&PM, 1997. p. 5.)

Weberson Santiago

Métrica

A **métrica** é a medida dos versos, isto é, o número de sílabas poéticas apresentadas pelos versos.

Para determinar a medida de um verso, nós o dividimos em sílabas poéticas. Esse procedimento tem o nome de *escansão*.

Em razão de ter por base a oralidade – fala ou canto –, a divisão silábica poética obedece a princípios diferentes dos que orientam a divisão silábica gramatical: as vogais átonas são agrupadas numa única sílaba, e a contagem das sílabas deve ser feita até a última tônica.

Compare a divisão silábica gramatical à divisão silábica poética de dois versos do poema de Álvares de Azevedo estudado:

Divisão silábica gramatical

Mi	nha	des	gra	ça,	ó	cân	di	da	don	ze	la,	
1	2	3	4	5	6	7	8	9	10	11	12	
O	que	faz	que	o	meu	pei	to	as	sim	blas	fe	ma,
1	2	3	4	5	6	7	8	9	10	11	12	13

Divisão silábica poética

Mi	nha	des	gra	ça, ó	cân	di	da	don	ze	la,
1	2	3	4	5	6	7	8	9	10	
O	que	faz	que o	meu	pei	to as	sim	blas	fe	ma,
1	2	3	4	5	6	7	8	9	10	

Na divisão silábica poética, conforme você pode observar, a 5ª sílaba do 1º verso e a 4ª e a 7ª sílabas do 2º verso são formadas pela união das sílabas *ça* e *ó*, *que* e *o*, *to* e *as*, respectivamente. Isso ocorre sempre que há o encontro de duas vogais átonas no final de uma palavra e início de outra. Além disso, na divisão silábica poética, a contagem encerra-se na sílaba tônica da última palavra do verso; nesse caso, na sílaba *ze* da palavra *donzela*, no 1º verso, e na sílaba *fe* da palavra *blasfema*, no 2º verso.

De acordo com o número de sílabas poéticas, os versos recebem as seguintes denominações: *monossílabo* (uma sílaba), *dissílabo* (duas sílabas), *trissílabo* (três sílabas), *redondilha menor* ou *pentassílabo* (cinco sílabas), *redondilha maior* ou *heptassílabo* (sete sílabas), *octossílabo* (oito sílabas), *decassílabo* (dez sílabas), *alexandrino* (doze sílabas), etc.

O verso cuja métrica se repete é chamado de *verso regular*. No século XX, os poetas modernos criaram o *verso livre*, que não obedece a uma regularidade métrica. Assim, os poemas apresentam versos de tamanhos variados, como neste poema, de Cacaso:

Happy end

o meu amor e eu
nascemos um para o outro

agora só falta quem nos apresente

(Cacaso. *Lero-lero*. Rio de Janeiro: 7 Letras; São Paulo: Cosac & Naify, 2002. p. 114.)

Ricardo Dantas

Ritmo

Ao ouvirmos uma melodia qualquer, percebemos que ela foi composta em determinado ritmo. Um poema também tem seu ritmo, que lhe é dado pela alternância de sílabas acentuadas e não acentuadas, isto é, sílabas que apresentam maior ou menor intensidade quando pronunciadas. O conceito poético de sílaba acentuada nem sempre coincide com o conceito gramatical de sílaba tônica, pois a acentuação de uma sílaba poética é determinada pela sequência melódica em que ela se insere.

Observe o ritmo dos seguintes versos de Camões. As sílabas acentuadas estão destacadas.

Amor é fogo *que ar*de sem se *ver*;
É ferida que *dói* e não se *sen*te;
É um contenta*men*to descon*ten*te;
É dor que desa*ti*na sem do*er*

(In: Vera Aguiar, coord. *Poesia fora da estante*. Porto Alegre: Projeto, 2002. v. 2, p. 83.)

Você deve ter notado nesse trecho que o ritmo decorre da incidência de acentuação na 6ª e na 10ª sílaba de cada verso.

O ritmo em outras linguagens

O ritmo não é exclusividade da poesia. Ele existe também na música, na arquitetura e em outras artes visuais, desde que haja uma repetição regular de determinado elemento. Na fotografia abaixo, o ritmo é criado pela recorrência regular das formas no espaço.

Ismar Ingber/Pulsar Imagens

Rima

A **rima** é um recurso musical baseado na semelhança sonora de palavras no final de versos (rima externa) e, às vezes, no interior de versos (rima interna).

Observe como o compositor Chico Buarque, no seguinte trecho da canção "Quando o carnaval chegar", explora tanto a rima no final dos versos quanto a rima interna:

Quem me vê sempre parado, dist*ante*
Gar*ante* que eu não sei samb*ar*
Tô me guard*ando* pra qu*ando* o carnaval cheg*ar*
Eu tô só v*endo*, sab*endo*, sentindo,
Escut*ando*, não posso fal*ar*
Tô me guard*ando* pra qu*ando* o carnaval cheg*ar*

(In: Adélia Bezerra de Menezes Bolle, org. *Chico Buarque de Hollanda*. São Paulo: Abril Educação, 1980. p. 34. by Marola Edições Musicais Ltda.)

As rimas externas classificam-se como *intercaladas*, *alternadas* e *emparelhadas*, segundo sua organização em esquemas ABBA, ABAB e AABB, respectivamente. Observe a incidência de rimas e sua organização em esquema nestes versos, de Fernando Pessoa:

Deus quer, o homem sonha, a obra n*asce*. (A)
Deus quis que a terra fosse toda *uma*, (B)
Que o mar unisse, já não separ*asse*. (A)
Sagrou-te, e foste desvendando a esp*uma*, (B)

(In: Sueli Barros Cassal, org. *Poesias*. Porto Alegre: L&PM, 2011. p. 10.)

Fabio Colombini

Os versos que não apresentam rimas entre si são chamados de *versos brancos*. Veja esse tipo de verso neste poema, de Rubem Braga:

Não quero ser Deus, nem Pai nem Mãe de Deus,
Não quero nem lírios nem mundos
Sou pobre e superficial como a Rua do Catete.
Quero a pequena e amada agitação,
A inquieta esquina, aves e ovos, pensões,
Os bondes e tinturarias, os postes,
Os transeuntes, o ônibus Laranjeiras,

Único no mundo que tem a honra de pisar na
[Rua do Catete.

(*Livro de versos*. 3. ed. Rio de Janeiro: Record, 1998. p. 5.)

Weberson Santiago

Outros recursos sonoros

Aliteração

É a repetição constante de um mesmo fonema consonantal. Observe como o poeta Castro Alves alitera o fonema /b/ nestes versos:

Auriverde pendão de minha terra
Que a *b*risa do *B*rasil *b*eija e *b*alança

Assonância

É a repetição constante de um mesmo fonema vocálico. Observe a assonância do fonema vocálico /a/ nestes versos de Cruz e Souza:

Ó Form*a*s *a*lv*a*s, br*a*nc*a*s, Form*a*s cl*a*r*a*s

Paronomásia

É o emprego de palavras semelhantes na forma ou no som, mas de sentidos diferentes, próximas umas das outras. Veja:

> Trocando em miúdos, pode guardar
> As *sobras* de tudo que chamam lar
> As *sombras* de tudo que fomos nós
>
> (Chico Buarque. In: Adélia Bezerra de Menezes Bolle, org., op. cit., p. 45.)

> Ah pregadores! Os de cá achar-vos-eis com mais *paço*; os de lá, com mais *passos*.
>
> (Pe. Antônio Vieira)

Paralelismo

É a repetição de palavras ou estruturas sintáticas maiores (frases, orações, etc.) que se correspondem quanto ao sentido. Observe o paralelismo nestes versos da canção "Sem fantasia", de Chico Buarque:

> *Vem que eu te quero* fraco
> *Vem que eu te quero* tolo
> *Vem que eu te quero* todo meu.
>
> (In: Adélia Bezerra de Menezes Bolle, org., op. cit., p. 23.)

EXERCÍCIOS

Leia a tira a seguir, de Laerte, e responda às questões 1 e 2.

Laerte

(*Folha de S. Paulo*, 26/02/2012.)

1. Reescreva as falas da personagem, dispondo-as em versos.

a) Quantos versos você obteve?

b) Que critérios você utilizou para fazer a disposição das falas em versos?

2. Observe o esquema de rimas e de ritmo do poema.

a) De que tipo são as rimas?

b) Em que sílabas poéticas, pela ordem, incidem as sílabas tônicas?

c) Que nome é dado ao tipo de verso utilizado?

3. Identifique o(s) recurso(s) sonoro(s) empregado(s) nos versos de Chico Buarque a seguir.

a)

Ninguém, ninguém vai me acorrentar
Enquanto eu puder cantar
Enquanto eu puder sorrir
Enquanto eu puder cantar
Alguém vai ter que me ouvir.

(Chico Buarque. In: Adélia Bezerra de Menezes Bolle, org., op. cit., p. 30. by Marola Edições Musicais Ltda.)

b)

E a própria vida
Ainda vai sentar sentida
Vendo a vida mais vivida
Que vem lá da televisão

(Idem, p. 21. 1967. by Marola Edições Musicais Ltda.)

c)

Você vai me trair
Você vem me beijar
Você vai me cegar
E eu vou consentir
Você vai conseguir
Enfim me apunhalar.

(Idem, p. 55. by Marola Edições Musicais Ltda.)

O POEMA NO ESPAÇO

Além de trabalhar com a sonoridade, com a rima, com o ritmo e com as imagens, o poeta também pode fazer uso de outros recursos, como os visuais e gráficos.

Isso quer dizer que o poeta pode organizar seus versos de uma maneira incomum, de modo que mostrem, por exemplo, o formato de alguma coisa, ou explorar diferentes tipos de letra, criando novos sentidos.

Muitos poemas do nosso tempo não são feitos apenas para serem lidos, mas também para serem vistos, como uma fotografia, uma pintura, um cartaz. Por meio de um trabalho com letras, com palavras e seu significado, procuram transmitir, além de emoções e sentimentos, também movimento, cor, forma, etc.

Os poemas que fazem uso desses recursos são chamados **poemas concretos**.

Veja (e leia) o poema ao lado e os outros dois a seguir, observando como os poetas incorporam aspectos visuais à poesia.

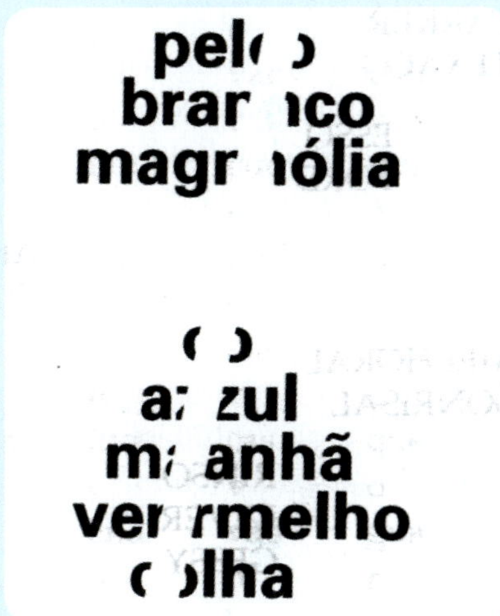

Paulo Leminski

(Paulo Leminski. In: Fred Góes e Álvaro Marins, org. *Melhores poemas de Paulo Leminski.* 6. ed. São Paulo: Global, 2002. p. 88.)

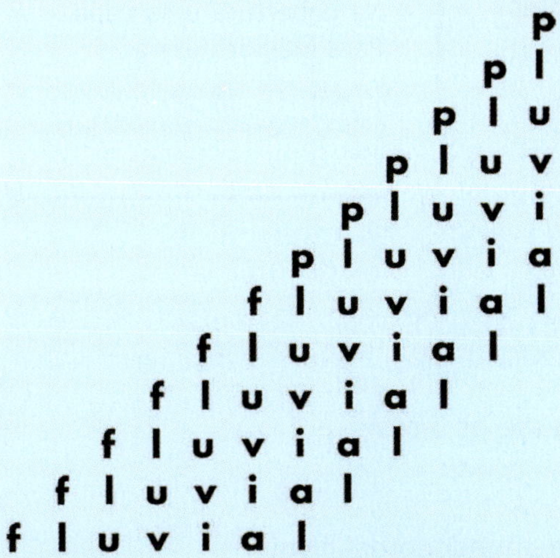

pluvial (1959), in VIVA VAIA, São Paulo, Ateliê Editorial, 2001 © Augusto de Campos.

(Augusto de Campos. www.algumapoesia.com.br/poesia/poesianet066.htm. Acesso em: 27/12/2011.)

Augusto de Campos

(Augusto de Campos. www.jayrus.art.br/Apostilas/LiteraturaBrasileira/VanguardasPoeticas/Augusto_de_Campos_poesia.htm. Acesso em: 27/12/2011.)

A POESIA DE TRADIÇÃO ORAL: O CORDEL

Na poesia popular brasileira de tradição oral, destaca-se a **literatura de cordel**, um tipo de poesia muito conhecido e apreciado em todo o Nordeste brasileiro.

Normalmente o poema de cordel é produzido oralmente e depois impresso em pequenos folhetos, ilustrados com xilogravura. O nome desse tipo de poesia se deve ao modo tradicional de expor os folhetos, isto é, pendurados em cordel (corda fina) ou barbante.

A estrutura da poesia de cordel não é rígida, porém a forma mais comum são estrofes de seis ou sete versos, geralmente redondilhas maiores (sete versos). As rimas costumam acontecer em versos alternados. Veja, como exemplo, os versos a seguir, do poeta José Antônio dos Santos, que conta, em sua *História da literatura de cordel*, como surgiu o cordel no Brasil. Aproveite para observar a métrica (redondilhas) e as rimas no 2º, no 4º e no 6º versos.

[...]

Na Europa medieval
Surgiram os menestréis
Por serem bons trovadores
às musas eram fiéis
E prendiam seus livrinhos
Pendurados em cordéis.

Pois a palavra cordel
Significa cordão
Onde o Cordel era exposto
No meio da multidão
O trovador andarilho
Fazia declamação.

E o povo gostava
De poemas de bravezas
Contando muitas histórias
De encantadas princesas
Também de príncipes valentes
E suas grandes proezas.

[...]

Eis a origem da nossa
Poesia Popular
Pro Brasil, os portugueses
Trouxeram algum exemplar
E pras novas gerações
Puderam repassar.

[...]

(*História da literatura de cordel*. Fortaleza: Tupynanquim, maio 2007. p. 2-3.)

Gonçalo Ferreira da Silva

Gonçalo F. da Silva/Academia Brasileira de Literatura de Cordel

Receita para cordel

O verso para cordel
Fica bem em septilha,
Mas faltando ingrediente
Pode ser feito em sextilha,
Faça por essa receita
Que fica uma maravilha.

Não esqueça de botar
Um pouco de alegria,
Humor é fundamental
Para a boa poesia,
Se o colega duvidar
Confirme com Zé Maria.

[...]

Desenvolva seu cordel
Com humildade e amor,
Coloque tempero bom
Para agradar o leitor,
Pois ele é quem avalia
A receita do autor.

Se você tem esse dom
Só precisa aprimorar,
Se nasceu pra ser poeta
A rima não vai faltar,
Você acha inspiração
Sem precisar se esforçar.

Uma pitada de rima
Você tem que acrescentar,
Métrica se faz relevante
Para o verso não quebrar,
Na cobertura uma capa
Para melhor ilustrar.

(Mundim do Vale. http://mundocordel.blogspot.com/2007/12/poetas-em-mundocordel.html)

Cordel: do varal à Internet

Se você quiser conhecer mais poemas de cordel, acesse os *sites*:

- www.camarabrasileira.com/cordel.htm
- www.secrel.com.br/jpoesia/cordel.html
- http://mundocordel.blogspot.com/2007/12/poetas-em-mundocordel.html

PRODUZINDO O POEMA

Há, a seguir, quatro propostas de produção de textos. Você poderá desenvolver todas ou parte delas, conforme a orientação do professor.

1. Partindo dos versos a seguir, crie um ou mais versos para compor poemas. Tente manter o ritmo presente no verso inicial, se possível, e procure expressar em seus versos uma ideia inesperada.

a) "Eu renuncio à poesia!"

b) "Ai! por ela eu passei, perto, despercebido"

c) "Não leves nunca de mim"

d) "Oh! Que saudades que tenho"

e) "Mandei a palavra rimar"

Loucos por poesia

Para aqueles que são aficionados de poesia e querem conhecer outros poemas, sugerimos a leitura dos seguintes livros: *O que é poesia*, de Fernando Paixão (Brasiliense); *Cartas a um jovem poeta*, de Rainier Maria Rilke (L&PM); *Poesia não é difícil*, de Carlos Felipe Moisés (Artes e Ofícios); *Estrela da vida inteira*, de Manuel Bandeira (Nova Fronteira); *Para gostar de ler – Poesia marginal* (Ática); *Alguns poemas*, de Carlos Drummond de Andrade (Record); *Antologia poética*, de Mário Quintana (L&PM); *Boa companhia – Poesia* (Companhia das Letras); *Os cem melhores poemas do século*, seleção de Italo Moriconi (Objetiva); *Amor adolescente* e *Cantigas de adolescer*, de Elias José (Atual); *Lero-lero*, de Antônio Carlos Brito (Cosac & Naify); os poemas de Paulo Leminski, José Paulo Paes e Ferreira Gullar, da antologia *Melhores poemas* (Global); *Antologia escolar de poemas para a juventude*, organização de Henriqueta Lisboa (Ediouro); *No cais do primeiro amor*, de Roseana Murray (Larrousse do Brasil).

2. Leia estas quadrinhas populares:

Não sei se é fato ou se é fita,
Não sei se é fita ou se é fato.
O fato é que ela me fita
Me fita mesmo de fato.

(In: Maria José Nóbrega e Rosane Pamplona, orgs. *Diga um verso bem bonito! – Trovas*. São Paulo: Moderna, 2005. p. 9.)

Ricardo Dantas

Açucena quando nasce,
Arrebenta pelo pé.
Assim arrebenta a língua
De quem fala o que não é.

(Idem, p. 25.)

Se meus suspiros pudessem
A teus ouvidos chegar,
Verias que uma saudade
É bem capaz de matar.

(Idem, p. 29.)

Alegria eu não tenho,
Tristeza comigo mora;
Quando eu tiver alegria,
Jogarei tristeza fora.

(Idem, p. 27.)

A forma fixa de poesia popularmente chamada quadrinha ou trova compõe-se de quatro versos, com rima obrigatória entre os versos pares, isto é, entre o segundo e o último. A medida mais comum de uma quadrinha é o verso de sete sílabas, a redondilha maior, e sua riqueza temática é notável: o amor, a valentia, a presunção, a melancolia, etc. É a forma preferida da lírica popular e a mais frequente no nosso folclore.

Crie uma ou mais trovas sobre um dos temas sugeridos a seguir ou outro de sua preferência: a amizade, o mundo digital, a ignorância, o consumo, a juventude, o amor não correspondido. Se quiser, explore o humor.

3. Explorando as letras, o significado das palavras e a disposição delas no papel, crie três ou mais poemas concretos a partir dos temas a seguir ou outros de sua preferência: encontro, engarrafamento, liberdade, fotografia, primeiro amor.

4. Escreva algumas estrofes (sextilhas) de cordel, fazendo uso dos recursos básicos desse tipo de poesia, como a redondilha e as rimas intercaladas. Como sugestão, escreva sobre o tema "Meu canto", ou outro que prefira. Procure dar ritmo ao poema, como fazem os cordelistas.

Planejamento do texto

Ao redigir seus poemas, leve em conta as orientações a seguir.

Nelsina Vitorino/DB/D.A Press

- Perfil do leitor – No projeto **Palavra em cena** a ser desenvolvido no final da unidade, você terá a oportunidade de expor seus textos em um varal de poesia ou declamá-los em um sarau poético para colegas de sua e de outras classes, professores, funcionários da escola e outros convidados para o evento.
- Veículo e suporte em que o texto será veiculado – Procure empregar uma linguagem adequada ao perfil dos interlocutores e à situação.
- Características do gênero a serem observadas – Lembre-se dos recursos sonoros e visuais do poema. Decida previamente se os versos serão regulares ou livres, se vai utilizar ritmo, rimas e outras sonoridades.

Revisão e reescrita

Faça primeiramente um rascunho de seu texto. Depois releia-o, observando se ele leva em conta as características do gênero, o perfil dos leitores, a correção e adequação da linguagem, o suporte e o veículo. Faça as alterações necessárias e passe-o a limpo.

Giraudon/Glow Images

Um músico, de Boethius.

LITERATURA

CAPÍTULO 5

A linguagem do Trovadorismo

Na Idade Média, tanto a educação formal quanto a produção cultural encontravam-se nas mãos da Igreja. O surgimento, na Baixa Idade Média, das cantigas trovadorescas e das novelas de cavalaria, voltadas para temas da vida cotidiana ou para a fantasia aventuresca, representou o nascer de uma cultura leiga.

As primeiras manifestações literárias em galego-português (língua em estágio anterior ao português) ocorreram no século XII. As principais delas, as **cantigas**, eram canções criadas e cantadas por poetas chamados trovadores. Conhecer essas primeiras manifestações significa conhecer também as origens da língua e da literatura portuguesas, bem como as origens da própria literatura brasileira, formada a partir dos laços com a cultura portuguesa.

LEITURA

A fim de conhecer e caracterizar a linguagem da poesia trovadoresca, você vai fazer, a seguir, a leitura de duas cantigas, uma de amigo e outra de amor. Os textos são apresentados em duas versões: a versão original, em galego-português (língua que se falou até o século XV em Portugal e que deu origem ao português e ao galego modernos), e uma versão moderna, no português de hoje.

Sugerimos que você leia as duas versões para, assim, poder observar os recursos sonoros, sintáticos e lexicais do texto original.

TEXTO I

Ondas do mar de Vigo,
se vistes meu amigo!
e ai Deus, se verrá cedo!

Ondas do mar levado,
se vistes meu amado!
e ai Deus, se verrá cedo!

Se vistes meu amigo,
o por que eu sospiro!
e ai Deus, se verrá cedo!

Se vistes meu amado
por que ei gram cuidado!
e ai Deus, se verrá cedo!

Ai ondas do mar de Vigo,
se vistes o meu amigo,
dizei-me: voltará cedo?

Ondas do mar levantado
se vistes o meu amado,
dizei-me: voltará cedo?

Se vistes o meu amigo,
aquele por quem suspiro
dizei-me: voltará cedo?

Se vistes o meu amado,
que me pôs neste cuidado,
dizei-me: voltará cedo?

(Martim Codax. In: *Cantares dos trovadores galego-portugueses*. Org. e adaptação da linguagem por Natália Correia. 3. ed. Lisboa: Estampa, 1998. p. 68-9.)

Toni Vilches/Alamy/Other Images

O mar nas encostas de Vigo, na Galícia.

amigo: namorado.
Vigo: cidade litorânea da região da Galícia, na Espanha.

TEXTO II

Christie's Images/The Bridgeman Art Library/Glow Images

Senhor, que bem parecedes!
se mi contra vós valvesse
Deus, que vos fez, e quisesse
do mal que mi (vós) fazedes
Mi fezessedes enmenda
e, vedes, senhor, quejenda
que vos viss'e vos prouguesse.

Ben parecedes sen falha
que nunca vyu homem tanto,
por meu mal e meu quebranto,
mays, senhor, que Deus vos valha
por quanto mal ey levado
por vós aja en por grado
veer-vos siquer já quanto.

Da vossa gran fremosura,
ond' eu, senhor, atendia
gran ben e grand' alegria,
mi ven gran mal sen mesura,
e, poys ei coyta sobeja,
praza-vos já que vos veja
no an(o) hũa vez d'un dia.

Senhora que bem pareceis,
se de mim vos recordasse
Deus que vos fez e mandasse
que do mal que me fazeis
me fizésseis correcção,
quem dera, senhora, então
que eu vos visse e agradasse.

Ó formosura sem falha
que nunca um homem viu tanto
para meu mal e meu quebranto!
Senhora, que Deus vos valha!
Por quanto tenho penado
seja eu recompensado
vendo-vos só um instante.

Da vossa grande beleza
da qual eu esperei um dia
grande bem e alegria,
só me vem mal e tristeza.
Sendo-me a mágoa sobeja,
deixai que ao menos vos veja
no ano, o espaço de um dia.

(D. Dinis. In: *Cantares dos trovadores galego-portugueses*, cit., p. 231.)

1. O autor do texto I é Martim Codax, e o do texto II é D. Dinis, que foi rei de Portugal. Compare o eu lírico dos dois textos.
Em qual deles o eu lírico é masculino? Em qual é feminino?

2. Ambas as cantigas abordam o tema amoroso. Contudo, o relacionamento entre os amantes difere de uma para outra.
   a) Em qual delas o eu lírico parece ser correspondido em seus sentimentos?
   b) Em qual delas o eu lírico conforma-se em sofrer a *coita* amorosa, ou seja, uma dor que não tem perspectiva de cessar, uma vez que não há a possibilidade de realização do amor?

3. As cantigas de amor portuguesas seguem o modelo das cantigas feitas em Provença, região do Sul da França, e, por isso, referem-se a um tipo de amor convencional, chamado de *amor cortês*. Já as cantigas de amigo se originaram na própria Península Ibérica e expressam os sentimentos e as emoções de modo mais natural e espontâneo. Leia o boxe "Regras do jogo do amor cortês" e depois responda:
   a) Qual dos textos apresenta uma concepção amorosa convencional, em conformidade com as regras do amor cortês?
   b) Que regras desse jogo amoroso estão presentes nesse texto?
   c) Conclua: Qual dos textos é cantiga de amigo e qual é cantiga de amor?

4. Leia, na página seguinte, o boxe "Homem de outro homem: as relações de vassalagem" e depois compare a relação amorosa dos amantes retratada no texto II e as relações de vassalagem existentes na sociedade medieval.
   a) Em qual dos textos se verifica uma espécie de vassalagem amorosa?
   b) No texto em que isso ocorre, a quem corresponde a figura do suserano? E a do vassalo?

5. As cantigas de amigo geralmente apresentam paralelismos, uma técnica frequentemente usada em literatura e que consiste em repetições de palavras, versos ou construções sintáticas. Essas repetições podem ser de partes de versos ou até de versos inteiros.
   a) Compare a 1ª e a 2ª estrofes do texto I. Que palavra da 2ª estrofe corresponde à palavra Vigo, da 1ª estrofe? E à palavra amigo, da 1ª estrofe?
   b) Observe agora o 2º verso da 1ª estrofe e o 2º verso da 2ª estrofe, do texto I. Em que outras estrofes os mesmos versos se repetem?

Regras do jogo do amor cortês

- Submissão absoluta à dama.
- Vassalagem humilde e paciente.
- Promessa de honrar e servir a dama com fidelidade.
- Prudência para não abalar a reputação da dama, sendo o cavaleiro, por essa razão, proibido de falar diretamente dos sentimentos que tem por ela.
- A amada é vista como a mais bela de todas as mulheres.
- Pela amada o trovador despreza todos os títulos, as riquezas e a posse de todos os impérios.

A função dos paralelismos nas cantigas

Na Idade Média, poucas pessoas sabiam ler. As cantigas eram cantadas e dançadas e os paralelismos contribuíam para a memorização do texto.

Além do refrão, as cantigas de amigo costumam apresentar dois tipos de paralelismo: o de *par de estrofes* e o *leixa-pren*. O de par de estrofes consiste na repetição de duas estrofes com uma ligeira diferença entre o verso de uma e o seu correspondente na outra estrofe. O *leixa-pren* é uma espécie de encadeamento entre estrofes pares e ímpares: o segundo verso da primeira estrofe se repete no primeiro da terceira estrofe, o segundo verso da segunda estrofe se repete no primeiro da quarta estrofe, e assim por diante.

Veja os dois tipos de paralelismo nos versos seguintes. As setas em azul correspondem ao paralelismo de par de estrofes, e as setas em vermelho, ao *leixa-pren*:

Vaiamos, irmãa, vaiamos dormir
(en) nas ribas do lago, u eu andar vi
a las aves meu amigo.

Vaiamos, irmãa, vaiamos folgar
(en) nas ribas do lago, u eu vi andar
a las aves meu amigo.

En nas ribas do lago, u eu andar vi,
seu arco na mãao as aves ferir,
a las aves meu amigo.

En nas ribas do lago, u eu vi andar,
seu arco na mãao a las aves tirar,
a las aves meu amigo.
[...]

(Fernando Esguio. In: Segismundo Spina. *A lírica trovadoresca*. Rio de Janeiro: Grifo; São Paulo: Edusp, 1972. p. 369.)

6. Compare as duas cantigas quanto ao ambiente (natural ou social), quanto à profundidade das ideias e quanto à musicalidade (sonoridade e ritmo das palavras).

a) Em qual delas o ambiente é natural ou rural?

b) Em qual delas as ideias amorosas são mais complexas e aprofundadas?

c) Qual dos textos apresenta maior sonoridade em virtude do ritmo e das repetições?

7. Em grupo e com base nas duas leituras que realizou neste capítulo, faça um quadro comparativo entre as cantigas de amigo e as cantigas de amor. Divida o quadro em duas partes e anote em cada uma delas as características de cada um dos tipos de cantiga, levando em conta os seguintes critérios:

- tipo de eu lírico
- profundidade no tratamento do tema
- presença de paralelismos e musicalidade
- tipo de ambiente

Homem de outro homem: as relações de vassalagem

Um homem ajoelha-se na frente de outro homem, une as duas mãos e as coloca nas mãos daquele que está em pé à sua frente. Enquanto isso acontece, o primeiro diz algumas palavras e se reconhece como o "homem" do outro homem. Depois, beijam-se na boca e estabelece-se um acordo e uma amizade "civil", o primeiro jovem jura sobre os Evangelhos ser fiel ao segundo por toda sua existência.

Quem acha isto meio "estranho", fique sabendo que este ritual forneceu uma das principais bases ao sistema feudal: os funcionários reais, os oficiais de todas as classes, os clérigos e até mesmo alguns camponeses passavam por ele antes de assumirem suas funções. Com ele, tornavam-se *vassalos de seus senhores.*

Essas relações todas podem ser explicadas pela necessidade de garantir fidelidade, assegurar prestação de serviços ou o pagamento de tributos, impor penalidades aos que não cumprissem suas obrigações de dependência.

(Paulo Miceli. *O feudalismo*. São Paulo: Atual, 1988. p. 35-6.)

DO TEXTO AO CONTEXTO DO TROVADORISMO

As cantigas e as novelas de cavalaria surgiram em Portugal num momento em que a Europa vivia a transição da Alta Idade Média (séculos V a X) para a Baixa Idade Média (séculos XI a XV). Colocando em segundo plano as preocupações religiosas, que até então tinham predominado na cultura medieval, e tratando de temas amorosos e de aventuras de cavaleiros em busca de honra e do amor de uma donzela, a produção literária desse período representou um importante passo para a formação de uma cultura leiga na Europa.

Giraudon/The Bridgeman Art Library/Glowimages

Maestà (1280-1283), de Cimabue. Com Cimabue, a pintura gótica chegou ao seu apogeu, na Itália.

Giotto di Bondone.

Detalhe de *O beijo de Judas* (1305-6), de Giotto, pintor italiano que preparou a transição da arte para o Renascimento.

Masaccio

Adão e Eva expulsos do paraíso (1425), de Masaccio, deu início à arte renascentista na Itália.

- século V — Fim do Império Romano e início da Alta Idade Média
- século XI — Início da Baixa Idade Média
- 1189 — Surgimento do Trovadorismo em Portugal
- 1280 — Surgimento da prosa literária em Portugal, com as novelas de cavalaria, hagiografias, nobiliários, etc.
- século XIV — Surgimento do humanismo italiano, com Dante Alighieri e Petrarca
- 1453 — Fim da Baixa Idade Média
- 1483 — Chegada de Bartolomeu Dias ao Cabo da Boa Esperança, no sul da África
- 1503 — Introdução do teatro leigo em Portugal por Gil Vicente

Leia, a seguir, um painel de textos que relacionam a produção literária do Trovadorismo ao contexto histórico, social e cultural em que o movimento floresceu.

A sociedade feudal

O clero e a nobreza constituíam as classes governantes. Controlavam a terra e o poder que dela provinha. A Igreja prestava ajuda espiritual, enquanto a nobreza, proteção militar. Em troca exigiam pagamento das classes trabalhadoras, sob a forma de cultivo das terras. O professor Boissonnade, competente historiador desse período, assim o resume:

> O sistema feudal, em última análise, repousava sobre uma organização que, em troca de proteção, frequentemente ilusória, deixava as classes trabalhadoras à mercê das classes parasitárias, e concedia a terra não a quem cultivava, mas aos capazes de dela se apoderarem.

(Leo Huberman. *História da riqueza do homem.* Rio de Janeiro: LTD, 1986. p. 14-15.)

Limbourg Brothers

A posse da terra

Lee/leemage/Other Images

A Igreja foi a maior proprietária de terras no período feudal. Homens preocupados com a espécie de vida que tinham levado, e desejosos de passar para o lado direito de Deus antes de morrer, doavam terras à Igreja; outras pessoas, achando que a Igreja realizava uma grande obra de assistência aos doentes e aos pobres, desejando ajudá-la nessa tarefa, davam-lhe terras; alguns nobres e reis criaram o hábito de, sempre que venciam uma guerra e se apoderavam das terras do inimigo, doar parte delas à Igreja; por esse e por outros meios a Igreja aumentava suas terras, até que se tornou proprietária de entre um terço e metade de todas as terras da Europa ocidental.

(Leo Huberman, op. cit., p. 13.)

O amor cortês

Granger/Other Images

O "amor cortês", presente no gênero mais refinado do trovadorismo provençal – a *chanson* (canção, cantiga) –, integrou a imagem da dama no jogo intelectual dos poetas. A *chanson* é sempre uma mensagem endereçada à mulher amada ou um monólogo sobre o estado de espírito do trovador apaixonado. Trata-se invariavelmente de uma convenção amorosa. Um poeta, via de regra um "jovem", isto é, um cavaleiro de condição humilde ou solteiro, dirige-se a uma mulher de alta linhagem, algumas vezes a esposa de seu senhor. O poeta canta o "bom amor", que em geral é estéril, inacabado, impossível; canta a mulher distante, a mulher inacessível e inatingível, a *dame sans merci* (dama indiferente).

(José Rivair Macedo. *A mulher na Idade Média.* São Paulo: Contexto, 2002. p. 75.)

O perigo vem das mulheres

Na intimidade das casas ricas, as mulheres recebiam um tratamento diferente do que era dado aos homens, pois representavam um perigo à paz familiar. Veja o que dizem os historiadores:

> O eixo mais sólido do sistema de valores a que se fazia referência na casa nobre para bem conduzir-se apoiava-se sobre este postulado, ele próprio fundado na Escritura: que as mulheres, mais fracas e mais inclinadas ao pecado, devem ser trazidas à rédea. O dever primeiro do chefe da casa era vigiar, corrigir, matar, se preciso, sua mulher, suas irmãs, suas filhas, as viúvas e as filhas órfãs de seus irmãos, de seus primos e vassalos.
>
> (G. Duby, D. Barthélemy, C. de La Roncière. *História da vida privada*. São Paulo: Companhia das Letras, 1997. v. 2, p. 88.)

• Roteiro de estudo •

Ao final da leitura dos textos, você deverá:

- compreender como se organizava a sociedade medieval.
- saber explicar por que a Igreja tinha a posse de boa parte das terras da Europa durante a Idade Média.
- reconhecer os verdadeiros motivos que levavam os cavaleiros medievais às Cruzadas.
- compreender o conceito de *convenção amorosa* presente nas cantigas medievais e fazer a distinção entre o papel desempenhado pela mulher nessas cantigas e o papel social desempenhado por ela na vida real.

Para quem quer mais na Internet

Em nosso *site*, http://www.atualeditora.com.br/pl/paraquemquermais, você poderá conhecer mais da poesia trovadoresca.

Fábio Guinalz/Fotoarena

PRODUÇÃO DE TEXTO

CAPÍTULO 6

O texto teatral escrito

Cena da peça *A família Addams*, com Daniel Boaventura e Marisa Orth nos papéis principais.

TRABALHANDO O GÊNERO

O texto a seguir é um trecho da peça teatral *A vida de Galileu*, do poeta e teatrólogo alemão Bertolt Brecht.

A peça narra uma parte da vida do sábio italiano Galileu, e a história começa com o cientista vivendo em Pádua, onde lhe davam liberdade para pesquisar, mas lhe pagavam baixo salário. Apropriando-se de uma luneta, instrumento ainda desconhecido na Itália, passa por seu inventor e é recebido em Florença, onde começa a residir. As observações que faz sobre o sistema solar levam-no a reconsiderar como verdadeira a concepção de Copérnico segundo a qual a Terra e os astros girariam em torno do Sol. A Igreja Católica, na época, defendia a concepção de Ptolomeu, para quem a Terra seria o centro do Universo.

O trecho faz parte da cena em que Galileu, servindo-se da luneta, confirma a seu amigo Sagredo o sistema copernicano e é advertido por ele das possíveis consequências de sua pesquisa.

Quarto de estudos de Galileu, em Pádua
Noite. Galileu e Sagredo, metidos em grossos capotes, olham pelo telescópio.

Arquivo/AE

Cena da peça *Galileu Galilei*, dirigida por José Celso Martinez Correa.

SAGREDO (*Olhando pelo telescópio, a meia voz*) — Os bordos do crescente estão irregulares, denteados e rugosos. Na parte escura, perto da faixa luminosa, há pontos de luz. Vão aparecendo, um depois do outro. A partir deles a luz se espraia, ocupa superfícies sempre maiores, onde conflui com a parte luminosa principal.

GALILEU — Como se explicam esses pontos luminosos?

SAGREDO — Não pode ser.

GALILEU — Pode, são montanhas.

SAGREDO — Numa estrela?

GALILEU — Montanhas enormes. Os cimos são dourados pelo sol nascente, enquanto a noite cobre os abismos em volta. Você está vendo a luz baixar dos picos mais altos aos vales.

SAGREDO — Mas isto contradiz a astronomia inteira de dois mil anos.

GALILEU — É. O que você está vendo, homem nenhum viu, além de mim. Você é o segundo.

SAGREDO — Mas a Lua não pode ser uma terra, com montanhas e vales, assim como a Terra não pode ser uma estrela.

GALILEU — A Lua pode ser uma terra com montanhas e vales e a Terra pode ser uma estrela. Um corpo celeste qualquer, um entre milhares. Olhe outra vez. A parte escura da Lua é inteiramente escura?

SAGREDO — Não, olhando bem eu vejo uma luz fraca, cinzenta.

GALILEU — Essa luz o que é?

SAGREDO — ?

GALILEU — É da Terra.

SAGREDO — Não, isso é absurdo. Como pode a Terra emitir luz, com suas montanhas, suas águas e matas, e sendo um corpo frio?

GALILEU — Do mesmo modo que a Lua. Porque as duas são iluminadas pelo Sol e é por isso que elas brilham. O que a Lua é para nós, nós somos para a Lua. Ela nos vê ora como crescente, ora como semicírculo, ora como Terra cheia e ora não nos vê.

SAGREDO — Portanto, não há diferença entre Lua e Terra?

GALILEU — Pelo visto, não.

SAGREDO — Não faz dez anos que, em Roma, um homem subia à fogueira. Chamava-se Giordano Bruno e afirmava exatamente isso.

GALILEU — Claro. E agora estamos vendo. Não pare de olhar, Sagredo. O que você vê é que não há diferença entre céu e Terra. Hoje, dez de janeiro de 1610, a humanidade registra em seu diário: aboliu-se o céu.

SAGREDO — É terrível!

GALILEU — E ainda descobri outra coisa, quem sabe mais espantosa.

[...]

SAGREDO (*hesita, antes de voltar ao telescópio*) — O que eu sinto é quase como medo, Galileu.

GALILEU — Vou lhe mostrar uma das nebulosas brancas e brilhantes da Via-Láctea. Me diga do que ela é feita!

SAGREDO — São estrelas, incontáveis.

GALILEU — Só na constelação de Órion são quinhentas estrelas fixas. São os muitos mundos, os incontáveis outros mundos, as estrelas distantes de que falava o queimado-vivo, que ele não chegou a ver, mas que ele esperava!

SAGREDO — Mas, mesmo que esta terra seja uma estrela, há muita distância até as afirmações de Copérnico, de que ela gira em volta do Sol. Não há estrela no céu que tenha outra girando à sua volta. Mas, em torno da Terra, gira sempre a Lua.

GALILEU — Eu duvido, Sagredo. Desde anteontem que eu duvido. Olhe Júpiter (*acerta o telescópio*), junto dele estão quatro estrelas menores, que só se veem pelo telescópio. Eu as vi na segunda-feira, mas não fiz muito caso da sua posição. Ontem, olhei outra vez. Eu jurava que todas as quatro tinham mudado de lugar. Eu tomei nota. Estão diferentes outra vez. O que é isso? Se eu vi quatro! (*Agitado.*) Olhe você!

SAGREDO — Eu vejo três.

GALILEU — A quarta onde está? Olhe as tabelas. Vamos calcular o movimento que elas possam ter feito. (*Excitados, sentam-se e trabalham. O palco escurece, mas no horizonte continua-se a ver Júpiter e seus satélites. Quando o palco clareia, ainda estão sentados, usando capotes de inverno.*)

GALILEU — Está provado. A quarta só pode ter ido para trás de Júpiter, onde ela não é vista. Está aí uma estrela que tem outra girando à sua volta.

SAGREDO — Mas e a esfera de cristal, em que Júpiter está fixado?

GALILEU — De fato, onde é que ela ficou? Como pode Júpiter ficar fixado, se há estrelas girando em volta dele? Não há suporte no céu, não há ponto fixo no universo! É outro sol!

SAGREDO — Calma, você pensa depressa demais!

GALILEU — Que depressa nada! Acorda, rapaz! O que você está vendo nunca ninguém viu. Eles tinham razão.

SAGREDO — Quem, os copernicanos?

GALILEU — E o outro! O mundo estava contra eles e eles tinham razão. [...]

SAGREDO (*gritando*) — A mesma fala do queimado-vivo?

GALILEU — A mesma fala do queimado-vivo!

Photo Researchers RM/Getty Images

: Galileu Galilei (1564-1642).

SAGREDO — Por isso ele foi queimado! Não faz dez anos!

GALILEU — Porque ele não podia provar nada! Porque ele só afirmava! [...]

SAGREDO — Galileu, eu sempre o conheci como homem de juízo. Durante dezessete anos em Pádua, e durante três anos em Pisa, pacientemente, você ensinou a centenas de alunos o sistema de Ptolomeu, que é adotado pela Igreja e é confirmado pelas Escrituras, na qual a Igreja repousa. Você, na linha de Copérnico, achava errado, mas você ensinava, não obstante.

GALILEU — Porque eu não podia provar nada.

SAGREDO (*incrédulo*) — E você acha que isso faz alguma diferença?

GALILEU — Faz toda a diferença. Veja aqui, Sagredo! Eu acredito no homem, e isto quer dizer que acredito na sua razão! Sem esta fé eu não teria força de sair da cama pela manhã.

(São Paulo: Abril Cultural, 1977. p. 47-58.)

1. Sagredo adverte Galileu sobre as possíveis consequências de sua pesquisa.

a) Quais poderiam ser elas?

b) Baseado em que Galileu se mostra determinado a desafiar os dogmas da Igreja na época?

A função do teatro

O teatro nasceu entre os gregos, na Antiguidade. A principal alteração que tem experimentado, desde então, é quanto à sua função: tem servido para divertir, satirizar a classe política, refletir sobre os problemas sociais, conscientizar politicamente os oprimidos, fazer refletir sobre a própria condição humana. Para o dramaturgo alemão Bertolt Brecht, a principal função da atividade teatral, entretanto, é a de proporcionar prazer. Um prazer que educa, conscientiza e diverte.

Raphael Gaillarde/Gamma-Rapho via Getty Images

2. O texto teatral tem semelhanças com o texto narrativo: apresenta fatos, personagens, tempo e lugar.

a) Onde ocorre a cena?

b) Quando ela acontece?

3. Comparando a estrutura do texto teatral com a dos gêneros narrativos, como o conto e a fábula, por exemplo, observamos que ele se constrói de uma forma diferente.

a) Há no texto teatral lido um narrador que conta a história?

b) O texto nos possibilita ter uma visão acerca das personagens. Que ideia você faz de Galileu e de Sagredo?

c) De que forma as características de cada personagem nos são reveladas no texto lido?

4. Em outros gêneros narrativos, como no conto, a fala das personagens é introduzida geralmente depois de verbos como *dizer*, *perguntar*, *exclamar*, *afirmar*, chamados *dicendi*. No texto teatral escrito, as falas das personagens são introduzidas de forma diferente.

a) No texto teatral lido, como o leitor sabe quem é que está falando?

b) A fala das personagens é reproduzida pelo discurso direto ou pelo discurso indireto?

5. O texto teatral apresenta trechos em letra de tipo diferente – no texto lido, o itálico. Veja estes exemplos:

SAGREDO (*Olhando pelo telescópio, a meia voz*)
SAGREDO (*gritando*)
GALILEU ... (*Agitado.*)

Esses trechos são chamados de rubricas. Qual é a função das rubricas?

6. Que tipo de variedade linguística foi empregado pelas personagens?

7. Quando um texto teatral é lido, o leitor é o interlocutor da história vivida pelas personagens. Quando o texto teatral é encenado, quem é o interlocutor?

8. Qual é o suporte do texto teatral escrito, isto é, como ele é veiculado para atingir o público a que se destina?

9. Reúna-se com os colegas de seu grupo e concluam: Quais são as características do texto teatral escrito? Ao responder, considerem os seguintes critérios: finalidade do gênero, perfil dos interlocutores, suporte ou veículo, tema, estrutura, linguagem.

O texto estudado é uma cena de uma peça de teatro. É, portanto, uma parte de um texto dramático, isto é, um texto que serve para a representação teatral.

Imagine essa cena se desenvolvendo num palco: haveria um cenário (o quarto de estudos de Galileu), e o diálogo entre as personagens Galileu e Sagredo não seria contado por um narrador, mas mostrado pelos atores, que, *representando* as personagens, se movimentariam no palco e falariam. O diálogo, portanto, constitui o elemento dominante e essencial no texto teatral.

Ator, texto e público

Não há fenômeno teatral sem a conjunção da tríade ator, texto e público. Um *ator* interpreta um *texto* para o *público*. E entre ator e público é estabelecida uma cumplicidade: ambos sabem que se trata de um jogo, de uma representação. Por meio da razão e da emoção, estabelece-se um diálogo vivo entre ator e público. Proporcionando prazer, o teatro age diretamente sobre os homens. Ele ensina, provoca, faz refletir.

No diálogo, manifestam-se uma oposição e uma luta de vontades que caracterizam o conflito, elemento essencial para possibilitar ao leitor ou à plateia criar expectativa em relação aos fatos que lê ou vê. No texto em estudo, a determinação de Galileu em provar a teoria sobre o sistema solar defendida por Copérnico opõe-se ao temor de Sagredo em revelá-la, pois isso despertaria a ira da Igreja. O *conflito* é, portanto, uma oposição que acontece entre os elementos da história, criando uma tensão que organiza os fatos narrados/mostrados e, consequentemente, prendendo a atenção do leitor ou da plateia.

Quando é encenado, o texto teatral exige outros elementos, como cenário, música, luz, figurino, maquiagem, gestos, movimentos, etc.

No texto teatral escrito, esses elementos estão indicados nas **rubricas**, que são trechos em letra de tipo diferente (no texto estudado, em itálico) e indicam como as personagens devem falar (rubricas de interpretação) e se movimentar em cena (rubrica de movimento). Quando lemos um texto teatral, as rubricas cênicas procuram nos dar informações sobre aquilo que, na montagem, se vê no palco.

Quando a peça teatral é longa, ela costuma ser dividida em partes, que são chamadas de **atos**.

Teatro: o encontro das artes

Além da presença física do ator, o teatro conta com a colaboração de outras artes: a arquitetura, a pintura, a música, a arte da indumentária (o figurino), da iluminação e do mobiliário. E também com a arte literária, pois o autor comunica-se com o público principalmente por meio da palavra, que, para sua interpretação, precisa também de pausas, gestos, mímicas, além da postura, do olhar e do movimento que compõem a expressão corporal do ator. O teatro exige ainda outros componentes, como maquiagem, sonoplastia, contrarregra.

A coordenação de todos esses elementos na realização de um espetáculo é feita pelo encenador ou diretor. O dramaturgo é o autor do texto, e o diretor, o autor do espetáculo.

A literatura dramática fica documentada em livros; os cenários e os figurinos subsistem em fotografias e desenhos. O teatro, porém, é efêmero: só se realiza integralmente enquanto dura o espetáculo. Talvez esteja nessa peculiaridade todo o fascínio e a grandeza da arte teatral.

PRODUZINDO O TEXTO TEATRAL

Reúna-se com seus colegas de grupo e escolham uma das propostas a seguir para produzir um texto teatral.

1. Escolham um dos cenários descritos a seguir e escrevam uma cena teatral que se desenvolva nele. Se quiserem, criem outro cenário.

CENÁRIO 1

Uma pequena praça, onde desembocam duas ruas. Uma à direita, seguindo a linha da ribalta, outra à esquerda, ao fundo, de frente para a plateia, subindo, enladeirada e sinuosa, no perfil de velhos sobrados coloniais. Na esquina da rua da direita, vemos a fachada de uma igreja relativamente modesta, com uma escadaria de quatro ou cinco degraus. Numa das esquinas da ladeira, do lado oposto, há uma vendola, onde também se vende café, refresco, cachaça etc.; a outra esquina da ladeira é ocupada por um sobrado cuja fachada forma ligeira barriga pelo acúmulo de andares não previsto inicialmente. O calçamento da ladeira é irregular e na fachada dos sobrados veem-se alguns azulejos estragados pelo tempo. Enfim, é uma paisagem tipicamente baiana, da Bahia velha e colonial, que ainda hoje resiste à avalanche urbanística moderna.

Devem ser, aproximadamente, quatro e meia da manhã. Tanto a igreja como a vendola estão com suas portas cerradas.

(Dias Gomes. *O pagador de promessas*. 54. ed. Rio de Janeiro: Bertrand Brasil, 2011. p. 20.)

CENÁRIO 2

A ação se passa na sala e na biblioteca de um apartamento classe média. Ambas são visíveis ao público, separadas por uma porta. As outras portas são a da entrada social, a do lavabo, além das passagens que levam à cozinha e aos quartos.

É final de tarde.

Inês, vinda da porta que dá acesso aos quartos, entra esbaforida na sala, pronta para sair. Afobada e atrasada, procura pelas chaves do carro e verifica tudo para ter certeza de que não se esqueceu de nada.

(Marcos Caruso. *Trair e coçar é só começar*. São Paulo: Benvirá, 2011. p. 17.)

Fabio Cerati e Célia Santos/BR PRODUTORA

Cena da peça *Trair e coçar é só começar*.

Loucos por teatro

Para aqueles que são aficionados de teatro e querem ampliar seus conhecimentos nessa área, sugerimos a leitura dos seguintes livros: *Comédias*, de Jandira Martini e Marcos Caruso (Panda Books); coleção *Palco Iluminado* (Scipione); *Teatro para a juventude I* e *II*, de Tatiana Belinky (Ibep Nacional); *Um caminho do teatro na escola* (Scipione) e *Técnicas dramáticas aplicadas à escola* (José Olympio), de Olga Reverbal; *Off – Uma história do teatro*, de Manuel Carlos (Globo); *O que é teatro*, de Fernando Paixão (Brasiliense); *200 exercícios e jogos para o ator e não ator com vontade de dizer algo através do teatro*, de Augusto Boal (Civilização Brasileira); *Improvisação para o teatro*, de Viola Spolin (Perspectiva); *Panorama do teatro brasileiro*, de Sábato Magaldi (Difel); *História concisa do teatro brasileiro*, de Décio de Almeida Prado (Edusp).

2. O roteiro a seguir inclui fatos, personagens, lugar e tempo. Criem uma cena de texto teatral com base nesses elementos e acrescentem outros que julgarem necessários.
   - **Fatos**: cinco amigos se reúnem para preparar uma festa pró-formatura. Um dos participantes é pessimista e atrapalhado, e todas as ideias são criticadas e desestimuladas por ele.
   - **Personagens**: cinco amigos, vestidos de forma bem descontraída.
   - **Lugar**: pátio da escola, em cujas paredes há desenhos e quadros de avisos.
   - **Tempo**: época atual, começo da noite.
3. Criem uma cena teatral com cenário, personagens, fatos, tempo e lugar imaginados por vocês.

Planejamento do texto

Ao redigir seus textos teatrais, levem em conta as orientações a seguir.

- Discutam a caracterização de cada personagem (modo de falar, temperamento, tiques, etc.) e do lugar.
- Planejem o que vão escrever. Pensem no(s) fato(s) que comporá(ão) o texto e como as ações vão se encaminhar para criar um conflito entre as personagens. Discutam como prender a atenção da plateia e como encaminhar a(s) cena(s) para um desfecho triste ou cômico.
- Ao escrever, lembrem-se de indicar o nome das personagens antes de suas falas, adequar a linguagem às personagens e ao contexto, fazer as indicações de cenário, de figurino, etc. e inserir as rubricas de movimento e de interpretação. Procurem dar dinamismo ao diálogo, criando uma tensão crescente entre as personagens.

Kevin Dodge/Corbis/Latinstock

Revisão e reescrita

Façam primeiramente um rascunho do texto. Depois releiam-no, observando se ele:

- mostra o desenvolvimento das ações;
- evidencia um conflito que possa prender a atenção da plateia;
- apresenta rubricas indicativas do cenário e da movimentação dos atores no palco e se elas estão em letra de tipo diferente;
- apresenta uma linguagem condizente com as personagens e o contexto;
- está de acordo com o suporte e o veículo nos quais será veiculado.

Façam as alterações necessárias e passem o texto a limpo.

No projeto **Palavra em cena**, que a classe desenvolverá no final da unidade, vocês irão fazer a leitura dramática e a encenação do texto.

LEITURA DRAMÁTICA

1. Formem um grupo com um número de integrantes igual ao número de personagens do texto. Cada componente do grupo deve ler o texto individualmente pelo menos uma vez.
2. Façam, em grupo, uma segunda leitura do texto, em voz alta, cada aluno lendo as falas de uma personagem. Leiam procurando uma compreensão mais ampla do texto e um domínio maior da história.
3. A partir da terceira leitura, comecem a buscar a representação, isto é, comecem a transformar a leitura em ação. Lembrem-se: o ator é um fingidor, alguém que cria ilusões.
   a) Para uma boa interpretação, analisem e debatam o comportamento psicológico de cada personagem: quais são seus desejos; que fatos ou que personagem se contrapõem a elas; como elas reagem, etc.
   b) Em seguida, cada um deve buscar a melhor forma de interpretar sua personagem.
   c) Considerem a pontuação do texto e as rubricas de interpretação.
   d) Não deixem cair a entonação no final das frases. Observem como falam os locutores de rádio e televisão e procurem imitá-los.
   e) Se julgarem necessário, marquem o texto com pausas para respiração e destaquem os verbos das frases para dar um apoio maior à inflexão da voz.
   f) Para ajudar no volume da voz, imaginem – como fazem no meio teatral – que na última fileira do teatro há uma velhinha meio surda e que vocês devem representar para ela.
4. Depois que cada um dos elementos do grupo tiver encontrado a expressão própria de sua personagem, façam a leitura do texto dramático para a classe.

ENCENAÇÃO

Bibliothèque Nationale, Paris

Polichinelo (1876), de Édouard Manet.

1. Cada um deve decorar as falas de sua personagem, imaginando-se nas situações vividas por ela, o cenário e as outras personagens que contracenam com ela.
2. Além das rubricas de interpretação, vocês devem, agora, observar também as de movimento.
3. Criem o cenário, a sonoplastia (o som que acompanha o texto), os figurinos. Contem para isso com a criatividade individual e do grupo e envolvam outros colegas na montagem.
4. Ensaiem quantas vezes forem necessárias. Coloquem-se naturalmente no lugar das personagens e vivam-nas, ou seja, comecem a fazer teatro.
5. Caso algum elemento do grupo se esqueça de uma parte do texto durante os ensaios ou na apresentação, improvisem uma saída, ou recorram ao ponto. *Ponto* é uma pessoa que, no teatro, vai lendo o que os atores devem dizer para ajudar na memorização das falas.
6. Tudo pronto, apresentem o espetáculo para a classe.
7. Caso gostem muito dessa atividade, formem um grupo de teatro com outros colegas e, seguindo as mesmas orientações, encenem outros textos e, se possível, uma peça de teatro completa.

A DENOTAÇÃO E A CONOTAÇÃO

Leia este poema:

A vida é uma cereja
A morte um caroço
O amor uma cerejeira.

(Jacques Prévert. *Poemas*. Rio de Janeiro: Nova Fronteira, 2000. p. 65.)

David Sacks/Photographer's Choice/Getty Images

1. Compare estas frases:

"A vida é uma cereja"

À época do Natal, é comum encontrarmos cerejas frescas para comprar.

a) Em qual delas a palavra *cereja* foi empregada em seu sentido comum, que é "fruto da cerejeira"?

b) Em qual delas a palavra *cereja* ganha um sentido figurado, diferente do seu sentido comum?

c) Qual é esse sentido figurado?

2. Que outras palavras, no poema, estão empregadas em sentido figurado?

Como você observou ao ler o poema, em determinados contextos as palavras ganham um sentido novo, figurado, diferente daquele encontrado nos dicionários. Esse novo sentido é, geralmente, carregado de valores afetivos, ideológicos ou sociais.

Quando a palavra é utilizada no seu sentido usual, dizemos que está empregada **denotativamente**. Quando é utilizada em um sentido diferente daquele que lhe é comum, dizemos que ela está empregada **conotativamente**.

A palavra *cereja*, por exemplo, além de significar um tipo de fruta, tem no poema também o sentido conotativo de frescor, paixão, prazer.

Apesar de seu uso constante na linguagem poética, a conotação não é exclusiva da literatura. Ela costuma estar presente nas conversas do dia a dia, em anúncios publicitários, na linguagem dos quadrinhos, nas letras de música, etc.

As principais diferenças entre denotação e conotação podem ser assim sintetizadas:

DENOTAÇÃO

- Palavra com significação restrita.
- Palavra com o sentido comum, aquele encontrado no dicionário.
- Palavra utilizada de modo objetivo.
- Linguagem exata, precisa.

CONOTAÇÃO

- Palavra com significação ampla, dada pelo contexto.
- Palavra com sentidos carregados de valores afetivos, ideológicos ou sociais.
- Palavra utilizada de modo criativo, artístico.
- Linguagem expressiva, rica em sentidos.

EXERCÍCIOS

Leia o poema a seguir, de Carlos Drummond de Andrade, e responda às questões de 1 a 4.

Passagem da noite

Filipe Rocha

É noite. Sinto que é noite
não porque a sombra descesse
(bem me importa a face negra)
mas porque dentro de mim,
no fundo de mim, o grito
se calou, fez-se desânimo.
Sinto que nós somos noite,
que palpitamos no escuro
e em noite dissolvemos.
Sinto que é noite no vento,
noite nas águas, na pedra.

E que adianta uma lâmpada?
E que adianta uma voz?
É noite no meu amigo.
É noite no submarino.
É noite na roça grande.
É noite, não é morte, é noite
de sono espesso e sem praia.
Não é dor, nem paz, é noite,
é perfeitamente a noite.

Mas, salve, olhar de alegria!
E salve, dia que surge!
Os corpos saltam do sono,
o mundo se recompõe.
Que gozo na bicicleta!
Existir: seja como for.
A fraterna entrega do pão.
Amar: mesmo nas canções.
De novo andar: as distâncias,
as cores, posse das ruas.
Tudo que à noite perdemos
se nos confia outra vez.
Obrigado, coisas fiéis!
Saber que ainda há florestas,
sinos, palavras; que a terra
prossegue seu giro, e o tempo
não murchou; não nos diluímos!
Chupar o gosto do dia!
Clara manhã, obrigado,
o essencial é viver!

(*Reunião*. 10. ed. Rio de Janeiro: José Olympio, 1980. p. 88.)

1. O poema está estruturado em três estrofes.

a) Que relação há entre a 3ª estrofe e as anteriores?

( ) contradição
( ) confirmação
( ) oposição
( ) aproximação

b) A relação entre as estrofes é representada por duas palavras. Quais são essas palavras?

2. A palavra *noite*, utilizada nas duas primeiras estrofes, está empregada em sentido figurado, ou seja, conotativo.

a) Que sentidos conotativos essa palavra tem no contexto?

b) Em que trechos do poema se nota o uso conotativo de *noite*?

3. Na 3ª estrofe, a palavra *dia* também foi empregada em sentido conotativo e estabelece, portanto, oposição à noite.

a) Que sentidos conotativos essa palavra tem no contexto?

b) Indique trechos do poema em que se observa o uso de sentidos conotativos de *dia*.

4. O poema foi publicado no livro *A rosa do povo*, de 1945, que reúne textos escritos por Drummond durante a Segunda Guerra Mundial e a ditadura do Estado Novo, instaurada por Getúlio Vargas no Brasil. Considerando esse fato, indique as afirmativas verdadeiras:

a) A noite representa para o eu lírico um momento de tristeza e de desesperança, possivelmente relacionado com a guerra e a ditadura.

b) Apesar do descontentamento com o momento político, o poema manifesta a esperança de um futuro melhor.

c) As palavras *noite* e *dia*, empregadas conotativamente, representam respectivamente um tempo de dificuldades e um tempo de redenção.

d) Os sentimentos do eu lírico oscilam entre o modo como as pessoas, em geral, sentem a noite e o dia.

e) No poema, a contraposição entre dia e noite expressa o descontentamento do eu lírico com a passagem do tempo.

5. Observe estes versos, de uma canção de Gilberto Gil:

Toda saudade é um capuz
Transparente
Que veda
E ao mesmo tempo
Traz a visão
Do que não se pode ver
Porque se deixou para trás
Mas que se guardou no coração

("Toda saudade". In: Carlos Rennó, org. *Gilberto Gil – Todas as letras*. São Paulo: Companhia das Letras, 1996. p. 295.)

Todo o trecho da canção procura conceituar saudade.

a) Que características da saudade permitiram comparar esse sentimento com "um capuz transparente"?

b) Saudade, nos versos, é conceituada de modo denotativo ou conotativo? Por quê?

Delfim Martins/Pulsar Imagens

LÍNGUA: USO E REFLEXÃO

CAPÍTULO 7

As variedades linguísticas

CONSTRUINDO O CONCEITO

Leia este texto, de Patativa do Assaré:

Aos poetas clássicos

Poetas niversitário,
Poetas de Cademia,
De rico vocabularo
Cheio de mitologia;
Se a gente canta o que pensa,
Eu quero pedir licença,
Pois mesmo sem português
Neste livrinho apresento
O prazê e o sofrimento
De um poeta camponês.

Eu nasci aqui no mato,
Vivi sempre a trabaiá,
Neste meu pobre recato,
Eu não pude estudá
No verdô de minha idade,
Só tive a felicidade
De dá um pequeno insaio
In dois livro do iscritô,
O famoso professô
Filisberto de Carvaio.

No premêro livro havia
Belas figuras na capa,
E no começo se lia:
A pá — O dedo do Papa,
Papa, pia, dedo, dado,
Pua, o pote de melado,
Dá-me o dado, a fera é má
E tantas coisa bonita,
Qui o meu coração parpita
Quando eu pego a rescordá.

[...]

(www.releituras.com/patativa_poetclassicos.asp)

Quem foi Patativa do Assaré?

Antônio Gonçalves da Silva, conhecido como Patativa do Assaré (1909-2002), nasceu em Assaré e se tornou um conhecido poeta popular na região do Cariri, interior do Ceará.

Apesar da pouca escolaridade e da cegueira resultante de uma doença, Patativa guardou, até o final da vida, todos os seus poemas na memória.

Publicou vários livros, porém as gravações em disco e vídeo é que dão uma noção mais completa da expressividade do poeta, que inclui, além das palavras, entonações, pausas, gestos, etc.

1. O poema caracteriza um jeito de falar típico de um contexto brasileiro específico, mencionado no próprio texto.
   a) Qual é esse contexto e qual termo do poema nos remete a ele?
   b) Quais recursos são utilizados no poema para caracterizar a fala típica desse universo? Justifique sua resposta com exemplos do texto.
   c) O título do poema é "Aos poetas clássicos". Qual relação se pode estabelecer entre esse título e o que o eu lírico diz em seus versos?
   d) Reescreva os termos abaixo, extraídos do texto, de acordo com a norma-padrão da língua.
      - trabaiá
      - insaio
      - tantas coisa bonita
      - parpita
   e) Na sua opinião, por se tratar de um texto literário, esse poema deveria ter passado por uma revisão antes de ser publicado, a fim de que sua ortografia e sua linguagem fossem adequadas à norma-padrão? Por quê?
2. Nem todos os termos que, no texto, estão grafados em desacordo com a ortografia padrão são exclusivos da fala do universo rural. Dê exemplos de termos que:
   a) são empregados também no universo urbano, em geral por pessoas menos escolarizadas, da maneira como estão grafados no poema;
   b) são empregados também no universo urbano, mesmo por pessoas escolarizadas, da maneira como estão grafados no poema.
3. Na terceira estrofe há referência a um livro que o eu lírico lia quando criança, e no qual estava escrito, entre outras frases: "Dá-me o dado".
   a) Essa é uma construção padrão proposta pela gramática normativa, mas pouco comum na fala dos brasileiros, mesmo os escolarizados. Que forma essa construção normalmente tomaria na fala dos brasileiros?
   b) Discuta com os colegas e com o professor as seguintes questões:
      - A língua portuguesa é uma só? Se não, de que dependem suas variações?
      - O uso da língua pode gerar preconceito? Por quê?

CONCEITUANDO

Nascemos em meio a um mundo de linguagem, aprendemos a língua em contato com as pessoas que nos cercam e já estavam inseridas nessa linguagem. Desde bebês produzimos linguagem. Primeiramente alguns sons, que se transformam em palavras, enunciados. Nós nos apropriamos do vocabulário e das leis que regem nossa língua ao mesmo tempo que somos formados e vemos o mundo que nos cerca por meio dessa linguagem. Produzimos e lemos textos orais e escritos, nos comunicamos por gestos, lemos imagens, interpretamos sons.

Em contato com outras pessoas, na rua, na escola, no trabalho, observamos que nem todos falam como nós. Isso ocorre por diferentes razões: nascemos e crescemos em regiões e momentos diferentes; frequentamos a escola por menos ou mais tempo; convivemos em determinados grupos ou classes sociais. Essas diferenças no uso da língua constituem as **variedades linguísticas**.

Para evitar que cada falante use a língua à sua maneira, em todo o mundo existem especialistas que registram, estudam e sistematizam o que é a língua de um povo em certo momento, o que dá origem à **norma-padrão**, uma espécie de lei que orienta o uso social da língua. Essa norma-padrão é a que está registrada nos dicionários e nos livros de gramática.

Onde se fala melhor o português no Brasil?

Você já deve ter ouvido esse tipo de pergunta. E também respostas como "no Maranhão", "no Rio de Janeiro", "no Rio Grande do Sul", justificadas por motivos históricos, sociais, culturais. Porém, de acordo com a visão moderna de língua, não existe um modelo linguístico que deva ser seguido, nem mesmo o português lusitano.

Todas as variedades linguísticas regionais são perfeitamente adequadas à realidade em que surgiram. Em certos contextos, aliás, o uso de outra variedade, mesmo que seja uma variedade de acordo com a norma-padrão, é que pode soar estranho e até não cumprir sua função essencial de comunicar.

A norma-padrão não existe como uma língua de fato, pois ninguém fala português de acordo com ela em todos os momentos da vida. Trata-se de um modelo, uma referência que orienta os usuários da língua sempre que precisam usar o português de modo mais formal.

O uso da norma-padrão está diretamente relacionado à prática social em que os sujeitos estão envolvidos e, consequentemente, ao gênero de texto que se quer produzir. Por exemplo, se alguém está conversando ao telefone com um amigo, é natural que empregue um português coloquial, repleto de abreviações como "tá", "tô", "cê", "né?", ou a expressão *a gente*, em lugar do pronome reto *nós*. Contudo, ao fazer uma entrevista para conseguir um emprego, ao apresentar um trabalho escolar, participar de um debate, escrever uma carta para uma autoridade pública, etc., deve empregar uma variedade linguística de acordo com a norma-padrão. Dada a importância da norma-padrão, a escola se propõe ensiná-la a todas as crianças e jovens do país, preparando-os para ingressar na vida profissional e social.

As variedades do português que mais se aproximam da norma-padrão são prestigiadas socialmente. É o caso das variedades linguísticas urbanas, faladas nas grandes cidades por pessoas escolarizadas e de renda mais alta.

Outras variedades, faladas no meio rural ou por pessoas não alfabetizadas ou de baixa escolaridade, geralmente são menos prestigiadas e, por isso, frequentemente aqueles que as falam são vítimas de preconceito. Por isso, é importante conhecer a norma-padrão e saber em que momentos seu uso permitirá que nossos textos ganhem mais credibilidade.

A norma-padrão e a escola

Alguma vez você já se sentiu inferiorizado pelo modo como fala? Se sim, saiba que esse sentimento é normal. Isso geralmente ocorre quando nosso interlocutor é uma pessoa mais instruída do que nós e, por isso, tem maior domínio da norma-padrão.

A escola, ao assumir o compromisso de ensinar a norma-padrão, não tem em vista eliminar a língua que o aluno traz de casa, mas prepará-lo para se comunicar com segurança e competência, independentemente de sua origem social.

Variedades linguísticas são as variações que uma língua apresenta, de acordo com as condições sociais, culturais, regionais e históricas em que é utilizada.

Norma-padrão é uma referência, uma espécie de modelo ou lei que normatiza o uso da língua, falada ou escrita.

Variedades urbanas de prestígio, também conhecidas como *norma culta*, são as variedades que mais se aproximam da norma-padrão e são empregadas pelos falantes urbanos mais escolarizados.

A língua como expressão de uma identidade grupal

Você já percebeu como as pessoas de um grupo tendem a falar de modo semelhante? Quando há identificação entre as pessoas de um grupo, todas tendem a usar uma linguagem com vocabulário, expressões e gírias próprias. Claro que outros fatores, como as roupas, o corte do cabelo, o gosto musical, etc., também interferem, mas a língua é um dos critérios de aceitação ou rejeição de uma pessoa em uma "tribo".

Angeli

(Angeli. *Luke & Tantra - Sangue bom*. São Paulo: Devir/Jacarandá, 2000. p. 37.)

O uso de palavras e expressões como "estamos ligados", "é isso", "cara", "mó feliz", "10 paus", ao mesmo tempo que torna o diálogo mais informal, aproxima os interlocutores e os faz sentir-se parte integrante de um mesmo grupo social.

DIALETOS E REGISTROS

Há dois tipos básicos de variação linguística: os dialetos e os registros.

Os **dialetos** são variedades originadas das diferenças de região ou território, de idade, de sexo, de classes ou grupos sociais e da própria evolução histórica da língua. Nos poemas medievais, que você começou a estudar a partir da página 70, temos exemplos de variação histórica. Já no texto que segue, escrito pelo poeta Xanana Gusmão, do Timor Leste (Oceania), temos um exemplo de variação territorial, já que o poema, apesar de ter sido escrito em língua portuguesa, apresenta também vocábulos do tétum, língua nativa timorense.

Poema

Pisaste um dia a terra descalça
do "bua" e do "malus",
paraste um dia à sombra da casa alta
estranhando o "tuaka"
e reparaste no seu dono
cobrindo com a nudez do seu "hakfolik"
a campa dos antepassados.

Miraste o seu suor tórrido
lavando as faces do seu rosto sujo;
ouviste ainda o seu "hamulak"
entoando em "tais" do seu "lulik"
e respeitaste o "manuaten"
[...]

Annie Katz/Photographer's Choice/Getty Images

(*Revista do Centro de Estudos Portugueses*. São Paulo: Universidade de São Paulo, nº 1, p. 43-44, 1998. Glossário de Nery Nice Biancalana Reiner.)

bua: grão de areca (para mascar).
hakfolik: pano atado à cintura para tapar as partes pudendas.
hamulak: prece, oração.
lulik: sagrado.
manuaten: fígado de galo (o galo de combate é um animal de grande estimação; é símbolo de coragem e de luta).
malus: folha de betel, uma planta trepadeira (para mascar).
tais: pano com que o timorense se veste, enrolando-o como se fosse uma saia.
tuaka: aguardente local.

Tratando da chegada do colonizador ao Timor Leste e do choque de culturas advindo da colonização, o poeta cria o poema com uma variação de língua portuguesa que só é possível e só faz sentido em seu país.

Os **registros** são variações que ocorrem de acordo com o grau de formalismo existente na situação. A mesma pessoa pode ser menos ou mais formal em sua linguagem, dependendo dos objetivos que tem, das situações de comunicação em que se encontra e das diferentes esferas da sociedade nas quais circula.

O nível de formalidade pode variar independentemente de os textos produzidos serem orais ou escritos. Assim, pode haver textos orais que sejam extremamente formais, como uma conferência proferida em um grande evento, e textos escritos pouco formais, como um bilhete deixado na porta da geladeira de casa para alguém da família. O quadro a seguir mostra que as relações entre formal e informal e entre oral e escrito apresentam uma gradação e que os diversos textos que produzimos em nossa vida social variam desde o mais informal e oral, como o bate-papo e a fofoca, até o mais formal e escrito, como o relatório científico e a tese.

INFORMAL ↓ FORMAL	ORAL →		ESCRITO
	Bate-papo, fofoca Caso, conversa fiada	Bilhete, carta pessoal Diário	Biografia
	Entrevista médica Relato de vivências Reclamação		Entrevista jornalística Notícias Carta de reivindicação
	Debate Palestra Conferência	Carta de leitor	Editorial, ensaio Relatório científico, artigo científico, tese

(Angela Kleiman. *Preciso ensinar o letramento – Não basta ensinar a ler e escrever?*. Campinas, SP: Cefiel/IEL/Unicamp, 2005-2010. p. 46.)

GÍRIA

A gíria é uma das variedades que uma língua pode apresentar. Quase sempre é criada por um grupo social, como o dos fãs de *rap*, de *funk*, de *heavy metal*, os surfistas, os skatistas, os grafiteiros, os *bikers*, os policiais, etc. Quando restrita a uma profissão, a gíria é chamada de **jargão**. É o caso do jargão dos jornalistas, dos médicos, dos dentistas e de outras profissões.

Veja as gírias de dois desses grupos:

Dos surfistas

aê: forma de saudação

back side: manobra em que o surfista fica de costas para a onda

beate: meninas de praia; estão sempre com surfista por interesse

casca-grossa: surfista experiente, que não teme ondas grandes

flat: mar sem ondas; prancha lisa

Dos grafiteiros

bomber: grafiteiro que ataca ilegalmente

king: bom grafiteiro, admirado por seu trabalho

old school: grafiteiros antigos

tag: assinatura de grafiteiro

top to bottom: um trem é pintado por inteiro de cima para baixo

Fonte: Kárin Fusaro. *Gírias de todas as tribos*. São Paulo: Panda, 2001.

EXERCÍCIOS

1. Leia o texto:

Quanto ao nome da Alfaiataria Aguia de Ouro cresci ouvindo meu pai contar que alguém de passagem por uma cidade do interior (nada contra as cidades do interior) e precisando de um alfaiate pediu informações e lhe foi recomendado um logo ali, muito bom. Ao ver a placa da alfaiataria disse ao proprietário lamentar muito, que embora lhe tivessem dito se tratar de um alfaiate de mão cheia, não confiava em alguém que escrevia errado o nome do próprio negócio.

— O acento, o senhor não colocou o acento de águia, Alfaiataria Águia de Ouro.

O alfaiate olha o visitante com estranheza e explica:

— Não, senhor, Aguia [agúia] de Ouro.

(www.iel.unicamp.br/cefiel/alfaletras/biblioteca_professor/arquivos/49Textos%20de%20humor.pdf)

Rico

a) O texto constrói seu efeito de humor com base em elementos relacionados à variação linguística. Quais dialetos são colocados em oposição nessa construção?

b) No final do texto, o alfaiate explica o mal-entendido e mostra que o cliente é que não havia compreendido o texto da placa. Levante hipóteses: A explicação do alfaiate resolve o questionamento do cliente?

c) Qual personagem do texto revela ter uma visão permeada pelo preconceito linguístico? Justifique sua resposta.

2. Leia o trecho de uma carta de amor escrita por Olavo Bilac, poeta brasileiro que viveu entre o final do século XIX e o início do século XX.

Excelentíssima Senhora. Creio que esta carta não poderá absolutamente surpreendê-la. Deve ser esperada. Porque V. Excia. compreendeu com certeza que, depois de tanta súplica desprezada sem piedade, eu não podia continuar a sofrer o seu desprezo. Dizem que V. Excia. me ama. *Dizem*, porque da boca de V. Excia. nunca me foi dado ouvir essa declaração. Como, porém, se compreende que, amando-me V. Excia., nunca tivesse para mim a menor palavra afetuosa, o mais insignificante carinho, o mais simples olhar comovido? Inúmeras vezes lhe pedi humildemente uma palavra de consolo. Nunca a obtive, porque V. Excia. ou ficava calada ou me respondia com uma ironia cruel. Não posso compreendê-la: perdi toda a esperança de ser amado. Separemo-nos. [...]

iStockphoto/Thinkstock/Getty Images

a) Caracterize a variedade linguística e o grau de formalismo empregados pelo autor do texto.

b) Olavo Bilac viveu no final do século XIX e início do século XX. O texto é um bom exemplo de como as declarações amorosas eram feitas na época, nesse tipo de variedade linguística. Colocando-se no lugar do poeta, reescreva o texto, mantendo o conteúdo mas empregando uma variedade linguística que seria comum entre dois jovens nos dias de hoje. Ao concluir o texto, leia-o para a classe.

3. A variação linguística às vezes nos surpreende, pois nos transmite a sensação de que se trata de uma língua completamente diferente daquela da qual é apenas uma variante. O texto a seguir é um bom exemplo da variação territorial. Pertence à obra *O trabalho é sagrado*, de Henrique Nicolau, e foi escrito em português lusitano. O desafio da "tradução" foi lançado por Roldão Simas Filho na revista *Língua Portuguesa*, na edição nº 5. Junte-se a um colega e aceitem o desafio, "traduzindo" o texto para o português brasileiro.

O chefe estava bera comigo, já há uns dias que não punha os butes na redacção e ele não andava em maré de me aparar mais golpadas. Verdade seja que não era costume baldar-me muito, mas uma coisa é o que nós pensamos, outra o que os outros pensam, sobretudo quando os outros fazem parte dessa espécie que responde à palavra chefe. Ia a subir o Chiado a morder com os botões e a manejar a cabeça o mais ou menos perícia, a ver como me havia de livrar do certo raspanete. Era pior do que uma ressaca de licores com algumas cervejolas pelo meio. Pensava ir a uma bica na Brasileira, para animar os ânimos e entusiasmar a polêmica que, de certeza, certinha, era fatal, lá tinha de ser, estava à minha espera. Com uma tão bela manhã era chato não estar muito virado para o apreciar.

Maurizio Borgese/Corbis/Latinstock

: Bonde em ladeira do Chiado, Lisboa.

Chiado: um dos bairros de Lisboa, Portugal.
Brasileira: café (bar e restaurante) do Chiado, que ficou famoso por ter sido frequentado pelo escritor Fernando Pessoa.

AS VARIEDADES LINGUÍSTICAS NA CONSTRUÇÃO DO TEXTO

Leia o anúncio:

Maxi Mídia

(http://lapublicidade.com/divulgacao-do-maximidia-%E2%80%9Ceverything-ages-fast%E2%80%9D/)

1. O anúncio divulga um evento que aconteceu no ano de 2010. Entretanto, há no texto elementos que misturam a época atual com outra época, mais antiga.

a) Quais são os elementos não verbais que nos remetem a essa época mais antiga?

b) Quais são os elementos do texto verbal que nos remetem a essa época antiga?

2. Em relação aos termos listados por você no item *b* da questão anterior, responda:

a) Alguns ainda são utilizados hoje em dia. Quais?

b) Em que situações e por quem eles são utilizados?

3. Apesar de o texto da parte esquerda do anúncio ter a caracterização de uma época antiga, sobre que produto ele fala? Trata-se de um produto antigo?

4. No texto à direita do anúncio, lê-se o enunciado: "No mundo de hoje tudo envelhece muito rápido".

a) Quem é o anunciante?

b) A que público o anúncio é dirigido?

c) Com base nesse enunciado e no estudo feito nas questões anteriores, justifique a opção do anúncio por caracterizar o produto anunciado como algo antigo.

SEMÂNTICA E DISCURSO

1. O programa "Fala, maluco", de uma rádio paulistana, promoveu um concurso de gírias para premiar autores de frases curiosas produzidas no linguajar dos jovens e das ruas. Leia, a seguir, as frases premiadas e reescreva-as de acordo com a norma-padrão.

a) "Maior corre no meu trampo hoje, mas firmão. Vou colar na minha goma, bater uma xepa e mandar um salve pra galera da minha área."

b) "Aê, tô zarpando fora que fiquei de cruzar com uns camaradas pra colar num pico classe A."

c) "Aê, Tuquinha, se liga, lagarto, que eu vou marcar uma mão pra você devolver minha lupa."

d) "Dani, para de ser mamadeira e arruma um trampo logo."

e) "Digo, se liga, você é mó talarico. Tentou furá os zoio do maluco da minha área. Se liga, meu!"

Fonte: Revista *Língua Portuguesa*, nº 15.

2. Além de palavras, toda língua possui também as **expressões idiomáticas**, ou seja, locuções ou conjuntos de palavras que são geralmente intraduzíveis para outras línguas.

Marcelo Zocchio e Everton Ballardin

"Tirando água do joelho." Partindo de expressões como essa, os fotógrafos Marcelo Zocchio e Everton Ballardin tiveram a ideia de publicar o *Pequeno dicionário ilustrado de expressões idiomáticas*, um livro que reúne 50 fotos inspiradas no sentido literal de expressões idiomáticas do português.

Veja como foi o percurso feito pelos fotógrafos para, inspirados em expressões idiomáticas, chegar a fotos bem diferentes:

DA FRASE À IMAGEM O CAMINHO QUE TRANSFORMA UMA DADA EXPRESSÃO IDIOMÁTICA EM SEU EQUIVALENTE FOTOGRÁFICO

"Soltar a franga"
EXPRESSÃO

→

Liberar-se, desinibir-se
SENTIDO ANALÓGICO

→

Galinha ouriça-se ao ser solta
REFERENTE ANALÓGICO

→

Mãos soltam galinha
FOTOGRAFIA

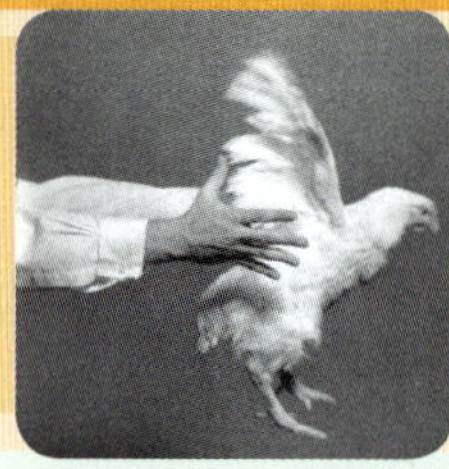

Marcelo Zocchio e Everton Ballardin

Fonte: Revista *Língua Portuguesa*, nº 15.

Observe as fotos a seguir e escreva a expressão idiomática equivalente a cada uma delas. Depois dê o sentido analógico delas.

a)

b)

c)

Fotos: Marcelo Zocchio e Everton Ballardin

LITERATURA

Hieronymus Bosch

O *prestidigitador*, de Hieronymus Bosch.

CAPÍTULO 8

A produção literária medieval

A literatura portuguesa do período medieval foi importante tanto para Portugal quanto para o Brasil. Para Portugal, porque foi ela que preparou o terreno para o surgimento de um escritor do porte de Luís de Camões; para o Brasil, porque foi ela que, trazida pelos conquistadores portugueses, serviu inicialmente de modelo para a literatura brasileira.

Apesar de bastante distanciada no tempo, é importante conhecer a produção literária portuguesa da Idade Média, pois é ela que inicia uma tradição literária em língua portuguesa, tornando-se referência para escritores que surgiram posteriormente tanto em Portugal quanto no Brasil e nos países africanos de língua portuguesa.

A FORMAÇÃO DA LÍNGUA E DA LITERATURA PORTUGUESA

Para identificar o momento em que surge a literatura escrita de um povo, é preciso considerar os primeiros documentos que a registram e a língua em que ela foi escrita.

Em Portugal, os textos literários mais antigos datam do século XII, momento que coincide com a expulsão dos árabes da península Ibérica e com a formação do Estado português.

A língua então falada na região que hoje se conhece como Portugal era o **galego-português**, em virtude da integração linguística e cultural existente entre Portugal e Galiza.

O galego-português existiu entre os séculos XII e XIV. No século XV, as duas línguas se separaram, tornando-se independentes. O português moderno, ou seja, a língua portuguesa mais madura, que se aproxima da língua que falamos hoje, só surgiu no século XVI.

As primeiras produções literárias portuguesas, registradas em galego-português, constituem a literatura do período chamado Trovadorismo.

: Ao norte da península Ibérica, localiza-se a Galiza, região hoje pertencente à Espanha.

A ERA MEDIEVAL E SUAS ÉPOCAS

A literatura portuguesa medieval contou com duas fases ou duas épocas distintas. Na primeira época medieval, também chamada de **Trovadorismo** (século XII a meados do século XIV), predominaram os gêneros literários orais, em que se destacou a cantiga trovadoresca.

Na segunda época medieval (século XV e início do século XVI), a poesia se separou da música, do canto e da dança e passou a ser lida ou declamada, sendo chamada de *poesia palaciana*. Ao mesmo tempo, surgiram a historiografia de Fernão Lopes e o teatro de Gil Vicente, a principal manifestação literária da segunda época medieval.

Veja, no quadro a seguir, a síntese da produção literária portuguesa da Era Medieval.

	ERA MEDIEVAL		
	PRIMEIRA ÉPOCA: TROVADORISMO (SÉCULOS XII A XIV)		**SEGUNDA ÉPOCA** (SÉCULO XV E INÍCIO DO SÉCULO XVI)
Poesia	Lírica < cantigas de amigo / cantigas de amor		Poesia palaciana O *Cancioneiro geral*, de Garcia de Resende
	Satírica < cantigas de escárnio / cantigas de maldizer		
Prosa	Novelas de cavalaria Hagiografias	Cronicões Nobiliários	Crônicas de Fernão Lopes
Teatro	Mistérios Milagres	Moralidades *Sotties*	Gil Vicente

A primeira época medieval: o Trovadorismo

Embora Portugal tivesse conhecido, na primeira época medieval, manifestações literárias na prosa e no teatro, foi a poesia que, nesse período, alcançou grande popularidade, tanto entre os nobres das cortes quanto entre as pessoas comuns do povo.

Uma das razões dessa predominância foi o fato de que, então, poucas pessoas sabiam ler e escrever, o que favorecia a difusão da poesia, que era memorizada e transmitida oralmente. Os poemas eram sempre cantados e acompanhados de música e dança e, por esse motivo, foram denominados ***cantigas***. Os autores dessas cantigas eram *trovadores* (pessoas que faziam *trovas, rimas*) – daí o nome *Trovadorismo*. Esses poetas geralmente pertenciam à nobreza ou ao clero e, além da letra, criavam também a música das composições que executavam para o seleto público das cortes. Nas camadas populares, quem cantava e executava as canções criadas pelos trovadores eram os *jograis*.

Trovador, segrel, jogral

Nem todos os que cantavam as cantigas nas cortes ou em festas populares eram trovadores; e nem todos eram considerados iguais. Entre eles, havia uma hierarquia que levava em conta a origem social e o tipo de relação que tinham com a cantiga apresentada. Assim, eram três as categorias de cantores.

- **Trovador:** membro da nobreza ou do clero, era o autor da letra e da música das composições que executava para o seleto público das cortes.
- **Segrel:** nobre da escala mais baixa, um escudeiro sem recursos para ascender a cavaleiro, sobrevivia percorrendo as cortes ou acompanhando o exército real nas lutas contra os árabes. Executava composições próprias.
- **Jogral:** cantor de origem popular, raramente compunha, limitando-se a executar composições dos trovadores. Normalmente era acompanhado por uma soldadeira, mulher que dançava e cantava durante as apresentações e, por isso, tinha má reputação.

As cantigas chegaram até nós por meio dos *cancioneiros*, coletâneas (reuniões) de poemas de vários tipos e de diferentes autores. Os cancioneiros mais importantes são o *Cancioneiro da Ajuda*, compilado provavelmente no século XIII; o *Cancioneiro da Vaticana*, provavelmente compilado no século XV; e o *Cancioneiro da Biblioteca Nacional* ou *Cancioneiro Colocci-Brancutti*, compilado possivelmente no século XIV.

Tradicionalmente se tem apontado a "Cantiga da Ribeirinha" ou "Cantiga da Guarvaia", de Paio Soares de Taveirós, de 1189 ou 1198, como a cantiga mais antiga de que se tem registro.

Cantigas de amigo e cantigas de amor

Conforme você viu no capítulo 5, as **cantigas de amigo** têm raízes nas tradições da própria península Ibérica, em suas festas rurais e populares, em sua música e dança, nas quais se encontram em profusão vestígios da cultura árabe. Apresentam normalmente ambientação rural, linguagem simples, repetições, estrutura paralelística e forte musicalidade. Com eu lírico feminino, o tema mais frequente que apresentam é o lamento amoroso da moça cujo namorado partiu para a guerra contra os árabes.

Veja este exemplo:

Mandad' ei comigo,
ca ven meu amigo:
e irei, madr', a Vigo

Comigu' ei mandado,
ca ven meu amado:
e irei, madr', a Vigo

Ca ven meu amigo
e ven san' e vivo:
e irei, madr', a Vigo

Ca ven meu amado
e ven viv'e, e sano:
e irei, madr', a Vigo

Ca ven san' e vivo
e d'el-rei, amigo:
e irei, madr', a Vigo

Ca ven viv'e e sano
e d'el-rei privado:
e irei, madr', a Vigo

Notícias tenho comigo,
que vem meu amigo:
e irei, mãe, a Vigo

Comigo tenho notícias
que vem meu amado:
e irei, mãe, a Vigo

Que vem meu amigo
e vem são e vivo:
e irei, mãe, a Vigo

Que vem meu amado
e vem vivo e são:
e irei, mãe, a Vigo

Que vem são e vivo
e do rei, amigo:
e irei, mãe, a Vigo

Que vem vivo e são
e do rei privado:
e irei, mãe, a Vigo

(Tradução livre dos autores.)

(Martim Codax. In: José J. Nunes. *Cantigas de amigo dos trovadores galego-portugueses*. Lisboa: Centro do Livro Brasileiro, 1973. v. 1, p. 441-2.)

privado: o que goza de amizade especial.

Cantigas galego-portuguesas em diálogo com a música e a dança brasileiras

Grupo Corpo em "Sem Mim"/foto: José Luiz Pederneiras

Em 2011, os músicos José Miguel Wisnik e Carlos Núñez levaram aos palcos brasileiros um trabalho inusitado: adaptaram sete cantigas de Martim Codax (de todo o cancioneiro português, as únicas cujas partituras chegaram até nós), inclusive a cantiga "Mandad' ei comigo", para servir como trilha musical do espetáculo de dança *Sem mim*, realizado pelo grupo Corpo.

Com a participação de importantes vozes da MPB, como a de Chico Buarque, Milton Nascimento e Elomar, entre outros, o trabalho ainda reunia algumas canções brasileiras nas quais se veem influências da tradição medieval galego-portuguesa.

Trechos do espetáculo podem ser vistos e ouvidos no YouTube. Vale a pena conferir!

As **cantigas de amor** têm raízes na poesia provençal (de Provença, região do sul da França), nos ambientes finos e aristocráticos das cortes francesas e, portanto, prendem-se a certas convenções de linguagem e de sentimentos. A linguagem geralmente é mais refinada quanto ao vocabulário e às construções, e o ambiente, quando aparece, costuma ser o da corte. O eu lírico normalmente é um homem (um cavaleiro), que declara seu amor a uma mulher inatingível, em conformidade com as regras do amor cortês.

Veja, como exemplo de cantiga de amor, a "Cantiga da Ribeirinha" ou "Cantiga da Guarvaia", produzida em 1189 ou 1198 por Paio Soares de Taveirós. Considerada a mais antiga cantiga de que se tem notícia em Portugal, ela constitui o marco inicial da literatura portuguesa.

No mundo non me sei parelha,
mentre me fôr como me vai,
ca já moiro por vós — e ai!
mia senhor branca e vermelha,
queredes que vos retraia
quando vos eu vi en saia!
Mau dia me levantei,
que vos enton non vi fea!
E, mia senhor, dês aquel dia'ai!
me foi a mi mui mal,
e vós, filha de don Paai
Moniz, e ben vos semelha
d'haver eu por vós guarvaia,
pois eu, mia senhor, d'alfaia
nunca de vós houve nem hei
valia d'ũa correa

(In: Segismundo Spina. *Presença da literatura portuguesa*. 3. ed. São Paulo: Difel, 1969. v. 1.)

No mundo não conheço
ninguém igual a mim,
enquanto acontecer o
que me aconteceu,
pois eu morro por vós — e ai!
Minha senhora alva e rosada,
quereis que vos lembre
que já vos vi na intimidade!
Em mau dia eu me levantei
Pois vi que não sois feia!
E, minha senhora,
desde aquele dia, ai!
Venho sofrendo de um grande mal
enquanto vós, filha de dom Paio
Muniz, a julgar forçoso
que eu lhe cubra com o manto
pois eu, minha senhora,
nunca recebi de vós
a coisa mais insignificante.

(*Superinteressante*, set. 1996.)

Mary Evans Picture Library/Other Images

Como síntese, veja o seguinte quadro comparativo das principais características das cantigas de amigo e de amor.

CANTIGAS DE AMIGO	CANTIGAS DE AMOR
Eu lírico feminino	Eu lírico masculino
Presença de paralelismos	Ausência do paralelismo de par de estrofes e do *leixa-pren*
Predomínio da musicalidade	Predomínio das ideias
Assunto principal: o lamento da moça cujo namorado partiu	Assunto principal: o sofrimento amoroso do eu lírico perante uma mulher idealizada e distante
Amor natural e espontâneo	Amor cortês; convencionalismo amoroso
Ambientação popular rural ou urbana	Ambientação aristocrática das cortes
Influência da tradição oral ibérica	Forte influência provençal

Cantigas de escárnio e cantigas de maldizer

As **cantigas de escárnio** e as **cantigas de maldizer** constituem a primeira experiência da literatura portuguesa na sátira. Além disso, têm importante valor histórico como registro da sociedade medieval portuguesa em seus aspectos culturais, morais, linguísticos.

Menos presas a modelos e convenções do que as cantigas de amigo e de amor, as cantigas satíricas buscaram um caminho poético próprio. Ricas em recursos expressivos e voltadas para a crítica de costumes, tinham como alvo diferentes representantes da sociedade medieval portuguesa: clérigos devassos, cavaleiros e nobres covardes na guerra, prostitutas, os próprios trovadores e jograis, as soldadeiras, etc.

Veja, a seguir, um exemplo de cantiga de escárnio, de autoria de João Airas de Santiago.

Ũa dona, non digu' eu qual,
non agùirou ogano mal
polas oitavas de Natal:
ia por sa missa oir,
e (ouv') um corvo carnaçal,
e non quis da casa sair.

A dona, mui de coraçon,
oira sa missa, enton,
e foi por oir o sarmon,
e vedes que lho foi partir:
ouve sig' un corv' acaron,
e non quis da casa sair.

A dona disse: — Que será?
E i o clérigu' está já
revestid' e maldizer-m' -á,
se me na igreja non vir.
E diss' o corvo: quá, (a) cá,
e non quis da casa sair.

Nunca taes agoiros vi,
des aquel dia que naci;
com' aquest' ano ouv' aqui;
e ela quis provar de s' ir,
e ouv' um corvo sobre si,
e non quis da casa sair.

Uma dama não digo qual
não agoirou este ano mal
pelas oitavas do Natal:
ia ela a missa ouvir
e ouvindo um corvo carniçal
já de casa não quis sair.

Ia a dama com devoção
ouvir a missa e o sermão.
Mas não podendo à tentação
carnal do corvo resistir,
logo mudou de opinião:
já de casa não quis sair.

Diz a dama: "mal me virá!
Paramentado o padre está
e a maldição me lançará
se na igreja me não vir."
Diz o corvo: "vem cá! vem cá!"
Já de casa não quis sair.

Eis os agoiros que com espanto
este ano ouvi; nunca durante
a vida ouvira semelhante:
ia à Igreja mas ao sentir
em cima dela o rapinante,
já de casa não quis sair.

Weberson Santiago

(In: Natália Correia. *Cantares dos trovadores galego-portugueses*. 3. ed. Lisboa: Editorial Estampa, 1988. p. 212-3.)

Nessa cantiga, o autor satiriza a figura de uma mulher – possivelmente uma falsa beata –, que, pronta para ir à missa, ouve o crocitar de um corvo faminto de carne. Já que o corvo é uma ave agourenta, a mulher resolve ficar.

A partir desse momento é criada a ambiguidade: por um lado, tem destaque o agouro e a superstição, próprios do forte misticismo da Idade Média; por outro, as sutilezas da linguagem, os trocadilhos, os jogos de palavras vão sugerindo que o corvo que se instala ao lado da mulher (ou em sua cama) é um homem, sedento de carne (sexo).

Atente para a riqueza do emprego da onomatopeia *quá, a cá,* que sugere ao mesmo tempo o crocitar da ave e a ordem do homem: venha cá!. As preposições *sobre* e *acaron* (que significa "ao lado") foram igualmente usadas com ambiguidade.

Veja, agora, este exemplo de cantiga de maldizer:

Nunca tal pulhice vi
como esta que um infanção
me faz; com indignação
a todos dizer ouvi.
O infanção, quando quer,
vai para a cama com a mulher
e nem se lembra de mim.

Nunca receio terá
de mim, que vota ao desdém.
À mulher, a quem quer bem,
sempre filhos lhe fará;
e seus, com desplante diz,
serem os três filhos que fiz.
Leve o demo o que me dá!

Folga ele e peno eu.
Não sei de dor semelhante;
deita-se com a minha amante
no leito que diz que é seu
e fica a dormir em paz.
E se filho ou filha faz
não reconhece que é meu.

(João Garcia de Guilhade. *Antologia de poesia portuguesa erótica e satírica.* Organização e adaptação de Natália Correia. 3. ed. Lisboa: Antígona, 2005. p. 48-9.)

Alinari/The Bridgeman Art Library/Glow Images

infanção: antigo título de nobreza, inferior a fidalgo ou a rico-homem.

desplante: atrevimento, ousadia, insolência.

pulhice: malandragem, safadeza.

Pretendendo atingir a moral de um infanção, de cuja mulher é amante, o eu lírico desdenha dele, inclusive alegando que o marido julga serem seus os filhos que, na verdade, não são. Embora o nome da pessoa satirizada normalmente seja identificado nas cantigas de maldizer, isso não ocorre nessa cantiga, talvez porque, no contexto, estivesse claro a qual infanção a cantiga se referia.

Como síntese, veja o seguinte quadro comparativo das principais características das cantigas de escárnio e de maldizer.

CANTIGAS DE ESCÁRNIO	CANTIGAS DE MALDIZER
Crítica indireta; normalmente a pessoa satirizada não é identificada	Crítica direta; geralmente a pessoa satirizada é identificada
Linguagem trabalhada, cheia de sutilezas, trocadilhos e ambiguidades	Linguagem agressiva, direta, por vezes obscena
Ironia	Zombaria

LITERATURA COMPARADA

DIÁLOGO ENTRE A CANÇÃO POPULAR NO BRASIL E A CANTIGA TROVADORESCA

A seguir, você vai ler e comparar dois textos. O primeiro é uma cantiga de Nuno Fernandes Torneol, trovador do século XIII; foi utilizada pelo grupo Legião Urbana como letra da canção "Love song", que se encontra no disco *Legião Urbana V*. O segundo texto é a letra de uma canção do compositor baiano Elomar Figueira de Melo; entre outros discos do compositor, a canção pode ser encontrada no CD *Cantoria 2*, de Elomar, Geraldo Azevedo, Vital Farias e Xangai. Se possível, ouça as canções antes de responder às questões propostas.

TEXTO I

Pois nasci nunca vi amor
E ouço del sempre falar.
Pero sei que me quer matar
Mais rogarei a mia senhor
Que me mostr'aquel matador
Ou que m'ampare del melhor.

(Nuno Fernandes Torneol)

del: dele.
mia: minha.
pero: porém.
pois: desde que.
senhor: senhora.

TEXTO II

Cantiga de amigo

Lá na casa dos Carneiros
Onde os violeiros vão cantar louvando você
Em cantiga de amigo
Cantando comigo somente porque você é
Minha amiga, mulher
Lua nova do céu que já não me quer
Dezessete é minha conta
Vem amiga e conta uma coisa linda pra mim
Conta os fios dos teus cabelos
Sonhos e anelos
Conta-me se o amor não tem fim
Madre amiga é ruim
Me mentiu jurando amor que não tem fim
Lá na casa dos Carneiros
Sete candeeiros iluminam a sala de amor
Sete violas em clamores, sete cantadores
São sete tiranas de amor para a amiga
Em flor
Que partiu e até hoje não voltou
Dezessete é minha conta
Vem amiga e conta
Uma coisa linda pra mim
Pois na casa dos Carneiros
Violas e violeiros
Só vivem clamando assim
Madre amiga é ruim
Me mentiu jurando amor que não tem fim

(Elomar)

anelo: desejo intenso, aspiração.
candeeiro: espécie de lampião; utensílio que ilumina a partir da queima de líquido combustível.
casa dos Carneiros: casa que o compositor possui no sertão baiano, onde passa parte do ano.
clamor: súplica, rogo, pedido.
madre: mãe.
tirana (regionalismo usado na Bahia): cantiga de amor langorosa e com andamento lento; canção entoada durante o trabalho por lavadeiras, canoeiros, roceiros, etc.

1. Compare os textos das duas canções. O eu lírico deles é masculino ou feminino?

2. Em relação ao texto I, observe também, além do eu lírico, o ambiente, a presença ou não de paralelismos e o modo como o eu lírico se refere à mulher amada.

a) Conclua: Trata-se de uma cantiga de amigo ou de uma cantiga de amor?

b) O grupo Legião Urbana deu à cantiga de Nuno Fernandes Torneol o título "Love song". Na sua opinião, esse título é adequado à canção? Por quê?

3. O eu lírico do texto I diz que o amor deseja matá-lo.

EMI

: Legião Urbana.

a) Você acha que o eu lírico já é uma vítima do amor? Por quê?

b) Na sua opinião, qual destas opções o eu lírico certamente prefere: que a mulher amada lhe mostre o matador ou que o ampare? Por quê?

c) Interprete: O que significaria o amparo da mulher amada?

4. No texto II, o eu lírico se dirige à mulher amada e lhe fala de seus sentimentos.

a) Por que a mulher amada não está presente?

b) O eu lírico é correspondido por ela?

5. Sete é um número com significado místico. Na canção, esse número é empregado várias vezes: sete candeeiros, sete violas, sete cantadores, sete tiranas.

a) Com que finalidade são entoadas as sete tiranas pelos sete cantadores, à luz dos sete candeeiros?

b) Interprete: Por que o número sete foi empregado tantas vezes na canção?

6. O texto II apresenta elementos que se aproximam tanto das cantigas de amigo quanto das cantigas de amor trovadorescas. Identifique-os.

Novelas de cavalaria

A prosa, em Portugal, começou entre o século XIV e o início do século XV, em forma de *hagiografias*, *nobiliários*, *cronicões* e *novelas de cavalaria*, estas o gênero em prosa mais importante da primeira época medieval.

As **novelas de cavalaria** são um gênero narrativo tipicamente medieval. Em geral de autor desconhecido, são resultantes da transformação das *canções de gesta*, poemas que narravam heroicas aventuras de cavaleiros andantes.

Seus temas são, portanto, as aventuras fantásticas de cavaleiros lendários e destemidos, que liquidavam monstros

> **hagiografias:** relatos de episódios da vida de santos, cuja finalidade era catequética e didática.
>
> **nobiliários ou livros de linhagem:** compilações de genealogias de famílias nobres, feitas com o objetivo de se conhecerem graus de parentesco.
>
> **cronicões:** documentos que faziam mera ordenação de fatos históricos.

A tradição da cavalaria medieval na cultura brasileira

No Brasil, a história do imperador Carlos Magno e dos doze pares da França é muito popular. É ainda reimpressa como cordel, vendida e entoada por cantadores profissionais do Nordeste, talvez a única região do mundo onde se conserva tal tradição. Essa história tem servido de ponto de partida e de inspiração para a criação de inúmeras outras histórias e está presente também em certos entrechos de congada e cavalhada, folguedos folclóricos brasileiros.

Ridley Scott/20th Century Fox Film Corporation

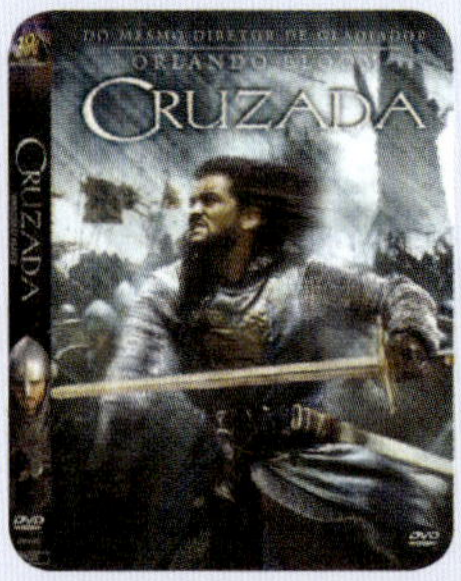

: O filme *Cruzada*, de Ridley Scott, é representativo do interesse do homem contemporâneo pela cultura medieval.

e homens malvados em batalhas sangrentas, travadas em nome tanto de Deus quanto do amor por uma donzela. Produto de uma fértil inventividade, a novela de cavalaria descreve com abundância de detalhes a vida e os costumes da cavalaria feudal.

De acordo com seus temas, as novelas de cavalaria compõem três ciclos:

- **ciclo bretão ou arturiano**: tem como personagens centrais o rei Artur e os cavaleiros da Távola Redonda;
- **ciclo carolíngio**: gira em torno da figura de Carlos Magno e os doze pares da França;
- **ciclo clássico**: abrange figuras e acontecimentos da Antiguidade clássica, como a Guerra de Troia.

Na Europa, as novelas de cavalaria surgiram entre os séculos XII e XIV e tiveram grande influência sobre a produção literária da península Ibérica. A novela *Amadis de Gaula* (da metade do século XIV, mas publicada apenas em 1508), de autor desconhecido, é reivindicada tanto pela literatura portuguesa quanto pela espanhola.

As produções de maior prestígio no gênero em toda a cultura ocidental – e que ainda hoje exercem forte influência sobre o homem moderno – são *A demanda do Santo Graal* e *Tristão e Isolda*.

No século XVII, o gênero, já desgastado, foi revigorado com a publicação, em 1605, de *D. Quixote de la Mancha*. De autoria do escritor espanhol Miguel de Cervantes, a novela retrata a decadência dos valores da cavalaria feudal em meio ao aburguesamento da sociedade do século XVII.

Os vestígios das novelas de cavalaria são fartos na produção cultural da atualidade e podem ser identificados em histórias em quadrinhos, em desenhos animados de tevê e principalmente no cinema. (Veja a relação de filmes com essa temática apresentada na página 17.)

Lampião e Lancelote: um encontro no sertão

Você já imaginou como seria o encontro de Lampião e Lancelote, dois cavaleiros que viveram em épocas e lugares diferentes? Esse é o tema abordado por Fernando Vilela em *Lampião & Lancelote* (Cosac & Naify), obra vencedora do Prêmio Jabuti em 2007, que aproxima duas importantes figuras guerreiras da tradição literária oral e escrita.

A aproximação das duas personagens é possível porque, como resultado de um feitiço de Morgana, Lancelote vem parar no sertão nordestino, onde logo encontra Lampião, o rei do cangaço. Os dois se desentendem e começa uma guerra entre os dois cavaleiros e seus exércitos. Se possível, leia o livro.

Cosac Naify

Capa do livro de Fernando Vilela.

A segunda época medieval

A segunda época medieval (século XV e início do século XVI) foi marcada pela transição do mundo medieval para o mundo moderno, que se inicia com o Renascimento (século XVI).

A literatura desse período registra a consolidação da prosa historiográfica e do teatro. A poesia, por sua vez, afasta-se do acompanhamento musical e enriquece-se do ponto de vista formal.

Assim, a produção literária desse período é classificada em:

- **Poesia palaciana** – Apresenta maior elaboração do que as cantigas. Faz uso de redondilhas (a menor, com cinco sílabas poéticas, e a maior, com sete), de ambiguidades, aliterações e figuras de linguagem. No plano amoroso, tanto pode mostrar certa sensualidade e intimidade em relação à mulher amada como também uma visão idealizada e platônica da mulher. Observe no poema de João Roiz de Castelo-Branco a seguir como os amantes se mostram mais íntimos do que nas cantigas de amor e como os sentimentos do eu lírico são mais aprofundados.

Cantiga, partindo-se

Tal qual nas cantigas de amor, o eu lírico dirige-se a uma *senhora*, falando-lhe de seu amor; porém há entre os amantes maior grau de intimidade, conforme indica o emprego de expressões como *meu bem*.

Senhora, partem tam tristes
meus olhos por vós, meu bem,
que nunca tam tristes vistes
outros nenhuns por ninguém.

Tam tristes, tam saüdosos,
tam doentes da partida,
tam cansados, tam chorosos,
da morte mais desejosos
cem mil vezes que da vida.

Partem tam tristes os tristes,
tam fora d'esperar bem,
que nunca tam tristes vistes
outros nenhuns por ninguém.

(In: Rodrigues Lapa. *As melhores poesias do Cancioneiro de Resende*. Lisboa, 1939. p. 17.)

Tal qual nas cantigas de amigo, o tema do poema é a partida do namorado; porém o eu lírico é masculino.

O poema apresenta maior elaboração formal, conforme indicam o emprego de aliterações a partir dos fonemas /t/ e /d/ e a marcação rítmica decorrente do emprego da palavra *tam*.

- **Prosa historiográfica** – São crônicas que relatam os acontecimentos históricos de Portugal. O principal cronista da época foi Fernão Lopes, que soube conciliar as técnicas narrativas com certa imparcialidade no tratamento dos fatos históricos. Enfocando não apenas a vida dos nobres, mas o conjunto da sociedade, Fernão Lopes foi o primeiro historiador português a atribuir ao povo importância no processo de mudanças políticas do país.
- **Teatro** – Durante a primeira época medieval, o teatro esteve ligado à Igreja. As representações quase sempre aconteciam em datas religiosas e ilustravam passagens da Bíblia ou contavam a história de santos. Com Gil Vicente, teve início em Portugal o teatro leigo, isto é, não religioso, praticado fora da Igreja.

Gil Vicente: retrato e crítica

Desde os primórdios do século XIV, era costume na corte portuguesa, durante os ofícios religiosos do Natal, pastores irromperem na capela e, dançando e cantando, entoarem loas (canções de homenagem) ao Deus menino.

Roque Gameiro

Gil Vicente representa na corte, de Roque Gameiro.

Na noite de 7 para 8 de junho de 1502, nos Paços da Alcaçova de Lisboa, um homem fantasiado de vaqueiro repentinamente entrou na câmara da rainha D. Maria (segunda mulher de D. Manuel de Portugal, a qual havia dado à luz um menino, o futuro rei D. João III) para manifestar sua alegria e desejar ao recém-nascido um futuro venturoso.

Essa representação agradou tanto aos presentes que foi pedido ao seu autor (e intérprete) que a repetisse nos festejos de Natal, em honra ao nascimento de Jesus. Em vez dessa obra, chamada *Monólogo do vaqueiro* ou *Auto da visitação*, o autor preferiu apresentar o *Auto pastoril castelhano*, uma peça já em forma de diálogo e de natureza mais dramática.

Esse homem de controvertida biografia, a quem alguns identificam como o ourives da célebre custódia de Belém, era Gil Vicente. Sua função na corte era a de organizador das festas palacianas. E foi para serem encenadas nessas ocasiões que ele escreveu suas comédias, farsas e moralidades, que somam, no total, mais de quarenta peças.

Ao homenagear o nascimento de um homem e não o de Cristo, como até então faziam os autos de Natal, Gil Vicente, com seu *Auto da visitação*, deu início ao teatro leigo em Portugal.

Essa primeira peça de Gil Vicente apresentava uma nítida influência da dramaturgia do espanhol Juan del Encina, de caráter pastoral e religioso. Como a corte portuguesa – para a qual Gil Vicente prestou serviços durante 34 anos – era bilíngue, o dramaturgo criou peças em português, em castelhano e algumas nas duas línguas.

Do ponto de vista técnico, a dramaturgia de Gil Vicente era rústica e primitiva, sem nenhum vínculo com o teatro greco-latino e com a tradicional lei das três unidades que sempre caracterizou o teatro clássico.

A formação teatral de Gil Vicente assentou-se fundamentalmente nas poucas manifestações de dramaturgia existentes na Idade Média, em geral relacionadas a datas religiosas.

Lei das três unidades

Segundo a regra das três unidades, herança da Grécia antiga retomada no Renascimento, o texto teatral deveria transcorrer em um único *lugar* (no máximo nos limites de uma cidade), num *tempo* limitado (deveria "caber dentro de um período do sol, ou pouco excedê-lo", dizia o teórico grego Aristóteles) e apresentar um mesmo tipo de *ação*. O Romantismo, no século XIX, rompeu com essa regra.

As modalidades teatrais da primeira época medieval, presentes na obra de Gil Vicente, são:

- os **mistérios**: encenações de episódios bíblicos;
- os **milagres**: episódios da vida de santos;
- as **moralidades**: peças de fundo didático-moralizante, cujas personagens são qualidades, abstrações ou defeitos morais (Razão, Avareza, Verdade, etc.);
- as ***sotties***: peças cujas personagens, por serem consideradas loucas, têm a liberdade para dizer verdades desagradáveis ao público.

A missão do teatro vicentino

Apesar de originalmente influenciado pela tradição religiosa, o teatro vicentino não é de caráter teocêntrico. Sua principal preocupação é retratar o homem na vida em sociedade, criticando-lhe os costumes, com vistas a reformá-los. Trata-se, portanto, de uma obra com missão *moralizante* e *reformadora*, que não visa atingir instituições, mas os homens inescrupulosos que as compõem.

Mesmo as peças de fundo religioso não almejam difundir a religião nem converter os pecadores, e sim demonstrar como o ser humano – independentemente de classe social, raça, sexo ou opção religiosa – é egoísta, falso, mentiroso, orgulhoso e frágil perante os apelos da carne e do dinheiro.

Dessa forma, nenhuma classe ou grupo social escapa à sátira mordaz de Gil Vicente. Dela são alvos o rei, o papa, o clérigo corrupto e devasso, o médico incompetente, o curandeiro, a mulher adúltera, a alcoviteira (intermediária em relacionamentos amorosos), o juiz desonesto, o camponês, a donzela, o velho, o parvo (o bobo), a beberrona, a moça da vila, o soldado, o judeu oportunista, o burguês ignorante e materialista. Gil Vicente mostrava-se, assim, crítico diante da nova ordem social e dos valores burgueses que surgiam na sociedade portuguesa do início do século XVI.

Na *Farsa de Inês Pereira*, por exemplo, Inês sonha casar-se com um homem educado, que soubesse cantar e agradar às mulheres, mesmo que não tivesse dinheiro:

Que seja homem mal feito,
feio, pobre, sem feição,
mas se tiver discrição,
não lhe quero mais proveito.
Que viola saiba tanger,
nem me importo de comer
cebola, pão e farinha:
ao som duma cantiguinha...
isto sim, que vale ter!

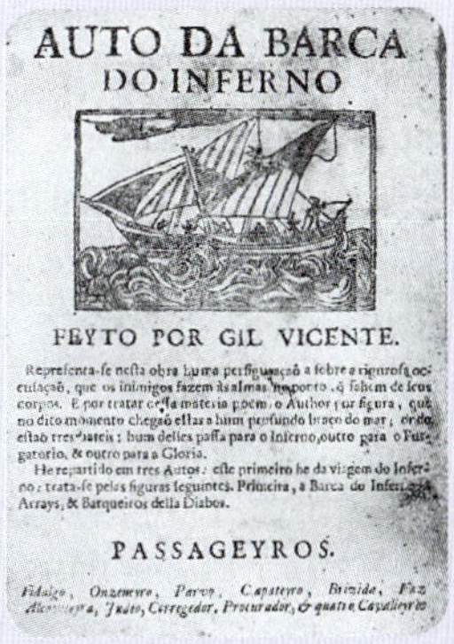
AUTO DA BARCA DO INFERNO

FEYTO POR GIL VICENTE.

PASSAGEYROS.

Acervo Iconographia

A personagem realiza seu sonho, casando-se com um nobre decadente, depois de enjeitar Pero Marques, um rico proprietário que a pedira em casamento. Porém, logo o marido a prende em casa e dirige-se para o combate contra os mouros, com a finalidade de enriquecer. Tempos depois, Inês recebe a notícia da morte do marido e aceita então casar-se com o antigo pretendente. A partir daí, tira proveito da situação econômica do novo marido, mas arranja um amante, justificando-se:

Album/akg-images/Latinstock

Andar! Pero Marques seja!
Quero tomar por esposo
quem se tenha por ditoso
de cada vez que me veja.
Meu desejo eu retempero:
asno que me leve quero,
não cavalo valentão:
antes lebre que leão,
antes lavrador que Nero.

Com essa peça Gil Vicente ilustra o provérbio "Mais vale um asno que me carregue do que um cavalo que me derrube". E, de forma sutil e irônica, satiriza as mudanças ocorridas naquela sociedade mercantil emergente, na qual os valores da cavalaria medieval eram substituídos por valores essencialmente burgueses e materialistas.

Obras e tradição do teatro vicentino

Na vasta produção de Gil Vicente destacam-se os **autos**, que versam sobre temas tradicionais (mistérios, moralidades, milagres e episódios pastorais): *Auto das barcas*, *Auto da alma*, *Auto da mofina Mendes*, *Auto da sibila*; o **teatro romanesco**, cujos temas foram extraídos das novelas de cavalaria: *Comédia da Rubena*, *Tragicomédia de D. Duardo*, *Comédia do viúvo*; as **fantasias alegóricas**, cujas raízes remontam aos momos realizados no fim da Idade Média e que se assemelham muito ao nosso teatro de revista: *Auto da Lusitânia*, *Nau de amores*, *Frágua de amor*; e as **farsas**, o gênero que mais se popularizou: *Farsa de Inês Pereira*, *O velho da horta*, *Auto da Índia*, *Quem tem farelos?*, *Farsa dos físicos*, *Farsa dos almocreves*, *Juiz da Beira*, *Romagem dos agravados*.

A tradição fundada por Gil Vicente seguiu de fato uma carreira triunfal na Espanha, no século XVII, com Lope de Vega, Tirso de Molina, Calderón de la Barca. Aproximam-se ainda do teatro popular vicentino as comédias-balé de Molière, dramaturgo francês do século XVII, algumas personagens da *commedia dell'arte italiana* (século XVI), como o arlequim e a colombina, as comédias românticas de Shakespeare (século XVII), o *Auto da Compadecida*, de Ariano Suassuna, dramaturgo brasileiro do século XX, e o *Auto da barca do motor fora da borda*, de Sttau Monteiro, dramaturgo português do século XX.

Biblioteca Nacional de Portugal

Gravura do século XVI.

LEITURA

O texto a seguir é um fragmento do *Auto da barca do inferno*, de Gil Vicente, peça teatral representada em 1517 e que, juntamente com o *Auto da barca do purgatório* e o *Auto da barca da glória*, compõe a *Trilogia das barcas*.

Diabo
[...] entrai! Eu tangerei[1]
e faremos um serão[2]
Essa dama é ela vossa?

Frade
Por minha la tenho eu
e sempre a tive de meu[3].

Diabo
Fezestes bem, que é fermosa.
E não vos punham lá grosa[4]
no vosso convento santo?

Frade
E eles fazem outro tanto!...

Diabo
Que cousa tão preciosa!
Entrai, padre reverendo!

Frade
Para onde levais gente?

Diabo
Pera aquele fogo ardente,
que nom temeste vivendo.

Frade
Juro a Deus que nom te entendo!
E este hábito nom me val[5]?

Diabo
Gentil padre mundanal[6],
a Berzabu vos encomendo!

Frade
Ah corpo de Deus consagrado!
Pela fé de Jesus Cristo
que eu nom posso entender isto!
Eu hei de ser condenado?!
Um padre tão namorado
e tanto dado a virtude!
Assi Deus me dê saúde
que eu estou maravilhado!

Diabo
Nom cureis de mais detença![7]
Embarcai e partiremos.
Tomareis um par de remos.

Frade
Nom ficou isso na avença[8].

Diabo
Pois dada está já a sentença!
[...]

Vem Joane o Parvo e diz ao Arrais do Inferno:

Joane
Hou daquesta!

Diabo
Quem é?

Joane
Eu sou.
É esta a naviarra nossa?

Diabo
De quem?

Joane
Dos tolos.

Diabo
Vossa.
Entra.

Joane
De pulo ou de voo?
Hou! pesar de meu avô!
Soma: vim adoecer
e fui má hora a morrer;
e nela pera mi só?

Diabo
De que morreste?

Joane
De quê?!
Samicas[9] de caganeira.

Diabo
De quê?

Joane
De caga-merdeira,
má ravugem que te dê!

Diabo
Entra, põe aqui o pé.

Joane
Houlá! não tombe o zambuco![10]

Diabo
Entra, tolaço eunuco,
que nos vai a maré!

Joane
Aguardai, aguardai, houlá!
E onde havemos nós de ir ter?

Diabo
Ao porto de Lucifer.

Joane
Hã?!

The Granger Collection/Other Images

Uma visão do inferno, em iluminura medieval.

1 Tocarei.
2 Festa.
3 Tive-a como coisa minha.
4 Lá, no convento, não grosavam (censuravam, proibiam) o fato de você ter uma namorada?
5 Vale. O Frade alude ao fato de ele ser da ordem dominicana, muito temida na época. Ou, simplesmente, à sua condição de religioso.
6 Mundano.
7 Não pense em mais atraso.
8 Acordo.
9 Talvez.
10 Espero que o barco não vire.

Diabo
Ao Inferno. Entra cá.

Joane
Ao inferno, eramá?![11]
Hiu! hiu! barca do cornudo!
Pero Vinagre, beiçudo, beiçudo,
rachador d'Alverca, huhá!
Sapateiro da Candosa!
Antrecosto[12] de carrapato!
Hiu! Caga no sapato,
filho da grande aleivosa![13]
Tua mulher é tinhosa
e há de parir um sapo
chentado[14] no guardenapo,
neto de cagarrinhosa!
Furta-cebola! Hiu! hiu!
Excomungado nas erguejas!
Burrela[15], cornudo sejas!
Toma o pão que te caiu,
a mulher que te fugiu
pera a Ilha da Madeira!
Cornudo atá mangueira,
o demo que te pariu!
[...]

Chega o Parvo ao batel do Anjo e diz:

Joane
Hou do barco!

Anjo
Que me queres?

Joane
Quereis-me passar além?

Anjo
Quem és tu?

Joane
Samica alguém[16].

Anjo
Tu passarás, se quiseres;
porque em todos teus fazeres,
per malícia nom erraste,
tua simpreza te abaste
para gozar dos prazeres.
Espera entanto per í,
veremos se vem alguém
merecedor de tal bem
que deva de entrar aqui[17].

(São Paulo: Ateliê Editorial, 1996. p. 80-2. Notas explicativas de Ivan Teixeira.)

Filipe Rocha

1. O teatro, de suas origens até o século XIX, se serve do verso como forma de expressão. Fiel à tradição, Gil Vicente fez uso das métricas mais utilizadas na poesia medieval. Faça a escansão de alguns versos do texto e identifique o tipo de verso empregado pelo autor na obra.

2. No *Auto da barca do inferno*, Gil Vicente critica três classes sociais: a nobreza, o clero e o povo. Indique a personagem que, no texto, representa:

a) o clero; b) o povo.

3. O Diabo, ao receber o Frade, estranha a pessoa que está na companhia dele.
Deduza: Qual é a causa desse estranhamento?

4. O diálogo que ocorre entre as duas personagens revela não apenas a condição moral do Frade, mas também a de outros membros da Igreja. Qual é essa condição?

5. Para livrar-se do inferno, o Frade apresenta alguns argumentos ao Diabo.

a) Identifique dois desses argumentos.

b) Pelas respostas do Diabo, deduza: O Frade deverá ir para a barca do inferno ou para a barca do céu? Por quê?

6. O julgamento a que são submetidos os mortos que se dirigem ou à barca do inferno ou à barca do céu é na verdade um julgamento de toda a sociedade. No que se refere ao julgamento do Frade, levante hipóteses: A intenção do autor é criticar a Igreja como instituição ou criticar os homens? Justifique sua resposta.

7. Gil Vicente se utiliza da linguagem coloquial em razão do caráter popular de seu teatro e também para indicar a condição social de suas personagens.

[11] Má hora, como na fala inicial do Diabo. Toda essa fala do Parvo é um longo e engraçado xingamento contra o Diabo. Outras personagens neste auto também se derramam em ofensas contra o Diabo.
[12] Suporte.
[13] Filho de mulher adúltera. Aleivosia: traição, falsidade.
[14] Sentado, posto, colocado.
[15] Palavra que, segundo A. J. Saraiva, se associa à cerimônia em que mulheres eram agrupadas sobre um burro.
[16] Talvez alguém. O Parvo é modesto e inocente.
[17] O Anjo pede que o Parvo espere para observar os futuros passageiros. Tomará parte em alguns diálogos adiante.

a) Compare a linguagem do Frade à do Parvo. O que as diferencia?

b) Que efeito produz no espectador o trecho em que o Parvo se dirige ao Diabo servindo-se de uma linguagem sem lógica, sem sentido?

8. O Frade e o Parvo, cujas qualidades se discutem no texto, acabam tomando destinos diferentes.

a) Que destino teve cada um deles? Por quê?

b) Com base na resposta dada no item anterior, pode-se dizer que o teatro vicentino é moralizante? Justifique.

Para quem quer mais

Se você deseja aprofundar os seus conhecimentos sobre a literatura portuguesa medieval, leia os textos a seguir e, posteriormente, sozinho, em dupla ou em grupo, procure resolver as questões propostas pelo **Roteiro de estudo**.

Poesia palaciana

Meu amor, tanto vos quero,
que deseja o coração
mil coisas contra a razão.

Porque se não vos quisesse,
como poderia ter
desejo que me viesse
do que nunca pode ser.
Mas com tanto desespero,
tenho em mim tanta afeição
que deseja o coração.

(Aires Teles. In: Rodrigues Lapa. *As melhores poesias do Cancioneiro de Resende*. Lisboa, 1939.)

Meu amor, tanto vos amo,
que meu desejo não ousa
desejar nenhuma cousa.

Porque, se a desejasse,
logo a esperaria,
e seu a esperasse,
sei que vós anojaria:
mil vezes a morte chamo
e meu desejo não ousa
desejar-me outra cousa.

(Conde de Vimioso. In: Rodrigues Lapa, op. cit.)

Teatro de Gil Vicente

O texto seguinte é um fragmento do *Auto da Lusitânia*, de Gil Vicente. Nele ocorre um curioso diálogo entre Todo-o-Mundo, que, vestido como rico mercador, busca algo que perdeu, e Ninguém, um homem vestido como pobre. Ambos são observados por dois diabos, Berzabu e Dinato, que escutam e anotam.

Escultura de Gil Vicente, no Frotão do teatro D. Maria. Autor da escultura: Francisco de Assis Rodrigues, s/d.

Ninguém. Que andas tu i buscando?
Todo-o-Mundo. Mil cousas ando a buscar:
delas não posso achar,
porém ando perfiando,
por quão bom é perfiar.
Ninguém. Como hás nome, cavaleiro?
Todo-o-Mundo. Eu hei nome *Todo-Mundo*,
e meu tempo todo enteiro
sempre é buscar dinheiro,
e sempre nisto me fundo.
Ninguém. E eu hei nome *Ninguém*,
e busco a conciência.
Berzabu. Esta é boa experiência:
Dinato, escreve isto bem.
Dinato. Que escreverei companheiro?
Berzabu. Que *Ninguém* busca conciência, e *Todo-Mundo* dinheiro.
Ninguém. E agora que buscas lá?
Todo-o-Mundo. Busco honra muito grande.

Ninguém. Eu, virtude, que Deus mande
que tope co'ela já.
Berzabu. Outra adição nos acude:
escreve logo i a fundo,
que busca honra *Todo-Mundo*,
e *Ninguém* busca virtude.
Ninguém. Buscas outro mor bem qu'esse?
Todo-o-Mundo. Busco mais quem me louvasse
tudo quanto eu fezesse.
Ninguém. E eu quem me reprendesse
em cada cousa que errasse.
Berzabu. Escreve mais.
Dinato. Que tens sabido?
Dinato. Que quer em estremo grado
Todo-o-Mundo ser louvado
e *Ninguém* ser reprendido.
Ninguém. Buscas mais, amigo meu?
Todo-o-Mundo. Busco a vida e quem ma dê.
Ninguém. A vida não sei que é,
a morte conheço eu.
Berzabu. Escreve lá outra sorte.
Dinato. Que sorte?
Berzabu. Muito garrida:
Todo-Mundo busca a vida
e *Ninguém* conhece a morte.
Todo-o-Mundo. E mais queria o Paraíso,
sem mo ninguém estrovar.
Ninguém. E eu ponho-me a pagar
quanto devo pera isso.
Berzabu. Escreve com muito aviso.
Dinato. Que escreverei?
Berzabu. Escreve
que *Todo-Mundo* quer Paraíso,
e *Ninguém* paga o que deve.
Todo-o-Mundo. Folgo muito d'enganar,
e mentir naceu comigo.
Ninguém. Eu sempre verdade digo,
sem nunca me desviar.
Berzabu. Ora escreve lá, compadre,
não sejas tu preguiçoso.
Dinato. Quê?
Berzabu. Que *Todo-Mundo* é mentiroso,
e *Ninguém* diz a verdade.
Ninguém. Que mais buscas?
Todo-o-Mundo. Lisonjar.
Ninguém. Eu som todo desengano.
Berzabu. Escreve, ande lá mano.
Dinato. Que me mandas assentar?
Berzabu. Põe aí mui declarado,
não te fique no tinteiro:
Todo-Mundo é lisonjeiro,
e *Ninguém* desenganado.

(*Teatro de Gil Vicente*. Lisboa: Portugália, 1959. p. 305-8.)

• Roteiro de estudo •

Ao final da leitura dos textos, você deverá:

- Reconhecer a métrica utilizada nos textos, o que atesta para o prestígio desse tipo de verso durante a Idade Média.
- Identificar os costumes da sociedade medieval que são criticados no texto de Gil Vicente.
- Comparar os dois textos da poesia palaciana e reconhecer e explicar as diferenças entre eles quanto à concepção amorosa.

Para quem quer mais na Internet

Em nosso *site*, http://www.atualeditora.com.br/pl/paraquemquermais, você poderá ler e baixar outros exemplos da poesia palaciana, um trecho da *Farsa de Inês Pereira*, de Gil Vicente, e conhecer um pouco da obra do cronista Fernão Lopes.

LÍNGUA: USO E REFLEXÃO

Ted Soqui/Corbis/Latinstock

CAPÍTULO 9

Figuras de linguagem

CONSTRUINDO O CONCEITO

Leia o poema a seguir, do escritor escocês Robert Louis Stevenson.

Minha cama é um veleiro

A minha cama é um veleiro;
nela me sinto seguro;
com minha roupa de marinheiro,
vou navegando no escuro.

De noite embarco e sacudo a mão
para os amigos no cais;
fecho os olhos e pego o timão:
não ouço nem vejo mais.

Cauto marujo, levo em segredo
para a cama uma fatia
de bolo e também algum brinquedo,
pois é longa a travessia.

Corremos de noite o mundo inteiro;
mas quando chega a alvorada,
eis-me a salvo em meu quarto e o veleiro
de proa bem amarrada.

(In: José Paulo Paes, sel. e trad. *Ri melhor quem ri primeiro – Poemas para crianças (e adultos inteligentes)*. São Paulo: Companhia das Letras, 2007. p. 22.)

Giraudon/Glow Images

O veleiro (1895), de Claude Monet.

1. Já no primeiro verso do poema, o eu lírico se refere a uma imagem que ele cria antes de dormir.

a) O eu lírico é um adulto ou uma criança? Justifique sua resposta com elementos do texto.

b) Qual é a imagem que ele cria antes de dormir?

c) Quanto tempo leva a viagem? Que palavras indicam esse tempo?

2. Se dizemos "A cama é macia" ou "O veleiro é seguro", estamos utilizando uma linguagem normal, em que as palavras são empregadas com seu sentido habitual. Contudo, se dizemos "A minha cama é um veleiro", estamos utilizando uma linguagem diferente, poética, em que as palavras compõem imagens e ganham sentidos novos.

a) O que permitiu ao poeta, no primeiro verso, aproximar *cama* e *veleiro*?

b) A partir da imagem do verso inicial, o eu lírico apresenta outras imagens correlacionadas. A que correspondem as expressões:

- "minha roupa de marinheiro"?
- "os amigos no cais"?
- "cauto marujo"?
- "pego o timão"?
- "o veleiro de proa bem amarrada"?

3. Imagens como "A minha cama é um veleiro" e "[sou] Cauto marujo" são exemplos da figura de linguagem chamada **metáfora**. O que o uso dessa figura de linguagem acrescenta ao texto?

CONCEITUANDO

Quando dizemos "Minha cama é confortável", estamos empregando a palavra *cama* no sentido que lhe é comum, próprio. Entretanto, quando o eu lírico do poema afirma "A minha cama é um veleiro", sua intenção não é apenas informar como é a cama, mas também construir outro sentido, uma imagem, uma analogia que expresse, com sensibilidade, a visão que um menino tem da cama e de uma noite de sono. O mesmo ocorre quando o menino é comparado a um marujo e o tempo de uma noite é transformado no espaço marítimo percorrido em uma viagem.

Como se observa, palavras e expressões são empregadas no poema com um sentido novo, figurado, constituindo, assim, **figuras de linguagem**.

> **Figura de linguagem** é uma forma de expressão que consiste no emprego de palavras em sentido figurado, isto é, em um sentido diferente daquele em que convencionalmente são empregadas.

As figuras de linguagem são normalmente utilizadas para tornar mais expressivo o que queremos dizer. Empregadas tanto na língua escrita quanto na língua falada, ampliam o significado de uma palavra, suprem a falta de termos adequados, criam significados diferentes.

Veja, a seguir, um grupo de figuras de linguagem relacionadas ao **sentido**.

Comparação e metáfora

Leia estes versos, de Fernando Pessoa:

> Minha alma é como um pastor,
> Conhece o vento e o sol
> E anda pela mão das Estações
> A seguir e a olhar.
>
> (*Obra poética.* Rio de Janeiro: Aguilar, 1965. p. 203.)

Observe que o eu lírico compara o termo *alma* a *pastor*, aproximando-os pela sua semelhança, de modo que as características de *pastor* sejam atribuídas a *alma*. Note também que nos versos há uma **comparação** feita de modo explícito, por meio de um elemento comparativo expresso, que é *como*.

Eliminando a comparação e empregando o segundo termo (*pastor*) com o valor do primeiro (*alma*), temos uma **metáfora**:

Minha alma é um pastor.

Nessa construção, há uma comparação implícita entre os dois seres, pois o elemento comparativo fica subentendido. Alma é pastor em virtude de certa semelhança entre os dois elementos: na situação dos versos, relacionada ao fato de ambos conhecerem o sol e o vento e andarem em todas as estações, a seguir e a olhar.

Há também outro tipo de metáfora: o que ocorre com a supressão de um termo e o emprego de outro no lugar dele. Observe nos seguintes versos a presença desse tipo de metáfora, constituída pelo emprego da expressão *mar azul* em sentido figurado.

Beber a água
do mar azul
dos teus olhos.
Taí uma coisa difícil.

(João Claudio Arendt. In: Vera Aguiar, coord. *Poesia fora da estante*. Porto Alegre: Projeto, 2002. v. 2, p. 80.)

Ricardo Dantas

Comparação é a figura de linguagem que consiste em aproximar dois seres em razão de alguma semelhança existente entre eles, de modo que as características de um sejam atribuídas ao outro, e sempre por meio de um elemento comparativo expresso: *como*, *tal qual*, *semelhante a*, *que nem*, etc.

Metáfora é a figura de linguagem que consiste no emprego de uma palavra em um sentido que não lhe é comum ou próprio, sendo esse novo sentido resultante de uma relação de *semelhança*, de *intersecção* entre dois termos.

Metonímia

Leia estes versos:

Ivan Coutinho

Que tarde!

Além do calor e da prova,
aquela minissaia
sentada bem ao meu lado!

Assim não há memória
que resista...

(Carlos Queiroz Telles. *Sementes de sol*. São Paulo: Moderna, 2003. p. 16.)

Observe que, no 3º verso, o eu lírico, em vez de empregar a palavra *garota*, utiliza a palavra *minissaia*, que tem com a garota uma relação de interdependência, de implicação, pois são as garotas que geralmente usam minissaia. Temos, assim, uma **metonímia**.

Metonímia é a figura de linguagem que consiste na substituição de uma palavra por outra em razão de haver entre elas uma relação de interdependência, de inclusão, de implicação.

A metonímia ocorre quando empregamos:

- o efeito pela causa, e vice-versa:

Pedro é alérgico a poeira e a *cigarro*. (fumaça)

- o nome do autor pelo nome da obra:

Nas horas vagas, ouvíamos *Mozart*. (a música)

- o continente (o que está fora) pelo conteúdo:

O nenê comeu dois *pratos*. (alimento)

- a marca pelo produto:

Menino, você quer um *chiclete*? (goma de mascar)

- o concreto pelo abstrato:

Só ele tem *cabeça* para resolver isso. (inteligência, sagacidade)

- o lugar pelo produto característico de determinado local:

O gerente ofereceu um *havana* a seus colegas. (charuto produzido em Havana)

- a parte pelo todo:

Mil *olhos* apreensivos seguiam a partida de futebol. (pessoas, torcedores)

- o singular pelo plural:

O *brasileiro* é bem-humorado. (os brasileiros)

- a matéria pelo objeto:

A um sinal do maestro, os *metais* iniciaram o concerto. (instrumentos de sopro feitos de metal)

Metonímias visuais

Os sistemas de pictogramas (imagens ou grupos de imagens que integram uma escrita sintética, resumida) costumam empregar a metonímia como recurso para orientar usuários em guias turísticos, terminais de transportes, postos rodoviários, ginásios de esportes, etc. Assim, uma cesta e uma bola podem ser usadas para representar o basquete; talheres, para representar um restaurante; uma cama, para representar hospedagem; uma mamadeira, para indicar o berçário, etc.

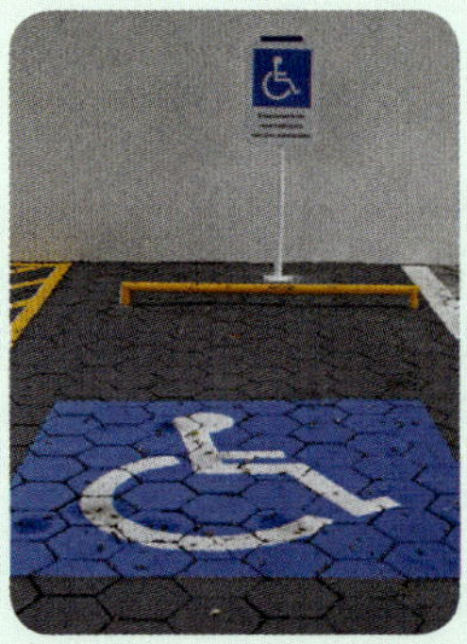

Daniel Cymbalista/Pulsar Imagens

A metáfora e a metonímia na mídia

Os recursos mais empregados na mídia brasileira, seja em anúncios, seja em capas de revistas, são a metáfora e a metonímia. Observe, no anúncio do Greenpeace (uma organização não governamental), ao lado, a presença de metonímia. A figura de um palito de fósforo com graduação sugere metonimicamente um termômetro, que se relaciona com a temperatura ambiente. Como o palito está parcialmente queimado, a figura sugere calor, que, por sua vez, remete ao aquecimento global, fenômeno ambiental que vem sendo fortemente combatido pela entidade por meio de campanhas e anúncios.

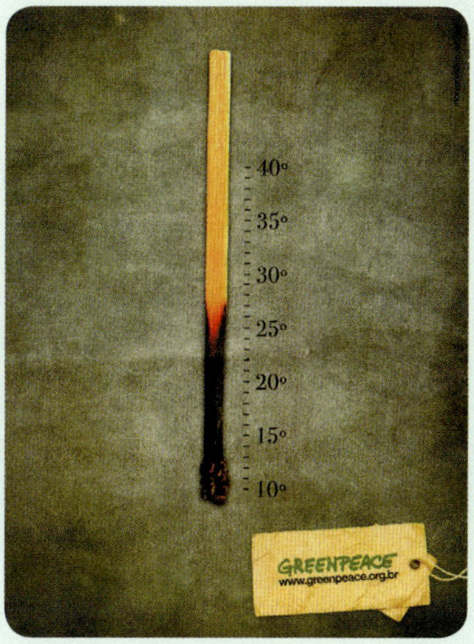

Greenpeace

(Revista *Greenpeace*, abril-maio-junho 2011.)

Antítese

Leia os versos ao lado, de Vinícius de Morais.

Observe que o eu lírico emprega palavras e expressões que se opõem quanto ao sentido: *alegre* se opõe a *triste*, *descontente*, a *dar risada*. Temos, nesses casos, **antíteses**.

Maior amor nem mais estranho existe
que o meu — que não sossega a coisa amada
e quando a sente alegre, fica triste,
E se a vê descontente, dá risada.

("Soneto do amor maior". In: *Nova antologia poética de Vinicius de Moraes*. Seleção e organização: Antonio Cícero e Eucanaã Ferraz. São Paulo: Cia. das Letras, Editora Schwarcz, 2008. p. 64. VM Empreendimentos Artísticos e Culturais Ltda.)

Antítese é a figura de linguagem que consiste no emprego de palavras que se opõem quanto ao sentido.

Paradoxo

Leia estes versos, de Fernando Pessoa:

Sempre que olho para as cousas e penso no que os
[homens pensam delas,
Rio como um regato que soa fresco numa pedra.
Porque o único sentido oculto das cousas
É elas não terem sentido oculto nenhum.

(Op. cit., p. 223.)

Thinkstock/Getty Images

Os dois últimos versos apresentam elementos que, apesar de se excluírem mutuamente, se fundem, constituindo afirmações aparentemente sem lógica. Temos, assim, um **paradoxo**.

Paradoxo é a figura de linguagem que consiste no emprego de palavras ou expressões que, embora opostas quanto ao sentido, se fundem em um enunciado.

Personificação ou prosopopeia

Leia os versos a seguir, de Castro Alves:

Já viste às vezes, quando o sol de maio
Inunda o vale, o matagal, a veiga?
Murmura a relva: "Que suave raio!"
Responde o ramo: "Como a luz é meiga!"

(*Poesias completas de Castro Alves*. Rio de Janeiro: Edições de Ouro. p. 58.)

veiga: planície fértil e cultivada; várzea.

No 3º e no 4º versos da estrofe, a relva e o ramo aparecem personificados, pois a eles são atribuídas ações – murmurar e responder – próprias dos seres humanos. Temos, nesse caso, situações de **personificação**.

Nas fábulas, a personificação é abundante, uma vez que nelas os animais ganham características humanas: falam, pensam, brigam, têm sentimentos, desejos.

Personificação ou **prosopopeia** é a figura de linguagem que consiste em atribuir linguagem, sentimentos e ações próprias dos seres humanos a seres inanimados ou irracionais.

Hipérbole

Leia os versos ao lado, de Vinícius de Morais.

Observe que o eu lírico, com a intenção de impressionar seu(sua) amado(a), exagera ao dizer o número de beijos que dará. Temos, nesse caso, uma **hipérbole**.

Pois há menos peixinhos a nadar no mar
Do que os beijinhos que darei
Na sua boca

(http://letras.terra.com.br/vinicius-de-moraes/87381)

Hipérbole é a figura de linguagem que consiste em expressar uma ideia com exagero.

Eufemismo

Certas palavras, quando empregadas em determinados contextos, são consideradas desagradáveis, ou por apresentarem uma ideia muito negativa ou por chocarem quem ouve. Por isso, muitas pessoas as substituem por palavras ou expressões mais suaves, mais delicadas, que, embora tenham o mesmo sentido, causam menor impacto. É o caso, por exemplo, do emprego de *falecer*, *entregar a alma a Deus*, *descansar*, etc. no lugar de *morrer*.

Leia estes versos, de Camões:

Alma minha gentil que te partiste
Tão cedo desta vida [...]

Nos versos de Camões, o eu lírico refere-se a *morrer*, empregando o verbo *partir*. Temos, nesse caso, um **eufemismo**.

Eufemismo é a figura de linguagem que consiste no emprego de uma palavra ou expressão no lugar de outra palavra ou expressão considerada desagradável ou chocante.

Ironia

Leia estes versos, de Mário de Andrade:

Moça linda bem tratada,
Três séculos de família
Burra como uma porta:
Um amor.

(http://www.revista.agulha.com.br/and.html#moca)

Observe que o eu lírico é irônico nesses versos quando resume, na expressão *um amor*, a beleza, a fineza, a tradição familiar e a "inteligência" da moça. Temos, nesse caso, **ironia**.

Ironia é a figura de linguagem que consiste em afirmar o contrário do que se quer dizer.

A ironia em outras linguagens

A ironia não é específica da linguagem verbal e pode se dar em diferentes situações. A base desse recurso de linguagem é o deslocamento contextual em determinada situação, em que se espera um tipo de comportamento e acaba ocorrendo outro. Observe um exemplo na tira abaixo. O título proposto pelo jornalista para a matéria sobre o político que doou tudo aos pobres é irônico porque, para ele e provavelmente para os leitores daquele jornal, é inacreditável que um político faça uma boa ação desse tipo.

Frank Ernest, Bob Thaves/Universal Uclick
E-mail:BobThaves@aol.com
©2006 Thaves / Dist. by NEA, Inc.

(*O Estado de S. Paulo*, 5/4/2007.)

EXERCÍCIOS

Leia a tira a seguir, de Fernando Gonsales, para responder às questões 1 e 2.

(*Folha de S. Paulo*, 21/10/2004.)

1. Os ratinhos estão namorando sob a luz das estrelas. Que figura de linguagem o ratinho emprega para atender ao pedido da ratinha?

2. A ratinha parece ter ficado impressionada com a fala do ratinho.

a) Que palavra ela empregou para expressar sua satisfação?

b) Apesar de satisfeita, ela ainda espera algo do ratinho. O que ela espera quando pede a ele que traduza o que disse?

3. Identifique os recursos estilísticos empregados nos textos a seguir, de Mario Quintana. Trata-se de metáfora, comparação ou metonímia?

a)

Cozinha

Cada brasa palpita como um coração...

b)

Carreto

Amar é mudar a alma de casa.

c)

Cântico dos cânticos

Maria, com um vinco entre as sobrancelhas, escolhe o segundo prato. Depois sorri-me deliciosamente. Como não encantar-me? Como não comparar-me a Salomão? "Sustentai-me (diz-lhe Sulamita), sustentai-me com passas, confortai-me com maçãs, que desfaleço de amor".

d)

Mentira?

A mentira é uma verdade que se esqueceu de acontecer.

(Os textos foram tirados do livro *Poesias*. 9. ed. São Paulo: Globo, 1994. p. 82, 69, 78, 83, respectivamente.)

Leia a tira a seguir e responda às questões de 4 a 6.

(Luis Fernando Verissimo. *As cobras em: Se Deus existe que eu seja atingido por um raio.* Porto Alegre: L&PM, 1997. p. 38.)

4. As cobras estão tomando sol.

a) Que fato se opõe ao desfrute desse prazer?

b) Que palavra da fala do 2º quadrinho indica essa oposição?

5. O humor da tira está no 3º quadrinho. Depois que o lemos, a frase do 2º quadrinho adquire duplo significado.

a) Que palavra do 2º quadrinho é responsável por isso?

b) Qual é o significado dessa palavra antes e depois da leitura do 3º quadrinho?

6. O humor da fala do 3º quadrinho se sustenta também na dupla significação de uma palavra.

a) Que palavra é essa?

b) Que significado ela tem, considerando-se apenas o contexto do 2º quadrinho? E no contexto do 3º quadrinho?

c) Em qual dos contextos essa palavra é tomada no sentido metafórico?

Leia a tira abaixo, de Adão Iturrusgarai, e responda à questão 7.

Adão Iturrusgarai

(*Folha de S. Paulo*, 18/6/2005.)

7. Zezo é um menino mal-humorado, que detesta sair de casa.

a) A que se refere a palavra **troço**, no último quadrinho?

b) O que a última cena revela sobre os hábitos do garoto?

c) Identifique uma figura de linguagem empregada na tira.

d) Os pais de Zezo estão numa situação informal. Contudo, caso o pai do Zezo quisesse empregar um português formal, rigorosamente de acordo com a norma-padrão, como ficaria o 2º quadrinho?

8. Identifique as figuras de linguagem empregadas nos seguintes versos ou frases.

a)

O vento está dormindo na calçada,
O vento enovelou-se como um cão...
Dorme, ruazinha... Não há nada...

(Mario Quintana. *Poesias*. 9. ed. São Paulo: Globo, 1994. p. 3.)

b)

Teu amor na treva é — um astro,
No silêncio uma canção,
É brisa — nas calmarias,
É abrigo — no tufão

(Castro Alves. op. cit. p. 49.)

c)

Marcela amou-me durante quinze meses e onze contos de réis.

(Machado de Assis)

d)

a divina, num simples vestido roxo, que a vestia como se a despisse.

(Raul Pompeia)

e)

Noite,
noite escura
de lua nova.
Estrelas sujam o céu
de imensidão e mistério.

(Roseana Murray. *Paisagens*. Belo Horizonte: Lê, 2005. p. 15.)

Conheça, a seguir, outro grupo de figuras de linguagem, relacionadas à **sintaxe**, isto é, à construção de enunciados.

Assíndeto

Leia os versos ao lado, de Roseana Murray.

Observe que o eu lírico descreve a si mesmo como um ser contraditório. E emprega orações justapostas, separadas por vírgula ou por ponto e vírgula, sem usar conjunções coordenativas, que, pelo contexto, seriam *e* ou *mas*. Temos, nesse caso, um **assíndeto**.

Metade de mim é fada,
a outra metade é bruxa.
[...]
Uma é séria; a outra sorri;
uma voa, a outra é pesada.
Uma sonha dormindo,
a outra sonha acordada.

(*Pera, uva ou maçã?*. São Paulo: Scipione, 2005. p. 52.)

Ricardo Dantas

Assíndeto é a figura de linguagem que consiste no emprego de orações coordenadas justapostas, isto é, sem o uso de conjunções.

Polissíndeto

Leia estes versos, de Vinícius de Morais:

E o olhar estaria ansioso esperando
E a cabeça ao sabor da mágoa balançando
E o coração fugindo e o coração voltando
E os minutos passando e os minutos [passando...

(*Nova antologia poética*. São Paulo: Companhia das Letras, 2009. p. 16.)

Aliteração, assonância e paronomásia

No capítulo 4 deste volume, você ficou conhecendo três recursos poéticos que também são considerados figuras de linguagem: a aliteração, a assonância e a paronomásia. A aliteração consiste na repetição de fonemas consonantais, como ocorre nos versos de Vinícius de Morais com a repetição do fonema /s/; a assonância consiste na repetição de fonemas vocálicos; e a paronomásia, no emprego de palavras semelhantes na forma ou no som próximas umas das outras.

O eu lírico sugere, por meio de uma sequência de ações ininterruptas, expressas por meio de orações iniciadas pela conjunção *e*, o estado de ânimo de uma pessoa que espera por alguém ou alguma coisa. Temos, nesse caso, um **polissíndeto**.

Polissíndeto é a figura de linguagem que consiste na repetição, com finalidade enfática, de uma conjunção coordenativa.

Anáfora

Leia estes versos, de Castro Alves:

Depois o areal extenso...
Depois o oceano de pó...
Depois no horizonte imenso
Desertos... desertos só...

(Alberto da Costa e Silva. *Castro Alves – Um poeta sempre jovem*. São Paulo: Companhia das Letras, 2006. p. 108.)

Blickwinkel/Alamy/Other Images

A repetição da palavra *depois* no início dos versos produz um efeito de sentido especial: leva o olhar do leitor a estender-se por um deserto interminável. Esse tipo de repetição é chamado de **anáfora**.

Anáfora é a figura de linguagem que consiste na repetição intencional de palavras no início de períodos, frases ou versos.

Gradação

Leia este fragmento de texto, de Marina Colasanti:

> [...] E num estalar de juntas que se soltam, de amarras que se desfazem, o guerreiro moveu-se, levantou a cabeça, ergueu o tronco, pôs-se de pé. [...]
>
> (*23 histórias de um viajante*. São Paulo: Global, 2005. p. 47.)

O emprego de verbos correspondentes a ações que aumentam gradativamente de intensidade contribui, no fragmento, para dar ideia da recuperação física da personagem. Temos, nesse caso, uma **gradação**.

Gradação é a figura de linguagem que consiste na disposição de palavras ou expressões em uma sequência que dá ideia de progressão.

EXERCÍCIOS

1. Leia os versos a seguir, de Eugênio de Andrade, e identifique a figura de linguagem constituída pelos termos destacados.

> **Tinham** o rosto aberto a quem passava.
> **Tinham** lendas e mitos
> e frio no coração.
> **Tinham** jardins onde a lua passeava
> de mãos dadas com a água
> e um anjo de pedra por irmão.
>
> ("Os amantes sem dinheiro". *A lua no cinema*. São Paulo: Companhia das Letras, 2011. p. 61.)

2. Qual das frases a seguir não apresenta gradação?

a) O fio de água surgiu, cresceu e engrossou, inundando as margens.

b) O carro arrancou, ganhou velocidade e ultrapassou o primeiro colocado.

c) O avião decolou, ganhou altura e aterrissou.

d) Aqui... além... mais longe, meus olhos procuravam por um sinal.

3. Identifique as figuras de linguagem empregadas nos versos:

a)

> Penso com os olhos e com os ouvidos
> e com as mãos e os pés
> e com o nariz e a boca.
>
> (Alberto Caeiro)

b)

> Ergue o corpo, os ares rompe,
> Procura o Porto da Estrela,
> Sobe a serra. [...]
>
> (Tomás Antônio Gonzaga)

c)

Nem rei nem lei, nem paz nem guerra,
Define com perfil e ser
Este fulgor baço da terra [...]

(Fernando Pessoa)

d)

E o coração bem embaixo
da blusa, da malha, da camisa,
da pele: aquecido.

(Ulisses Tavares. *Caindo na real*. São Paulo: Brasiliense, 1984. p. 56.)

e)

Receita de desamarrar os nós

desamarre os nós do sapato
depois desamarre os pés
desamarre os laços inúteis
os nós do que não serve mais
desamarre o barco do cais
os nós das janelas
e então deixe que o vento...

(Roseana Murray. *Receitas de olhar*. São Paulo: FTD, 1999. p. 24.)

AS FIGURAS DE LINGUAGEM NA CONSTRUÇÃO DO TEXTO

O anúncio a seguir, no contexto original de sua publicação, era interativo. Para ser lido na íntegra, era necessário que o leitor destacasse. Primeiramente ele via apenas as mãos atadas com os grilhões. Depois, ao destacar as correntes, via o anúncio completo, com texto e imagem.

Leia as duas partes do anúncio e, em seguida, responda às questões propostas.

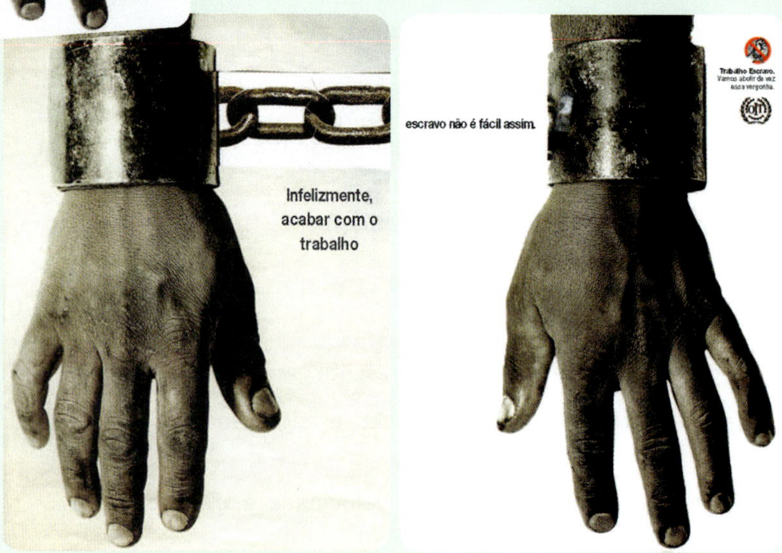

Fotos: Reprodução

1. As mãos retratadas na primeira parte do anúncio são negras e estão atadas com grilhões. O que as diferencia, por exemplo, das mãos de um condenado à prisão?

2. Na construção do anúncio, uma figura de linguagem desempenha um papel essencial.
   a) As mãos são parte de um todo maior. Qual é esse todo?
   b) Além de ser parte, as mãos representam o efeito de determinada causa. Qual é essa causa?
   c) Que figura de linguagem substitui a parte pelo todo e o efeito pela causa?

3. Na segunda parte do anúncio, depois de o leitor ter desatado os grilhões de papel, lê-se: "Infelizmente, acabar com o trabalho escravo não é fácil assim".
   a) Que novo sentido o anúncio ganha?
   b) Levante hipóteses: Por que há trabalho escravo no Brasil se, oficialmente, a escravidão foi abolida?

4. Esse anúncio foi publicado na revista *Exame*, especializada em negócios, economia, finanças, gestão empresarial, *marketing*, etc.
   a) Na segunda parte do anúncio, no alto, à direita lê-se: "Vamos abolir de vez essa vergonha". Considerando-se o público leitor da revista, qual é a intenção do anunciante?
   b) Na sua opinião, é coerente a publicação do anúncio nesse tipo de revista? Por quê?

5. As figuras de linguagem normalmente são consideradas recursos de expressão da linguagem verbal. No entanto, elas são empregadas com frequência na linguagem visual e em linguagem mista (verbal e visual). O anúncio lido comprova a presença dessas figuras em linguagens não verbais? Por quê?

SEMÂNTICA E DISCURSO

Leia o anúncio ao lado.

TALENT

(28º Anuário do Clube de Criação de São Paulo.)

1. A expressão "juiz da copa", no anúncio, foi empregada com um papel gramatical e um sentido diferentes daqueles que lhe são habituais.
   a) Que sentido a expressão tem no contexto?
   b) Que papel morfológico ela desempenha?

2. No texto principal do anúncio, há mais de uma figura de linguagem.
   a) Que figura de linguagem há no trecho "fraco, forte ou juiz da copa"?
   b) Discuta com os colegas: Que figura(s) de linguagem há no emprego da expressão "juiz da copa", considerando-se que ela substitui certo grau de miopia ou a falta de visão, intencional ou não, do juiz? Justifique sua resposta.

Além de palavras, há também expressões que apresentam sentido metafórico. É o caso, por exemplo, de *pôr minhocas na cabeça*, cujo significado é "pensar em bobagens, em tolices". O poema a seguir explora expressões como essas. Leia-o e responda às questões 3 e 4.

Ossos do ofício

Sempre deixei as barbas de molho
porque barbeiro nenhum me ensinou
como manejar o fio da navalha

sempre tive a pulga atrás da orelha
porque nenhum otorrino disse
como se fala aos ouvidos das pessoas

sou um cara grilado
um péssimo marido
nove anos de poesia
me renderam apenas
um circo de pulgas
e as barbas mais límpidas da Turquia

(Chacal. In: *Poesia marginal*. São Paulo: Ática, 2006. p. 72.)

Vicente Mendonça

3. Responda:

a) Que sentido tem, no contexto, a expressão *deixar as barbas de molho*?

b) E a expressão *ter a pulga atrás da orelha*?

4. "Ossos do ofício", o título do poema, também é uma expressão metafórica.

a) Que sentido essa expressão normalmente tem?

b) Considerando que o ofício do poeta é fazer poesia, quais seriam os ossos desse ofício no contexto do poema?

O anúncio ao lado divulga a inauguração de salas de cinema em um luxuoso *shopping center* de São Paulo. Leia-o e responda às questões 5 e 6.

5. Há duas figuras em destaque no anúncio: pipocas e diamantes.

a) Que relação existe entre pipoca e cinema?

b) Logo, que figura de linguagem corresponde a essa relação?

6. No enunciado verbal se lê: "Nesse filme, você é o convidado principal".

a) No meio cinematográfico, o que é normalmente um "convidado especial"?

b) Que relação existe entre os diamantes, o perfil do *shopping* e a expressão "convidado especial"?

c) A que figura de linguagem os diamantes correspondem, visualmente?

Reprodução

(*Veja*, ano 21, nº 11.)

7. Leia este anúncio:

(*Veja*, ano 37, nº 17.)

No anúncio, a maçã pode visualmente ser associada a mais de uma figura de linguagem. Troque ideias com os colegas e reúnam argumentos para defender o ponto de vista de que a maçã seja:

a) uma metáfora visual;

b) uma metonímia visual.

J. Vermeer. A alegoria da pintura.

: *A alegoria da pintura* (1666), de Johannes Vermeer.

CAPÍTULO 10

A fábula contemporânea e o apólogo

A FÁBULA CONTEMPORÂNEA

TRABALHANDO O GÊNERO

Certamente você conhece algumas narrativas curtas cujas personagens são animais e que terminam sempre com uma moral. Esse é o caso de histórias como *A raposa e as uvas*, *O leão e o rato*, *A cigarra e a formiga* e *O lobo e o cordeiro*, entre outras. Todas elas são **fábulas**, um gênero narrativo que teve origem na tradição oral e existe há mais ou menos 2 800 anos. Esopo, que viveu na Grécia antiga, foi um dos primeiros cultivadores do gênero e o primeiro a registrar por escrito essas histórias.

Embora muito antigas, as histórias que compõem as fábulas continuam a ser contadas e lidas ainda hoje, porque ensinam, alertam sobre algo que pode acontecer na vida real, criticam comportamentos, ironizam o ser humano.

Modernamente, a fábula tem servido como fonte de inspiração ou de recriação a muitos escritores contemporâneos, o que comprova sua atualidade.

Leia, a seguir, uma fábula contemporânea, de autoria de Rubem Alves:

O sonho dos ratos

Era uma vez um bando de ratos que vivia no buraco do assoalho de uma casa velha.

Havia ratos de todos os tipos: grandes e pequenos, pretos e brancos, velhos e jovens, fortes e fracos, da roça e da cidade.

Mas ninguém ligava para as diferenças, porque todos estavam irmanados em torno de um sonho comum: um queijo enorme, amarelo, cheiroso, bem pertinho dos seus narizes. Comer o queijo seria a suprema felicidade...

Cássio Lima

Bem pertinho é modo de dizer. Na verdade, o queijo estava imensamente longe, porque entre ele e os ratos estava um gato... O gato era malvado, tinha dentes afiados e não dormia nunca. Por vezes fingia dormir. Mas bastava que um ratinho mais corajoso se aventurasse para fora do buraco para que o gato desse um pulo e, era uma vez um ratinho...

Os ratos odiavam o gato.

Quanto mais o odiavam mais irmãos se sentiam.

O ódio a um inimigo comum os tornava cúmplices de um mesmo desejo: queriam que o gato morresse ou sonhavam com um cachorro...

Como nada pudessem fazer, reuniam-se para conversar. Faziam discursos, denunciavam o comportamento do gato (não se sabe bem para quem), e chegaram mesmo a escrever livros com a crítica filosófica dos gatos. Diziam que um dia chegaria em que os gatos seriam abolidos e todos seriam iguais. "Quando se estabelecer a ditadura dos ratos", diziam os camundongos, "então todos serão felizes..."

— O queijo é grande o bastante para todos, dizia um.

— Socializaremos o queijo, dizia outro.

Todos batiam palmas e cantavam as mesmas canções.

Era comovente ver tanta fraternidade.

Como seria bonito quando o gato morresse!

Sonhavam.

Nos seus sonhos comiam o queijo.

E quanto mais o comiam, mais ele crescia.

Os grandes fabulistas

A fábula nasceu no Oriente e foi reinventada no Ocidente pelo escravo grego Esopo, que criava histórias baseadas em animais para mostrar como agir com sabedoria. Suas fábulas, mais tarde, foram reescritas em versos, com um acentuado tom satírico, pelo escravo romano Fedro. Contudo, o grande responsável pela divulgação e reconhecimento da fábula no Ocidente moderno foi o francês Jean de la Fontaine, um poeta que conhecia muito bem a arte e as manifestações da cultura popular.

Motivado pela natureza simbólica das fábulas, La Fontaine criava suas histórias com um único objetivo: tornar os animais o principal agente da educação dos homens. Para isso, os animais são colocados numa situação humana exemplar, tornando-se uma espécie de símbolo. Por exemplo: a formiga representa o trabalho; o leão simboliza a força; a raposa, a astúcia; o lobo, o poder despótico; e assim por diante. [...]

(Irene A. Machado. *Literatura e redação – Os gêneros literários e a tradição oral*. São Paulo: Scipione, 1994. p. 57.)

Porque esta é uma das propriedades dos queijos sonhados: não diminuem; crescem sempre.

E marchavam juntos, rabos entrelaçados, gritando "o queijo já"...

Sem que ninguém pudesse explicar como, o fato é que, ao acordarem numa bela manhã, o gato tinha sumido.

O queijo continuava lá, mais belo do que nunca. Bastaria dar uns poucos passos para fora do buraco.

Olharam cuidadosamente ao redor. Aquilo poderia ser um truque do gato. Mas não era. O gato havia desaparecido *mesmo*. Chegara o dia glorioso, e dos ratos surgiu um brado retumbante de alegria. Todos se lançaram ao queijo, irmanados numa fome comum.

E foi então que a transformação aconteceu. Bastou a primeira mordida. Compreenderam, repentinamente, que os queijos de verdade são diferentes dos queijos sonhados. Quando comidos, em vez de crescer, diminuem. Assim, quanto maior o número dos ratos a comer o queijo, menor o naco para cada um. Os ratos começaram a olhar uns para os outros como se fossem inimigos.

Olharam, cada um para a boca dos outros, para ver quanto do queijo haviam comido. E os olhares se enfureceram. Arreganharam os dentes. Esqueceram-se do gato. Eram seus próprios inimigos.

Cássio Lima

A briga começou.

Os mais fortes expulsaram os mais fracos a dentadas.

E, ato contínuo, começaram a brigar entre si.

Alguns ameaçaram chamar o gato, alegando que só assim se restabeleceria a ordem. O projeto de socialização do queijo foi aprovado nos seguintes termos:

"Qualquer pedaço do queijo poderá ser tomado dos seus proprietários para ser dado aos ratos magros, desde que este pedaço tenha sido abandonado pelo dono".

Mas como rato algum jamais abandonou um queijo, os ratos magros foram condenados a ficar esperando...

Os ratinhos magros, de dentro do buraco escuro, não podiam compreender o que havia acontecido. O mais inexplicável era a transformação que se operara no focinho dos ratos fortes, agora donos do queijo. Tinham todo o jeito do gato, o olhar malvado, os dentes à mostra.

Os ratos magros nem mais conseguiam perceber a diferença entre o gato de antes e os ratos de agora. E compreenderam, então, que não havia diferença alguma. *Pois todo rato que fica dono do queijo vira gato.* Não é por acidente que os nomes são tão parecidos.

RATO + QUEIJO = GATO

(*Estórias de bichos*. São Paulo: Loyola, 2006. p. 15-9.)

1. Na maioria das vezes, o fabulista usa animais como personagens de suas histórias e coloca-os em circunstâncias que lembram situações da vida humana, tornando-os uma espécie de símbolo. Por exemplo, a formiga representando o trabalho; o cordeiro, a inocência; o burro, a estupidez ou a paciência; o cachorro, a lealdade. Troque ideias com os colegas e responda:

a) Normalmente, que qualidades ou defeitos humanos o rato representa?

b) A atitude dos ratos, na fábula, revela esses atributos?

2. Os ratos, na história lida, encontram um obstáculo para atingir certo objetivo.

a) Qual era o objetivo dos ratos? Qual era o obstáculo?

b) A partir de certo momento, o obstáculo inicial deixa de existir. Que novo obstáculo surge?

3. As fábulas geralmente terminam por uma moral, isto é, uma frase que sintetiza as ideias principais do texto e transmite um ensinamento.

Cássio Lima

a) Que frase do texto desempenha esse papel? Interprete-a.

b) Como essa moral pode ser aplicada à sociedade humana moderna e, mais especificamente, ao âmbito da política?

c) Dê sua opinião: Você concorda com o ponto de vista do narrador expresso na moral? Por quê?

4. As fábulas costumam apresentar tempo e lugar imprecisos. Há indicação de tempo e lugar em "O sonho dos ratos"?

5. Observe as formas verbais empregadas no texto.

a) O narrador é personagem ou é observador?

b) Que tempo verbal é predominante?

6. Que tipo de linguagem foi empregado na fábula lida: uma variedade de acordo ou em desacordo com a norma-padrão?

7. A que tipo de público a fábula lida se destina?

8. No passado, as fábulas eram transmitidas oralmente. Depois, começaram a ser publicadas em livros. Na atualidade, em que suportes e veículos elas podem ser divulgadas?

A versão original de Esopo

Gustave Doré

A reunião geral dos ratos

Uma vez os ratos, que viviam com medo de um gato, resolveram fazer uma reunião para encontrar um jeito de acabar com aquele eterno transtorno. Muitos planos foram discutidos e abandonados. No fim um rato jovem levantou-se e deu a ideia de pendurar uma sineta no pescoço do gato; assim, sempre que o gato chegasse perto eles ouviriam a sineta e poderiam fugir correndo. Todo mundo bateu palmas: o problema estava resolvido. Vendo aquilo, um rato velho que tinha ficado o tempo todo calado levantou-se de seu canto. O rato falou que o plano era muito inteligente, que com toda a certeza as preocupações deles tinham chegado ao fim. Só faltava uma coisa: quem ia pendurar a sineta no pescoço do gato?

Moral: Inventar é uma coisa, fazer é outra.

(*Fábulas de Esopo*. São Paulo: Companhia das Letrinhas, 2001. p. 18.)

9. Leia, acima, a fábula de Esopo que inspirou a fábula lida e compare as duas versões. Depois responda às questões a seguir.

a) O autor de "O sonho dos ratos" manteve as características principais da fábula?

b) Que aspectos de "O sonho dos ratos" constituem uma renovação relativamente à fábula de Esopo?

10. Reúna-se com seus colegas de grupo e concluam: Quais são as características da fábula? Respondam, considerando os seguintes critérios: finalidade do gênero, perfil dos interlocutores, suporte ou veículo, tema, estrutura, linguagem.

PRODUZINDO A FÁBULA CONTEMPORÂNEA

Desenvolva as atividades de produção de texto propostas a seguir.

1. Leia esta fábula, de Millôr Fernandes:

A raposa e as uvas

De repente a raposa, esfomeada e gulosa, fome de quatro dias e gula de todos os tempos, saiu do areal do deserto e caiu na sombra deliciosa do parreiral que descia por um precipício a perder de vista. Olhou e viu, além de tudo, à altura de um salto, cachos de uva maravilhosos, uvas grandes, tentadoras. Armou o salto, retesou o corpo, saltou, o focinho passou a um palmo das uvas. Caiu, tentou de novo, não conseguiu. Descansou, encolheu mais o corpo, deu tudo o que tinha, não conseguiu nem roçar as uvas gordas e redondas. Desistiu, dizendo entre dentes com raiva: "Ah, também não tem importância. Estão muito verdes". E foi descendo, com cuidado, quando viu à sua frente uma pedra enorme. Com esforço empurrou a pedra até o local em que estavam os cachos de uva, trepou na pedra, perigosamente, pois o terreno era irregular, e havia o risco de despencar, esticou a pata e... conseguiu! Com avidez, colocou na boca quase o cacho inteiro. E cuspiu. Realmente as uvas estavam muito verdes!

Moral: A frustração é uma forma de julgamento como qualquer outra.

(*Fábulas fabulosas.* Rio de Janeiro: Nórdica, 1991. p. 118.)

A exemplo de Millôr Fernandes, escolha uma fábula tradicional – *A cigarra e a formiga, A tartaruga e a lebre, O lobo e o cordeiro, A rã e o boi* ou outra – e recrie-a, adaptando-a ao mundo contemporâneo.

2. Leia esta fábula, de Sérgio Capparelli:

O cachorro que deixou de ser bobo

As filmagens que estavam sendo realizadas sobre uma ponte tinham sido interrompidas porque, num acesso de vaidade, o artista principal trancara-se no camarim. Nesse momento passava por ali um cachorro magro.

Você quer trabalhar no nosso filme? — perguntou o diretor.

O cachorro magro olhou para a ponte, para o rio, para as câmeras e para o grande número de animais que lá se encontrava. Entre eles havia a rã e o boi, uma raposa comendo um cacho de uvas verdes e até mesmo uma cegonha com um prato de sopa.

O cachorro magro respondeu com outra pergunta:

— Por acaso estão filmando as *Fábulas* de Esopo?

O diretor ficou espantado:

— Como você descobriu?

— Digamos que tenho um pouco de experiência.

Gustave Doré

— Sim, as *Fábulas* de Esopo. Aceita trabalhar numa delas?

— Muito obrigado! Cachorro em fábula só faz papel de bobo.

— Que é isso, cachorro! Fábulas são fábulas. E veja bem: você está magro. Duvido que tenha comido bem nesses últimos tempos. Se participar, ganha um bom dinheiro.

— E o que tenho de fazer? — perguntou o cachorro, de estômago vazio.

— Quase nada. Você vem pela ponte com um osso. Olha seu vulto refletido nas águas do rio. Enxerga lá embaixo a imagem de um osso muito maior, larga o que vem trazendo e mergulha no rio.

— Você quer dizer que eu fico sem osso algum?

— Isso mesmo. Seguimos rigorosamente o roteiro.

— Certo! Se é isso, tudo bem.

Antes de começar, o próprio cachorro magro foi ao açougue e comprou dois ossos de boa qualidade, um para ser perdido durante a cena do afogamento, conforme o roteiro, e outro para comer depois. E impôs uma condição.

— Vamos filmar numa parte do rio bem rasa, porque não sei nadar.

As filmagens começaram e, no fim, o diretor não continha seu entusiasmo. O cachorro magro tinha atuado de forma magnífica. Jogara-se da ponte e, depois de improvisar uma cena dramática de afogamento, tinha reaparecido na margem do rio são e salvo. Recebeu o dinheiro a que tinha direito e foi comer seu osso debaixo de um pé de jacarandá.

Tem cachorro que se faz de bobo para passar bem.

(*30 fábulas contemporâneas para crianças.* Porto Alegre, RS: L&PM, 2008. p. 14-5.)

A exemplo de Sérgio Capparelli, misture personagens de diferentes fábulas, a fim de criar uma fábula contemporânea.

Planejamento do texto

Ao redigir suas fábulas, leve em conta as orientações a seguir.

- Perfil do leitor – Seus textos poderão ser expostos no projeto **Palavra em cena**, que a classe desenvolverá no final desta unidade. Assim, seus leitores serão colegas de sua e de outras classes, professores, funcionários da escola e outros convidados para o evento.
- Veículo e suporte em que será veiculado – Procure empregar uma linguagem adequada ao perfil dos interlocutores e à situação.
- Características do gênero a serem observadas – A fábula é uma narrativa curta que transmite um ensinamento, expresso de forma resumida pela moral; o tempo e o espaço são imprecisos; as personagens geralmente são animais.
- Título – Dê um título a suas fábulas.

Gustave Doré

Revisão e reescrita

Faça primeiramente um rascunho do seu texto. Depois releia-o, observando se ele leva em conta as características do gênero, o perfil dos leitores, a correção e adequação da linguagem, o suporte e o veículo.

Faça as alterações necessárias e passe o texto a limpo.

O APÓLOGO

TRABALHANDO O GÊNERO

O apólogo é uma narrativa breve que se assemelha à fábula, porém, nele, as personagens principais são seres inanimados, que ilustram, por meio de suas ações, lições de sabedoria ou ética.

Esopo, o conhecido fabulista grego, também escreveu apólogos. Os escritores espanhóis Quevedo e Cervantes, no século XVII, escreveram os famosos apólogos "Dos Sonhos" e "Colóquio dos cachorros", respectivamente.

Leia, a seguir, um apólogo de autoria de Machado de Assis, escritor brasileiro do século XIX.

Um apólogo

Era uma vez uma agulha, que disse a um novelo de linha:

— Por que está você com esse ar, toda cheia de si, toda enrolada, para fingir que vale alguma coisa neste mundo?

— Deixe-me, senhora.

— Que a deixe? Que a deixe, por quê? Porque lhe digo que está com um ar insuportável? Repito que sim, e falarei sempre que me der na cabeça.

— Que cabeça, senhora? A senhora não é alfinete, é agulha. Agulha não tem cabeça. Que lhe importa o meu ar? Cada qual tem o ar que Deus lhe deu. Importe-se com a sua vida e deixe a dos outros.

— Mas você é orgulhosa.

— Decerto que sou.

— Mas por quê?

— É boa! Porque coso. Então os vestidos e enfeites de nossa ama, quem é que os cose, senão eu?

Toninho Gonçalves

— Você? Esta agora é melhor. Você é que os cose? Você ignora que quem os cose sou eu, e muito eu?

— Você fura o pano, nada mais; eu é que coso, prendo um pedaço ao outro, dou feição aos babados...

— Sim, mas que vale isso? Eu é que furo o pano, vou adiante, puxando por você, que vem atrás, obedecendo ao que eu faço e mando...

— Também os batedores vão adiante do imperador.

— Você é imperador?

— Não digo isso. Mas a verdade é que você faz um papel subalterno, indo adiante; vai só mostrando o caminho, vai fazendo o trabalho obscuro e ínfimo. Eu é que prendo, ligo, ajunto...

Estavam nisto, quando a costureira chegou à casa da baronesa. Não sei se disse que isto se passava em casa de uma baronesa, que tinha a modista ao pé de si, para não andar atrás dela. Chegou a costureira, pegou do pano, pegou da agulha, pegou da linha, enfiou a linha na agulha, e entrou a coser. Uma e outra iam andando orgulhosas, pelo pano adiante, que era a melhor das sedas, entre os dedos da costureira, ágeis como os galgos de Diana — para dar a isto uma cor poética. E dizia a agulha:

— Então, senhora linha, ainda teima no que dizia há pouco? Não repara que esta distinta costureira só se importa comigo; eu é que vou aqui entre os dedos dela, unidinha a eles, furando abaixo e acima...

A linha não respondia nada; ia andando. Buraco aberto pela agulha era logo enchido por ela, silenciosa e ativa, como quem sabe o que faz, e não está para ouvir palavras loucas. A agulha, vendo que ela não lhe dava resposta, calou-se também, e foi andando. E era tudo silêncio na saleta de costura; não se ouvia mais que o *plic-plic plic-plic* da agulha no pano. Caindo o sol, a costureira dobrou a costura, para o dia seguinte; continuou ainda nesse e no outro, até que no quarto acabou a obra, e ficou esperando o baile.

Veio a noite do baile, e a baronesa vestiu-se. A costureira, que a ajudou a vestir-se, levava a agulha espetada no corpinho, para dar algum ponto necessário. E quando compunha o vestido da bela dama, e puxava a um lado ou outro, arregaçava daqui ou dali, alisando, abotoando, acolchetando, a linha, para mofar da agulha, perguntou-lhe:

— Ora, agora, diga-me, quem é que vai ao baile, no corpo da baronesa, fazendo parte do vestido e da elegância? Quem é que vai dançar com ministros e diplomatas, enquanto você volta para a caixinha da costureira, antes de ir para o balaio das mucamas? Vamos, diga lá.

Parece que a agulha não disse nada; mas um alfinete, de cabeça grande e não menor experiência, murmurou à pobre agulha:

— Anda, aprende, tola. Cansas-te em abrir caminho para ela e ela é que vai gozar da vida, enquanto aí ficas na caixinha de costura. Faze como eu, que não abro caminho para ninguém. Onde me espetam, fico.

Contei esta história a um professor de melancolia, que me disse, abanando a cabeça:

— Também eu tenho servido de agulha a muita linha ordinária!

(*Várias histórias*. São Paulo: Ática, 1997. p. 106-7.)

balaio: cesto grande feito de palha, taquara, cipó, etc.
coser: unir com pontos de agulha, costurar.
Diana: deusa da caça entre os romanos.
galgo: cão de pernas compridas, muito ágil e veloz.
mofar: zombar, troçar, escarnecer.
mucama: escrava negra, geralmente jovem, que auxiliava nos serviços caseiros e acompanhava sua senhora em passeios; por vezes, era a ama de leite da família.

Gêneros narrativos relacionados com a fábula

A parábola e a alegoria são, como o apólogo, gêneros textuais narrativos que têm certa semelhança com a fábula. Isso porque também apresentam uma história curta e exemplar que, simbolicamente, encerra um ensinamento.

A **parábola** é a ilustração de uma ideia por meio de uma situação. Geralmente apresenta uma linguagem elaborada e exige que o leitor associe a situação à ideia que se quer transmitir. É uma das formas mais eficientes para transmitir uma doutrina religiosa, fim a que se destinam, por exemplo, as parábolas bíblicas.

A **alegoria** é a representação de ideias ou conceitos abstratos por meio de situações ou imagens concretas. As alegorias carnavalescas, presentes em fantasias ou em carros alegóricos, por exemplo, representam a ideia ou o tema de que tratam as escolas de samba. Na literatura, a alegoria consiste em uma frase ou em um texto em que há um sentido literal e outro figurado. Como o primeiro sentido tende a desaparecer, é comum afirmar que a alegoria diz uma coisa e significa outra. Os provérbios são exemplos de alegorias.

PRODUZINDO O APÓLOGO

Escolha dois seres inanimados, como, por exemplo, um lápis e um caderno, um giz e um apagador, um chinelo velho e um sapato novo, uma carta e um *e-mail*, ou outros que quiser, e escreva um apólogo do qual eles sejam os protagonistas.

Planejamento do texto

- Crie um diálogo entre as personagens e mostre ações delas que, no final, ilustrem uma lição de sabedoria ou ética.
- A linguagem empregada deve estar de acordo com a norma-padrão da língua.
- Leve em conta o perfil de seus leitores ou ouvintes, que poderão ser os convidados para participar do projeto **Palavra em cena**, que a classe desenvolverá no final desta unidade.

Revisão e reescrita

Faça primeiramente um rascunho do seu texto. Depois releia-o, observando se ele está de acordo com as principais características do gênero, ou seja, se conta uma história curta que transmite uma lição de sabedoria ou de ética; se a linguagem está de acordo com a norma-padrão e com o perfil do público.

Faça as alterações necessárias e passe o texto a limpo.

ESCREVENDO COM TÉCNICA

A DESCRIÇÃO

Grande parte dos gêneros textuais – fábulas, contos, crônicas, poemas, notícias, reportagens, entrevistas, etc. – costuma fazer, por meio de imagens ou palavras, uma caracterização, isto é, uma descrição de personagens, de pessoas, de paisagens, de cenas, de objetos, etc.

O texto descritivo a seguir faz parte do romance *O germinal*, de Émile Zola, escritor francês do século XIX. Leia-o.

No meio dos campos de trigo e beterraba, a aldeia dos Deux-Cent-Quarante dormia sob a noite negra. Distinguiam-se vagamente os quatro imensos corpos de pequenas casas encostadas umas às outras, os edifícios da caserna e do hospital, geométricos, paralelos, que separavam as três largas avenidas em jardins iguais. E, no planalto deserto, ouvia-se apenas a queixa do vento por entre as sebes arrancadas.

Em casa dos Maheu, no número dezesseis do segundo grupo de casas, tudo era sossego. O único quarto do primeiro andar estava imerso nas trevas, como se estas quisessem esmagar com seu peso o sono das pessoas que se pressentiam lá, amontoadas, boca aberta, mortas de cansaço. Apesar do frio mordente do exterior, o ar pesado desse quarto tinha um calor vivo, esse calor rançoso dos dormitórios, que, mesmo asseados, cheirava a gado humano.

O cuco da sala do rés do chão deu quatro horas, mas ninguém se moveu. As respirações fracas continuaram a soprar, acompanhadas de dois roncos sonoros. Bruscamente

Catherine levantou-se. No seu cansaço ela tinha, pela força do hábito, contado as quatro badaladas que atravessaram o soalho, mas continuara sem ânimo necessário para acordar de todo. Depois, com as pernas fora das cobertas, apalpou, riscou um fósforo e acendeu a vela. Mas continuou sentada, a cabeça tão pesada que tombava nos ombros, cedendo ao desejo invencível de voltar ao travesseiro.

Agora a vela iluminava o quarto, quadrado, com duas janelas, atravancado com três camas. Havia um armário, uma mesa e duas cadeiras de nogueira velha, cujo tom enfumaçado manchava duramente as paredes pintadas de amarelo-claro. E nada mais, a não ser roupa de uso diário pendurada em pregos, uma moringa no chão ao lado do alguidar vermelho que servia de bacia. Na cama da esquerda, Zacharie, o mais velho, um rapaz de vinte e um anos, estava deitado com o irmão, Jeanlin, com quase doze anos; na da direita, dois pequenos, Lénore e Henri, a primeira de seis anos, o segundo de quatro, dormiam abraçados; Catherine partilhava a terceira cama com a irmã Alzire, tão fraca para os seus nove anos, que ela nem a sentiria ao seu lado, não fosse a corcunda que deformava as costas da pequena enferma. A porta envidraçada estava aberta, podiam-se ver o corredor do patamar e o cubículo onde o pai e a mãe ocupavam uma quarta cama, contra a qual tiveram de instalar o berço da recém-nascida, Estelle, de apenas três meses.

Hemis/Alamy/Other Images

Entretanto, Catherine fez um esforço desesperado. Espreguiçava-se, crispava as mãos nos cabelos ruivos que se emaranhavam na testa e na nuca. Franzina para os seus quinze anos, não mostrava dos membros senão uns pés azulados, como tatuados com carvão, que saíam para fora da camisola estreita, e braços delicados, alvos como leite, contrastando com a cor macilenta do rosto, já estragado pelas contínuas lavagens com sabão preto. Um último bocejo abriu-lhe a boca um pouco grande, com dentes magníficos incrustados na palidez clorótica das gengivas, enquanto seus olhos cinzentos choravam de tanto combater o sono. Era uma expressão dolorosa e abatida que parecia encher de cansaço toda a sua nudez.

(São Paulo: Abril Cultural, 1972. p. 21-3.)

alguidar: vaso baixo de barro ou de metal.

caserna: habitação de soldados, dentro do quartel ou em uma praça fortificada.

clorótico: relativo a ou que tem clorose, anemia peculiar à mulher, assim chamada pelo tom amarelo-esverdeado que imprime à pele.

crispar: encrespar, franzir.

macilento: magro e pálido; descarnado.

mordente: que morde; mordaz.

nogueira: árvore europeia, cuja madeira é boa para móveis.

rés do chão: pavimento de uma casa no nível do solo ou da rua; andar térreo.

sebe: cerca de arbustos, ramos, estacas ou ripas entrelaçadas.

1. O texto em estudo descreve a aldeia de Deux-Cent-Quarante, a casa e a família dos Maheu.
   a) A que período do dia se refere a descrição?
   b) Como eram os edifícios da caserna e do hospital da aldeia?
   c) Quantas pessoas dormiam no único quarto da casa dos Maheu? Como dormiam?

2. Um texto descritivo pode fazer referência a impressões sensitivas, como cores, formas, cheiros, sons, impressões táteis ou gustativas, etc.
   a) Identifique no texto palavras ou expressões que fazem referência a cores e a formas.
   b) Identifique no texto dois ou três trechos que fazem referência a impressões sonoras.
   c) Apesar do frio exterior, qual era a temperatura dentro do quarto? Que odor o ar exalava?

3. Nos trechos "planalto *deserto*", "frio *mordente*", "roncos *sonoros*", "alguidar *vermelho*", "força *do hábito*", "cama *da esquerda*", "camisola *estreita*", qual é a classe gramatical das palavras e expressões destacadas?

4. Em "esse calor rançoso dos dormitórios, *que, mesmo asseados, cheirava a gado humano*", o trecho destacado é uma oração subordinada adjetiva. Identifique no 4º parágrafo outra oração desse tipo.

5. Um trecho descritivo pode apresentar comparações. Veja um exemplo de comparação neste trecho do último parágrafo: "não mostrava dos membros senão uns pés azulados, *como tatuados com carvão*". Identifique no mesmo parágrafo do texto outra comparação.

6. Os verbos mais utilizados em descrições costumam ser os de estado (*ser, estar, ficar, parecer, continuar,* etc.). Certos verbos de ação, entretanto, podem ser empregados como de estado: *tinha, havia, dormiam, mostrava.* Em que tempo e modo predominantemente estão os verbos empregados na descrição em estudo?

A descrição na linguagem visual

Paul Gauguin. Fogg Art Museum, Harvard University Art Museum, USA

Retratos e naturezas-mortas em pinturas e esculturas, fotografias de pessoas e paisagens ou objetos focalizados em *zoom* em filmes, assim como mapas e plantas de edifícios, são exemplos de descrição visual. Ao fazer o mapa de uma cidade, o cartógrafo produz a descrição de maneira objetiva, procurando ser fiel à localização de ruas, praças, etc. Já o artista reproduz a pessoa ou o objeto representando-os de maneira pessoal, subjetiva, de acordo com sua forma de ver e de sentir o mundo.

7. Com base no estudo de texto feito, troque ideias com os colegas de grupo e concluam: Em que consiste a técnica da descrição e quais são os recursos nela empregados?

Descrição de cena

Era de fato um lindo quadro, aquele formado pelas irmãs reunidas no recanto verde, com a luz do sol e as sombras projetando desenhos sobre elas, a brisa perfumada erguendo seus cabelos e refrescando as faces coradas, enquanto animaizinhos do bosque continuavam a cuidar de seus afazeres, como se as meninas não fossem presenças estranhas, mas velhas amigas. Meg sentara-se na almofada e costurava, movendo graciosamente as mãos brancas, bonita e viçosa como uma flor, com seu vestido rosado no meio do verde. Beth escolhia pinhas entre as muitas que juncavam o chão sob um pinheiro próximo, pois sabia fazer muitas coisas bonitas com elas. Amy desenhava uma moita de samambaias, e Jó tricotava, ao mesmo tempo que lia seu livro em voz alta. Observando-as, o rapazinho sentiu-se constrangido, pois tinha a impressão de que devia retirar-se, já que não fora convidado. Mas continuou parado no mesmo lugar, porque sua casa parecia-lhe vazia, e aquela tranquila reunião no bosque era muito atraente para seu espírito inquieto. [...]

(Louise May Alcott. *Mulherzinhas*. São Paulo: Nova Cultural, 2003. p. 142.)

Descrição objetiva e descrição subjetiva

A descrição de um objeto, de uma pessoa, de uma cena, etc. pode ser feita objetivamente ou subjetivamente, dependendo do ponto de vista do narrador. A descrição objetiva deve ser impessoal, concreta, imparcial, livre de gostos, sentimentos, emoções ou opiniões pessoais. Já a descrição subjetiva é pessoal, particular, marcada pelo gosto, pelos sentimentos, emoções e opiniões do narrador.

O texto a seguir é de um anúncio classificado. Observe a objetividade na descrição do imóvel anunciado.

Vila Nova Conceição — Casa de esquina com 460 m^2, várias salas, copa, jardins, 8 vagas. Zoneamento liberado para atuação comercial. R. Afonso Braz. [...]

(*O Estado de S. Paulo*.)

Descrição de personagem

O texto a seguir descreve psicologicamente Lady Russell, personagem do romance *Persuasão*, da escritora inglesa Jane Austen.

[...] Era uma boa mulher, caridosa e benevolente, capaz de profundas amizades, impecável na conduta, rigorosa nas suas ações de decoro e de uma distinção considerada um modelo de boa educação. Era culta e, em geral, coerente, racional, mas tinha alguns preconceitos quanto à tradição. Valorizava posição e prestígio, o que a tornava um tanto cega às falhas de quem os possuía. [...]

(Rio de Janeiro: Francisco Alves, 1996. p. 35.)

Descrição de cenário

Thinkstock/Getty Images

Uma casa velha na zona norte de Londres. Um aposento bem amplo, tomando toda a extensão do palco. A parede ao fundo, que deveria ter uma porta, foi removida. Ficou apenas um ar de linhas retas. Por trás do arco, o hall. No hall, uma escada subindo para a esquerda alta, bem à vista. Porta da frente à direita alta. Um cabide para capotes, etc. Uma janela, à direita. Mesas desirmanadas, cadeiras. Duas grandes poltronas. Um sofá, também grande, à esquerda. Contra a parede da direita, um grande aparador, na parte superior do qual há um espelho. Na esquerda alta um aparelho combinado de rádio e vitrola.

(Harold Pinter. *Volta ao lar*. São Paulo: Abril Cultural, 1976. p. 7.)

EXERCÍCIOS

1. Caracterize por meio de uma locução adjetiva (preposição + substantivo) estes substantivos: ingredientes, continuação, hábito, atração, ato, dificuldade, nobreza, paixão, certificado, conselho. Veja um exemplo:

liberdade *de expressão*

2. Identifique no vocabulário abaixo adjetivos que podem caracterizar o cheiro de:

a) perfume
b) carniça
c) gás
d) refrigerante
e) vinagre

doce ácido acre fétido
nauseabundo sufocante penetrante
inebriante suave putrefato
picante inodoro leve delicado

3. Indique dois ou três substantivos que poderiam ser associados às seguintes características: retangular, pontiagudo, sinuoso, minúsculo, espinhento. Veja um exemplo:

estreito: rua, corredor, estrada, visão

4. Escolha um(a) amigo(a) ou um parente (pai, mãe, irmã, etc.) e, sem dizer o nome dele(a), descreva-o(a) física e psicologicamente. Após terminar seu texto, troque-o com um colega.

5. Pense em um objeto que você tem e de que gosta muito, mas, por necessidade financeira, precisa vender. Escreva dois anúncios, descrevendo-o: o primeiro, objetivamente; o segundo, subjetivamente.

6. Escolha uma destas propostas de descrição:

- Imagine a seguinte situação: você é um crítico teatral e participa da cerimônia religiosa de um casamento. Por força da profissão, entretanto, você não consegue ver o casamento como um ritual cerimonioso e sério, mas sim como um espetáculo teatral.
  Elabore uma descrição da cena do casamento sob esse ponto de vista e, se possível, com uma boa dose de humor.
- Observe com atenção os detalhes das ruas por onde passa ao ir para a escola, as particularidades das casas, dos prédios, das praças, as pessoas que encontra. Repare no trânsito, ouça os sons e os ruídos, sinta os cheiros.
  Depois, a partir da observação feita, elabore um texto descritivo.

7. Leia os versos a seguir, de Lenine, e observe como o emprego de metáforas amplia a visualização do ser descrito, enriquece o texto e dá nova vida às palavras.

Ela é minha delícia
O meu adorno
Janela de retorno
Uma viagem sideral

Ela é minha festa
Meu requinte
A única ouvinte
Da minha rádio nacional

Ela é minha sina
O meu cinema
A tela da minha cena
A cerca do meu quintal

Minha meta, minha metade
Minha seta, minha saudade
Minha diva, meu divã
Minha manha, meu amanhã...

[...]

(http://letras.terra.com.br/lenine/83606/)

Jim Craigmyle/Masterfile/Other Images

Agora, procurando fazer uso do mesmo recurso observado na canção, escolha um dos temas abaixo e redija uma descrição, em prosa ou em verso. Se preferir, escolha outro tema.

- Meu amor
- Um dia inesquecível
- Meu melhor amigo
- Amanhã

Matsu/Corbis/Latinstock

INTERPRETAÇÃO DE TEXTO

CAPÍTULO 11

Competência leitora e habilidades de leitura

Saber ler e interpretar um texto adequadamente é condição essencial para qualquer pessoa obter sucesso na vida pessoal e profissional. Nos exames oficiais, como o Enem e o vestibular, a interpretação de textos vem ocupando boa parte da prova e cumprindo, por isso, um papel decisivo no ingresso à universidade. Neste capítulo, você vai aprender o que é competência leitora e saber quais são as habilidades de leitura necessárias para o desenvolvimento dessa competência.

Desde 1998, o ensino médio brasileiro vem passando por uma transformação profunda, à medida que tem procurado pôr em destaque o ensino por competências, em lugar do ensino focado apenas em conteúdos programáticos.

Nas questões de interpretação de texto dos diferentes tipos de exame – como Prova Brasil, Saeb, Enem, vestibulares e concursos públicos, entre outros –, o que se deseja avaliar é se o candidato desenvolveu a **competência leitora** necessária para ocupar a vaga ou o cargo que disputa.

O que é competência?

Segundo Philippe Perrenoud, especialista em educação:

> [competência é a] capacidade de agir eficazmente em um determinado tipo de situação, apoiada em conhecimentos, mas sem limitar-se a eles.

(*Construir as competências desde a escola.* Porto Alegre: Artmed, 1999. p. 7.)

O QUE SÃO COMPETÊNCIAS E HABILIDADES?

"Uma competência é mais do que um conhecimento", afirma Lino de Macedo, do Instituto de Psicologia da Universidade de São Paulo (USP) e um dos autores da matriz do Exame Nacional do Ensino Médio, o Enem. "Ela pode ser explicada como um saber que se traduz na tomada de decisões, na capacidade de avaliar e julgar. Ao contrário do que muita gente pode pensar, esse saber articulado ao fazer não é um modismo", garante ele. "A evolução da tecnologia é definitiva e, infelizmente, mais exclui do que inclui. Quem não sabe operar um computador, dificilmente consegue emprego", exemplifica.

(*Nova Escola*, nº 154.)

As competências e a leitura de mundo

Ler o mundo significa mais do que ser capaz de ler um texto. É necessário aprender outras linguagens além da escrita. Gráficos, estatísticas, desenhos geométricos, pinturas, desenhos e outras manifestações artísticas, as ciências, as formas de expressão formais e coloquiais – tudo deve ser lido e tem códigos e símbolos específicos de decifração. Quando um aluno está diante de um problema matemático, precisa ser capaz de interpretar a pergunta para entender que tipo de resposta é esperado. Idem para quem busca extrair conclusões de uma tabela de censo demográfico. Se o professor pede para escrever cartas a destinatários diferentes, o estudante tem de escolher o estilo e o vocabulário adequados a cada situação.

(*Nova Escola*, nº 154.)

Portanto, a competência pode ser traduzida como uma espécie de "saber fazer", isto é, saber lidar com as diferentes situações e problemas que se colocam diante de nós no dia a dia.

Se a competência está relacionada com o "saber fazer", as **habilidades** estão relacionadas com o "como fazer", isto é, como o indivíduo mobiliza recursos, toma decisões, adota estratégias ou procedimentos e realiza ações concretas para resolver os problemas. Portanto, competências e habilidades são duas dimensões interdependentes do "saber", que se completam mutuamente.

No âmbito da leitura e da interpretação de textos, a *competência leitora* se expressa por meio de *habilidades de leitura*, que, por sua vez, se concretizam por meio de *operações* ou *esquemas de ação*.

Veja como é avaliada a competência leitora na questão a seguir, da Prova Brasil/Saeb, destinada aos alunos do 3º ano do ensino médio.

(Angeli. *Folha de S. Paulo*, 25/4/1993.)

A atitude de Romeu em relação a Dalila revela:

a) compaixão.
b) companheirismo.
c) insensibilidade.
d) revolta.

Resposta: *c*.

Para resolver a questão, o estudante deveria mobilizar diferentes operações mentais: *observar* e *analisar* o diálogo entre as personagens – no qual a mulher fala ao marido dos sentimentos que tem – e *relacioná-lo* com a parte visual da tira, que mostra a mulher numa postura desmotivada, que combina com os sentimentos que ele enumera.

Essa integração de imagens e palavras contribui para a *interpretação* do texto, operação que possibilita captar o sentido global do que se lê. A tira evidencia uma situação de dificuldade de relacionamento do casal, comprovada no último quadrinho, em que fica explicitada a indiferença do marido em relação ao que é dito pela mulher.

Realizada a interpretação, o estudante deveria confrontá-la com as alternativas propostas e *concluir* que a alternativa *c* é a que traduz melhor o sentido geral do texto.

Veja outro exemplo, uma questão extraída da prova do Enem:

Os transgênicos vêm ocupando parte da imprensa com opiniões ora favoráveis ora desfavoráveis. Um organismo ao receber material genético de outra espécie, ou modificado da mesma espécie, passa a apresentar novas características. Assim, por exemplo, já temos bactérias fabricando hormônios humanos, algodão colorido e cabras que produzem fatores de coagulação sanguínea humana.

O belga René Magritte (1896-1967), um dos pintores surrealistas mais importantes, deixou obras enigmáticas.

Caso você fosse escolher uma ilustração para um artigo sobre os transgênicos, qual das obras de Magritte, a seguir, estaria mais de acordo com esse tema tão polêmico?

a)

Magritte, *Decalcomania*, 1966. Antiga coleção Perelman.

b)

Magritte, *L'invention collective*, 1934. Col. particular.

c)

Magritte, *El seductor*, 1953. Galeria Isy Brachot, Bruxelas-Paris.

d)

Magritte, *La traicion de las imágenes* (Esto no es una pipa), 1928/29. Los Angeles, County Museum.

e)

La clarividencia (autorretrato), 1936. Galeria Isy Brachot, Bruxelas-Paris.

Resposta: *b*.

Trata-se de uma questão que envolve duas áreas de conhecimento: Biologia e Artes. A rigor, do ponto de vista do tema – a criação artística, ou a relação entre a realidade concreta e outra realidade (a artística) criada a partir dela –, todas as telas poderiam ilustrar um artigo sobre transgênicos. Contudo, vejamos os passos necessários para que o estudante chegasse à melhor alternativa.

Primeiramente, ele deveria ler o texto verbal e *identificar* a informação principal do texto. Depois, *observar* as telas, *analisar* cada uma e *compará-las*. Em seguida, *relacionar* com as pinturas as pistas fornecidas pelo texto verbal, especialmente a de que "um organismo ao receber material genético de outra espécie [...] passa a apresentar novas características". Por último, deveria *concluir* que a alternativa *b* é a mais adequada, uma vez que apresenta um ser que é meio peixe e meio ser humano, ou seja, um ser com características diferentes, mistas, provenientes de duas espécies diferentes.

Esse conjunto de ações ou operações, como *observar*, *analisar*, *relacionar*, *concluir* e *comparar*, entre outras, traduz as habilidades necessárias para lidar com a leitura e a interpretação de textos. Avaliar a competência leitora de uma pessoa é verificar até que ponto essas habilidades foram desenvolvidas durante sua vida escolar e pessoal.

Nos capítulos de interpretação subsequentes, você vai poder conhecer e exercitar cada uma das principais ações ou operações que se relacionam com as habilidades de leitura.

PREPARE-SE PARA O ENEM E O VESTIBULAR

1. Observe o anúncio ao lado.

A imagem de um animal em extinção feito de muitos metros de fiação, criada pelo anunciante para transmitir a ideia de que aparelhos eletroeletrônicos podem funcionar sem fio, é uma metáfora. De que função de linguagem esse recurso é típico?

a) Metalinguística.
b) Fática.
c) Poética.
d) Referencial.
e) Emotiva.

Fisher America

(http://thinkad.files.wordpress.com/2007/06/panasonic_whale_01.jpg)

2. Leia o texto e o anúncio abaixo.

Medidas de defesa

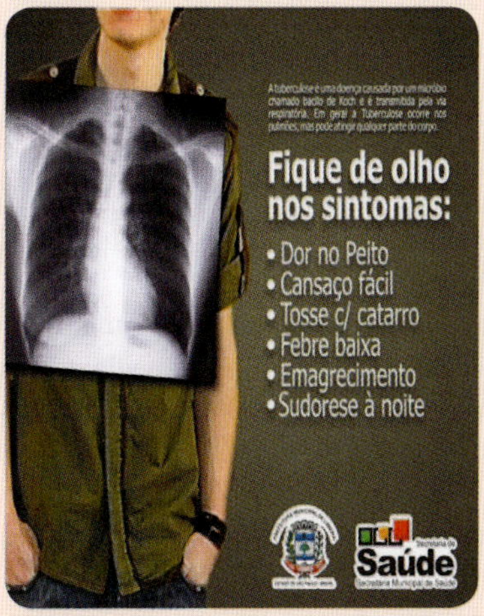

Secretaria Municipal da Saúde

(www.limeira.sp.gov.br/secretarias/saude/media/images/projetos/tuberculose/cartaz.jpg)

Se você esteve em contato com uma pessoa com tuberculose ativa, faça um teste na pele (PPD) ou um raio X do tórax para determinar se você entrou em contato com a tuberculose. Mesmo que seu teste (alérgico) dê positivo, não significa que você tem a doença. No Brasil, todos os bebês são vacinados contra a tuberculose ao nascer. Se você está com tosse há muito tempo e ela não melhora com nada, procure um posto de saúde: uma das causas de tosse crônica pode ser a tuberculose. Se você estiver perto de pessoas que apresentam um risco maior de serem infectadas com a tuberculose, como em um hospital ou em uma penitenciária, use uma máscara que ajudará a impedir que você inale as bactérias da tuberculose. Finalmente, faça uma dieta saudável, repouse e exercite-se; assim, seu sistema imunológico fica em perfeito estado.

(http://saude.hsw.uol.com.br/prevenir-infeccoes-respiratorias5.htm)

Sobre o texto, podemos afirmar que se trata de um gênero do discurso que pertence à família dos gêneros:

a) argumentativos.

b) narrativos.

c) instrucionais.

d) expositivos.

e) que relatam fatos reais.

3. A imagem abaixo faz parte de uma campanha a favor da saúde, contra o cigarro.

Ministério da Saúde

Nela identificamos, predominantemente:

a) a função conativa.

b) a função poética.

c) a função metalinguística.

d) a função referencial.

e) a função emotiva.

EM DIA COM O ENEM E O VESTIBULAR

Literatura e estudos de linguagem

(UFPE-PE) Texto para as questões 1 e 2:

A Arte Literária

A Literatura é uma das artes mais complexas. Seu instrumento, a palavra, gera possibilidades infinitas de expressão, já que cada uma delas admite várias flexões e sentidos.

A linguagem é o ponto mais sofisticado de um processo que custou muito tempo a se consumar na evolução da humanidade. A aquisição da linguagem oral, sua organização e seus códigos exigiram expedientes requintados de associações. A palavra, um sopro de ar articulado, ainda que impalpável, era tão reveladora e transformadora que o homem teve necessidade de representá-la materialmente. Então, apareceram os alfabetos, e vários idiomas, pouco a pouco, começaram a ter uma representação gráfica.

Por meio da palavra escrita, o homem fez registros de ordem documental e prática, firmou acordos e contratos, enviou mensagens, colecionou informações e dados.

Porém, um dia usou graficamente a palavra, como expressão de suas ideias e sentimentos mais profundos, como a formalização de seu olhar subjetivo sobre o mundo... e a Literatura se fez.

Ao que se sabe, os fenícios foram os primeiros a inventar um alfabeto, mas não nos deixaram obras literárias. Outros povos antigos, porém, legaram-nos textos artísticos que venceram os milênios, quer pela mensagem que soube capturar o que há de essencial na condição humana, quer pela criatividade e imaginação reveladas. Muitos desses textos versavam sobre religiões, exprimindo a necessidade humana de expressar o divino, o metafísico. Chineses, persas, hindus, hebreus e egípcios, entre outros, produziram obras de interesse universal que ecoam até nossos dias.

De fato, a Literatura é parte fundamental da cultura dos povos. Sofre o crivo do tempo, pois, pela relação interativa entre o ser humano e seu tempo, periodicamente, as tendências artísticas se transformam: é o que chamamos de *estilos de época*, ou *movimentos*, ou *escolas*. E sofre o crivo das individualidades, pois cada indivíduo recebe distintamente a ação dessas interferências. O mundo e a realidade podem ser fenômenos objetivos, mas os olhares que recaem sobre eles são sempre subjetivos. É natural que, ao expressar sua percepção de mundo, o indivíduo o faça de modo particular, manifestando, portanto, um estilo individual.

(Clenir Bellezi de Oliveira. *Arte Literária Brasileira*. São Paulo: Moderna, 2000. p. 9-10. Adaptado.)

1. Conforme as ideias apresentadas no texto:

1) deve-se a complexidade da Literatura ao fato de a palavra – sua matéria-prima – poder ser polissêmica e sujeita à variação de formas.
2) a Literatura, por estar sujeita às condições da época em que é produzida, é sempre revelação de um determinado universo cultural.
3) a Literatura resultou de um processo de evolução da linguagem, que culminou com a expressão de um olhar subjetivo sobre ideias e sentimentos.
4) os textos artísticos, para revelarem criatividade e imaginação, devem exprimir os sentimentos do homem frente ao divino e ao metafísico.
5) os diversos estilos do escritor provam que o olhar com que cada um vê a realidade é uma mescla de sua visão particular e de outras, coletivas.

Estão corretas:

a) 1 e 2 apenas.
b) 1, 4 e 5 apenas.
c) 2, 3 e 4 apenas.
d) 1, 2, 3 e 5 apenas.
e) 1, 2, 3, 4 e 5.

2. Uma conclusão que se pode tirar do texto é que:

a) a Literatura visa possibilitar ao homem o registro de fatos históricos e a ampliação de seu repertório de informações.
b) a formalização da Literatura decorreu do empenho do homem por ver a realidade na ótica de sua objetividade.
c) obras literárias de interesse universal são aquelas que exprimem a necessidade humana de versar sobre credos religiosos.
d) a Literatura se dissocia da cultura de um povo, pois, em cada época, assume tendências e manifestações próprias.
e) a Literatura situa-se no desejado equilíbrio entre os polos do social e do particular; do objetivo e do subjetivo.

3. (MACK-SP) Assinale a alternativa incorreta a respeito das cantigas de amor.

a) O ambiente é rural ou familiar.
b) O trovador assume o eu lírico masculino: é o homem que fala.
c) Têm origem provençal.
d) Expressam a "coita" amorosa do trovador, por amar uma dama inacessível.
e) A mulher é um ser superior, normalmente pertencente a uma categoria social mais elevada que a do trovador.

4. (FUVEST-SP) Considere as afirmações sobre o *Auto da barca do Inferno*, de Gil Vicente:

I. O auto atinge seu clímax na cena do Fidalgo, personagem que reúne em si os vícios das diferentes categorias sociais anteriormente representadas.
II. A descontinuidade das cenas é coerente com o caráter didático do auto, pois facilita o distanciamento do espectador.
III. A caricatura dos tipos sociais presentes no auto não é gratuita nem artificial, mas resulta da acentuação de traços típicos.

Está correto apenas o que se afirma em:

a) I.
b) II.
c) II e III.
d) I e II.
e) I e III.

5. (PUC-SP) Diabo, Companheiro do Diabo, Anjo, Fidalgo, Onzeneiro, Parvo, Sapateiro, Frade, Florença, Brísida Vaz, Judeu, Corregedor, Procurador, Enforcado e Quatro Cavaleiros são personagens do *Auto da Barca do Inferno*, de Gil Vicente.

Analise as informações abaixo e selecione a alternativa *incorreta*, cujas características não descrevam adequadamente a personagem.

a) Onzeneiro idolatra o dinheiro, é agiota e usurário; de tudo que juntara, nada leva para a morte, ou melhor, leva a bolsa vazia.
b) Frade representa o clero decadente e é subjugado por suas fraquezas: mulher e esporte; leva a amante e as armas de esgrima.
c) Diabo, capitão da barca do Inferno, é quem apressa o embarque dos condenados; é dissimulado e irônico.
d) Anjo, capitão da barca do Céu, é quem elogia a morte pela fé; é austero e inflexível.
e) Corregedor representa a justiça e luta pela aplicação íntegra e exata das leis; leva papéis e processos.

(MACK-SP) Texto para as questões 6 e 7:

Chicó – Por que essa raiva dela?

João Grilo – Ó homem sem vergonha! Você inda pergunta? Está esquecido de que ela o deixou? Está esquecido da exploração que eles fazem conosco naquela padaria do inferno? Pensam que são o cão só porque enriqueceram, mas um dia hão de pagar. E a raiva que eu tenho é porque quando estava doente, me acabando em cima de uma cama, via passar o prato de comida que ela mandava para o cachorro. Até carne passada na manteiga tinha. Para mim nada, João Grilo que se danasse. Um dia eu me vingo.

Chicó – João, deixe de ser vingativo que você se desgraça. Qualquer dia você inda se mete numa embrulhada séria.

Ariano Suassuna, *Auto da Compadecida*

6. Considere as seguintes afirmações:

I. O texto de Ariano Suassuna recupera aspectos da tradição dramática medieval, afastando-se, portanto, da estética clássica de origem greco-romana.
II. A palavra *Auto*, no título do texto, por si só sugere que se trata de peça teatral de tradição popular, aspecto confirmado pela caracterização das personagens.
III. O teor crítico da fala da personagem, entre outros aspectos, remete ao teatro humanista de Gil Vicente, autor de vários autos, como, por exemplo, o *Auto da barca do Inferno*.

Assinale:

a) se todas estiverem corretas.
b) se apenas I e II estiverem corretas.
c) se apenas II estiver correta.
d) se apenas II e III estiverem corretas.
e) se todas estiverem incorretas.

7. Assinale a alternativa correta.

a) Do ponto de vista da norma culta, a forma verbal *deixe* (linha 16) deveria ser substituída por "deixa", já que o pronome usado é *você* (linha 16).
b) Nas linhas 01 e 09, a palavra "porque" está grafada corretamente, assim como em "Não sei porque você insiste nisso".
c) Em *um dia hão de pagar* (linha 08) a forma verbal foi usada corretamente, assim como em "Eu me lembro de que havia ainda alguns casos a resolver".
d) A frase *Está esquecido de que ela o deixou?* (linhas 03 e 04) admite também, de acordo com a norma-padrão, a seguinte pontuação: "Está esquecido, de que ela o deixou?".
e) A palavra "que", presente nas linhas 11 e 14, funciona como pronome e, portanto, substitui os termos imediatamente anteriores: *o prato de comida* e *João Grilo*, respectivamente.

(UNESP-SP) **Instrução**: As questões de números 8 a 11 tomam por base um fragmento de uma elegia de Vinicius de Moraes (1913-1980).

Elegia na morte de Clodoaldo Pereira da Silva Moraes, poeta e cidadão

A morte chegou pelo interurbano em longas espirais
[metálicas.
Era de madrugada. Ouvi a voz de minha mãe, viúva.
De repente não tinha pai.
No escuro de minha casa em Los Angeles procurei
[recompor tua lembrança
Depois de tanta ausência. Fragmentos da infância
Boiaram do mar de minhas lágrimas. Vi-me eu
[menino
Correndo ao teu encontro. Na ilha noturna
Tinham-se apenas acendido os lampiões a gás, e a
[clarineta
De Augusto geralmente procrastinava a tarde.
Era belo esperar-te, cidadão. O bondinho
Rangia nos trilhos a muitas praias de distância...
Dizíamos: "Ê-vem meu pai!". Quando a curva
Se acendia de luzes semoventes*, ah, corríamos
Corríamos ao teu encontro. A grande coisa era
[chegar antes
Mas ser marraio** em teus braços, sentir por último
Os doces espinhos da tua barba.
Trazias de então uma expressão indizível de
[fidelidade e paciência
Teu rosto tinha os sulcos fundamentais da doçura
De quem se deixou ser. Teus ombros possantes
Se curvavam como ao peso da enorme poesia
Que não realizaste. O barbante cortava teus dedos
Pesados de mil embrulhos: carne, pão, utensílios
Para o cotidiano (e frequentemente o binóculo
Que vivias comprando e com que te deixavas horas
[inteiras
Mirando o mar). Dize-me, meu pai
Que viste tantos anos através do teu óculo de
[alcance
Que nunca revelaste a ninguém?
Vencias o percurso entre a amendoeira e a casa como
[o atleta exausto no último lance da maratona.
Te grimpávamos. Eras penca de filho. Jamais
Uma palavra dura, um rosnar paterno. Entravas a
[casa humilde
A um gesto do mar. A noite se fechava
Sobre o grupo familial como uma grande porta
[espessa.
Muitas vezes te vi desejar. Desejavas. Deixavas-te
[olhando o mar
Com mirada de argonauta. Teus pequenos olhos
[feios
Buscavam ilhas, outras ilhas... — as imaculadas,
[inacessíveis
Ilhas do Tesouro. Querias. Querias um dia aportar
E trazer — depositar aos pés da amada as joias
[fulgurantes
Do teu amor. Sim, foste descobridor, e entre eles
Dos mais provectos***. Muitas vezes te vi,
[comandante
Comandar, batido de ventos, perdido na fosforência
De vastos e noturnos oceanos
Sem jamais.
Deste-nos pobreza e amor. A mim me deste
A suprema pobreza: o dom da poesia, e a
[capacidade de amar
Em silêncio. Foste um pobre. Mendigavas nosso
[amor
Em silêncio. Foste um no lado esquerdo. Mas
Teu amor inventou. Financiaste uma lancha
Movida a água: foi reta para o fundo. Partiste
[um dia
Para um brasil além, garimpeiro sem medo e sem
[mácula.
Doze luas voltaste. Tua primogênita — diz-se —
Não te reconheceu. Trazias grandes barbas e
[pequenas águas-marinhas.

(Vinicius de Moraes. *Antologia poética*. 11. ed. Rio de Janeiro: José Olympio Editora, 1974. p. 180-181.)

(*) *Semovente*: "Que ou o que anda ou se move por si próprio."
(**) *Marraio*: "No gude e noutros jogos, palavra que dá, a quem primeiro a grita, o direito de ser o último a jogar."
(***) *Provecto*: "Que conhece muito um assunto ou uma ciência, experiente, versado, mestre."

(Dicionário Eletrônico Houaiss)

8. Compare o conteúdo das frases a seguir com o que o eu poemático afirma no poema.

I. A notícia da morte do pai chegou por telefone.
II. O falecimento foi informado pela primogênita.
III. A morte do pai provocou reminiscências da infância.
IV. Apesar de não ter sido um bom pai, o filho perdoa e sente saudades.

As frases que correspondem ao que é efetivamente expresso no poema estão contidas apenas em:

a) I e II.
b) I e III.
c) I e IV.
d) I, II e III.
e) II, III e IV.

9.

> *O barbante cortava teus dedos / Pesados de mil embrulhos:*

O emprego da expressão *mil embrulhos* no verso mencionado caracteriza-se como figura de linguagem denominada hipérbole, porque:

a) é uma imagem exagerada, mas expressiva, do fato referido no verso.
b) "barbante" aparece personificado, com atitudes humanas.
c) ocorre uma comparação entre um fato real e um fato fictício.
d) o eu poemático tenta precisar metonimicamente o que não é preciso.
e) há uma relação de contiguidade semântica entre "dedos" e "embrulhos".

10. Marque a alternativa cujo verso contém um pleonasmo, ou seja, uma redundância de termos com bom efeito estilístico.

a) *De repente não tinha pai.*
b) *Rangia nos trilhos a muitas praias de distância...*
c) *Se curvavam como ao peso da enorme poesia*
d) *Sobre o grupo familial como uma grande porta espessa.*
e) *Deste-nos pobreza e amor. A mim me deste*

11.

> *Partiste um dia / Para um brasil além, garimpeiro sem medo e sem mácula.*

O emprego da palavra *brasil* com inicial minúscula, no poema de Vinicius, tem a seguinte justificativa:

a) O eu poemático se serve da inicial minúscula para menosprezar o país.
b) Empregar um nome próprio com inicial minúscula era comum entre os modernistas.
c) O eu poemático emprega "brasil" como metáfora de "paraíso", onde crê estar a alma de seu pai.
d) O emprego da inicial maiúscula em nomes de países é facultativo.
e) Na acepção em que é empregada no texto, a palavra "brasil" é um substantivo comum.

12. (ENEM)

> **É água que não acaba mais**
>
> Dados preliminares divulgados por pesquisadores da Universidade Federal do Pará (UFPA) apontaram o Aquífero Alter do Chão como o maior depósito de água potável do planeta. Com volume estimado em 86 000 quilômetros cúbicos de água doce, a reserva subterrânea está localizada sob os estados do Amazonas, Pará e Amapá. "Essa quantidade de água seria suficiente para abastecer a população mundial durante 500 anos", diz Milton Matta, geólogo da UFPA. Em termos comparativos, Alter do Chão tem quase o dobro do volume de água do Aquífero Guarani (com 45 000 quilômetros cúbicos). Até então, Guarani era a maior reserva subterrânea do mundo, distribuída por Brasil, Argentina, Paraguai e Uruguai.
>
> *Época*, nº 623, 26 abr. 2010.

Essa notícia, publicada em uma revista de grande circulação, apresenta resultados de uma pesquisa científica realizada por uma universidade brasileira. Nessa situação específica de comunicação, a função referencial da linguagem predomina, porque o autor do texto prioriza:

a) as suas opiniões, baseadas em fatos.
b) os aspectos objetivos e precisos.
c) os elementos de persuasão do leitor.
d) os elementos estéticos na construção do texto.
e) os aspectos subjetivos da mencionada pesquisa.

13. (ENEM)

> **Pequeno concerto que virou canção**
>
> Não, não há por que mentir ou esconder
> A dor que foi maior do que é capaz meu
> [coração
> Não, nem há por que seguir cantando só para
> [explicar
> Não vai nunca entender de amor quem nunca
> [soube amar
> Ah, eu vou voltar pra mim
> Seguir sozinho assim
> Até me consumir ou consumir toda essa dor
> Até sentir de novo o coração capaz de amor
>
> VANDRÉ, G. Disponível em: http://www.letras.terra.com.br. Acesso em: 29 jun. 2011.

Na canção de Geraldo Vandré, tem-se a manifestação da função poética da linguagem, que é percebida na elaboração artística e criativa da mensagem, por meio de combinações sonoras e rítmicas. Pela análise do texto, entretanto, percebe-se, também, a presença marcante da função emotiva ou expressiva, por meio da qual o emissor:

a) imprime à canção as marcas de sua atitude pessoal, seus sentimentos.
b) transmite informações objetivas sobre o tema de que trata a canção.
c) busca persuadir o receptor da canção a adotar um certo comportamento.
d) procura explicar a própria linguagem que utiliza para construir a canção.
e) objetiva verificar ou fortalecer a eficiência da mensagem veiculada.

14. (UNESP-SP) Leia os dois textos.

> **Texto 1**
>
> O livro de língua portuguesa 'Por uma Vida Melhor', adotado pelo Ministério da Educação (MEC), contém alguns erros gramaticais. "Nós pega o peixe" ou "os menino pega o peixe" são dois exemplos de erros. Na avaliação dos autores do livro, o uso da língua popular, ainda que contendo erros, é válido. Os escritores também ressaltam que, caso deixem a norma culta, os alunos podem sofrer "preconceito linguístico". A autora Heloisa Ramos justifica o conteúdo da obra. "O importante é chamar a atenção para o fato de que a ideia de correto e incorreto no uso da língua deve ser substituída pela ideia de uso da língua adequado e inadequado, dependendo da situação comunicativa."
>
> (www.opiniaoenoticia.com.br. Adaptado.)

Texto 2

Ninguém de bom-senso discorda de que a expressão popular tem validade como forma de comunicação. Só que é preciso que se reconheça que a língua culta reúne infinitamente mais qualidades e valores. Ela é a única que consegue produzir e traduzir os pensamentos que circulam no mundo da filosofia, da literatura, das artes e das ciências. A linguagem popular a que alguns colegas meus se referem, por sua vez, não apresenta vocabulário nem tampouco estatura gramatical que permitam desenvolver ideias de maior complexidade — tão caras a uma sociedade que almeja evoluir. Por isso, é óbvio que não cabe às escolas ensiná-la.

(Evanildo Bechara. *Veja*, 01.06.2011. Adaptado.)

Assinale a alternativa correta acerca da relação entre linguagem popular e norma culta.

a) Os dois textos apresentam preocupação com a prática do preconceito linguístico sobre pessoas que se expressam fora dos padrões cultos da língua portuguesa.
b) Os dois textos defendem ser possível expressar ideias filosóficas tanto em linguagem popular quanto seguindo os padrões da norma culta.
c) Para Evanildo Bechara, não existem critérios que possam definir graus de superioridade ou inferioridade entre linguagem popular e norma culta.
d) O texto 2 sugere que a norma culta é instrumento de dominação das elites burguesas sobre as classes populares.
e) Para Evanildo Bechara, a norma culta é superior no que se refere à capacidade de expressão de ideias complexas no campo cultural.

Produção de texto

15. (UFPR-PR)

Toninho

Toninho, *chargeonline.com.br*, acessado em 05/10/2008.

Lila

Lila, *chargeonline.com.br*, acessado em 05/10/2008.

As duas charges foram publicadas no dia do primeiro turno das eleições de 2008. Compare os pontos de vista veiculados pelos personagens. Seu texto deverá atender os seguintes requisitos:

- ter no mínimo 10 e no máximo 12 linhas;
- mencionar os autores das charges;
- discriminar os elementos simbólicos em que você se baseou para fazer sua interpretação.

16. (UFPR-PR)

Observe esta sequência de quadrinhos do cartunista argentino Quino:

Joaquín Salvador Lavado (QUINO)

Em um texto de 10 a 12 linhas, apresente as críticas que o autor faz à sociedade atual. Procure integrá-las em uma análise unificada, evitando a descrição quadro a quadro.

17. (UFPR-PR)

A Raposa e as Uvas

Certa raposa esfaimada encontrou uma parreira carregadinha de lindos cachos maduros, coisa de fazer vir água à boca. Mas tão altos que nem pulando. O matreiro bicho torceu o focinho.

— Estão verdes — murmurou. — Uvas verdes, só para cachorro.

E foi-se.

Nisto deu o vento e uma folha caiu.

A raposa ouvindo o barulhinho voltou depressa e pôs-se a farejar...

Moral: Quem desdenha quer comprar.

(Monteiro Lobato)

O texto acima é uma fábula – uma narrativa de fundo didático, em que os animais simbolizam um aspecto ou qualidade do ser humano. Narre uma história da vida moderna que seja a transposição da fábula acima. O seu texto deve ter personagens humanos, e a narração poderá ser em primeira ou terceira pessoa (você escolhe). Não ultrapasse o limite de 10 linhas.

Interpretação de textos

(FUVEST-SP) Texto para as questões de 18 a 21:

Desde pequeno, tive tendência para personificar as coisas. Tia Tula, que achava que mormaço fazia mal, sempre gritava: "Vem pra dentro, menino, olha o mormaço!" Mas eu ouvia o mormaço com M maiúsculo. Mormaço, para mim, era um velho que pegava crianças! Ia pra dentro logo. E ainda hoje, quando leio que alguém se viu perseguido pelo clamor público, vejo com estes olhos o Sr. Clamor Público, magro, arquejante, de preto, brandindo um guarda-chuva, com um gogó protuberante que se abaixa e levanta no excitamento da perseguição. E já estava devidamente grandezinho, pois devia contar uns trinta anos, quando me fui, com um grupo de colegas, a ver o lançamento da pedra fundamental da ponte Uruguaiana-Libres, ocasião de grandes solenidades, com os presidentes Justo e Getúlio, e gente muita, tanto assim que fomos alojados os do meu grupo num casarão que creio fosse a Prefeitura, com os demais jornalistas do Brasil e Argentina. Era como um alojamento de quartel, com breve espaço entre as camas e todas as portas e janelas abertas, tudo com os alegres incômodos e duvidosos encantos de uma coletividade democrática. Pois lá pelas tantas da noite, como eu pressentisse, em meu entredormir, um vulto junto à minha cama, sentei-me estremunhado* e olhei atônito para um tipo de chiru*, ali parado, de bigodes caídos, pala pendente e chapéu descido sobre os olhos. Diante da minha muda interrogação, ele resolveu explicar-se, com a devida calma:

— Pois é! Não vê que eu sou o sereno...

Mário Quintana, *As cem melhores crônicas brasileiras.*

***Glossário:**

estremunhado: mal acordado.

chiru: que ou aquele que tem pele morena, traços acaboclados (regionalismo: Sul do Brasil).

18. No início do texto, o autor declara sua "tendência para personificar as coisas". Tal tendência se manifesta na personificação dos seguintes elementos:

a) Tia Tula, Justo e Getúlio.
b) mormaço, clamor público, sereno.
c) magro, arquejante, preto.
d) colegas, jornalistas, presidentes.
e) vulto, chiru, crianças.

19. A caracterização ambivalente da "coletividade democrática" (l. 25 e 26), feita com humor pelo cronista, ocorre também na seguinte frase relativa à democracia:

a) Meu ideal político é a democracia, para que todo homem seja respeitado como indivíduo, e nenhum, venerado. (A. Einstein)
b) A democracia é a pior forma de governo, com exceção de todas as demais. (W. Churchill)
c) A democracia é apenas a substituição de alguns corruptos por muitos incompetentes. (B. Shaw)
d) É uma coisa santa a democracia praticada honestamente, regularmente, sinceramente. (Machado de Assis)
e) A democracia se estabelece quando os pobres, tendo vencido seus inimigos, massacram alguns, banem os outros e partilham igualmente com os restantes o governo e as magistraturas. (Platão)

20. Considerando que "silepse é a concordância que se faz não com a forma gramatical das palavras, mas com seu sentido, com a ideia que elas representam", indique o fragmento em que essa figura de linguagem se manifesta.

a) "olha o mormaço".
b) "pois devia contar uns trinta anos".
c) "fomos alojados os do meu grupo".
d) "com os demais jornalistas do Brasil".
e) "pala pendente e chapéu descido sobre os olhos".

21. No contexto em que ocorre, a frase "estava devidamente grandezinho, pois devia contar uns trinta anos" (l. 14 e 15) constitui

a) recurso expressivo que produz incoerência, uma vez que não se usa o adjetivo "grande" no diminutivo.
b) exemplo de linguagem regional, que se manifesta também em outras partes do texto, como na palavra "brandindo".
c) expressão de *nonsense* (linguagem surreal, ilógica), que, por sinal, ocorre também quando o autor afirma ouvir o M maiúsculo de "mormaço".
d) manifestação de humor irônico, o qual, aliás, corresponde ao tom predominante no texto.
e) parte do sonho que está sendo narrado e que é revelado apenas no final do texto, principalmente no trecho "em meu entredormir".

22. (UnB-DF) Assinale C para as assertivas corretas e E para as erradas.

Goodshoot/Thinkstock/Getty Images

Figura I

Pol de Limbourg. As Ricas Horas do Duque de Berry.

Figura II

Michelangelo. Capela Sistina, detalhe Criação do Homem

Figura III

Jupiterimages/Thinkstock/Getty Images

Figura IV

Iatã Cannabrava/SambaPhoto

Figura V

A riqueza produzida pelas sociedades, no transcurso da história, deve ser compreendida em suas múltiplas manifestações, as quais não se restringem aos aspectos puramente econômicos. Vinculadas à denominada civilização ocidental, as figuras acima refletem algumas situações em que a capacidade humana de pensar, de sentir, de agir e de se expressar, ao longo do tempo e nas mais distintas regiões do planeta, reveste-se de invulgar dimensão. Considerando os diversos contextos históricos representados nessas figuras, julgue os itens a seguir.

a) A figura I remete à Antiguidade clássica e traduz, na arquitetura, a monumentalidade da cultura helênica, na qual a racionalidade se submete à religião e o individualismo não consegue fazer sombra ao espírito coletivista dominante na sociedade.
b) Na figura II, a presença marcante do castelo, símbolo do poder de uma aristocracia fundiária

e guerreira, aponta para uma das características essenciais do feudalismo europeu. Em torno dele, desenvolvia-se uma economia basicamente agrária sustentada pela mão de obra servil, com predomínio ideológico da Igreja Católica.

c) Na figura III, está representada uma das marcas da riqueza artística da Renascença, amplo movimento cultural que, inspirado nos modelos de vida e na religiosidade medievais, contribuiu para o surgimento, no início dos tempos modernos, de um novo homem comedido em suas aspirações de conhecimento e de descobertas, mas convicto de sua força na construção da história.

d) A figura IV retrata a capacidade criadora e a riqueza cultural da civilização incaica. A América que os europeus encontraram, em fins do século XV, extraiu de seus conhecimentos acumulados e de sua cultura milenar a força para resistir aos invasores, razão pela qual espanhóis e portugueses levaram tempo para procederem à colonização do Novo Mundo.

e) A urbanização, como fenômeno sistemático e consistente, é fruto da Revolução Industrial. No decorrer do século XIX e, sobretudo, do século XX, ela se expandiu e, acompanhando o processo de globalização econômica, também se universalizou. A figura V evidencia que projetos urbanísticos e concepções arquitetônicas de cidades também se transformam com o passar do tempo.

23. (UFF-RJ)

Cruz

(Cruz)

A charge pode dialogar com outros textos (verbais ou não verbais), criando novos significados, através da intertextualidade.

a) Identifique o texto que circula em nossa cultura e que serve de base à intertextualidade com a charge.
b) Nomeie dois elementos da linguagem não verbal que sejam exemplos dessa intertextualidade.
c) Retire dois elementos da linguagem verbal que também sejam exemplos dessa intertextualidade.
d) Identifique, pelo contexto, a referência para o pronome pessoal "ela".

24. (SAEB)

Namoro

O melhor do namoro, claro, é o ridículo. Vocês dois no telefone:

– Desliga você.
– Não, desliga você.
– Você.
– Você.
– Então vamos desligar juntos.
– Tá. Conta até três.
– Um... Dois... Dois e meio...

Ridículo agora, porque na hora não era não. Na hora nem os apelidos secretos que vocês tinham um para o outro, lembra?, eram ridículos. Ronron. Suzuca. Alcizanzão. Surusuzuca. Gongonha. (Gongonha!) Mamosa. Purupupuca... Não havia coisa melhor do que passar tardes inteiras no sofá, olho no olho, dizendo:

– As dondozeira ama os dondonzeiro?
– Ama.
– Mas os dondonzeiro ama as dondonzeira mais do que as dondonzeira ama os dondonzeiro.
– Na-na-não. As dondonzeira ama os dondonzeiro mais do que etc.

E, entremeando o diálogo, longos beijos, profundos beijos, beijos mais do que de língua, beijos de amígdalas, beijos catetéticos. Tardes inteiras. Confesse: ridículo só porque nunca mais.

Depois do ridículo, o melhor do namoro são as brigas. Quem diz que nunca, como quem não quer nada, arquitetou um encontro casual com a ex ou o ex só para ver se ela ou ele está com alguém, ou para fingir que não vê, ou para ver e ignorar, ou para dar um abano amistoso querendo dizer que ela ou ele agora significa tão pouco que podem até ser amigos, está mentindo. Ah, está mentindo.

E melhor do que as brigas são as reconciliações. Beijos ainda mais profundos, apelidos ainda mais lamentáveis, vistos de longe. A gente brigava mesmo era para se reconciliar depois, lembra? Oito entre dez namorados transam pela primeira vez fazendo as pazes. Não estou inventando. O IBGE tem as estatísticas.

(VERÍSSIMO, Luís Fernando. *Correio Braziliense*. 13/06/1999.)

No texto, considera-se que o melhor do namoro é o ridículo associado:

a) às brigas por amor.
b) às mentiras inocentes.
c) às reconciliações felizes.
d) aos apelidos carinhosos.
e) aos telefonemas intermináveis.

INTERVALO

Participe com seus colegas de grupo da preparação e apresentação de um varal de textos, um sarau poético e uma representação teatral. As três atividades deverão ser apresentadas ao público no mesmo dia, em data combinada com o professor e, se possível, em um ambiente especial, como o auditório da escola.

Convide para o evento colegas de outras salas, amigos, professores, funcionários e familiares.

Designpic/Glow Images

Projeto

PALAVRA EM CENA

1. Varal de textos

Selecione o melhor texto que você produziu de cada tipo ou gênero de texto nesta unidade: quadrinha, poema, poema concreto, cordel, fábula e apólogo.

Em grupo, estendam um varal na sala ou nos corredores da sala em que vai ser desenvolvido o projeto, para expor os textos selecionados. Se quiserem, os textos poderão ser ilustrados, pelo autor ou por integrantes do grupo.

Fernando Favoretto

2. Sarau

Tomas Rodriguez/Corbis/Latinstock

Entre os textos que você produziu, escolha um ou dois para declamar ou ler para o público. Dependendo do tamanho e do tema do texto, avalie a conveniência de incluir na apresentação um fundo musical ou uma sequência de *slides*.

Se o texto for curto, procure memorizá-lo. Se for longo, prepare uma leitura bastante expressiva. Em ambos os casos, ensaie, buscando valorizar sua fala com recursos como a impostação e a entonação adequadas, pausas significativas, olhares para o público, movimentos do corpo e gestos adequados (sem exageros), etc.

Discuta com o professor a melhor forma de organizar a apresentação, como, por exemplo, um gênero por vez ou alternadamente.

3. Leitura dramática e representação teatral

Em grupo, escolham um ou mais textos teatrais produzidos por vocês nesta unidade e façam a leitura dramática ou a encenação deles. Antes de começar os ensaios, revejam as orientações sobre leitura dramática e encenação apresentadas na página 82.

Thinkstock/Getty Images

Michelangelo. Capela Sistina, detalhe *Criação do Homem*. 1508-1512.

UNIDADE 2 HISTÓRIA SOCIAL DO CLASSICISMO

No final do século XV, os navegantes europeus chegaram ao Oriente por mar, unindo duas pontas do hemisfério. O mundo ficou perplexo: comprovara-se que a Terra era redonda e que o mar não possuía abismos nem monstros. Cidades cresciam com grande rapidez, o comércio expandia-se, o protestantismo dividia a Igreja. A ciência questionava dogmas religiosos e, por isso, era constantemente ameaçada pela Inquisição.

Todo esse processo de mudanças, que se estendeu até quase o final do século XVI, é chamado de *Renascimento* e marca um momento decisivo na história da humanidade: o fim da Idade Média e a transição para a Idade Moderna.

Selva/Leemage/Other Images

··INTERVALO··

Projeto:

Da espada à vela: o mundo em mudança

Montagem de uma mostra sobre a produção cultural e científica da Idade Média e do Renascimento.

Nevoeiro

Nem rei nem lei,
nem paz nem guerra,
Define com perfil e ser
Este fulgor baço da terra
Que é Portugal a entristecer —
Brilho sem luz e sem arder,
Como o que o fogo-fátuo encerra.

Ninguém sabe que coisa quer.
Ninguém conhece que alma tem,
Nem o que é mal nem o que é bem.
(Que ânsia distante perto chora?)
Tudo é incerto e derradeiro.
Tudo é disperso, nada é inteiro.
Ó Portugal, hoje és nevoeiro...

É a Hora!

(Fernando Pessoa. *Obra poética*. Rio de Janeiro: Aguilar, 1965. p. 89.)

Fique ligado! Pesquise!

Para você ampliar seus conhecimentos sobre as navegações, as artes, a mitologia e as ideias científicas da época do Renascimento, eis algumas sugestões:

- No bloco 3 do DVD ***Literatura e outras linguagens*** há declamações, entrevistas, depoimentos, trechos de filmes e músicas relacionados com o Classicismo português e o Quinhentismo no Brasil. Converse com o professor sobre a possibilidade de assistir a esses trechos.
- ***Elizabeth – A era de ouro***, de Shekar Khapur; ***Desmundo***, de Alain Fresnot; ***1492 – A conquista do paraíso***, de Ridley Scott; ***Cristóvão Colombo***, de Alberto Lattuada; ***A missão***, de Roland Joffé; ***Aguirre – A cólera dos deuses***, de Werner Herzog; ***Romeu e Julieta*** e ***A megera domada***, de Franco Zeffirelli; ***Giordano Bruno***, de Giuliano Montaldo.

Universal Pictures Brasil

- ***Desmundo***, de Ana Miranda (Companhia das Letras); ***Inés da minha alma***, de Isabel Allende (Bertrand Brasil); ***Terra papagalli***, de José Roberto Torero e Marcus Aurelius Pimenta (Objetiva); ***Dom Quixote de la Mancha***, de Miguel de Cervantes (Abril Cultural); ***Vida de Galileu***, de Bertolt Brecht (Abril Cultural); ***As viagens de Marco Polo***, de Marco Polo (Scipione); ***Sonetos para amar o amor***, de Luís de Camões (L&PM); ***Romeu e Julieta***, de William Shakespeare (Melhoramentos).

- Ouça o disco ***Musikantiga II*** (que contém músicas renascentistas). E também "Os argonautas", de Caetano Veloso (disco ***Caetano e Chico juntos***); "Tropicália", de Caetano Veloso (***Tropicália*** ou ***Panis et circensis***), prestando atenção na parte inicial falada; "Monte castelo", "A ordem dos templários" e "Amor platônico", do grupo Legião Urbana.
- ***Renascimento flamengo*** (Netwell/Sonopress); ***Leonardo, o inventor*** (Divertire).

- www.jornaldepoesia.jor.br/camoes.html
- http://www.dominiopublico.gov.br/pesquisa/PesquisaObraForm.do?select_action=&co_autor=84
- http://www.itaucultural.org.br/aplicexternas/enciclopedia_ic/index.cfm?fuseaction=termos_texto&cd_verbete=3637

- Visite o Museu de Arte de São Paulo Assis Chateaubriand (MASP), na cidade de São Paulo, cujo acervo contém obras produzidas em diversas épocas, da Idade Média aos dias atuais.

A IMAGEM EM FOCO

Você vai fazer, a seguir, a leitura de uma das mais importantes pinturas do Renascimento. Observe atentamente a pintura abaixo.

Galleria degli Uffizi, Florença, Itália

O nascimento de Vênus (1485), de Sandro Botticelli.

1. Conta a mitologia que, ao nascer das espumas do mar, Vênus foi conduzida até a margem da ilha Citera, na costa sul da Grécia. No quadro de Botticelli:

a) Quem é responsável pela condução de Vênus até a margem da ilha?

b) Por que o pintor teria escolhido uma concha para servir de barco à deusa?

c) A ninfa Hora espera Vênus, em terra, com um amplo manto. Levante hipóteses: O que provavelmente Hora fará com o manto? Por quê?

2. Observe que o vestido de Hora e o manto que ela tem nas mãos são estampados com desenhos de flores. Sabendo-se que cada uma das Horas representa uma estação do ano, provavelmente qual é a estação que a Hora do quadro representa?

A presença da mitologia no quadro

Vênus (a mulher no centro): Afrodite para os gregos e Vênus para os romanos, ela é a deusa do amor, da beleza e da fecundidade. Eis sua origem: Urano (o céu) e Gaia (a terra) uniram-se para dar origem aos primeiros seres humanos, os Titãs. Porém, a pedido de Gaia, um dos filhos do casal castra o pai. Dos órgãos cortados e jogados ao mar, nasce uma espuma, da qual surge Vênus, a mais bela das deusas.

Zéfiro e **Flora** (à esquerda, no ar): Zéfiro é deus do vento, e Flora, mulher de Zéfiro, tem o poder sobre a natureza. Alguns estudiosos acham que se trata não de Flora, mas de Aura, a deusa da brisa.

Hora (à direita, na margem): é uma das quatro Horas, filhas de Zeus. Representam as quatro estações do ano.

3. À esquerda, no quadro, cai uma chuva de rosas cor-de-rosa. Segundo a mitologia, a rosa teria nascido juntamente com essa deusa. Além disso, por sua beleza e fragrância, essa flor é símbolo do amor.

a) Na mitologia, a rosa é considerada a flor sagrada de Vênus. Comparando os significados que têm a rosa e Vênus, é coerente esse atributo dado à flor? Por quê?

b) O amor é um sentimento nobre, encantador; porém, tem momentos difíceis, de dor e sofrimento. Que parte da rosa corresponderia à dor e ao sofrimento?

4. Faça, com uma régua, esta experiência: meça o quadro na vertical e na horizontal e divida essas medidas ao meio, tentando encontrar o ponto médio, o centro do quadro.

a) Onde cai o centro do quadro?

b) Considerando que Vênus é a deusa do amor, da beleza e da fecundidade, você acha que foi intencional o fato de Botticelli ter colocado essa parte do corpo da deusa no centro do quadro? Por quê?

5. O quadro apresenta dois elementos que foram exaustivamente explorados pela arte renascentista: a figura humana (no caso, os deuses) e a natureza. Observe o mar ao fundo, as encostas da ilha e as árvores, à direita. Compare esses elementos ao corpo de Vênus e conclua: Qual era o interesse principal de Botticelli: retratar com perfeição a figura humana ou a natureza? Por quê?

6. A obra de Botticelli é apenas uma das muitas representações de Vênus feitas em pintura ou escultura. Para criar sua Vênus, o pintor italiano se baseou na *Vênus Capitolina*, escultura grega bem mais antiga. Observe-a, ao lado, e compare as duas figuras.

a) Que semelhança há entre elas quanto à postura?

b) Que característica típica do Renascimento se verifica na relação entre as duas obras?

7. A tela *O nascimento de Vênus* (1485) é considerada por alguns críticos como a obra que verdadeiramente deu início ao Renascimento.

a) Observe que Vênus está banhada de luz. Além disso, ela representa a beleza, a harmonia e a sensualidade, valores muito apreciados no Renascimento emergente. Relacionando o nascimento de Vênus ao contexto cultural em que a obra foi produzida, que outro significado a deusa pode assumir?

b) Que características próprias do Renascimento ou do Classicismo (na literatura) você identifica nesse quadro?

De Agostini/Getty Images

Vênus Capitolina.

LITERATURA

: *A festa dos deuses* (1514-29), de Giovanni Bellini.

National Gallery of Art, Washington

CAPÍTULO 1

A linguagem do Classicismo renascentista

A história da cultura renascentista nos ilustra com clareza todo o processo de construção cultural do homem e da sociedade contemporânea. Nele se manifestam os germes do individualismo, do racionalismo e da ambição ilimitada, típicos de comportamentos mais imperativos e representativos do nosso tempo.
Ela consagra a vitória da razão abstrata, que é a instância suprema de toda a cultura moderna, versada no rigor das matemáticas, que passarão a reger os sistemas de controle do tempo, do espaço, do trabalho e do domínio da natureza.

Nicolau Sevcenko

O período compreendido entre os séculos XV e XVI abrange um conjunto notável de realizações nos campos artístico e científico. A esse período, em geral identificado como uma época de súbito reviver do interesse pela cultura da Grécia e de Roma antigas, dá-se o nome de **Renascimento**.

LEITURA

Há, a seguir, quatro textos. O primeiro é um fragmento da *Divina comédia*, de Dante Alighieri; o segundo é um poema de Petrarca; o terceiro e o quarto são poemas de Camões. Dante e Petrarca, poetas italianos, viveram no século XIV e participaram da criação do humanismo, na Itália. Camões, poeta português que viveu no século XVI, tornou-se a principal expressão do Renascimento em Portugal.

O amor desce ao inferno

Dante escreveu a *Divina comédia* entre os anos 1307 e 1314 e finalizou-a pouco antes de sua morte, em 1321.

Abordando o tema da vida pós-morte, Dante faz uma exaltação do amor a Deus, ao mesmo tempo que traça um perfil da vida terrena, da moral vacilante e das fraquezas humanas, incluindo, entre os alvos de suas críticas, os maus religiosos. Além disso, celebra o amor profano por Beatriz, que se tornaria uma das mais famosas amantes da literatura universal.

TEXTO I

William Bouguereau

Dante e Virgílio (1850), de William Bouguereau.

A *Divina comédia* é uma obra de transição da Idade Média para o Renascimento, período em que o pensamento predominante foi o *humanismo*. A personagem principal é o próprio Dante, que ficcionalmente passa pelo inferno, pelo purgatório e pelo paraíso — os três mundos pós-morte, de acordo com a visão católica — em busca de sua amada, Beatriz. Em sua jornada até o paraíso, onde se encontra Beatriz, é amparado por seu mestre, Virgílio, poeta latino.

"Então, tu és Virgílio, aquela fonte
que expande de eloquência num largo rio?"
— perguntei-lhe, baixando humilde a fronte.

"Dos outros poetas honra e desafio
valham-me o longo esforço e o fundo amor
que ao teu poema votei anos a fio.

Na verdade, és meu mestre e meu autor;
ao teu exemplo devo, deslumbrado,
o belo estilo que é meu só valor."

(São Paulo: Itatiaia/Edusp, 1976. p. 88.)

eloquência: capacidade de falar, exprimir-se e convencer com facilidade.

TEXTO II

Não tenho paz nem posso fazer guerra;
Temo e espero e do ardor ao gelo passo
E voo para o céu e desço à terra
E nada aperto e todo o mundo abraço

Prisão que nem se fecha ou se descerra,
Nem me retém nem solta o duro laço,
Entre livre e submissa esta alma erra,
Nem é morto nem vivo o corpo lasso.

Vejo sem olhos, grito sem ter voz;
E sonho perecer e ajuda imploro;
A mim odeio e a outrem amo após.

Sustento-me de dor e rindo choro;
A morte como a vida enfim deploro
E neste estado sou, Dama, por Vós.

(*Poemas de amor de Petrarca*. Trad. por Jamil Almansur Haddad. Rio de Janeiro: Ediouro, 2002. p. 65.)

descerrar: abrir.
errar: andar sem rumo certo; vaguear.
lasso: fatigado, esgotado.
perecer: morrer; deixar acabar-se.

Petrarca: o mestre da poesia lírica

Petrarca (1304-1374) é o grande mestre da poesia lírica do Ocidente. Humanista, erudito e diplomata, teve grande interesse pela obra dos poetas e filósofos gregos e latinos, especialmente pela de Platão. Na lírica amorosa, manifestando seu amor pela inalcançável Laura, é o fundador do platonismo amoroso, tema que depois seria retomado por poetas de várias partes do mundo, entre eles o português Luís de Camões. Os estados melancólicos da alma e a natureza como companheira ou confidente do eu lírico frustrado amorosamente são também traços de sua poesia, aprofundados pelo Romantismo cerca de 500 anos mais tarde.

Imagno/Hulton Archive/Getty Images

Francisco Petrarca.

TEXTO III

Tanto de meu estado me acho incerto,
Que em vivo ardor tremendo estou de frio;
Sem causa, juntamente choro e rio;
O mundo todo abarco e nada aperto.

É tudo quanto sinto um desconcerto;
Da alma um fogo me sai, da vista um rio;
Agora espero, agora desconfio,
Agora desvario, agora acerto.

Estando em terra, chego ao céu voando;
Numa hora acho mil anos, e é de jeito
Que em mil anos não posso achar uma hora.

Se me pergunta alguém por que assim ando,
Respondo que não sei; porém suspeito
Que só porque vos vi, minha Senhora.

(*Lírica*. São Paulo: Cultrix, 1976. p. 117.)

desconcerto: desarmonia, desarranjo.
desvairar: enlouquecer.

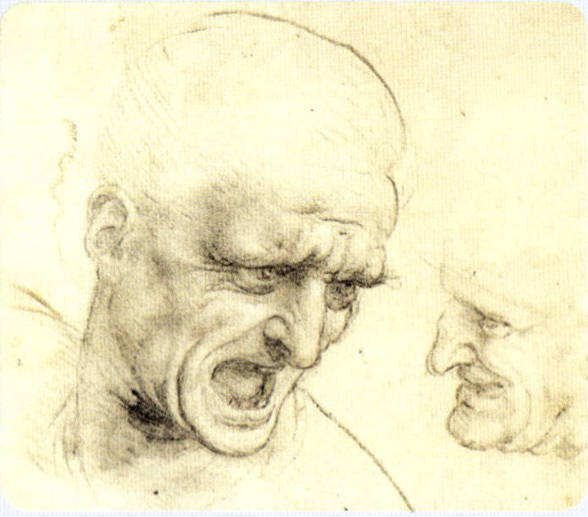

Museum of Fine Arts, Budapest

Estudo de Leonardo da Vinci.

TEXTO IV

"Vistes que, com grandíssima ousadia,
Foram já cometer o Céu supremo;
Vistes aquela insana fantasia
De tentarem o mar com vela e remo;
Vistes, e ainda vemos cada dia
Soberbas e insolências tais, que temo
Que do Mar e do Céu, em poucos anos,
Venham Deuses a ser, e nós humanos."

Oh! ditosos aqueles que puderam
Entre as agudas lanças africanas
Morrer, enquanto fortes sustiveram
A santa Fé nas terras mauritanas;
A quem feitos ilustres se souberam,
De quem ficaram memórias soberanas,
De quem se ganha a vida com perdê-la,
Doce fazendo a morte as honras dela!

(*Os lusíadas*. São Paulo: Abril Cultural, 1979. p. 229 e 246.)

cometer: aventurar-se, pôr em risco.
ditoso: feliz, afortunado.
insolência: atrevimento, ousadia, atitude fora do comum.
mauritano: relativo à Mauritânia (norte da África); o mesmo que mouro.
soberba: orgulho, altivez.
suster: segurar, impedir, interromper.

Formas clássicas

Além de criarem o soneto, os humanistas italianos recuperaram formas cultivadas anteriormente nas literaturas grega e latina. Muito valorizadas também pelos escritores do Renascimento, as principais delas são:

- écloga: poema dialogado pastoril;
- elegia: poema de fundo melancólico;
- ode: poema de exaltação a determinada pessoa;
- epístola: carta em verso;
- epitalâmio: poema de congratulação a recém-casados;
- epopeia: longo poema narrativo que exalta as ações de um herói, verdadeiro ou lendário, representativo da formação e do passado de um povo.

1. No texto I, Dante está no inferno e encontra Virgílio, poeta que viveu na Roma antiga, entre 71 e 19 a.C., e escreveu a epopeia *Eneida*.

a) O que Virgílio representa para Dante?

b) Identifique no texto a expressão que demonstra a preocupação de Dante em imitar os clássicos.

2. Os humanistas italianos, entre os quais Dante e Petrarca, criaram a *medida nova*, uma métrica diferente da usada na Idade Média. Criaram também o *soneto*, um tipo de composição poética que vem sendo cultivado até os dias de hoje.

a) Faça a escansão do 1º verso de cada um dos textos. Qual é a métrica da medida nova?

b) Os textos II e III são típicos *sonetos italianos*. Como são organizados os 14 versos do soneto?

Camões: um plagiador?

A noção de *plágio* ganhou força somente a partir do Romantismo (século XIX), quando os artistas, sentindo-se "gênios" ou "escolhidos", começaram a cultuar o próprio eu e passaram a dar grande valor à noção de *autoria* e de originalidade de uma obra de arte. Antes disso, era comum um poeta imitar outro, a quem tomava por mestre, como forma tanto de homenageá-lo quanto de exercitar e desenvolver técnicas poéticas próprias.

3. Cerca de 150 anos separam o soneto de Petrarca do soneto de Camões. Assim como Dante imitou o poeta latino Virgílio, Camões imitou Dante e Petrarca, aos quais tinha por mestres. Assim, entre os poemas de Camões e Petrarca, notam-se várias semelhanças.

a) Identifique no poema de Camões os versos que têm correspondência com estes versos de Petrarca:

- "Temo e espero e do ardor ao gelo passo"
- "E voo para o céu e desço à terra"
- "E nada aperto e todo o mundo abraço"

b) Às vezes, quando um poeta imita outro como meio de exercitar-se tecnicamente, pode acontecer de o novo poema ser melhor do que aquele que lhe serviu de inspiração. Compare os dois sonetos. De qual deles você gostou mais? Por quê?

4. Os versos transcritos na questão anterior, bem como outros versos dos poemas de Petrarca e Camões, são construídos a partir de oposições de ideias. Essas oposições sustentam as ideias dos dois poemas, nos quais se manifestam os sentimentos do eu lírico pela mulher amada.

Alinari/Glow Images

Obra de Vincenzo Danti, artista do Renascimento florentino.

a) Qual é a figura de linguagem que traduz essa oposição?

b) Reconheça em cada um dos poemas outros dois empregos dessa figura de linguagem.

c) O que o emprego reiterado dessa figura expressa quanto aos sentimentos do eu lírico pela mulher amada?

d) Deduza: O eu lírico é correspondido amorosamente?

5. As duas estrofes do texto IV pertencem ao poema *Os lusíadas*, de Luís de Camões. Na primeira, Baco, deus da mitologia grega, fala com indignação dos ousados feitos portugueses.

a) Qual é a ousadia cometida pelos portugueses?

b) Qual é o medo de Baco? Por que se pode depreender desse episódio uma visão *humanista* ou *antropocêntrica*?

6. A segunda estrofe do texto IV dá um matiz religioso aos feitos dos navegantes portugueses, que, sendo cristãos, travaram lutas sangrentas e mortais contra os mouros (muçulmanos).

a) Que importância esses navegantes têm para a nação portuguesa?

b) Que sentimento o poeta deixa transparecer nesses versos?

Como síntese, compare as características do Classicismo com as do Trovadorismo:

CLASSICISMO	TROVADORISMO
Quanto ao conteúdo	
• Idealização amorosa, neoplatonismo	• Amor cortês (cantigas de amor)
• Predomínio da razão	• Predomínio da emoção
• Paganismo	• Cristianismo
• Influência da cultura greco-romana	• Influência da poesia provençal e das tradições populares da península Ibérica
• Antropocentrismo	• Temas profanos, representando uma ruptura em relação à mentalidade teocêntrica da Idade Média
• Universalismo	• Ambiente cortês, rural ou marítimo
• Busca de clareza e equilíbrio de ideias	• Temas relacionados ao amor, à saudade e à crítica de costumes
• Nacionalismo	• Exaltação do ideal cavaleiresco (prosa)
Quanto à forma	
• Gosto pelo soneto; imitação das formas clássicas	• Emprego de formas simples e populares
• Emprego de medida nova (poesia)	• Emprego de medida velha
• Busca do equilíbrio formal	• Estruturas simples, refrão e repetições frequentes, que facilitam a memorização e o canto

DO TEXTO AO CONTEXTO DO CLASSICISMO

Leia, a seguir, um painel de textos que relacionam a produção literária do Renascimento ao contexto histórico, social e cultural em que o movimento floresceu.

Masaccio

Leonardo da Vinci

Album/Prisma/Latinstock

- **1417** — Criação da escola de Sagres
- **1427** — Pintura de *Adão e Eva expulsos do Paraíso*, por Masaccio
- **1492** — Chegada de Colombo à América
- **1498** — Chegada dos portugueses ao Oriente pela África
- **1500** — Chegada dos portugueses ao Brasil. Escrita de *A carta*, por Pero Vaz de Caminha
- **1503** — Início da pintura da obra *Mona Lisa* (1503-1507), por Leonardo da Vinci
- **1527** — Chegada de Sá de Miranda da Itália, introdução da medida nova e início do Classicismo em Portugal
- **1580** — Morte de Camões e início do Barroco em Portugal. Passagem de Portugal ao domínio espanhol

Renascimento: revolução cultural

O Renascimento é uma verdadeira revolução cultural, que corresponde à transição da época medieval ao mundo moderno. Expressa os ideais, a visão de mundo da nova sociedade emergente com a crise do feudalismo e o desenvolvimento da economia mercantil. A denominação Renascimento é decorrência da preocupação dos homens que viveram esse momento histórico em se inspirarem nos valores e ideais da Antiguidade Clássica (greco-romana), por oposição aos valores medievais que desprezavam. Em vários aspectos, contudo, esse movimento cultural representa mais uma continuação do que uma ruptura em relação ao mundo da Baixa Idade Média, em que teve sua origem, atingindo a máxima plenitude nos séculos XV e XVI. A Itália foi o berço do Renascimento.

(José Jobson A. de Arruda. *História moderna e contemporânea*. 19. ed. São Paulo: Ática, 1986. p. 30.)

Youngtae/Leemage/Other Images

Vênus e Vulcano, de Giulio Pipi.

ERA CLÁSSICA			IDADE MÉDIA		ANTIGUIDADE	
Classicismo (séc. XVI)	Barroco (séc. XVII)	Arcadismo (séc. XVIII)	Alta Idade Média (séc. V-XI/XII)	Baixa Idade Média (séc. XII-XV)	Cultura grega (séc. XII a.C.- II a.C.)	Cultura latina (séc. VI a.C.- V d.C.)

Uma nova compreensão do universo

A partir dos fins do século XV e sobretudo no século XVI, o horizonte intelectual dos europeus se amplia súbita e enormemente em consequência das descobertas geográficas e cosmográficas. Foi descoberta a América e o caminho marítimo das Índias, e grandes matemáticos e astrônomos provaram que a Terra não é o centro do universo, mas apenas um pequeno planeta do sistema solar, e que este sistema não passa de um dos sistemas de mundos inumeráveis de uma extensão que a imaginação é incapaz de abarcar. Percebeu-se, então, que não era o Sol que girava em torno da Terra imóvel, e sim esta que, com duplo movimento, girava em torno de si mesma e em derredor do Sol. É verdade que as descobertas cosmográficas não foram de modo algum compreendidas em seguida pelas massas; todavia, elas se divulgavam pouco a pouco, e a descoberta dos continentes do globo, habitados por homens até então desconhecidos, que tinham vida, hábitos e crenças próprios, constituiu por si só um choque que abalou todos os hábitos e crenças enraizados na Europa; todo o sistema da criação e da organização do mundo físico e moral, tal como o ensinava a filosofia da Igreja, sofreu idêntico abalo, e recebeu grande impulso a vontade humana de levar por diante pesquisas científicas a fim de conhecer a situação exata do Homem no Universo.

(Erich Auerbach. *Introdução aos estudos literários*. 2. ed. São Paulo: Cultrix, 1972. p. 150-151.)

Nicolaus Copernicus/The British Library/Glow Images

Os astros, segundo Copérnico.

Nilson

(Nilson. *A caravela.* Belo Horizonte: Crisálida, 2000. p. 9.)

A razão explica o mundo

O traço mais marcante do Renascimento foi seu profundo *racionalismo*. Tal perspectiva somente poderia ter surgido no quadro da sociedade burguesa, cujo objetivo era o domínio mais completo possível da natureza, numa atitude que seria mais tarde chamada de científica, a fim de ampliar seus lucros de mercado. O elemento chave para dominar a natureza era a matemática, decorrência imediata do desenvolvimento da mentalidade calculadora que se expressava nos livros de contabilidade e no uso dos algarismos arábicos. Disto resultou a convicção de que tudo podia ser explicado pela razão e pela ciência, a recusa a acreditar em qualquer coisa que não tivesse sido provada. Os métodos experimentais, a observação científica e a organização racional do Estado são exemplos desse racionalismo.

(José Jobson A. de Arruda. *História moderna e contemporânea*, cit., p. 32.)

O humanismo: o homem acima de tudo

Os filósofos do Renascimento consideravam que o homem era a mais importante criatura de Deus, uma vez que, por intermédio da razão, podia explicar muitas coisas e, por sua inteligência e perspicácia, esclarecia ou inventava outras tantas. O homem tornava-se, assim, mais próximo das criaturas superiores – os anjos, arcanjos, querubins e serafins e até mesmo de Deus – e rei em relação às inferiores. Essa é a ideia central do que chamamos *humanismo*, uma forma de relação do homem com o mundo que floresceu do século XII ao XVI em torno de artistas, filósofos e cientistas e que imprimiu o sentido de busca da perfeição e de domínio da natureza às transformações ocorridas na Europa nesse período.

(Teresa van Acker. *Renascimento e humanismo.* São Paulo: Atual, 1992. p. 6.)

A Igreja e os humanistas

As transformações verificadas nos setores político e econômico, conforme era de esperar, esbarraram na concepção religiosa medieval ainda vigente. Muitas das verdades dogmáticas estabelecidas pela Igreja foram postas em xeque, principalmente como resultado do esforço feito pelos humanistas no sentido de criar uma nova cultura, com outras concepções do homem, da natureza, do universo e de Deus. Traduziam-se em profusão textos gregos e latinos, cuja divulgação a invenção da tipografia, ocorrida em meados do século XV, favorecia.

Stock Montage/Getty Images

Divulgação das ideias de Lutero.

A Igreja, preocupada em manter seus privilégios políticos e econômicos, pouco se interessava em rever suas posições ou levar em conta as ansiedades e dúvidas da população. Ao contrário, fechava os ouvidos às críticas e, com a Inquisição, ameaçava os seus opositores.

Foi nesse quadro que aconteceu a *Reforma* (1571), movimento surgido na Alemanha a partir das críticas de Martinho Lutero à prática religiosa da Igreja, que se afastara do princípio da *salvação pela fé* e praticava desregradamente a venda de indulgências por toda a Europa. A ruptura luterana com a Igreja se estendeu depois a vários países da Europa e ganhou novos líderes e seguidores, dando origem ao protestantismo.

A descoberta do nu

St. Bavo, Ghent, Belgium

Uma verdadeira onda de sensualidade explode durante o Renascimento nas artes plásticas, que retratam formas humanas nuas ou seminuas. Diz-se que Leonardo da Vinci chegava a roubar cadáveres dos cemitérios para fazer estudos de anatomia humana, proibidos pela Igreja da época.

Os historiadores Philippe Ariès e Georges Duby afirmam que esse fenômeno teve início no final do século XV, com os pintores Hubert van Eyck e Albrecht Durer:

> Adão e Eva, nos painéis de *O cordeiro místico*, de Van Eyck, têm pela primeira vez na história da pintura ocidental a tez, a pilosidade, as harmonias, as sinuosidades que sugerem a circulação do sangue e o sopro da vida. [...]
>
> O primeiro estudo de nu posando diante de um pintor é talvez esse desenho de Durer, datado de 1493, representando uma jovem mulher em pé. [...]
>
> O diálogo entre o homem e sua imagem, tal como a refletem os artistas, participa da consciência nova que os homens e as mulheres do fim da Idade Média tiveram de seu corpo revelado.

(*História da vida privada.* São Paulo: Companhia das Letras, 1997. v. 2. p. 574.)

Detalhes de *O retábulo de Gante* (1433), de Jan e Hubert van Eyck.

• Roteiro de estudo •

Ao final da leitura dos textos, você deverá:

- Saber explicar por que o Renascimento recebeu essa denominação.
- Saber discutir até que ponto o Renascimento representa uma ruptura com a Idade Média do ponto de vista econômico, social e cultural.
- Saber explicar por que o Renascimento representa uma mudança profunda em relação ao misticismo, ao teocentrismo e ao geocentrismo medievais.
- Compreender as relações entre o racionalismo do século XVI e a Reforma.

PRODUÇÃO DE TEXTO

Lynsey Addario/VII Network/Corbis/Latinstock

CAPÍTULO 2

O relato pessoal

TRABALHANDO O GÊNERO

O texto a seguir foi escrito pelo jornalista e escritor português Miguel Sousa Tavares. Leia-o.

O deserto dentro de nós

Depois de atravessar a tempestade, nunca mais seremos os mesmos

Há dois dias que estávamos debaixo daquela tempestade de areia, algures na pista de Djanet para Tamanrasset, no sul da Argélia. [...].

Em dezembro de 1987, a nossa caravana de 17 jipes e 35 pessoas estava semiperdida na pista para Tamanrasset, enfrentando uma tempestade de areia que não nos deixava progredir mais do que 20 quilômetros por dia, em colunas e faróis acesos, e com visibilidade reduzida a uns dez metros. Era inútil tentar avistar as balizas ou quaisquer outras referências, tais como montanhas, dunas ou "oueds" secos. Progredíamos a passo de camelo durante uma hora e depois parávamos para reagrupar e contar os jipes. Nada há que possa descrever com exactidão o que é uma tempestade de areia no deserto. O que é, primeiro que tudo, a sensação de profunda angústia, ou mesmo terror, que dá olhar para o horizonte e ver a tempestade avançar sobre nós como uma imensa mancha negra a tapar o céu azul e um turbilhão de areia em movimento ocupando o solo e dirigindo-se para nós, como uma furiosa caverna negra prestes a engolir-nos. Temos tempo para nos prepararmos, mas nunca estamos verdadeiramente preparados. Fugimos à frente da tempestade a toda velocidade e sempre a olhar pelo retrovisor e a certa altura percebemos que não há nada a fazer e vamos mesmo ser engolidos por aquele turbilhão negro.

Getty Images
Deserto na Argélia.

E nunca sabemos quanto tempo pode demorar uma tempestade de areia no deserto: seis horas, dois dias, 12 dias. [...] Assim, quando percebemos que não conseguiremos continuar a fugir à frente do monstro, só nos resta prepararmo-nos para o seu impacto, sem saber por quanto tempo estaremos debaixo dele. A toda a pressa, juntamos provisões de comida e de água, colocamos à mão os instrumentos essenciais, como facas e canivetes, abre-latas, lanternas, estojos de primeiros socorros, gotas para os olhos e para o nariz, vedamos todo o material sensível à areia e, quando as primeiras rajadas de areia começam a bater sobre nós fechamos todos os vidros do carro e atamos um lenço à nuca a tapar-nos o nariz e a boca e óculos de proteção.

Tudo é inútil, porém. Em menos de meia hora temos a sensação de estar, não dentro de um jipe, mas dentro da própria nuvem de areia. [...] O dia faz-se noite de repente, o barulho é apocalíptico e a força do vento parece ir arrancar o jipe do chão e arrastá-lo [...]. Numa das paragens, saio do jipe para ir lá fora fazer qualquer coisa ou simplesmente desentorpecer as pernas, dou dez passos para o lado e, quando quero regressar ao jipe, não o consigo distinguir no meio da nuvem de areia [...]. A custo, consigo dominar o terror [...] e é como cego, com os braços estendidos em frente, que eu acabo por chocar com o jipe e regressar ao meu lugar ao volante com a sensação de ter sido resgatado do mar durante um naufrágio.

Eis o ponto-limite de uma travessia do deserto. Eis o instante em que não somos nada nem sabemos coisa alguma – nós, os nossos conhecimentos todos, a nossa presunção, a nossa tecnologia. De repente, ali estamos a sós contra o vento, contra a areia, contra o deserto [...].

Dois dias e duas noites assim. Dois dias e duas noites a sós com o mais fundo de nós mesmos, tão fundo e tão íntimo que nem nós próprios nos reconhecemos. É aqui, é então, que descobrimos quem verdadeiramente somos, as forças que desconhecíamos ou as fraquezas que escondíamos, a sós, na intimidade tão devastadora que chega a assustar-nos. Eis o fundo do deserto, a travessia do deserto, uma viagem que é simultaneamente exterior e interior. Este é o território onde morrem todas as presunções, este é o verdadeiro momento da verdade. Quando a tempestade se afasta e regressamos aos gestos habituais dos que estão vivos, sabemos então que acabamos de atravessar o terrível vento de areia, que acabamos de atravessar o deserto e emergimos à luz do sol, sob as planícies sem fim do Saara, com a certeza de que nunca mais voltaremos a ser os mesmos, por muito que a vida se encarregue de normalizar todas as ocasiões e diluir todas as coisas.

(Revista *Lugar*, maio 2010.)

algures: em algum lugar. **oueds**: rios, cursos d'água.

1. No texto, o autor relata um fato que viveu em uma viagem.

a) Que fato foi esse?

b) Observe o título do texto e a frase abaixo dele: "Depois de atravessar a tempestade, nunca mais seremos os mesmos". Há relação entre esses dois elementos e a experiência que é relatada pelo autor?

2. Nos relatos, é comum o emprego da descrição, usada para caracterizar as pessoas, os lugares, os objetos, as sensações, etc. Como é descrita no relato a tempestade de areia?

3. O fato relatado pelo narrador foi inventado por ele ou é recordação de uma experiência vivida? Apresente alguns trechos que comprovem sua resposta.

4. Releia os seguintes trechos do relato e observe os pronomes e as formas verbais destacados:

- "a *nossa* caravana de 17 jipes e 35 pessoas *estava* semiperdida na pista para Tamanrasset"
- "*Fugimos* à frente da tempestade a toda velocidade"
- "A toda a pressa, *juntamos* provisões de comida e de água"
- "quando *quero* regressar ao jipe, não o consigo distinguir no meio da nuvem de areia"

a) Os pronomes, implícitos e explícitos, referem-se a que pessoa do discurso?

b) Em que tempo estão as formas verbais?

c) O autor participa da história como observador ou como protagonista?

5. Observe a linguagem do texto. A variedade linguística utilizada está de acordo ou em desacordo com a norma-padrão? Ela é formal ou informal?

6. Pelas características do tema e da linguagem, levante hipóteses: A que tipo de público esse relato pessoal se destina?

Getty Images

7. Levante hipóteses: Em que veículos um relato pessoal pode ser divulgado?

8. Reúna-se com seus colegas de grupo e concluam: Quais são as características do relato pessoal? Ao responder, considerem os seguintes critérios: finalidade do gênero, perfil dos interlocutores, suporte e veículo, tema, estrutura, linguagem.

Loucos por relatos

Para aqueles que são aficionados de relatos pessoais e relatos de viagens, sugerimos a leitura dos seguintes livros: *O lugar escuro*, de Heloisa Seixas (Objetiva); *Relato de um náufrago*, de Gabriel García Márquez (Record); *Ex-libris – Confissões de uma leitora comum*, de Anne Fadiman (Jorge Zahar); *Itinerário de Pasárgada*, de Manuel Bandeira (Aguilar); *Um poeta como outro qualquer*, de José Paulo Paes; *É uma pena – Aventuras de um roteirista versátil*, de Flavio de Souza; *O caso do filho do encadernador – Romance da vida de um romancista*, de Marcos Rey, e *Esta força estranha – Trajetória de uma autora*, de Ana Maria Machado (Atual); *Sob o sol da Toscana – Em casa na Itália* e *Um ano de viagens*, de Frances Mayes (Rocco); *Na Patagônia*, de Bruce Chatwin (Companhia das Letras).

PRODUZINDO O RELATO PESSOAL

Há, a seguir, duas propostas de produção de textos. Você poderá desenvolver as duas ou uma delas, conforme a orientação do professor.

1. Lembre-se de um episódio marcante ocorrido com você, na infância ou mais recentemente – uma travessura de arrepiar, um presente inesperado, a adaptação numa escola nova, o nascimento de um irmão ou uma irmã, uma viagem ou um passeio inesquecível, uma grande decepção, um fato acontecido na vizinhança, etc. –, e escreva um relato sobre ele.
2. Leia este poema, de Carlos Drummond de Andrade:

Quero

Quero que todos os dias do ano
todos os dias da vida
de meia em meia hora
de 5 em 5 minutos
me digas: Eu te amo.

Ouvindo-te dizer: Eu te amo,
creio, no momento, que sou amado.
No momento anterior
e no seguinte,
como sabê-lo?

Quero que me repitas até a exaustão
que me amas que me amas que me amas.
Do contrário evapora-se a amação
pois ao não dizer: Eu te amo,
desmentes
apagas
teu amor por mim.

Exijo de ti o perene comunicado.
Não exijo senão isto,
isto sempre, isto cada vez mais.
Quero ser amado por e em tua palavra
nem sei de outra maneira a não ser esta
de reconhecer o dom amoroso,
a perfeita maneira de saber-se amado:
amor na raiz da palavra
e na sua emissão,
amor
saltando da língua nacional,
amor
feito som
vibração espacial.

No momento em que não me dizes:
Eu te amo,
inexoravelmente sei
que deixaste de amar-me,
que nunca me amastes antes.

Se não me disseres urgente repetido
Eu te amoamoamoamoamo,
verdade fulminante que acabas de desentranhar,
eu me precipito no caos,
essa coleção de objetos de não-amor.

(http://www.memoriaviva.com.br/drummond/poema043.htm. Acesso em: 4/2/2012.)

SuperStock RM/Getty Images

O amor é um tema vasto, abordado por inúmeros escritores, seja em verso, seja em prosa. Escreve-se sobre amor entre namorados, entre amigos, entre pais e filhos, entre irmãos, etc. Relate uma experiência amorosa. Você pode se referir, por exemplo, a um episódio engraçado relacionado ao primeiro amor; ou às ilusões e decepções que envolveram seu primeiro amor. Pode também falar sobre o amor por um amigo ou por uma pessoa marcante em sua vida.

Planejamento do texto

Ao redigir seus relatos, leve em conta as orientações a seguir.

- Tema do texto - Lembre-se de que você é protagonista; assim, seu relato deve apresentar experiências vividas e bem-situadas no tempo e no espaço.
- Perfil do leitor - Seus textos serão publicados no livro que a classe deverá montar no projeto **Relato para todos**, neste capítulo, e serão lidos por colegas de sua classe e de outras, por professores, funcionários da escola e convidados.
- Veículo e suporte em que o texto será veiculado - Procure empregar uma linguagem adequada ao perfil dos interlocutores e à situação.
- Características do gênero a serem observadas - Em um relato, o tempo e o espaço são bem-definidos, há trechos descritivos, os verbos são empregados geralmente no passado, o autor é protagonista.
- Título - Dê um título ao seu relato.

Thinkstock/Getty Images

Revisão e reescrita

Faça primeiramente um rascunho do seu texto. Depois releia-o, observando se ele leva em conta as características do gênero, o perfil dos leitores, a correção e adequação da linguagem, o suporte e o veículo.

Faça as alterações necessárias e passe o texto a limpo.

PROJETO

Relato para todos

Ao concluir a produção de texto proposta, junte seus relatos aos de seus colegas para a montagem de um livro da classe. Para a montagem do livro, sigam estas instruções:

- Confeccionem a capa em papel mais grosso. Coloquem o título (criem um) e a série e ilustrem-na.
- Escrevam na contracapa a ficha catalográfica, imitando os livros de verdade. Vejam como fazer isso neste livro.
- Façam um texto de apresentação dos relatos, ou peçam a outra pessoa, escolhida pela turma, que o faça.
- Se quiserem, ilustrem os relatos com fotografias, originais ou xerocadas, ou com desenhos.
- Unam a capa aos textos e grampeiem-nos, formando o livro.

Exponham o livro em um lugar especial da escola, por exemplo a biblioteca, e convidem colegas de outras classes, professores, funcionários, familiares e amigos para ler os relatos.

Corbis\/Latinstock

LÍNGUA: USO E REFLEXÃO

CAPÍTULO 3

: *Carnaval de Arlequim* (1924-5), de Joan Miró.

Texto e discurso – Intertexto e interdiscurso

CONSTRUINDO O CONCEITO

Leia o anúncio:

ALMAPBBDO

(http://picasaweb.google.com/lh/photo/wHS4Bqn-6sJ6VlpVG4aG8A)

1. O anúncio tem um claro propósito comunicativo. Em relação a ele, responda:

a) Quem são os interlocutores?

b) Qual é sua finalidade principal?

c) De que tipos de linguagem ele é constituído?

d) Levante hipóteses: Em que veículos ele pode ter circulado?

2. A linguagem não verbal do anúncio é constituída por um desenho que faz referência ao quadro *Guernica*, de Pablo Picasso (abaixo), mundialmente conhecido por retratar os horrores da Guerra Civil Espanhola, ocorrida na década de 1930. Abaixo do desenho, lê-se: "Mudam os personagens, não muda a tragédia. Junte-se".

a) Observe novamente o desenho e compare-o ao quadro de Picasso. Que mudança principal pode ser observada em relação às personagens?

b) Levante hipóteses: Por que, segundo o anúncio, a tragédia "não muda"?

3. Para que um anúncio seja bem-sucedido, é necessário que ele chame a atenção do público e conquiste sua simpatia para aderir à ideia veiculada.

a) Que estratégias de persuasão o anúncio lido utiliza?

b) Na sua opinião, tais estratégias são eficientes? Por quê?

Pablo Picasso

Guernica (1937), de Pablo Picasso, expressa a indignação do artista diante do bombardeio do pequeno povoado de Guernica, na região basca da Espanha, ordenado pelo general Franco. Naquele momento, Franco era apoiado pelo nazismo alemão e pelo fascismo italiano.

CONCEITUANDO

O anúncio lido é um bom exemplo do uso que se pode fazer das linguagens verbal e não verbal e dos efeitos de sentido que podem ser criados em determinadas situações.

O anúncio estabelece uma situação comunicativa em que locutor e locutário interagem por meio da linguagem. O locutor é a organização não governamental Greenpeace, e o locutário são os leitores. A linguagem é de dois tipos, verbal e não verbal. A verbal é constituída pelos enunciados "Desmatamento zero. É agora ou agora" e "Mudam os personagens, não muda a tragédia. Junte-se", e a não verbal, pelo desenho inspirado em um quadro de Picasso.

Enunciado é tudo o que o locutor enuncia, isto é, tudo o que ele diz ao locutário numa situação concreta de interação pela linguagem.

Texto verbal é uma unidade linguística concreta que é percebida pela audição (na fala) ou pela visão (na escrita) e tem unidade de sentido e intencionalidade comunicativa.

No anúncio lido, fica evidente que o texto verbal não é o único elemento responsável pela construção do sentido. A utilização de elementos da pintura de Picasso (fundo, cor, disposição, etc.) e de figuras de animais e de uma motossera constrói o sentido de destruição do meio ambiente. O anúncio tem, portanto, uma intencionalidade clara, que é denunciar a destruição da natureza.

Um texto é sempre verbal?

Veja como Eduardo Ferreira Grosso satiriza as relações de poder neste cartum, constituído apenas de linguagem não verbal:

Eduardo Ferreira Grosso

(In: *Salão Internacional de Humor de Piracicaba*. Piracicaba: Centro Nacional de Pesquisa e Divulgação do Humor, 2007. p. 41.)

Ao conjunto de fatores que constituem a situação na qual é produzido um texto chamamos *contexto discursivo* ou *situação de produção*. E ao conjunto da atividade comunicativa, ou seja, o texto e o contexto discursivo, reunidos, chamamos **discurso**.

Discurso é a atividade comunicativa capaz de gerar sentido desenvolvida entre interlocutores. Além do enunciado verbal, engloba também elementos extraverbais, isto é, elementos que estão na situação de produção (por exemplo, quem fala, com quem fala, com que finalidade, etc.) e que também participam da construção do sentido do texto.

EXERCÍCIOS

Leia este cartaz:

SOS Mata Atlântica

(*32º Anuário do Clube de Criação de São Paulo*, p. 288.)

1. O cartaz pode ser considerado um discurso? Por quê?

2. Que tipos de linguagem estão presentes no cartaz?

3. Considerando que todo discurso envolve interlocutores e tem uma intencionalidade, isto é, um propósito comunicativo, responda:

a) Quem produziu o cartaz?

b) No lado direito do cartaz, na parte de baixo, há este enunciado verbal: "Exija dos governantes ações concretas contra a destruição do meio ambiente". Conclua: a quem o cartaz se destina?

c) Qual é a finalidade do cartaz?

4. O enunciado verbal "Vai lavar as mãos para o abandono" remete a um episódio bíblico, no qual Pilatos, prefeito da Judeia, literalmente lava as mãos diante da multidão e deixa que o povo decida o destino de Jesus. Qual sentido é criado no enunciado verbal com a expressão "lavar as mãos"?

5. A parte não verbal do cartaz é constituída principalmente por um cano, uma torneira e uma figura que lembra uma gota d'água. Sobre o cano aparecem árvores secas, e da torneira não sai água. O que sugerem os elementos visuais situados no lugar de onde deveria sair água?

SOS Mata Atlântica

6. Uma das estratégias de persuasão utilizadas no anúncio lido é a ambiguidade, ou seja, o duplo sentido.

a) Qual é a ambiguidade explorada no cartaz?

b) Que efeito de sentido essa ambiguidade produz?

TEXTUALIDADE, COERÊNCIA E COESÃO

Uma das grandes obras da literatura brasileira é *Grande sertão: veredas*, do escritor mineiro Guimarães Rosa. O narrador, o ex-jagunço Riobaldo, apesar de ser um homem simples do sertão, faz reflexões filosóficas profundas, cheias de poesia e sabedoria. Leia o que essa personagem pensa sobre contar histórias e sobre a saudade.

Contar é muito dificultoso. Não pelos anos que já se passaram. Mas pela astúcia que têm certas coisas passadas de fazer balancê, de se remexerem dos lugares. A lembrança da vida da gente se guarda em trechos diversos; uns com outros acho que nem se misturam [...]. Contar seguido, alinhavado, só mesmo sendo coisas de rasa importância. Tem horas antigas que ficaram muito mais perto da gente do que outras de recente data. Toda saudade é uma espécie de velhice. Talvez, então, a melhor coisa seria contar a infância não como um filme em que a vida acontece no tempo, uma coisa depois da outra, na ordem certa, sendo essa conexão que lhe dá sentido, princípio, meio e fim, mas como um álbum de retratos, cada um completo em si mesmo, cada um contendo o sentido inteiro. Talvez seja esse o jeito de escrever sobre a alma em cuja memória se encontram as coisas eternas, que permanecem...

(Guimarães Rosa. Apud Rubem Alves. *Na morada das palavras*. Campinas: Papirus, 2003. p. 139.)

Mariângela Haddad

1. Um texto, para ser um texto de verdade, não pode ser um punhado de frases soltas. Ele precisa apresentar conexões, tanto gramaticais quanto de ideias. Observe as três primeiras frases do texto. A segunda e a terceira frases iniciam-se, respectivamente, com as palavras *não* e *mas*.

a) Que ideia anteriormente expressa é negada pela palavra *não*?

b) A palavra *mas* introduz uma ideia que se opõe a outra anteriormente expressa. A ideia anterior se encontra na primeira ou na segunda frase?

2. A palavra *uns*, da quarta frase, refere-se a um termo anteriormente expresso, no interior da mesma frase. Qual é esse termo?

3. Releia este trecho:

> "Toda saudade é uma espécie de velhice. Talvez, então, a melhor coisa seria contar a infância não como um filme em que a vida acontece no tempo, uma coisa depois da outra, na ordem certa, sendo essa conexão que lhe dá sentido, princípio, meio e fim"

a) Qual das ideias a seguir expressa o sentido da palavra *então* no contexto?

- adição
- oposição
- conclusão
- consequência

b) O trecho "uma coisa depois da outra, na ordem certa" cumpre o papel de explicar uma afirmação anterior. Qual é essa afirmação?

4. Nas questões anteriores, você observou algumas das *conexões gramaticais* do texto. Além delas, existem também as *conexões de ideias*. No início do texto, o autor afirma que é difícil contar seguidamente os fatos da infância, pois eles se remexem e não aceitam a ordem linear do tempo. Diante dessa dificuldade, o autor sugere um método para contar fatos tão distantes.

a) Qual é esse método?

b) Dê sua opinião: Com essa sequência de ideias, o texto se mostra coerente, com ideias que se complementam, ou se mostra confuso, com ideias contraditórias e incompletas?

5. Faça uma experiência. Leia o texto de trás para a frente; depois leia-o do meio para o início e do meio para o fim. Finalmente, conclua: A sequência do texto é importante para que ele apresente determinado sentido?

Você percebeu que um texto não pode ser construído com frases soltas, desconexas. Além disso, a alteração da sequência de suas partes pode modificar profundamente seu sentido. Para um texto ter unidade de sentido, para ser um todo coerente, é necessário que apresente **textualidade**, isto é, que apresente conexões gramaticais e articulação de ideias. Em outras palavras, que apresente **coesão** e **coerência textuais**.

> **Coesão textual** são as conexões gramaticais existentes entre palavras, orações, frases, parágrafos e partes maiores de um texto.

As palavras que realizam articulações gramaticais, também chamadas *conectores*, são substantivos, pronomes, conjunções, preposições, etc. São comuns nesse papel ainda palavras como *isso*, *então*, *aliás*, *também*, *isto é*, *entretanto*, *e*, *por isso*, *daí*, *porém*, *mas*, entre outras.

No trecho "Talvez seja esse o jeito de escrever sobre a alma", por exemplo, o pronome demonstrativo *esse* é um conector, pois retoma o que foi desenvolvido antes sobre o método de contar fatos do passado "como um álbum de retratos".

Como os conectores são portadores de sentido, eles também contribuem para construir a coerência de um texto.

> **Coerência textual** é a estruturação lógico-semântica de um texto, isto é, a articulação de ideias que faz com que numa situação discursiva palavras e frases componham um todo significativo para os interlocutores.

Um dos princípios básicos da coerência textual é a *não contradição*, ou seja, as ideias não podem ser contraditórias entre si nem apresentar incoerência em relação à realidade, a não ser que a contradição seja proposital.

Pode haver coerência sem coesão?

Há textos que se organizam por justaposição ou com elipses e, mesmo assim, podem ser considerados textos por seus leitores/ouvintes, pois constituem uma unidade de sentido.

Como exemplo de que pode haver coerência sem coesão, veja este poema do poeta e compositor Arnaldo Antunes:

sobressalto
esse desenho abstrato
minha sombra no asfalto

A COERÊNCIA E O CONTEXTO DISCURSIVO

Além da não contradição e dos conectores, outro aspecto importante para avaliar a coerência de um texto é o *contexto discursivo*. Imagine, por exemplo, as falas seguintes, ditas por uma mãe a seus filhos:

— Está armando uma chuva muito forte. Por isso, ninguém sai de casa!
— Está armando uma chuva muito forte. Por isso, vamos sair de casa!

Os dois enunciados estão estruturalmente bem-formados, pois fazem uso do recurso coesivo *por isso* e, portanto, pode-se considerar que ambos apresentam coesão. Entretanto, pelo sentido das falas, tendemos a julgar como coerente apenas o primeiro enunciado, pelo fato de geralmente pressupormos que, se uma chuva muito forte está por vir, as pessoas não devem sair de casa.

Vejamos estas duas manchetes de jornal:

Rio sobe com chuva e secretário recomenda ao carioca ficar em casa

(*O Globo*, 29/1/2012.)

Chuvas expulsam mais de 14 mil pessoas de casa no Estado do Rio

Bombeiros resgatam família soterrada dentro de fusca nesta quarta

(*R7*, 11/1/2012.)

Amadeu Bocatios/ Futura Press

No contexto discursivo da primeira manchete, o primeiro enunciado mantém-se coerente, pois ficar em casa equivale a segurança. No contexto discursivo da segunda manchete, entretanto, o enunciado "Chuvas expulsam mais de 14 mil pessoas de casa no Estado do Rio" também é coerente, pois, nessa situação, ficar em casa implica risco.

Como se vê, coerência e coesão são fatores de textualidade regulados pelo contexto discursivo. Não podem, assim, ser avaliadas em frases isoladas, desvinculadas dos textos em que estavam originalmente inseridas, desconsiderando-se a situação de comunicação.

EXERCÍCIOS

Leia o texto:

Era meia-noite. O Sol brilhava. Pássaros cantavam pulando de galho em galho. O homem cego, sentado à mesa de roupão, esperava que lhe servissem o desjejum. Enquanto esperava, passava a mão na faca sobre a mesa como se a acariciasse tendo ideias, enquanto olhava fixamente a esposa sentada à sua frente. Esta, que lia o jornal, absorta em seus pensamentos, de repente começou a chorar, pois o telegrama lhe trazia a notícia de que o irmão se enforcara num pé de alface. O cego, pelado com a mão no bolso, buscava consolá-la e calado dizia: a Terra é uma bola quadrada que gira parada em torno do Sol. Ela se queixa de que ele ficou impassível, porque não é o irmão dele que vai receber as honrarias. Ele se agasta, olha-a com desdém, agarra a faca, passa manteiga na torrada e lhe oferece, num gesto de amor.

(Este texto reproduz aproximadamente versão ouvida junto a crianças de Araguari – MG.)

(Apud Ingedore Villaça Koch e Luiz Carlos Travaglia. *A coerência textual.* 11. ed. São Paulo: Contexto, 2001. p. 49-50.)

1. Observe se no texto há emprego adequado de sinais de pontuação, vocabulário culto e construções de acordo com a norma-padrão. Depois conclua: O autor do texto demonstra ter domínio da linguagem escrita? Justifique sua resposta com elementos do texto.

2. Além do domínio vocabular e sintático da língua, o texto apresenta também marcas de coesão. Identifique no texto:
   a) dois exemplos de coesão, nos quais uma palavra (substantivo, pronome, numeral, etc.) retome um termo já expresso;
   b) dois exemplos de marcadores temporais, por meio dos quais se tenha ideia de sequência de fatos;
   c) um conector que estabeleça uma relação de explicação.

3. Apesar de aparentemente bem-redigido, o texto apresenta sérios problemas de coerência.
   a) A narração ocorre à meia-noite. No entanto, certas informações contradizem isso. Quais são essas informações?
   b) Cite uma contradição relacionada ao cego e uma contradição relacionada à esposa.
   c) Sabe-se que a Terra gira em torno do Sol. Que elementos do texto contrariam essa informação?

4. O texto em estudo foi produzido em uma brincadeira de crianças que incluía o relato de uma história absurda. Considerando que o objetivo do texto era produzir humor, conclua: O texto é incoerente ou coerente?

INTERTEXTUALIDADE, INTERDISCURSIVIDADE E PARÓDIA

Você conhece a personagem Aline, do quadrinista Adão Iturrusgarai? Ela é uma adolescente que vive à procura de namorados. Desta vez, parece que ela se meteu em encrencas. Leia a tira:

(*Folha de S. Paulo*, 5/4/2004.)

A tira de Adão constrói humor por meio da mistura de três gêneros literários ou artísticos: a história em quadrinhos, o romance ou o filme policial, sugerido pela temida figura do *serial killer*, e o conto maravilhoso *Chapeuzinho Vermelho*, sugerido pelo diálogo entre o vizinho (que corresponde ao lobo) e Aline (que corresponde a Chapeuzinho Vermelho).

Ao criar sua tira, Adão não tinha a intenção de imitar os outros textos. Pretendia, sim, "dialogar" com esses textos, *citando-os* em sua tira e criando humor a partir deles. Quando um texto cita outro, dizemos que entre eles existe **intertextualidade**.

Intertextualidade é a relação entre dois textos caracterizada por um citar o outro.

Há diferentes tipos de intertextualidade. A intertextualidade pode ter uma base *temática*, quando os textos apresentam em comum um tema, uma determinada ideologia ou visão de mundo; por exemplo, a que ocorre entre a tragédia grega *Medeia*, de Eurípedes, e a peça teatral *Gota d'água*, de Chico Buarque, uma versão moderna desse texto. Também pode ter uma base *estilística*, quando um texto apresenta certos procedimentos muito conhecidos em outro texto, como, por exemplo, o emprego de palavras, expressões ou estruturas sintáticas similares. Compare os dois textos a seguir.

Dialogismo: a linguagem são no mínimo dois

Segundo o teórico russo Mikhail Bakhtin, a linguagem é, por natureza, *dialógica*, isto é, sempre estabelece um diálogo entre pelo menos dois seres, dois discursos, duas palavras. Diz Bakhtin:

> Os enunciados não são indiferentes uns aos outros, nem autossuficientes; são mutuamente conscientes e refletem um ao outro... Cada enunciado é pleno de ecos e reverberações de outros enunciados, com os quais se relaciona pela comunhão da esfera da comunicação verbal [...]. Cada enunciado refuta, confirma, complementa e depende dos outros; pressupõe que já são conhecidos, e de alguma forma os leva em conta.

(*Estética da criação verbal*. 2. ed. São Paulo: Martins Fontes, 1997. p. 316.)

As armas e os barões assinalados
Que, da ocidental praia lusitana,
Por mares nunca dantes navegados
Passaram ainda além da Taprobana,
Em perigos e guerras esforçados
Mais do que prometia a força humana
E entre gente remota edificaram
Novo Reino, que tanto sublimaram.
[...]

(Luís de Camões. *Os lusíadas*. São Paulo: Abril Cultural, 1979.)

As salas e becões assinalados
Da oriental praia paulistana
Partiram em missão desumana
A bater inimigos colorados.
Depois do empate duro e fero
Três a três em pleno alçapão,
Queriam ao menos 1 a 0,
e o sonho manter no coração.
[...]

(José Roberto Torero. *Folha de S. Paulo*, 8/3/2002.)

Os versos de Luís de Camões homenageiam o heroísmo dos navegantes portugueses, que, no século XV, saindo de Portugal (a "ocidental praia lusitana") com suas caravelas, conseguiram ultrapassar a Taprobana (ilha do Ceilão, limite oriental do mundo conhecido na época). O jornalista José Torero, referindo-se a um jogo entre Santos e Internacional, ocorrido em Porto Alegre pela Copa do Brasil, estabelece uma relação intertextual com o poema de Camões, transmitindo assim a noção de grandiosidade do jogo e, ao mesmo tempo, reverenciando os esforços do grupo santista, comparados aos feitos dos navegantes portugueses.

Entre os diferentes níveis de intertextualidade, há alguns mais sofisticados, em que a relação entre o texto e o intertexto não é apenas a de uma mera citação.

Leia estes versos de dois poetas de épocas diferentes:

Meus oito anos

Oh! Que saudade que tenho
Da aurora da minha vida,
Da minha infância querida
Que os anos não trazem mais
Que amor, que sonhos, que flores
Naquelas tardes fagueiras
À sombra das bananeiras,
Debaixo dos laranjais!
[...]

(Casimiro de Abreu. *Poesias completas de Casimiro de Abreu.* Rio de Janeiro: Ediouro. p. 19-20.)

fagueira: agradável, amena.

Meus oito anos

Oh que saudades que eu tenho
Da aurora de minha vida
Das horas
De minha infância querida
Que os anos não trazem mais
Naquele quintal de terra
Da Rua de Santo Antônio
Debaixo da bananeira
Sem nenhum laranjais.
[...]

(Oswald de Andrade. *Primeiro caderno do aluno de poesia Oswald de Andrade.* 4. ed. São Paulo: Globo, 2006. p. 52.)

O primeiro texto, de Casimiro de Abreu, foi escrito no século XIX; o segundo texto, de Oswald de Andrade, foi escrito no século XX. As semelhanças entre os textos são evidentes, pois o assunto deles é o mesmo e há versos inteiros que se repetem. Portanto, o segundo texto cita o primeiro, estabelecendo com ele uma relação intertextual.

Observe, porém, que o segundo texto tem uma visão diferente da apresentada pelo primeiro. Neste, tudo na infância parece ser perfeito, rodeado por "amor", "sonhos" e "flores"; já no segundo texto, esses elementos são substituídos por um simples "quintal de terra", um espaço concreto e comum, sem idealização. Além disso, com o verso "Sem nenhum laranjais", Oswald de Andrade ironiza Casimiro de Abreu, como que dizendo: na minha infância também havia bananeiras, mas não havia os tais "laranjais" que o Casimiro cita em seu poema.

Observe que Oswald de Andrade, com seu poema, não apenas cita o poema de Casimiro de Abreu. Ele também critica esse poema, pois considera irreal a visão que Casimiro tem da infância.

Na opinião de Oswald, infância de verdade, no Brasil, se faz com crianças brincando em quintal de terra, embaixo de bananeiras, e não com crianças sonhando embaixo de laranjeiras.

Nesse tipo de relação estabelecida entre os textos, não há apenas intertextualidade. Há uma relação mais abrangente, que envolve dois discursos poéticos distintos, duas formas diferentes de ver a infância: a de Casimiro de Abreu, mais idealizada e romântica, e a de Oswald de Andrade, moderna e antissentimental. A esse tipo de relação entre discursos, quando se evidenciam os elementos da situação de produção – quem fez, para que, em que momento histórico, com qual finalidade, etc. –, chamamos **interdiscursividade.**

Interdiscursividade é a relação entre dois discursos caracterizada por um citar o outro.

O tipo de relação existente entre os textos de Casimiro de Abreu e Oswald de Andrade é também chamado de **paródia**.

Paródia é um tipo de relação intertextual em que um texto cita outro geralmente com o objetivo de fazer-lhe uma crítica ou inverter ou distorcer suas ideias.

EXERCÍCIOS

Leia, a seguir, os versos de uma canção de Chico Buarque e uma charge de Ziraldo, e responda às questões 1 e 2.

Quando o carnaval chegar

Quem me vê sempre parado, distante
Garante que eu não sei sambar
Tou me guardando pra quando o carnaval chegar
Eu tô só vendo, sabendo, sentindo, escutando
E não posso falar
Tou me guardando pra quando o carnaval chegar
Eu vejo as pernas de louça da moça que passa e
[não posso pegar
Tou me guardando pra quando o carnaval chegar
Há quanto tempo desejo seu beijo
Molhado de maracujá
Tou me guardando pra quando o carnaval chegar
[...]

(http://www.chicobuarque.com.br/letras/quandooc.htm)

Ziraldo

(http://ziraldo.blogtv.uol.com.br/achargenotempo)

1. Em ambos os textos o tema é o carnaval. Contudo:

a) Que sentido tem o carnaval para o eu lírico da canção?

b) E para a personagem da charge?

2. Sabendo que a canção de Chico Buarque foi produzida e divulgada antes da charge de Ziraldo, responda:

a) Que texto estabelece uma relação intertextual com o outro?

b) Essa relação pode ser considerada também interdiscursiva? Por quê?

3. Muitos tipos de intertextualidade implícita ocorrem por meio da substituição de um fonema ou uma palavra, por meio de acréscimo, supressão ou transposição.

Leia os enunciados abaixo e descubra as frases originais com as quais eles mantêm relação intertextual.

a) "Penso, logo hesito." (Luis Fernando Verissimo, "Mínimas".)

b) "Quem vê cara não vê falsificação." (Anúncio dos relógios Citizen)

c) "Até que a bebida os separe." (mensagem da Associação dos Alcoólatras Anônimos)

d) "Quem espera nunca alcança." (Chico Buarque)

e) "O Instituto de Cardiologia não vê cara, só vê coração." (Propaganda do Instituto de Cardiologia do Rio Grande do Sul)

f) "Para bom entendedor, meia palavra bas." (Luis Fernando Verissimo, "Mínimas".)

g) Diga-me com quem andas e eu prometo que não digo a mais ninguém. (Internet)

(Frases extraídas do capítulo 1 da obra *Intertextualidade – Diálogos possíveis*, de Ingedore G. Villaça et alii.)

A COERÊNCIA E A COESÃO NA CONSTRUÇÃO DO TEXTO

Leia o texto:

Subi a porta e fechei a escada.
Tirei minhas orações e recitei meus sapatos.
Desliguei a cama e deitei-me na luz.

Tudo porque
Ele me deu um beijo de boa noite...

(Anônimo. In: Irandé Antunes. *Lutar com palavras – Coesão e coerência*. São Paulo: Parábola, 2005.)

Toninho Gonçalves

1. Observe se no texto são empregados adequadamente os sinais de pontuação, se há alguma construção própria da linguagem mais culta, se é utilizada alguma conjunção como recurso coesivo. Depois, conclua: O autor demonstra ter domínio da linguagem escrita ou não? Justifique sua resposta com elementos do texto.

2. Releia as três primeiras linhas do texto:

"Subi a porta e fechei a escada.
Tirei minhas orações e recitei meus sapatos.
Desliguei a cama e deitei-me na luz."

Toninho Gonçalves

a) O trecho não apresenta problemas de escrita ou de pontuação, relativamente à norma-padrão. Entretanto, lido isoladamente, ele pode ser considerado coerente? Justifique sua resposta.

b) No trecho, os complementos dos verbos não dão sentido coerente aos enunciados. Indique a correlação lógica entre verbos e complementos:

a) subi	1. minhas orações
b) fechei	2. a luz
c) tirei	3. na cama
d) recitei	4. a escada
e) desliguei	5. a porta
f) deitei-me	6. meus sapatos

3. Nas duas últimas linhas do texto, é revelado um fato que modifica o sentido das três linhas iniciais.

a) Qual é esse fato?
b) Esse fato afeta a coerência do texto como um todo? Justifique sua resposta.
c) O que a construção dos três primeiros versos revela sobre o eu lírico?
d) Qual é a importância dessa construção para o sentido do texto?

4. O texto é incoerente? Por quê?

SEMÂNTICA E DISCURSO

Observe o cartum a seguir, de Quino, e responda às questões de 1 a 3.

Joaquin Salvador Lavado (Quino)

(*Mundo Quino*. Barcelona: Editorial Lumens, 1987.)

1. O cartum de Quino cita uma figura bastante conhecida na História ocidental. Observe as características do homem retratado no cartum: seu uniforme e seu chapéu, sua altura e o gesto que ele faz com a mão direita. Quem é ele? Que importância ele teve na História?

2. Essa figura histórica geralmente está associada, em livros e filmes, a situações diferentes da retratada no cartum.

a) Que visão desse homem nos é transmitida pela cultura oficial?

b) O que o cartum ironiza?

3. Existem relações de intertextualidade que *reforçam* as ideias do intertexto (no caso, o discurso que circula socialmente sobre Napoleão) e existem aquelas que *subvertem* as ideias do intertexto. Qual desses procedimentos caracteriza o cartum de Quino em relação à História oficial?

Leia o anúncio a seguir e responda às questões de 4 a 6.

DM9DDB/foto Mrcuy Hausser

(*30º Anuário do Clube de Criação de São Paulo*, p. 186.)

4. Identifique a intertextualidade que há no anúncio. Depois responda: De que modo ela é indicada no anúncio?

5. Observe a frase que há na traseira do caminhão.

a) Quais os sentidos do verbo *tomar* nessa frase?

b) Que tipo de sabedoria a frase pretende transmitir?

c) O consumo de bebidas alcoólicas é proibido para quem dirige. Considerando-se esse dado, que outro sentido a frase apresenta?

6. Para promover a imagem do produto anunciado, o anunciante utiliza como argumento um valor.

a) Qual é esse valor?

b) Por que a imagem do produto anunciado supostamente melhora quando agregada a esse valor?

LITERATURA

: *Fliegend Holländer* (1885), de Rafael Olbinski.

CAPÍTULO 4

O Classicismo em Portugal

Entre os séculos XV e XVI, Portugal tornou-se um dos mais importantes países da Europa, em virtude do papel decisivo que exerceu no processo de expansão marítima e comercial. O país amadurecia como Estado, povo, língua e cultura; contudo, faltava aos portugueses uma grande obra literária que registrasse e consagrasse a euforia que viviam. O poema épico Os lusíadas, *de Luís de Camões, é a resposta concreta a esse desejo e a obra que projetou a literatura portuguesa entre as mais significativas do cenário europeu nesse momento histórico.*

Desde o final do século XV, Portugal já se encontrava mergulhado no espírito aventureiro das viagens marítimas e dos descobrimentos. O renascimento econômico e político, porém, só alcançou o plano da literatura em 1527, quando o Classicismo chegou a Portugal com as novidades artísticas levadas da Itália pelo poeta Sá de Miranda, que, em viagem àquele país, tomara contato com o "doce estilo novo" criado pelos humanistas.

Essas inovações temáticas e formais vinham ao encontro dos anseios dos artistas e intelectuais portugueses da época. Motivados pela euforia das navegações, buscavam uma literatura que fosse a expressão do espírito da nacionalidade do país, que imortalizasse o sentimento de valorização experimentado pelo povo português e os feitos heroicos que lhe haviam dado origem.

A partir desse momento, a produção literária se enriqueceu. Diversificaram-se os gêneros e surgiram importantes escritores.

PRODUÇÃO LITERÁRIA NO CLASSICISMO PORTUGUÊS	
Poesia	• lírica: Luís de Camões e Sá de Miranda. • épica: Luís de Camões, com *Os lusíadas*.
Prosa	• novela sentimental: Bernardim Ribeiro, com *Menina e moça*. • novelas de cavalaria: João de Barros, com a *Crônica do imperador Clarimundo*, e Francisco de Morais, com *Palmeirim da Inglaterra*. • crônica histórica: João de Barros. • literatura de viagens: Fernão Mendes Pinto, com *Peregrinação*.
Teatro	Antônio Ferreira, com a tragédia *Castro* (a primeira peça de influência clássica no teatro português).

Luís de Camões retratado em Goa, na Índia.

LUÍS DE CAMÕES: O GRANDE SALTO

Luís de Camões foi o poeta que melhor traduziu os anseios do homem português renascentista. Nascido provavelmente em 1525, em Lisboa, proveniente de uma família nobre decadente, Camões lutou por seu país no norte da África, onde perdeu um olho. Em 1550 foi preso, do que decorreu um exílio de dezessete anos, período em que viveu na África e na Ásia (incluindo Índia e China). Voltou a Portugal em 1570 e morreu dez anos depois, em total miséria. Homem vivido e culto, soube conciliar seus estudos de cultura clássica com as ricas experiências colhidas em suas viagens pelo Oriente, o que lhe permitiu escrever a obra que constituiu a principal expressão da literatura renascentista em Portugal: *Os lusíadas*.

Camões vivo!

Camões morreu há mais de 400 anos, mas nunca esteve tão vivo. Suas obras não param de ser lidas, adaptadas e recriadas em diferentes linguagens artísticas. Veja algumas das criações e adaptações feitas a partir da vida e da obra de Camões:

- cinema: *Inês de Castro* (1945) e *Camões* (1946);
- música: *Amália canta Luís de Camões* (1965); "Monte Castelo", canção do grupo Legião Urbana, criada a partir de um soneto de Camões; *Camões é um poeta rap*, espetáculo criado pela artista portuguesa Gisela Cañamero, que adaptou quinze sonetos de Camões para a linguagem do *rap*;
- literatura: *Mensagem*, de Fernando Pessoa, na qual há vários poemas que dialogam com as navegações portuguesas e com *Os lusíadas*; *Que farei com este livro?* (1979), peça teatral de José Saramago sobre as dificuldades de Camões para publicar *Os lusíadas*; *As naus*, de António Lobo Antunes; *O gênio de Camões*, cordel do cearense Gonçalo Ferreira da Silva;
- quadrinhos: *Os lusíadas*, de Fido Nesti, e *Versos de amor e morte*, de Fido Nesti e Nelly Novaes Coelho (Editora Peirópolis); *Lusíadas 2500*, de Laílson de H. Cavalcanti (Editora Nacional), que adapta a obra de Camões para um ambiente de ficção científica.

Os lusíadas: desafio e conquista

O ano de 1998 foi muito especial para Portugal, pois nele comemoraram-se os 500 anos da grande conquista marítima – a chegada dos portugueses ao Oriente pela África – que elevou o país à condição de uma das mais poderosas nações europeias no século XVI.

As aventuras e os feitos heroicos dos portugueses foram narrados na epopeia *Os lusíadas*, de Luís de Camões. Liderados por Vasco da Gama, os lusos (daí o nome da obra) lançaram-se ao mar, numa época em que ainda se acreditava na existência de monstros e abismos marinhos. Ultrapassando os limites marítimos conhecidos – o cabo das Tormentas, no sul da África –, chegaram a Calicute, na Índia. Tal façanha, que uniu o Oriente ao Ocidente pelo mar, deslumbrou o mundo e foi alvo de interesses políticos e econômicos de diversas nações europeias.

O herói

As epopeias clássicas greco-romanas apresentam um herói que, por sua força e coragem, aproxima-se dos deuses. Esse herói centraliza completamente as ações da narrativa, que existem quase somente para destacar suas qualidades.

Diferentemente das outras epopeias, que narravam um fato histórico ocorrido muitos séculos antes, o poema *Os lusíadas* foi escrito menos de um século depois da viagem de Vasco da Gama. A proximidade histórica não permite a superestimação de personagens reais, humanas, cheias de limitações como qualquer um. Camões resolveu esse problema ampliando a dimensão heroica de suas personagens. O herói de seu poema não é somente Vasco da Gama, mas todos os portugueses, representados naquela viagem pela figura do capitão. Assim, o autor consegue incorporar à sua obra também o *espírito nacionalista* que se verificava em Portugal entre os séculos XV e XVI.

Tipologia de herói

O crítico canadense Nortrop Frye criou uma tipologia dos heróis na literatura, reunindo-os em três grupos. Segundo ele, há o **herói clássico** das epopeias, que se aproxima dos deuses e se distancia dos homens, pois é capaz de ações incomuns aos seres humanos (como Ulisses, ou Odisseu, na *Odisseia*, de Homero); o **herói romanesco**, que está acima dos homens mas abaixo dos deuses (por exemplo, Peri, na obra *O guarani*, de José de Alencar, ou a personagem Indiana Jones, dos filmes de Spielberg); e o **herói problemático**, próprio dos romances modernos, que se sente moralmente abaixo dos homens (como Bentinho, do romance *Dom Casmurro*, de Machado de Assis).

Paramount/courtesy Everett Collection

Cena de *Indiana Jones e o reino da caveira de cristal*.

Deus e os deuses

As epopeias da cultura grega e romana são anteriores a Cristo e, portanto, exprimem crenças e valores religiosos pagãos (não cristãos).

Camões era cristão e desejava cantar em seu poema também a expansão da fé cristã no mundo. Por isso, a presença de Deus e a referência a milagres e santos do cristianismo são constantes em sua obra. Contudo, como nas epopeias que Camões tomou por modelo – a *Odisseia* e a *Ilíada*, do poeta grego Homero, e a *Eneida*, do poeta latino Virgílio –, há nela também a presença dos deuses do Olimpo. Eles interferem na narrativa de *Os lusíadas* procurando auxiliar ou prejudicar os portugueses no cumprimento de seus objetivos. Enquanto Vênus e Marte, por exemplo, tentam protegê-los, outros deuses, como Netuno e Baco, procuram impedir o cumprimento da rota planejada – o primeiro porque zela pelo seu poderio nos mares, e o segundo, pelo seu domínio no Oriente.

Os lusíadas conseguiram conciliar, portanto, o *maravilhoso pagão* (fruto do gosto renascentista pelo estudo da cultura pagã) e o *maravilhoso cristão* (ideologia pessoal do autor). Isso, porém, valeu a Camões problemas com a Inquisição e tratamento com muita reserva por parte dos críticos de sua época.

A estrutura

A obra de Camões apresenta 1 102 estrofes, todas em oitava-rima, organizadas em dez cantos. Cada canto, na epopeia, corresponde a um capítulo das obras em prosa. Seguindo o modelo clássico, *Os lusíadas* apresentam três partes principais: introdução, narração e epílogo.

Camões censurado?

Eis um fragmento do parecer do censor do Santo Ofício, na edição de 1572 de *Os lusíadas*, quando a obra quase foi censurada pela Inquisição:

> Vi por mandado de santa & geral inquisição estes dez Cantos dos Lusíadas de Luís de Camões [...] e não achey nelles cousa algua escandalosa nem contrária â fe & bõs costumes, somente me pareceo que era necessario aduertir os Lectores que o Autor para encarecer a difficuldade da navegação & entrada dos Portugueses na India, usa de hua fição dos Deoses dos Gentios.

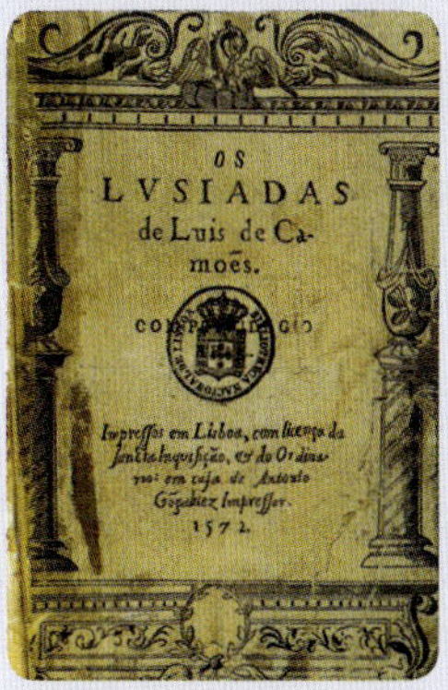

Reprodução

Capa da 1ª edição de *Os lusíadas*.

Introdução

Estende-se pelas dezoito estrofes do Canto I e subdivide-se em:

- *proposição* (estrofes 1, 2 e 3), em que o poeta apresenta o que vai cantar, ou seja, os feitos heroicos dos ilustres barões de Portugal:

> As armas e os barões assinalados
> Que, da ocidental praia lusitana,
> Por mares nunca dantes navegados
> Passaram ainda além da Taprobana*

barões: homens ilustres.
ocidental praia lusitana: Portugal.
Taprobana: ilha do Ceilão, limite oriental do mundo conhecido.

- *invocação* (estrofes 4 e 5), em que o poeta invoca as Tágides, ninfas do rio Tejo, pedindo a elas inspiração para fazer o poema:

> E vós, Tágides minhas, pois criado
> Tendes em mim um novo engenho ardente,
> ....
> Dai-me agora um som alto e sublimado,
> Um estilo grandíloquo e corrente,

Getty Images

* Esta e as demais citações de *Os lusíadas* foram extraídas da edição publicada pela Abril Cultural (São Paulo) em 1979.

- *dedicatória* ou *oferecimento* (estrofes 6 a 18), em que o poeta dedica seu poema a D. Sebastião, rei de Portugal:

> Ouvi: vereis o nome engrandecido
> Daqueles de quem sois senhor superno
> E julgareis qual é mais excelente,
> Se ser do mundo rei, se de tal gente.
>
> **superno**: supremo.

Narração

Na narração (da estrofe 19 do Canto I até a estrofe 144 do Canto X), o poeta relata a viagem propriamente dita dos portugueses ao Oriente. Essa é, portanto, a parte mais longa do relato e vários são os episódios que nela se destacam. A seguir, relacionamos alguns dos mais importantes relatos da obra.

- No Canto II, depois de terem passado por dificuldades no mar, os portugueses, com o auxílio de Vênus, aportam na África, onde são recebidos pelo rei de Melinde, que pede a Vasco da Gama que conte a história de Portugal. Esse é o pretexto encontrado por Camões para pôr na fala de sua personagem as histórias que envolvem a fundação do Estado português, a Revolução de Avis, a morte de Inês de Castro, a partida dos portugueses para o Oriente. Esse relato de Vasco da Gama se estende até o Canto IV, momento em que os portugueses seguem viagem. Nele, três episódios merecem destaque: o de Inês de Castro, amante do príncipe D. Pedro, assassinada a mando do rei (Canto III); o das críticas do velho da praia do Restelo (Canto IV); e do gigante Adamastor (Canto V), que é uma personificação dos perigos enfrentados pelos navegantes ao transporem o cabo das Tormentas. Eis um fragmento do primeiro desses episódios:

LOOK/Getty Images

O cabo das Tormentas, também conhecido como cabo da Boa Esperança, na África do Sul.

> Para o céu cristalino alevantado
> Com lágrimas os olhos piedosos
> (Os olhos, porque as mãos lhe estava atando
> Um dos duros ministros rigorosos),
> E depois nos meninos atentando,
> Que tão queridos tinha e tão mimosos,
> Cuja orfandade como mãe temia,
> Para o avô cruel assi dizia:
>
> ....
>
> "Ó tu, que tens de humano o gesto e o peito
> (Se de humano é matar ũa donzela,
> Fraca e sem força, só por ter sujeito
> O coração a quem soube vencê-la),
> A estas criancinhas tem respeito,
> Pois o não tens à morte escura dela;
> Mova-te a piedade sua e minha,
> Pois te não move a culpa que não tinha.

- Nos cantos de VI a IX, os portugueses chegam a Calicute, na Índia, e têm problemas com os mouros. Preparam-se, então, para voltar a Portugal; porém, devido a seus esforços e à sua coragem, são premiados por Vênus, que lhes oferece uma passagem pela Ilha dos Amores, onde podem livremente amar as ninfas, lideradas por Tétis:

Oh, que famintos beijos na floresta!
E que mimoso choro que soava!
Que afagos tão suaves! Que ira honesta,
Que em risinhos alegres se tornava!
O que mais passam na manhã e na sesta,
Que Vênus com prazeres inflamava,
Melhor é experimentá-lo que julgá-lo,
Mas julgue-o quem não pode experimentá-lo.

Sterling Francine Clark Art Institute

Ninfas e Sátiro (1873), de William-Adolphe Bouguereau.

Epílogo

É a conclusão do poema (estrofes 145 a 156 do Canto X), em que o poeta demonstra cansaço e, em tom melancólico, aconselha ao rei e ao povo português que sejam fiéis à pátria e ao cristianismo.

LEITURA

A seguir apresentamos quatro fragmentos de *Os lusíadas*, para um estudo comparado. Leia-os com bastante atenção e depois responda às questões propostas.

TEXTO I

Estas são as três estrofes iniciais do poema, que formam a proposição:

As armas e os barões assinalados
Que, da ocidental praia lusitana,
Por mares nunca dantes navegados
Passaram ainda além da Taprobana,
E em perigos e guerras esforçados,
Mais do que prometia a força humana,
Entre gente remota edificaram
Novo Reino, que tanto sublimaram;

E também as memórias gloriosas
Daqueles reis que foram dilatando
A Fé, o Império, e as terras viciosas
De África e de Ásia andaram devastando,
E aqueles que por obras valerosas
Se vão da lei da Morte libertando
— Cantando espalharei por toda parte,
Se a tanto me ajudar o engenho e arte.

Cessem do sábio grego e do troiano
As navegações grandes que fizeram;
Cale-se de Alexandre e de Trajano
A fama das vitórias que tiveram,
Que eu canto o peito ilustre lusitano,
A quem Neptuno e Marte obedeceram;
Cesse tudo o que a Musa antiga canta,
Que outro valor mais alto se alevanta.

Alexandre: Alexandre Magno.
arte: arte de dizer, eloquência.
engenho: talento, faculdade conceptiva.
grego: Ulisses, o herói da *Odisseia*, de Homero.
Marte: deus da guerra.
Musa antiga: a poesia; Calíope era a musa da epopeia e da eloquência.
Neptuno: deus do mar.
Novo Reino: o império português na Ásia.
terras viciosas: terras privadas da religião cristã.
Trajano: imperador romano de origem espanhola.
troiano: Eneias, do poema *Eneida*, de Virgílio.

TEXTO II

Este é um fragmento do episódio do velho da praia do Restelo (Canto IV):

— "Ó glória de mandar! Ó vã cobiça
Desta vaidade a quem chamamos fama!
Ó fraudulento gosto que se atiça
Cũa aura popular que honra se chama!
Que castigo tamanho e que justiça
Fazes no peito vão que muito te ama!
Que mortes, que perigos, que tormentas,
Que crueldades neles experimentas!

"Dura inquietação d'alma e da vida,
Fonte de desamparos e adultérios,
Sagaz consumidora conhecida
De fazendas, de reinos e de impérios!
Chamam-te ilustre, chamam-te subida,
Sendo digna de infames vitupérios;
Chamam-te Fama e Glória soberana,
Nomes com quem se o povo néscio engana!

....

"Oh! maldito o primeiro que no mundo
Nas ondas vela pôs em seco lenho!
Digno da eterna pena do Profundo,
Se é justa a justa lei que sigo e tenho!

Taprobana é hoje o Sri Lanka, ilha no oceano Índico.

aura: sopro.
néscio: insensato, ignorante.
Profundo: inferno.
sagaz: perspicaz, astuto.
vã: ilusória, fútil.
vitupério: ato vergonhoso ou criminoso.

TEXTO III

Esta é a estrofe com que se inicia o epílogo (Canto X):

Não mais, Musa, não mais, que a [lira tenho
Destemperada e a voz enrouquecida,
E não do canto, mas de ver que [venho
Cantar a gente surda e endurecida.
O favor com que mais se acende o [engenho
Não no dá a Pátria, não, que está [metida
No gosto da cobiça e na rudeza
Dũa austera, apagada e vil tristeza.

austero: penoso, sombrio.
favor: benefício.
vil: infame.

TEXTO IV

Estas estrofes referem-se ao episódio da Ilha dos Amores, momento em que Tétis conduz Vasco da Gama ao alto da montanha para que ele tenha uma visão ampla (Canto X):

"Vês aqui a grande máquina do Mundo,
Etérea e elemental, que fabricada
Assi foi do Saber alto e profundo.
Que é sem princípio e meta limitada.
Quem cerca em derredor este rotundo
Globo e sua superfície tão limada.
É Deus; mas o que é Deus, ninguém o entende,
Que a tanto o engenho humano não se estende.

....

"Más cá onde mais se alarga, ali tereis
Parte também co´o pau vermelho nota;
'De Santa-Cruz' o nome lhe poreis;
Descobri-la-á a primeira vossa frota.
Ao longo desta costa, que tereis,
Irá buscando a parte mais remota
O Magalhães — no feito, com verdade,
Português, porém não na lealdade.

etérea e elemental: constituída pelo céu e pelos quatro elementos (terra, água, fogo e ar).
limada: lisa, sem rugas.
nota: conhecida, célebre.
pau vermelho: pau-brasil.
rotundo: redondo.

Mario Yoshida

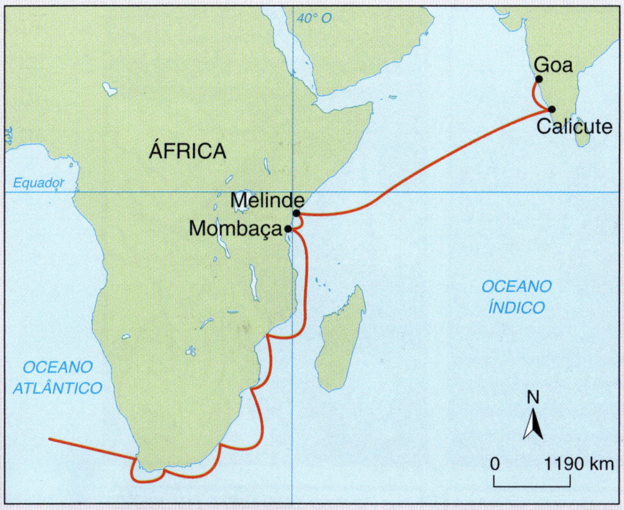

Depois de ultrapassar o cabo das Tormentas (no sul do continente africano), Vasco da Gama passou por Moçambique, Mombaça e Melinde (cidades no atual Quênia), de onde cruzou o oceano Índico em direção à Índia.

1. A propósito do texto I:

a) Destaque da 1ª estrofe um verso que exemplifique a visão antropocêntrica da época.

b) De que forma Camões justifica, na 2ª estrofe, o imperialismo português no Oriente?

2. Na 3ª estrofe do texto I, Camões compara as ações dos navegantes portugueses aos feitos de heróis como Alexandre e Trajano. Além disso, com a expressão "Musa antiga", remete às antigas epopeias que tomava por modelo.

a) Quais são essas epopeias?

b) A que se refere a expressão "valor mais alto", que, segundo o texto, chega a superar os feitos de grandes heróis do passado?

c) Que relação há entre os dois versos finais e o nacionalismo existente na época em Portugal?

3. Compare o tom com que o poeta se refere às navegações no texto I e o tom em que se expressa nos versos do texto III.

a) Em que diferem?

b) Que motivos apresentados no texto III explicam a mudança verificada?

4. Os textos II e III pertencem a cantos diferentes. Apesar disso, apresentam semelhança quanto a ideias. Em que consiste essa semelhança?

5. A respeito do texto IV:

a) Tétis mostra a Vasco da Gama o "rotundo globo". Relacione essa passagem ao contexto científico do Renascimento.

b) Que fato histórico Tétis profetiza nesse segmento?

LITERATURA COMPARADA

DIÁLOGO ENTRE OS QUADRINHOS E A EPOPEIA DE CAMÕES

Leia a seguinte página da obra *Os lusíadas*, de Fido Nesti, que adapta para a linguagem dos quadrinhos alguns dos episódios da epopeia de Camões.

Fido Nesti

Alguns especialistas em literatura são contrários às adaptações de obras literárias para a linguagem dos quadrinhos. Entendem que, mesmo quando o texto original é preservado, como ocorre no livro de Fido Nesti, a adaptação tende a banalizar a obra original e tirar do leitor a oportunidade de imaginar como eram as personagens, como era o cenário, como ocorriam as ações, etc. Você concorda com esse ponto de vista? Troque ideias com o professor e os colegas.

A lírica de Camões: a poética do conflito

Ao lado da poesia épica, a produção lírica camoniana vem a ser um dos pontos altos da poesia do século XVI e uma das maiores expressões literárias em nossa língua.

Homem experiente e culto, aberto às mais variadas tendências da cultura da época, Camões soube aproveitar tanto as influências da lírica medieval portuguesa quanto as da lírica italiana dos séculos XIV a XVI. As manifestações dessas duas orientações na obra de Camões normalmente são identificadas como *medida velha* – a poesia inspirada na tradição medieval – e como *medida nova* – a poesia inspirada no humanismo e no Renascimento italianos.

Os poemas escritos na medida velha obedecem à estrutura da poesia palaciana. Os versos são redondilhas maior e menor, a estrutura é formada por um *mote* (estrofe de abertura, que contém a ideia central do texto), seguido de algumas *glosas* ou *voltas* (estrofes que desenvolvem a ideia do mote). Embora já se notem nesses poemas algumas novidades do Renascimento, o conteúdo deles geralmente coincide com os da tradição medieval: a partida do namorado, a solidão, a confidência e o sofrimento amoroso, o ambiente rural, a mulher inacessível.

Observe, no poema a seguir, alguns desses elementos:

Mote alheio

Menina dos olhos verdes,
por que me não vedes?

Voltas

Eles verdes são,
e têm por usança
na cor, esperança
e nas obras, não.
Vossa condição
não é de olhos verdes,
porque me não vedes.

Isenção a molhos
que eles dizem terdes,
não são de olhos verdes,
nem de verdes olhos.
Sirvo de geolhos,
e vós não me credes
porque me não vedes.

Haviam de ser,
porque possa vê-los,
que uns olhos tão belos
não se hão-de esconder;
mas fazeis-me crer
que já não são verdes,
porque me não vedes.

Verdes não o são
no que alcanço deles;
verdes são aqueles
que esperança dão.
Se na condição
está serem verdes,
por que me não vedes?

(Luís de Camões. *Lírica*. São Paulo: Cultrix, 1976. p. 41-2.)

Robert Karpa/Masterfile/Other Images

condição: caráter.
isenção a molhos: desdém em abundância.
por usança: como emblema.

Os poemas líricos camonianos escritos na medida nova apresentam as inovações de forma e conteúdo introduzidas pelos poetas ligados ao humanismo italiano no século XIV, sobretudo a partir da influência de Petrarca. O verso empregado é o *decassílabo*; os tipos de composição preferidos são o *soneto*, a *écloga*, a *ode*, a *oitava* e a *elegia*.

Os temas mais comuns nessa poesia são o amor neoplatônico, o sofrimento amoroso, a natureza (confidente do amante que sofre) e a reflexão filosófica sobre o desconcerto do mundo ou sobre a passagem do tempo e a instabilidade dos sentimentos e das coisas.

A lírica amorosa

O tema amoroso é explorado na lírica camoniana sob dupla perspectiva. Com frequência aparece o *amor sensual*, próprio da sensualidade renascentista, inspirada no paganismo da cultura greco-latina. Predomina, porém, o *amor neoplatônico*, espécie de extensão e aprofundamento da tradição da poesia medieval portuguesa ou da poesia humanista italiana, em que o amor e a mulher se configuram como idealizados e inacessíveis.

O amor neoplatônico tem por base algumas das ideias de Platão, filósofo grego que viveu entre os séculos IV e III a.C. Platão afirmava que existem dois mundos: o *inteligível* e o *sensível*. Segundo ele, o mundo inteligível é formado por ideias e nele residem a perfeição e a beleza, enquanto o mundo sensível, formado por objetos concretos e reais, é uma projeção do primeiro, sendo,

Amor platônico: ontem e hoje

Atualmente a expressão *amor platônico* se refere a uma situação em que uma pessoa gosta de outra, apesar de saber que não será correspondida. Trata-se de um conceito diferente do de Platão, porque o ideal do amante, neste caso, é um dia ter a pessoa amada.

O mais alto grau do platonismo amoroso cultivado pelos poetas da Era Clássica era ter a possibilidade de realizar o desejo, mas, por opção, renunciar a ele. Aí estaria provando que o Amor (perfeito e eterno) está acima do desejo (físico e circunstancial).

por isso mesmo, imperfeito. Dessa forma, o amor que uma pessoa sente por outra não passa de uma manifestação particular e imperfeita de algo superior, universal e perfeito: o amor-ideia, grafado com *A* maiúsculo.

É dessa concepção que advém o amor neoplatônico dos humanistas e renascentistas: quanto mais o amor por uma pessoa estiver desvinculado de prazeres físico-sensoriais e se aproximar do amor-ideia, maior e mais puro será. É o que se observa na 1ª e na 2ª estrofes deste soneto de Camões:

Transforma-se o amador na cousa amada,
Por virtude do muito imaginar;
Não tenho logo mais que desejar,
Pois em mim tenho a parte desejada.

Se nela está minha alma transformada,
Que mais deseja o corpo de alcançar?
Em si somente pode descansar,
Pois consigo tal alma está liada.

Mas esta linda e pura semideia,
Que, como o acidente em seu sujeito,
Assim com a alma minha se conforma,

Está no pensamento como ideia;
[E] o vivo e puro amor de que sou feito,
Como a matéria simples busca a forma.

(*Lírica*, cit., p. 109.)

Nessas estrofes iniciais do poema, a realização amorosa se dá por meio da *imaginação*. Não é preciso ter a pessoa amada fisicamente, basta tê-la em pensamento. E, tendo-a em si, na imaginação, o eu lírico se transforma na pessoa amada, confunde-se com ela e, dessa forma, já a tem.

Observe, porém, que nas duas últimas estrofes o poeta abandona o neoplatonismo e, com uma comparação, manifesta seu desejo físico pela mulher amada: do mesmo modo que toda matéria busca uma forma, o seu amor puro, amor-ideia, busca o objeto desse amor, ou seja, a mulher real.

Esses sentimentos contraditórios, bem como certo pessimismo existencial que marca a poesia lírica de Camões, fogem ao espírito harmonioso e racional do Renascimento e prenunciam o movimento literário do século XVII: o Barroco. Esse período de transição entre o Renascimento e o Barroco é chamado nas artes plásticas de *Maneirismo*; por isso, alguns críticos consideram como traços maneiristas certas características da lírica de Camões.

Maneirismo: a transição para o Barroco

Após a morte do pintor Rafael, surgiu na Itália um grupo de pintores com uma arte requintada, ornamental, de destacado brilhantismo técnico, às vezes forçado ou exagerado.

> A arte deixou de ser um fator de conhecimento como em Leonardo, de revelação como em Michellangelo [...] para tender a converter-se em simples forma ornamental [...].
>
> Deste modo, a instabilidade, o desequilíbrio e a tensão deslocaram os antigos ideais, ao mesmo tempo que, na sua volta para o esteticismo, os artistas tenderam a umas doses de sofisticação e artificiosismo cada vez maiores.
>
> (*História geral da arte – Pintura*. Ediciones del Prado, 1996. v. 2. p. 37.)

Laocoonte de El Greco

Laocoonte (1604-14), do pintor maneirista espanhol El Greco.

LEITURA

Você vai ler a seguir dois sonetos que integram a produção lírica de Camões.

TEXTO I

Busque Amor novas artes, novo engenho,
Para matar-me, e novas esquivanças,
Que não pode tirar-me as esperanças,
Que mal me tirará o que eu não tenho.

Olhai de que esperanças me mantenho!
Vede que perigosas seguranças!
Que não temo contrastes nem mudanças,
Andando em bravo mar, perdido o lenho.

Mas, enquanto não pode haver desgosto
Onde esperança falta, lá me esconde
Amor um mal, que mata e não se vê;

Que dias há que na alma me tem posto
Um não sei quê, que nasce não sei onde,
Vem não sei como e dói não sei por quê.

(*Lírica*, cit., p. 112.)

Vera Basile

Amor: com *A* maiúsculo, refere-se não ao sentimento individual, mas ao amor como entidade, ou seja, ao deus do Amor.

esquivanças: crueldades.

lenho: barco, navio.

novo engenho: novas técnicas.

TEXTO II

Tanto de meu estado me acho incerto,
Que em vivo ardor tremendo estou de frio;
Sem causa, juntamente choro e rio;
O mundo todo abarco e nada aperto.

É tudo quanto sinto um desconcerto;
Da alma um fogo me sai, da vista um rio;
Agora espero, agora desconfio,
Agora desvario, agora acerto.

Estando em terra, chego ao Céu voando;
Numa hora acho mil anos, e é de jeito
Que em mil anos não posso achar uma hora.

Se me pergunta alguém por que assim ando,
Respondo que não sei; porém suspeito
Que só porque vos vi, minha Senhora.

(Idem, p. 117.)

1. De acordo com a 1ª estrofe do texto I, o Amor deve buscar novas técnicas para conseguir "matar" o eu lírico.

a) Por que, de acordo com o texto, essa é uma tarefa difícil, quase impossível?

b) Portanto, como o eu lírico se sente em relação ao amor?

2. Na 2ª estrofe do texto I, para dar ideia de como se sente emocionalmente, o eu lírico utiliza a metáfora do barco no mar. O que ocorre com esse barco? O que isso representa no terreno amoroso?

3. Apesar de o eu lírico do texto I estar desesperançado, o Amor lhe prega uma peça: faz nascer nele "um mal", um "não sei quê", que mata e não se vê.

a) Interprete: O que é esse mal?

b) Na disputa entre o eu lírico e o Amor, quem vence?

4. Compare os textos I e II. Em relação ao conteúdo, que semelhanças e diferenças há entre eles?

5. O texto II apresenta várias antíteses e paradoxos: ardor/frio, choro/rio, terra/Céu.

a) O que o uso dessas figuras de linguagem sugere em relação aos sentimentos do eu lírico?

b) Identifique, no texto I, uma situação em que uma dessas figuras tenha sido utilizada.

A lírica filosófica

A lírica filosófica de Camões tem por tema a reflexão sobre a vida, o homem e o mundo. Nela se destaca a consciência da incessante mudança verificada na realidade e da força implacável do tempo, cuja ação nem sempre é positiva, tanto para o eu lírico quanto para o mundo.

O eu lírico desse tipo de texto sente-se desencontrado com a realidade, vista por ele como desprovida de harmonia, confusa, desconcertada. Trata-se, portanto, de uma lírica que retrata o desengano do homem, sua perplexidade perante o desconcerto do mundo.

Esse tema é expresso tanto na medida nova quanto na medida velha, como se verifica nos dois poemas a seguir.

Ao desconcerto do mundo

Os bons vi sempre passar
No mundo graves tormentos;
E para mais me espantar,
Os maus vi sempre nadar
Em mar de contentamentos.
Cuidando alcançar assim
O bem tão mal ordenado,
Fui mal, mas fui castigado.
Assim que, só para mim
Anda o mundo concertado.

(*Lírica*, cit., p. 90.)

Filosofia para jovens

Platão, Sócrates, Descartes e muitos outros filósofos são o assunto do livro *O mundo de Sofia*, de Jostein Gaarder, uma história da filosofia romanceada que se transformou num dos livros mais lidos no mundo. Na parte que trata de Platão se lê:

> Para Platão, a realidade se dividia em duas partes. A primeira parte é o *mundo dos sentidos*, do qual não podemos ter senão um conhecimento aproximado ou imperfeito, já que para tanto fazemos uso de nossos cinco (aproximados e imperfeitos) sentidos. Neste mundo dos sentidos, tudo "flui" e, consequentemente, nada é perene. [...]
>
> A outra parte é o *mundo das ideias*, do qual podemos chegar a ter um conhecimento seguro, se para tanto fizermos uso da razão. Este mundo das ideias não pode, portanto, ser conhecido através dos sentidos. Em compensação, as ideias (ou formas) são eternas e imutáveis.
>
> (São Paulo: Companhia das Letras, 1995. p. 102-3.)

Cia. das Letras

Mudam-se os tempos, mudam-se as vontades;
Muda-se o ser, muda-se a confiança
Todo o mundo é composto de mudança,
Tomando sempre novas qualidades.

Continuamente vemos novidades
Diferentes em tudo da esperança;
Do mal ficam as mágoas na lembrança,
E do bem, se algum houve, as saudades.

O tempo cobre o chão de verde manto,
Que já coberto foi de neve fria,
E em mim converte em choro o doce canto.

E afora este mudar-se cada dia,
Outra mudança faz, de novo espanto,
Que não se muda já como soía.

(*Lírica*, cit., p. 118.)

Fabio Colombini

esperança: esperado.
qualidade: valores.
ser: caráter.
soía: costumava.
vontades: afetos.

No soneto apresentado, o eu lírico filosofa sobre um tema típico do Renascimento: a *mudança*. Sob a ação implacável do tempo, tudo muda: os sentimentos, o caráter, a confiança, os valores humanos.

Estabelecendo uma comparação entre o tempo da natureza e o tempo dos homens, o eu lírico constata que, na natureza, o tempo é regularmente cíclico. Após a neve fria, por exemplo, é certo que vem a primavera com seu "verde manto". Para os seres humanos, entretanto, a realidade é outra: tudo muda, menos a dor, a saudade, o choro. E o mais surpreendente é que a própria mudança muda, ou seja, a mudança, sendo irregular, não muda como antes.

LITERATURA COMPARADA

DIÁLOGO ENTRE A LÍRICA CAMONIANA E A CANÇÃO POPULAR

A canção "Monte Castelo", de Renato Russo, que integrava o grupo Legião Urbana, estabelece diálogos com um soneto de Camões e com um trecho da Bíblia. Conheça e compare os três textos.

TEXTO I

Amor é fogo que arde sem se ver;
É ferida que dói e não se sente;
É um contentamento descontente;
É dor que desatina sem doer;

É um não querer mais que bem querer;
É solitário andar por entre a gente;
É nunca contentar-se de contente;
É cuidar que se ganha em se perder;

É querer estar preso por vontade;
É servir a quem vence, o vencedor;
É ter com quem nos mata lealdade.

Mas como causar pode seu favor
Nos corações humanos amizade,
Se tão contrário a si é o mesmo Amor?

(Luís de Camões. *Lírica*. São Paulo: Cultrix, 1976. p. 123.)

Getty Images

TEXTO II

A suprema excelência da caridade

Ainda que eu falasse as línguas dos homens e dos anjos, e não tivesse caridade, seria como o metal que soa ou como o sino que tine.

E ainda que tivesse o *dom* de profecia, e conhecesse todos os mistérios e toda a ciência, e ainda que tivesse toda a fé, de maneira tal que transportasse os montes, e não tivesse caridade, nada seria.

E ainda que distribuísse toda a minha fortuna para sustento *dos pobres*, e ainda que entregasse o meu corpo para ser queimado, e não tivesse caridade, nada disso me aproveitaria.

(Primeira epístola de S. Paulo aos Coríntios, 13.1, 2, 3. *A Bíblia sagrada*. Trad. por João Ferreira de Almeida. Rio de Janeiro: Imprensa Bíblica Brasileira, 1962. Parte 2, p. 201.)

TEXTO III

Monte Castelo

Ainda que eu falasse a língua dos homens.
E falasse a língua dos anjos, sem amor eu nada seria.

É só o amor, é só o amor.
Que conhece o que é verdade.
O amor é bom, não quer o mal.
Não sente inveja ou se envaidece.

O amor é o fogo que arde sem se ver.
É ferida que dói e não se sente.
É um contentamento descontente.
É dor que desatina sem doer.

Ainda que eu falasse a língua dos homens.
E falasse a língua dos anjos, sem amor eu nada seria.

É um não querer mais que bem querer.
É solitário andar por entre a gente.
É um não contentar-se de contente.
É cuidar que se ganha em se perder.

É um estar-se preso por vontade.
É servir a quem vence, o vencedor;
É um ter com quem nos mata a lealdade.
Tão contrário a si é o mesmo amor.

Estou acordado e todos dormem todos dormem todos dormem.
Agora vejo em parte. Mas então veremos face a face.

É só o amor, é só o amor.
Que conhece o que é verdade.

Ainda que eu falasse a língua dos homens.
E falasse a língua dos anjos, sem amor eu nada seria.

(Legião Urbana. *As quatro estações*, 1989.)

Ricardo Dantas

Monte Castelo: nome do local, na Itália, que foi tomado pelos soldados brasileiros no final da Segunda Guerra Mundial.

1. Na poesia camoniana, geralmente *Amor* (grafado com letra maiúscula) é diferente de *amor*. Enquanto este é a expressão do sentimento individual e particular de uma pessoa por outra, o *Amor* representa uma entidade, o amor-ideia, o amor abstrato e universal.
A que tipo de amor o soneto de Camões se refere?

2. O soneto de Camões tem uma estrutura conceitual, isto é, uma forma que se presta a conceituar ou explicar o que é o amor. Por essa razão, a expressão "Amor é..." aparece seguida de várias definições, como "é fogo", "é ferida", "é contentamento", etc.
Observe o que há em comum entre as definições de amor.
a) O que chama a atenção no modo como o amor é conceituado nesse poema?
b) Assim, a concepção de amor expressa pelo eu lírico do texto coincide com a visão de mundo lógica e racional do Renascimento? Justifique sua resposta.

3. Dê uma interpretação coerente a cada um destes versos:

- "É solitário andar por entre a gente"
- "É querer estar preso por vontade"
- "É servir a quem vence, o vencedor"

4. Na última estrofe, o eu lírico identifica um paradoxo na relação que o Amor tem com os amantes. Explique esse paradoxo.

5. A canção de Renato Russo, além de incorporar uma boa parte do soneto de Camões, cita também o trecho da Bíblia reproduzido no texto II, estabelecendo com eles relações de intertextualidade e interdiscursividade.
Observe o trecho bíblico no qual Renato Russo se inspirou para compor sua canção.

a) Qual é o sentimento ou a virtude humana destacada nesse trecho da Bíblia?

b) Que alteração Renato Russo fez no texto original em relação a esse sentimento ou virtude humana?

6. A canção de Renato Russo apresenta versos que não são nem de Camões nem da Bíblia:

> "Estou acordado e todos dormem todos
> [dormem todos dormem.
> Agora vejo em parte. Mas então veremos
> [face a face."
>
> "É só o amor, é só o amor.
> Que conhece o que é verdade."

Dê uma interpretação coerente a esses versos.

7. Segundo o teórico russo Mikhail Bakhtin, nenhum texto ou discurso é puro. Todo discurso é uma resposta a outros discursos, tanto os que já circularam socialmente quanto aqueles que ainda vão circular a partir dele. Renato Russo, ao se apropriar dos discursos camoniano e bíblico, atribui novos sentidos a eles, condizentes com suas ideias e com sua época.
Leia no boxe abaixo o depoimento de Renato Russo sobre o disco *As quatro estações*. Considerando o título da canção e a *interdiscursividade* dela com outros discursos, conclua: Que sentido ganha a canção de Renato Russo, considerada a época em que foi produzida?

As fontes

Em comentário sobre o lançamento do disco *As quatro estações*, Renato Russo disse, em 1989: "Desta vez, eu citei as fontes para que as pessoas não pensem que tiro isso de minha cabeça. Mas Camões, a Bíblia, Buda já dizem as coisas de uma maneira completa. A gente queria fazer um disco que fosse um disco amigo, um alento, que tentasse trazer paz de espírito".

Fonte: www.lu.com.br/asquatroestacoes.asp

Para quem quer mais

Se você deseja aprofundar os seus conhecimentos sobre a literatura do Classicismo, leia os textos a seguir e, posteriormente, sozinho, em dupla ou em grupo, procure resolver as questões propostas pelo **Roteiro de estudo**.

Eu cantarei de amor tão docemente,
Por uns termos em si tão concertados,
Que dois mil acidentes namorados
Faça sentir ao peito que não sente.

Farei que amor a todos avivente,
Pintando mil segredos delicados,
Brandas iras, suspiros magoados,
Temerosa ousadia e pena ausente.

Também, Senhora, do desprezo honesto
De vossa vista branda e rigorosa,
Contentar-me-ei dizendo a menor parte.

Porém, para cantar de vosso gesto
A composição alta e milagrosa,
Aqui falta saber, engenho e arte.

(Luís de Camões. *Lírica*, cit., p. 107.)

concertado: harmonioso.
desprezo honesto: recato.
gesto: rosto.
acidentes namorados: manifestações amorosas.
pena ausente: saudade.

Alma minha gentil, que te partiste
Tão cedo desta vida, descontente,
Repousa lá no Céu eternamente
E viva eu cá na terra sempre triste.

Se lá no assento etéreo, onde subiste,
Memória desta vida se consente,
Não te esqueças daquele amor ardente
Que já nos olhos meus tão puro viste.

E se vires que pode merecer-te
Alguma cousa a dor que me ficou
Da mágoa, sem remédio, de perder-te,

Roga a Deus, que teus anos encurtou,
Que tão cedo de cá me leve a ver-te,
Quão cedo de meus olhos te levou.

(Idem, p. 116.)

Sete anos de pastor Jacó servia
Labão, pai de Raquel, serrana bela;
Mas não servia ao pai, servia a ela,
E a ela só por prêmio pretendia.

Os dias, na esperança de um só dia,
Passava, contentando-se com vê-la;
Porém o pai, usando de cautela,
Em lugar de Raquel lhe dava Lia.

Vendo o triste pastor que com enganos
Lhe fora assim negada a sua pastora,
Como se a não tivera merecida,

Começa de servir outros sete anos.
Dizendo: — Mais servira, se não fora
Para tão longo amor tão curta a vida!

(Idem, p. 108.)

• Roteiro de estudo •

Ao final da leitura, você deverá ser capaz de:

- Perceber, no primeiro soneto, com que finalidade o eu lírico canta o amor, bem como as razões de seu fracasso em relação a esse fim. E também reconhecer a função da poesia, implícita no texto, na visão do eu lírico.
- Explicar o que a morte representa para os amantes e para o amor, na visão do eu lírico do soneto "Alma minha".
- Perceber a relação intertextual entre o soneto "Sete anos" e a Bíblia e explicar de que modo Camões concilia as tendências artísticas do Renascimento com o cristianismo.
- Reconhecer o tipo de verso e o esquema de rimas dos poemas, identificar o tipo de composição poética utilizado nos três poemas e relacionar essas escolhas formais com as tendências estéticas do Classicismo.

Para quem quer mais na Internet

Em nosso *site*, http://www.atualeditora.com.br/pl/paraquemquermais, você poderá ler e baixar outros textos de Camões e conhecer um pouco da obra de Antônio Ferreira, Fernão Mendes Pinto e Bernardim Ribeiro.

Dennis Hallinan/Alamy/Other Images

PRODUÇÃO DE TEXTO

CAPÍTULO 5

A biografia

TRABALHANDO O GÊNERO

Leia esta biografia:

Portinari, Cândido

Cândido Torquato Portinari, filho de modestos imigrantes italianos, nasceu em 29 de dezembro de 1903 em Brodósqui SP. Estudou na Escola Nacional de Belas-Artes, no Rio de Janeiro RJ, onde foi orientado por Lucílio de Albuquerque e Rodolfo Amoedo, e começou a se destacar por seus retratos, como o do poeta Olegário Mariano, que lhe valeu o prêmio de viagem ao exterior do Salão Nacional de Belas-Artes de 1928. Transferiu-se então para Paris, onde desprendeu-se dos laços acadêmicos e travou conhecimento com as realizações de vanguarda artística europeia.

Portinari

Menina sentada (1943), de Portinari.

Figuras deformadas. De volta ao Rio de Janeiro em 1930, deu início a uma produção abundante e definiu seu estilo baseado no abandono da linha clássica e na deformação das figuras. Com o tempo, passou a usar grandes contrastes de massas e a realçar nos corpos a expressão de sofrimento – com mãos ossudas e pés abrutalhados que aludem ao contato com a terra – para sugerir a profundidade, não pela perspectiva, mas pelo sutil entrosamento de uma série de planos abstratos. Em 1935, com a tela "Café", que corresponde à fase dita marrom, na qual essa cor predomina com matizes avermelhados, Portinari foi premiado em Nova York e começou a ser conhecido no exterior.

: *Autorretrato* (1956), de Portinari.

No ano seguinte executou seu primeiro mural, para o monumento rodoviário da estrada Rio-São Paulo. De 1936 a 1945 datam os painéis de azulejos, na fachada, e os murais sobre temas do trabalho braçal, no gabinete do ministro, para o edifício do então Ministério da Educação e Saúde, hoje palácio Gustavo Capanema. A preocupação do artista com a temática social acentuou-se em 1939, quando criou três grandes painéis para o pavilhão brasileiro na exposição internacional de Nova York. Em 1940 expôs com sucesso nessa cidade e em Detroit. Em 1942, a convite do governo americano, pintou afrescos na biblioteca do Congresso em Washington.

A influência dos muralistas mexicanos Rivera, Orozco e Siqueiros, que também se voltaram para o povo e tentaram fazer de suas obras um apelo à tomada de consciência nacional, foi considerada importante nessa fase em que o realismo de Portinari passou a tender para o monumental. Antes de concluída a década de 1940, sua arte, com concepções dramáticas expressas em cores fortes, já demonstrava estar comprometida com uma visão neoexpressionista. É dessa época a série dos "Retirantes", com personagens esquálidos, famélicos e maltrapilhos e na qual se destacam quadros como "Enterro na rede" e "Menino morto" (1944). São obras de grande força dramática, acentuada pela distorção das figuras. Seus retirantes são esqueletos barrigudos, cada rosto uma máscara de sofrimento.

Temas religiosos e históricos. Como pintor de temas religiosos e históricos, Portinari tentou uma síntese entre o antigo e o moderno, com a recriação do passado heroico em formas geométricas amplas e luminosas. Para a igreja da Pampulha, em Belo Horizonte MG, executou entre 1944 e 1946 um painel de azulejos sobre a vida de São Francisco, bem como cenas da Via Sacra em óleo sobre madeira. Outros importantes murais, com a composição cada vez mais sóbria, as cores exuberantes e o uso de transparências cubistas para delimitar grupos de figuras, datam do período compreendido entre os anos de 1948 e 1949: a "Primeira missa no Brasil", para a matriz do Banco Boavista, no Rio de Janeiro, e "Tiradentes", para um colégio de Cataguases MG.

Em 1950 Portinari expôs na Bienal de Veneza. Em 1952 pintou o painel "Chegada de D. João VI ao Brasil", para a matriz do Banco da Bahia, em Salvador. No ano seguinte criou uma Via Sacra para a igreja de Batatais SP, que suscitou críticas por apresentar um Cristo louro, e entre 1953 e 1956 executou os painéis "Guerra" e "Paz" para o edifício-sede da Organização das Nações Unidas em Nova York. Com a obra já exposta em várias partes do mundo, o artista conquistou expressivos prêmios, como o Guggenheim e o Hallmark.

A partir de 1958, Portinari realizou e expôs uma série de desenhos inspirada por uma viagem a Israel e ilustrou diversas obras literárias. Para a editora Gallimard ilustrou com gravuras a tradução francesa de *The Power and the Glory* (1959; *O poder e a glória*), de Graham Greene, e dois romances de André Maurois. Com águas-fortes ilustrou *Menino de engenho*, de José Lins do Rego, e *Memórias póstumas de Brás Cubas*, de Machado de Assis. Na pintura, com domínio absoluto da técnica, seu estilo chegou à simplificação total. Em quadros como "Meninos de Brodósqui" foram vistas influências do cubismo e de Picasso. Suas últimas exposições individuais foram realizadas em Praga (1960), Rio de Janeiro (1960 e 1961) e São Paulo SP (Casa do Artista Plástico, 1961). Cândido Portinari morreu no Rio de Janeiro em 6 de fevereiro de 1962.

(*Nova enciclopédia Barsa*. 6. ed. São Paulo: Barsa Planeta Internacional, 2002. v. 11. p. 450-451.)

Biografia e autobiografia no Brasil

Vários autores brasileiros se dedicaram ao gênero biográfico, como, por exemplo, Lúcia Miguel Pereira, com *Machado de Assis - Estudo crítico e biográfico*, e Francisco de Assis Barbosa, com *A vida de Lima Barreto*. Mais recentemente, Fernando Morais publicou *Chatô: o rei do Brasil - A vida de Assis Chateaubriand* e Ruy Castro, *Era no tempo do rei - Um romance sobre a chegada da Corte* e *Carmen - Uma biografia*.

Quando o biografado é o próprio autor, a produção chama-se autobiografia. No Brasil, destacam-se as seguintes obras autobiográficas: *Infância*, de Graciliano Ramos, *Minha vida de menina*, de Helena Morley, *Sob as ordens de mamãe*, de Oswald de Andrade, *Baú de ossos*, de Pedro Nava, e *O texto, ou: a vida*, de Moacyr Scliar.

1. A palavra *biografia* vem do grego, de *bio*, "vida", e *grafia*, "escrita". Qual é a finalidade da biografia em estudo?

2. A biografia geralmente trata de pessoas públicas, como políticos, cientistas, esportistas, artistas, escritores ou pessoas que, por meio de suas atividades, se destacaram socialmente. O pintor Cândido Portinari apresenta esse perfil? Justifique sua resposta.

3. Os fatos relatados em uma biografia podem ser apresentados sob dois pontos de vista: o historiográfico ou o crítico. O historiográfico relata fatos da vida de uma pessoa, descrevendo-os cronologicamente; o crítico analisa a obra ou o comportamento da pessoa, avaliando-os. Na biografia do pintor, qual dos pontos de vista predomina?

4. As biografias não têm uma estrutura fixa, mas geralmente apresentam os dados pessoais e, depois, os dados profissionais da pessoa. Observe a estrutura da biografia de Portinari. Ela tem essa disposição? Justifique sua resposta.

Biografias como documento histórico

A biografia, gênero textual cultivado desde a Antiguidade clássica, tornou-se um importante recurso para a reconstrução histórica de tempos remotos. As biografias de reis, senhores feudais e santos são, em muitos casos, os únicos documentos disponíveis sobre os fatos ocorridos em suas épocas.

5. Releia o seguinte trecho da biografia e observe as palavras destacadas.

> De volta ao Rio de Janeiro em 1930, *deu* início a uma produção abundante e *definiu seu* estilo baseado no abandono da linha clássica e na deformação das figuras.

a) Em que pessoa do discurso os fatos são relatados?

b) Em que tempo estão as formas verbais destacadas?

6. Que tipo de variedade linguística predomina no texto?

7. A que tipo de público a biografia se destina?

8. Qual é o suporte desse gênero textual, isto é, como ele é veiculado para atingir o público a que se destina?

9. Reúna-se com os colegas de grupo e concluam: Quais são as características da biografia? Respondam considerando os seguintes critérios: finalidade do gênero, perfil dos interlocutores, suporte ou veículo, tema, estrutura, linguagem.

Loucos por biografias e autobiografias

Para aqueles que são aficionados de biografias, autobiografias e memórias, sugerimos a leitura dos seguintes livros: *Muito longe de casa - Memória de um menino-soldado*, de Ishmael Beah (Ediouro); *Eric Clapton - A autobiografia*, de Eric Clapton (Planeta); *Istambul*, de Orhan Pamuk (Companhia das Letras); *Carmen - Uma biografia* e *Estrela solitária*, de Ruy Castro (Companhia das Letras); *Maria Antonieta*, de Antonia Fraser (Record); *Viver para contar*, de Gabriel García Márquez (Record); *Confesso que vivi*, de Pablo Neruda (Difel).

PRODUZINDO A BIOGRAFIA

Há, a seguir, duas propostas de produção de biografia: a primeira, para ser desenvolvida em grupo, e a segunda, para ser desenvolvida individualmente. Com a orientação do professor, desenvolva ao menos uma das propostas.

1. É o cara!

Reúna-se com seus colegas de grupo e escolham uma pessoa pública de quem gostem – cantor(a), compositor(a), ator (atriz), diretor(a) de teatro ou cinema, escritor(a), poeta(isa), professor(a), etc. – e escrevam sua biografia.

2. Biografia de mãe

Procure se informar dos dados mais relevantes que envolvem a história de sua mãe e escreva a biografia dela.

Planejamento do texto

Ao redigir suas biografias, levem em conta as orientações a seguir.

- Perfil do leitor – As biografias serão divulgadas no projeto **Nomes ilustres**, que a classe desenvolverá neste capítulo, e serão lidas por toda a comunidade escolar: alunos de diferentes anos, professores, funcionários e familiares.

- Veículo e suporte – O texto terá como suporte o mural da escola; logo, convém que não seja muito longo para não cansar o leitor.
- Características do gênero a serem observadas – A linguagem deve estar de acordo com a norma-padrão, os verbos e pronomes predominantemente na 3ª pessoa e os tempos verbais no passado.
- Imagens – Se possível, convém incluir imagens do biografado ao longo do texto, mostrando diferentes momentos de sua vida ou carreira.

Ao redigir a biografia da pessoa pública, em grupo, considerem também estas orientações:

- Pesquisem sobre a pessoa a ser biografada em enciclopédias, dicionários, revistas e *sites* da Internet ou, quando possível, entrevistando-a. Busquem informações sobre sua vida pessoal e sua obra ou sobre o que pensa sobre a profissão que exerce, o que fez/tem feito em prol da sociedade, da cultura ou da família. Anotem as informações mais importantes.
- Leiam o material coletado na pesquisa. Assinalem as informações mais relevantes e avaliem-nas criticamente, verificando se há incoerências ou lacunas.
- Iniciem a biografia pelos dados pessoais. Depois acrescentem as informações sobre a obra do biografado, abordando-a do ponto de vista crítico.

Thinkstock/Getty Images

Revisão e reescrita

Façam primeiramente um rascunho do texto. Depois releiam-no, observando se ele leva em conta as características do gênero, o perfil dos leitores, a correção e adequação da linguagem, o suporte e o veículo.

Façam as alterações necessárias e passem o texto a limpo, se possível no computador, e inserindo imagens, se tiverem sido obtidas.

PROJETO

Nomes ilustres

Com seus colegas, orientados pelo professor, escolham uma parede ou mural no pátio da escola para afixar as biografias produzidas pela classe neste capítulo. Organizem os textos de forma que sua leitura seja prazerosa.

LÍNGUA: USO E REFLEXÃO

© Albright-Knox Art Gallery/Corbis/Latinstock

CAPÍTULO 6

Introdução à semântica

CONSTRUINDO O CONCEITO

O texto a seguir é parte de um conto de Marina Colasanti, intitulado "Quase tão leve". Leia-o.

Rolf Nussbaumer/Other Images

Não precisou andar muito para chegar ao grande carvalho que se erguia perto do mosteiro. Ali, em fins de tarde, tantos e tão ruidosos eram os pássaros, que cada folha parecia ter asas. O velho olhou longamente os pássaros, àquela hora ocupados com suas crias, seus ninhos, sua interminável caça de insetos. Parecia justo e fácil que se movessem no ar. Talvez sejam mais puros, pensou. E querendo pôr à prova a pureza do seu próprio corpo, permaneceu por longo tempo de pé, debaixo da copa, até ter ombros e cabeça cobertos de excrementos das aves.

Porém aquele corpo magro e pequeno, aquele corpo quase tão leve quanto o de um pássaro, negava-se a dar-lhe a felicidade do voo. E o velho recomeçou a andar.

Caminhando, olhava ao céu ao qual sentia não mais pertencer. Ouviu o grito do gavião e o viu abater-se, altivo e feroz, sobre uma presa. Até ele, que agride os mais fracos, tem o direito que eu não mereço, pensou contrito. E mais andou. Viu o azul cortado por um bando de patos selvagens em migração. Lá se vão, de uma terra a outra, de um a outro continente, disse em silêncio o velho, enquanto eu não sou digno nem de mínimas distâncias. E mais andou. E viu as andorinhas e viu o melro e viu o corvo e viu o pintassilgo, e a todos saudou, e a todos prestou reverência.

[...] Mas aos poucos a paz iluminava intensíssima sua alma porque, do seu corpo, delgadas e pálidas como se extensão da própria pele, raízes brotavam, logo mergulhando chão adentro. Seu tempo de ar havia acabado. Começava agora para ele o tempo da terra, daquela terra que em breve o acolheria.

(*23 histórias de um viajante*. São Paulo: Global, 2005. p. 150-1.)

1. Leia os pares de frases a seguir, observando o emprego dos verbos *ser*, *estar* e *parecer*.

- "Ali, em fins de tarde, tantos e tão ruidosos *eram* os pássaros"
  tão ruidosos *estavam* os pássaros
- *Era* justo e fácil que se movessem
  "*Parecia* justo e fácil que se movessem"

Considerando o contexto em que os verbos estão empregados, responda:

a) Que diferença de sentido há entre as duas primeiras frases?

b) Que diferença de sentido há entre as duas últimas frases?

2. Leia as frases, observando os verbos destacados:

"*permaneceu* por longo tempo de pé"
Observou os pássaros e *ficou* triste.

Nas duas frases, é indiferente, para o sentido delas, empregar um verbo ou outro? Por quê?

3. Leia as frases a seguir, observando as palavras destacadas:

"Ouviu o grito do *gavião*"
"Viu o azul cortado por um bando de *patos* selvagens"
"E viu as *andorinhas* e viu o *melro* e viu o *corvo* e viu o *pintassilgo*"

Levando em conta que todo pássaro é uma ave, mas que nem toda ave é um pássaro, responda:

a) Na terceira frase, qual dos elementos não poderia fazer parte do grupo de pássaros?

b) Nas duas primeiras frases, *gavião* e *patos* poderiam ser substituídos por aves ou por pássaros?

4. Observe o emprego da palavra *terra* nestes trechos do texto:

"Lá se vão, de uma *terra* a outra, de um a outro continente"
"daquela *terra* que em breve o acolheria"

a) Qual é a diferença de sentido entre a palavra *terra* no primeiro e no segundo trechos?

b) No texto, há outras palavras cujo significado se aproxima do que tem a palavra *terra* nos trechos acima. Quais são elas?

CONCEITUANDO

Fabio Colombini

As palavras têm sentidos que podem variar, dependendo do contexto em que são empregadas. É o caso, por exemplo, da palavra *terra*, que pode assumir sentidos diferentes, dependendo do contexto em que estiver inserida. Esse e outros aspectos das palavras relacionados ao sentido são estudados pela **semântica**.

Semântica é a parte da gramática que estuda os aspectos relacionados ao sentido de palavras e enunciados.

Alguns dos aspectos tratados pela semântica são: sinonímia, antonímia, campo semântico, hiponímia, hiperonímia e polissemia.

SINONÍMIA E ANTONÍMIA

Você viu que, na frase "permaneceu por longo tempo de pé", é possível substituir o verbo *permanecer* por *ficar* sem que haja uma alteração de sentido significativa.

Quando em contextos diferentes uma palavra pode ser substituída por outra, dizemos que as duas palavras são **sinônimas**.

Sinônimos são palavras de sentidos aproximados que podem ser substituídas uma pela outra em contextos diferentes.

Sabe-se, entretanto, que não existem sinônimos perfeitos. Veja, no texto a seguir, a opinião do poeta Mário Quintana sobre esse assunto.

Sinônimos

Esses que pensam que existem sinônimos desconfio que não sabem distinguir as diferentes nuanças de uma cor.

(*Poesia completa em um volume*. Rio de Janeiro: Nova Aguilar, 2005. p. 316.)

Vera Basile

A escolha entre dois sinônimos acaba, na realidade, dependendo de vários fatores. Em discursos mais técnicos, as diferenças de sentido entre palavras sinônimas podem ter grande importância. Na linguagem cotidiana, as palavras *furto* e *roubo*, por exemplo, significam a mesma coisa; em linguagem jurídica, porém, *roubo* se aplica à situação em que a vítima sofre também algum tipo de violência.

Releia outro trecho do texto e observe o sentido das palavras nele destacadas:

"aquele corpo *magro* e *pequeno*, aquele corpo quase tão *leve* quanto o de um pássaro"

Imagine que a autora houvesse escrito:

aquele corpo *gordo* e *grande*, aquele corpo quase tão *pesado* quanto o de um leão

Nos dois trechos, há três pares de palavras que se opõem quanto ao sentido – *magro* e *gordo*, *pequeno* e *grande*, *leve* e *pesado* – e, por isso, são **antônimas**.

Antônimos são palavras de sentidos contrários.

Há palavras antônimas que se opõem ou se excluem, como, por exemplo, *esquerdo* e *direito* (braço *esquerdo*, braço *direito*).

Tão difícil quanto existir um par perfeito de sinônimos, é haver um par perfeito de antônimos. Em alguns casos, é mais adequado falar em grau de antonímia. Observe estes pares de antônimos:

velho – novo bom – mau

Um objeto velho, por exemplo, pode ser o oposto de um objeto novo. Porém, dizer que um objeto é *menos velho*, em certos casos, pode ser equivalente a dizer que ele é *mais novo*, o que torna relativa a antonímia entre *novo* e *velho*. O mesmo ocorre com o par *bom/mau*.

Além disso, nesses dois casos, a avaliação é sempre subjetiva. Uma pessoa pode ser caracterizada como velha ou nova, por exemplo, dependendo da idade de quem se refere a ela. Da mesma forma, algo que é bom para um pode ser ruim para outro.

Veja este outro caso curioso de antonímia:

emigrante – imigrante

Palavras "multiuso"

Você é capaz de calcular quantas vezes já usou a palavra *coisa*? E suas derivadas – *coisinha, coiso, coisica, coisificar, coisíssima, coisar, coisada*? Eis aí uma coisa difícil de calcular. A palavra *coisa* apresenta tantos significados, que acaba servindo para quase todas as situações do cotidiano. Ela está nas conversas do dia a dia, na literatura, nas letras de música, nos títulos de livros, no discurso político, na televisão. O *Dicionário eletrônico Houaiss da língua portuguesa* registra dezenove significados para essa palavra. De todos, o mais geral é "tudo quanto existe ou possa existir, de natureza corpórea ou incorpórea".

Como se vê, coisa é tudo. Por outro lado, usar essa palavra para tudo pode revelar pobreza de vocabulário.

Aparentemente são antônimos perfeitos, já que a primeira palavra se refere àqueles que saem de determinado lugar (cidade, Estado, país) e a segunda àqueles que entram. Contudo, o emigrante, no momento em que chega a outro lugar, não passa a ser também, obrigatoriamente, um imigrante?

CAMPO SEMÂNTICO, HIPONÍMIA E HIPERONÍMIA

Releia este trecho do texto:

"[...] Ouviu o grito do gavião e o viu abater-se, altivo e feroz, sobre uma presa. Até ele, que agride os mais fracos, tem o direito que eu não mereço, pensou contrito. E mais andou. Viu o azul cortado por um bando de patos selvagens em migração. Lá se vão, de uma terra a outra, de um a outro continente, disse em silêncio o velho, enquanto eu não sou digno nem de mínimas distâncias. E mais andou. E viu as andorinhas e viu o melro e viu o corvo e viu o pintassilgo, e a todos saudou, e a todos prestou reverência."

Fabrice Cahez/Other Images

Observe que as palavras *gavião, patos, andorinhas, melro, corvo* e *pintassilgo* apresentam certa familiaridade de sentido pelo fato de pertencerem ao mesmo **campo semântico**, ou seja, ao universo relacionado à classe das aves. Já a palavra *ave* tem um sentido mais amplo, que engloba todas as outras. Dizemos, então, que *gavião, patos, andorinhas, melro, corvo* e *pintassilgo* são **hipônimos** de *aves*. *Aves*, por sua vez, é **hiperônimo** das outras palavras.

Hipônimos e **hiperônimos** são palavras pertencentes a um mesmo campo semântico, sendo o hipônimo uma palavra de sentido mais específico e o hiperônimo uma palavra de sentido mais genérico.

POLISSEMIA

Compare estes trechos do texto:

"Lá se vão, de uma *terra* a outra, de um a outro continente"
"daquela *terra* que em breve o acolheria"

Observe que a palavra *terra* apresenta sentidos diferentes nos dois trechos: "região, território", no primeiro trecho, e "chão", no segundo. Apesar disso, há um sentido da palavra que se aplica às duas situações, que é "parte sólida da superfície do globo terrestre". Quando uma palavra tem mais de um sentido, dizemos que ela é polissêmica.

Polissemia é a propriedade que uma palavra tem de apresentar vários sentidos.

EXERCÍCIOS

1. Há, na língua portuguesa, inúmeras palavras que se referem a *dinheiro*. Por exemplo, quando o Estado é o beneficiário do dinheiro do contribuinte (indivíduos ou instituições), esse dinheiro recebe o nome de *imposto* ou *tributo*.

Identifique no boxe lateral o beneficiário do dinheiro designado por estes termos:

a) honorários
b) mesada
c) pró-labore
d) anuidade
e) gorjeta
f) juros
g) indenização
h) salário
i) dote
j) lucro
k) renda
l) pensão

garçons agiotas bancos filhos
noivas proprietários mendigos
advogados autores comerciantes
sócios pensionistas escolas
queixosos empregados em geral

2. Cite as palavras de linguagem popular que você conhece usadas com o significado de dinheiro.

3. Para não pronunciar o nome *diabo*, muitas pessoas o substituem por outros nomes ou expressões, como *capeta, anjo mau, cão, diacho*, etc. Cite outras palavras e expressões da linguagem popular que você conhece usadas para designar essa figura.

(Exercícios adaptados de: Rodolfo Ilari. *Introdução ao estudo do léxico – Brincando com as palavras*. São Paulo: Contexto, 2002.)

4. Em fevereiro de 1815, Napoleão Bonaparte fugiu da Ilha de Elba, onde estava exilado, para a França, a fim de retomar o poder.
Veja as manchetes que o jornal diário *Le Moniteur* publicou na ocasião:

9/03: "O MONSTRO fugiu do local do exílio."
10/03: "O OGRO desembarcou em Cabo Juan."
11/03: "O TIGRE apareceu em Gap [...] a miserável aventura acabará em fuga nas montanhas."
12/03: "É verdade que o MONSTRO adiantou-se até Grenoble."
13/03: "O TIRANO agora está em Lyon."
15/03: "O USURPADOR arriscou-se a chegar a umas 60 horas da capital."
19/03: "BONAPARTE adiantou-se, em marchas forçadas, mas é impossível que alcance Paris."
20/03: "NAPOLEÃO chegará amanhã aos muros de Paris."
21/03: "O IMPERADOR NAPOLEÃO está em Fontainebleau."
22/03: "Ontem à tarde, SUA MAJESTADE, O IMPERADOR, entrou solenemente em Paris e chegou ao palácio. Nada pôde superar a alegria universal."

(Luiz Roque. *Não basta citar, tem que explicar!*. São Paulo: Saraiva, 2009. p. 101-2.)

a) Na sequência de manchetes, os termos que nomeiam Napoleão Bonaparte vão de um extremo a outro. Quais são as palavras antônimas correspondentes a esses extremos?
b) Na sua opinião, o que explica essa mudança de tratamento?

5. Compare estes dois enunciados:

— Rubens e Márcia estão se separando, você sabia?
— Rubens está se separando de Márcia, você sabia?

Em ambos os enunciados a separação do casal é inevitável. Porém os dois apresentam diferença de sentido.

a) Qual é essa diferença?
b) Levante hipóteses: A que se deve essa alteração de sentido?

6. Leia estes grupos de palavras:

- honestidade, fidelidade, preguiça, sinceridade, perseverança
- verde, vermelho, amargo, alaranjado, cor-de-rosa
- colibri, borboleta, beija-flor, pardal, canário

a) Em cada grupo de palavras, existe uma que não pertence ao mesmo campo semântico das demais. Indique-a.
b) As palavras de cada grupo que pertencem ao mesmo campo semântico podem ser hipônimos de um hiperônimo. Quais são esses hiperônimos?

7. Observe a palavra polissêmica destacada nestas expressões:

pé de mesa
pé de cadeira
pé de fruta
pé de página

A palavra *pé* apresenta em todas as expressões o sentido de "base". Esse é, então, o sentido que as expressões têm em comum.
Faça o mesmo raciocínio em relação às palavras polissêmicas de cada sequência abaixo. Leia-as e identifique o sentido que têm em comum.

a) xadrez (tecido) - xadrez (prisão) - xadrez (jogo)
b) rede de deitar - rede de computadores - rede elétrica
c) orelha de caderno - orelha de livro - orelha (do corpo)

A AMBIGUIDADE

Observe esta tira:

(Bob Thaves. Frank & Ernest. *O Estado de S.Paulo*, 22/1/2012.)

Na tira aparece uma vitrine, talvez de uma clínica para tratamento de pessoas com dificuldade para dormir.

No entanto, a atividade da clínica foi mal compreendida pela personagem. Em vez de "aprendizagem *para* o sono", ela leu a informação do letreiro como "aprendizagem *durante* o sono", o que deu margem ao comentário no qual revela ter sido um aluno muito sonolento.

Para criar humor, o autor da tira partiu de um texto - o letreiro da vitrine - propositalmente ambíguo.

Ambiguidade é a duplicidade de sentidos que pode haver em um texto, verbal ou não verbal.

Quando empregada intencionalmente, a ambiguidade pode ser um importante recurso de expressão. Quando, porém, é resultado da má organização das ideias, do emprego inadequado de certas palavras ou, ainda, da inadequação do texto ao contexto discursivo, ela provoca falhas na comunicação.

A ambiguidade como recurso de construção

A ambiguidade é utilizada com frequência como recurso de expressão em textos poéticos, publicitários e humorísticos, em quadrinhos e anedotas.

Em tiras, como a vista nesta página, por exemplo, é comum o uso da ambiguidade como recurso para uma comunicação mais direta, descontraída e divertida.

A ambiguidade como problema de construção

Na transmissão de um jornal televisivo (Rede TV, 7/10/2008), o jornalista afirmou:

> "Não há uma só medida que o governo possa tomar."

O telespectador certamente ficou em dúvida quanto à possibilidade de ação das autoridades em relação ao problema apresentado no noticiário.

O governo não podia tomar nenhuma iniciativa, pois não havia nada a fazer? Ou, ao contrário, o governo tinha mais de uma medida para pôr em prática a fim de tentar solucionar o problema?

Para evitar essa ambiguidade, o jornalista poderia ter dito, no primeiro caso, "Não há medida alguma..." ou "Não há nenhuma medida..." e, no segundo caso, "Há mais de uma medida..." ou "Não há apenas uma medida...".

Diferentemente da linguagem oral, que conta com certos recursos para tornar o sentido preciso – os gestos, a expressão corporal ou facial, a repetição, etc. –, a linguagem escrita conta apenas com as palavras. Por isso, temos de empregá-las adequadamente se desejamos que os textos que produzimos tenham clareza e precisão.

EXERCÍCIOS

1. No texto que segue há uma ambiguidade. Identifique-a e refaça o trecho, procurando desfazê-la.

> Gastou mais de 12 milhões de dólares herdados do pai, cuja família fez fortuna no ramo de construção de estradas de ferro, com festas, viagens, bebidas e mulheres.
>
> (*Veja*, 10/3/2004.)

2. A frase a seguir foi título de uma matéria jornalística publicada na revista *Veja* de 10/3/2004:

> O que faz uma boa metrópole

Observe que a frase admite duas interpretações. Reescreva-a de duas formas diferentes, de modo que fique bem claro cada um dos sentidos.

3. As frases a seguir são ambíguas. Reescreva-as de modo a desfazer a ambiguidade.

a) Trouxe o remédio para seu pai que está doente neste frasco.

b) Durante o namoro, Tiago pediu a Helena que se casasse com ele muitas vezes.

4. (UNICAMP-SP) No trecho que segue há uma passagem estruturalmente ambígua (isto é, uma passagem que poderia ser interpretada de duas maneiras, se ignorássemos o que é geralmente pressuposto sobre a vida de Kennedy). Identifique essa passagem, transcreva-a, aponte as duas interpretações possíveis e explique o que a torna ambígua do ponto de vista estrutural.

> "E se os russos atacassem agora?, perguntou certa ocasião [...] Judith Exner, uma das incontáveis amantes de Kennedy, que, simultaneamente, mantinha um caso com o chefão mafioso Sam Giancana."

5. (UNICAMP-SP) A leitura literal do texto abaixo produz um efeito de humor.

> As videolocadoras de São Carlos estão escondendo suas fitas de sexo explícito. A decisão atende a uma portaria de dezembro de 91, do Juizado de Menores, que proíbe que as casas de vídeo aluguem, exponham e vendam fitas pornográficas a menores de 18 anos. A portaria proíbe ainda os menores de 18 anos de irem a motéis e rodeios sem a companhia ou autorização dos pais.
>
> (*Folha Sudeste*, 6/6/1992.)

a) Transcreva a passagem que produz efeito de humor. Qual a situação engraçada que essa passagem permite imaginar?

b) Reescreva o trecho de forma que impeça tal interpretação.

A AMBIGUIDADE NA CONSTRUÇÃO DO TEXTO

Leia este poema, de Mário Quintana:

Jardim interior

Todos os jardins deviam ser fechados,
com altos muros de um cinza muito pálido,
onde uma fonte
pudesse cantar
sozinha
entre o vermelho dos cravos.
O que mata um jardim não é mesmo
alguma ausência
nem o abandono...
O que mata um jardim é esse olhar vazio
de quem por eles passa indiferente.

(*Quintana de bolso*. Porto Alegre: L&PM, 2011. p. 132.)

Vicente Mendonça

1. Ao lermos o poema, notamos que a palavra *jardim* foi empregada de forma ambígua, possibilitando mais de um significado e mais de uma leitura para o texto.
   a) Que elementos do texto aproximam a palavra *jardim* de seu sentido literal, denotativo?
   b) Que versos quebram o sentido literal de *jardim*, gerando a ambiguidade?
2. Reveja o título do poema. Que novo sentido a palavra *jardim*, acompanhada do adjetivo *interior*, ganha no poema?
3. De acordo com o eu lírico, o que é que mata tanto o jardim real quanto o outro jardim do qual ele fala também?

SEMÂNTICA E DISCURSO

1. Leia a tira:

Laerte

(Laerte. *Classificados*. São Paulo: Devir, 2002. v. 2, p. 57.)

O humor da tira é construído em torno do duplo sentido que uma palavra adquire no contexto.

a) Qual é essa palavra?

b) Como o dono da casa compreendia essa palavra?

c) Como o afinador de piano compreendia a mesma palavra?

2. Quando alguém pergunta se uma determinada piscina é rasa ou funda, está querendo saber da fundura da piscina (e não da rasura). O que se quer saber em cada uma das perguntas a seguir?

a) Este carro é barato ou caro?

b) Sua casa fica longe ou perto daqui?

c) Este prato culinário é doce ou salgado?

d) O tecido escolhido é liso ou áspero?

e) Esse documento é legítimo ou falso?

f) Esse muro é branco ou colorido?

g) Esse filme é próprio para menores de 18 anos?

h) Seu namorado é fiel ou infiel?

Laerte

(Exercício adaptado de: Rodolfo Ilari. *Introdução ao estudo do léxico – Brincando com as palavras*. São Paulo: Contexto, 2002.)

3. Como você sabe, as palavras *pequeno* e *grande* são antônimas. Observe o emprego dessas palavras neste enunciado:

> Um elefante pequeno é um animal grande.

Essa frase é possível do ponto de vista lógico? Se sim, que sentido(s) ela pode ter?

4. Compare estes dois enunciados:

> Paulo não tem dinheiro.
> Dinheiro Paulo não tem.

As duas frases são construídas pelos mesmos componentes. Apesar disso, diferem quanto ao sentido. Que alteração de sentido a inversão da palavra *dinheiro* provoca?

5. Imagine dois moradores de uma cidade conversando. De repente, um diz para o outro:

> — O Manoel Cunha é um bom prefeito. Apenas um ano na prefeitura, já asfaltou dez ruas da cidade.

A fala desse morador ressalta a competência do prefeito, mas implicitamente veicula outras informações. Quais dos itens seguintes se referem corretamente a essas outras informações?

a) Dez ruas asfaltadas não é um número grande a ponto de causar espanto. Logo, supõe-se que a cidade seja pequena e possua poucas ruas.

b) A fala do morador deixa implícita a informação de que as obras de pavimentação são a prioridade no governo do referido prefeito.

c) A frase leva a crer que outro prefeito que asfaltasse dez ruas em um ano também seria considerado competente.

d) O morador revela preconceito em relação aos prefeitos que não se interessam por pavimentação de ruas e saúde.

LITERATURA

Descoberta do Brasil (1922), de Oscar Pereira da Silva.

CAPÍTULO 7

O Quinhentismo no Brasil

Nem crônicas, nem memórias, pois não resultavam de nenhuma intenção literária: os escritos dos cronistas e viajantes eram uma tentativa de descrever e catalogar a terra e o povo recém-descobertos. Entretanto, permeava-os a fantasia de seus autores, exploradores europeus que filtravam fatos e dados, acrescentando-lhes elementos mágicos e características muitas vezes fantásticas.

Carlos Vogt e José Augusto G. Lemos*

Abril de 1961. "A Terra é azul!". Essa frase, dita pelo astronauta russo Yúri Gagárin, soou como uma revelação. Jamais havíamos imaginado morar num planeta azul. O azul, de alguma forma, nos dava nossa identidade: terráqueos.

* In: *Cronistas e viajantes*. São Paulo: Abril Educação, 1982. 4ª capa. Literatura Comentada.

Julho de 1969. O astronauta norte-americano Armstrong prepara-se para pisar o solo lunar. Milhões de pessoas acompanham pela tevê a fantástica aventura. Antes de pôr o pé na Lua, o astronauta diz uma frase histórica: "Um pequeno passo para o homem e um gigantesco salto para a humanidade". E, antes de voltar para o planeta azul, ele deixou no solo lunar esta inscrição: "Viemos em paz em nome de toda a humanidade". Ao escrever "toda a humanidade", ele esquecia a velha competição entre russos e norte-americanos. Aquele era um momento de união das forças humanas para superar os limites do mundo conhecido.

A emoção desses momentos talvez possa ser comparada ao espanto e ao êxtase vividos pelos espanhóis ao descobrirem a América e pelos portugueses ao chegarem ao Brasil em 1500.

Você já imaginou? O contato com os nativos nus, de língua e costumes estranhos, as belezas naturais, os animais, as plantas e os frutos exóticos, os mistérios da terra descoberta, a possibilidade de encontrar riquezas – tudo isso encantou e assombrou os primeiros europeus que estiveram em nosso continente. Neste capítulo, vamos conhecer alguns dos escritos que registram esses primeiros contatos.

A PRODUÇÃO LITERÁRIA NO BRASIL-COLÔNIA

O Brasil foi colônia portuguesa durante mais de três séculos. Os principais eventos de cada um deles podem ser assim sintetizados:

- *Século XVI*: a metrópole procurou garantir o domínio sobre a terra descoberta, organizando-a em capitanias hereditárias e enviando negros da África para povoá-la e jesuítas da Europa para catequizar os índios.
- *Século XVII*: a cidade de Salvador, na Bahia, povoada por aventureiros portugueses, índios, negros e mulatos, tornou-se o centro das decisões políticas e do comércio de açúcar.
- *Século XVIII*: a região de Minas Gerais transformou-se no centro da exploração do ouro e das primeiras revoltas políticas contra a colonização portuguesa, entre as quais se destacou o movimento da Inconfidência Mineira (1789).

Caetano Veloso registrou a emoção vivida pelos primeiros astronautas que chegaram à Lua na canção *Terra*:

quando eu me encontrava preso
na cela de uma cadeia
foi que eu vi pela primeira vez
as tais fotografias
em que apareces inteira
porém lá não estavas nua
e sim coberta de nuvens
Terra,
Terra,
por mais distante
o errante navegante
quem jamais te esqueceria?

1978 Philips/Warner Chappell Edições Musicais

Capa do disco Muito – Dentro da estrela azulada, *de 1978, no qual foi gravada a canção "Terra".*

Embora a literatura brasileira tenha nascido no período colonial, é difícil precisar o momento em que passou a se configurar como uma produção cultural independente dos vínculos lusitanos.

É preciso lembrar que, durante o período colonial, ainda não eram sólidas as condições essenciais para o florescimento da literatura, tais como existência de um público leitor ativo e influente, grupos de escritores atuantes, vida cultural rica e abundante, sentimento de nacionalidade, liberdade de expressão, imprensa e gráficas. Os livros produzidos por escritores nascidos no Brasil eram então impressos em Portugal e depois trazidos à Colônia.

Por essas razões, alguns historiadores da literatura preferem chamar a literatura aqui produzida até o final do século XVII de *manifestações literárias* ou *ecos da literatura no Brasil colonial*. Segundo esse ponto de vista, somente no século XVIII, com a fundação de cidades e o estabelecimento de centros comerciais ligados à extração de ouro, em Minas Gerais, é que se teriam criado algumas das condições necessárias para a formação de uma literatura mais amadurecida, tais como grupo de escritores e público leitor. Isso não impediu, entretanto, que na Bahia do século XVII surgisse uma das principais expressões de nossa literatura: Gregório de Matos.

De qualquer modo, a produção literária do Brasil colonial criou condições para o amadurecimento do espírito de nacionalidade e o nascimento de uma literatura voltada para o espaço, para o homem e para a língua nacionais, o que se deu plenamente somente a partir do século XIX, após a Independência do Brasil (1822).

A LITERATURA DE INFORMAÇÃO

> A feição deles é serem pardos, quase avermelhados, de rostos regulares e narizes bem feitos; andam nus sem nenhuma cobertura; nem se importam de cobrir nenhuma coisa, nem de mostrar suas vergonhas. E sobre isto são tão inocentes, como em mostrar o rosto.

Esse fragmento pertence ao primeiro texto escrito em nosso país: a *Carta*, de Pero Vaz de Caminha, escrivão-mor da esquadra liderada por Cabral quando do descobrimento oficial do Brasil, em 1500.

Essa carta e muitos outros textos em forma de cartas de viagem, diários de navegação e tratados descritivos formam a chamada *literatura de informação* ou *de expansão*, cultivada em Portugal à época das grandes navegações. A finalidade desses textos, escritos em prosa, era narrar e descrever as viagens e os primeiros contatos com a terra brasileira e seus nativos, informando tudo o que pudesse interessar aos governantes portugueses.

Embora guardem pouco valor literário, esses escritos têm importância hoje principalmente pelo seu significado como documentação histórica, seja como testemunho do espírito aventureiro da expansão marítima e comercial nos séculos XV e XVI, seja como registro do choque cultural entre colonizadores e colonizados.

Os escritores que produziram a literatura de informação não revelam nenhum sentimento de apego à terra conquistada, concebida como uma espécie de extensão da metrópole, um "Portugal nos trópicos". Apesar disso, essa literatura quinhentista deixou como herança um conjunto inesgotável de sugestões temáticas (os índios, as belezas naturais da terra, nossas origens históricas) exploradas mais tarde por artistas brasileiros de diferentes linguagens.

Oswald de Andrade, por exemplo, escritor brasileiro do século XX, criou o movimento intitulado Poesia Pau-Brasil, em boa parte inspirado nesse Brasil cabralino descrito pelos cronistas e viajantes do século XVI. No poema a seguir, por exemplo, o escritor reproduz um fragmento da *Carta* de Caminha.

a descoberta

Seguimos nosso caminho por este mar de longo
Até a oitava da Páscoa
Topamos aves
E houvemos vista de terra

(*Pau Brasil*. 2. ed. São Paulo: Globo, 2003. p. 107.)

Santiago

(Santiago. *Tinta fresca*. Porto Alegre: L&PM, 2004. p. 8.)

Cartum de Santiago no qual é retomado o tema do Brasil cabralino.

As principais produções da literatura informativa no Brasil-Colônia dos séculos XVI e XVII são:

- a *Carta*, de Pero Vaz de Caminha;
- o *Diário de navegação*, de Pero Lopes de Sousa (1530);
- o *Tratado da terra do Brasil* e a *História da Província de Santa Cruz a que vulgarmente chamamos Brasil*, de Pero de Magalhães Gândavo (1576);
- o *Tratado descritivo do Brasil*, de Gabriel Soares de Sousa (1587);
- os *Diálogos das grandezas do Brasil*, de Ambrósio Fernandes Brandão (1618);
- as cartas dos missionários jesuítas escritas nos dois primeiros séculos de catequese;
- a *História do Brasil*, de Frei Vicente do Salvador (1627);
- as *Duas viagens ao Brasil*, de Hans Staden (1557);
- a *Viagem à terra do Brasil*, de Jean de Léry (1578).

LEITURA

Você vai ler a seguir três fragmentos da *Carta* de Pero Vaz de Caminha e dois trabalhos de artistas da atualidade que dialogam com a *Carta*: uma tira de Nilson e um cartum de Marcos Müller:

TEXTO I

Dali houvemos vista de homens que andavam pela praia, cerca de sete ou oito, segundo os navios pequenos disseram, porque chegaram primeiro. Ali lançamos os batéis e esquifes à água e vieram logo todos os capitães das naves a esta nau do Capitão-mor e ali conversaram. E o capitão mandou no batel, à terra, Nicolau Coelho para ver aquele rio; e quando começou a ir para lá acudiram, à praia, homens, aos dois e aos três. Assim, quando o batel chegou à foz do rio estavam ali dezoito ou vinte homens, pardos, todos nus, sem nenhuma roupa que lhes cobrisse suas vergonhas. Traziam arcos nas mãos e suas setas. Vinham todos rijos para o batel e Nicolau Coelho fez-lhes sinal para que deixassem os arcos e eles os pousaram. Mas não pôde ter deles fala nem entendimento que aproveitasse porque o mar quebrava na costa.

batel e **esquife**: barcos pequenos.

TEXTO II

Capitão, quando eles vieram, estava sentado em uma cadeira, com uma alcatifa aos pés, por estrado, e bem vestido com um colar de ouro muito grande ao pescoço [...] Acenderam-se tochas e entraram; e não fizeram nenhuma menção de cortesia nem de falar ao Capitão nem a ninguém. Mas um deles viu o colar do Capitão e começou a acenar com a mão para a terra e depois para o colar, como a dizer-nos que havia ouro em terra; e também viu um castiçal de prata e da mesma forma acenava para terra e para o castiçal como que havia, também, prata. Mostraram-lhe um papagaio pardo que o Capitão aqui traz; tomaram-no logo na mão e acenaram para terra, como que os havia ali; mostraram-lhe um carneiro e não fizeram caso dele; mostraram-lhe uma galinha e quase tiveram medo dela e não lhe queriam pôr a mão; e depois a pegaram como que espantados.

alcatifa: tapete grande.

TEXTO III

De ponta a ponta é toda praia rasa, muito plana e bem formosa. Pelo sertão, pareceu-nos do mar muito grande, porque a estender a vista não podíamos ver senão terra e arvoredos, parecendo-nos terra muito longa. Nela, até agora, não pudemos saber que haja ouro nem prata, nem nenhuma coisa de metal, nem de ferro; nem as vimos. Mas, a terra em si é muito boa de ares, tão frios e temperados, como os de Entre-Douro e Minho, porque, neste tempo de agora, assim os achávamos como os de lá. Águas são muitas e infindas. De tal maneira é graciosa que, querendo aproveitá-la dar-se-á nela tudo por bem das águas que tem. Mas o melhor fruto que nela se pode fazer, me parece que será salvar esta gente; e esta deve ser a principal semente que Vossa Alteza nela deve lançar.

(In: *Cronistas e viajantes*. São Paulo: Abril Educação, 1982. p. 12-23. Literatura Comentada.)

TEXTO IV

(Nilson. *A caravela*. Belo Horizonte: Crisálida, 2000. p. 11.)

TEXTO V

(Marcos Müller. *Bundas*, nº 44.)

1. Segundo Pero Vaz de Caminha, Nicolau Coelho não conseguiu comunicar-se oralmente com os índios.

a) O que alegou como causa?

b) Qual foi o verdadeiro motivo pelo qual a comunicação oral não se realizou?

2. Caminha descreve o primeiro encontro entre os índios e o Capitão.

a) O que revela a postura do Capitão?

b) Qual foi a atitude dos índios diante do Capitão e o que ela revela?

3. Quais eram as informações acerca da nova terra que mais interessavam aos portugueses?

4. Os portugueses não encontraram na terra recém-descoberta aquilo que mais lhes interessava. Identifique o que Caminha humildemente sugere ao rei nos trechos:

a) "De tal maneira é graciosa que, querendo aproveitá-la dar-se-á nela tudo por bem das águas que tem".

b) "Mas o melhor fruto que nela se pode fazer, me parece que será salvar esta gente".

5. Aponte semelhanças entre os textos lidos e os versos de Camões a seguir, quanto ao ponto de vista do colonizador português sobre os motivos da colonização.

E também as memórias gloriosas
Daqueles reis que foram dilatando
A Fé, o Império, e as terras viciosas
De África e de Ásia andaram devastando,

6. Compare o texto IV ao texto III. Que semelhança há entre eles?

7. No texto III, Caminha diz ao rei: "Mas o melhor fruto que nela se pode fazer, me parece que será salvar esta gente". Comparando o texto de Caminha ao cartum de Marcos Müller, é possível perceber pontos de vista diferentes sobre a conquista e a colonização do Brasil.

a) De acordo com o ponto de vista do conquistador europeu, o objetivo de "salvar" os índios foi alcançado no transcorrer do tempo? Por quê?

b) Do ponto de vista do cartunista, o que resultou da relação do conquistador com os índios? Por quê?

A LITERATURA DE CATEQUESE: JOSÉ DE ANCHIETA

Os jesuítas vindos ao Brasil com a missão de catequizar os índios deixaram inúmeras cartas, tratados descritivos, crônicas históricas e poemas. Naturalmente, toda essa produção está diretamente relacionada à intenção catequética de seus autores, entre os quais se destacam os padres Manuel da Nóbrega, Fernão Cardim e, principalmente pelas qualidades literárias, José de Anchieta.

José de Anchieta (1534-1597) nasceu nas ilhas Canárias, Espanha, e faleceu em Reritiba, atual Anchieta, no Estado do Espírito Santo. Veio ao Brasil para trabalhar com o padre Manuel da Nóbrega e participou da fundação das cidades de São Paulo e do Rio de Janeiro.

Sua obra representa parte da melhor produção do Quinhentismo brasileiro. Escreveu poesia religiosa, poesia épica (em louvor às ações do terceiro governador-geral, Mem de Sá), além de crônica histórica e uma gramática do tupi, a *Arte de gramática da língua mais usada na costa do Brasil*. Foi também autor de peças teatrais, escritas com a finalidade de ajudar na educação espiritual dos colonos e catequese dos índios, nas quais revela influência dos modelos formais da poesia palaciana e do teatro de Gil Vicente. O auto *Na festa de São Lourenço* foi encenado pela primeira vez no Brasil em 1583.

Ao lado dessa produção, há aquelas de interesse puramente pessoal, que satisfaziam o espírito devoto de Anchieta, como sermões e poemas em latim. O poema a seguir ilustra as preocupações religiosas desse jesuíta e demonstra a influência do modelo literário medieval em sua produção. O emprego da medida velha (a redondilha) comprova a total indiferença do religioso para com o Renascimento, que naquele momento se desenvolvia na Europa.

Em Deus, meu criador

Não há cousa segura.
Tudo quanto se vê
se vai passando.
A vida não tem dura.
O bem se vai gastando.
Toda criatura
passa voando.

Em Deus, meu criador,
está todo meu bem
e esperança
meu gosto e meu amor
e bem-aventurança.
Quem serve a tal Senhor
não faz mudança.

Contente assim, minha alma,
do doce amor de Deus
toda ferida,
o mundo deixa em calma,
buscando a outra vida,
na qual deseja ser
toda absorvida.

Do pé do sacro monte
meus olhos levantando
ao alto cume,
vi estar aberta a fonte
do verdadeiro lume,

que as trevas do meu peito
todas consume.

Correm doces licores
das grandes aberturas
do penedo.

Levantam-se os errores,
levanta-se o degredo
e tira-se a amargura
do fruto azedo!

(In: Eduardo Portela, org. *José de Anchieta – Poesia*. Rio de Janeiro: Agir, 2005. p. 34-5.)

Foi, porém, com o teatro que Anchieta cumpriu plenamente sua missão catequética. Para as comemorações de datas religiosas, escrevia e levava ao público autos que, diferentemente da prática discursiva e cansativa dos sermões, veiculavam de forma amena e agradável a fé e os mandamentos religiosos.

Pelo fato de seu público ser constituído por indígenas, soldados, colonos, marujos e comerciantes, Anchieta escreveu autos polilíngues, o que lhes conferia maior alcance. O alvo central do religioso era, porém, o índio. Tendo observado o gosto do silvícola por festas, danças, músicas e representações, Anchieta soube unir a essa tendência natural a moral e os dogmas católicos, fazendo uso de pequenos jogos dramáticos. Assim, ao mesmo tempo que divertia a plateia, alcançava os seus objetivos.

José de Anchieta teve grande liderança espiritual em seu tempo e é chamado de "Apóstolo do Brasil". Foi beatificado em 1997 pelo papa João Paulo II e seu processo de canonização está em andamento.

José de Anchieta cantado no Brasil e na Europa

Em 1997, em comemoração ao IV centenário de José de Anchieta, a etnóloga e compositora Marlui Miranda, que há décadas pesquisa a cultura indígena na Amazônia, produziu um espetáculo com poemas de José de Anchieta cantados em tupi e em português (com tradução de José Paulo Paes). O trabalho foi apresentado no Brasil e em vários países da Europa, como Portugal, Alemanha e Suíça, entre outros, e dele resultou o CD *2 IHU Kewere – Rezar*, com a participação do grupo IHU, da Orquestra Jazz Sinfônica e do Coral Sinfônico do Estado de São Paulo. Você poderá ouvir as canções do CD também no *site* www.cafemusic.com.br/cd.cfm?album_id=137.

Desmundo: violência no Brasil colonial

Imagine a situação de um grupo de órfãs enviadas ao Brasil pela rainha de Portugal para se casarem com os primeiros colonizadores portugueses, a quem nunca tinham visto... Esse é o ponto de partida de *Desmundo*, filme de Alain Fresnot (2003) que narra uma história de amor e violência no Brasil do século XVI. Além de apresentar uma competente reconstituição da época, o filme é falado no português de então, resultado de uma rara pesquisa linguística.

Ewerett/Keystone

Cena do filme *Desmundo*.

Para quem quer mais na Internet

Em nosso *site*, http://www.atualeditora.com.br/pl/paraquemquermais, você poderá ler e baixar outro trecho da *Carta* de Caminha, novos poemas de José de Anchieta e conhecer um pouco da produção literária de Manuel da Nóbrega.

DIÁLOGO ENTRE A LITERATURA MODERNA E A LITERATURA DE INFORMAÇÃO

Você vai ler a seguir dois textos. O primeiro é um trecho da *Carta* de Pero Vaz de Caminha, texto fundador da brasilidade, escrito em 1500; o segundo é um poema de Oswald de Andrade, poeta do século XX que se empenhou em resgatar criticamente o passado primitivo e colonial brasileiro.

TEXTO I

Ali andavam, entre eles, três ou quatro moças, bem moças e bem gentis, com cabelos muito pretos, caídos pelas espáduas abaixo; e suas vergonhas tão altas e tão cerradinhas e tão limpas das cabeleiras que, de as olharmos muito bem, não tínhamos nenhuma vergonha.

(Pero Vaz de Caminha. *Carta*. In: Carlos Vogt e J. A. G. Lemos. *Cronistas e viajantes*. São Paulo: Abril Educação, 1982.)

TEXTO II

as meninas da gare

Eram três ou quatro moças bem moças e
[bem gentis
Com cabelos mui pretos pelas espáduas
E suas vergonhas tão altas e tão saradinhas
Que de nós as muito bem olharmos
Não tínhamos nenhuma vergonha

(Oswald de Andrade. *Pau Brasil*. 2. ed. São Paulo: Globo, 2003. p. 108.)

Rita Barreto

cerrado: fechado.
espádua: ombro.
gare: termo de origem francesa, empregado na década de 1920 para designar estação de trem.
gentil: elegante, delicado, encantador, atencioso.
limpo: puro, que não está misturado.
mui: forma arcaica de *muito*.
sarado: forma arcaica de *cerrado*.

1. O primeiro contato com os índios causou no conquistador português um estranhamento. No texto I:

a) O que mais chama a atenção dos portugueses em relação às índias?

b) No final do excerto, Caminha escreve: "de as olharmos muito bem, não tínhamos nenhuma vergonha". O que a "vergonha" mencionada revela em relação à formação moral e religiosa do conquistador?

2. O poema de Oswald foi construído a partir da apropriação do fragmento da *Carta* de Caminha reproduzido no texto I. Como novidade, Oswald introduziu o título "as meninas da gare".

a) O que o emprego do termo *gare* revela a respeito da cultura brasileira da época de Oswald?

b) O uso de *gare*, no poema, remete ao tempo de Pero Vaz de Caminha (séculos XV e XVI) ou ao tempo de Oswald de Andrade (século XX)?

"A deselegância discreta de suas meninas"

Quando Oswald de Andrade escreveu o poema, em 1924, havia muitas prostitutas nas imediações da estação de trem de São Paulo (Estação da Luz), cidade onde vivia o poeta.

3. Compare os dois textos. Ambos retratam o olhar de um viajante que chega a determinado lugar e se surpreende com a nudez das mulheres. Leia o boxe acima e depois responda às perguntas a seguir.

a) No poema de Oswald, as "moças gentis" são também, como na *Carta* de Caminha, as índias brasileiras?

b) Levando em conta o tempo que separa os dois textos e a cena descrita no poema de Oswald, responda: Pela ótica do poema, a civilização europeia trouxe benefícios ou malefícios? Justifique sua resposta.

Guy Crittenden/Images.com/Corbis/Latinstock

CAPÍTULO 8

Hipertexto e gêneros digitais: o *e-mail*, o *blog* e o comentário

Com o surgimento e a popularização da Internet, alterou-se profundamente a noção de texto. Na Internet, o processo de ler ou escrever um texto deixou de ser linear, ou seja, da esquerda para a direita e de cima para baixo, um procedimento de cada vez. O internauta pode, simultaneamente ao processo de leitura de um texto, acessar *links*, ler outros textos, ouvir música, examinar imagens e planilhas, redigir *e-mails* e, finalmente, voltar a ler o texto que foi o ponto de partida para uma série de operações e de interações pela Internet.

A essas múltiplas possibilidades oferecidas pelo texto digital, que envolve uma nova forma de acessar, produzir e interpretar informações, chamamos *hipertexto*. Assim, **hipertexto** exprime a ideia de leitura e escrita não linear de texto, em um contexto tecnológico, mediado pelo computador e pela Internet.

A Internet permite ainda que os internautas, além de fazerem facilmente leituras simultâneas e não lineares, produzam e disponibilizem seus próprios textos na rede para a leitura de outros usuários. Assim, todos podem expressar seus pontos de vista, postando textos, vídeos e fotos em *sites* diversos: páginas de grandes jornais do país, YouTube, fóruns de discussão, páginas pessoais, como os *blogs*, ou perfis em redes sociais, como o *Facebook* e o *Twitter*.

Entre os gêneros textuais que são produzidos e circulam na Internet, estão o *e-mail*, o *blog* e o comentário.

TRABALHANDO O GÊNERO

O *E-MAIL*

Imagine a seguinte situação: o professor de História marcou uma data para os alunos enviarem um trabalho por *e-mail*, e Mariana não conseguiu fazer isso no prazo estabelecido. Quando conseguiu finalizar o trabalho, enviou o seguinte *e-mail* ao professor, tentando convencê-lo a aceitar o material fora do prazo.

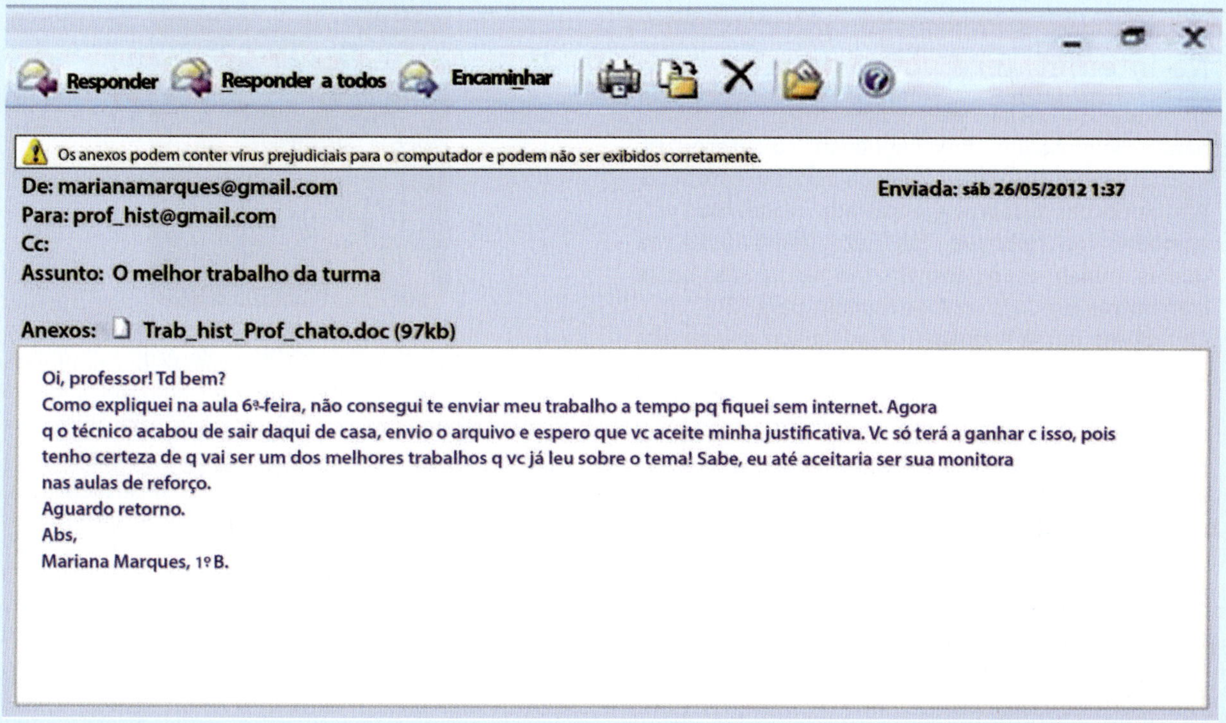

De: marianamarques@gmail.com Enviada: sáb 26/05/2012 1:37
Para: prof_hist@gmail.com
Cc:
Assunto: O melhor trabalho da turma

Anexos: Trab_hist_Prof_chato.doc (97kb)

Oi, professor! Td bem?
Como expliquei na aula 6ª-feira, não consegui te enviar meu trabalho a tempo pq fiquei sem internet. Agora q o técnico acabou de sair daqui de casa, envio o arquivo e espero que vc aceite minha justificativa. Vc só terá a ganhar c isso, pois tenho certeza de q vai ser um dos melhores trabalhos q vc já leu sobre o tema! Sabe, eu até aceitaria ser sua monitora nas aulas de reforço.
Aguardo retorno.
Abs,
Mariana Marques, 1º B.

WMO

1. Os programas de computador que enviam e recebem *e-mails* registram importantes dados referentes às mensagens recebidas e enviadas, tais como endereço de *e-mail* de remetente e destinatário, títulos de arquivos anexos, assunto, data, hora, etc. Em relação ao *e-mail* em estudo, responda:

a) Que justificativa a aluna deu para não ter enviado o trabalho por *e-mail* e, segundo a mensagem, quando o problema foi resolvido?

b) Qual o dia e o horário em que a mensagem foi enviada?

c) Suponha que o professor não aceitou a justificativa da aluna. Tendo em vista os dados da mensagem que aparecem na tela do computador, dê uma possível razão para essa decisão do professor.

2. A estrutura do *e-mail* é relativamente livre. Geralmente há um vocativo, um cumprimento, o desenvolvimento do assunto, a despedida e a assinatura. Apesar da liberdade quanto à estrutura, porém, é importante que não se perca de vista a situação de comunicação.

a) No *e-mail* que enviou ao professor, como Mariana nomeou o assunto?

b) Levante hipóteses: Essa escolha da aluna foi adequada? Justifique sua resposta.

3. Além de não aceitar a justificativa do atraso na entrega do trabalho, o professor podia se sentir ofendido com o *e-mail* de Mariana e, por isso, não se dispor a convidá-la para ser monitora nas aulas de reforço.

a) Entre os itens registrados no *e-mail*, qual podia fazer com que o professor se sentisse ofendido?

b) Releia este trecho do *e-mail*:

> "Sabe, eu até aceitaria ser sua monitora nas aulas de reforço."

Levante hipóteses: a maneira como Mariana se expressa nesse trecho do *e-mail* podia influenciar o professor na decisão de aceitá-la como monitora? Justifique sua resposta.

Na Internet, uma nova língua?

Para conversar pelo computador, os internautas inventaram uma linguagem, o internetês, cujo princípio é reduzir cada palavra ao essencial. A maioria das palavras é abreviada. *Você* vira "vc", *também*, "tb", *porque*, "pq", etc. Além disso, há outras mudanças: os acentos são raríssimos, *qu* se transforma em "k", *ch* e *ss* mudam para "x".

O uso dessa linguagem é adequado apenas em certos gêneros da Internet, como no *e-mail* pessoal, no *blog*, no Facebook e em conversas no Skype ou nas salas de bate-papo quando há intimidade entre pessoas. Em gêneros não digitais, o uso dessa linguagem é inadequado e, por isso, deve ser evitado.

4. Em alguns gêneros digitais, como o *e-mail* e o bate-papo, a linguagem não segue a norma-padrão escrita. Observe a linguagem empregada no *e-mail* em estudo.

a) O que está em desacordo com a norma-padrão escrita?

b) Levante hipóteses: No *e-mail* lido, a linguagem pode ser considerada inadequada?

Wei Yan/Masterfile/Other Images

5. Reúna-se com seus colegas de grupo e, juntos, reescrevam o *e-mail* de Mariana, tornando-o mais adequado ao objetivo que ela tinha em vista ao escrevê-lo. Para isso, considerem: finalidade do *e-mail*, perfil dos interlocutores, assunto, estrutura, linguagem.

E-mail comercial

O *e-mail* constitui atualmente uma das principais ferramentas de comunicação comercial entre funcionários de uma empresa e entre empresas e seus clientes e fornecedores. Nesse caso, o *e-mail* é mais formal e exige cuidados especiais:

- Preencher o campo *Assunto* com um resumo objetivo da mensagem.
- Não usar abreviações ou *emoticons*.
- Não escrever textos somente com letras maiúsculas ou minúsculas; as maiúsculas podem dar a impressão de agressividade, e as minúsculas, a de que a pessoa escreveu apressadamente.
- Colocar um fecho, empregando expressões como *atenciosamente*, *cordialmente* ou *aguardamos um breve retorno*.
- Escrever o nome e o cargo que ocupa na empresa.

PRODUZINDO O *E-MAIL*

Uma das vantagens da Internet é que ela facilita a leitores de jornais e revistas a exposição de seus pontos de vista. Para isso, alguns veículos de comunicação disponibilizam aos leitores espaços para fotos, notícias, cartas e *e-mails* com comentários sobre notícias e reportagens. Veja este exemplo:

O assunto é: **Sacola plástica**

"Com a proibição dos saquinhos plásticos em São Paulo, à qual eu sou inteiramente favorável, face aos benefícios ambientais proporcionados, os supermercados 'oferecerão', como alternativa aos clientes, sobras de caixotes de papelão ou, então, venderão sacolas reutilizáveis? Ou seja, diminuem sua despesa com os saquinhos plásticos, aumentam a receita com venda de sacolas e jogam a conta para nós. Por que não voltam a oferecer os sacos de papelão grosso que, até algumas décadas atrás, eram amplamente usados pelos supermercados? O papelão não agride ao meio ambiente, como os plásticos, e se desmancha quando molhado."

P. R. de C. JR. (São Paulo, SP)

(Folha.com, 26/1/2012.)

Você também pode enviar um *e-mail* para um veículo de comunicação, manifestando-se sobre um assunto de seu interesse. Para isso, selecione em um jornal ou revista uma reportagem que tenha chamado sua atenção e escreva um *e-mail* para o jornal ou a revista, comentando o assunto e o modo como ele foi abordado.

Planejamento do texto

- Busque o *site* oficial do veículo de comunicação selecionado. Anote o endereço de *e-mail* disponibilizado para as mensagens de leitores.
- Tenha em mente o perfil de seu leitor. Lembre-se de que seu texto poderá ser publicado e lido por milhares de pessoas. Se seu ponto de vista estiver bem-fundamentado, ele poderá influenciar, orientar e esclarecer outros leitores e, assim, você estará exercendo seu papel de cidadão.
- Procure adequar a linguagem de seu texto ao suporte, ao perfil dos interlocutores e à situação. É importante que o tom da linguagem não seja muito informal, a fim de que sua mensagem dê aos leitores impressão de seriedade e desperte credibilidade.
- Preencha os campos referentes a destinatário, assunto, anexos (se houver), etc.

Revisão e reescrita

Antes de enviar seu *e-mail*, releia-o, observando:

- se a maneira como você redigiu e estruturou seu texto está de acordo com a situação de comunicação;
- se a linguagem empregada está adequada a seus interlocutores;
- se os dados referentes a destinatários e assunto estão escritos corretamente;
- se os arquivos anexos (se houver) estão nomeados com clareza e objetividade.

O *BLOG*

O ***weblog***, mais conhecido como *blog*, era, no princípio, uma espécie de diário virtual, usado quase que exclusivamente por jovens interessados em relatar fatos de seu cotidiano, pensamentos, observações, opiniões e em se relacionar com outros internautas. Com o tempo, os *blogs* foram se tornando a ferramenta ideal não só para a divulgação de ideias pessoais, mas também para a divulgação de notícias, de textos sobre política e cultura, pesquisas, negócios, debates, publicidade, etc. Enquanto montar um *site* exige ter conhecimento de programação de computadores ou pagar por essa assessoria, criar uma página na rede é simples e rápido. Há diversos programas de hospedagem de *blogs* disponíveis gratuitamente na Internet. Um dos mais acessíveis e bastante procurado pelos iniciantes é o Blogger (blogger.com). Depois de acessá-lo, o usuário preenche um formulário com nome, *e-mail* e contatos, escolhe um visual para a página e lhe dá um nome. Quinze minutos depois, já pode publicar seus textos na Internet. Além dos textos, os *blogs* comportam fotos e, em alguns casos, vídeos. Além dos *blogs* individuais, que são mais comuns, existem também os *blogs* comunitários, nos quais todos os membros de determinado grupo podem editar textos e participar deles como autores.

Alamy/Other Images

Blog: história sem fim

Os blogs levam às últimas consequências dois princípios da Internet. Um deles é a interatividade. Cada texto postado num blog vem acompanhado de uma janela para que os leitores façam comentários, o que torna essas páginas espaços de debate por excelência. O outro é a formação de comunidades que vão se ampliando e se sobrepondo. Os blogs são interligados uns aos outros por meio de links – os atalhos que permitem ao usuário saltar entre as páginas da Internet. Assim, um texto publicado num blog que isoladamente não atrai grande número de leitores pode de repente se espalhar de maneira exponencial. Quanto mais um blog é recomendado pelos similares, mais ganha status. Da mesma forma, o blogueiro que participa das discussões em páginas de terceiros acaba, por tabela, divulgando a sua própria. [...]

(*Veja*, nº 1 907.)

Os *blogs* possibilitam aos leitores fazer comentários sobre os *posts* dos autores, manifestando concordância, discordância, acrescentando informações, fazendo sugestões de tópicos para novos *posts*, etc.

O COMENTÁRIO

Muitos veículos de comunicação dão em seus portais indicações de *blogs*, com cujos autores, por meio da ferramenta **comentário**, os leitores podem falar diretamente. O comentário é um texto muito comum na Internet e é encontrado não só em *blogs*, mas também em *sites*.

Loucos por *blogs*

Se você gosta de *blogs* e quer se aprofundar no assunto, sugerimos para leitura o livro *Blogs – Revolucionando os meios de comunicação*, de Octavio I. Rojas Orduña e outros (editora Thomson), que mostra as oportunidades oferecidas pela blogosfera, tanto no plano pessoal, quanto no plano profissional.

E, para acesso, os *sites*:

- www1.folha.uol.com.br/blogs/
- oglobo.globo.com/blogs/
- www.estadao.com.br/blogs/
- http://jblog.jb.com.br/

ESIC

Blog: "coisa de velho"?
Adolescentes estão perdendo interesse nos blogs, indica pesquisa

Os internautas mais jovens estão perdendo o interesse nos blogs e se voltando cada vez mais para formas mais curtas e portáteis de comunicação pela rede [...].

Segundo o estudo feito pela Pew Research Center, o número de jovens internautas americanos entre 12 e 17 anos que escrevem blogs caiu de 28% para 14% desde 2006.

Os adolescentes que disseram ter feito comentários em blogs de colegas caiu de 76% para 52% no mesmo período. [...]

A pesquisa indica que os adolescentes vêm preferindo colocar postagens curtas em sites de redes sociais ou de micro-blogging, como o Facebook ou o Twitter, ou acessar a internet pelo telefone celular. [...]

Se por um lado a popularidade dos blogs tradicionais vem caindo entre os mais jovens, segundo indica a pesquisa, os dados mostram um envolvimento cada vez maior dos adolescentes em redes sociais na internet. [...]

De acordo com o estudo da Pew, 73% dos adolescentes americanos disseram usar sites de relacionamento social atualmente, contra 55% em novembro de 2006 e 65% em fevereiro de 2008. [...]

O Globo, 4/2/2010. http://oglobo.globo.com/tecnologia/adolescentes-estao-perdendo-interesse-nos-blogs-indica-pesquisa-3058080#IXZZ1KCXLCWPK

O comentário na Internet

São muitos os *sites* que disponibilizam um espaço para que seus leitores comentem os conteúdos ali divulgados. Nesse ambiente, é frequente a ocorrência de comentários nos quais o leitor expõe sua opinião pessoal de forma extremamente subjetiva, sem considerar os argumentos do autor do texto e a situação em que o texto foi produzido.

Leia o depoimento abaixo, em que o cantor e compositor Chico Buarque fala sobre os comentários feitos por alguns leitores de seu *site*.

Porque hoje em dia, com essas coisas de Internet, as pessoas falam o que vem à cabeça, né? E a primeira vez que eu vi isso, eu não sabia como era o jogo ainda, eu fiquei espantadíssimo, eu falei "o que é que tão falando aqui?" Porque o artista geralmente ele acha que é muito amado [...] vai, faz o *show*, é aplaudido e tal... ele sai cheio de si, e ele abre a Internet, ele é odiado (risos) [...] Eu, a primeira vez que eu vi, não sei se foi numa notícia assim, aí eu vi: "comentários". Eu nunca tinha entrado nisso, aí comecei a ver: "este velho, o que o álcool não faz com uma pessoa?" (risos) Simplesmente uma injustiça, porque eu já nem bebo mais... "o que que esse velho tá fazendo aí?" Mas vai fazer o que, né? [...] Não pode ficar triste com isso, nem morrer, se morrer é pior, quando morrer vão dizer: "já morreu tarde, já vai tarde..." (risos).

(http://www.chicobastidores.com.br/video/18/Comentários%20na%20internet)

Giuseppe Bizzarri/Folhapress

Chico Buarque.

É possível, entretanto, fazer comentários que fundamentem o ponto de vista adotado, contribuindo, assim, para uma discussão esclarecedora sobre um tema específico.

É comum que *blogs* e *sites* que disponibilizam a seus leitores a ferramenta *comentários* tenham um filtro pelo qual os textos passam antes de serem publicados. Assim, evita-se a publicação de agressões gratuitas, termos de baixo calão, propagandas, etc.

O comentário na Internet é um texto geralmente curto e com estrutura bastante variável. Seu principal objetivo deve ser adicionar ao texto comentado, de forma sucinta, informações, críticas, elogios, correções ou sugestões.

Veja, como exemplo, um *post* sobre o Código Florestal brasileiro feito no *blog* do jornalista Marcelo Tas, seguido dos comentários de alguns leitores.

Código Florestal não merece virar bate-boca de futebol

Fernando Meirelles

Acompanho com atenção e alguma preocupação a votação do novo Código Florestal. Trata-se de assunto da mais absoluta importância. Entretanto, percebo que entramos numa contenda polarizada, de bate-boca de arquibancada de futebol, com gente gritando e xingando quem pensa diferente de "idiota"...

Será que ajuda dividirmos um tema tão importante em dois lados: uma briga de foice no escuro entre ambientalistas x o tal "agronegócio"? [...]

Coloquei o vídeo [...] com o depoimento do meu amigo, o cineasta Fernando Meirelles, porque penso que [...] as palavras dele trazem um ponto importante. [...] Fernando sugere que devemos "ouvir os cientistas". É uma excelente sugestão que interpreto e amplio aqui sugerindo que ouçamos os cientistas que vivem dentro de cada um de nós. Mais razão e menos emoção, pessoal.

Uma coisa eu sei: não podemos abrir mão de produzir comida. Isto é necessário para a saúde física dos brasileiros e para a saúde financeira da nossa balança comercial. Ou seja, temos que produzir alimento mas sem que, evidentemente, destruamos a natureza, a nossa usina produtora e reprodutora. [...]

É importante ouvir a voz dos produtores rurais, grandes e pequenos, os senadores que os representam [...], sem tratá-los como loucos de motosserra na mão. Também é extremamente importante ouvir iniciativas civis [...], sem tratá-los como fundamentalistas do meio ambiente. Se conseguirmos sair dessa gritaria de arquibancada, desse FLA x FLU, a discussão do Código Florestal pode ser mais consequente, saudável e madura. Como devem ser os frutos que nos alimentam hoje e no futuro.

COMENTE!

S. C. 26 de novembro de 2011 at 22:31

O Ministério Público e as agências de Controle Ambiental usam o código florestal nas áreas urbanas para embargar e punir os proprietários de imóveis nas beiras dos rios dentro das cidades. Indústrias, comércio e residências são bloqueadas por estarem dentro da margem de APP. Como a lei cega, deveriam usar a mesma lei para punir as cidades. Vão embargar então a Marginal Tiete e Pinheiros na cidade de São Paulo. A mesma lei não pode ser usada no meio do Amazonas e nas cidades.

Pedrinho 26 de novembro de 2011 at 7:35

Agora que a ampla maioria dos senadores e deputados federais já decidiram votar a favor do novo código florestal, os militantes verdes vêm com essa conversa de diálogo e palpites de "cientistas" politicamente engajados? Os militantes verdes a serviço de ONG's estrangeiras querem ganhar no grito, isso sim.

Thinkstock/Getty Images

Átila 28 de dezembro de 2011 at 13:53

Pedrinho, favor se informar melhor. O Movimento dos Atingidos por Barragens – MAB tem pautado em vários espaços este debate antes mesmo, muito antes, de ocorrer a primeira votação e ser pauta dos grandes jornais.

Consulte o sítio do MAB
http://www.mabnacional.org.br/

Reinaldo 24 de novembro de 2011 at 21:52

Uma observação: acho que você utilizou o termo "agronegócio" de forma equivocada, visto que "agronegócio" envolve muito mais coisa além da produção agrícola per se.

P.ex. alguns setores da indústria se encaixam no agronegócio.

João Paulo 24 de novembro de 2011 at 17:30

O Fernando é um grande cineasta e eu adoro seus filmes, mas infelizmente falou bobagem. De onde ele tirou esse número de 61 milhões de hectares de terras degradadas? Isso é chutômetro. Puro chutômetro misturado com googlismo faccioso, afinal sempre filtramos no Google aquilo que nos interessa. Fazendeiro pode ser tudo, menos burro. Terra degradada não produz. Não sou produtor rural, mas conheço bem o assunto e posso dizer sem medo de errar que a nossa agricultura é a maior do mundo em termos de produtividade. Pare de chutar, Fernando. É melhor um ambientalista radical assumido do que um cineasta se fazendo passar por benfeitor ecológico movido por puro altruísmo.

(Adaptado de: http://blogdotas.terra.com.br/2011/11/23/codigo-florestal-nao-pode-virar-um-fla-x-flu/)

Note que os leitores, além de apresentar seus pontos de vista, procuram dialogar com base nas informações contidas no texto do *blog*, remetendo-se a elas em seus comentários ("os militantes verdes vêm com essa conversa"; "acho que você utilizou o termo 'agronegócio' de forma equivocada"; "De onde ele tirou esse número"). Além disso, buscam embasar suas afirmações, incorporando vozes de autoridade ou posicionando-se como alguém que tem conhecimento sobre o assunto ("O Movimento dos Atingidos por Barragens - MAB"; "O Ministério Público e as agências de Controle Ambiental"; "Não sou produtor rural, mas conheço bem o assunto e posso dizer sem medo de errar"). Há, também, leitores que respondem a comentários de outros leitores, fazendo referência direta a eles ("Pedrinho, favor se informar melhor [...]. Consulte o sítio do MAB http://www.mabnacional.org.br/").

Você tem o hábito de fazer comentários em *sites* da Internet? Quais? Troque informações com seus colegas sobre os comentários que vocês costumam escrever.

Com a orientação do professor, participe de uma pesquisa na classe: Quantos alunos têm um *blog*? Quantos alunos acompanham algum *blog* e indicariam sua leitura? Quantos alunos comentam outros *blogs*? Quantos alunos costumam deixar comentários na Internet? Em quais *sites*?

PRODUZINDO O COMENTÁRIO

Masterfile/Other Images

Reúna-se com seus colegas de grupo e, seguindo indicações do professor, escolham um ou mais *blogs* ou *sites* da Internet que apresentem a ferramenta *comentários* e produzam um ou mais comentários a propósito de um assunto do interesse de todos. Depois acessem o *blog* ou *site* e enviem o comentário.

Planejamento do texto

Discutam o texto do *blog* escolhido e o ponto de vista que ele apresenta sobre o assunto.

- Ao escrever, procurem manter uma relação direta com o texto original e situar com clareza o alvo do comentário.

Revisão e reescrita

Antes de enviar o comentário, releiam-no, observando:

- se ele consiste em um texto curto, uma vez que nesse gênero a síntese é desejável;
- se o ponto de vista do grupo está bem-fundamentado, com base em dados e referências consistentes, especialmente se ele for contrário ao ponto de vista apresentado no texto original.

ESCREVENDO COM COERÊNCIA E COESÃO

PARALELISMOS SINTÁTICOS E SEMÂNTICOS

Leia o texto:

Falta de educação e velocidade

Os anjos da morte estão cansados de nos recolher, a nós que nos matamos ou somos assassinados no tráfego das estradas, cidades, esquinas deste país. Os anjos da morte estão exaustos de pegar restos de vidas botadas fora. Os anjos da morte andam fartos de corpos mutilados e almas atônitas. Os anjos da morte suspiram por todo esse desperdício.

Não sei se as propagandas que tentam aos poucos aliviar essa tragédia ajudam tanto a preservar vidas quanto as intermináveis, ricas e coloridas propagandas de cerveja ajudam a beber mais e mais e mais, colaborando para uma parte dessa carnificina. Mas sei que estou no limite. Não apenas porque abro jornais, TV e computador e vejo a mortandade em andamento, mas porque tenho observado as coisas em questão. Recentemente, dirigindo numa autoestrada, percebi um motorista tentando empurrar para o canteiro central um carro que seguia à minha frente na faixa esquerda, na velocida-

Eduardo Maia/D.A Press

de adequada ao trajeto. Chegava provocadoramente perto, pertinho, pertíssimo, quase batia no outro, que se desviava um pouco, lutando para manter-se firme no seu trajeto sem despencar.

[...]

Atenção: os jovens são — em geral, mas não sempre — mais arrojados, mais imprudentes, têm menos experiência na direção. Portanto, são mais inclinados a acidentes, bobos ou fatais, em que a gente mata ou morre. Mas há um número impressionante de adultos — mais homens do que mulheres, diga-se de passagem, porque talvez sejam biologicamente mais agressivos — cometendo loucuras ao dirigir, avançando o sinal, quase empurrando o veículo da frente com seu para-choque, não cedendo passagem, ultrapassando em locais absurdos sem a menor segurança, bebendo antes de dirigir, enfim, usando o carro como um punhal hostil ou um falo frustrado.

Cada um se porta como quer — ou como consegue. Isso vem do caráter inato, combinado com a educação recebida em casa. Quando esse comportamento ultrapassa o convívio cotidiano e pode mutilar pais de família, filhos e filhas amados, amigos preciosos, ou seja lá quem for, então é preciso instaurar leis férreas e punições comparáveis. Que não permitam escapadelas nem facilitem cometer a infração com branda cobrança. Que não admitam desculpas e subterfúgios, não premiem o erro, não pequem por uma criminosa omissão.

Precisamos em quase tudo de autoridade e respeito, para que haja uma reforma generalizada, passando da desordem e do caos a algum tipo de segurança e bem-estar. Os motoristas americanos e europeus impressionam pela educação. Não por serem bonzinhos ou melhores do que nós, mas porque temem a lei, a punição, a cassação da carteira, a prisão, por coisas que aqui entre nós são consideradas apenas "normais", meros detalhes, "todo mundo faz assim".

Autoridade justa, mas muito rigorosa, é o que talvez nos deixe mais lúcidos e mais bem-educados: em casa, na escola, na rua, na estrada, no bar, no clube, dentro do nosso carro. E os fatigados anjos da morte poderão, se não entrar em férias, ao menos relaxar um pouco.

(Lya Luft. *Veja*, nº 2 048.)

1. O texto lido relaciona a violência no trânsito à educação dos motoristas. No 3º parágrafo, por exemplo, a autora enumera alguns comportamentos abusivos. Que ideia apresentada no 4º parágrafo estabelece relações com o 3º parágrafo, tornando o texto coeso e coerente?

2. Considerando o 1º parágrafo do texto, responda:

a) A quem se refere a expressão *a nós*?

b) Que efeito de sentido a repetição do sujeito *Os anjos da morte* cria nesse parágrafo?

3. Releia este trecho do texto:

> "Não sei se as propagandas que tentam aos poucos aliviar essa tragédia ajudam tanto a preservar vidas quanto as intermináveis, ricas e coloridas propagandas de cerveja ajudam a beber mais e mais e mais, colaborando para uma parte dessa carnificina."

Entre as palavras *tanto* e *quanto* há uma relação de dependência sintática e semântica. Releia o trecho duas vezes: na primeira vez, elimine a palavra *tanto*; na segunda, elimine a palavra *quanto*.

a) É possível a eliminação de uma delas? Por quê?

b) Que sentido a expressão *tanto... quanto* imprime ao texto?

4. Leia outro trecho do texto, observando as palavras destacadas:

> "*Não apenas* porque abro jornais, TV e computador e vejo a mortandade em andamento, *mas* porque tenho observado as coisas em questão."

Qual das expressões a seguir poderia substituir as palavras destacadas sem prejuízo de sentido?

a) seja... seja

b) não só... mas(como) também

c) tão/tanto... que

d) mais/menos... que

Ao responder às questões anteriores, você observou que certas palavras e expressões apresentam entre si relações de semelhança, que podem se dar *sintaticamente* (quando as construções das orações ou das frases são semelhantes) ou *semanticamente* (quando há correspondência de sentido). A essas relações de semelhanças chamamos **paralelismos**.

No texto que você leu, há os dois tipos de paralelismo. O **sintático** se dá, por exemplo, na repetição do sujeito *Os anjos da morte* e no emprego de *tanto... quanto, não apenas... mas.* O **semântico** se dá, por exemplo, na ampliação da expressão *a nós*, na exemplificação, na retomada e no desenvolvimento de uma ideia (comportamentos abusivos), ocorrida no 3º parágrafo.

O paralelismo é um recurso utilizado em diferentes gêneros textuais, como na notícia, na crônica, no poema, etc.

Veja o emprego de paralelismo neste poema do poeta francês Eugène Guillevic:

Tenho visto o marceneiro

Tenho visto o marceneiro
Da madeira aproveitar-se.

Tenho visto o marceneiro
Comparar diversas pranchas.

Tenho visto o marceneiro
A mais bela acarinhar.

Tenho visto o marceneiro
Avançar a sua plaina.

Tenho visto o marceneiro
A mais bela acarinhar.

Tenho visto o marceneiro
Avançar a sua plaina.

Tenho visto o marceneiro
Conseguir a forma justa.

Tu cantavas, marceneiro,
Os armários encaixando.

Eu guardo a tua imagem
O perfume da madeira.

Eu, que palavras combino,
Faço um pouco a mesma coisa.

(In: Cláudio Veiga, org. *Antologia da poesia francesa - Do século IX ao século XX*. 2. ed. Rio de Janeiro: Record, 1999. p. 407.)

Ricardo Dantas

No poema, há paralelismo sintático na repetição integral do 1º verso da 1ª estrofe nas estrofes 2, 3, 4, 5, 6 e 7. O paralelismo semântico está na correspondência entre o ofício do marceneiro e o do poeta. Além desses paralelismos, é possível observar ainda outros, referentes ao ritmo, à métrica e ao número de versos de cada estrofe.

Paralelismos sintáticos mais comuns

Emprego de certas expressões

seja... seja

Seja jovem, *seja* adulto, o motorista brasileiro se porta como quer.

ou... ou

Você decide: *ou* eu entrego os livros na biblioteca *ou* vou ao banco pagar o IPTU.

tanto... quanto

Tanto os motoristas americanos *quanto* os motoristas europeus impressionam pela educação no trânsito.

não... e não/nem

Os motoristas de outros países *não* são bonzinhos *nem* melhores do que os do nosso país.

não só... mas/como também

Sementes de milho usadas para fazer pipoca foram encontradas *não só* no Peru, *como também* no atual Estado de Utah, nos Estados Unidos, o que sugere que ela fazia parte da alimentação de vários povos americanos.

(*Mundo Estranho*, nº 3.)

Emprego de tempos verbais

A professora disse que *faria* parte da comissão de formatura se *recebesse* o apoio de todos os formandos.

A professora disse que *fará* parte da comissão de formatura se *receber* o apoio de todos os formandos.

Emprego de palavras e orações

Adjetivo e adjetivo

Esperava uma união *feliz* e *capaz* de trazer frutos.

Dois advérbios (ou locuções adverbiais)

A criança constrói *concreta* e *paulatinamente* o seu conhecimento.

Termos regidos pela mesma preposição

Toda criança necessita, em parte, *de alimento* e, em grande parte, *de carinho*.

Orações interligadas sem conectivos

"Mas há um número impressionante de adultos [...] *cometendo loucuras ao dirigir, avançando o sinal, quase empurrando o veículo da frente com seu para-choque, não cedendo passagem, ultrapassando em locais absurdos sem a menor segurança, bebendo antes de dirigir*"

Duas orações adjetivas

Esperava uma união *que fosse feliz* e *que fosse capaz de trazer frutos*.

Duas orações reduzidas

Saiu rápido *por já estar pronto* e *por ter pressa.*

Duas orações desenvolvidas

Saiu rápido *porque já estava pronto* e *porque tinha pressa.*

Duas orações subjetivas

É preciso *que fuja rápido* e *que leve seu irmão.*

Paralelismos semânticos mais comuns

Thinkstock/Getty Images

Enumeração

Tinha paixão por gastronomia: *conhecer novos pratos e novos temperos, provar novas combinações e novos sabores, degustar alimentos típicos de outros países.*

Comparação

"O político por vocação é um apaixonado pelo grande jardim para todos. Seu amor é tão grande que ele abre mão do pequeno jardim que ele poderia plantar para si mesmo. De que vale um pequeno jardim se a sua volta está o deserto? É preciso que o deserto inteiro se transforme em jardim."

(Rubem Alves)

Oposição

Um dos primeiros presentes que a menina ganha é uma boneca. O menino ganha uma bola ou um automóvel de brinquedo. É o primeiro condicionamento do universo feminino: a casa; do universo masculino: a rua.

Exemplificação

Tornaram-se signos, ou seja, funcionam como transmissores de ideologias: *a balança para a justiça; a maçã para o pecado; a pomba para a paz.*

Desenvolvimento

Muito se discute a influência da televisão sobre a criança. Comunicólogos, educadores e psicólogos, sem falar de pais responsáveis, se voltam para a questão e procuram por soluções. Muitas pesquisas comprovam o impacto da tevê sobre os pequenos telespectadores.

EXERCÍCIOS

1. Leia o texto:

Por que o mar Morto tem esse nome?

ANDRÉ LUIZ, POR E-MAIL, E RAPHAEL JOSÉ DIVINO ARAÚJO, ITURAMA, MG

Porque o excesso de sal nas suas águas torna a vida praticamente impossível por ali. Com exceção da bactéria **Haloarcula marismortui**, que consegue filtrar os sais e sobreviver nesse cemitério marítimo, todos os organismos que chegam ao mar Morto morrem rapidamente. Outra característica curiosa é que ninguém consegue afundar nas suas águas, graças novamente à alta concentração salina, que o torna muito mais denso do que o corpo humano. Os oceanos têm uma média de 35 gramas de sal por litro de água, enquanto o mar Morto tem quase 300 gramas. Isso se deve basicamente a sua localização — na divisa entre Israel e Jordânia. A região é quente e seca, o que acelera a evaporação e impede a reposição da água pela chuva — em um ano chove tanto quanto um dia chuvoso em São Paulo. Além disso, o mar Morto é o local mais baixo do planeta: alguns pontos ficam a mais de 400 metros abaixo do nível dos oceanos. Isso significa que grande parte das partículas que se soltam dos terrenos a sua volta escoa em sua direção. Para piorar, o rio Jordão, que ajuda a alimentá-lo, foi desviado em várias partes para irrigar plantações. Ou seja, com o perdão do trocadilho, o mar Morto está morrendo. O diretor do Instituto Geológico Israelense, Amos Bein, garante que ele não corre risco de secar completamente, mas, por via das dúvidas, já está em fase de planejamento o "Canal da Paz", um aqueduto de mais de 80 quilômetros que puxaria água do mar Vermelho para salvar esse "defunto".

ARTUR LOUBACK LOPES

(*Mundo Estranho*, nº 42.)

O texto apresenta paralelismo em dois trechos. No trecho "Os oceanos têm uma média de 35 gramas de sal por litro de água, *enquanto* o mar Morto tem quase 300 gramas", a expressão *enquanto* aproxima ideias opostas ou divergentes. No trecho "em um ano chove *tanto quanto* um dia chuvoso em São Paulo", a expressão *tanto quanto* dá ideia de comparação.

Reescreva as frases que seguem, criando paralelismos por meio do uso de expressões como *enquanto, ao passo que, por um lado... por outro, tanto... quanto, seja... seja, quer... quer, nem... nem, ou... ou*, ou outros.

a) Não sabe aonde vai no sábado: gosta muito de cinema e é apaixonado por teatro.

b) Eles nunca se entendem: ele é vegetariano e ela adora um bom churrasco.

c) A leitura é indispensável na formação da criança e no alargamento da visão de mundo do adulto.

d) Ele é um ótimo aluno: sabe falar e sabe escrever muito bem.

e) Não toma leite, não come pão ou massas, não come verduras, frutas e legumes.

f) Escolha: viajar de ônibus para Porto Alegre, viajar de avião para Curitiba.

g) Eu me contento com o que nascer: homem, mulher.

2. Em quais das frases a seguir o paralelismo entre as formas verbais está de acordo com a norma-padrão formal da língua?

a) Se você viajar hoje à noite, podia descansar mais amanhã.

b) Se você viajar hoje à noite, poderá descansar mais amanhã.

c) Se você viajasse hoje à noite, poderia descansar mais amanhã.

d) Caso você viaja hoje à noite, poderia descansar mais amanhã.

3. Leia o texto, observando a ocorrência de paralelismo:

Thinkstock/ Getty Images

A miopia não depende apenas do formato da córnea, a parte geralmente retirada nas doações, mas principalmente do comprimento do olho.

(*Superinteressante*, nº 112.)

O paralelismo no texto foi construído a partir do uso da expressão *não apenas... mas principalmente*. Por que, na sua opinião, o autor preferiu empregar *principalmente*, em vez de *também*?

4. Em textos literários, a quebra de paralelismo semântico pode ser intencional. Explique a quebra de paralelismo nos seguintes trechos de *Memórias póstumas de Brás Cubas*, de Machado de Assis.

a) "Gastei trinta dias para ir do Rocio Grande ao coração de Marcela."

b) "Marcela amou-me durante quinze dias e onze contos de réis."

5. A fim de estabelecer paralelismos com base em palavras e orações, complete adequadamente as frases:

a) Sonhava com um ano *próspero* e ▭.

b) Esperto, desejava um trabalho *que fosse fácil* e ▭.

c) Não prestou atenção na pergunta *porque não se interessou* e ▭.

d) Nosso futuro depende em parte *de nossa vontade* e, em parte, ▭.

e) O pintor esboça o retrato da atriz *com segurança* e ▭.

f) É certo *que ele virá* e ▭.

g) Não prestou atenção na pergunta não só *por não se interessar*, mas também ▭.

6. Identifique o tipo de paralelismo semântico predominante nos seguintes textos.

a)

O transatlântico europeu está sem comando e continua navegando. Sua tripulação, falando línguas diferentes, não sai do cassino e ganha fortunas em pouco tempo. Enquanto isso, os viajantes de segunda classe lutam para não cair no mar.

b)

"Se os olhos veem com amor, o corvo é branco; se com ódio, o cisne é negro; se com amor, o demônio é formoso; se com ódio, o anjo é feio; se com amor, o pigmeu é gigante."

(Pe. Antônio Vieira)

c)

Quatro funções básicas têm sido convencionalmente atribuídas aos meios de comunicação de massa: informar, divertir, persuadir e ensinar.

d)

Observando a população que caminha pelas grandes cidades, vemos a diversidade de povos: os descendentes de africanos, os filhos de orientais, os ameríndios, a minoria branca.

e)

O malefício da poluição ambiental para a saúde humana é diariamente denunciado pelos meios de comunicação. Ambientalistas e profissionais ligados à área da saúde apresentam-se em mesas-redondas via televisão, publicam depoimentos nos jornais, abrem discussões por meio da Internet, enfim, procuram prevenir as autoridades sobre o alto custo, em saúde, pago pela população por viver em meio à poluição.

INTERPRETAÇÃO DE TEXTO

Illustration Works/Getty Images

CAPÍTULO 9

A observação, a análise e a identificação

No capítulo 11 da unidade 1, você viu como a competência leitora e as habilidades de leitura são exploradas nas provas do Enem e do vestibular. Conheça, neste capítulo, três importantes operações, a observação, *a* análise *e a* identificação, *e veja como elas são avaliadas nesses exames.*

Leia a seguinte questão, do vestibular da Universidade Estadual do Rio de Janeiro, e observe como sua resolução exige que o estudante realize operações como *observar*, *analisar* e *identificar*.

Redes sociais e redes empresariais

No mundo globalizado, a mobilidade das pessoas e das empresas tende a aumentar. Essa mobilidade depende de redes que se estabelecem entre distintas localizações. Os gráficos a seguir mostram a distribuição de empresas e de pessoas originárias do Brasil nas diversas regiões do mundo.

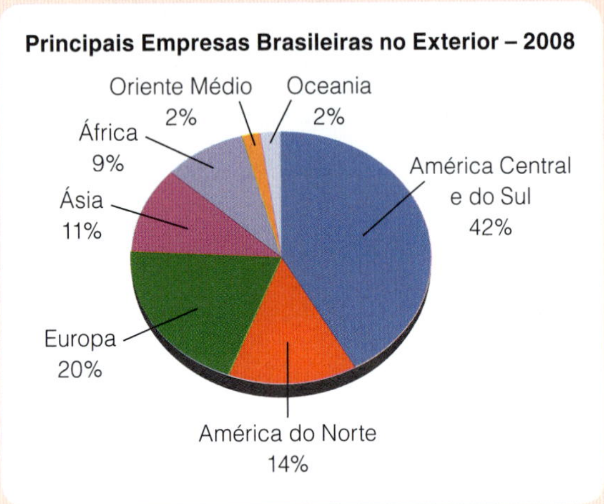

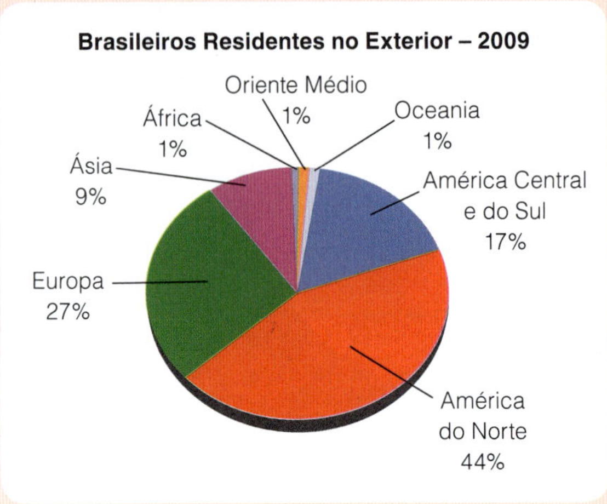

Fonte: *Valor Econômico*, 2009; MRE, 2009.

a) Explique o papel do Estado na expansão das redes empresariais brasileiras na América do Sul.

b) Relacione o papel das redes sociais com o grande percentual de brasileiros residentes nos Estados Unidos.

Para responder à questão, o estudante deveria, primeiramente, observar e identificar as informações do enunciado. **Observar** é perceber, notar, considerar, verificar algo. Depois, deveria analisar os gráficos, a fim de examinar como se dá a distribuição de empresas e de pessoas originárias do Brasil em diversas partes do mundo. Para **analisar** um texto é preciso decompô-lo, ou seja, identificar seus componentes fundamentais, examinar as relações que eles têm entre si e evidenciar de que modo essas relações constroem o sentido do texto. Feita a análise, o estudante deveria comparar os dados dos dois gráficos, a fim de extrair algumas conclusões. No primeiro gráfico, por exemplo, é possível concluir que, em 2008, o maior número de empresas encontrava-se na América Central e na América do Sul, com 42%, depois na Europa, com 20%, e na América do Norte, com 14%. Os lugares em que há menos empresas brasileiras são o Oriente Médio e a Oceania, ambos com 2%.

No segundo gráfico, o estudante identificaria a América do Norte como o destino mais procurado pelos brasileiros (44%), seguido da Europa, com 27%, e a América Central e a América do Sul, com 17%. Os lugares onde há menos brasileiros são a África, o Oriente Médio e a Oceania, cada um deles com 1%. **Identificar** é, assim, perceber, reconhecer dados ou distinguir os traços característicos de um elemento num texto.

Depois de *observar*, *analisar* e *identificar* essas informações, o estudante teria de relacioná-las com o que foi pedido pelos dois itens da questão.

O item *a* pede ao estudante que explique o papel do Estado na expansão das redes empresariais brasileiras na América do Sul. Levando em conta que 42% das empresas brasileiras estão nessa região, o estudante precisaria inferir que esse fenômeno se deve ao esforço do Estado brasileiro em ampliar as relações comerciais entre empresas brasileiras e empresas latino-americanas, já que nos últimos anos o Brasil vem emergindo como a principal potência da América do Sul. Esse esforço se traduz em acordos comerciais, uniões aduaneiras e uma política financeira que favorece a mobilidade das empresas brasileiras na América do Sul, tais como acordos preferenciais no Mercosul, financiamentos do BNDES e acordos diplomáticos.

No item *b*, o estudante deveria estabelecer relações entre o segundo gráfico e as conclusões extraídas no item *a*, ou seja, comparar os percentuais e concluir que, em grande parte, eles são parecidos, o que leva a concluir que a presença de empresas brasileiras no exterior facilita a inserção dos imigrantes brasileiros no mercado de trabalho local, dadas as facilidades com a língua, com informações, com sociabilidade, etc. O interesse dos brasileiros pelos Estados Unidos e a menor presença de empresas brasileiras ali podem ser explicadas, por um lado, pela atração que o dólar exerce sobre os brasileiros e, por outro, pelas dificuldades legais para o estabelecimento de empresas naquele país.

PREPARE-SE PARA O ENEM E O VESTIBULAR

1. Observe atentamente o quadro *As meninas* (1656), do pintor espanhol Diego Velásquez:

Museu do Prado, Madrid

Na cena retratada na tela, é possível identificar a função metalinguística, porque:

a) as feições das pessoas expressam sentimento.

b) é abordado o tema da pintura, representada por um pintor em ação.

c) prevalece o ambiente religioso, próprio da estética barroca.

d) trata-se de uma informação histórica.

e) as meninas simbolizam a realeza, e o cão simboliza a pobreza.

2. Leia estes versos, de Mário de Andrade:

Ode ao burguês

Eu insulto o burguês! O burguês-níquel,
o burguês-burguês!
A digestão bem-feita de São Paulo!
O homem-curva! o homem-nádegas!
O homem que sendo francês, brasileiro,
[italiano,
é sempre um cauteloso pouco-a-pouco!

Eu insulto as aristocracias cautelosas!
Os barões lampiões! os condes Joões! os
[duques zurros!
que vivem dentro de muros sem pulos;
e gemem sangues de alguns mil-réis fracos
para dizerem que as filhas da senhora falam
[o francês
e tocam os "Printemps" com as unhas!

Eu insulto o burguês-funesto!
O indigesto feijão com toucinho, dono das
[tradições!
Fora os que algarismam os amanhãs!
Olha a vida dos nossos setembros!
Fará Sol? Choverá? Arlequinal!
Mas à chuva dos rosais
o êxtase fará sempre Sol!
[...]

(*Poesias completas.* São Paulo: Martins; Belo Horizonte: Itatiaia, 1980. v. 1, p. 37-9.)

Nesse conhecido poema modernista, podemos perceber pelo menos duas funções. Assinale a alternativa correta.

a) referencial e fática

b) conativa e metalinguística

c) poética e metalinguística

d) poética e emotiva

e) emotiva e referencial

Veja a seguinte capa de revista para responder às questões 3 e 4.

Editora Globo

3. Em "Lar com jeito de ninho", qual figura de linguagem ocorre?

a) metáfora

b) metonímia

c) personificação

d) paradoxo

e) comparação

4. Em "Eles [móveis] resolvem qualquer parada", que figura de linguagem ocorre?

a) personificação

b) antítese

c) metáfora

d) aliteração

e) hipérbole

5. Leia:

MILHARES DE FÃS PRESTARAM SUA HOMENAGEM A AMY

Mariana Caldas

Desolados, milhares de fãs foram prestar suas homenagens em frente à casa da cantora Amy Winehouse, 27, neste sábado.

(http://mtv.uol.com.br/musica/milhares-de-fas-prestaram-suas-homenagens-a-amy)

O cenário do evento de que trata a notícia – a frente de uma casa – com certeza não comporta "milhares" de pessoas. A fim de chamar a atenção dos leitores, a autora do texto empregou:

a) metonímia.

b) hipérbole.

c) metáfora.

d) antítese.

e) paradoxo.

EM DIA COM O ENEM E O VESTIBULAR

Literatura e estudos de linguagem

1. (PUCC-SP) Para responder à questão, considere o texto abaixo.

> Se a complexidade que o movimento renascentista representou deve ser vista como a raiz de nossa consciência moderna, então não se deve ressaltar apenas a dimensão metódica e harmoniosa em torno do eixo dessa consciência. Deve haver nela um espaço equivalente para a fantasia, a angústia, o desejo, a vontade, a sensação e o medo também. Neste sentido é que estaríamos mergulhando fundo em nossa raiz, neste sentido é que seríamos realmente radicais e poderíamos declarar como Lord MacBeth:
>
> "Ouso tudo o que é próprio de um homem;
> Quem ousar fazer mais do que isso, não o é".
>
> (Nicolau Sevcenko in Antonio P. Rezende e Maria T. Didier. *Rumos da História: História Geral e do Brasil.* São Paulo: Atual, 2001, p. 123.)

O texto de Nicolau Sevcenko permite inferir que, com o Renascimento, o:

a) estudo de textos clássicos passou a ser valorizado como o fundamento único de comprovação da verdade.
b) homem passou a ser inserido no campo da ciência, o que reduziu sua capacidade para a erudição.
c) conhecimento escolástico medieval passou a ser a estrutura científica básica da visão de mundo do homem.
d) homem passou a ser visto como autor de sua própria história, o que multiplicou seu espaço de ação e reflexão.
e) homem passou a examinar criticamente o mundo das ideias, o que impediu que agisse sobre o próprio destino.

(MACK-SP) Textos para as questões de 2 a 4:

Texto I

Reinando Amor em dois peitos,
tece tantas falsidades,
que, de conformes vontades,
faz desconformes efeitos.
Igualmente vive em nós;
mas, por desconcerto seu,
vos leva, se venho eu,
me leva, se vindes vós.

Camões

Texto II

Eu queria querer-te amar o amor,
Construir-nos dulcíssima prisão;
Encontrar a mais justa adequação:
Tudo métrica e rima e nunca dor!
Mas a vida é real e de viés,
E vê só que cilada o amor me armou:
Eu te quero e não queres como sou;
Não te quero e não queres como és...
Ah! Bruta flor do querer...
Ah! Bruta flor, bruta flor!

Caetano Veloso

2. No texto I, o eu lírico:

a) chama a atenção do leitor para as artimanhas que as mulheres apaixonadas costumam tramar a fim de conquistar os homens.
b) dirige-se ao deus *Amor*, manifestando seu descontentamento com relação às falsas atitudes da amada.
c) manifesta poeticamente a ideia de que o *Amor*, atendendo a diferentes *vontades*, produz diferentes *efeitos*.
d) declara que, embora o amor esteja presente em todas as pessoas, nem todos o aceitam, fato que gera desentendimentos dolorosos.
e) dirige-se à pessoa amada para expressar seu entendimento a respeito dos aspectos contraditórios do sentimento amoroso.

3. Assinale a alternativa correta acerca do texto I.

a) Exemplifica o padrão poético do Classicismo renascentista, na medida em que tematiza o amor, utilizando-se da chamada "medida nova".
b) Embora apresente versos redondilhos, de tradição medieval, a linguagem dos versos revela contenção emotiva, traço estilístico valorizado na Renascença.
c) Revela influência das cantigas medievais, pela sonoridade das rimas e linguagem emotiva própria da "coita de amor".
d) É um texto do Humanismo, pois traz uma reflexão filosófica sobre o sentimento amoroso, afastando-se, assim, da influência greco-romana.
e) Antecipa o estilo barroco do século XVII devido à sua linguagem prolixa, em que se notam ousadas inversões sintáticas e metáforas obscuras.

4. Com relação ao texto II, todas as afirmações abaixo estão corretas, *exceto*:

a) Os versos 3 e 4 aludem à ideia de que a regularidade métrica e rímica e expressão do desejo de harmonia cósmica.
b) O sentido de *dulcíssima prisão* (v. 2) opõe-se, no contexto, à ideia de *justa adequação* (v. 3).
c) O verso *Mas a vida é real e de viés* (v. 5) faz alusão ao tema do desconcerto do mundo, também presente na poesia camoniana.
d) Os versos expressam a ideia de que o desencontro amoroso provoca dor.
e) O refrão sugere que o desejo humano é suave, delicado (*flor*) e, ao mesmo tempo, violento, indomável (*bruta*).

(MACK-SP) Texto para as questões 5 e 6:

O amor é feio
Tem cara de vício
Anda pela estrada
Não tem compromisso

[...]

O amor é lindo
Faz o impossível
O amor é graça
Ele dá e passa

A. Antunes, C. Brown, M. Monte, "O amor é feio"

5. Cotejando a letra da canção com os famosos versos camonianos *Amor é fogo que arde sem se ver / É ferida que dói e não se sente*, afirma-se corretamente que:

a) Assim como Camões, os compositores tematizam o amor, valendo-se de uma linguagem espontânea, coloquial, como prova o uso da expressão *cara de vício*.
b) O caráter popular da canção é acentuado pelo uso de redondilhas, traço estilístico ausente nos versos camonianos citados.
c) A concepção de amor como sentimento contraditório, típica de Camões, está ausente na letra da canção, uma vez que seus versos não se compõem de paradoxos.
d) A ideia de que a dor do amor não é sentida pelos amantes, presente nos versos de Camões, é parafraseada nos versos *Anda pela estrada / Não tem compromisso*.
e) A canção recupera o tom solene e altissonante presente nos versos camonianos.

6. As alternativas a seguir citam aspecto estilístico presente no texto, *exceto* o uso de:

a) estrutura paralelística (*O amor é feio / O amor é lindo*).
b) rimas externas e internas (*vício / compromisso; cara /estrada*).
c) conjunções coordenadas (*O amor é feio / Tem cara de vício*).
d) processo metafórico (*Anda pela estrada / Não tem compromisso*).
e) estrofes simétricas (quartetos).

(PUCC-SP) Para responder às questões de números 7 e 8, considere o texto abaixo.

A crônica histórica e informativa que se intensifica em Portugal no momento das grandes navegações, conquistas e descobertas ultramarinas, testemunhando a aventura geográfica dos portugueses, os seus ideais de expansão da cristandade, assume um sentido épico e humanístico que se estende ao Brasil e logo adquire entre nós algumas características peculiares. À curiosidade geográfica e humana e ao desejo de conquista e domínio correspondem, inicialmente, o deslumbramento diante da paisagem exótica e exuberante (...) assim como os ideais de catequese, atestados pela literatura informativa e pedagógica dos jesuítas (...).

(Antonio Candido e José Aderaldo Castello. *Presença da literatura brasileira I*. 6. ed. S. Paulo: Difel, 1974. p. 11)

7. Depreende-se desse trecho que, no início da nossa colonização, a literatura produzida no Brasil restringiu-se:

a) a descrições da nova terra e à propagação do cristianismo.
b) a relatos de viagem de interesse meramente geográfico.
c) à propagação dos valores morais da Contrarreforma.
d) à precária formação de comunidades de leitores.
e) à veiculação de traços estilísticos do Barroco.

8. Os ideais de expansão e catequese a que o texto se refere:

a) revelavam o desejo dos conquistadores em se livrar da interferência da Igreja.
b) expressavam o sentimento humanitário, único móvel da expansão portuguesa.
c) traduziam as regras de sociabilidade impostas pelos padrões religiosos europeus.
d) encarnavam o espírito da Reforma Católica frente à expansão do protestantismo.
e) manifestavam a mudança de paradigma nos dogmas defendidos pelo catolicismo.

(MACK-SP) Textos para as questões de 9 a 11:

Texto I

01 A partida de Belém, como Vossa Alteza sabe,
02 foi segunda-feira, 9 de março. [...] E domingo, 22

do dito mês, às dez horas, pouco mais ou menos, houvemos vista das ilhas de Cabo Verde, ou melhor, da ilha de S. Nicolau [...]. E assim seguimos nosso caminho por este mar de longo, até que, terça-feira das Oitavas de Páscoa, que foram vinte e um dias de abril, estando da dita ilha obra de 660 léguas, segundo os pilotos diziam, topamos alguns sinais de terra, os quais eram muita quantidade de ervas compridas, a que os mareantes chamam Botelho [...]. E quarta-feira seguinte, pela manhã, topamos aves a que chamam fura-buxos. Neste dia, a horas de véspera, houvemos vista de terra! Primeiramente dum grande monte, mui alto e redondo [...]; ao monte alto o capitão pôs o nome de O Monte Pascoal, e à terra, A Terra de Vera Cruz.

Carta de Pero Vaz de Caminha ao rei de Portugal

Texto II

A descoberta

Seguimos nosso caminho por este mar de longo
Até a oitava Páscoa
Topamos aves
E houvemos vista de terra

Oswald de Andrade, "Pero Vaz Caminha"

9. Assinale a alternativa correta acerca do texto I.

a) No contexto em que se inserem, as expressões *topamos alguns sinais de terra* (linhas 09 e 10) e *houvemos vista de terra* (linhas 14 e 15) têm o mesmo sentido: "enxergamos o continente americano".
b) As nomeações referidas na carta – *O Monte Pascoal e A Terra de Vera Cruz* (linhas 17 e 18) – refletem valores ideológicos da cultura portuguesa.
c) Os mareantes, por influência da cultura indígena, apelidaram as *ervas compridas* de *botelho* e as aves de *fura-buxos* (linhas de 11 a 14).
d) A expressão *dita ilha* (linha 08) indica que os navegantes portugueses confundiram a *Ilha de S. Nicolau* com o Brasil.
e) Embora se apresente em linguagem objetiva, o trecho da carta revela, devido ao excesso de adjetivações (linhas 15 e 16, por exemplo), a euforia dos portugueses ao descobrirem o tão sonhado "Eldorado".

10. Assinale a alternativa correta acerca do texto I.

a) Trata-se de documento histórico que inaugura, em Portugal, um novo gênero literário: a literatura epistolar.
b) Exemplifica a literatura produzida pelos jesuítas brasileiros na colônia e que teve como objetivo principal a catequese do silvícola.
c) Apesar de não ter natureza especificamente artística, interessa à história da literatura brasileira na medida em que espelha a linguagem e a respectiva visão de mundo que nos legaram os primeiros colonizadores.
d) Pertence à chamada crônica histórica, produzida no Brasil durante a época colonial com objetivos políticos: criar a imagem de um país soberano, emancipado, em condições de rivalizar com a metrópole.
e) É um dos exemplos de registros oficiais escritos por historiadores brasileiros durante o século XVII, nos quais se observam, como característica literária, traços do estilo barroco.

11. Considere as seguintes afirmações acerca do texto II:

I. Constituído de citações do texto I, compõe uma unidade poética autônoma que atualiza o sentido da carta de Pero Vaz de Caminha.
II. O poeta chamou de *A descoberta* o que na verdade é apropriação de outro texto, sugerindo que a descoberta do Brasil possa também ser entendida como um tipo de apropriação.
III. A ideia de renovação da tradição já está insinuada no trocadilho do título da coletânea: "Pero Vaz Caminha".
IV. A ausência de elementos de coesão entre os versos resulta num conjunto fragmentado de frases nominais, traço de estilo que lembra a estética futurista.

Assinale:

a) se todas as afirmações estiverem corretas.
b) se todas as afirmações estiverem incorretas.
c) se apenas as afirmações I e III estiverem corretas.
d) se apenas as afirmações I, II e III estiverem corretas.
e) se apenas as afirmações I, III e IV estiverem corretas.

12. (UFSC-SP) A poesia pode ser encontrada nas formas e lugares mais inusitados, como nesta inscrição em um para-choque de caminhão:

TEXTO

Thinkstock/Getty Images

(Fotomontagem)

O texto como aparece acima (todo em maiúsculas e sem sinais de pontuação), apresentado a diferentes leitores, teve as seguintes interpretações:

I. Um dia o interlocutor (a quem o texto é dirigido) estará morto e enterrado, e de nada valerá seu orgulho, que será coberto pela terra.
II. O orgulho do interlocutor é tão grande que cobre o planeta Terra.

Considerando essas duas possibilidades de interpretação, é *correto* afirmar que:

01. a presença de sinais de pontuação e a diferenciação entre maiúsculas e minúsculas contribuiriam para tornar o texto mais polissêmico, abrindo possibilidades para mais interpretações.
02. a interpretação I é descabida, porque o verbo está conjugado no presente do indicativo, então não pode referir-se a um evento futuro.
04. a interpretação I implica uma metonímia: a terra cobrir o orgulho significa cobrir a pessoa orgulhosa.
08. a interpretação II implica uma hipérbole: o orgulho de alguém é tão grande a ponto de cobrir a Terra.
16. para que ocorra a interpretação I, é necessário que o termo *a terra* seja tomado como objeto direto do verbo e que o termo *o teu orgulho* seja entendido como sujeito.

(UNIFESP-SP) As questões de números 13 a 15 baseiam-se na música da dupla sertaneja Alvarenga e Ranchinho.

Trabalha, trabalha, trabalha
Trabalha, trabalha, trabalha
Só no fim do mês recebe
Paga, paga, paga, paga
Tudo o que deve

No domingo eu vou na missa,
Não posso trabalhar
Segunda-feira preguiça,
Preciso descansar
Terça-feira é dia santo,
Se eu trabalho é pecado
Quarta-feira eu tô doente,
Quinta-feira é feriado
Não trabalho na sexta, que é dia de azar
Sábado é fim de semana
Tenho que descansar.

13. Os cinco versos iniciais da música mostram que o eu nela presente vê a relação entre *trabalhar* e *pagar* como:

a) equilibrada, ainda que se precise de muita dedicação ao trabalho para cumprir os compromissos financeiros.
b) compatível com o esforço dedicado ao trabalho, o que o torna atraente em razão das vantagens econômicas.
c) desigual, não se configurando o trabalho como atividade financeiramente vantajosa nem prazerosa.
d) paradoxal, decorrente de uma remuneração alta em razão do trabalho realizado.
e) justa, já que se recebe por aquilo que é trabalhado e se paga pelo que é consumido.

14. Na música, para cada dia da semana há uma situação impeditiva ao trabalho. Considerando as frases:

I. O trabalho enobrece e dignifica o homem.

(dito popular)

II. Pra mim vai ser domingo todo dia, / pois é essa alegria de todo trabalhador.

(Golden Boys)

III. Deus ajuda quem cedo madruga.

(dito popular)

IV. Todo mundo gosta de acarajé / O trabalho que dá pra fazer que é / Todo mundo gosta de acarajé / Todo mundo gosta de abará / Ninguém quer saber o trabalho que dá.

(Dorival Caymmi)

é correto afirmar que a relação do homem com o trabalho, conforme apresentada na música de Alvarenga e Ranchinho, é incompatível apenas com o sentido expresso por:

a) I e II.
b) II e III.
c) I, II e III.
d) I, III e IV.
e) II, III e IV.

15. Dizer "só no fim do mês recebe" é diferente de "no fim do mês recebe", pois, no primeiro caso, é flagrante a ideia de:

a) intensidade.
b) demora.
c) tempo indefinido.
d) rapidez.
e) probabilidade.

(UFMT-MT) Instrução: Leia trecho da crônica *O moleque e a bola*, de F. B. de Hollanda, e responda às questões de 16 a 18.

Livremente inspirada no *football association*, a pelada é a matriz do futebol sul-americano e, hoje em dia mais nitidamente, do africano. É praticada, como se sabe, por moleques de pés descalços no meio da rua, em pirambeira, na linha de trem, dentro do ônibus, no mangue, na areia fofa, em qualquer terreno pouco confiável. Em suma, pelada é uma espécie de futebol que se joga apesar do chão. Nesse esporte descampado todas as linhas são imaginárias – ou flutuantes, como a linha da água no futebol de praia – e o próprio gol é coisa abstrata. O que conta mesmo é a bola e o moleque, o moleque e a bola, e por bola pode se entender um coco, uma laranja ou um ovo, pois já vi fazerem embaixada com ovo. Daí, quando o moleque encara uma bola de couro, mata a redonda no peito e faz a embaixada com um pé nas costas. E quando ele corre de testa erguida no gramado liso feito um mármore, com a passada de quem salta poças por instinto, é uma elegância. Mas se a bola de futebol pode ser considerada a sublimação do coco, ou a reabilitação do ovo, ou uma laranja em êxtase, para o peladeiro o campo oficial às vezes não passa de um retângulo chato. Por isso mesmo, nas horas de folga, nossos profissionais correm atrás dos rachas e do futevôlei, como o Garrincha largava as chuteiras no Maracanã para bater bola em Pau Grande. É a bola e o moleque, o moleque e a bola.

16. Sobre o sentido do texto, marque V para as afirmativas verdadeiras e F para as falsas.

- A imagem delineada da pelada contrapõe-se à do futebol oficial por ser espontânea e em campo improvisado.
- Gramado e chão são figuras usadas pelo produtor do texto para construir palcos onde a bola rola.
- Um campo oficial de futebol é imprescindível ao peladeiro, visto que ele consegue fazer de uma laranja uma bola.
- A pelada caracteriza-se também pela ausência de linhas demarcadas no chão, de traves e rede no gol.

Assinale a sequência correta.

a) V, V, F, V
b) V, F, V, F
c) F, V, F, V
d) F, F, V, V
e) F, V, V, F

17. Em relação aos recursos expressivos, analise as afirmativas.

I. Os conectores *Daí* (linha 15), *E quando* (linha 18), *Por isso mesmo* (linha 25), além de cumprir sua função de estabelecer relação de sentido, contribuem para imprimir informalidade ao texto.

II. Períodos como *O que conta mesmo é a bola e o moleque, o moleque e a bola, e por bola pode-se entender um coco, uma laranja ou um ovo, pois já vi fazerem embaixada com ovo.*, essencialmente coordenados, ao contrário dos subordinados, conferem às ideias um plano não hierárquico.

III. Em *É a bola e o moleque, o moleque e a bola.*, elementos fônicos e sintáticos, como ritmo, sonoridade e frase curta, recriam o toque de bola e o movimento do jogo.

IV. A expressão *como se sabe* (linha 4) é usada no texto para recuperar uma informação que o leitor não detém, mas o produtor espera que seja tomada como verdadeira.

Estão corretas as afirmativas:

a) II, III e IV, apenas.
b) II e III, apenas.
c) III e IV, apenas.
d) I, II e III, apenas.
e) I, II, III e IV.

18. A primeira coluna apresenta recursos expressivos usados na crônica e a segunda, exemplos deles. Numere a segunda coluna de acordo com a primeira.

1 - léxico relativo a futebol
2 - comparação
3 - enumeração de termos
4 - coesão por substituição

- Nesse esporte descampado todas as linhas são imaginárias - ou flutuantes, como a linha da água no futebol de praia
- Em suma, pelada é uma espécie de futebol que se joga apesar do chão. Nesse esporte descampado todas as linhas são imaginárias - ou flutuantes
- no meio da rua, em pirambeira, na linha de trem, dentro do ônibus, no mangue, na areia fofa, em qualquer terreno pouco confiável
- o moleque encara uma bola de couro, mata a redonda no peito e faz a embaixada com um pé nas costas

Assinale a sequência correta.

a) 2, 4, 3, 1
b) 1, 2, 4, 3
c) 4, 3, 1, 2
d) 2, 3, 4, 1
e) 4, 1, 2, 3

Produção de texto

19. (UEM-PR, adaptada) Os textos desta prova de redação abordam o tema da **nova lei antipalmada**. Tendo *todos os textos* a seguir como apoio, redija os gêneros textuais solicitados.

PROJETO DE LEI

Altera a Lei nº 8.069, de 13 de julho de 1990, que dispõe sobre o Estatuto da Criança e do Adolescente (...)

Art. 1º A Lei nº 8.069, de 13 de julho de 1990, passa a vigorar acrescida dos seguintes artigos:

Art. 17-A. A criança e o adolescente têm o direito de serem educados e cuidados pelos pais, pelos integrantes da família ampliada, pelos responsáveis ou por qualquer pessoa encarregada de cuidar, tratar, educar ou vigiar, sem o uso de castigo corporal ou de tratamento cruel ou degradante, como formas de correção, disciplina, educação, ou qualquer outro pretexto.

Parágrafo único. Para os efeitos desta Lei, considera-se:

I – castigo corporal: ação de natureza disciplinar ou punitiva com o uso da força física que resulte em dor ou lesão à criança ou adolescente.

II – tratamento cruel ou degradante: conduta que humilhe, ameace gravemente ou ridicularize a criança ou o adolescente.

Disponível em: <http://portal.mj.gov.br/sedh/bata.pdf>. Acesso em: 21 set. 2010.

Tapinha dói

Rosely Sayão

Muitas mães pensam que um tapinha dado no filho, com amor e boa intenção, não dói. Dói sim, e como dói! E não apenas no corpo. Claro, este padece nessa hora, mas a criança fica principalmente magoada com aquele adulto de quem espera proteção, amor e cuidado, e não agressão. Resultado: o vínculo de confiança que deveria haver entre eles pode ser afetado, prejudicado.

Por que ainda se bate em criança? Há quem acredite que o ironicamente chamado "tapa pedagógico" tenha efeito educativo. Não tem, e isso pode ser constatado no próprio convívio com crianças que levam castigos físicos quando cometem alguma transgressão. Crianças de todas as classes sociais, desde bem pequenas, apanham porque não conseguem ainda se controlar e fazem o que os adultos esperam que já saibam que não poderiam ou deveriam fazer. Mas voltam a cometer a mesma falta. E apanham novamente.

(...)

Sempre é bom lembrar que educar uma criança é socializá-la, ou seja, introduzi-la no mundo do convívio civilizado. Bater em uma criança para ensinar a ela que é preciso saber esperar, mostrar respeito ao outro, relacionar-se com boas maneiras e aceitar alguns impedimentos na vida não faz o menor sentido, portanto. É contraditório.

Isso posto, não há como defender o uso de castigos físicos em nome de uma boa educação. É possível, quando necessário, aplicar sanções na criança ou ao jovem que não são humilhantes ou violentas, tanto sob o aspecto físico quanto moral.

Texto adaptado da *Folha de S.Paulo*. São Paulo, 27 jul. 2010. Equilíbrio.

Ao propor a proibição da palmada, o Estado infantiliza os pais

Eliane Brum

Será que palmada é crime e eu não estou percebendo algo importante?

Antes de seguir quero deixar muito claro que, obviamente, espancamento é crime. Seja dos pais ou de quem for. Palmada não. E nada me convence de que precisamos de mais uma lei, já que a legislação existente pune o espancamento e demais agressões físicas. Nada tampouco me convence de que o Estado deve interferir neste nível na vida privada, na maneira como cada um educa seus filhos. (...)

Um dos argumentos em defesa da nova lei é o de que as pessoas não saberiam a diferença entre uma palmada e um espancamento. Acredito que a maioria das pessoas sabe muito bem a diferença entre dar um tapa na bunda de uma criança e espancar uma criança.

(...)

Espancamento, ouso dizer que a maioria de nós não experimentou. Mas palmadas quase todos conhecem na pele. Eu nunca fui espancada pelos meus pais, mas recebi várias palmadas. E todas elas, na minha percepção, foram atos de amor e de educação. Eu nunca espanquei minha filha, mas dei várias palmadas nela. E também foram atos de amor e de educação.

(...)

Não estou fazendo aqui nesta coluna uma apologia da palmada. Há pais que educam sem bater – e conheço alguns. Há outros que educam dando palmadas quando outras tentativas se esgotam. Os que não batem não são melhores pais porque não batem – e vice-versa. (...)

Não tenho dúvida de que os autores e apoiadores da lei são bem intencionados. Mas acho que se equivocaram e erraram o alvo. Uma lei como esta desautoriza os pais – e o faz numa época em que eles mesmos, por diversas razões, já desautorizam a si mesmos. Ao exercer sua autoridade de forma abusiva, o Estado esvazia de autoridade e infantiliza seus cidadãos. Isto é grave.

Texto adaptado. Disponível em: <http://revistaepoca.globo.com/Revista/Epoca/O,,EMI157752-15230,00-PALMADA+NA+LEI.html>. Acesso em: 21 set. 2010.

GÊNERO TEXTUAL 1 – CARTA DO LEITOR

Como leitor da revista *Veja*, escreva uma **carta** ao editor, Sr. Silva, com até 15 linhas, expondo sua opinião a respeito da "nova lei antipalmada", sustentando sua posição. Assine a carta apenas com o nome *Leitor*.

GÊNERO TEXTUAL 2 – RELATO

Como repórter, redija um **relato**, com até 15 linhas, que fará parte da reportagem da revista *Veja* sobre a "nova lei antipalmada", no qual se exemplifique uma experiência sobre o tema.

20. (UNICAMP-SP) Imagine-se como um *jovem* que, navegando pelo *site* da MTV, se depara com *o gráfico* "Os valores de uma geração" da pesquisa *Dossiê MTV Universo Jovem*, e resolve comentar os dados apresentados, por meio do "fale conosco" da *emissora*. Nesse **comentário**, você, necessariamente, deverá:

a) comparar os três anos pesquisados, indicando *dois (2) valores relativamente estáveis* e *duas (2) mudanças significativas de valores*;

b) manifestar-se no sentido de *reconhecer-se ou não* no perfil revelado pela pesquisa.

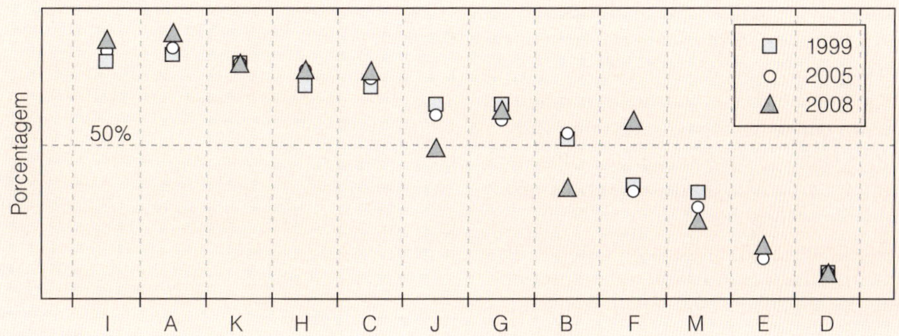

I - Viver em uma sociedade mais segura, menos violenta.	G - Ter uma vida tranquila, sem correrias, sem estresse.
A - Ter união familiar, boa relação familiar.	B - Divertir-se, aproveitar a vida.
K - Ter uma carreira, uma profissão, um emprego.	F - Ter independência financeira/ Ter mais dinheiro do que já tem.
H - Viver num país com menos desigualdade social/ Viver numa sociedade mais justa.	M - Poder comprar o que quiser, poder comprar mais.
C - Ter fé/ Crer em Deus.	E - Ter mais liberdade do que já tem.
J - Ter amigos.	D - Beleza física/ Ser bonito.

21. (UFPR-PR)

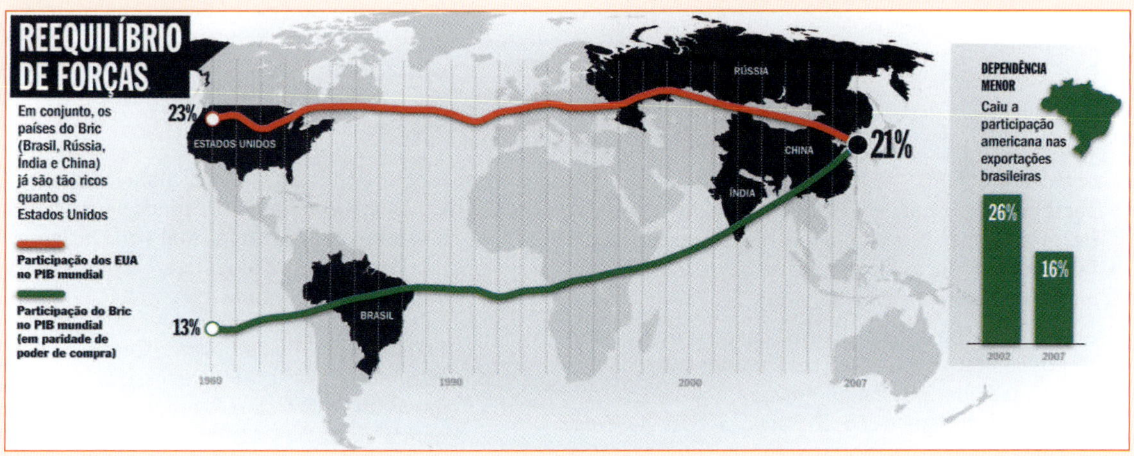

(*Veja*, 11 jun. 2008, p. 103.)

Escreva um comentário sobre o uso da expressão "reequilíbrio de forças" que dá título ao infográfico que ilustra a distribuição da riqueza no mundo de hoje. Seu texto deverá atender os seguintes requisitos:

- ter no mínimo 8 e no máximo 10 linhas;
- mencionar o tipo e a fonte do texto de referência;
- explicitar as inferências possíveis a partir do cruzamento dos dados;
- explicitar o sentido da expressão "reequilíbrio de forças" que dá título ao gráfico.

Interpretação de textos

22. (ENEM)

A Internet que você faz

Uma pequena invenção, a *Wikipédia*, mudou o jeito de lidarmos com informações na rede. Trata-se de uma enciclopédia virtual colaborativa, que é feita e atualizada por qualquer internauta que tenha algo a contribuir. Em resumo: é como se você imprimisse uma nova página para a publicação desatualizada que encontrou na biblioteca.

Antigamente, quando precisávamos de alguma informação confiável, tínhamos a enciclopédia como fonte segura de pesquisa para trabalhos, estudos e pesquisa em geral. Contudo, a novidade trazida pela *Wikipédia* nos coloca em uma nova circunstância, em que não podemos confiar integralmente no que lemos.

Por ter como lema principal a escritura coletiva, seus textos trazem informações que podem ser editadas e reeditadas por pessoas do mundo inteiro. Ou seja, a relevância da informação não é determinada pela tradição cultural, como nas antigas enciclopédias, mas pela dinâmica da mídia.

Assim, questiona-se a possibilidade de serem encontradas informações corretas entre sabotagens deliberadas e contribuições erradas.

NÉO, A. et al. A Internet que você faz. In: *Revista PENSE!* Secretaria de Educação do Estado do Ceará. Ano 2, nº 3, mar.-abr. 2010 (adaptado).

As novas tecnologias de informação e comunicação, como a *Wikipédia*, têm trazido inovações que impactaram significativamente a sociedade. A respeito desse assunto, o texto apresentado mostra que a falta de confiança na veracidade dos conteúdos registrados na *Wikipédia*:

a) acontece pelo fato de sua construção coletiva possibilitar a edição e reedição das informações por qualquer pessoa no mundo inteiro.
b) limita a disseminação do saber, apesar do crescente número de acessos ao *site* que a abriga, por falta de legitimidade.
c) ocorre pela facilidade de acesso à página, o que torna a informação vulnerável, ou seja, pela dinâmica da mídia.
d) ressalta a crescente busca das enciclopédias impressas para as pesquisas escolares.
e) revela o desconhecimento do usuário, impedindo-o de formar um juízo de valor sobre as informações.

23. (FUVEST-SP)

Um viajante saiu de Araripe, no Ceará, percorreu, inicialmente, 1 000 km para o sul, depois 1 000 km para o oeste e, por fim, mais 750 km para o sul. Com base nesse trajeto e no mapa acima, pode-se afirmar que, durante seu percurso, o viajante passou pelos estados do Ceará,

a) Rio Grande do Norte, Bahia, Minas Gerais, Goiás e Rio de Janeiro, tendo visitado os ecossistemas da Caatinga, Mata Atlântica e Pantanal. Encerrou sua viagem a cerca de 250 km da cidade de São Paulo.

b) Rio Grande do Norte, Bahia, Minas Gerais, Goiás e Rio de Janeiro, tendo visitado os ecossistemas da Caatinga, Mata Atlântica e Cerrado. Encerrou sua viagem a cerca de 750 km da cidade de São Paulo.

c) Pernambuco, Bahia, Minas Gerais, Goiás e São Paulo, tendo visitado os ecossistemas da Caatinga, Mata Atlântica e Pantanal. Encerrou sua viagem a cerca de 250 km da cidade de São Paulo.

d) Pernambuco, Bahia, Minas Gerais, Goiás e São Paulo, tendo visitado os ecossistemas da Caatinga, Mata Atlântica e Cerrado. Encerrou sua viagem a cerca de 750 km da cidade de São Paulo.

e) Pernambuco, Bahia, Minas Gerais, Goiás e São Paulo, tendo visitado os ecossistemas da Caatinga, Mata Atlântica e Cerrado. Encerrou sua viagem a cerca de 250 km da cidade de São Paulo.

24. (ENEM)

A herança cultural da Inquisição

A Inquisição gerou uma série de comportamentos humanos defensivos na população da época, especialmente por ter perdurado na Espanha e em Portugal durante quase 300 anos, ou no mínimo quinze gerações.

Embora a Inquisição tenha terminado há mais de um século, a pergunta que fiz a vários sociólogos, historiadores e psicólogos era se alguns desses comportamentos culturais não poderiam ter-se perpetuado entre nós.

Na maioria, as respostas foram negativas, ou seja, embora alterasse sem dúvida o comportamento da época, nenhum comportamento permanece tanto tempo depois, sem reforço ou estímulo continuado.

Não sou psicólogo nem sociólogo para discordar, mas tenho a impressão de que existem alguns comportamentos estranhos na sociedade brasileira, e que fazem sentido se você os considerar resquícios da era da Inquisição. [...]

KANITZ, S. A Herança Cultural da Inquisição. In: *Revista Veja*. Ano 38, nº 5, 2 fev. 2005 (fragmento).

Considerando-se o posicionamento do autor do fragmento a respeito de comportamentos humanos, o texto

a) enfatiza a herança da Inquisição em comportamentos culturais observados em Portugal e na Espanha.

b) contesta sociólogos, psicólogos e historiadores sobre a manutenção de comportamentos gerados pela Inquisição.

c) contrapõe argumentos de historiadores e sociólogos a respeito de comportamentos culturais inquisidores.

d) relativiza comportamentos originados na Inquisição e observados na sociedade brasileira.

e) questiona a existência de comportamentos culturais brasileiros marcados pela herança da Inquisição.

25. (UFF-RJ)

(Cruz. *O Globo*. Info.2007.)

Com base na análise da charge, pode-se afirmar que:

a) nos desenhos, as palavras "prostituta, pobre, paraíba", no contexto, nomeando pessoas do mundo real, classificam-se como adjetivos.

b) a expressão "Enquanto isso" estabelece uma coesão de valor temporal entre a expressão dos fatos apresentados na charge e outros que estão ocorrendo em contextos distintos.

c) a expressão grifada em "*Então* montei uma miniacademia" estabelece uma relação de concessão com a frase anterior.

d) o emprego do diminutivo "amiguinhos" ressalta a atitude crítica da mãe em relação ao comportamento das crianças.

e) as expressões do diálogo "...Do anúncio? É aqui, sim!" são exemplos de frases nominais em discurso indireto.

··INTERVALO··

The Bridgeman Art Library/Glow Images

A Batalha de Azincourt (1415).

As atividades sugeridas a seguir devem ser realizadas em grupo, de acordo com as orientações do professor.

Escolham uma delas e realizem-na. Busquem informações em livros, enciclopédias e revistas especializadas no assunto escolhido e também nos livros e filmes indicados na seção **Fique ligado! Pesquise!**, na abertura da unidade.

No dia combinado com o professor, todos devem trazer seus trabalhos e montar uma mostra que tenha o título **Da espada à vela: o mundo em mudança** ou outro, se quiserem. Convidem para o evento outras classes, professores, funcionários, amigos e familiares.

Projeto

DA ESPADA À VELA: O MUNDO EM MUDANÇA

1. Declamando cantigas

Escolham uma das cantigas medievais estudadas nesta unidade ou uma das que compõem as seções **Para quem quer mais** ou **Para quem quer mais na Internet** e preparem a declamação do texto. Se possível, usem uma peça de vestuário da época, como, por exemplo, uma túnica de mangas amplas, uma faixa de tecido passada sob o queixo e puxada sobre as têmporas, um chapéu ou um capuz.

Other Images

Selva/Leemage/Other Images

Roupas e costumes na Idade Média.

2. A tradição medieval na literatura de cordel

Procurem, na literatura de cordel, informações sobre o *romance*, termo que designa as produções baseadas em temas e histórias da tradição popular e que está ligado também a uma forma tradicional em verso cultivada na península Ibérica durante a Idade Média. Entre os romances estão *os contos da carochinha* ou *contos de Trancoso* e os inspirados nos chamados *livros do povo*. Os primeiros falam de príncipes, fadas, monstros, feitiços, reinos encantados e dragões; seus heróis, jovens corajosos, vencem muitos obstáculos para chegar a uma jovem linda e inacessível e, finalmente, desposá-la. Os livros do povo contam histórias da imperatriz Porcina, da donzela Teodora, de Roberto do Diabo, de Carlos Magno e os doze pares da França.

Escolham um desses romances e façam para a classe a leitura dramatizada de um trecho dele.

Fabio R. Martins

3. A tradição medieval na música popular brasileira

Procurem aspectos das cantigas medievais nas letras de músicas dos compositores brasileiros Chico Buarque e Elomar Figueira de Melo.

Apresentem a pesquisa à classe utilizando, por exemplo, um narrador que mostre os elementos das cantigas medievais presentes na canção, enquanto outros membros do grupo tocam e cantam a composição. Se não for possível, gravem as músicas e apresentem-nas.

Tuca Vieira/Folhapress

Chico Buarque.

4. Terra à vista!

Escolham uma destas propostas:

- Pesquisa sobre navegantes, cartas geográficas e expedições feitas ao Brasil e/ou à América antes de Pedro Álvares Cabral (leia o boxe "Afinal, quem descobriu o Brasil?").
- Pesquisa sobre os instrumentos e as técnicas de navegação que possibilitaram as grandes navegações dos séculos XV e XVI.
- Ficção e realidade: confronto entre a rota marítima realmente feita por Vasco da Gama e a que é relatada em *Os lusíadas*. Como fonte de pesquisa, leiam *Os lusíadas*, na versão adaptada da série Reencontro, da Editora Scipione.

Façam um cartaz com ilustrações e pequenos textos explicativos.

> Afinal, quem descobriu o Brasil?

Diz a tradição que o nome Brasil vem de pau-brasil, madeira cor-de-rosa. Mas a tradição é insuficiente quando se sabe que, desde 1339, o nome Brasil aparece em mapas. No século XIV, os planisférios [...] mostravam uma ilha Brasil, sempre a oeste dos Açores [...]

A primeira carta geográfica onde aparecem referências seguras ao Brasil real é o mapa de Cantino. Nele se podem ver papagaios, florestas e o contorno do litoral desde o norte até o sudeste. O trabalho foi encomendado pelo espião italiano Alberto Cantino, em 1502 [...] É um mistério como ele foi feito. Afinal, as únicas viagens oficiais de espanhóis e portugueses ao Brasil até 1502 foram as de Vicente Pinzón, ao estuário do Amazonas, e Pedro Álvares Cabral, até onde hoje é a Bahia. Como explicar, então, a presença, na carta, do desenho do litoral desde Cabo Frio até o Amazonas?

(*Superinteressante*, fev. 1998.)

Royal Geographical Society, Londres, Inglaterra

Mapa de 1502 em que aparece o contorno de grande parte do litoral brasileiro.

5. Camões em quadrinhos

Leiam *Os lusíadas*, de Fido Nesti (Editora Peirópolis), e *Lusíadas 2500*, de Laílson de Holanda Cavalcanti (Editora IBEP), adaptações da obra de Camões para a linguagem das histórias em quadrinhos. Comparem as duas versões e, em uma exposição oral, apontem diferenças entre elas e a obra original.

Fundação Peirópolis

Cia. Editora Nacional

6. A comunidade lusófona

Escolham para pesquisa um destes temas:

- A comunidade lusófona: em que países se fala o português; quantos milhões de pessoas falam essa língua; diferenças entre o português brasileiro e o português lusitano.
- A situação da língua portuguesa em ex-colônias, como o Timor Leste, em que o português é falado juntamente com outras línguas.
- Situações interessantes mostradas no documentário *Língua - Vidas em português*, de Victor Lopes.

Vitor Lopes/Paris Filmes

Filme *Língua - Vidas em português*, de Victor Lopes.

7. Amor é fogo que arde

Escolham dois ou três sonetos da lírica amorosa camoniana e declamem-nos, individualmente, em dupla ou em forma de jogral e, se possível, com fundo musical.

> COMO MONTAR A MOSTRA

Com a orientação do professor, escolham um local para expor cartazes ou textos com os resultados das pesquisas que fizeram. Usem um mural ou uma parede para afixar os cartazes.

Elaborem um programa com apresentação de resultado de pesquisa, declamações, leituras dramáticas ou encenações, procurando alternar atividades, a fim de que a mostra se torne dinâmica e prenda a atenção do público. Escolham um colega para fazer o papel de apresentador e conduzir toda a programação.

Mulher segurando balança (1664), de Jan Vermeer van Delft.

UNIDADE 3
BARROCO: A ARTE DA INDISCIPLINA

O Renascimento deu ao homem o papel de senhor absoluto da terra, dos mares, da ciência e da arte. E o sentimento de que, por meio da razão, ele tudo podia. Mas até onde iria a aventura humanista?

No século XVII, por força de vários acontecimentos religiosos, políticos e sociais, valores religiosos e espirituais ressurgem, passando a conviver com os valores renascentistas.

A expressão artística desse momento de dualismo e contradição é o Barroco. Estudar esse movimento implica conhecer as condições em que vivia o homem da época, tanto na Europa quanto no Brasil-Colônia.

iStockphoto/Thinkstock/Getty Images

INTERVALO

Projeto:
Feira de inclusão digital

Montagem de uma feira digital, com exposição de textos produzidos para a Internet e apresentação de ferramentas digitais, como as dos *sites* Google Art Project e Tag Galaxy.

[...]

Se pois como Anjo sois dos meus altares,
Fôreis o meu Custódio, e a minha guarda,
Livrara eu de diabólicos azares.

Mas vejo, que por bela, e por galharda,
Posto que os Anjos nunca dão pesares,
Sois Anjo, que me tenta, e não me guarda.

(Gregório de Matos. *Poemas escolhidos*. Organização de José Miguel Wisnik. São Paulo: Cultrix, s.d. p. 202.)

Fique ligado! Pesquise!

Para você ampliar seus conhecimentos sobre o Barroco na literatura e nas artes em geral, eis algumas sugestões:

- No bloco 4 do DVD ***Literatura e outras linguagens***, há declamações, entrevistas, depoimentos, trechos de filmes e músicas relacionados com o Barroco. Converse com o professor sobre a possibilidade de assistir a esse bloco.
- ***Moça com brinco de pérola***, de Peter Webber; ***A rainha Margot***, de Patrice Chéreau; ***Gregório de Matos***, de Ana Carolina; ***Caravaggio***, de Derek Jarman; ***O homem da máscara de ferro***, de Randall Wallace; ***Mary Stuart – Rainha da Escócia***, de Charles Jarrot; ***As bruxas de Salem***, de Nicholas Hytner.

- ***Moça com brinco de pérola***, de Tracy Chevalier (Bertrand Brasil); ***As missões***, de Júlio Quevedo (Ática); ***Os sermões***, de Pe. Antônio Vieira (Cultrix); ***Antologia poética***, de Gregório de Matos (Ediouro); ***Melhores poemas***, de Gregório de Matos (Global); ***A vida é sonho***, de Calderón de la Barca (Abril Cultural); ***Cid e Horácio: tragédia em cinco atos***, ***Três tragédias: Phedra, Esther e Athalia***, de Corneille (Ediouro); ***O avarento*** (Ediouro), ***Don Juan*** (L&PM), ***Escola de mulheres*** (Nórdica), ***O burguês ridículo***, de Molière (Sete Letras); ***O mundo de Sofia***, de Jostein Gaarder (Companhia das Letras).

- Ouça a produção musical dos compositores barrocos Antonio Vivaldi, Johann Sebastian Bach e Georg Friedrich Haendel. E também os CDs: ***Música do Brasil colonial – Compositores mineiros***; ***Padre João de Deus de Castro Lobo – Missa e credo para oito vozes***; ***Sacred Music from 18th century – Brasil***; ***Sermão de Santo Antônio aos peixes (Saulos)***. Ouça também a canção "Pecado original", de Caetano Veloso, e descubra pontos de contato entre ela e as ideias do Barroco.

- http://www.revista.agulha.nom.br/grego.html
- http://www.brasiliana.usp.br/bbd/search?filtertype=*&filter=sermoes+padre+vieira&submit_search-filter-controls_add=Buscar
- http://www.vidaslusofonas.pt/padre_antonio_vieira.htm
- http://www.memoriaviva.com.br/gregorio/

- Visite as cidades que possuem igrejas e museus com obras dos séculos XVII e XVIII, como Ouro Preto, Mariana, São João del-Rei, Sabará, Tiradentes, Diamantina, Salvador, Olinda e Recife, entre outras.

A IMAGEM EM FOCO

Observe o quadro *As vaidades da vida humana* (1645), de Harmen Steenwyck, e responda às questões propostas.

National Gallery, Londres

1. O quadro de Steenwyck é considerado uma natureza-morta, um tipo de pintura que retrata objetos e seres inanimados ou mortos: um jarro com flores, uma cesta com frutas ou outros alimentos, etc. Por que o quadro de Steenwyck pode ser considerado natureza-morta?

2. Observe que o centro da tela é ocupado por um crânio humano. Com base no nome do quadro e na posição do crânio, levante hipóteses: Qual é o tema central do quadro?

3. Essa natureza-morta é constituída por símbolos, isto é, elementos que adquiriram certos significados na história de nossa cultura, como a concha vazia, o cronômetro, a espada japonesa, a flauta e a charamela, a lâmpada apagada, o livro, o jarro de vinho (à direita) e o crânio. Conheça, ao lado, o significado de alguns deles.

Concha vazia: símbolo da riqueza e da perfeição; como está vazia, também sugere a morte.

A flauta e a charamela: instrumentos musicais relacionados ao amor; por sua forma alongada, fálica, são elementos que fazem referência ao universo masculino.

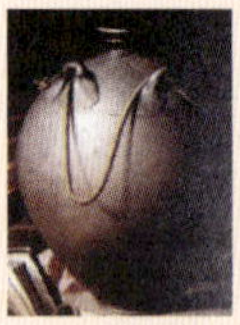

O jarro de vinho: relacionado aos prazeres materiais, como a bebida; por baixo da alça, porém, nota-se o perfil de um imperador romano, sugerindo o desejo humano de glória, de poder.

O livro: o conhecimento, a sabedoria.

a) Nesses símbolos, estão representados os prazeres e valores do homem da época. Quais são eles?

b) O quadro tem por título *As vaidades da vida humana*. A palavra *vaidade* origina-se do latim *vanitas*, que significa "o que é vão, sem valor". Qual é, portanto, a visão do artista sobre esses valores da época?

c) Considerando-se o significado do crânio e sua posição de destaque no quadro, o que, na visão do artista, estaria acima de todos esses valores?

4. Atrás e acima do crânio, aparece uma lâmpada recém-apagada, conforme sugere o tênue fio de fumaça que sai dela. Considerando que o fogo, a chama e a luz associam-se à ideia de vida, responda:

a) O que a lâmpada apagada representa?

b) Que outros elementos do quadro, além do crânio, apresentam o mesmo significado da lâmpada?

5. Observe que, da parte esquerda e superior do quadro, desce um raio de luz, criando um contraste entre o claro, que vai do centro para a esquerda, e o escuro, que vai do centro para a direita. Na cultura cristã, a luz é um símbolo do divino e do eterno.

a) O fato de a luz, no quadro, incidir primeiramente sobre o crânio, que representa a morte, sugere uma oposição. Qual é o dualismo barroco existente nessa oposição?

b) Por que se pode dizer que esse quadro é uma espécie de advertência ao ser humano?

6. Há, a seguir, um conjunto de elementos essenciais à arte e à literatura barroca, como:

- consciência da efemeridade da vida e do tempo
- concepção trágica da vida
- figuração
- jogo de claro e escuro
- oposição entre o mundo material e o mundo espiritual
- morbidez
- requinte formal

Quais desses elementos podem ser identificados na tela *As vaidades da vida humana* de Steenwyck?

The Bridgeman Art Library/Keystone

Natureza-morta (1620), quadro de Abraham van Beyeren.

Giraudon/The Bridgeman Art Library/Glow Images

Natureza-morta com crânio, de Letellier.

A flagelação de Cristo (c. 1605-07), de Caravaggio.

CAPÍTULO 1

A linguagem do Barroco

O Barroco — a arte que predominou no século XVII — registra um momento de crise espiritual na cultura ocidental. Nesse momento histórico, conviviam duas mentalidades, duas formas distintas de ver o mundo: de um lado o paganismo e o sensualismo do Renascimento, em declínio; de outro, uma forte onda de religiosidade, que lembrava o teocentrismo medieval.

No século XVI, o Renascimento representou o retorno à cultura clássica greco-latina e a vitória do antropocentrismo. No século XVII, surgiu o Barroco, um movimento artístico ainda com alguns vínculos com a cultura clássica, mas que buscava caminhos próprios, condizentes com as necessidades de expressão daquele momento.

LEITURA

Os dois primeiros textos a seguir são de autoria de Gregório de Matos, o principal poeta barroco brasileiro; o terceiro é de Pe. Antônio Vieira, sermonista renomado e o principal escritor barroco de Portugal. Leia-os e responda às questões propostas.

TEXTO I

Nasce o Sol, e não dura mais que um dia,
Depois da Luz se segue a noite escura,
Em tristes sombras morre a formosura,
Em contínuas tristezas a alegria.

Porém, se acaba o Sol, por que nascia?
Se é tão formosa a Luz, por que não dura?
Como a beleza assim se transfigura?
Como o gosto da pena assim se fia?

Mas no Sol, e na Luz falte a firmeza,
Na formosura não se dê constância,
E na alegria sinta-se tristeza.

Começa o mundo enfim pela ignorância,
E tem qualquer dos bens por natureza
A firmeza somente na inconstância.

(Gregório de Matos. *Poemas escolhidos*. Organização de José Miguel Wisnik. São Paulo: Cultrix, s.d. p. 317.)

inconstância: variabilidade, volubilidade.

TEXTO II

Carregado de mim ando no mundo,
E o grande peso embarga-me as passadas,
Que como ando por vias desusadas,
Faço o peso crescer, e vou-me ao fundo.

O remédio será seguir o imundo
Caminho, onde dos mais vejo as pisadas,
Que as bestas andam juntas mais ousadas,
Do que anda só o engenho mais profundo.

Não é fácil viver entre os insanos,
Erra, quem presumir que sabe tudo,
Se o atalho não soube dos seus danos.

O prudente varão há de ser mudo,
Que é melhor neste mundo, mar de enganos,
Ser louco c'os demais, que só, sisudo.

(Gregório de Matos. In: *Poemas escolhidos*, cit., p. 253.)

c'os: com os.
engenho: talento, argúcia, capacidade inventiva.
insano: demente, insensato.
sisudo: ajuizado.
varão: homem adulto, respeitável.

Rômulo Fialdini

Escultura de Aleijadinho.

SuperStock/Getty Images

Êxtase de Santa Teresa, de Lorenzo Bernini.

TEXTO III

[...]

Duas coisas prega hoje a Igreja a todos os mortais, ambas grandes, ambas tristes, ambas temerosas, ambas certas. Mas uma de tal maneira certa e evidente, que não é necessário entendimento para crer; outra de tal maneira certa e dificultosa, que nenhum entendimento basta para a alcançar. Uma é presente, outra futura, mas a futura veem-na os olhos, a presente não a alcança o entendimento. E que duas coisas enigmáticas são estas? *Pulvis es, tu in pulverem reverteris*: Sois pó, e em pó vos haveis de converter, – Sois pó, é a presente; em pó vos haveis de converter, é a futura. O pó futuro, o pó em que nos havemos de converter, veem-no os olhos; o pó presente, o pó que somos, nem os olhos o veem, nem o entendimento o alcança. [...]

(Pe. Antônio Vieira. In: *Barroco*. São Paulo: Harbra, 2009. p. 14.)

Museu do Prado, Madri

A coroação de espinhos (1618-20), de Van Dyck.

1. No texto I, o eu lírico aborda o tema da efemeridade ou inconstância das coisas do mundo, que fazia parte das preocupações do homem barroco.

a) Na primeira estrofe, como ele apresenta essa percepção da efemeridade?

b) Das mudanças apontadas, qual afeta o estado de ânimo do eu lírico?

2. O eu lírico do texto I não compreende a razão da instabilidade das coisas.

a) Em que estrofe se nota claramente o sentimento de inconformismo com a instabilidade? Justifique sua resposta.

b) No final do texto, a que conclusão sobre a inconstância das coisas o eu lírico chega?

3. Os dois primeiros poemas apresentam aspectos em comum, como, por exemplo, o tipo de composição poética, o tipo de imagens e o tema.

a) Qual é o tipo de composição poética desses textos?

b) No texto II, que imagem o eu lírico emprega logo no primeiro verso para se referir ao seu modo de estar no mundo?

c) Que outras expressões desse texto têm vínculo semântico com essa imagem?

d) As imagens dos dois textos são auditivas, táteis, olfativas ou visuais?

4. O texto II aborda o tema do "desconcerto do mundo", isto é, o sentimento de desagregação e estranhamento do eu lírico em relação ao mundo.

a) Identifique no poema um trecho que exemplifique essa postura do eu lírico.

b) Que imagem, presente na última estrofe do poema, corresponde à concepção de mundo do eu lírico do texto I?

5. A linguagem barroca geralmente busca expressar estados de conflito espiritual. Por isso, faz uso de inversões, antíteses e paradoxos, entre outros recursos. Identifique nos textos I e II:

a) exemplos de inversão quanto à estrutura sintática;

b) exemplos de antíteses e paradoxos.

6. O texto III apresenta uma explicação religiosa para a inconstância mencionada nos textos I e II.

a) Em que consiste essa explicação?

b) Levante hipóteses: Considerando que o autor do texto era um religioso empenhado na conversão das pessoas ao catolicismo, qual seria, para ele, o meio de escapar à inconstância das coisas no mundo?

7. Leia o boxe "Cultismo e conceptismo" e procure nos textos elementos que se identifiquem com as duas tendências de estilo presentes no Barroco.

Cultismo e conceptismo

Duas tendências de estilo se manifestaram no Barroco. São elas:

- **Cultismo**: gosto pelo rebuscamento formal, caracterizado por jogos de palavras, grande número de figuras de linguagem e vocabulário sofisticado, e pela exploração de efeitos sensoriais, tais como cor, som, forma, volume, sonoridade, imagens violentas e fantasiosas.
- **Conceptismo** (do espanhol *concepto*, "ideia"): jogo de ideias, constituído pelas sutilezas do raciocínio e do pensamento lógico, por analogias, histórias ilustrativas, etc.

Embora seja mais comum a manifestação do cultismo na poesia e a do conceptismo na prosa, é normal aparecerem ambos em um mesmo texto. Além disso, essas tendências não se excluem. Um mesmo escritor tanto pode pender para uma delas quanto apresentar traços de ambas as tendências.

Carpe diem: aproveita o tempo!

A consciência da efemeridade do tempo já existia na poesia clássica anterior ao Barroco. E ela geralmente levava os poetas ao *carpe diem* (em latim, "colhe o dia", "aproveita o dia"), ou seja, ao desejo de aproveitar a vida enquanto ela dura, o que quase sempre resultava num convite amoroso e sensual à mulher amada.

No Barroco, em virtude do forte sentimento religioso da época, o *carpe diem* também se fez presente, mas quase sempre revestido de culpa e conflito.

O filme *Sociedade dos poetas mortos* introduz brilhantemente o tema do *carpe diem* quando o professor de literatura, representado pelo ator Robin Williams, pergunta a seus alunos: "Estão vendo todos estes alunos das fotos, que parecem fortes, eternos? Estão todos mortos. *Carpe diem*...".

François Duhamel/Corbis/Latinstock

Cena de *Sociedade dos poetas mortos*.

Como síntese do estudo feito até aqui, compare as características do Barroco com as do Classicismo:

BARROCO	CLASSICISMO
Quanto ao conteúdo	
Conflito entre visão antropocêntrica e teocêntrica	Antropocentrismo
Oposição entre o mundo material e o mundo espiritual; visão trágica da vida	Equilíbrio
Conflito entre fé e razão	Racionalismo
Cristianismo	Paganismo
Morbidez	Influência da cultura greco-latina
Idealização amorosa; sensualismo e sentimento de culpa cristão	Idealização amorosa; neoplatonismo; sensualismo
Consciência da efemeridade do tempo	Universalismo
Gosto por raciocínios complexos, intrincados, desenvolvidos em parábolas e narrativas bíblicas	Busca de clareza
Carpe diem	
Quanto à forma	
Gosto pelo soneto	Gosto pelo soneto
Emprego da medida nova (poesia)	Emprego da medida nova (poesia)
Gosto pelas inversões e por construções complexas e raras; emprego frequente de figuras de linguagem como a antítese, o paradoxo, a metáfora, a metonímia, etc.	Busca do equilíbrio formal

DO TEXTO AO CONTEXTO DO BARROCO

Leia, a seguir, um painel de textos que relacionam a produção literária do Barroco ao contexto histórico, social e cultural em que o movimento floresceu. Após a leitura, responda às questões propostas.

Caravaggio

Jan Vermeer

- **1593-1594** Pintura de *Baco*, por Caravaggio
- **1601** Publicação de *Prosopopeia*, de Bento Teixeira, e início do Barroco
- **1609** Chegada de Pe. Antônio Vieira à Bahia
- **1655** Pregação do "Sermão da sexagésima", por Pe. Antônio Vieira na Capela Real de Lisboa
- **1658-1660** Pintura de *A leiteira*, de Vermeer
- **1683** Retorno de Gregório de Matos ao Brasil, após estudos em Portugal, e início de sua obra literária
- **1694** Exílio de Gregório de Matos, mandado para Angola

Coleção particular

Rubens Chaves/Pulsar Imagens

- **1545-1563** Realização do Concílio de Trento
- **1549** Chegada da Companhia de Jesus ao Brasil
- **1580** Passagem de Portugal ao domínio espanhol
- **1622** Fundação dos primeiros engenhos de cana-de-açúcar no Maranhão
- **1624** Invasão holandesa na Bahia
- **1640** Fim da união das Coroas ibéricas e restauração da Coroa portuguesa
- **1695** Destruição do Quilombo de Palmares
- **1711** Fundação de Vila Rica, hoje Ouro Preto, onde floresceu o Barroco mineiro
- **1774** Maturidade de Aleijadinho na produção da arte barroca

Economia, política e sociedade no século XVII

A sociedade europeia do século XVII vivia o período da revolução comercial, cuja política econômica, o mercantilismo, se baseava no metalismo, na balança de comércio favorável e no acúmulo de capitais. A burguesia despontava nesse contexto como classe de forte poder econômico. Porém, se a política econômica se mostrava aberta e favorecia a ascensão de setores populares, como a burguesia, o mesmo não se verificava em relação à estrutura social e à estrutura política.

A sociedade estava organizada em três classes impermeáveis: o clero, a nobreza e o Terceiro Estado, este formado pelos camponeses, pelos artesãos e pela burguesia. A burguesia, fortalecida pelo poder econômico que detinha, pressionava politicamente a nobreza e o rei, a fim de participar das decisões políticas do Estado.

Do ponto de vista político, consolidava-se o Estado absolutista, sistema político baseado na centralização absoluta do poder nas mãos do rei, que se considerava representante de Deus na Terra. Apesar de fechado politicamente, esse sistema atendia às necessidades da burguesia, para a qual convinha um governo centralizado que unificasse e ampliasse as condições do mercado nacional.

Musées Royaux des Beaux-Arts, Brussels

Idosa cochilando (1656), de Nicolaes Maes.

As contradições do Barroco

O gosto barroco pela aproximação de realidades opostas, pelo conflito e pelas contradições violentas está diretamente relacionado ao contexto sócio-histórico. Politicamente, por exemplo, o homem da época sentia-se oprimido, enquanto economicamente se via livre para enriquecer. Tinha possibilidade de ascender socialmente, mas a estrutura fechada de classes sociais do Antigo Regime não lhe permitia isso.

No plano espiritual, novas contradições: a influência do paganismo renascentista e dos prazeres materiais convivia com a restauração da fé medieval e a revitalização da vida espiritual católica empreendidas pela Contrarreforma.

Por esse conjunto de razões é que se verifica na linguagem barroca, tanto na forma quanto no conteúdo, uma rejeição constante da visão ordenada das coisas. Os temas são aqueles que refletem os estados de tensão da alma humana, tais como vida e morte, matéria e espírito, amor platônico e amor carnal, pecado e perdão. A construção, por sua vez, acentua e amplia o sentido trágico desses temas, ao fazer uso de uma linguagem de difícil acesso, rebuscada, cheia de inversões e de figuras de linguagem.

Fruto da síntese entre duas mentalidades, a medieval e a renascentista, o homem do século XVII era um ser contraditório, tal qual a arte pela qual se expressou.

A literatura barroca e a propagação da fé católica

Se o século XVI, ainda renascentista, conseguiu combinar na literatura a visão de mundo cristã, o humanismo da época e o paganismo da literatura greco-romana, o século XVII distinguir-se-á do anterior e do seguinte, na Península Ibérica, por uma visão eminentemente católica. Não mais cristã, simplesmente, mas católica, a partir de uma visão bastante dogmática do cristianismo.

O Concílio de Trento, que durou de 1545 a 1563, ligou ainda mais estreitamente a Igreja católica e as monarquias ibéricas, imbricando Igreja e Estado de tal forma que os interesses e funções de ambos muitas vezes se confundiam. Esse casamento durou todo o século XVII, só estremecendo no século XVIII. Como Espanha e Portugal tinham ficado fora das reformas protestantes, foi neles que se concentrou a reação católica. Tratava-se de combater toda e qualquer manifestação que lembrasse algum traço dos movimentos protestantes e, ao mesmo tempo, de formular e difundir uma doutrina oficial católica. Além disso, impunha-se participar da expansão ultramarina ibérica, com a finalidade de expandir também o catolicismo. Desse modo, o empenho doutrinador e a vigilância contra as heresias protestantes, que o clero e as ordens religiosas exerciam nas duas nações ibéricas, estendiam-se aos seus mundos coloniais no Oriente e no Ocidente.

Granger/Other Images

Concílio de Trento, em 1563.

[...] Com isso, mais que agradar e concorrer para aperfeiçoar as relações dos homens entre si, a literatura deveria participar dessa disputa ou dessa guerra [entre catolicismo e protestantismo], afirmando e reproduzindo no plano do sensível tudo aquilo que a Igreja pregava no plano do inteligível. O que não quer dizer que a literatura se tenha reduzido a isso. Mas para sua aceitação e difusão – já que todo livro ou publicação deveria receber a aprovação e licença da Mesa do Santo Ofício da Inquisição para não ser censurado – deveria passar por isso, demonstrar de alguma forma sua adequação às funções de afirmação e propagação da fé católica.

(Luiz Roncari. *Literatura brasileira – Dos primeiros cronistas aos últimos românticos*. 2. ed. São Paulo: Edusp/FDE, 1995. p. 94, 96-7.)

• Roteiro de estudo •

Ao final da leitura dos textos, você deverá:

- Saber explicar por que a expansão da economia europeia no século XVII era incompatível com a organização política e a estrutura de classes da sociedade da época.
- Compreender por que o Barroco foi uma espécie de expressão artística da Contrarreforma.
- Saber explicar a diferença entre a postura eclética do cristianismo renascentista e o dogmatismo católico do Barroco.
- Saber estabelecer relações entre as opções estéticas do Barroco (forma e conteúdo dos textos literários) e o contexto histórico.

Glow Images

PRODUÇÃO DE TEXTO

CAPÍTULO 2

Os gêneros instrucionais

São muitos os textos que circulam entre nós diariamente com o objetivo de nos dar orientações claras e objetivas sobre como proceder em determinadas situações: receitas, bulas de remédio, instruções e regras de jogos, manuais de funcionamento de aparelhos domésticos e máquinas, prospectos de concursos, manuais do consumidor, guias de cidades, folhetos sobre prevenção de doenças e epidemias, dicas de economia, tutoriais, etc.

Alguns deles apresentam uma estrutura mais ou menos padronizada, enquanto outros empregam a forma que for mais conveniente para atingir sua principal finalidade, que é dar instruções ao leitor.

O TUTORIAL

TRABALHANDO O GÊNERO

As indicações sobre como utilizar determinada ferramenta, aplicativo ou programa de computador encontradas na Internet são exemplo de texto tutorial. Veja a janela:

Alamy/Glow Images

1. O texto que aparece na janela é um tutorial, pois orienta o leitor na realização de determinada ação.
   a) A que área do conhecimento o texto diz respeito?
   b) Qual é a finalidade dele?

2. O público ao qual os tutoriais se destinam é variado, mas tem algumas características específicas. Qual é o perfil das pessoas que geralmente buscam auxílio dos tutoriais?

3. A fim de cumprir sua finalidade de orientar pessoas a utilizar uma ferramenta, os tutoriais costumam seguir uma estrutura definida. Veja outro exemplo de tutorial, na página ao lado, e, em relação a ele e ao lido antes, responda:
   a) Que partes os compõem?
   b) Que títulos apresentam?
   c) Que elementos não verbais são utilizados?

4. Observe, nos dois textos, as formas verbais utilizadas nas instruções relativas aos passos das operações a serem realizadas.
   a) Em que modo estão os verbos?
   b) O que as formas verbais expressam: ordem, dúvida ou orientação?
   c) Levante hipóteses: Por que nos tutoriais os verbos são empregados geralmente nesse modo verbal?

5. Observe a linguagem empregada nos tutoriais.
   a) A variedade linguística empregada segue a norma-padrão?
   b) Trata-se de uma linguagem objetiva ou subjetiva?
   c) Classifique o nível de formalidade dos tutoriais lidos, relacionando-o à situação de produção e circulação desse gênero textual. Exemplifique com trechos dos textos.

6. Reúna-se com seus colegas de grupo e, juntos, concluam: Quais são as características do tutorial? Ao responder, considerem os seguintes critérios: finalidade do gênero, perfil dos interlocutores, suporte e veículo, tema, estrutura, linguagem.

WMO

Como bloquear e-mail no Gmail

Comente agora | +1 | 5

Embora o **Gmail** possua um dos melhores filtros antispam do mercado, ele não é perfeito. Uma vez ou outra uma mensagem indesejada vai parar na caixa de entrada. Nesse caso, basta marcar a mensagem como **spam** para nunca mais receber e-mails semelhantes.

Mas quando quem manda mensagens indesejadas é um amigo seu? Você tem duas opções: perder a amizade ou continuar recebendo correntes, apresentações em PowerPoint e piadas sem graça.

Não mais. Com uma ferramenta simples do Gmail e esse tutorial do **TechTudo** você vai aprender a bloquear contatos e/ou mensagens específicas.

Adicionando um filtro

Passo 1. Acesse as opções do Gmail, clicando sobre o ícone de uma pequena engrenagem localizado no canto superior direito da janela, em "Configurações do Google Mail";

Passo 2. Abra a guia "Filtros" e clique em "Criar novo filtro";

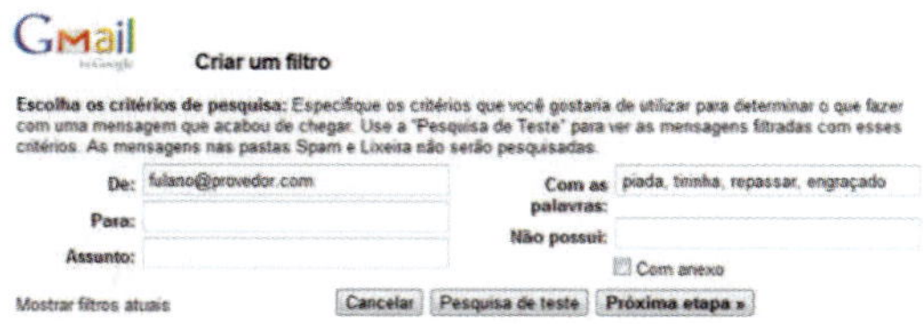

Criando um filtro no Gmail (Foto: Reprodução)

Passo 3. Defina os critérios necessários. Por exemplo, se você gostaria de bloquear um contato específico, adicione o endereço de e-mail da pessoa no campo "De". Se você quer filtrar uma mensagem com o mesmo assunto, que já recebeu de vários amigos, utilize o campo "Assunto". Não é necessário preencher todos os campos;

Passo 4. Clique no botão "Próxima etapa" e aguarde. O Gmail fará uma busca preliminar por e-mails que atendam aos critérios definidos, o que pode demorar alguns segundos dependendo da sua conexão;

Passo 5. Selecione a ação a ser tomada ao receber uma mensagem com os critérios selecionados. Recomendamos que você marque as opções "Ignorar a caixa de entrada" e "Marcar como lida", ou seja, os e-mails indesejados serão arquivados automaticamente. Se você não tiver tanto espaço disponível e quiser economizar alguns kilobytes, use a opção "Excluir";

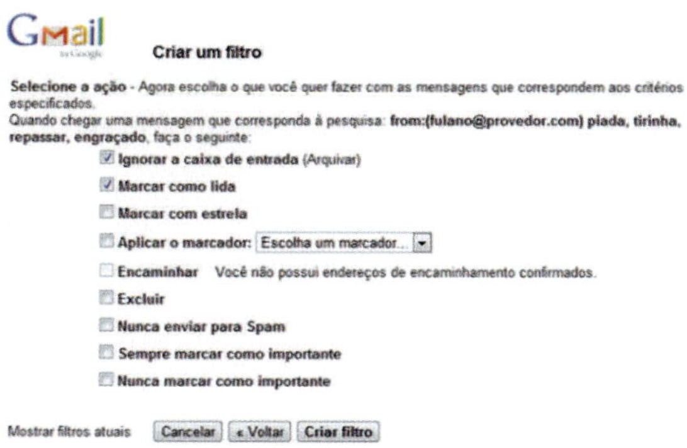

Ações a serem tomadas (Foto: Reprodução)

Passo 6. Caso julgue necessário, selecione a opção "Aplicar este filtro também às conversas abaixo";

Passo 7. Por fim, clique em "Criar filtro".

Excluindo um filtro

Passo 8. Caso se arrependa e queira parar de filtrar suas mensagens, acesse as opções do Gmail e clique na guia "Filtros";

Passo 9. Ao lado do filtro que deseja remover, clique no link "excluir" ou "editar" para adicionar ou remover apenas critérios ou ações.

Pronto! Se bem configurada, com esse ótimo recurso do **Gmail**, você não receberá mais mensagens indesejadas, com correntes, apresentações de PowerPoint ou propaganda. Vale lembrar que seu amigo não saberá que as mensagens estão sendo bloqueadas.

PRODUZINDO O TUTORIAL

Há, a seguir, duas propostas de produção de textos. Você poderá desenvolver as duas ou apenas uma delas, conforme a orientação do professor. Os textos produzidos serão expostos depois na **Feira de inclusão digital** que a classe realizará no projeto do final desta unidade.

1. Não é só na Internet que encontramos tutoriais sobre como realizar determinadas atividades. É comum encontrarmos esses textos também em revistas, folhetos, livros. Leia, abaixo, as resenhas de um filme e de um livro que exploram a ideia do tutorial de forma um tanto inusitada.

O filme *Como perder um homem em 10 dias* conta a história de Andie Anderson, jornalista que escreve a coluna "Como fazer" em uma revista feminina. Em seus textos, Andie dá dicas às mulheres e, no filme, tem como projeto tematizar os erros geralmente cometidos pelas moças ao iniciarem um relacionamento.

(Texto dos autores.)

Paramount Pictures

Jessica Packwood levava uma vida tranquila no interior da Pensilvânia e esperava ansiosamente pelo início do último ano escolar. Seus planos eram se formar e conseguir uma bolsa de estudos para a faculdade, ganhar a olimpíada de matemática e namorar seu colega Jake Zinn. Mas aí um novo aluno esquisitão (e muito gato) chamado Lucius Vladescu aparece do nada, dizendo que Jessica pertence à realeza vampírica e lhe foi prometida em casamento para selar a união entre os clãs mais poderosos dos vampiros. E de repente Jessica percebe que sua vida está prestes a virar de pernas para o ar.

(Disponível em: http://www.sextante.com.br/vampiroapaixonado/. Acesso em: 15/3/2012.)

Editora iD

Em grupos, monte com os colegas tutoriais inusitados, como os referidos nos títulos do filme e do livro comentados nas resenhas. Vocês podem escolher uma das sugestões a seguir ou imaginar outro tema, mantendo a ideia de explorar um assunto pouco comum em tutoriais.

- Como responder às perguntas do professor sem saber a matéria
- Como ficar mais 5 minutos na cama de manhã e não perder a hora
- Como ser o mais chato da classe
- Como ser amigo de seu pai/sua mãe em redes sociais sem pagar mico

2. A Internet oferece muitas ferramentas a seus usuários, mas nem todas se difundem amplamente, ficando restritas ao conhecimento de uma parcela pequena da sociedade. Leia a notícia a seguir sobre um projeto do Google, publicada no portal do jornal *Folha de S. Paulo*.

07/02/2011 — 10h20

Google põe acervo dos maiores museus do mundo na web

JULIANA VAZ
COLABORAÇÃO PARA A **FOLHA**

Está bem guardada na National Gallery de Londres a tela "Os Embaixadores" (1533), de Hans Holbein, o Jovem. Mas não é mais preciso tomar um avião à Inglaterra para vê-la em detalhes.

Desde a semana passada, um novo *site* (www.googleartproject.com) do Google disponibiliza imagens em altíssima resolução dessa e de outras obras dos principais museus do mundo.

O projeto, denominado Google Art Project, foi lançado com cerimônia na Tate, uma das 17 galerias participantes, e se assemelha ao Google Street View.

O visitante pode navegar pelos corredores virtuais, "passear" pelas salas, aproximar as pinturas e saber mais sobre elas. A qualidade hiper-real das mais de mil reproduções impressiona, deixa identificar minúcias nas pinceladas, marcas da ação do tempo sobre a matéria.

Botticelli

"O Nascimento de Vênus", de Botticelli, disponível na web.

Mas nem todas as salas estão lá, e muito menos, todas as obras. A parceria com as megainstituições se deu de tal modo que cada museu escolheu exatamente o que de seu acervo mostrar.

Entre as galerias participantes estão, até agora, quatro americanas (MoMA, Metropolitan, Frick Collection e Freer Gallery of Art), duas britânicas (National Gallery e Tate), uma tcheca (Kampa), as berlinenses Alte Nationalgalerie e Gemäldegalerie, as espanholas Reina Sofía e Thyssen-Bornemisza, a italiana Uffizi, o Palácio de Versalhes, duas holandesas (Rijksmuseum e Van Gogh) e duas russas (Museu Hermitage e Tretyakov).

Em grupo, faça com os colegas uma visita ao *site* mencionado na notícia. Escolham um dos museus ou galerias, uma das obras de arte e as ferramentas disponibilizadas pelo Google Art Project e montem um tutorial ensinando a utilizar esse *site*.

Planejamento do texto

- Naveguem pelo *site* e anotem os passos para a utilização de cada ferramenta.
- Pensem no perfil do leitor, lembrando que o texto será direcionado a um público que precisa de orientações claras e minuciosas. Assim, indiquem passo a passo as ações necessárias e escolham imagens para ilustrar cada um deles. Criem uma introdução, ressaltando a importância de aprender a lidar com a ferramenta, e um desfecho para o texto. Deem ao tutorial um título atraente.
- Decidam, junto com o professor, o suporte a ser utilizado para a circulação do tutorial: folhetos, a Internet, etc.
- Entre as características do gênero a serem observadas, lembrem que o tutorial deve ter uma linguagem objetiva e sua organização deve ser esquemática, com o auxílio de imagens que indiquem claramente os passos a serem seguidos pelos leitores.
- Façam um rascunho e só passem o texto para o suporte final depois de uma revisão cuidadosa.

Revisão e reescrita

Antes de fazer a versão final do tutorial, observem:

- se ele apresenta título e as seções básicas (introdução, passos, desfecho);
- se as ações estão indicadas passo a passo, na sequência correta e sem que nenhuma etapa tenha deixado de ser mencionada;
- se os verbos referentes às orientações estão empregados no imperativo ou no infinitivo e sem alternância entre um modo e outro;
- se as indicações estão claras e objetivas e ilustradas adequadamente pelas imagens;
- se a linguagem está de acordo com a norma-padrão da língua;
- se o nível de formalidade está adequado ao público-alvo.

Façam as alterações necessárias e passem o texto para o suporte final.

OUTROS GÊNEROS INSTRUCIONAIS: RECEITAS, REGRAS, DICAS

TRABALHANDO O GÊNERO

Os textos instrucionais estão presentes em livros, revistas, jornais e até em embalagens de produtos. É comum, entre os diferentes textos que compõem uma reportagem jornalística (tabelas, gráficos, trechos de entrevistas, fotografias, legendas, etc.), aparecer um texto instrucional. Ou, numa empresa, haver um cartaz que instrui os funcionários sobre segurança no trabalho.

A receita, por exemplo, é um gênero instrucional muito comum, veiculado em embalagens de alimentos, revistas, livros, cadernos de receitas, etc.

Editora Abril - Imagens/Conteúdo Expresso

Há, a seguir, dois textos instrucionais. O primeiro apresenta algumas dicas para não cair em armadilhas ao procurar um programa de intercâmbio cultural. O segundo é uma receita. Leia-os com atenção.

TEXTO I

Intercâmbio: dicas para não cair em armadilhas

Veja o que você deve analisar na hora de escolher sua viagem

Frank Schwere/Getty Images

Toronto, no Canadá: boas escolas atraem os brasileiros.

- Pesquise sobre o país e a cidade escolhidos. Quem está acostumado com agito pode ficar entediado em um lugarzinho pacato, sem muitas alternativas de diversão.
- Programe-se com antecedência. Em países que exigem visto de entrada, esse documento pode demorar para ser concedido.
- Preste atenção ao clima. Muitos dos destinos procurados pelos paulistanos têm inverno bem mais rigoroso que o nosso.
- Converse com pessoas que passaram pelo mesmo programa que você quer fazer.
- Não vá sem um seguro-saúde. Se houver a possibilidade de praticar esportes radicais, veja se a cobertura está inclusa no pacote.
- Quem optar pelo programa de high school deverá se informar no colégio daqui sobre os documentos necessários para cursar o ensino médio novamente quando retornar.
- Pergunte se o curso escolhido é reconhecido pelas escolas do Brasil.
- Para pós-graduação, verifique se o seu nível linguístico é compatível com o exigido.
- Confira se a agência de viagem faz parte de federações nacionais ou internacionais. Vale checar também se a empresa tem escritórios próximos ao seu destino.
- Se vai ficar em casa de família, entre em contato com os anfitriões. É muito importante saber se há fumantes, animais de estimação, crianças... Está instalado e não se adaptou? Peça mudança à escola ou agência.
- Contrate uma operadora tarimbada em programas de intercâmbio e desconfie de orçamentos muito fora da média do mercado.

- Leia o contrato com atenção. Cheque a cláusula de desistência, pois imprevistos podem acontecer.
- Fuja dos fast-foods e siga uma dieta balanceada. Deixe para experimentar guloseimas gordurosas nos fins de semana. Quem fica em casa de família tende a ter uma alimentação mais saudável.
- Se precisar tomar remédios regularmente, calcule a quantidade necessária para o período da estada e leve-a na bagagem. É importante ter à mão, também, as receitas médicas traduzidas para o idioma do país de destino.
- A conta do celular pode sair cara por causa do roaming. Por isso, se quiser usar seu aparelho, opte por comprar um chip local para fazer ligações. Programas da internet como o Skype dão a oportunidade de falar de graça — ou por um valor razoável — com parentes e amigos distantes.
- Como a internet sem fio gratuita está em casas de família, escolas e cafés, quem quiser poderá levar notebook, netbook ou tablet daqui e usá-lo sem custo adicional.
- É fundamental atentar para a legislação do local que se está visitando, já que ela muda drasticamente de lugar para lugar. Em alguns países e estados dos EUA, a idade mínima para comprar bebidas alcoólicas é de 21 anos. Infratores podem ser multados ou até deportados.
- Encantou-se com aquele garoto ou garota? Lembre-se de que a viagem tem data para acabar. Além disso, algumas agências de intercâmbio garantem que mandam para casa menores de idade que são pegos praticando sexo.

(*Veja São Paulo*, 16/2/2011.)

TEXTO II

Bolo na caneca

Receita enviada por ***Maria do Carmo Santos***

Fabio Yoshihito Matsuura/Mosaico Fotografia

05min

1 porção

Ingredientes

- 1 ovo pequeno
- 4 colheres (sopa) de leite
- 3 colheres (sopa) de óleo
- 2 colheres (sopa) rasas de chocolate em pó
- 4 colheres (sopa) rasas de farinha de trigo
- 4 colheres (sopa) rasas de açúcar
- 1 colher (café) rasa de fermento em pó

Modo de preparo

1. Na própria caneca onde irá consumir, coloque o ovo e bata bem com um garfo
2. Coloque o óleo, o açúcar, o leite e o chocolate e bata mais

3. Coloque a farinha de trigo e o fermento e misture delicadamente até encorpar
4. Leve ao forno micro-ondas por 3 minutos em potência alta

Informações adicionais

Dicas: a caneca deve ter capacidade mínima de 300 ml.
A massa crua é mais mole que um bolo normal, mas não aumente a farinha, senão o bolo ficará duro.
Pode ser servido quente, com caldas, coberturas, castanhas, sorvete e o que mais a imaginação mandar.

(Adaptado de: http://tudogostoso.uol.com.br/)

Ao ler os dois textos, você observou que eles têm estruturas diferentes, mas apresentam algumas características em comum: verbos no imperativo, quando expressam orientações, e linguagem clara, objetiva e de acordo com a norma-padrão.

No texto I, há um título e, abaixo dele, um enunciado chamando a atenção para o assunto. As dicas, expressas em uma frase completa, são ampliadas com informações úteis relacionadas a elas.

No texto II, o título é o nome da receita que se ensina a preparar. Não há enunciado introdutório e o texto é estruturado em duas partes: *Ingredientes* e *Modo de preparo*.

PRODUZINDO A RECEITA

1. Lembre-se de um prato que você adora e escreva a receita dele. Se você já o preparou, pense nos ingredientes necessários e no modo como ele deve ser feito. Se não, peça as informações a uma pessoa que saiba como fazê-lo. Se possível, dê à receita um toque pessoal, isto é, apresente uma dica de como obter um sabor especial, picante, etc.

Editora Abril - Imagens/
Conteúdo Expresso

Receitas e afins na Internet
www.panelinha.ig.com.br
www.portaldosabor.org
www.claudiacozinha.abril.com.br
www.luizcintra.com.br
www.tvgazeta.com.br/tvculinaria

PROJETO

Receitas com sabor e poesia

Organize-se com seus colegas para a montagem de um *livro de receitas* da classe.

Reúnam as receitas produzidas, as culinárias e as poéticas, e escrevam-nas em folhas de papel sulfite, ou digitem-nas no computador. Deem destaque ao título de cada uma e ilustrem-nas. Confeccionem a capa em papel mais grosso, e montem-na com o título escolhido pela classe, o nome do ano de vocês e ilustrações relacionadas à culinária. Unam a capa às receitas e grampeiem-nas, formando o livro.

Sob a orientação do professor, exponham o livro na biblioteca da escola e divulguem-no entre professores, funcionários e colegas de outros anos. Depois de certo tempo de exposição, o livro pode circular entre os alunos da classe e ser levado para a casa de cada um por alguns dias.

2. Crie uma receita poética, a exemplo do que fez o poeta Nicolas Behr, neste texto:

Receita

Ingredientes
2 conflitos de gerações
4 esperanças perdidas
3 litros de sangue fervido
5 sonhos eróticos
2 canções dos beatles

Ivan Coutinho

Modo de preparar
dissolva os sonhos eróticos
nos dois litros de sangue fervido
e deixe gelar seu coração

leve a mistura ao fogo
adicionando dois conflitos
de gerações às esperanças
perdidas

corte tudo em pedacinhos
e repita com as canções dos
beatles o mesmo processo usado
com os sonhos eróticos mas desta
vez deixe ferver um pouco mais e
mexa até dissolver.

parte do sangue pode ser
substituído por suco de
groselha mas os resultados
não serão os mesmos

sirva o poema simples
ou com ilusões

(In: *Laranja seleta – poesia escolhida – 1977-2007*. Editora Língua Geral, 2007.)

Planejamento do texto

- Perfil do leitor – Suas receitas serão publicadas no livro de receitas que fará parte do projeto **Receitas com sabor e poesia** e serão lidas por pessoas da comunidade escolar e das famílias dos alunos da classe.
- Características do gênero a serem observadas – As receitas devem ter um título, ser estruturadas em duas partes, *Ingredientes* e *Modo de preparo*, e ter linguagem objetiva, com verbos no modo imperativo ou no infinitivo.
- Se possível, dê à receita um toque pessoal, isto é, apresente uma dica de como obter um sabor especial, picante, etc.

Loucos por receitas

Para aqueles que são aficionados de livros de receitas ou livros e poemas que envolvam esse assunto, sugerimos a leitura de: *O cinema vai à mesa – Histórias e receitas*, de Rubens Ewald Filho e Nilu Lebert (Melhoramentos); *Do jeitinho de Minas – Culinária regional*, de Celia e Celma (Senac); *Carlota – Balaio de sabores*, de Carla Pernambuco, e *As doceiras*, de Carla Pernambuco e Carolina Brandão (Nacional); *A canja do imperador*, de J. Dias Lopes (Nacional); *Banquete – Uma história da culinária*, de Roy Strong (Jorge Zahar); *O fogão de lenha – 300 anos de cozinha*, de Maria Stella Libânio Christo (Vozes); *Le Cordon Bleu – Todas as técnicas culinárias*, de Jeni Wright & Eric Treuille (Marco Zero); *Dona Benta* (Nacional).

Editora Nacional

Revisão e reescrita

Faça primeiramente um rascunho das receitas. Depois releia-as observando:

- se elas apresentam título e as seções básicas (*Ingredientes / Modo de preparo*);
- se os verbos referentes às orientações estão empregados no imperativo ou no infinitivo, e sem alternância entre um modo e outro;
- se a linguagem está de acordo com a norma-padrão da língua.

No caso de receita culinária:

- se as medidas indicadas para os ingredientes são precisas;
- se a sequência de ações está correta, sem a omissão de nenhum passo;
- se a(s) imagem(ns) utilizada(s) chama(m) a atenção do leitor, fazendo o prato parecer apetitoso;
- se as indicações são claras e objetivas.

PRODUZINDO DICAS

O texto a seguir menciona características de vários alimentos e os efeitos que eles provocam no organismo humano. Leia-o.

Saúde no prato

Os alimentos que mais ajudam na hora de eliminar as impurezas do organismo – e os vilões que só aumentam a produção de dejetos

ALIMENTOS DO BEM

- **Frutas**

São ricas em nutrientes como as vitaminas A e C, de função antioxidante, que previnem a ação dos radicais livres. O limão fornece monoterpenos, que facilitam a neutralização de substâncias tóxicas no fígado, e as frutas vermelhas possuem antocianinas, que agem contra infecções por elementos nocivos

Thinkstock/Getty Images

Recomendação: cinco porções (unidade, fatia ou copo de suco natural) por dia

- **Folhas verde-escuras**

As chamadas brássicas (couves, brócolis e repolho) são fonte de glicosinolatos, que, além da ação antioxidante, ajudam a neutralizar agentes tóxicos. Se forem picadas, ainda liberam enzimas capazes de inibir a formação de substâncias associadas ao câncer e favorecer a sua eliminação

Thinkstock/Getty Images

Recomendação: duas porções por dia

- **Peixes marinhos**

Fonte de proteína magra, peixes como salmão e cavalinha fornecem ômega-3, ácido graxo que previne inflamações e reduz a oxidação de gorduras, acumuladas no organismo se consumidas em excesso
Recomendação: duas a três porções por semana

- **Gengibre**

O gengibre é rico em fitoquímicos, como o gingerol e a gingerdiona, com poder antioxidante e anti-inflamatório (eles inibem a produção exagerada de prostaglandina e das enzimas lipoxigenase e cicloxigenase). Com alto teor de fibras, facilita a função intestinal e favorece a eliminação de agentes tóxicos pelas fezes
Recomendação: até 1 grama por dia

- **Oleaginosas**

Essas sementes são boa fonte de gorduras poli-insaturadas e vitamina E, um antioxidante. Nozes e castanhas-do-pará ainda são ricas em selênio, mineral usado na formação da enzima glutationa, que age no fígado combatendo e neutralizando substâncias tóxicas
Recomendação: uma a duas unidades por dia

- **Leguminosas**

Alimentos desse grupo, como o feijão-branco, possuem faseolamina, proteína que, por inibir a formação de uma enzima no intestino, dificulta a absorção completa de carboidratos. Estes, se consumidos em excesso, geram picos de glicose e acentuam o acúmulo de agentes de ação tóxica
Recomendação: uma porção por dia

- **Água e chás**

São os líquidos, como a água, que vão ajudar a dissolver e transportar os elementos tóxicos, facilitando sua expulsão pela urina, pelas fezes e pelo suor. O chá-verde possui catequinas, que estimulam a neutralização e a excreção dessas substâncias. Outras ervas, como dente-de-leão, carqueja e boldo, protegem e estimulam a ação hepática

Thinkstock/Getty Images

Recomendação: 30 mililitros de água para cada quilo do corpo, e até duas xícaras de chá por dia

- **Alcachofra**

É fonte de flavonoides e cinarina. Os primeiros protegem o fígado, e a segunda, presente nas folhas da alcachofra, estimula a produção de bile e de enzimas que atuam nos processos metabólicos do órgão, o principal responsável pela filtragem de substâncias tóxicas no organismo

Thinkstock/Getty Images

Recomendação: uma unidade por semana

ALIMENTOS DO MAL

- **Carne vermelha**

Rica em gordura saturada, se consumida em excesso, a carne vermelha tem o poder de alterar a flora do intestino, aumentando a permeabilidade das paredes do órgão e, como consequência, a absorção de substâncias tóxicas e estranhas ao organismo

- **Bebidas alcoólicas**

Por ser um elemento tóxico ao organismo, o álcool sobrecarrega a função hepática. O fígado prioriza o metabolismo do álcool e

Thinkstock/Getty Images

deixa de processar agentes nocivos vindos de outras fontes. Além disso, a bebida inflama e altera a permeabilidade da mucosa intestinal, reduzindo as defesas antioxidantes do organismo

- **Frituras**

Thinkstock/Getty Images

Além de terem ação semelhante à da carne vermelha no intestino, esses alimentos contêm acroleína, substância formada no processo de fritura – em especial nas frituras em imersão e prolongadas –, que irrita a mucosa intestinal e tem potencial ação cancerígena

- **Alimentos processados e industrializados**

Thinkstock/Getty Images

Aditivos presentes em alimentos prontos, como acidulantes, corantes, conservantes e estabilizantes, por serem artificiais, são estranhos ao nosso organismo. Se consumidos em excesso, o corpo não dá conta de eliminá-los totalmente

- **Sal**

Como o sal contém sódio, seu consumo abusivo – mais do que 5 gramas, ou uma colher de chá, por dia – favorece a retenção hídrica. O excesso de água no organismo contribui não apenas para o aumento da pressão arterial como também dificulta a eliminação de agentes tóxicos pelas fezes, pela urina e pelo suor

Thinkstock/Getty Images

- **Refrigerantes**

Além de ricas em açúcar, essas bebidas têm pH ácido e, nas versões à base de cola, contêm ácido fosfórico, substância que intoxica o corpo. Quando o refrigerante é consumido com moderação, o organismo tem condições de neutralizar a ação dos agentes tóxicos nele contidos. O problema surge do consumo excessivo, especialmente do ácido fosfórico, que pode levar à osteoporose

- **Embutidos**

Alamy/Other Images

São extremamente nocivos se consumidos em excesso. Alimentos como a mortadela e o salame são ricos em gorduras, sódio e aditivos. Tais compostos não são bem digeridos pelo organismo e, acumulados, impedem a eliminação dos agentes tóxicos

(*Veja*, 22/2/2012.)

Em grupo, criem, a partir das informações do texto, dicas para ajudar o leitor a cuidar da saúde.

Selecionem dez informações que julgarem as mais importantes e elaborem dez dicas para desintoxicar o organismo.

Vejam o exemplo:

- **Bebidas alcoólicas**

Por ser um elemento tóxico ao organismo, o álcool sobrecarrega a função hepática. O fígado prioriza o metabolismo do álcool e deixa de processar agentes nocivos vindos de outras fontes. Além disso, a bebida inflama e altera a permeabilidade da mucosa intestinal, reduzindo as defesas antioxidantes do organismo

Dica

Evite o consumo excessivo de bebidas alcoólicas. O álcool sobrecarrega a função hepática e reduz as defesas antioxidantes do organismo.

Planejamento do texto

- Perfil do leitor – Dicas como essas são direcionadas ao público em geral. Portanto, não devem trazer informações excessivamente técnicas, e o texto deve ser sucinto, objetivo e direto, possibilitando uma leitura rápida. Também é interessante que haja imagens para chamar a atenção dos leitores.
- Veículo e suporte em que o texto será veiculado – Decidam com a classe e o professor onde divulgar as dicas: cartazes, folhetos, Internet, etc.
- Características do gênero a serem observadas – Cada dica deve compor um tópico, formado por um breve enunciado introdutório e uma frase ou duas com informações que justifiquem a instrução dada. Também é interessante que haja alguma imagem chamativa para compor o texto. Caso alguma publicação seja consultada, ela deve ser indicada como fonte.
- Título – Deem um título ao conjunto das dicas.

Revisão e reescrita

Façam primeiramente um rascunho do texto. Depois releiam-no, observando:

- se cada dica apresenta um enunciado introdutório e justificativa da orientação dada;
- se as orientações e as justificativas conferem com as informações do texto original;
- se os verbos referentes às orientações estão empregados no imperativo ou no infinitivo, e sem alternância entre um modo e outro;
- se a(s) imagem(ns) ilustrativa(s) escolhida(s), se houver, chama(m) a atenção do leitor para as dicas;
- se as instruções são claras e objetivas;
- se a linguagem está de acordo com a norma-padrão da língua.

Façam as alterações necessárias e passem o texto para o suporte definitivo.

ESCREVENDO COM EXPRESSIVIDADE

A SÍNTESE E A CLAREZA DE IDEIAS

Leia estes textos:

TEXTO I

Freud não curou nenhum paciente

No início do século 20, o neurologista Sigmund Freud publicou relatos da terapia de seis pessoas com distúrbios mentais que se tornaram os pilares da psicanálise. Só que nenhum dos casos relatados é exemplo claro de cura pela psicanálise, uma vez que três dos pacientes nem sequer foram tratados por Freud. Do trio que ele de fato atendeu, um largou a terapia após três meses sem sucesso; outro morreu sem se livrar da psicose; e um terceiro paciente, que chegou a ser considerado curado, deixou a terapia ainda com problemas, como o próprio Freud admitiu depois em uma carta ao pupilo Carl Jung. Entretanto, os especialistas da área dizem que isso não tira o valor da psicanálise, já que o objetivo fundamental dela não é a cura, como na medicina, e, sim, promover o desenvolvimento do paciente, o que pode ajudar a melhorar os sintomas de um transtorno psicológico, conforme diz o psicanalista José Canelas.

TEXTO II

Freud não curou nenhum paciente

No início do século 20, o neurologista Sigmund Freud publicou relatos da terapia de seis pessoas com distúrbios mentais. Esses textos se tornaram os pilares da psicanálise. Só que nenhum dos casos relatados é exemplo claro de cura pela psicanálise. Três dos pacientes nem sequer foram tratados por Freud. Do trio que ele de fato atendeu, um largou a terapia após três meses sem sucesso; outro morreu sem se livrar da psicose; e um terceiro paciente, que chegou a ser considerado curado, deixou a terapia ainda com problemas, como o próprio Freud admitiu depois em uma carta ao pupilo Carl Jung. Entretanto, os especialistas da área dizem que isso não tira o valor da psicanálise. "O objetivo fundamental dela não é a cura, como na medicina, e, sim, promover o desenvolvimento do paciente, o que pode ajudar a melhorar os sintomas de um transtorno psicológico", diz o psicanalista José Canelas.

Thinkstock/Getty Images

(*Mundo Estranho*, nº 74.)

1. Observe que os dois textos informam a mesma coisa, mas apresentam diferenças quanto à construção.

a) Quantas frases contém o texto I? E o texto II?

b) Qual dos dois textos apresenta um número maior de conectivos, isto é, de palavras que ligam orações?

2. Observe o conectivo destacado no seguinte trecho do texto I:

"No início do século 20, o neurologista Sigmund Freud publicou relatos da terapia de seis pessoas com distúrbios mentais *que* se tornaram os pilares da psicanálise."

Conforme podemos notar, o emprego do conectivo *que* nessa frase resulta em ambiguidade. Por que isso ocorre?

3. Qual dos dois textos é mais claro e objetivo?

Como você pôde observar, o uso abusivo de conectivos pode tornar o texto prolixo e pouco claro. Assim, para obter maior clareza e síntese de ideias, podemos optar por empregar frases curtas, orações reduzidas, a coordenação em vez da subordinação, além de eliminar conectivos que comprometem o sentido geral do texto.

Veja outros exemplos, lendo e comparando outros textos:

TEXTO I

Uma vez que cada robô substitui de 10 a 20 empregados, sua presença nas fábricas representa uma ameaça tão grande ao emprego, *que*, nos países *que* os utilizam em larga escala, já estão sendo adotadas medidas *que* atenuem o desemprego, *como* ocorre na Europa, em *que* a jornada de trabalho de 40 horas vem sendo reduzida para 32 horas semanais.

TEXTO II

A presença de robôs nas fábricas é uma ameaça ao emprego, *pois* cada um deles substitui de 10 a 20 empregados. *Por isso*, países *que* os utilizam em larga escala estão adotando medidas para atenuar o desemprego. Na Europa, por exemplo, uma das mais comuns é a redução da jornada de trabalho de 40 para 32 horas semanais.

(Fátima Fernandes, *Folha de S. Paulo*.)

Rodrigo Paiva/Folhapress

Observe que o texto II apresenta maior clareza de ideias. Nele foi evitada a subordinação excessiva, as frases são curtas e há o emprego de orações coordenadas, como as que são introduzidas pelas conjunções coordenativas *pois* e *por isso*.

Compare agora estes dois textos:

TEXTO III

Assim que recebemos a informação da queda do avião, imediatamente tomamos as providências *que* se faziam necessárias, *a fim de que* se chegasse ao local do acidente e *a fim de que* se atendessem os familiares das vítimas.

TEXTO IV

Ao recebermos a informação da queda do avião, imediatamente tomamos as providências necessárias para chegar ao local do acidente e atender os familiares das vítimas.

Observe que o texto IV, tal como o texto III, apresenta uma única frase, com orações subordinadas. Contudo, o texto IV evita conjunções (*assim que, a fim de que*) e o pronome relativo *que*, fazendo uso de orações reduzidas. Como resultado, o texto IV apresenta maior clareza e síntese.

EXERCÍCIOS

Dê uma nova redação aos parágrafos, buscando maior clareza e síntese. Para isso, evite a excessiva subordinação e a repetição de conjunções. Se necessário, faça frases curtas, empregue orações reduzidas ou conjunções coordenativas.

a) "Além do Ébola, fazem parte do rol de doenças emergentes causadas por vírus recém-descobertos a Aids, a 'síndrome da vaca louca' e a hepatite C. A mutação de micro-organismos provoca outro fenômeno que incomoda as autoridades sanitárias: a volta de doenças que já estavam sob controle e que eram de fácil combate, como a diarreia e a salmonela, e que voltam a ser letais."

(Daniela Falcão, *Folha de S. Paulo*.)

b) Quando coletou informações sobre partos nos hospitais brasileiros, o médico David Capistrano constatou que o número de cesarianas está acima do normal e que isso só comprova que as cirurgias de parto se tornaram um bom negócio.

c) "Apesar dos avanços da ciência, da tecnologia e dos direitos humanos neste século, o Brasil ainda é cenário dos mais variados tipos de discriminação contra o negro, a mulher e a criança, discriminação essa que é visível nos salários mais baixos, na dificuldade de obter emprego por causa da cor da pele ou na omissão dos poderes públicos, o que resulta em os negros, por exemplo, serem encarados como suspeitos apenas por serem negros."

(Gilberto Dimenstein. Adaptado.)

d) Assim que nos vimos, depois de tanto tempo, notei que algo se modificara nesses anos que nos separavam, e que talvez não fossem apenas as marcas do tempo, que já se faziam notar nas rugas do rosto ou nos cabelos brancos. Notei que talvez tivéssemos perdido algo mais íntimo e abstrato, como nós mesmos.

LÍNGUA: USO E REFLEXÃO

© Corbis/Latinstock

Natureza-morta com violão (1913), de Juan Gris.

CAPÍTULO 3

Sons e letras

CONSTRUINDO O CONCEITO

Leia este poema, de José Paulo Paes:

Poética

conciso? com siso
prolixo? pro lixo

(Davi Arrigucci Jr., org. *Os melhores poemas de José Paulo Paes*. São Paulo: Global, 2003. p. 162.)

Thinkstock/Getty Images

1. Os dois versos do poema são construídos a partir de um jogo entre sons e letras. Compare, do ponto de vista sonoro, os pares *conciso/com siso* e *prolixo/pro lixo*.
   a) No primeiro verso "conciso" e "com siso" têm o mesmo som?
   b) E "prolixo" e "pro lixo", no segundo verso?
2. Considerando o aspecto semântico do texto, responda:
   a) Que diferença de sentido há entre "conciso" e "com siso"?
   b) Qual é o sentido da palavra *prolixo*?
3. Sabendo que um dos sentidos da palavra *poética* é o conjunto de princípios ou procedimentos que constituem a obra de um escritor ou um artista, interprete o poema e responda:
   a) O que o eu lírico pensa a respeito da *concisão*?
   b) E a respeito da *prolixidade*?
   c) O poema, em si, é um exemplo de princípio poético defendido pelo eu lírico em sua poética? Por quê?

CONCEITUANDO

A unidade básica da comunicação é a palavra. A palavra pode ser dividida em unidades menores, como as sílabas e os sons.

Ao pronunciarmos a palavra *conciso*, que tem sete letras, produzimos seis sons: /kõsizu/. Já ao pronunciarmos a palavra *prolixo*, de sete letras, produzimos oito sons: /proliksu/.

As unidades sonoras que constituem uma palavra ao serem pronunciadas são chamadas de **fonemas**.

Assim:

O que é fonologia?

Fonologia é a parte da gramática que estuda os sons da língua quanto à sua função no sistema de comunicação linguística, quanto à sua organização e classificação. Também cuida de aspectos relacionados à divisão silábica, à ortografia e à acentuação das palavras, bem como indica a forma adequada de pronunciar certas palavras, de acordo com a norma-padrão da língua.

Fonema é a menor unidade sonora das palavras.

Leia agora a tira abaixo, de Lucas Lima, observando as palavras *abono* e *abano*.

(*Tribuna Impressa*, 9/12/2007.)

Você deve ter notado que as palavras *abono* e *abano* são constituídas de cinco fonemas. Entretanto, há uma diferença de significado entre elas, determinada pela oposição dos fonemas /o/ e /ã/.

Assim, podemos concluir que o fonema exerce duas funções:

- sozinho ou ao lado de outros fonemas, constitui palavras;
- distingue uma palavra de outra.

Quando queremos representar na escrita os sons da fala, utilizamos as **letras**. Observe a correspondência entre fonemas e letras nestas palavras:

/abonu/ – abono
/lɛki/ – leque

Portanto:

Letra é a representação gráfica dos fonemas da fala.

CLASSIFICAÇÃO DOS FONEMAS

Os fonemas classificam-se em: vogais, semivogais e consoantes.

Vogais e semivogais

Leia o texto:

Guia de sebos (Nova Fronteira) é o guia pequeno e abrangente que o leitor esperava. Feito por Antonio Carlos Secchin, ele reúne endereços, serviços e comentários dos melhores sebos do Rio de Janeiro e de São Paulo, além de um anexo com indicações em outras cidades. Num país onde as livrarias cobram caro e não constituem acervo, e onde as bibliotecas são poucas e fracas, eis um mapa precioso para o amante da leitura.

(*Classe*, p. 8.)

Por que, nesse texto, consta a palavra *país* e não *pais*? Qual é a diferença de pronúncia entre elas? Como podemos observar, nessas palavras, a letra *i* está representando fonemas diferentes. Em *país*, o fonema /i/ é pronunciado forte; já na palavra *pais*, o fonema /y/ (som *i*) é pronunciado fraco.

Os dois fonemas são vocálicos, pelo fato de não haver durante sua emissão nenhum obstáculo – língua, lábios, dentes – que se oponha à corrente de ar vinda dos pulmões. Porém, enquanto /i/ é uma **vogal**, sendo, por isso, capaz de constituir sílaba, /y/ é uma **semivogal**, não sendo, portanto, capaz de, sozinho, constituir sílaba.

Assim:

Vogal é o fonema produzido por uma corrente de ar que, vinda dos pulmões, passa livremente pela boca. As vogais funcionam como *base* da sílaba.
Semivogal é o fonema produzido como vogal, porém pronunciado mais fraco, com baixa intensidade; por isso, não constitui sílaba sozinho e sempre acompanha uma vogal.

Os fonemas vocálicos podem ser orais e nasais. São **orais** quando em sua produção o ar sai exclusivamente pela boca; são **nasais** quando em sua produção o ar sai simultaneamente pela boca e pelo nariz. São nasais /ã/ na palavra t*am*pa e /ẽ/ em juv*en*tude, por exemplo.

Veja a correspondência entre fonemas vocálicos e letras:

fonemas vocálicos orais	letras correspondentes
/a/ /ɛ/ /e/ /i/ /ɔ/ /o/ /u/	a, é, e, i, ó, o, u
fonemas vocálicos nasais	**letras correspondentes**
/ã/ /ẽ/ /ĩ/ /õ/ /ũ/	ã, ẽ, ĩ, õ, ũ, am, an, em, en, im, in, om, on, um, un

As semivogais, embora sejam apenas os sons *i* e *u* (representados pelos símbolos /y/ e /w/, respectivamente), na escrita podem corresponder a mais de uma letra. Observe:

mágoa /m a g *w* *a*/ — *w*: semivogal; *a*: vogal

pães /p *ã* *y* s/ — *ã*: vogal; *y*: semivogal

fonemas semivocálicos	letras correspondentes
/y/ /w/	i, e, o, u

Consoantes

Na produção desses fonemas, a corrente de ar vinda dos pulmões encontra obstáculos (língua, dentes, lábios). São consoantes: /b/, /d/, /f/, /l/, etc.

Observação

Com a reforma ortográfica de 2009, as letras *k*, *y* e *w* foram incorporadas ao nosso alfabeto. A letra ***k*** equivale sempre ao fonema /k/. Já as letras *y* e *w* podem representar diferentes fonemas.

A letra ***y*** desempenha a função de fonema vocálico /i/, em palavras como *whisky* ou *hobby*; de fonema semivocálico /y/, em palavras como *motoboy*; e de ditongo /ay/, em palavras como *Byron*.

A letra ***w***, por sua vez, desempenha a função de fonema consonantal /v/, em palavras como *Wagner*; de vogal /u/, em palavras como *William*; e de semivogal /w/, em palavras como *windsurf* ou *download*.

SÍLABA

Leia o texto:

E o primeiro ensaio foi logo à noite.

Ou-viram do I-piranga as margens plá-cidas...

— Parem que assim não presta não. Falta patriotismo. Vocês nem parecem brasileiros. Vamos!

Leia a tira abaixo e responda às questões de 6 a 8.

(Adão Iturrusgarai. *Kiki – A primeira vez.* São Paulo: Devir, 2002. p. 42.)

6. Identifique na tira duas palavras que contêm dígrafo.

7. Classifique quanto ao número de sílabas as seguintes palavras da tira:

fiquei – acredito – mas – aí – campainha

8. Há, na tira, alguma palavra proparoxítona?

9. O que sugere a forma como o quadrinista representou a palavra **Alô**?

ORTOEPIA E PROSÓDIA

A pronúncia das palavras é bastante variável. Como se pronuncia a vogal *o* inicial nas palavras *ossos* e *ovos*? Com som aberto (ó) ou com som fechado (ô)? Como se pronuncia a palavra *Nobel*? Dando mais intensidade à sílaba *no* ou à sílaba *bel*? Para ajudar a esclarecer essas dúvidas, a fonologia desenvolve estudos sobre a pronúncia adequada das palavras, segundo a norma-padrão da língua portuguesa. Esses estudos chamam-se **ortoepia** e **prosódia**.

> A **ortoepia** trata da pronúncia adequada dos fonemas e das palavras, de acordo com a norma-padrão da língua.
> A **prosódia** trata da acentuação e da entoação adequadas dos fonemas, de acordo com a norma-padrão da língua.

Os exercícios a seguir referem-se a esse assunto. Em caso de dúvida, consulte os boxes laterais e/ou o dicionário.

EXERCÍCIOS

1. Há, na língua portuguesa, inúmeras palavras que são pronunciadas com a vogal *o* aberta (som *ó*), no feminino e/ou no plural, como, por exemplo, *famosa, tijolos*, e outras em que no feminino e no plural a vogal *o* é fechada (som *ô*), como, por exemplo, *rostos, pescoços, soltas*, etc.

a) Leia em voz alta as palavras a seguir, uma vez na forma em que estão e outra vez passando-as para o plural.

- desaforo – globo – engodo – esboço – estorno – rosto – transtorno
- poço – grosso – fogo – corpo – morno – esforço – caroço – novo

Ou-viram do I-piranga as margens plá-cidas
Da Inde-pendência o brado re-tumbante!

— Não é assim não. Retumbante tem que estalar, criaturas, tem que retumbar! É palavra... como se diz mesmo?... é palavra... ah!... onomatopaica: RETUMBANTE!

E o hino rolou ribombando:

... da Inde-pendência o brado re-TUMBANte!
E o sol da li-berdade em raios ful...

(Antônio de Alcântara Machado. *Brás, Bexiga e Barra Funda/Laranja da China.* São Paulo: Martin Claret, 2002. p. 33.)

Observe que o narrador, para dar ideia de como as pessoas cantavam o hino nacional, isolou algumas sílabas das palavras *ouviram, Ipiranga, plácidas, retumbante* e *liberdade*: *ou, I, plá, re, li*. Lendo as sílabas em voz alta, você percebe que cada sílaba é pronunciada numa só emissão de voz e que sua base é sempre uma vogal.

Assim:

> **Sílaba** é um fonema ou grupo de fonemas pronunciados numa só emissão de voz.
> A base da sílaba é a vogal; sem ela não há sílaba.

Classificação das palavras quanto ao número de sílabas

De acordo com o número de sílabas, as palavras classificam-se em:
- **monossílabas**: são palavras de uma sílaba só: não, nem, que, sol;
- **dissílabas**: são palavras de duas sílabas: noite, assim, vocês, hino;
- **trissílabas**: são palavras de três sílabas: plácidas, estalar, retumbar;
- **polissílabas**: são palavras de mais de três sílabas: brasileiros, onomatopaica.

Sílaba tônica e sílaba átona

Numa palavra, nem todas as sílabas são pronunciadas com a mesma intensidade. Lendo em voz alta a palavra *retumbante*, percebemos que a sílaba *ban* é pronunciada com mais força que as outras.

De acordo com o modo como são pronunciadas, isto é, com maior ou menor intensidade, as sílabas classificam-se em **tônicas** e **átonas**.

> **Sílaba tônica** é a pronunciada com mais intensidade.
> **Sílaba átona** é a pronunciada com menos intensidade.

Assim:

átona	átona	tônica	átona
re	tum	ban	te

Classificação das palavras quanto à posição da sílaba tônica

Quanto à posição da sílaba tônica, as palavras classificam-se em:
- **oxítonas**: quando a sílaba tônica é a última sílaba da palavra: as*sim*, vo*cês*;
- **paroxítonas**: quando a sílaba tônica é a penúltima sílaba da palavra: cria*tu*ras, Indepen*dên*cia;
- **proparoxítonas**: quando a sílaba tônica é a antepenúltima sílaba da palavra: *plá*cidas, dra*má*tico.

ENCONTROS VOCÁLICOS

Encontro vocálico é a união de fonemas vocálicos – vogais ou semivogais – em uma mesma sílaba ou em sílabas diferentes. Há três tipos de encontro vocálico:

OBSERVAÇÃO

Os ditongos classificam-se em:

- **crescentes**: quando pronunciamos primeiro a semivogal e depois a vogal (do som mais fraco para o mais forte):

histór*ia* = semivogal /y/ + vogal /a/

- **decrescentes**: quando pronunciamos primeiro a vogal e depois a semivogal (do som mais forte para o mais fraco):

c*ou*ro = vogal /o/ + semivogal /w/

hiato

É o encontro de duas vogais. Como só pode haver uma vogal em cada sílaba, as vogais dos hiatos ficam sempre em sílabas diferentes.

d*u* *as* (vogal + vogal) — c*a* *í* da (vogal + vogal) — en j*o* *ar* (vogal + vogal)

ditongo

É o encontro de uma vogal e uma semivogal. Pelo fato de uma semivogal sozinha não poder constituir sílaba, não se pode dividir o ditongo silabicamente. Veja como são formadas as sílabas destas palavras:

can ç*ão* (vogal + semivogal) — f*ai* xa (vogal + semivogal)

tritongo

É o encontro de uma semivogal + uma vogal + uma semivogal, sempre nessa ordem. Por conter uma única vogal, o tritongo é indivisível silabicamente. Veja:

q*uai* s quer (semivogal + vogal + semivogal) — U ru g*uai* (semivogal + vogal + semivogal)

ENCONTROS CONSONANTAIS

Encontro consonantal é o agrupamento de consoantes em uma palavra:

pa*tr*iotismo — *pl*ácidas — *cr*iaturas — *pn*eu

DÍGRAFOS

Dígrafo é a combinação de duas letras que representam um único fonema:

ret*um*bante — a*ss*alariado — rai*nh*a

Os dígrafos

lh /λ/ – ca*lh*a
nh /ɲ/ – ba*nh*a
qu /k/ – *qu*eixo
gu /g/ – *gu*itarra
rr /R/ – ama*rr*ar
ss, sc, sç /s/ – pa*ss*ar, na*sc*er, de*sç*a
am, an /ã/ – t*am*pa, m*an*ta
em, en /ẽ/ – s*em*pre, l*en*to
im, in /ĩ/ – m*im*, c*in*to
om, on /õ/ – b*om*ba, c*on*ta
um, un /ũ/ – alg*um*, pres*un*to

EXERCÍCIOS

Leia o texto a seguir e reponda às questões de 1 a 5.

O que é revolução verde?

É um amplo programa idealizado para aumentar a produção agrícola no mundo po meio de melhorias genéticas em sementes, uso intensivo de insumos industriais, mecaniza ção e redução do custo de manejo.

O programa teve início em meados do século 20, quando o governo mexicano convidou a Fundação Rockefeller, dos EUA, a fazer estudos sobre a fragilidade de sua agricultura. A partir daí, cientistas criaram novas variedades de milho e trigo de alta produtividade, que fizeram o México aumentar de forma vertiginosa sua produção. Essas sementes foram, em seguida, introduzidas e cultivadas em outros países, também com ótimos resultados. "O impacto social da revolução verde, na medida em que ajudou a erradicar a fome no mundo, fez com que Norman Ernest Borlaug, considerado o pai do movimento, ganhasse o Prêmio Nobel da Paz em 1970", diz o engenheiro agrônomo Fábio Faleiros, da Empresa Brasileira de Pesquisa Agropecuária (Embrapa).

Thinkstock/Getty Images

Mais tarde, o programa passou a sofrer críticas, que persistem até hoje. "Muitos questionam a sustentabilidade de um projeto baseado em monoculturas e que faz uso em grande escala de fertilizantes, agrotóxicos e insumos de alto custo", afirma Faleiros. Outro ponto negativo são os maus-tratos ao meio ambiente decorrentes do avanço das fronteiras agrícolas.

(Yuri Vasconcelos. Revista *Vida Simples*, nº 56. Editora Abril.)

1. Das cinco palavras a seguir, qual apresenta 11 letras e 9 fonemas?

mexicano – erradicar – engenheiro – decorrentes

2. Em qual das alternativas abaixo todas as palavras são paroxítonas?

a) agrícola – genéticas – século – México – agrônomo
b) amplo – início – milho – pecuária – escala
c) partir – produção – também – Nobel – até

3. Em qual das alternativas a seguir todas as palavras apresentam hiato?

a) melhorias – daí – criaram – países – ambiente
b) início – redução – outros – meio – fronteiras

4. Reescreva as palavras a seguir, destacando os encontros consonantais.

a) amplo
b) produtividade
c) impacto

5. Indique a alternativa em que todas as palavra apresentam dígrafo. Depois, reescreva as pala vras, destacando os dígrafos.

a) programa – produção – cultivadas – pai hoje – outro
b) intensivo – erradicar – ganhasse engenheiro – questionam

Em qual das sequências todas as palavras são pronunciadas com som fechado (ô) tanto no singular quanto no plural?

b) Leia em voz alta também as seguintes palavras, adotando o mesmo procedimento indicado no item anterior.

- desporto – destroço – imposto – socorro – caroço – miolo – despojo
- suborno – desaforo – globo – forro – contorno – controle – canhoto

Em qual das sequências todas as palavras são pronunciadas com vogal fechada (som ô) no singular e com vogal aberta (som ó) no plural?

2. Em qual das sequências a seguir a letra *x* tem, na pronúncia, o som /ks/?

a) exímio – exalar – enxame – xampu – exceção – excursão – xingar

b) axila – intoxicar – tóxico – nexo – ônix – sexagenário – tórax

3. Certas palavras são com frequência pronunciadas de maneira que foge à forma que têm na norma-padrão. Nos pares de palavras a seguir, qual é a forma própria da norma-padrão?

a) *beneficiente* ou *beneficente*?

b) *meteorologia* ou *metereologia*?

c) *sobrancelhas* ou *sombrancelhas*?

d) *bandeja* ou *bandeija*?

e) *esteje* ou *esteja*?

f) *seje* ou *seja*?

g) *estrupo* ou *estupro*?

h) *má-criação* ou *mal-criação*?

i) *previlégio* ou *privilégio*?

j) *mendigo* ou *medingo*?

Rita Barreto

4. Leia as palavras:

caracteres	gratuito	condor	meteorito
pudico	rubrica	hangar	filantropo
Nobel	recorde	filatelia	ínterim

Indique as que são:

- oxítonas
- paroxítonas
- proparoxítonas

5. Qual dos pares de palavras abaixo não admite dupla pronúncia?

a) projétil – projetil

b) réptil – reptil

c) acróbata – acrobata

d) fúnil - funil

e) homilia – homília

f) cacoépia – cacoepia

g) amnésia – amnesia

Palavras que podem oferecer dúvida quanto à pronúncia

- É facultativo pronunciar o *u* depois de *g* e *q* em palavras como *antiguidade* e *líquido*.
- Não se recomenda pronunciar o *u* depois de *q* em *adquirir* e *questão*.
- Escreve-se *quatorze* ou *catorze*, mas pronuncia-se *catorze*.
- A letra *x* tem som /ks/ nas palavras *táxi*, *fixo*, *sexo*.
- Não se intercala *e* ou *i* nos encontros consonantais nas palavras *pseudônimo*, *pneu*, *absoluto*, *absurdo*, *admissão*, *frear*.
- São pronunciadas de acordo com a grafia as palavras *beneficência*, *mortadela*, *gratuito* (*ui* é ditongo), *ruim* (*ui* é hiato), *irrequieto*, *salsicha*, *caderneta*.

Palavras que podem oferecer dúvida quanto à posição da sílaba tônica

- São oxítonas: refém, sutil, ruim, mister.
- São paroxítonas: estratégia, fortuito, têxtil, fênix, clímax, edito, filantropo, sótão, quiromancia.
- São proparoxítonas: ínterim, álcool, ávido, bígamo, pântano, álibi, ômega, sílica.
- Admitem dupla prosódia: hieróglifo/hieroglifo, Oceânia/Oceania, zângão/zangão, xérox/xerox.

6. Na tira a seguir, no último quadrinho, foi eliminada uma palavra. Leia a tira e depois responda: De acordo com a norma-padrão escrita, que forma completa adequadamente o balão: *carcereiro* ou *carceireiro*?

Fernando Gonsales

(Fernando Gonsales. *Níquel Náusea – Vá pentear macacos.* São Paulo: Devir, 2004. p. 9.)

SONS E LETRAS NA CONSTRUÇÃO DO TEXTO

Leia este poema, de Arnaldo Antunes:

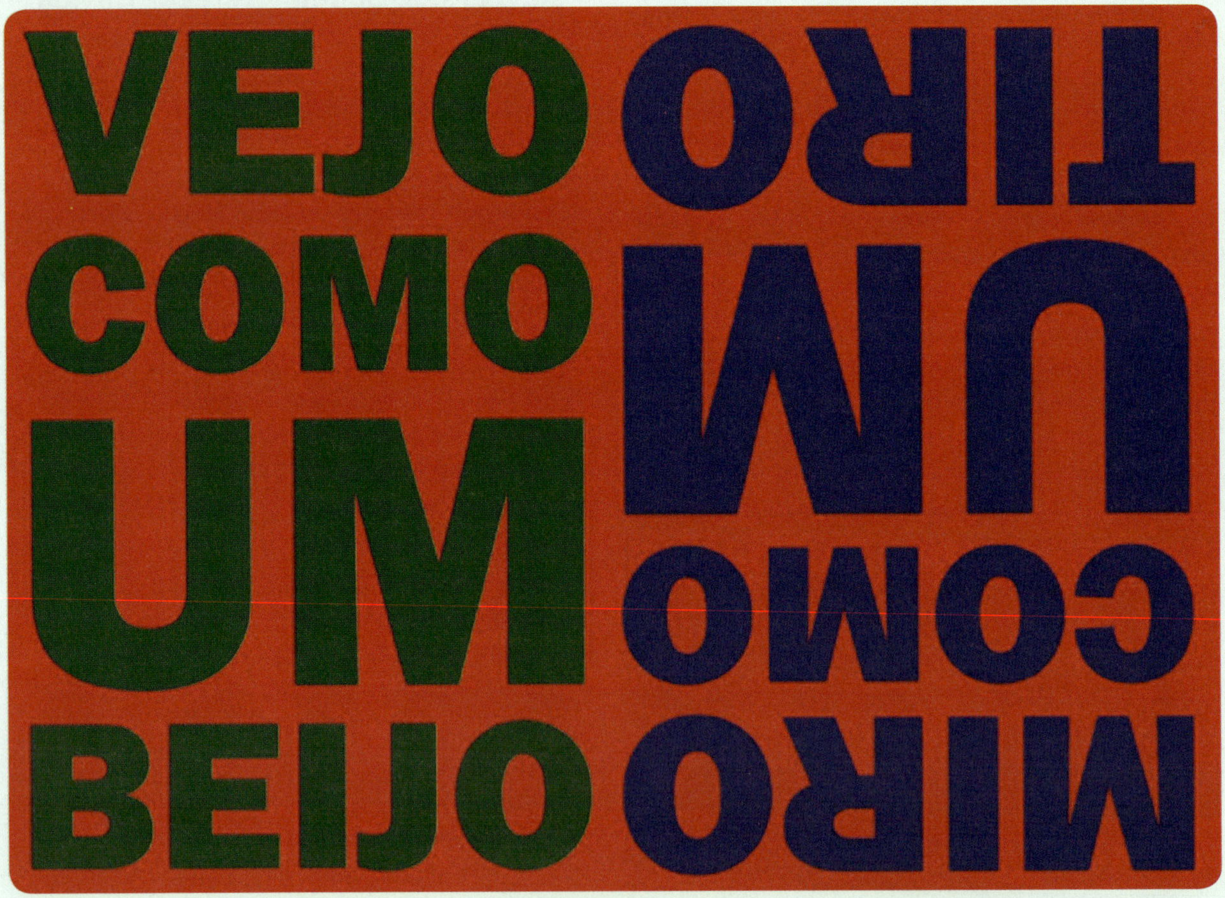

Editora Iluminuras

"Vejo miro". *Palavra desordem.* São Paulo: Iluminuras, 2002.

Em qual das sequências todas as palavras são pronunciadas com som fechado (ô) tanto no singular quanto no plural?

b) Leia em voz alta também as seguintes palavras, adotando o mesmo procedimento indicado no item anterior.

- desporto – destroço – imposto – socorro – caroço – miolo – despojo
- suborno – desaforo – globo – forro – contorno – controle – canhoto

Em qual das sequências todas as palavras são pronunciadas com vogal fechada (som ô) no singular e com vogal aberta (som ó) no plural?

2. Em qual das sequências a seguir a letra *x* tem, na pronúncia, o som /ks/?

a) exímio – exalar – enxame – xampu – exceção – excursão – xingar

b) axila – intoxicar – tóxico – nexo – ônix – sexagenário – tórax

3. Certas palavras são com frequência pronunciadas de maneira que foge à forma que têm na norma-padrão. Nos pares de palavras a seguir, qual é a forma própria da norma-padrão?

a) *beneficiente* ou *beneficente*?

b) *meteorologia* ou *metereologia*?

c) *sobrancelhas* ou *sombrancelhas*?

d) *bandeja* ou *bandeija*?

e) *esteje* ou *esteja*?

f) *seje* ou *seja*?

g) *estrupo* ou *estupro*?

h) *má-criação* ou *mal-criação*?

i) *previlégio* ou *privilégio*?

j) *mendigo* ou *medingo*?

Rita Barreto

4. Leia as palavras:

caracteres	gratuito	condor	meteorito
pudico	rubrica	hangar	filantropo
Nobel	recorde	filatelia	ínterim

Indique as que são:

- oxítonas
- paroxítonas
- proparoxítonas

5. Qual dos pares de palavras abaixo não admite dupla pronúncia?

a) projétil – projetil

b) réptil – reptil

c) acróbata – acrobata

d) fúnil - funil

e) homilia – homília

f) cacoépia – cacoepia

g) amnésia – amnesia

Palavras que podem oferecer dúvida quanto à pronúncia

- É facultativo pronunciar o *u* depois de *g* e *q* em palavras como *antiguidade* e *líquido*.
- Não se recomenda pronunciar o *u* depois de *q* em *adquirir* e *questão*.
- Escreve-se *quatorze* ou *catorze*, mas pronuncia-se *catorze*.
- A letra *x* tem som /*ks*/ nas palavras *táxi*, *fixo*, *sexo*.
- Não se intercala *e* ou *i* nos encontros consonantais nas palavras *pseudônimo*, *pneu*, *absoluto*, *absurdo*, *admissão*, *frear*.
- São pronunciadas de acordo com a grafia as palavras *beneficência*, *mortadela*, *gratuito* (*ui* é ditongo), *ruim* (*ui* é hiato), *irrequieto*, *salsicha*, *caderneta*.

Palavras que podem oferecer dúvida quanto à posição da sílaba tônica

- São oxítonas: refém, sutil, ruim, mister.
- São paroxítonas: estratégia, fortuito, têxtil, fênix, clímax, edito, filantropo, sótão, quiromancia.
- São proparoxítonas: ínterim, álcool, ávido, bígamo, pântano, álibi, ômega, sílica.
- Admitem dupla prosódia: hieróglifo/hieroglifo, Oceânia/Oceania, zângão/zangão, xérox/xerox.

6. Na tira a seguir, no último quadrinho, foi eliminada uma palavra. Leia a tira e depois responda: De acordo com a norma-padrão escrita, que forma completa adequadamente o balão: *carcereiro* ou *carceireiro*?

Fernando Gonsales

(Fernando Gonsales. *Níquel Náusea – Vá pentear macacos.* São Paulo: Devir, 2004. p. 9.)

SONS E LETRAS NA CONSTRUÇÃO DO TEXTO

Leia este poema, de Arnaldo Antunes:

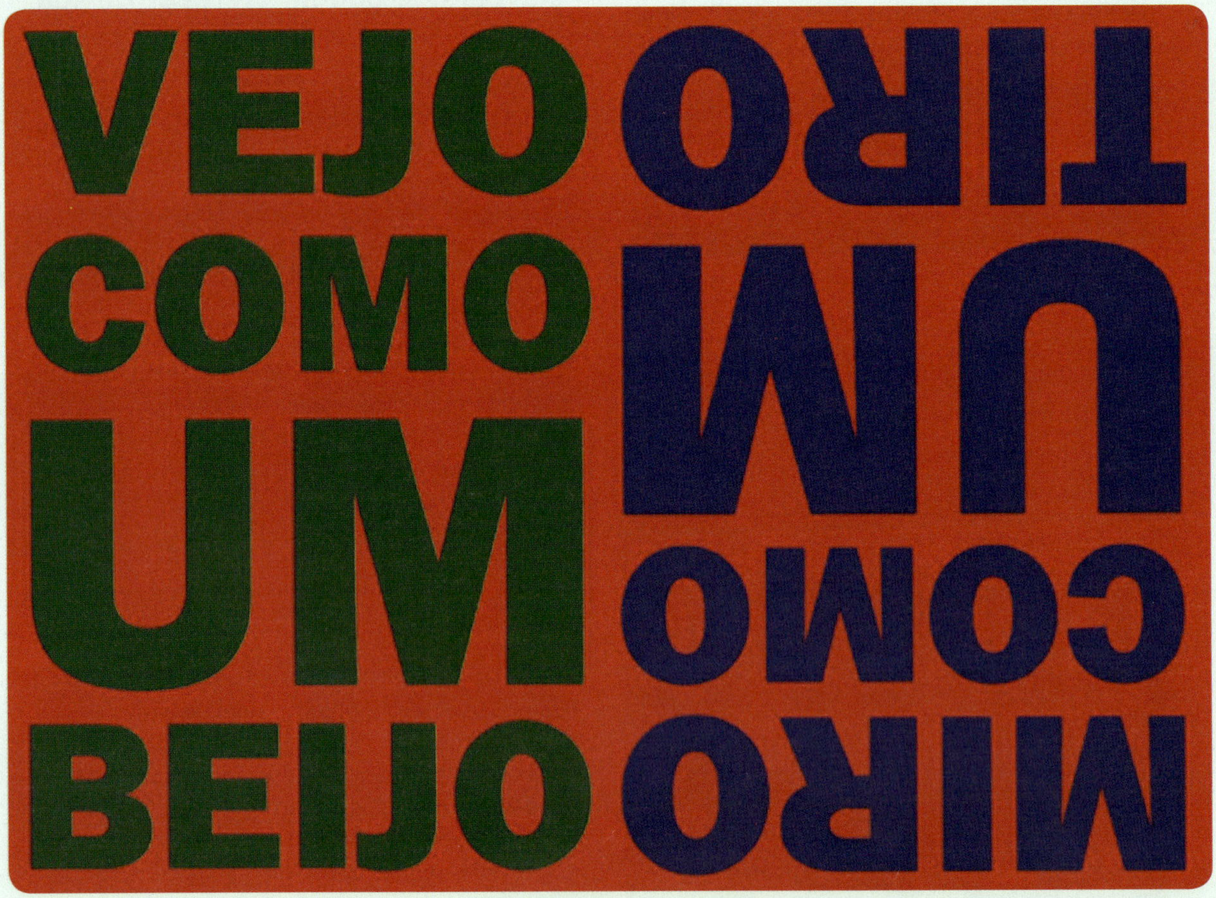

Editora Iluminuras

"Vejo miro". *Palavra desordem.* São Paulo: Iluminuras, 2002.

EXERCÍCIOS

Leia o texto a seguir e reponda às questões de 1 a 5.

O que é revolução verde?

É um amplo programa idealizado para aumentar a produção agrícola no mundo por meio de melhorias genéticas em sementes, uso intensivo de insumos industriais, mecanização e redução do custo de manejo.

O programa teve início em meados do século 20, quando o governo mexicano convidou a Fundação Rockefeller, dos EUA, a fazer estudos sobre a fragilidade de sua agricultura. A partir daí, cientistas criaram novas variedades de milho e trigo de alta produtividade, que fizeram o México aumentar de forma vertiginosa sua produção. Essas sementes foram, em seguida, introduzidas e cultivadas em outros países, também com ótimos resultados. "O impacto social da revolução verde, na medida em que ajudou a erradicar a fome no mundo, fez com que Norman Ernest Borlaug, considerado o pai do movimento, ganhasse o Prêmio Nobel da Paz em 1970", diz o engenheiro agrônomo Fábio Faleiros, da Empresa Brasileira de Pesquisa Agropecuária (Embrapa).

Thinkstock/Getty Images

Mais tarde, o programa passou a sofrer críticas, que persistem até hoje. "Muitos questionam a sustentabilidade de um projeto baseado em monoculturas e que faz uso em grande escala de fertilizantes, agrotóxicos e insumos de alto custo", afirma Faleiros. Outro ponto negativo são os maus-tratos ao meio ambiente decorrentes do avanço das fronteiras agrícolas.

(Yuri Vasconcelos. Revista *Vida Simples*, nº 56. Editora Abril.)

1. Das cinco palavras a seguir, qual apresenta 11 letras e 9 fonemas?

mexicano – erradicar – engenheiro – decorrentes

2. Em qual das alternativas abaixo todas as palavras são paroxítonas?

a) agrícola – genéticas – século – México – agrônomo

b) amplo – início – milho – pecuária – escala

c) partir – produção – também – Nobel – até

3. Em qual das alternativas a seguir todas as palavras apresentam hiato?

a) melhorias – daí – criaram – países – ambiente

b) início – redução – outros – meio – fronteiras

4. Reescreva as palavras a seguir, destacando os encontros consonantais.

a) amplo

b) produtividade

c) impacto

5. Indique a alternativa em que todas as palavras apresentam dígrafo. Depois, reescreva as palavras, destacando os dígrafos.

a) programa – produção – cultivadas – pai – hoje – outro

b) intensivo – erradicar – ganhasse – engenheiro – questionam

Leia a tira abaixo e responda às questões de 6 a 8.

Adão Iturrusgarai

(Adão Iturrusgarai. *Kiki – A primeira vez.* São Paulo: Devir, 2002. p. 42.)

6. Identifique na tira duas palavras que contêm dígrafo.

7. Classifique quanto ao número de sílabas as seguintes palavras da tira:

fiquei – acredito – mas – aí – campainha

8. Há, na tira, alguma palavra proparoxítona?

9. O que sugere a forma como o quadrinista representou a palavra **Alô**!?

ORTOEPIA E PROSÓDIA

A pronúncia das palavras é bastante variável. Como se pronuncia a vogal *o* inicial nas palavras *ossos* e *ovos*? Com som aberto (ó) ou com som fechado (ô)? Como se pronuncia a palavra *Nobel*? Dando mais intensidade à sílaba *no* ou à sílaba *bel*? Para ajudar a esclarecer essas dúvidas, a fonologia desenvolve estudos sobre a pronúncia adequada das palavras, segundo a norma-padrão da língua portuguesa. Esses estudos chamam-se **ortoepia** e **prosódia**.

> A **ortoepia** trata da pronúncia adequada dos fonemas e das palavras, de acordo com a norma-padrão da língua.
> A **prosódia** trata da acentuação e da entoação adequadas dos fonemas, de acordo com a norma-padrão da língua.

Os exercícios a seguir referem-se a esse assunto. Em caso de dúvida, consulte os boxes laterais e/ou o dicionário.

EXERCÍCIOS

1. Há, na língua portuguesa, inúmeras palavras que são pronunciadas com a vogal *o* aberta (som *ó*), no feminino e/ou no plural, como, por exemplo, *famosa*, *tijolos*, e outras em que no feminino e no plural a vogal *o* é fechada (som *ô*), como, por exemplo, *rostos*, *pescoços*, *soltas*, etc.

a) Leia em voz alta as palavras a seguir, uma vez na forma em que estão e outra vez passando-as para o plural.

- desaforo – globo – engodo – esboço – estorno – rosto – transtorno
- poço – grosso – fogo – corpo – morno – esforço – caroço – novo

ENCONTROS VOCÁLICOS

Encontro vocálico é a união de fonemas vocálicos – vogais ou semivogais – em uma mesma sílaba ou em sílabas diferentes. Há três tipos de encontro vocálico:

hiato

É o encontro de duas vogais. Como só pode haver uma vogal em cada sílaba, as vogais dos hiatos ficam sempre em sílabas diferentes.

d*u* *as* — vogal + vogal
c*a* *í* da — vogal + vogal
en j*o* *a*r — vogal + vogal

OBSERVAÇÃO

Os ditongos classificam-se em:

- **crescentes**: quando pronunciamos primeiro a semivogal e depois a vogal (do som mais fraco para o mais forte):

histór*ia* = semivogal /y/ + vogal /a/

- **decrescentes**: quando pronunciamos primeiro a vogal e depois a semivogal (do som mais forte para o mais fraco):

c*ou*ro = vogal /o/ + semivogal /w/

ditongo

É o encontro de uma vogal e uma semivogal. Pelo fato de uma semivogal sozinha não poder constituir sílaba, não se pode dividir o ditongo silabicamente. Veja como são formadas as sílabas destas palavras:

can ç*ão* — vogal + semivogal
f*ai* xa — vogal + semivogal

tritongo

É o encontro de uma semivogal + uma vogal + uma semivogal, sempre nessa ordem. Por conter uma única vogal, o tritongo é indivisível silabicamente. Veja:

q*uai* s quer — semivogal + vogal + semivogal
U ru g*uai* — semivogal + vogal + semivogal

ENCONTROS CONSONANTAIS

Encontro consonantal é o agrupamento de consoantes em uma palavra:

pa*tr*iotismo *pl*ácidas *cr*iaturas *pn*eu

DÍGRAFOS

Dígrafo é a combinação de duas letras que representam um único fonema:

ret*um*bante a*ss*alariado rai*nh*a

Os dígrafos

lh /λ/ – ca*lh*a
nh /ɳ/ – ba*nh*a
qu /k/ – *qu*eixo
gu /g/ – *gu*itarra
rr /R/ – ama*rr*ar
ss, sc, sç /s/ – pa*ss*ar, na*sc*er, de*sç*a
am, an /ã/ – t*am*pa, m*an*ta
em, en /ẽ/ – s*em*pre, l*en*to
im, in /ĩ/ – m*im*, c*in*to
om, on /õ/ – b*om*ba, c*on*ta
um, un /ũ/ – alg*um*, pres*un*to

Ou-viram do I-piranga as margens plá-cidas
Da Inde-pendência o brado re-tumbante!

— Não é assim não. Retumbante tem que estalar, criaturas, tem que retumbar! É palavra... como se diz mesmo?... é palavra... ah!... onomatopaica: RETUMBANTE!

E o hino rolou ribombando:

... da Inde-pendência o brado re-TUM-BANte!

E o sol da li-berdade em raios ful...

(Antônio de Alcântara Machado. *Brás, Bexiga e Barra Funda/Laranja da China.* São Paulo: Martin Claret, 2002. p. 33.)

Observe que o narrador, para dar ideia de como as pessoas cantavam o hino nacional, isolou algumas sílabas das palavras *ouviram*, *Ipiranga*, *plácidas*, *retumbante* e *liberdade*: *ou*, *I*, *plá*, *re*, *li*. Lendo as sílabas em voz alta, você percebe que cada sílaba é pronunciada numa só emissão de voz e que sua base é sempre uma vogal.

Assim:

> **Sílaba** é um fonema ou grupo de fonemas pronunciados numa só emissão de voz.
> A base da sílaba é a vogal; sem ela não há sílaba.

Classificação das palavras quanto ao número de sílabas

De acordo com o número de sílabas, as palavras classificam-se em:

- **monossílabas**: são palavras de uma sílaba só: não, nem, que, sol;
- **dissílabas**: são palavras de duas sílabas: noite, assim, vocês, hino;
- **trissílabas**: são palavras de três sílabas: plácidas, estalar, retumbar;
- **polissílabas**: são palavras de mais de três sílabas: brasileiros, onomatopaica.

Sílaba tônica e sílaba átona

Numa palavra, nem todas as sílabas são pronunciadas com a mesma intensidade. Lendo em voz alta a palavra *retumbante*, percebemos que a sílaba *ban* é pronunciada com mais força que as outras.

De acordo com o modo como são pronunciadas, isto é, com maior ou menor intensidade, as sílabas classificam-se em **tônicas** e **átonas**.

> **Sílaba tônica** é a pronunciada com mais intensidade.
> **Sílaba átona** é a pronunciada com menos intensidade.

Assim:

átona	átona	tônica	átona
re	tum	ban	te

Classificação das palavras quanto à posição da sílaba tônica

Quanto à posição da sílaba tônica, as palavras classificam-se em:

- **oxítonas**: quando a sílaba tônica é a última sílaba da palavra: as*sim*, vo*cês*;
- **paroxítonas**: quando a sílaba tônica é a penúltima sílaba da palavra: cria*tu*ras, Indepen*dên*cia;
- **proparoxítonas**: quando a sílaba tônica é a antepenúltima sílaba da palavra: *plá*cidas, dra*má*tico.

1. Identifique os dois pares de palavras que constituem as rimas do poema.

2. Os pares de palavras que rimam no poema são construídos a partir de comparações, evidenciadas pela expressão "como um".

a) Associe as palavras abaixo a cada um dos pares, tendo em vista os sentidos construídos pelas comparações.

ágil delicado preciso veloz afetuoso

b) Levante hipóteses: O que o eu lírico vê e o que ele mira?

3. Em um dos pares de palavras que rimam, além da diferença entre os fonemas iniciais, há uma diferença no interior das palavras.

a) Descreva essa diferença.

b) Uma das palavras indicadas no item *a* sofre uma mudança entre a maneira como é escrita e a maneira como é pronunciada em algumas variedades linguísticas. Qual é essa mudança e como ela contribui para a sonoridade do poema?

4. No outro par de palavras que rimam, a diferença entre as duas palavras deve-se unicamente a dois fonemas.

a) Quais são eles?

b) Que função essencial dos fonemas é evidenciada por essa oposição?

5. Como conclusão do estudo do poema, assinale a alternativa falsa:

a) Os sons das letras *v*/*b* e *j* remetem ao som de um beijo, ao passo que o som das letras *m*/*t* e *r* remetem ao som de um tiro. Assim, ao ler as frases do poema, temos a impressão de ouvir o som de um beijo e o disparo de um tiro.

b) O cruzamento sugerido pela espacialidade do poema reforça a ideia de olhares cruzados entre o eu lírico e a pessoa amada.

c) A repetição de palavras de duas sílabas confere ao poema um ritmo veloz e intenso, o que contribui para construir a ideia da rapidez com que o eu lírico vê e mira seu alvo.

d) Os versos do poema estão em posições diametralmente opostas, permitindo que ele seja lido de mais de uma maneira e em mais de uma sequência.

e) A associação entre o verbo *ver* e a palavra *beijo*, apesar de contribuir para a sonoridade do poema, confere a ele estranhamento, porque a combinação entre essas duas palavras não é comum.

Para que servem os sons e as letras?

Os sons e as letras são a base da linguagem verbal. Sem os sons, não há a fala; sem as letras, não há a escrita.

Mesmo as formas mais modernas de comunicação, como o celular e a Internet, dependem em grande parte dos sons e das letras que constituem a linguagem verbal.

Assim, os sons e as letras, como unidades básicas de construção da linguagem verbal, têm papel decisivo na preservação e na transmissão da cultura.

SEMÂNTICA E DISCURSO

Leia este poema, de Ronaldo Azevedo, para responder às questões de 1 a 4:

solitário	solidário	soli ário
solitário	solitário	soli ário
solidário	solitário	soli ário
solidário	solidário	soli ário

(In: *Poesia concreta*. São Paulo: Abril Educação, 1982. p. 91. Literatura Comentada.)

1. Tomando as duas palavras que formam as duas primeiras colunas do poema, notamos que a diferença de sentido entre elas se deve a dois fonemas.
   a) Quais são eles?
   b) Que função essencial dos fonemas é evidenciada por essa oposição?

2. Observe agora alguns dos sentidos destas palavras:

   solitário: desacompanhado; que gosta de estar só; que não convive com seus semelhantes.
   solidário: que tem responsabilidade ou interesse recípocro; que adere a uma causa; que partilha o sofrimento alheio.

   Que tipo de relação há entre essas palavras quanto ao sentido?

3. Os fonemas responsáveis pela oposição entre essas palavras assemelham-se, quanto à articulação, em vários aspectos. Compare:

   /t/: fonema oclusivo, oral, linguodental, surdo
   /d/: fonema oclusivo, oral, linguodental, sonoro

   Considerando que a diferença de sentido entre eles resulta, em última análise, da oposição entre os traços *surdo* × *sonoro*, relacione o sentido:
   a) da palavra *solitário* com o traço *surdo* do fonema /t/;
   b) da palavra *solidário* com o traço *sonoro* do fonema /d/.

4. Na última coluna, ao deixar um espaço em branco no lugar desses dois fonemas, o poeta parece abrir ao leitor a possibilidade de escolha entre ser solitário ou ser solidário. Como você preencheria essas colunas?

Leia o poema a seguir, do poeta pernambucano Ascenso Ferreira, e responda às questões 5 e 6.

Os engenhos de minha terra

Dos engenhos de minha terra
Só os nomes fazem sonhar:

— Esperança!
— Estrela d'Alva!
— Flor do Bosque!
— Bom-Mirar!

Um trino... um trinado... um tropel de trovoada...
e a tropa e os tropeiros trotando na estrada:

— Valo!
— Êh Andorinha!
— Êh Ventania!
— Êh...

"Meu alazão é mesmo bom sem conta!
Quando ele aponta tudo tem temor...
A vorta é esta: nada me comove!
Trem, outomove, seja lá o que for..."

"Por isso mesmo o sabiá zangou-se!
Arripiou-se foi cumer melão...
Na bananeira ele fazia: piu!
Todo mundo viu, não é mentira não..."
[...]

(In: Maria Magaly Trindade Gonçalves et al. *Antologia das antologias*. São Paulo: Musa, 1995. p. 463-4.)

5. Releia os versos da 3ª estrofe.

a) Que fonemas consonantais se repetem?

b) Como se chama o recurso sonoro que consiste em repetir um fonema consonantal?

c) De acordo com o conteúdo desses versos, o que a repetição desses fonemas imita?

6. Na 5ª e na 6ª estrofes há algumas palavras grafadas conforme a pronúncia da variedade linguística falada pelas pessoas da região referida pelo eu lírico.

a) Que palavras são essas?

b) Essas palavras apresentam divergências em relação à norma-padrão quanto à ortoepia ou à prosódia?

c) Como seriam pronunciadas e escritas essas palavras de acordo com a norma-padrão?

d) Na sua opinião, por que o eu lírico optou por misturar a norma-padrão da língua com uma variedade popular e regional?

LITERATURA

Sylvain Sonnet/Corbis/Latinstock

Interior da igreja Madre de Deus, em Lisboa.

CAPÍTULO 4

O Barroco em Portugal

O Barroco português se deu num momento em que o país vivia uma crise de identidade, uma vez que se encontrava sob o domínio político da Espanha. Dois aspectos podem ser identificados na produção literária desse período: de um lado, o esforço dos portugueses em preservar sua cultura e sua língua; de outro, as influências da Contrarreforma, que deram origem a uma ampla produção de caráter religioso, como a do Pe. Antônio Vieira, o principal escritor português do século XVII.

No ano de 1580, dois fatos significativos marcaram a vida cultural e política de Portugal: a morte de Camões e a passagem do país ao domínio espanhol, em razão de o trono português ter sido herdado por Felipe II, da Espanha, depois do desaparecimento do rei português D. Sebastião, em 1578, na batalha de Alcácer-Quibir, na África.

Durante o domínio espanhol (1580-1640), a literatura e as artes portuguesas foram influenciadas pelas manifestações culturais espanholas, que conheceram nesse período o "século de ouro". Cervantes, Gôngora, Quevedo, Lope de Vega e Calderón de la Barca são alguns dos importantes escritores espanhóis desse período. O florescimento do Barroco em Portugal não se deu, porém, com a mesma intensidade que na Espanha. Os escritores portugueses, como forma de resistência política ao domínio espanhol, procuraram preservar a língua e a cultura lusitanas. Assim, passaram a ter uma atitude saudosista, valorizando as personagens e os escritores do seu passado heroico recente: Vasco da Gama, D. Sebastião, Camões.

Ao mesmo tempo, o Barroco português ganhou fortes matizes religiosos, por influência da Contrarreforma, que teve ampla penetração nos países ibéricos. A atuação da Companhia de Jesus e do tribunal da Inquisição, instaurado em Portugal em meados do século XVI, completam o quadro cultural lusitano desse período, marcado pela religiosidade e pela austeridade.

A produção literária do período pode ser assim organizada:

- **sermões, cartas, prosa religiosa e moralística**: Pe. Antônio Vieira, Pe. Manuel Bernardes, Francisco Manuel de Melo, sóror Maria Alcoforado;
- **poesia, novela**: Francisco Manuel de Melo;
- **teatro**: Antônio José da Silva e Francisco Manuel de Melo.

A origem do sebastianismo

Com o desaparecimento de D. Sebastião (a quem Camões dedicou *Os lusíadas*) na guerra de Alcácer-Quibir, criou-se em Portugal a crença de que ele poderia estar vivo. Com o passar dos anos, porém, essa possibilidade foi se tornando cada vez mais inviável.

Considerado morto D. Sebastião, Portugal passou ao domínio espanhol, em 1580. Mas, mesmo assim, o povo português, principalmente as camadas mais humildes, continuou esperando que o rei voltasse para pôr fim à dominação espanhola.

D. Sebastião nunca voltou, mas o mito atravessou séculos, misturando-se ao fanatismo religioso. Chegou até mesmo ao Brasil, onde influenciou o movimento liderado pelo fanático Antônio Conselheiro, no sertão da Bahia, no final do século XIX.

PE. ANTÔNIO VIEIRA: A LITERATURA COMO MISSÃO

Antônio Vieira (1608-1697) é a principal expressão do Barroco em Portugal. Sua obra pertence tanto à literatura portuguesa quanto à brasileira.

Português de origem, Vieira tinha 7 anos quando veio com a família para o Brasil. Na Bahia estudou com os jesuítas e espontaneamente ingressou na ordem da Companhia de Jesus, iniciando seu noviciado com apenas 15 anos. A maior parte de sua obra foi escrita no Brasil e está relacionada com as inúmeras atividades que o autor desempenhou como religioso, como conselheiro de D. João IV, rei de Portugal, e como mediador e representante de Portugal em relações econômicas e políticas com outros países.

José Rodrigues Nunes

Pe. Antônio Vieira.

O homem de ação

Embora religioso, Vieira nunca restringiu sua atuação à pregação religiosa. Sempre pôs seus sermões a serviço das causas políticas que abraçava e defendia e, por isso, se indispôs com muita gente: com os pequenos comerciantes, com os colonos que escravizavam índios e até com a Inquisição.

Valendo-se do púlpito – único meio de propagação de ideias às multidões no Nordeste brasileiro do século XVII –, Vieira pregou a índios, brancos e negros, a brasileiros, africanos e portugueses, a dominadores e dominados. Suas ideias políticas foram postas em prática por meio da catequese, da defesa do índio e do domínio português sobre a colônia por ocasião da invasão holandesa.

Embora Vieira defendesse os índios da escravidão, seus sermões não tinham a mesma postura em relação à escravização dos negros. Limitavam-se a descrever a situação a que eram submetidos os negros e apontar-lhes a perspectiva de uma vida pós-morte que compensasse os sofrimentos em vida. O historiador Luiz Roncari comenta:

> A realidade na qual Vieira procura interferir não é diretamente a exterior, mas a interior, tentando mudar as convicções tanto dos negros como dos brancos. Por isso nestes sermões ele se dirige aos dois, ora a um, ora a outro, sabendo que o ouvem continuamente.
>
> (*Literatura brasileira – Dos primeiros cronistas aos últimos românticos.* 2. ed. São Paulo: Edusp/FDE, 1995. p. 167.)

Vieira e a Inquisição

No romance histórico *Boca do Inferno*, de Ana Miranda, no qual Vieira é personagem, a narradora faz referência às inimizades do escritor:

> As ideias que Vieira pregava perturbavam o conforto do pensamento. O fanatismo religioso destruía filósofos, como Giordano Bruno; arcebispos, como o de Spalato; cientistas, como Marco Antonio Dominis. Até mesmo o rei Carlos I da Inglaterra foi levado ao cadafalso pela intolerância religiosa. Mas Antônio Vieira não se atemorizava com tamanho poder e enfrentava a Inquisição a ponto de Cristóvão Soares dizer que ele não morreria na Companhia de Jesus. Mas certo é que acabasse nas mãos do Santo Ofício. Vieira era, então, o homem mais odiado de Portugal. E quanto mais era odiado pela Inquisição, mais a desafiava.

Como exemplo dessa atitude de Vieira, veja este fragmento do "Sermão vigésimo sétimo":

> Umas religiões são de descalços, outras de calçados; a vossa é de descalços e despidos. O vosso hábito é da vossa mesma cor; porque não vos vestem as peles das ovelhas e camelos, como a Elias, mas aquelas com que vos cobriu ou descobriu a natureza, expostos aos calores do sol e frios das chuvas. A vossa pobreza é mais pobre que a dos menores, e a vossa obediência mais sujeita que a dos que nós chamamos mínimos. As vossas abstinências mais merecem nome de fome, que de jejum, e as vossas vigílias não são de uma hora à meia-noite, mas de toda a noite sem meio. A vossa regra é uma ou muitas, porque é a vontade e vontades de vossos senhores. Vós estais obrigados a eles, porque não podeis deixar o seu cativeiro, e eles não estão obrigados a vós, porque vos podem vender a outro, quando quiserem. Em uma só religião se acha este contrato, para que também a vossa seja nisto singular. Nos nomes do vosso tratamento não falo, porque não são de reverência nem de caridade, mas de desprezo e afronta. Enfim, toda a religião tem fim e vocação, e graça particular. A graça da vossa são açoutes e castigos [...].
>
> (Idem, p. 168.)

O visionário

Vieira teve também um pouco de sonhador e profeta e chegou a escrever três obras com esse conteúdo: *História do futuro*, *Esperanças de Portugal* e *Clavis prophetarum*.

Baseado em textos bíblicos e nos textos e nas profecias do poeta português Bandarra, Vieira acreditava na ressurreição do rei D. João IV, seu protetor, morto em 1656. Essas ideias estão em sua obra *Esperanças de Portugal*, motivo por que, entre 1665 e 1667, foi processado e preso pela Inquisição, que ainda lhe cassou o direito de palavra em Portugal.

Nesse processo também lhe pesaram acusações de envolvimento com cristãos-novos (judeus convertidos ao cristianismo por medo de perseguições). Em vez de atacar os judeus, como se fazia em vários países católicos por influência da Inquisição, Vieira defendia a permanência e a entrada deles em Portugal como forma de estimular o comércio naquele país. Por outro lado, prevendo um "Terceiro Estado" da Igreja, tinha interesse em fazer um acordo teológico secreto com os judeus.

O orador

As qualidades de Vieira como orador são incomparáveis. Aliando sua formação jesuítica à estética barroca em voga, pronunciou sermões que se tornaram ao mesmo tempo a expressão máxima do Barroco em prosa sacra e uma das principais expressões ideológicas e literárias da Contrarreforma. Pregou no Brasil, em Portugal e na Itália, sempre com grande repercussão.

Entre a vasta produção do autor, que conta com mais de duzentos sermões e quinhentas cartas, destacam-se:

- "Sermão da sexagésima": proferido na Capela Real de Lisboa em 1655, tematiza a arte de pregar.
- "Sermão pelo bom sucesso das armas de Portugal contra as de Holanda": proferido na Bahia em 1640, coloca-se contrário à invasão holandesa.
- "Sermão de Santo Antônio (aos peixes)": proferido no Maranhão em 1654, ataca a escravização de índios.
- "Sermão do mandato": proferido na Capela Real de Lisboa em 1645, desenvolve o tema do amor místico.

Sermão sobre sermões

O discurso de Vieira, no "Sermão da sexagésima" é uma instrução aos pregadores sobre a técnica da pregação. Nele, o religioso censura quem floreia o discurso em lugar de privilegiar a reflexão argumentativa. Veja este trecho, do sexto capítulo do sermão:

> Há-de tomar o pregador uma só matéria; há-de defini-la, para que se conheça; há-de dividi-la, para que se distinga; há-de prová-la com a Escritura; há-de confirmá-la com o exemplo; há-de amplificá-la com as causas, com os efeitos, com as circunstâncias, com as conveniências que hão-de seguir, com os inconvenientes que se devem evitar; há-de responder às dúvidas, há-de satisfazer as dificuldades; há-de impugnar e refutar com toda a força da eloquência os argumentos contrários; e depois disto há-de colher, há-de apertar, há-de concluir; há-de persuadir; há-de acabar. Isto é o sermão, isto é pregar; e o que não é isto, é falar de mais alto.

(Revista *Língua Portuguesa*, nº 38.)

A função dos púlpitos no Brasil colonial

Hoje, nossas opiniões sobre a vida e o mundo são formadas a partir de relações com uma série de instituições e meios de comunicação: escolas, igrejas, clubes, teatros, cinemas, livros, revistas, jornais, rádio, televisão, etc. Mas, para o homem da acanhada sociedade brasileira do século XVII, não existia outro espaço onde se informar e refletir sobre os fatos da vida e do mundo a não ser o da Igreja. [...] Na hora dos sermões, os padres, nos púlpitos, tratavam de todos os assuntos que envolviam e preocupavam seu auditório, dependendo da sensibilidade que tivessem para os detectar.

(Luiz Roncari, op. cit., p. 148.)

LEITURA

Você vai ler a seguir um fragmento do "Sermão pelo bom sucesso das armas de Portugal contra as de Holanda", pregado por Vieira em Salvador, em 1640. Nesse ano, os holandeses apertaram o cerco à cidade; em todos os templos, fizeram-se preces e sermões exortando baianos e portugueses a defenderem a terra contra a invasão iminente.

Sermão pelo bom sucesso das armas de Portugal contra as de Holanda

> Levanta-te! Por que dormes, Senhor? Levanta-te e não repilas para sempre. Por que voltas a face? Esqueceste da nossa miséria e da nossa tribulação? Levanta-te, Senhor, ajuda-nos e redime-nos em atenção ao teu nome.
>
> (Salmo XLIII, 23-26.)

Divulgação/AE

Cena do filme *Palavra e utopia*, do cineasta português Manoel de Oliveira. Mais do que um filme biográfico, a obra é um documento sobre a arte do dizer e do pensar. O papel de Vieira é feito pelo ator brasileiro Lima Duarte.

Com estas palavras piedosamente resolutas, mais protestando que orando, dá fim o Profeta Rei ao Salmo XLIII — Salmo que, desde o princípio até o fim, não parece senão cortado para os tempos e ocasião presente. O Doutor Máximo S. Jerônimo, e depois dele os outros expositores, dizem que se entende à letra de qualquer reino ou província católica, destruída e assolada por inimigos da Fé. Mas entre todos os reinos do Mundo a nenhum lhe quadra melhor, que ao nosso Reino de Portugal; e entre todas as províncias de Portugal a nenhuma vem mais ao justo que à miserável província do Brasil. Vamos lendo todo o Salmo, e em todas as cláusulas dele veremos retratadas as da nossa fortuna: o que fomos e o que somos.

[...] "Ouvimos (começa o Profeta) a nossos pais, lemos nossas histórias e ainda os mais velhos viram, em parte, com seus olhos, as obras maravilhosas, as proezas, as vitórias, as conquistas, que por meio dos portugueses obrou em tempos passados vossa onipotência, Senhor." [...] "Vossa mão foi a que venceu e sujeitou tantas nações bárbaras, belicosas e indômitas, e as despojou do domínio de suas próprias terras para nelas os plantar como plantou com tão bem fundadas raízes; e para nelas o dilatar, como dilatou e estendeu em todas as partes do Mundo, na África, na Ásia, na América." [...]

Porém agora, Senhor, vemos tudo isso tão trocado, que já parece que nos deixastes de todo e nos lançastes de vós, porque já não ides diante das nossas bandeiras, nem capitaniais como dantes os nossos exércitos. [...]

Considerai, Deus meu — e perdoai-me se falo inconsideradamente — considerai a quem tirais as terras do Brasil e a quem as dais. Tirais estas terras aos portugueses, a quem no princípio as destes [...], tirais estas terras àqueles mesmos portugueses a quem escolhestes entre todas as nações do Mundo para conquistadores da vossa Fé, e a quem destes por armas como insígnia e divisa singular vossas próprias chagas. E será bem, Supremo Senhor e

Governador do Universo, que às sagradas quinas de Portugal e às armas e chagas de Cristo, sucedam as heréticas listas de Holanda, rebeldes a seu rei e a Deus?

[...]

Finjamos, pois, (o que até fingido e imaginado faz horror), finjamos que vem a Bahia e o resto do Brasil a mãos dos holandeses; que é o que há de suceder em tal caso? — Entrarão por esta cidade com fúria de vencedores e de hereges; não perdoarão a estado, a sexo nem a idade; com os fios dos mesmos alfanjes medirão a todos; chorarão as mulheres, vendo que se não guarda decoro à sua modéstia; chorarão os velhos, vendo que não se guarda respeito a suas cãs; chorarão os nobres, vendo que se não guarda cortesia à sua qualidade; chorarão os religiosos e veneráveis sacerdotes, vendo que até as coroas sagradas os não defendem; chorarão finalmente todos, e entre todos mais lastimosamente os inocentes, porque nem a esses perdoará (como em outras ocasiões não perdoou), a desumanidade herética. [...]

Instituto Histórico da Bahia, Salvador

A Baía de Todos os Santos, Salvador, em litografia de 1782.

Enfim, Senhor, despojados assim os templos e derrubados os altares, acabar-se-á no Brasil a cristandade católica; acabar-se-á o culto divino; nascerá erva nas igrejas, como nos campos; não haverá quem entre nelas. Passará um dia de Natal, e não haverá memória de vosso nascimento; passará a Quaresma e a Semana Santa, e não se celebrarão os mistérios de vossa Paixão [...] Não haverá missas, nem altares, nem sacerdotes que as digam; morrerão os católicos sem confissão nem sacramento; pregar-se-ão heresias nestes mesmos púlpitos, e em lugar de São Jerônimo e Santo Agostinho, ouvir-se-ão e alegar-se-ão neles os infames nomes de Calvino e Lutero; beberão a falsa doutrina os inocentes que ficarem, relíquias dos portugueses; e chegaremos a estado que, se perguntarem aos filhos e netos dos que aqui estão: — Menino, de que seita sois? Um responderá: — Eu sou calvinista; outro: — Eu sou luterano.

Pois isto se há de sofrer, Deus meu? Quando quisestes entregar vossas ovelhas a São Pedro, examinaste-o três vezes se vos amava. E agora as entregais desta maneira, não a pastores, senão aos lobos?! Sois o mesmo ou sois outro? Aos hereges o vosso rebanho? Aos hereges as almas? [...] Já sei, Senhor, que vos haveis de enternecer e arrepender, e que não haveis de ter coração para ver tais lástimas e tais estragos. E se assim é (que assim o estão prometendo vossas entranhas piedosíssimas), se é que há de haver dor, se é que há de haver arrependimento depois, cessem as iras, cessem as execuções agora, que não é justo vos contente antes o que vos há de pesar em algum tempo.

(In: Eugênio Gomes, org. *Vieira – Sermões*. São Paulo: Agir, 1963. p.13-49.)

alfanjes: foices.
belicosas: guerreiras, agressivas.
capitanear: liderar, comandar.
cãs: cabelos brancos.
chagas: chagas de Cristo, representadas por cinco quinas no brasão português.
cláusulas: itens, tópicos.
decoro: recato, decência.
herética: que professa ideias contrárias às geralmente admitidas pela Igreja católica.
indômitas: indomáveis, selvagens.
insígnia: brasão português.
listas de Holanda: bandeira holandesa.
Profeta Rei: Davi.

1. Vieira, como de hábito, adota como epígrafe para seu sermão uma passagem bíblica. Neste caso, trata-se de uma passagem do salmo XLIII.

a) Quem são os interlocutores nesse salmo?

b) Um dos interlocutores queixa-se ao outro e lhe faz um pedido. Qual é o motivo da queixa? Qual é o pedido?

2. A interpretação do texto bíblico é feita nos três primeiros parágrafos do texto. O pregador relaciona-a passo a passo com a situação vivida pela cidade de Salvador naqueles dias de 1640, o que serve ao pregador como base para sua argumentação.

a) Qual é o paralelo que Vieira estabelece entre as palavras do salmo e a situação da colônia?

b) Ao interpretar as palavras de Davi, Vieira deixa transparecer o objetivo principal do sermão. Qual é ele?

3. No quarto parágrafo, na argumentação, a posse do Brasil é considerada direito dos portugueses.

a) Cite pelo menos dois motivos para esse privilégio concedido aos portugueses.

b) De acordo com o texto, qual seria a consequência se, no lugar dos portugueses, os holandeses, favorecidos pela inoperância divina, passassem a ser donos do Brasil?

4. A antecipação de fatos, a reiteração por meio de paralelismos e o exagero são recursos retóricos empregados por Vieira com a finalidade de persuadir o ouvinte quanto à verdade de seus argumentos.

a) No quinto parágrafo, Vieira apresenta uma previsão do que poderá ocorrer caso não se assuma uma posição firme diante da provável invasão holandesa. Para impressionar o ouvinte, ele repete o que sucederá. Qual é a situação reiterada?

b) Identifique no quinto parágrafo também uma passagem em que o uso da hipérbole tem finalidade de persuadir os ouvintes a defender a cidade.

Dorival Moreira/Samba Photo

Igreja Nossa Senhora do Rosário dos Pretos, no Pelourinho, Salvador, Bahia.

5. Em vários momentos do texto, o orador associa aos holandeses um termo que traduz a visão da Igreja católica a respeito dos protestantes.

a) Qual é a palavra utilizada no texto para designar os protestantes?

b) Relacione esse tratamento à postura contrarreformista do jesuíta.

As profecias de Vieira

Com base nas profecias de Davi, Isaías e Daniel, Vieira previa a chegada de um "quinto império". Nesse império, viveriam apenas os convertidos, que seriam liderados não diretamente por Cristo, mas por seus representantes imediatos: o papa, então reconhecido como único pastor universal, e o rei de Portugal, então imperador do mundo. O império duraria cerca de mil anos, antes do retorno do Anticristo e do fim do mundo. Lisboa seria o centro desse império de Cristo na Terra.

6. Releia o epílogo do sermão em estudo.

a) Qual é o argumento final utilizado por Vieira? Qual é a antítese aí presente?

b) O "atrevimento" de Vieira de dirigir-se a Deus de maneira inquisidora constitui, na verdade, uma encenação retórica. Na realidade, ele tem em vista outros interlocutores. Quais são eles?

7. Ao compor esse sermão, Vieira tinha em mira um objetivo bem determinado. Para atingi-lo, ele se valeu de uma das duas tendências estéticas do Barroco, o conceptismo e o cultismo. Qual delas predomina na construção do texto lido? Por quê?

LITERATURA COMPARADA

DIÁLOGO ENTRE A LITERATURA CONTEMPORÂNEA E A PROSA DE VIEIRA

A seguir você vai ler dois textos. O primeiro é um fragmento do "Sermão da epifania", pregado por Vieira em 1662, na Capela Real, em Lisboa, na presença da rainha D. Luísa e de D. Afonso IV, ainda menino. O segundo é um fragmento de um romance da atualidade, *Boca do Inferno*, de Ana Miranda, publicado em 1989.

TEXTO I

Contexto

Quando Vieira pronunciou este sermão em Lisboa, ele e outros religiosos estavam retornando à cidade depois de terem sido expulsos do Maranhão, em virtude de atritos com os colonos motivados por posições assumidas quanto à escravidão.

Sermão da epifania

As nações, umas são mais brancas, outras mais pretas, porque umas estão mais vizinhas, outras mais remotas do sol. E pode haver maior inconsideração do entendimento, nem maior erro do juízo entre os homens, que cuidar eu que hei-de ser vosso senhor, porque nasci mais longe do sol, e que vós haveis de ser meu escravo, porque nascestes mais perto?!

[...]

Não posso, porém, negar que todos nesta parte, e eu em primeiro lugar, somos muito culpados. E por quê? Porque devendo defender os gentios que trazemos a Cristo, como Cristo defendeu os Magos, nós acomodamo-nos à fraqueza de nosso poder, e à força do alheio, cedemos da sua justiça, e faltamos à sua defesa [...] Cristo não consentiu que os Magos perdessem a soberania, porque reis vieram e reis tornaram; e nós não consentimos que aqueles gentios percam a soberania natural com que nasceram e vivem isentos de toda sujeição, mas somos os que,

Carybé

Figuras na praia (1955), de Carybé.

sujeitando-os ao jugo espiritual da Igreja, os obrigamos, também, ao temporal da coroa, fazendo-os jurar vassalagem. [...]

(Pe. Antônio Vieira. In: Alfredo Bosi. *Dialética da colonização*, op. cit. p. 135-7.)

isento: livre, desembaraçado.
jugo: vínculo de submissão e obediência resultante de determinado tipo de convenção ou obrigação.
juízo: ato, processo ou efeito de julgar; faculdade de avaliar os seres e as coisas; julgamento.
Magos: referência aos três reis magos.
soberania: qualidade ou condição de soberano; superioridade derivada de autoridade, domínio, poder.
sujeição: dependência, submissão.
temporal: não religioso, não espiritual; leigo, civil.
vassalagem: estado ou condição de vassalo; estado de sujeição, submissão, obediência.

TEXTO II

Contexto

No romance *Boca do Inferno*, Gregório de Matos e Pe. Antônio Vieira são personagens e se envolvem na luta dos liberais contra o governo ditatorial de Antônio de Souza de Menezes, o Braço de Prata. No episódio a ser lido, o arcebispo João da Madre de Deus conversa com o governador Souza Menezes a respeito de perseguições políticas, entre elas a que se fazia a Vieira, suspeito de ter participado do assassinato do alcaide-mor da cidade de Salvador.

Boca do Inferno

"[...] O homem está velho. Nenhum de nós pode crer no envolvimento dele [Vieira] em tal sucesso, apesar de sabermos ser ele voltado para assuntos materiais, como a diplomacia, o patriotismo, a estratégia."

"Apesar de sabermos que ele investe contra as acumulações remuneradas", disse o governador, completando com ironia o pensamento de João da Madre de Deus, "contra a fidalguia. Apesar de sabermos que ele faz no púlpito sua propaganda, que prega a tolerância aos judeus como remédio para Portugal restaurado, que prega a liberdade de consciência dos judeus, a abolição do Santo Ofício. [...] Apesar de sabermos ter ele sido expulso do Maranhão e de ser contra a escravidão, ter criado a teoria das raças, ter pregado a limitação da onipotência divina. [...] E com tantos apesares", prosseguiu Antônio de Souza, "não pode ter sido capaz de envolver-se num crime? Não se envolveu em guerras? Tudo será investigado com muito rigor. A princípio, todos são suspeitos. Se for inocente, o jesuíta saberá prová-lo. Não é um homem tão bom de tribuna?"

(Ana Miranda. *Boca do Inferno*. São Paulo: Companhia das Letras, 1989. p. 227-8.)

Pe. Antônio Vieira, por Portinari.

diplomacia: ciência ou arte de negociar com vistas à defesa dos direitos e interesses de um país perante governos estrangeiros.
fidalguia: condição de fidalgo, isto é, daquele que possui título de nobreza.
onipotência: poder total e absoluto.
Santo Ofício: Inquisição.
tribuna: lugar elevado de onde falam os oradores.

1. No texto II, o governador apresenta um conjunto de acusações a Vieira, entre elas a teoria das raças e o combate à escravidão.

   a) Como Vieira explica, no texto I, a diferença entre as nações e os povos quanto à cor da pele?

   b) Converse com seu professor de Biologia. De acordo com a ciência recente, essa hipótese é válida ainda hoje?

   c) Que tipo de argumento Vieira utiliza nesse fragmento para combater a escravidão: econômico, religioso ou político?

2. Em seu sermão, Vieira denuncia o próprio trabalho dos religiosos, que, ao submeter os índios ao poder da Igreja, acabam por submetê-los também ao poder do Estado. Identifique o trecho em que é feita essa afirmação.

3. De acordo com a fala do arcebispo, no texto II, Vieira estava "voltado para assuntos materiais, como a diplomacia, o patriotismo, a estratégia". E, segundo o governador, Vieira contrariava os interesses da fidalguia. Pelo fragmento do "Sermão da epifania", é possível dizer que essas afirmações eram verdadeiras? Por quê?

Éramos todos escuros

Comparando as amostras coletadas [de DNA] dos mais diversos grupos étnicos, os cientistas verificaram serem pequenas e triviais as diferenças entre as raças. A cor da pele, por exemplo, é resultado de mera adaptação ao clima – negra na África, para se proteger do sol forte; branca na Europa, para facilitar a absorção dos raios ultravioleta, que ajudam a produzir vitamina D. Ou seja, se as pesquisas estiverem certas, antes da dispersão dos hominídeos da África, éramos todos escuros.

(*Superinteressante*, set. 1988.)

Para quem quer mais na Internet

www.brasiliana.usp.br/vieira_sermoes

www.psbnacional.org.br/bib/b339.pdf

www.vidaslusofonas.pt/padre_antonio_vieira.htm

www.dominiopublico.gov.br/pesquisa/DetalheObraForm.do?select_action=&co_obra=16397

PRODUÇÃO DE TEXTO

Thinkstock/Getty Images

CAPÍTULO 5

O resumo

TRABALHANDO O GÊNERO

Em nosso cotidiano, temos contato frequente com resumos de texto. Quando recontamos brevemente a alguém uma notícia, uma reportagem ou um conto que nos chamou a atenção, estamos exercitando a sumarização, procedimento indispensável para a produção de resumos.

Estamos em contato com esse gênero textual também quando consultamos a Internet ou revistas especializadas para nos informar sobre filmes, livros, capítulos de novelas, minisséries, etc. Ou quando lemos sínteses de matérias disponibilizadas em páginas virtuais.

Dada a importância do resumo, e em especial na escola, onde é comum professores pedirem aos alunos que resumam trechos de livros ou uma obra inteira, você vai estudar, neste capítulo, estratégias de como elaborar um resumo.

Leia o texto a seguir.

Educação 27/02/2012

MPF quer tirar de circulação o dicionário 'Houaiss'

Publicação conteria expressões 'pejorativas e preconceituosas' contra ciganos e não atendeu recomendações de alterar texto

O Ministério Público Federal (MPF) entrou com ação absurda, sob todos os aspectos, na Justiça Federal em Uberlândia (MG): o órgão pretende tirar de circulação o dicionário *Houaiss*, um dos mais conceituados do mercado. Segundo o MPF, a publicação contém expressões "pejorativas e preconceituosas", pratica racismo contra ciganos e não atendeu a recomendações de alterar o texto, como fizeram outras duas editoras com seus dicionários.

Trata-se de uma ação, no mínimo, desastrada. Há séculos dicionaristas respeitados de todo o mundo se esforçam em reunir nesses livros o maior número de acepções possível das palavras. Assim, o Houaiss explica que o termo cigano é "relativo ao ou próprio do povo cigano; zíngaro", mas também define "aquele que faz barganha, que é apegado ao dinheiro; agiota, sovina" – esta acepção é, como bem destaca o próprio Houaiss, pejorativa. A razão de apresentar as duas (entre outras) versões é registrar o uso da palavra em um determinado momento histórico e explicar-lhe o significado. É para isso que servem os dicionários: eles não fazem apologia do preconceito, apenas o registram.

A guiar-se pela proposta do MPF, os dicionários prestariam um duplo desserviço. Em primeiro lugar, deixariam de cumprir seu principal papel: registrar o uso da língua em um dado momento. O segundo desserviço é fruto do primeiro. Se os livros deixassem de registrar que, pejorativamente, o adjetivo judeu é empregado como sinônimo de "pessoa usurária, avarenta", não ensinariam ao leitor que, em determinadas situações, isso (infelizmente) pode acontecer. Não se defende aqui, de maneira alguma, o emprego pejorativo do termo. Mas não é apagando o registro de um dicionário que se muda a realidade. Trata-se de mais um exemplo de ação desastrada em que a ideologia atropela a ciência, o serviço ao leitor e o bom-senso em troca de nada.

O caso teve início em 2009, quando a Procuradoria da República recebeu representação de uma pessoa de origem cigana afirmando que havia preconceito por parte dos dicionários brasileiros em relação ao grupo. No Brasil, há aproximadamente 600.000 ciganos. Desde então, segundo o MPF, foram enviados

Alamy/Other Images

Cigana em desfile em Londres.

"diversos ofícios e recomendações" às editoras para que mudassem o verbete. As editoras Globo e Melhoramentos, de acordo com o órgão, atenderam às recomendações.

No entanto, o MPF afirma que não foi feita alteração no caso do *Houaiss*. A Editora Objetiva alegou que não poderia fazer a mudança porque a publicação é editada pelo Instituto Antônio Houaiss e que ela é apenas detentora dos direitos relativos à publicação. Diante disso, o procurador Cléber Eustáquio Neves entrou com ação solicitando que a Justiça determine a imediata retirada de circulação, suspensão de tiragem, venda e distribuição do dicionário.

"Ao se ler em um dicionário, por sinal extremamente bem conceituado, que a nomenclatura cigano significa aquele que trapaceia, velhaco, entre outras coisas do gênero, ainda que se deixe expresso que é uma linguagem pejorativa, ou que se trata de acepções carregadas de preconceito ou xenofobia, fica claro o caráter discriminatório assumido pela publicação", afirmou. "Trata-se de um dicionário. Ninguém duvida da veracidade do que ali encontra. Sequer questiona. Aquele sentido, extremamente pejorativo, será internalizado, levando à formação de uma postura interna pré-concebida em relação a uma etnia que deveria, por força de lei, ser respeitada", acrescentou o procurador.

Para Neves, o texto afronta a Constituição Federal e pode ser considerado racismo. Ele lembrou que o Supremo Tribunal Federal já se pronunciou a respeito desse tipo de situação e ressaltou que "o direito à liberdade de expressão não pode albergar posturas preconceituosas e discriminatórias, sobretudo quando caracterizadas como infração penal".

Além da retirada da publicação do mercado, o MPF também pediu que a editora e o instituto sejam condenados a pagar 200.000 reais de indenização por danos morais coletivos. [...]

(*Com Agência Estado*)
(Disponível em: http://veja.abril.com.br/noticia/educacao/mpf-quer-tirar-de-circulacao-o-dicionario-houaiss. Acesso em: 2/4/2012.)

1. O texto lido foi publicado na revista *Veja*.

a) Que fato é comentado e analisado pela revista?

b) Qual é o ponto de vista da revista sobre o fato?

c) Quais expressões empregadas no texto são indicativas desse ponto de vista?

d) Você concorda com o ponto de vista da revista? Justifique sua resposta.

2. Imagine estas situações:

- Você pretende compartilhar o conteúdo desse texto com amigos ou familiares por *e-mail*.
- Você tem um *blog* e pretende divulgar em um *post* o conteúdo desse texto. Se reproduzisse o texto inteiro, sua mensagem ficaria muito extensa. E, se indicasse apenas o *link*, muitas pessoas poderiam não acessá-lo. Você decide, então, enviar um resumo do texto da revista e indicar o *site* para a leitura integral dele.

a) Veja, a seguir, como o texto lido poderia ser resumido:

Em matéria publicada em 27 de fevereiro de 2012, a revista *Veja* chamou de "absurda" e "desastrada" uma ação movida pelo Ministério Público Federal (MPF) para tirar de circulação o dicionário Houaiss.

O MPF tomou tal iniciativa porque julgou que a publicação contém expressões pejorativas e preconceituosas e pratica racismo ao registrar como uma definição para o termo *cigano* "aquele que faz barganha, que é apegado a dinheiro; agiota, sovina".

Segundo a revista, a função dos dicionários é registrar o uso das palavras na sociedade em determinado momento histórico e, portanto, os lexicógrafos prestariam um desserviço se omitissem qualquer uso de um termo da língua, preconceituoso ou não. O periódico afirma ainda que não se muda a realidade apagando um registro de dicionário.

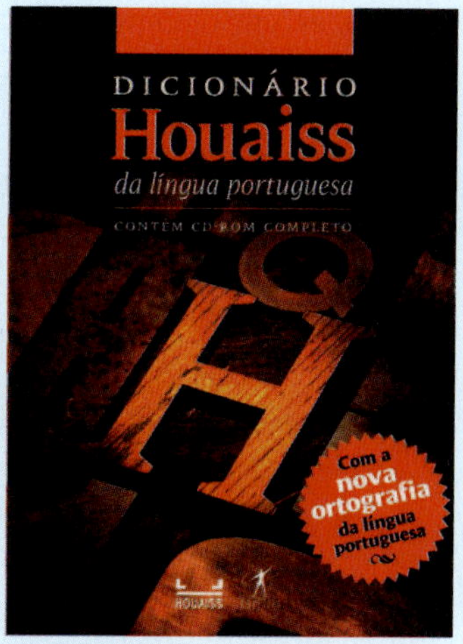

Editora Objetiva

A revista também informa que, segundo o MPF, no caso de dicionários de outras editoras, houve atendimento às recomendações de modificação nos verbetes, o que não ocorreu com o Houaiss, fato que levou à solicitação de sua retirada de circulação.

Para o procurador que entrou com a ação, um dicionário é uma referência importante e as pessoas tendem a atribuir veracidade às informações ali apresentadas. Dessa forma, o sentido pejorativo da palavra *cigano* pode influenciar a postura da sociedade em relação às pessoas dessa etnia.

Segundo o procurador, o texto do dicionário é uma afronta à Constituição Federal e, ainda que haja o direito à liberdade de expressão, este não pode prevalecer sobre posturas preconceituosas e discriminatórias.

Conforme a revista, além da retirada da publicação do mercado, o MPF pediu ainda que os responsáveis pelo dicionário Houaiss paguem uma indenização de 200 000 reais por danos morais coletivos.

Agora volte ao texto original e sublinhe nele as informações que foram utilizadas no resumo.

b) Com base nas observações que você fez ao comparar o texto original e o resumo, indique a afirmação correta:
   - Resumir um texto consiste em recortar quaisquer informações do texto original.
   - Resumir um texto consiste em condensar de modo coerente as informações mais importantes do texto original.
   - Resumir um texto consiste em enumerar os principais pontos do texto original, acrescentando a eles o ponto de vista do autor do resumo.
   - Resumir um texto consiste em extrair e condensar as ideias do primeiro e do último parágrafo, que são aqueles nos quais estão suas informações principais.

3. Um resumo pode ser incluído em textos de outro gênero textual, como *e-mails* ou *blogs*, assim como em reportagens, resenhas, contracapas de livros, etc. No universo escolar, sua presença também é muito frequente. Nesse ambiente:

a) Que textos são geralmente resumidos?

b) Quem geralmente é o locutor desse gênero textual? E o locutário?

c) Qual é a finalidade e o suporte desse gênero?

4. Para resumir um texto, é necessário trabalhar com um processo mental chamado *sumarização*. Esse processo consiste em eliminar informações secundárias, ou seja, aquelas que explicam, exemplificam ou reforçam informações já dadas. Compare o texto original lido ao resumo dele que foi apresentado e responda: Por que, no resumo, houve pouco aproveitamento do 3º e do 5º parágrafos?

5. No resumo, para manter as relações existentes entre as principais ideias do texto original, é necessário utilizar conectivos ou elementos de coesão. Observe, no resumo lido, o emprego dos conectivos *porque*, *ainda que*, *portanto* e *dessa forma*. Qual(is) dele(s):

a) indica(m) concessão relativamente a uma ideia expressa antes?

b) indica(m) conclusão?

c) explica(m) uma afirmação anterior?

6. Ao fazer um resumo, é necessário deixar clara a procedência das informações e os pontos de vista nele apresentados.

Cristina Xavier

a) Identifique no resumo trechos relativos à voz:
   - do autor do resumo
   - dos representantes do Ministério Público Federal
   - da revista

b) Que expressões são utilizadas pelo autor do resumo para informar a procedência das informações e dos pontos de vista?

7. Releia este trecho do resumo:

> A revista também informa que, segundo o MPF, no caso de dicionários de outras editoras, houve atendimento às recomendações de modificação nos verbetes, o que não ocorreu com o Houaiss, fato que levou à solicitação de sua retirada de circulação.

a) De acordo com o trecho, quem deu a informação de que outras editoras atenderam às recomendações feitas?

b) Também de acordo com o trecho, qual é a fonte responsável pela divulgação dessa informação?

c) Caso o autor do resumo houvesse começado seu texto, nesse trecho, por "No caso de dicionários de outras editoras houve atendimento às recomendações", omitindo "A revista também informa que", a quem, nesse caso, ficaria atribuída a responsabilidade pelas informações?

d) Conclua: Em um resumo, qual é a importância de gerenciar bem as vozes do texto?

8. Compare a linguagem do texto original e a linguagem do resumo. Há diferenças entre elas quanto ao uso das variedades linguísticas? Justifique sua resposta.

9. Reúna-se com seus colegas de grupo e, juntos, concluam: Quais são as características do resumo? Ao responder, considerem os seguintes critérios: finalidade do gênero, perfil dos interlocutores, suporte e veículo, tema, estrutura, linguagem.

PRODUZINDO O RESUMO

Leia o texto:

Adolescentes abrem mão da privacidade e dividem senhas na Web

RODRIGO LEVINO
EDITOR-ASSISTENTE DA "ILUSTRADA"

Que a internet mudou as relações sociais é algo que não se discute. A privacidade se tornou negociável e compartilhar virou regra. Mesmo senhas pessoais.

Não são poucos os casais para os quais e-mails, MSN, Orkut, Facebook e Twitter é um território de acesso livre para ambos.

Ângela (todos os nomes são fictícios), 17, e João, 19, de São Paulo, compartilham senhas desde o começo do namoro, em agosto de 2010.

Assim como Cristine, 17, e Ronaldo, 20, de Mogi das Cruzes (SP), juntos desde novembro de 2009. Os dois se conheceram através de uma comunidade do Orkut.

O compartilhamento de senhas pessoais é um sintoma dos novos parâmetros que a internet trouxe para namoros e amizades.

Thinkstock/Getty Images

Para Ângela, ceder o acesso a algo privado é uma prova de fidelidade. "Se eu não devo nada, não tenho o que temer", diz.

Ronaldo alega que o acesso de Cristine ao seu e-mail ajuda no trabalho. "Uso pouco o e-mail, então ela me avisa de coisas urgentes e limpa a minha caixa." Mas, como tudo na vida, liberdade também tem um preço. Dos cinco casais ouvidos pelo "Folhateen", todos relataram brigas motivadas por "e-mails indevidos".

Um colega que chama por algum apelido carinhoso, uma ex-namorada saudosa que tenta se reaproximar ou um amigo convidando para um programa justo no dia que o casal havia marcado de se ver: tudo pode se tornar motivo para desentendimentos.

No caso de Rafael Costa, 22, estudante de jornalismo de Brasília, liberdade demais causou um trauma.

Durante um ano e meio de namoro (entre 2009 e 2011) com Susana, 17, que morava em Minas Gerais, ele compartilhou senhas de e-mails e de perfis em redes sociais.

"De tanto ler e-mails e conversas de MSN um do outro, nos ocupamos mais em vigiar do que em namorar", conta ele, que, a pedido da então namorada, teve de escolher entre ela e os amigos. "Optei pelos amigos, que me cobravam menos."

DOS EXCESSOS

Situações extremas são um dos riscos que a psicanalista Luciana Saddi, 49, aponta quando se mantém uma relação baseada nesse compartilhamento.

"Ciúme demais pode virar paranoia. A idealização de um relacionamento perfeito, muito comum na adolescência, pode sofrer um choque de realidade quando se depara com algo desagradável como um e-mail mais carinhoso de um colega de escola", alerta Saddi.

Para Anna Paula Mallet, 42, psicóloga da Unifesp (Universidade Federal de São Paulo), conceitos como privacidade e fidelidade vêm se modificando.

"Aos poucos, a única privacidade que é mantida para o adolescente é em relação aos seus pais, que geralmente são obsoletos no que se refere aos novos tipos de comunicação", analisa Mallet.

Dentre os casais ouvidos pelo "Folhateen", nenhum deles contou aos pais que divide senhas. O que não faz desse compartilhamento algo proibido ou errado.

"É uma oportunidade de cada casal testar limites e saber com quais consequências pode arcar. E também de amadurecer afetivamente", diz Luciana, que acrescenta: "Crescer é assumir responsabilidades".

(Disponível em: http://www1.folha.uol.com.br/folhateen/1043688-adolescentes-abrem-mao-da-privacidade-e-dividem-senhas-na-web.shtml. Acesso em: 4/4/2012.)

Vimos que o resumo é um gênero textual utilizado em diferentes situações, como no compartilhamento, em *e-mails* ou *blogs*, do conteúdo de certos textos; em resenhas críticas ou reportagens; em trabalhos escolares; etc.

Faça o resumo do texto lido, após decidir com seus colegas e professor uma situação em que sua circulação seja convincente.

Releia o texto, atentando para estes tópicos: Qual é o assunto principal discutido no texto? Qual é a postura do autor do texto a respeito do assunto: claramente favorável ou contrário ao compartilhamento de senhas? Há outras vozes no texto, além da do autor? Qual(is)?

Identifique e sublinhe no texto as ideias ou informações que você considerar as principais. Depois, confronte os trechos que você sublinhou com os sublinhados pelos colegas e tentem chegar a um consenso quanto à importância deles.

Glow Images

Planejamento do texto

- Perfil do leitor – Seu texto deve estar adequado à situação e ao suporte em que irá circular (Internet, folha de papel, cartaz, revista, jornal, etc.) e, consequentemente, ao seu possível leitor.
- Características do gênero a serem observadas – O resumo apresenta de modo condensado e coerente as informações principais do texto original; há indicação da procedência das informações e de pontos expressos no texto original, por meio da identificação das vozes nele presentes; trata-se de um texto que deve ter autonomia, uma vez que o leitor não necessariamente terá acesso ao texto original.

Revisão e reescrita

Antes de fazer a versão final de seu resumo, releia-o, observando:

- se a fonte do texto original foi mencionada;
- se seu texto apresenta as ideias ou informações principais do texto original;
- se as relações entre as ideias do texto original são explicitadas por conectivos adequados;
- se está claro de quem são as vozes presentes no texto, isto é, se a responsabilidade pelas informações ali contidas está devidamente atribuída;
- se seu texto pode ser compreendido por alguém que não leu o texto original.

Faça as alterações necessárias e passe o texto a limpo.

Flickr Select/Getty Images

LÍNGUA: USO E REFLEXÃO

CAPÍTULO 6

A expressão escrita: ortografia - divisão silábica

ORTOGRAFIA

CONSTRUINDO O CONCEITO

Leia esta placa:

Daniel Cymbalista/Pulsar Imagens

1. A placa apresenta desvios em relação à norma-padrão da língua portuguesa. Que problemas ortográficos você identifica na placa?

2. A capacidade de produzir textos de acordo com as normas ortográficas da língua portuguesa ou de línguas estrangeiras revela muito sobre o grau de escolaridade das pessoas.

a) Levante hipóteses: Qual é o grau de escolaridade do autor da placa? Por quê?

b) Entre os desvios gramaticais apresentados na placa, qual é, na sua opinião, o que mais motiva preconceito linguístico? Por quê?

3. Leia a tira abaixo, de Caco Galhardo.

(*Folha de S. Paulo*, 10/3/2005.)

a) Se você fosse o revisor do jornal no qual essa tira foi publicada, que recomendação ortográfica teria feito ao autor dela?

b) Levante hipóteses: Por que o autor da tira empregou essa palavra dessa maneira?

CONCEITUANDO

A parte da fonologia que se ocupa das questões notacionais da língua é a **ortografia**.

> **Ortografia**, da combinação dos elementos de origem grega *orto-* (reto, direito, correto) + *-grafia* (representação escrita de uma palavra),é o conjunto de regras da gramática normativa que define a escrita correta das palavras.

Muitas palavras da nossa língua têm a grafia estabelecida com base em sua etimologia. Por exemplo, a palavra *liso* é escrita com *s* porque provém da forma latina *lisus*. Da mesma forma, palavras derivadas de *liso*, como *alisar*, *alisante*, *alisável*, devem ser escritas com *s*.

São poucas as regras ortográficas existentes; por isso, convém conhecê-las ou revisá-las. Contudo, em ortografia é essencial a memória visual, o treino e a consulta ao dicionário sempre que houver necessidade.

O tira-teima

Se o dicionário deixar dúvida quanto à ortografia de determinada palavra, pode-se consultar, ainda, o *Vocabulário ortográfico da língua portuguesa (VOLP)*, elaborado pela Academia Brasileira de Letras. Essa é uma obra de referência até mesmo para a criação de dicionários, pois traz a grafia atualizada das palavras (sem o significado). Na Internet, o *VOLP* encontra-se no endereço: www.academia.org.br/.

Casos principais

Emprego de *j* ou *g*

Caco Galhardo

Emprega-se a letra **j**:

- nas palavras de origem árabe, africana e indígena: *pajé, jiboia, biju*;
- nas palavras derivadas de outras que já possuem **j** em seu radical: laran*j*eira (laran*j*a), su*j*eira (su*j*o).

Emprega-se a letra **g**:

- nas terminações *-ágio*, *-égio*, *-ígio*, *-ógio*, *-úgio*: prest*ígio*, ref*úgio*;
- geralmente nas terminações *-agem*, *-igem*, *-ugem*: gar*agem*, ferr*ugem* (exceções:pa*j*em; lambu*j*em).

EXERCÍCIOS

1. As palavras a seguir são de origem árabe, tupi ou africana. Reescreva-as, completando-as adequadamente com **j** ou **g**.

alfor□e can□ica □enipapo □iboia

pa□é bi□u acara□é berin□ela □irau

2. Observe a grafia das palavras:

ágio gorja lambuja sarja gesso
jeito varejo lisonja ágil ferrugem
nojo vertigem granja margem

Com base nesse quadro, reescreva as palavras a seguir, completando-as adequadamente com **g** ou **j**.

gran□ear	gor□eta	a□iotagem
sar□eta	a□ilidade	no□eira
lison□eiro	ferru□inoso	en□essar
mar□ear	lambu□em	vare□ista
en□eitado	verti□inoso	

Emprego de *x* ou *ch*

Emprega-se a letra **x**:

- normalmente depois de ditongo: cai*x*a, pei*x*e, trou*x*a (exceções: cau*ch*o, recau*ch*utar, recau*ch*utagem);
- depois de *me-* inicial: me*x*er, me*x*ilhão (exceção: me*ch*a e seus derivados);
- depois de *en-* inicial: en*x*urrada, en*x*aqueca (exceções: en*ch*er, en*ch*arcar, en*ch*umaçar e seus derivados).

EXERCÍCIOS

1. Em cada uma das sequências a seguir, há apenas uma palavra que é grafada com **ch**. Identifique-a.

a) en□aqueca – me□erico – capi□aba – almo□arife – mo□ileiro

b) □u□u – ve□ame – □ampu – □ereta – □ará

c) □arope – pra□e – pe□in□a – me□er – lu□ação

d) pi□ação – repu□o – fa□ina – □ará – encai□e

e) frou□o – o□alá – en□urrada – pu□ar – en□imento

2. Na tira abaixo, de Fernando Gonsales, que letras completam, de acordo com as normas ortográficas, as palavras com lacunas?

(*Folha de S. Paulo*, 30/7/2005.)

Emprego de *s* ou *z*

Emprega-se a letra **s**:

- nos sufixos **-ês**, **-esa** e **-isa**, usados na formação de palavras que indicam nacionalidade, profissão, estado social, títulos honoríficos: chin*ês*, chin*esa*, burgu*ês*, burgu*esa*, poet*isa*;
- nos sufixos **-oso** e **-osa** (que indicam "cheio de"), usados na formação de adjetivos: delici*oso*, gelatin*osa*.

Emprega-se a letra **z**:

- nos sufixos **-ez**, **-eza**, usados para formar substantivos abstratos derivados de adjetivos: rigid*ez* (rígido), riqu*eza* (rico);
- quando um verbo é formado a partir da soma de nome (substantivo ou adjetivo) + sufixo **-izar**: animal + *-izar* = animali*zar*.

Quando o verbo é formado a partir de um nome, o sufixo acrescentado é **-ar**: análise + *-ar* = = anali*sar*.

EXERCÍCIOS

1. Fazendo as adaptações necessárias, forme adjetivos acrescentando *-oso* ao final destes substantivos: preconceito, número, mistério, capricho, cobiça, valor, assombro, malícia. Em seguida, escolha um adjetivo ou um substantivo e forme uma frase.

2. Considerando que se emprega *s* nas formas dos verbos *pôr* e *querer* e seus compostos, reescreva as frases a seguir, completando-as adequadamente com o verbo indicado entre parênteses.

a) Se vocês □, podem sair para o recreio agora. (querer)

b) Ele não □ ficar para jantar, porque já tinha um compromisso. (querer)

c) Não seria melhor se nós □ o estoque agora e depois fôssemos almoçar? (repor)

d) Se você □ a mesa enquanto eu preparo os sanduíches, poderemos lanchar imediatamente. (pôr)

3. Fazendo as adaptações necessárias, acrescente os sufixos *-ar* ou *-izar* às palavras a seguir. Atenção: emprega-se o sufixo *-ar* nos verbos derivados de palavras cujo radical contém *-s*. Caso contrário, emprega-se *-izar*. Por exemplo: eterno ⟶ eternizar.

ameno – raso – bis – real – estéril –
polar – catálise – hospital – liso – fértil –
vulgar – paralisia – nacional – institucional

4. No texto a seguir faltam certas letras de algumas palavras. Reescreva essas palavras, completando-as com *ss*, *ç*, *ch*, *x*, *s* ou *z*, de acordo com as normas ortográficas da língua portuguesa.

Um tenista pode ser expulso durante uma partida?

[...] No tênis, é mais correto falar descla□ifica□ão e não e□pul□ão, pois o jogador é eliminado do torneio, e não apenas da partida. É uma puni□ão pe□ada, geralmente usada como último recur□o contra os esquentadinhos. "Antes de ser descla□ificado, um tenista recebe várias penalidades, como advertên□ias verbais, perda de pontos e de games", afirma o árbitro Ricardo Reis. Os tenistas que têm mais chan□es de ser mandados para o chuveiro são os que violam o código de conduta dos torneios. Essa lei proíbe, por exemplo, agre□ões, palavrões e "abu□o" de raquete — o popular □ilique, quando o jogador fica todo nervo□inho e arreme□a a própria raquete no chão. [...]

(Guilherme Castellar. *Mundo Estranho*, nº 44.)

Cynthia Lum/WireImage/Getty Images

Gustavo Kuerten.

5. Das duas formas entre parênteses, indique aquela que substitui corretamentre a lacuna.

a) Você sempre gosta de □ as coisas. (dramatizar – dramatisar)

b) Os jesuítas vieram ao Brasil para □ os índios. (catequizar – catequisar)

c) A isenção do imposto certamente vai □ o crescimento da economia. (catalizar – catalisar)

d) Iniciativas como essa vão □ a população. (aterrorizar – aterrorisar)

Leia a tira a seguir, de Angeli, e responda às questões 6 e 7.

Angeli

(*Folha de S. Paulo*, 12/4/2007.)

6. Na tira, Moska afirma que antes não reconheceria a importância do *ócio* em sua vida.

a) O que quer dizer *ócio*?

b) As ações da personagem são compatíveis com o sentido dessa palavra? Por quê?

7. Moska diz que antes supunha que a palavra *ócio* fosse escrita com dois esses.

a) Com que outra palavra *ócio* se assemelharia, caso fosse escrita desse modo?

b) Esse desconhecimento das normas da língua escrita confirma ou nega a familiaridade da personagem com o ócio? Justifique sua resposta.

Outras questões notacionais da língua

a fim de / afim

- **a fim de**: indica finalidade: Não estou *a fim de* sair hoje.
- **afim**: semelhante, com afinidade: Sempre tivemos ideias *afins*.

ao invés de / em vez de

- **ao invés de**: ao contrário de: *Ao invés de* sair, entrou.
- **em vez de**: em lugar de: *Em vez de* reclamar, ajude-nos.

debaixo / de baixo

- **debaixo**: em posição ou em situação inferior: Saiu emburrado, com os cadernos *debaixo* do braço.
- **de baixo**: indica origem e significa "a partir de baixo":

O vento vinha *de baixo* e subia até o telhado da casa.

há / a

Emprega-se **há**:

- com referência a tempo passado: Não o vejo *há* muitos anos.
- quando se trata de forma do verbo *haver*: *Há* um artigo interessante nesta revista.

Emprega-se **a**:

- com referência a tempo futuro: *A* dois minutos da peça, o ator ainda retocava a maquilagem.
- com referência a distância: Morava *a* cinco quadras daqui.

mal / mau

Na dúvida, convém adotar esta regra prática: **mal** é oposto de *bem*; **mau** é oposto de *bom*.

Observe a substituição: mal-humorada (bem-humorada), mal-estar (bem-estar), mau agouro (bom agouro).

Mau é adjetivo e, portanto, modifica um substantivo: Ele é um *mau* companheiro.

Nesse caso, ocorre variação de gênero: má companheira, má-criação.

Mal pode ser:

- substantivo: Não há *mal* que sempre dure.

  Nesse caso, ocorre variação de número: *males*.
- advérbio: O jogador comportou-se *mal*.
- conjunção (corresponde a *quando*): *Mal* cheguei, ele saiu.
- prefixo: *mal*-educado, *mal*criado.

Nesse caso, há exigência de hífen quando à palavra segue-se outra iniciada por *vogal* e *h*: *mal*-agradecido, *mal*-humorado; nos demais casos: *mal*feito, *mal*passado.

mas / mais

- **mas**: porém, contudo, todavia: Gostaria de ir, *mas* não posso.
- **mais**: indica quantidade; é o contrário de *menos*:

  Gostaria de ficar *mais* com você, mas não posso.

meio / meia

Meio é advérbio quando equivalente a *mais ou menos, um pouco*:

A janela *meio* aberta deixava ver o interior da casa.

Meia é adjetivo quando equivalente a *metade*. Nesse caso é variável:

Comprei *meio* quilo de carne e *meia* dúzia de ovos.
Já é *meio*-dia e *meia* (hora).

EXERCÍCIOS

1. Leia esta tira, de Caco Galhardo:

Caco Galhardo

(*Folha de S. Paulo*, 21/11/2011.)

Imagine que você fosse revisor do jornal e essa tira chegasse às suas mãos antes de ser publicada. Você faria alguma recomendação de mudança ortográfica ao autor da tira?

2. Quando se faz referência a tempo passado, é redundante o acréscimo do advérbio *atrás*: ou se usa na frase apenas *há* ou se usa apenas *atrás*. Leia o texto a seguir e depois, considerando essa informação, indique como ficaria a primeira frase, se o narrador tivesse optado pelo emprego de *há*.

> Alguns anos atrás, um iogue indiano chamado Rao chocou o mundo ao dizer que iria fazer uma demonstração pública de como andar sobre a água. Na presença de 600 testemunhas ao redor de uma piscina de 2 metros de profundidade em Mumbai, na Índia, ele entoou mantras, pôs o pé direito na água, depois o esquerdo... e afundou imediatamente.
>
> (Adaptado. "54 histórias inacreditáveis". In: *Mundo Estranho*, nº 53.)

3. Reescreva as frases a seguir, completando-as com *mal* ou *mau*, conforme convier. Na dúvida, adote esta regra prática: *mal* é oposto de *bem*; *mau* é oposto de *bom*.

a) O jogador caiu de ☐ jeito.

b) Hoje me levantei ☐-humorado.

c) Ele é ☐-educado e ☐criado.

d) O muro ruiu, porque foi ☐ construído.

4. Leia esta tira, de Fernando Gonsales:

Fernando Gonsales

(*Folha de S. Paulo*, 7/1/2010.)

No 2º quadrinho, que palavra ou expressão completa adequadamente a frase do primeiro balão: *debaixo* ou *de baixo*?

5. Use uma das formas indicadas entre parênteses, conforme convier. Se necessário, consulte o dicionário.

a) A matemática e a física são ciências □. (a fim/afim)

b) Cheguei mais cedo à escola, □ de preparar a sala de vídeo. (a fim/afim)

c) Procure conversar menos e trabalhar □. (mais/mas)

d) Ele pretendia apoiá-la em seu projeto, □ na hora desistiu. (mais/mas)

e) □ baixar, o preço dos legumes subiu nesta semana. (Em vez de/Ao invés de)

f) □ ir para a praia, foi para a casa dos tios em Minas. (Em vez de/Ao invés de)

g) Ela está □ aborrecida com isso tudo. (meio/meia)

h) Rápido, Ana, já é □-dia e □. (meio/meia)

Emprego da palavra *porque*

- Usa-se **por que**:

a) nas interrogativas diretas e indiretas:

> *Por que* você demorou tanto?
> Quero saber *por que* meu dinheiro está valendo menos.

b) sempre que estiverem expressas ou subentendidas as palavras *motivo, razão*:

> Não sei *por que* ele se ofendeu.
> Eis *por que* não lhe escrevi antes.

c) quando a expressão puder ser substituída por *para que* ou *pelo qual, pela qual, pelos quais, pelas quais*:

> A estrada *por que* passei está esburacada.

d) em títulos:

> *Por que* o governo substituiu o ministro da Economia

- Usa-se **por quê**:
quando a expressão aparecer em final de frase ou sozinha:

> Ria, ria, sem saber *por quê*.
> Brigou de novo? *Por quê*?

- Usa-se **porque**:
quando a expressão equivaler a *pois, uma vez que, para que*:

> Não responda, *porque* ele está com a razão.

- Usa-se **porquê**:
quando a expressão for substantivada, situação em que é sinônimo de *motivo, razão*:

> O diretor negou-se a explicar o *porquê* de sua decisão.

EXERCÍCIOS

1. De acordo com o contexto, que forma completa adequadamente os balões do 1º e do 2º quadrinhos da tira a seguir: *por que, por quê, porque* ou *porquê*?

(Bill Watterson. *Os dias estão simplesmente lotados*. São Paulo: Best News, 1995. p. 29.)

2. Reescreva as frases, completando-as com *por que, por quê, porque* ou *porquê*:

a) Eles resolveram partir □ já era muito tarde.

b) Retiraram-se da assembleia sem dizer □.

c) Você fala demais. Eis □ não entende o que o professor explica.

d) O diretor gostaria de saber □ vocês sempre chegam atrasados às quartas-feiras.

e) O título da reportagem é: □ o novo Código de Trânsito tem falhas.

f) Não sei □ estou tão aborrecida hoje.

g) Ela não tem consciência do □ de sua atitude.

h) Você é contra a liberdade de imprensa? □?

Parônimos e homônimos

Algumas palavras, como **infringir** e **infligir**, podem nos deixar em dúvida quando escrevemos textos, porque, embora tenham sentidos diferentes, apresentam semelhança na grafia e na pronúncia – palavras **parônimas** – ou diferença na grafia e semelhança na pronúncia – palavras **homônimas**.

As palavras desse tipo empregadas com mais frequência são:

acender: pôr fogo a
ascender: subir

acento: inflexão da voz; sinal gráfico
assento: lugar em que se assenta

acético: relativo ao vinagre
ascético: relativo ao ascetismo
asséptico: relativo à assepsia

caçar: perseguir a caça
cassar: anular

censo: recenseamento
senso: juízo claro

cé(p)tico: que ou quem duvida
sé(p)tico: que causa infecção

cessão: ato de ceder; doação
seção ou secção: corte; divisão
sessão: reunião; assembleia

comprimento: extensão
cumprimento: saudação

concertar: harmonizar; combinar
consertar: remendar; reparar

coser: costurar
cozer: cozinhar

delatar: denunciar
dilatar: estender; retardar

descrição: representação
discrição: ato de ser discreto; reserva

descriminar: inocentar
discriminar: distinguir

discente: relativo a alunos
docente: relativo a professores

emergir: vir à tona
imergir: mergulhar

emigrante: o que sai do próprio país
imigrante: o que entra em país estrangeiro

eminente: alto; excelente
iminente: que está prestes a ocorrer

empoçar: formar poça
empossar: dar posse a

espiar: espreitar
expiar: sofrer pena ou castigo

espirar: soprar; respirar; estar vivo
expirar: expelir o ar dos pulmões; morrer; definhar

estada: ato de estar, permanecer ou demorar (sempre em referência a pessoas e a animais)
estadia: tempo de permanência de veículos em garagem ou estacionamento

estrato: camada sedimentar; tipo de nuvem
extrato: o que foi tirado de dentro; fragmento

flagrante: ato de ser surpreendido em alguma situação; evidente; patente
fragrante: perfumado

infligir: aplicar (pena, repreensão)
infringir: violar; transgredir; desrespeitar

intenção ou tenção: propósito
intensão ou tensão: intensidade

intercessão: rogo; súplica
interse(c)ção: ponto em que duas linhas se cortam

mandado: ordem judicial
mandato: período de missão política

prescrição: ordem expressa
proscrição: eliminação, expulsão

ratificar: confirmar
retificar: corrigir

tachar: censurar; notar defeito em
taxar: estabelecer o preço ou imposto

tráfego: movimento, trânsito
tráfico: comércio ilegal e clandestino

vultoso: volumoso
vultuoso: atacado de vultuosidade (congestão da face)

EXERCÍCIO

Empregue uma das formas indicadas entre parênteses:

a) Sejam educados! Usem de ☐. (descrição/discrição)
b) A empresa gastou uma soma ☐ em lazer para seus funcionários. (vultuosa/vultosa)
c) Em minha última viagem à costa brasileira, a ☐ do navio em Salvador permitiu que se prolongasse nossa ☐ naquela magnífica cidade. (estadia/estada)
d) O governo ☐ os direitos políticos de muitos deputados. (cassou/caçou)
e) Felizmente, os ladrões foram apanhados em ☐. (flagrante/fragrante)

f) Pedro trabalha na ☐ de secos e molhados. (cessão/sessão/seção)

g) Gosto de ir ao cinema na ☐ das dez. (cessão/sessão/seção)

h) Palmas para o nadador que acaba de ☐ e já acena para o público! (emergir/imergir)

i) O motoqueiro ☐ as leis de trânsito e o guarda ☐ a ele uma multa bem pesada. (infringiu/infligiu)

DIVISÃO SILÁBICA

Leia este texto:

> Não adiantava nada que o céu estivesse azul porque a alma de Nicolino estava negra.
> — Ei, Nicolino! NICOLINO!
> — Que é?
> — Você está ficando surdo, rapaz! A Grazia passou agorinha mesmo.
> — Des-gra-ça-da!
> — Deixa de fita. Você joga amanhã contra o Esmeralda?
> — Não sei ainda.
> — Não sabe? Deixa de fita, rapaz! Você...
> — Ciao.
> — Veja lá, hein! Não vá tirar o corpo na hora. Você é a garantia da defesa.
> A desgraçada já havia passado.
>
> (Antônio de Alcântara Machado. *Novelas paulistanas.* Rio de Janeiro: J. Olympio, 1981. p. 22-3.)

Observe, no 5º parágrafo do texto, que o narrador separa as sílabas da palavra *desgraçada* para dar ideia da raiva com que a personagem Nicolino referiu-se à sua amada Grazia.

Como mostra essa situação, a divisão de uma palavra em sílabas, além de seu uso mais comum – em final de linha –, pode, em determinados contextos, criar efeitos de sentido.

(Santiago. *O melhor do Macanudo Taurino.* Porto Alegre: L&PM, 1997. p. 60.)

Observe, nesse cartum, que a substituição de sílabas acaba por provocar uma crítica bem-humorada ao sistema educacional universitário.

Ao dividir uma palavra em sílabas, lembre-se:

- quando inicia uma palavra, a consoante não seguida de vogal fica junto da sílaba que a segue: psi-ca-ná-li-se, gno-mo.
- no interior do vocábulo, a consoante não seguida de vogal fica na sílaba que a precede: ca-rac-te-res, ap-to.
- nunca se separam:
  a) os **ditongos** e os **tritongos**: lei-tu-ra, en-xa-guei.
  b) os **dígrafos** *lh, nh, ch, qu, gu*: pa-lha, a-char, quen-te.
  c) os **encontros consonantais** constituídos de *consoante* + *r* e *consoante* + *l*: cla-ro, a-fri-ca-no.
  Quando, porém, o *l* e o *r* dos grupos consonantais *br* e *bl* são pronunciados separadamente, compõem sílabas distintas: sub-lo-car, sub-li-nhar.
- separam-se:
  a) os **hiatos**: a-in-da, vo-ou.

b) os **dígrafos** *rr, ss, sc, sç, xc* e os **encontros consonantais** *cc* e *cç*: car-ro, nas-cer, pas-so, des-ça, ex-ce-to, oc-ci-pi-tal, in-te-lec-ção.

c) os **prefixos** *bis, dis, cis, trans* e *ex*, quando seguidos de vogal; se seguidos de consoante, não se formará nova sílaba: bi-sa-vó / bis-ne-to; di-sen-te-ri-a / dis-rit-mi-a; ci-sal-pi-no / cis-pla-ti-no; tran-sa-tlân-ti-co / trans-por-te; e-xau-rir / ex-por-tar.

EXERCÍCIOS

1. Um aluno, ao escrever um anúncio a pedido de sua professora, dividiu silabicamente a palavra *joia* de modo inadequado:

Como seria, de acordo com a norma-padrão, a divisão silábica da palavra *joia*? Por quê?

2. Indique os itens nos quais há palavra(s) separada(s) em desacordo com as regras de divisão silábica:

a) pers-pi-caz, ca-a-tin-ga, vo-o

b) ma-go-a, má-goa, hec-ta-re

c) ex-ces-si-vo, pa-ra-guai-o, ses-são

d) flui-do, fric-cio-nar, ru-im

e) né-ctar, subs-tân-cia, su-bs-cre-ver

f) piau-i-en-se, cis-an-di-no, fri-ís-si-mo

A DIVISÃO SILÁBICA NA CONSTRUÇÃO DO TEXTO

Leia este anúncio:

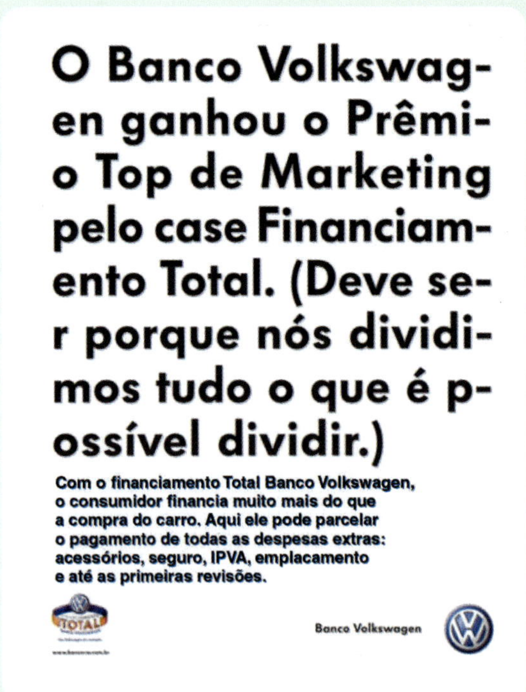

(Disponível em: http://blogdereferencia.wordpress.com/tag/publicidade/. Acesso em: 2/4/2012.)

1. O anúncio faz uso de um recurso gramatical para chamar a atenção do leitor.

a) Qual é esse recurso?

b) Como esse texto deveria ter sido escrito de modo que não chamasse a atenção?

2. No enunciado principal do anúncio se lê: "dividimos tudo o que é possível dividir".

a) Qual é a divisão que o anúncio procura divulgar?

b) Por que o enunciado, do modo como está escrito, representa uma contradição?

c) Levante hipóteses: Por que somente a palavra *dividimos* foi dividida de acordo com as regras gramaticais?

SEMÂNTICA E DISCURSO

Leia a crônica a seguir, de Rubem Alves, e responda às questões de 1 a 6.

Camelos e beija-flores...

A revisora informou delicadamente que era norma do jornal que todas as "estórias" deveriam ser grafadas como "histórias". É assim que os gramáticos decidiram e escreveram nos dicionários.

Marcos Guilherme.

Respondi também delicadamente: "Comigo não. Quando escrevo 'estória' eu quero dizer 'estória'. Quando escrevo 'história' eu quero dizer 'história'. Estória e história são tão diferentes quanto camelos e beija-flores..."

Escrevi um livro baseado na diferença entre "história" e "estória". O revisor, obediente ao dicionário, corrigiu minhas "estórias" para "história". Confiando no rigor do revisor, não li o texto corrigido. Aí, um livro que era para falar de camelos e beija-flores, só falou de camelos. Foram-se os beija-flores engolidos pelo camelo...

Escoro-me no Guimarães Rosa. Ele começa o *Tutameia* com esta afirmação: "A estória não quer ser história. A estória, em rigor, deve ser contra a história".

Qual é a diferença? É simples. Quando minha filha era pequena eu lhe inventava estórias. Ela, ao final, me perguntava: "Papai, isso aconteceu de verdade?" E eu ficava sem lhe poder responder porque a resposta seria de difícil compreensão para ela. A resposta que lhe daria seria: "Essa estória não aconteceu nunca para que aconteça sempre..."

A história é o reino das coisas que aconteceram de verdade, no tempo, e que estão definitivamente enterradas no passado. Mortas para sempre. [...]

Mas as estórias não aconteceram nunca. São invenções, mentiras. O mito de Narciso é uma invenção. O jovem que se apaixonou por sua própria imagem nunca existiu. Aí, ao ler o mito que nunca existiu eu me vejo hoje debruçado sobre a fonte que me reflete nos olhos dos outros. Toda estória é um espelho. [...]

[...]

A história nos leva para o tempo do "nunca mais", tempo da morte. As estórias nos levam para o tempo da ressurreição. Se elas sempre começam como o "era uma vez, há muito tempo" é só para nos arrancar da banalidade do presente e nos levar para o tempo mágico da alma.

Assim, por favor, revisora: quando eu escrever "estória" não corrija para "história". Não quero confundir camelos e beija-flores...

(*Folha de S. Paulo*, 14/11/2006.)

Marcos Guilherme

1. O texto comenta uma oposição de natureza ortográfica que, ao ser desconsiderada, resulta, na opinião do autor, em perdas de sentido. De acordo com o texto:

a) Por que a revisora corrigiu a palavra *estória*, mudando-a para *história*?

b) Por que o autor da crônica não concorda com o procedimento da revisora?

2. Associe os termos *história* e *estória* às palavras e expressões da coluna da direita, de acordo com o texto:

a) história
b) estória

1. invenções, mentiras
2. reino das coisas que aconteceram de verdade
3. tempo do "nunca mais"
4. tempo da ressurreição
5. tempo mágico da alma
6. tempo da banalidade do presente

3. Conclua: Para o autor do texto, qual é a diferença de sentido entre *história* e *estória*?

4. O autor conta que escreveu um livro baseado na diferença entre *história* e *estória*. Segundo ele:

a) Por que, quando publicado, o livro falava só de camelos?

b) O que esse fato revela sobre a compreensão do texto pela revisora?

c) Levando em conta a analogia estabelecida pelo autor do texto entre *história/estória*, de um lado, e *beija-flor/camelo*, de outro lado, interprete a afirmação: "Foram-se os beija-flores, engolidos pelos camelos".

5. O autor do texto diz escorar-se na afirmação de Guimarães Rosa: "A estória não quer ser história. A estória, em rigor, deve ser contra a história". Os argumentos apresentados por Rubem Alves acerca da diferença de sentido entre *história* e *estória* confirmam o ponto de vista de Guimarães Rosa? Por quê?

6. Troque ideias com os colegas: Colocando-se na posição do autor, da revisora e dos gramáticos, a quem você daria razão? Por quê?

Leia o anúncio publicitário a seguir e responda às questões 7 e 8.

CocaCola

7. O anúncio faz uso de uma linguagem que não é comum na esfera publicitária. Esse tipo de linguagem rompe com as convenções da escrita da língua portuguesa para criar convenções próprias.

a) Em que outra esfera e gêneros esse tipo de linguagem costuma ser utilizado?

b) A parte não verbal do anúncio confirma sua resposta anterior? Por quê?

c) Como ficaria a parte verbal do texto, caso quiséssemos reescrevê-la de acordo com as convenções tradicionais de escrita da língua portuguesa?

d) No contexto, que sentido têm as palavras "geralw" e "dixavar"?

8. Mesmo ficando o texto verbal adequado às convenções da escrita de nossa língua, você nota que ele difere bastante da norma-padrão.

a) Que variedade linguística é utilizada no texto?

b) Deduza: Qual é o perfil do público que o anúncio pretende atingir?

c) Com que finalidade o anunciante se apropriou desse tipo de linguagem para construir o anúncio?

Fabio Colombini

: Teto da Igreja São Francisco de Assis, Ouro Preto, pintada por Athayde.

CAPÍTULO 7

O Barroco no Brasil

Diferentemente do Barroco europeu, que se voltou principalmente às exigências de um público aristocrático, o Barroco brasileiro nasceu e se desenvolveu em condições bastante diferentes, ganhando características próprias, como as que se veem na poesia do baiano Gregório de Matos.

Século XVII. O Brasil era o grande celeiro da cana-de-açúcar. Os colonos portugueses que vinham para cá estavam interessados na exploração desse produto e no enriquecimento rápido. Poucos entre eles sabiam ler e escrever. Entretanto, aos poucos foi surgindo na colônia um grupo de pessoas cuja formação intelectual acontecia em Portugal – geralmente advogados, religiosos ou homens de letras, na maioria filhos de comerciantes ricos ou de fidalgos instalados no Brasil. Essa elite foi responsável pelo nascimento de uma literatura brasileira, inicialmente frágil, presa a modelos lusitanos e sem um público consumidor ativo e influente.

A realidade brasileira era então muito diferente da portuguesa. Tratava-se de um centro de comércio relacionado à exploração da cana-de-açúcar; de uma realidade de violência, em que se escravizava o negro e se perseguia o índio. Não se via aqui o luxo e a pompa da aristocracia europeia, que, como público consumidor, apreciava e estimulava o refinamento da arte.

Apesar disso, os modelos literários portugueses chegaram ao Brasil, e o Barroco, cujas origens aqui se confundem com as da nossa própria literatura, deu seus primeiros passos no país. Não havia sentimento de grupo ou de coletividade: a literatura produzida em meio ao espírito de aventura e de ganância da mentalidade colonialista foi fruto de esforços individuais. Aqueles que escreviam encontraram na literatura um instrumento para criticar e combater essa mentalidade, para moralizar a população por meio dos princípios da religião ou, ainda, para dar vazão a sentimentos pessoais profundos.

O Barroco no Brasil ganhou grande impulso entre 1720 e 1750, quando foram fundadas várias academias literárias por todo o país. Nas artes plásticas, esse desenvolvimento só aconteceu no século XVIII, quando, em decorrência da descoberta do ouro em Minas Gerais, construíram-se igrejas de estilo barroco no país.

A obra considerada tradicionalmente o marco inicial do Barroco brasileiro é *Prosopopeia* (1601), de Bento Teixeira, um poema que procura imitar *Os lusíadas*.

Os escritores barrocos brasileiros que mais se destacaram são:

A sedução do novo mundo

[...] os colonos que para aqui se dirigiam, se não eram degredados, portanto desajustados na sociedade europeia, tinham em vista principalmente o enriquecimento rápido, para retornarem logo a Portugal, e não o enraizamento na Colônia para a construção de uma nova vida social. Por isso o tempo que tiravam para "fazer a América" – expressão eufemística para a busca do enriquecimento – e o deslocamento para o Novo Mundo eram interpretados por eles como períodos e "lugares" em que mais coisas eram permitidas do que na rotina da vida europeia.

(Luiz Roncari. *Literatura brasileira – Dos primeiros cronistas aos últimos românticos*. 2. ed. São Paulo: Edusp/FDE, 1995. p. 95-6.)

- **na poesia**: Gregório de Matos, Bento Teixeira, Botelho de Oliveira e Frei Itaparica;
- **na prosa**: Pe. Antônio Vieira, Sebastião da Rocha Pita e Nuno Marques Pereira.

GREGÓRIO DE MATOS: ADEQUAÇÃO E IRREVERÊNCIA

Edson Grandisoli/Pulsar Imagens

Igreja São Francisco de Assis, Salvador, Bahia.

Gregório de Matos (1633?-1696) é o maior poeta barroco brasileiro e um dos fundadores da poesia lírica e satírica em nosso país. Nasceu em Salvador, estudou no Colégio dos Jesuítas e depois em Coimbra, Portugal, onde cursou Direito, tornou-se juiz e ensaiou seus primeiros poemas satíricos. Retornando ao Brasil, em 1681, exerceu os cargos de tesoureiro-mor e de vigário-geral, porém sempre se recusou a vestir-se como clérigo. Devido às suas sátiras, foi perseguido pelo governador baiano Antônio de Souza Menezes, o Braço de Prata. Depois de se casar com Maria dos Povos e exercer a função de advogado, saiu pelo Recôncavo baiano como cantador itinerante, dedicando-se às sátiras e aos poemas erótico-irônicos, o que lhe custou alguns anos de exílio em Angola. Voltou doente ao Brasil e, impedido de entrar na Bahia, morreu em Recife.

Irreverência e esquecimento

Gregório de Matos primou pela irreverência. Foi irreverente como pessoa, ao afrontar com comportamentos considerados indecorosos os valores e a falsa moral da sociedade baiana de seu tempo; como poeta lírico, ao seguir e ao mesmo tempo quebrar os modelos barrocos europeus; como poeta satírico, ao denunciar as contradições da sociedade baiana do século XVII, criticando os mais diferentes grupos sociais – governantes, fidalgos, comerciantes, escravos, mulatos, etc. –, numa linguagem que agrega ao código da língua portuguesa vocábulos indígenas e africanos, além de palavras de baixo calão.

A fundação da poesia brasileira

O "Boca do Inferno" é o primeiro poeta de verdade que se pode, sem hesitação, chamar brasileiro. [...]

Gregório é o nosso primeiro poeta "popular", com audiência certa não só entre intelectuais como em todas as camadas sociais, e consciente aproveitador de temas e de ritmos da poesia e da música populares; o nosso primeiro poeta "participante", no sentido contemporâneo.

(Mário Faustino. *De Anchieta aos concretos*. São Paulo: Companhia das Letras, 2003. p. 61.)

Pelo fato de não ter publicado nenhuma obra em vida, seus poemas foram transmitidos oralmente, na Bahia, até meados do século XIX, quando então foram reunidos em livro por Varnhagen. Antes disso, houve algumas compilações de valor discutível, pois os copistas nem sempre seguiam critérios científicos para realizar esse tipo de trabalho. Por isso, há controvérsias sobre a autoria de alguns dos poemas atribuídos ao poeta baiano e é comum os textos apresentarem algumas variações de vocabulário ou de sintaxe, dependendo da edição consultada.

Apesar desses problemas, a obra de Gregório de Matos vem sendo reconhecida como aquela que, além de ter iniciado uma tradição entre nós, superou os limites do próprio Barroco. Em pleno século XVII, o poeta chegou a ser um dos precursores da poesia moderna brasileira do século XX. Veja, como exemplo desse pioneirismo, a semelhança de procedimentos existente entre o seguinte poema de autoria dele e um poema de Manuel Bandeira (poeta do século XX):

Dou pruden nobre, huma afá
to, te, no, vel,
Re cien benig e aplausí
Úni singular ra inflexí
co, ro, vel
Magnífi precla incompará
Do mun grave Ju inimitá
do is vel
Admira goza o aplauso crí
Po a trabalho tan e t terrí
is to ão vel
Da pron execuç sempre incansá
Voss fa Senhor sej notór
a ma a ia
L no cli onde nunc chega o d
Ond de Ere só se tem memór
e bo ia
Para qu gar tal, tanta er
Po de tod est terr é gent
is a a a
Da ma remot sej um

(Gregório de Matos. *Poesias selecionadas*. São Paulo: FTD, 1993. p. 56.)

Gregório de Matos: um plagiador?

O poeta baiano foi muitas vezes acusado de plágio. De fato, muitos dos poemas atribuídos a ele não passam de traduções ou adaptações para o português de poemas de outros escritores, como Gôngora, Quevedo, Camões e Sá de Miranda.

Antes de julgar Gregório de Matos, porém, é preciso supor que talvez ele tivesse a intenção de apenas traduzir esses poemas. Além disso, é necessário lembrar que, na época em que ele viveu, a autoria tinha um significado diferente do que tem hoje. Não era considerada expressão da individualidade de um artista ou sua propriedade intelectual. Antes do século XIX, era comum um pintor ou um poeta imitar outro, como meio de absorver-lhe as técnicas.

ROSA TUMULTUADA

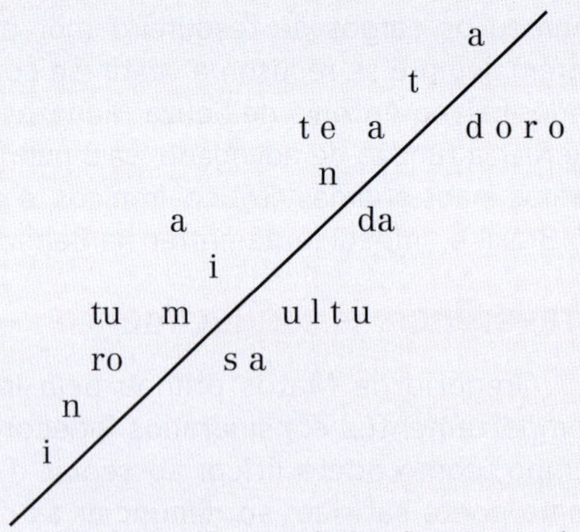

(Manuel Bandeira. *Estrela da vida inteira*. 2. ed. Rio de Janeiro: José Olympio, 1970. p. 279.)

Gregório de Matos no cinema

A vida de Gregório de Matos tinha tudo para virar cinema: sua experiência como padre, seus atritos com os poderosos, suas paixões, sua vida devassa... O filme *Gregório de Matos*, dirigido por Ana Carolina, não é, porém, biográfico. Contando no elenco com o poeta Waly Salomão, no papel de Gregório de Matos, e com atores como Ruth Escobar, Marília Gabriela e Xuxa Lopes, entre outros, a diretora costurou um roteiro a partir de versos do poeta que, ora líricos, ora satíricos, ora eróticos, vão compondo os rumos da obra poética e da vida pessoal que levaram Gregório de Matos ao exílio e ao abandono. Pode-se dizer que o filme retrata o surgimento de uma nação, o Brasil.

Reprodução

Gregório de Matos.

A lírica

Gregório de Matos cultivou três vertentes da poesia lírica: a amorosa, a filosófica e a religiosa. Como poeta lírico, adequou-se aos temas e aos procedimentos de linguagem frequentes no Barroco europeu.

A **lírica amorosa** é fortemente marcada pelo dualismo amoroso carne/espírito, que leva normalmente a um sentimento de culpa no plano espiritual. Observe estes sonetos:

Discreta e formosíssima Maria,
Enquanto estamos vendo claramente
Na vossa ardente vista o sol ardente,
E na rosada face a aurora fria:

Enquanto pois produz, enquanto cria
Essa esfera gentil, mina excelente
No cabelo o metal mais reluzente,
E na boca a mais fina pedraria:

Gozai, gozai da flor da formosura,
Antes que o frio da madura idade
Tronco deixe despido, o que é verdura.

Que passado o zênite da mocidade,
Sem a noite encontrar da sepultura,
É cada dia ocaso da beldade.

(In: *Antologia da poesia barroca brasileira*. Organização de Emerson Tin. São Paulo: Nacional/Lazuli, 2008. p. 80.)

beldade: beleza.
ocaso: crepúsculo, anoitecer.
zênite: auge, apogeu, culminância.

Ricardo Dantas

Adeus, vão pensamento, a Deus cuidado,
Que eu te mando de casa despedido,
Porque sendo de uns olhos bem nascido,
Foste com desapego mal tratado.

Nasceste de um acaso não pensado,
E criou-te um olhar pouco advertido:
Cresceu-te o esperar de um entendido,
E às mãos morreste de um desesperado.

Ícaro foste, que atrevidamente
Te remontaste à esfera da Luz pura,
De onde te arrojou teu voo ardente.

Fiar no sol é irracional loucura;
Porque nesse brandão dos céus luzente
Falta a razão, se sobra a formosura.

(In: *Presença da literatura brasileira*. Antonio Candido e J. Aderaldo Castello. São Paulo: Difel, 1968. v. 1, p. 75-6.)

arrojar: arrastar, atirar, arremessar.
brandão: vela, tocha.
fiar: confiar, crer, acreditar.
Ícaro: personagem da mitologia grega que, com asas coladas com cera, fugiu do labirinto de Creta e morreu porque a cera derreteu ao se aproximar do Sol.

Em ambos os textos, a mulher é apresentada de forma idealizada. No primeiro, sua descrição física serve-se de imagens elevadas, associadas ao sol, ao amanhecer, às joias, que atraem a atenção do eu lírico por sua beleza e juventude. No segundo texto, os olhos da mulher dão origem ao pensamento amoroso, e pensar em amá-la é como desejar ambiciosamente possuir o Sol.

No primeiro texto, a idealização cede lugar ao desejo e ao convite à amada para aproveitar sua beleza e juventude, antes que chegue a "madura idade", numa clara postura de *carpe diem*. No segundo texto, comparativamente, a ambição amorosa provoca a queda do eu lírico, sugerida pelo mito de Ícaro. Assim, em ambos os casos, desenrola-se o drama amoroso do Barroco: o apelo sensorial do corpo e a angústia de aproveitar os dias se contrapõem ao ideal religioso, gerando um sentimento de culpa e, na poesia de temática religiosa, o apelo por perdão.

Na **lírica filosófica**, destacam-se textos que se referem ao desconcerto do mundo (lembrando diretamente Camões) e às frustrações humanas diante da realidade. E também poemas em que predomina a consciência da transitoriedade da vida e do tempo e da instabilidade das coisas do mundo e do homem.

A **lírica religiosa** obedece aos princípios fundamentais do Barroco europeu, fazendo uso de temas como o amor a Deus, a culpa, o arrependimento, o pecado e o perdão. A língua empregada é culta e apresenta inversões e figuras de linguagem abundantes.

LEITURA

Fabio Colombini

Escultura de Aleijadinho.

Ofendi-vos, Meu Deus, bem é verdade;
É verdade, meu Deus, que hei delinquido,
Delinquido vos tenho, e ofendido,
Ofendido vos tem minha maldade.

Maldade, que encaminha à vaidade,
Vaidade, que todo me há vencido;
Vencido quero ver-me, e arrependido,
Arrependido a tanta enormidade.

Arrependido estou de coração,
De coração vos busco, dai-me abraços,
Abraços, que me rendem vossa luz.

Luz, que claro me mostra a salvação,
A salvação pretendo em tais abraços,
Misericórdia, Amor, Jesus, Jesus.

(In: *Antologia da poesia barroca brasileira*, cit. p. 45.)

enormidade: ação descabida, absurda; barbaridade.
hei delinquido: tenho cometido delitos; tenho cometido atos ofensivos.

1. No texto, o eu lírico dirige-se diretamente a Cristo, falando de si mesmo.

a) Como o eu lírico se coloca diante de Cristo?

b) Na primeira estrofe, o eu lírico faz um jogo com dois verbos que revelam seu pecado. Quais são os verbos?

c) Que característica pessoal o eu lírico apresenta como causa do seu pecado?

2. Na segunda estrofe, o eu lírico continua sua confissão.

a) Ele se confessa "vencido" e diz que quer "ver-se vencido". Quais são os agentes dessas duas expressões?

b) Que palavra dessa estrofe constitui uma antítese, em relação a *delinquido* ou *ofendido*?

c) Esse compromisso do eu lírico implica um compromisso de Cristo. Qual?

3. Levando em conta a presença do vocativo "Meu Deus", do imperativo "dai-me" e da declaração devocional do último verso, a que gênero textual se assemelha o poema?

4. Leia, a seguir, dois tercetos da lírica religiosa de Gregório de Matos, nos quais o eu lírico também se dirige a Cristo pedindo a salvação:

Eu sou, Senhor, a ovelha desgarrada,
Cobrai-a; e não queirais, pastor divino,
Perder na vossa ovelha a vossa glória.

(In: *Antologia da poesia barroca brasileira.* cit. p. 47.)

Mui grande é o vosso amor, e meu delito,
Porém pode ter fim todo o pecar,
E não o vosso amor, que é infinito.

(In: Idem, p. 46.)

O eu lírico busca sua salvação por meio da argumentação.

a) De que argumentos ele lança mão no primeiro fragmento?

b) E no segundo fragmento?

5. No soneto em estudo, é empregada uma figura de linguagem chamada *anadiplose*, que consiste em um encadeamento de palavras, feito de modo que um termo empregado no final de um verso dá início ao verso seguinte. Qual é a importância desse recurso para a argumentação que o eu lírico faz junto a Cristo?

6. Com base no que aprendeu até aqui acerca da linguagem barroca, você diria que o texto é cultista ou conceptista?

A sátira

Conhecido também como "Boca do Inferno", em razão de suas sátiras, Gregório de Matos é um dos principais e mais ferinos representantes da literatura satírica em língua portuguesa. A exemplo de certos trovadores da Idade Média, o poeta não poupou na sua linguagem nem palavrões nem críticas a todas as classes da sociedade baiana de seu tempo. Criticava o governador, o clero, os comerciantes, os negros, os mulatos, etc.

Observe o soneto ao lado. Nele Gregório de Matos descreve a situação política e econômica da Bahia, a exploração praticada pelos colonizadores e a censura exercida contra os críticos dos maus administradores, sintetizadas nos dois últimos versos: "E é que, quem o dinheiro nos arranca, / Nos arrancam as mãos, a língua, os olhos".

A sátira constitui uma das partes mais originais da poesia de Gregório de Matos, pois foge aos padrões preestabelecidos pelo Barroco português ou ibérico e se volta para a realidade baiana do século XVII. Pode, assim, ser considerada poesia brasileira, e não somente pelos temas escolhidos, mas também pela percepção crítica da exploração colonialista empreendida pelos portugueses na colônia. Além disso, Gregório emprega na sátira uma língua portuguesa diversificada, brasileira, repleta de termos indígenas e africanos (que refletem o bilinguismo ou o trilinguismo da época), de palavrões, gírias e expressões locais.

Tristes sucessos, casos lastimosos,
Desgraças nunca vistas, nem faladas,
São, ó Bahia! vésperas choradas
De outros que estão por vir mais estranhosos:

Sentimo-nos confusos, e teimosos,
Pois não damos remédios às já passadas,
Nem prevemos tampouco as esperadas,
Como que estamos delas desejosos.

Levou-vos o dinheiro a má fortuna,
Ficamos sem tostão, real nem branca,
Macutas, correão, novelos, molhos:

Ninguém vê, ninguém fala, nem impugna,
E é que, quem o dinheiro nos arranca,
Nos arrancam as mãos, a língua, os olhos.

(*Poemas escolhidos.* Organização de José Miguel Wisnik. São Paulo: Cultrix, s.d. p. 44.)

tostão, real, branca, macuta: moedas, dinheiro de pouco valor.

Por essas razões é que a poesia de Gregório de Matos – ao abrir espaço para a paisagem e a língua do povo – talvez seja a primeira manifestação *nativista* de nossa literatura e represente o início do longo processo de despertar da *consciência crítica* nacional, que levaria ainda um século para abrir os olhos, com os gritos de revolta dos inconfidentes mineiros.

A casa de Beto (1996), Carybé.

LITERATURA COMPARADA

DIÁLOGO ENTRE A CANÇÃO CONTEMPORÂNEA E A POESIA DE GREGÓRIO DE MATOS

A seguir, você vai ler dois textos. O primeiro é um poema de Gregório de Matos, produzido no contexto da Bahia do século XVII, então sede da capital do Brasil-Colônia e centro da exploração praticada por comerciantes vindos de várias partes da Europa. O segundo texto é a letra de uma canção de Caetano Veloso, produzida na década de 1970, em Londres, onde o cantor vivia, pelo fato de ter sido exilado pelo regime militar brasileiro. A canção encontra-se no disco *Transa*, de 1972. Procure ouvi-la, se possível.

Leia os textos e compare-os. Em seguida, responda às questões propostas.

TEXTO I

Triste Bahia! Ó quão dessemelhante
Estás e estou do nosso antigo estado!
Pobre te vejo a ti, tu a mi empenhado,
Rica te vi eu já, tu a mi abundante.

A ti trocou-te a máquina mercante,
Que em tua larga barra tem entrado,
A mim foi-me trocando e tem trocado
Tanto negócio e tanto negociante.

Deste em dar tanto açúcar excelente
Pelas drogas inúteis, que abelhuda
Simples aceitas do sagaz Brichote.

Oh se quisera Deus que de repente
Um dia amanheceras tão sisuda
Que fora de algodão o teu capote!

(Gregório de Matos. In: Alfredo Bosi. *Dialética da colonização.* São Paulo: Companhia das Letras, 1992. p. 94.)

Foto: Pierre Verger © Fundação Pierre Verger

abelhuda: curiosa.

brichote: termo pejorativo, que designa o "indivíduo estrangeiro"; provavelmente é uma corruptela de *british* (inglês).

capote (de algodão): capa grande, na época feita por escravos e usada por pessoas pobres.

dessemelhante: diferente.

empenhado: endividado, com muitos débitos.

máquina mercante: a política mercantilista em geral; além disso, pode ser também uma referência à abertura do comércio de açúcar brasileiro com países estrangeiros, que passou a ser permitido por D. João IV, depois de sessenta anos em que só Portugal gozara desse privilégio.

sisudo: prudente, moderado, sério.

TEXTO II

Triste Bahia

Triste Bahia, oh, quão dessemelhante estás
E estou do nosso antigo estado
Pobre te vejo a ti, tu a mim empenhado
Rico te vejo eu, já tu a mim abundante
Triste Bahia, oh, quão dessemelhante
A ti tocou-te a máquina mercante
Quem tua larga barra tem entrado
A mim vem me trocando e tem trocado
Tanto negócio e tanto negociante

Triste, oh, quão dessemelhante, triste...
Pastinha já foi à África
Pastinha já foi à África
Pra mostrar capoeira do Brasil
Eu já vivo tão cansado
De viver aqui na Terra

Minha mãe, eu vou pra lua
Eu mais a minha mulher
Vamos fazer um ranchinho
Todo feito de sapê, minha mãe eu vou pra lua
E seja o que Deus quiser

Triste, oh, quão dessemelhante
Ê, ô, galo canta
O galo cantou, camará
Ê, cocorocô, ô cocorocô, camará
Ê, vamo-nos embora, ê vamo-nos embora camará
Ê, pelo mundo afora, ê pelo mundo afora camará
Ê, triste Bahia, ê, triste Bahia, camará
Bandeira branca enfiada em pau forte

Afoxé leî, leî, leô
Bandeira branca, bandeira branca enfiada em pau forte
O vapor da cachoeira não navega mais no mar

Triste recôncavo, oh, quão dessemelhante
Maria pegue o mato é hora, arriba a saia e vamo-nos embora
Pé dentro, pé fora, quem tiver pé pequeno vai embora

Oh, virgem mãe puríssima
Bandeira branca enfiada em pau forte
Trago no peito a estrela do norte
Bandeira branca enfiada em pau forte

(Caetano Veloso. Transa. In: *Todo Caetano*. Rio de Janeiro: Polygram, 1996. v. 8. Warner Chappell Edições Musicais.)

1. Na 1ª estrofe do poema de Gregório de Matos, o eu lírico se compara à Bahia e se identifica com ela, pelo que foram no passado e pelo que hoje são no presente.

   a) Como eram a Bahia e o eu lírico no passado? Que palavras traduzem esse estado?

   b) E como são hoje? Que palavras justificam sua resposta?

2. A palavra *trocar* foi empregada, no poema, com o sentido de "modificar, alterar-se", portanto diferente daqueles que lhe são comuns atualmente. De acordo com a 2ª estrofe do poema, o que causou as alterações na Bahia e no eu lírico?

3. De acordo com a 3ª estrofe do poema, o que a Bahia oferecia aos comerciantes estrangeiros e o que recebia em troca?

4. O poema dá a entender que a Bahia (o Brasil) é vaidosa e quer se igualar às grandes nações europeias. Que palavra expressa essa ideia?

5. Na última estrofe do soneto, com a expressão "Oh se quisera Deus", o eu lírico manifesta o desejo de que a Bahia amanheça *sisuda*, com um *capote de algodão*.

   a) Dê uma interpretação a essas imagens.

   b) Na sua opinião, a situação criticada pelo eu lírico ainda é atual, quando se pensa na relação de consumo que os brasileiros têm com os produtos importados? Justifique sua resposta.

6. Caetano Veloso e Gregório de Matos, cada um em sua época, cantam a Bahia. Quando Caetano se apropria de alguns versos de Gregório, cerca de trezentos anos depois, estabelece com eles uma *relação interdiscursiva* e confere a eles um sentido novo, principalmente se considerada a situação de exílio em que se encontrava quando compôs a canção. Leia o boxe "O contexto da canção 'Triste Bahia'", ao lado, e depois, considerando as condições econômicas e políticas do Brasil na época da criação da canção e a situação pessoal do artista no exílio, responda:

   a) Que novo sentido ganham os versos "Triste Bahia, oh, quão dessemelhante estás / E estou do nosso antigo estado" na voz de Caetano?

   b) Nesse contexto, que sentido novo ganham a pobreza, a riqueza e a "máquina mercante" na voz de Caetano?

   c) O que há em comum entre o canto de Caetano Veloso e o poema de Gregório de Matos que estabelece o interdiscurso?

7. A partir da 2ª estrofe, a canção de Caetano distancia-se do poema de Gregório, lembrado apenas por versos como "Triste, oh, quão dessemelhante, triste..." (2ª estrofe) ou "Ê, triste Bahia, ê, triste Bahia, camará" (4ª estrofe), nos quais perdura a ideia da tristeza. Nessa parte da canção, como se pretendesse mudar de assunto, o compositor incorpora, de modo fragmentado, elementos da cultura popular baiana, trechos de cantigas, além de referências ao candomblé e à capoeira. Discuta com o professor e com a classe, buscando uma interpretação:

   a) Por que, aparentemente, a letra da canção parece "mudar de assunto" e abandonar o tom crítico inicial?

   b) Que possível relação existe entre a situação vivida pelo país na época e os elementos da cultura popular mencionados na canção?

8. No momento em que Caetano Veloso criou a canção, os compositores tinham dificuldades com a censura. Com os meios utilizados na canção "Triste Bahia", o compositor conseguiu dizer o que queria sem chamar a atenção da censura?

O contexto da canção "Triste Bahia"

Na década de 1960, o Brasil vivia um período desenvolvimentista, o do chamado "milagre econômico", que consistiu na entrada de capitais estrangeiros, industrialização e crescimento econômico.

Em 1968, com a efervescência das greves operárias, do movimento estudantil e dos festivais de música, o regime político então vigente no Brasil, sob o comando do general Emílio Garrastazu Médici, decretou o Ato Institucional nº 5, o AI-5, dando início a um período de perseguições políticas e censura. Universidades foram invadidas, teatros foram fechados e alguns artistas foram "convidados" a se retirar do país, por serem considerados "perigosos" ao regime. Entre eles estavam Caetano Veloso, Gilberto Gil e Chico Buarque.

Caetano, que já vinha se destacando na música brasileira desde o sucesso de *Alegria, alegria*, uma das músicas vencedoras do III Festival de MPB da TV Record, em 1967, viveu no exílio entre 1969 e 1972.

AGÊNCIA O GLOBO

Para quem quer mais

Se você deseja aprofundar os seus conhecimentos sobre a literatura barroca, leia os textos a seguir e, posteriormente, sozinho, em dupla ou em grupo, procure resolver as questões propostas pelo **Roteiro de estudo**.

Gregório de Matos

TEXTO I

Ardor em firme coração nascido!
Pranto por belos olhos derramado!
Incêndio em mares de água disfarçado!
Rio de neve em fogo convertido!

Tu, que em um peito abrasas escondido:
Tu, que em um rosto corres desatado,
Quando fogo em cristais aprisionado,
Quando cristal em chamas derretido.

Se és fogo como passas brandamente?
Se és neve, como queimas com porfia?
Mas ai, que andou Amor em ti prudente.

Pois para temperar a tirania,
Como quis, que aqui fosse a neve ardente,
Permitiu parecesse a chama fria.

(In: Luiz Roncari. *Literatura brasileira – Dos primeiros cronistas aos últimos românticos*. 2. ed. São Paulo: Edusp, 1995. p. 129.)

TEXTO II

Neste mundo é mais rico, o que mais rapa:
Quem mais limpo se faz, tem mais carepa:
Com sua língua ao nobre o vil decepa:
O Velhaco maior sempre tem capa.

Mostra o patife da nobreza o mapa:
Quem tem mão de agarrar, ligeiro trepa;
Quem menos falar pode, mais increpa:
Quem dinheiro tiver, pode ser Papa.

A flor baixa se inculca por Tulipa;
Bengala hoje na mão, ontem garlopa:
Mais isento se mostra, o que mais chupa.

Para a tropa do trapo vazo a tripa,
E mais não digo, porque a Musa topa.
Em apa, epa, ipa, opa, upa.

(In: Antônio Dimas, org. *Gregório de Matos*. São Paulo: Abril Educação, 1981. p. 37.)

carepa: caspa, sujeira.
garlopa: ferramenta de marcenaria; termo usado como sinônimo de trabalho braçal.
increpar: censurar, repreender.
vil: ordinário.

TEXTO III

Uma crioulinha chamada Cipriana

Crioula da minha vida,
Supupema da minha alma,
bonita como umas flores,
e alegre como umas páscoas.
Não sei que feitiço é este,
que tens nessa linda cara,
a gracinha, com que ris,
a esperteza, com que falas.
O garbo, com que te moves,
o donaire, com que andas,
o asseio, com que te vestes,
e o pico, com que te amanhas.
Tem-me tão enfeitiçado
que a bom partido tomara
curar-me por tuas mãos,
sendo tu, a que me matas.
Mas não te espante o remédio,
porque na víbora se acha
o veneno na cabeça,
de que se faz a triaga.

A tua cara é veneno,
que me traz enfeitiçada
esta alma, que por ti morre,
por ti morre, e nunca acaba.
Não acaba, porque é justo
que passe as amargas ânsias
de te ver zombar de mim,
que a ser morto não zombaras.
Tão infeliz sou contigo,
que a fim de que te agradara,
fora o Bagre, e fora o Negro,
que tinha as pernas inchadas.
Claro está, que não sou negro,
que a sê-lo tu me buscaras;
nunca meu Pai me fizera
branco de cagucho, e cara.
Mas não deixas de querer-me,
porque sou branco de casta,
que se me tens cativado,
sou teu negro, e teu canalha.

(In: Luiz Roncari, op. cit., p. 128.)

donaire: graça no andar ou no manejo do corpo.

triaga: o mesmo que teriaga, poção contra mordeduras venenosas.

• Roteiro de estudo •

Ao final da leitura, você deverá ser capaz de:

- Reconhecer no texto I metáforas, hipérboles e antíteses ou paradoxos e explicar de que modo essas figuras são utilizadas para caracterizar o relacionamento que a mulher amada tem com o eu lírico.
- Identificar no texto II os perfis sociais e os comportamentos da sociedade baiana do século XVII criticados no texto.
- Comparar o texto I ao texto III e concluir a análise identificando qual deles está de acordo com o padrão europeu de lírica amorosa e qual deles foge a esse padrão e justificar por quê.
- Comparar os três textos quanto ao uso da língua portuguesa e concluir a análise identificando quais deles provavelmente se aproximam mais do falar brasileiro da época.

Para quem quer mais na Internet

Em nosso *site* (http://www.atualeditora.com.br/pl/paraquemquermais), você poderá ler e baixar outros textos de Gregório de Matos.

Image Source/Thinkstock/Getty Images

PRODUÇÃO DE TEXTO

CAPÍTULO 8

O seminário

TRABALHANDO O GÊNERO

Nos meios escolares, acadêmicos, científicos e técnicos, são comuns as situações em que uma pessoa ou um grupo de pessoas desenvolvem uma pesquisa e apresentam os resultados a um público. Esse tipo de texto, produzido oral e publicamente, é chamado de **seminário** e, tal como o texto de apresentação científica, o relatório, o texto didático, a mesa-redonda, isto é, gêneros que se prestam à transmissão de saberes historicamente construídos pela humanidade, pertence à família dos **gêneros expositivos**.

Como o seminário é um gênero oral, ele só se realiza plenamente quando é apresentado em uma situação concreta de interação. Neste capítulo, você vai trabalhar o gênero seminário, participando diretamente de um.

PRODUZINDO O SEMINÁRIO

PLANEJAMENTO E PREPARAÇÃO DE UM SEMINÁRIO

Para a produção de um seminário, é necessária uma organização prévia, que envolve várias etapas. A primeira delas é a pesquisa sobre o tema proposto e a coleta de dados para a exposição.

Pesquisa, tomada de notas e produção de roteiro

Como a finalidade do seminário é transmitir para os ouvintes conhecimentos sobre o assunto pesquisado, o apresentador deve se colocar na posição de um especialista no assunto em foco. Isso quer dizer que ele deve demonstrar conhecer o tema mais do que os ouvintes, pois é essa condição que lhe confere autoridade para discorrer sobre o assunto com segurança.

Para conquistar a condição de especialista no assunto e ganhar respeito do público, o apresentador deve adotar os seguintes procedimentos:

1. Pesquisar em bibliotecas, na Internet e em locadoras quais livros, jornais, revistas especializadas, enciclopédias, vídeos, etc. poderão servir de fontes de informação sobre o tema.
2. Tomar notas, resumir ou reproduzir textos verbais e não verbais que possam ser úteis. Esse trabalho tem em vista a produção de um roteiro próprio do apresentador e consiste em anotar dados históricos ou estatísticos, citações, comparações, exemplos, etc.

Science Photo Library/Latinstock

A pesquisa é uma etapa fundamental para a produção de um seminário.

3. Selecionar e organizar as informações, tendo em vista os passos da exposição:
   - como introduzir, desenvolver e concluir a exposição;
   - quais subtemas serão abordados no desenvolvimento;
   - quais exemplos ou apoios (gráficos, dados estatísticos) serão utilizados para fundamentar a exposição;
   - que materiais e recursos audiovisuais (cartazes, apostilas, lousa, retroprojetor, *datashow*, microfone, etc.) serão necessários.

   Nesse planejamento, devem ser levadas em conta as características do público-alvo, como faixa etária, tipo de interesse, expectativas e conhecimentos prévios em relação ao tema abordado, etc. Convém planejar um encaminhamento interessante para a exposição, como, por exemplo, intercalar o uso da voz com o uso de recursos audiovisuais.
4. Redigir um **roteiro** que permita visualizar não apenas o conjunto das informações que serão apresentadas, mas também a sequência em que isso vai ocorrer. Esse roteiro deve conter algumas informações-chave que orientem o pensamento do apresentador durante a exposição, indicações de recursos audiovisuais, se for o caso, textos de autoridades ou especialistas que serão citados pelo apresentador, etc. Atenção: esse roteiro não deve ser lido integralmente durante o seminário. Antes da exposição, ele serve para organizar as ideias do apresentador; durante a exposição, serve de apoio para que o apresentador se lembre de informações e tópicos básicos, além do andamento da apresentação.

COMO APRESENTAR UM SEMINÁRIO

Masterfile/Other Images

Durante a exposição, podem ocorrer fatos não previstos. Por exemplo, o público pode não compreender bem o conteúdo da exposição; um aparelho audiovisual pode não funcionar; um integrante do grupo pode faltar ou ficar nervoso e esquecer o texto; uma cartolina pode cair da parede; etc. Por isso, é preciso estar atento a vários aspectos simultaneamente e, de acordo com a necessidade, introduzir modificações e improvisar soluções a fim de alcançar o melhor resultado possível.

A seguir, relacionamos alguns dos aspectos que devem ser observados.

Sequência e andamento da exposição

1. Abertura: alguém (geralmente o professor) faz uma apresentação inicial breve e dá a palavra ao apresentador. Faz isso com frases como "Vocês agora vão assistir ao seminário preparado por fulano...".
2. Tomada da palavra e cumprimentos: o apresentador deve, primeiramente, colocar-se à frente da plateia e cumprimentá-la, tomando a palavra.
3. Apresentação do tema: o apresentador diz qual é o tema, fala da importância de abordá-lo nos dias de hoje, esclarece o ponto de vista sob o qual irá abordá-lo e, no caso de se tratar de um tema amplo, delimita-o, isto é, indica qual aspecto dele será enfocado. Por exemplo, se o tema é a poluição do meio ambiente, a delimitação pode consistir em enfocar apenas a poluição dos rios. Esse momento do seminário tem em vista despertar na plateia curiosidade sobre o tema.
4. Exposição: o apresentador segue o roteiro traçado, expondo cada uma das partes, sem atropelos. Ao término de cada uma, deve perguntar se alguém quer fazer alguma pergunta ou se pode ir adiante. Na passagem de uma parte para a outra, deve dar a entender que não há ruptura, e sim uma ampliação do tema. Para isso, deve fazer uso de certos recursos linguísticos, como *Outro aspecto que vamos abordar...*, *Se há esses aspectos negativos, vamos ver agora os aspectos positivos...*
5. Conclusão e encerramento: o apresentador retoma os principais pontos abordados, fazendo uma síntese deles; se quiser, pode mencionar aspectos do tema que merecem ser aprofundados em outro seminário; pode também deixar uma mensagem final, algo que traduza o seu pensamento ou o pensamento do grupo ou de um autor especial. No final, agradece a atenção do público e passa a palavra a outra pessoa.
6. Tempo: o apresentador deve estar atento ao tempo previsto e, de acordo com o andamento do seminário, ser capaz de introduzir ou eliminar exemplos e aspectos secundários, caso haja necessidade, a fim de se ajustar ao tempo estipulado.

Postura do apresentador

1. O apresentador deve preferencialmente falar em pé, com o roteiro nas mãos, olhando para o fundo da sala. Sua presença deve expressar segurança e confiança.
2. A fala do apresentador deve ser alta, clara, bem-articulada, com palavras bem pronunciadas e variações de entonação, a fim de que a exposição não fique monótona.
3. Ao olhar para o roteiro, o apresentador deve fazê-lo de modo rápido e sutil, sem que seja necessário interromper o fluxo da fala ou do pensamento. Além disso, ao olhar o roteiro, não deve abaixar demasiadamente a cabeça, a fim de que a voz não se volte para o chão. O roteiro deve ser rapidamente olhado, e não lido (a não ser no caso de leitura de uma citação), pois tal procedimento geralmente torna a exposição enfadonha.
4. O apresentador nunca deve falar de costas para a plateia, mesmo que esteja escrevendo na lousa ou trocando uma transparência no retroprojetor. Nessas situações, deve ficar de lado e falar com a cabeça virada na direção do público, a fim de que sua voz seja ouvida por todos.
5. O apresentador deve se mostrar simpático ao público e receptivo a participações da plateia.

Enriquecendo o seminário com recursos audiovisuais

A principal linguagem de um seminário é a verbal. Contudo, o uso de recursos audiovisuais, como cartazes, transparências em retroprojetor, filmes, *slides*, *datashow*, etc., pode tornar o seminário mais agradável ou facilitar a transmissão de um volume maior de informações.

Alamy/Glow Images

O uso desses recursos exige, porém, certos cuidados:

1. O equipamento deve ser testado previamente, para prevenir a ocorrência de falhas técnicas durante a exposição.
2. O apresentador deve lembrar que tais recursos têm a finalidade de servir de apoio à exposição oral e, portanto, não a substituem. Assim, ao fazer uso de uma transparência, por exemplo, ele deve aproveitá-la para reunir ou esquematizar as informações que vem apresentando, em vez de simplesmente ler o que está escrito nela.

A alternância de exposição oral com uso de recursos audiovisuais geralmente dá leveza a um seminário.

Linguagem

Nos seminários, predomina uma variedade de acordo com a norma-padrão da língua, embora possa haver maior ou menor grau de formalismo, dependendo do grau de intimidade entre os interlocutores. Assim:

1. O apresentador deve evitar certos hábitos da linguagem oral, como a repetição constante de expressões como *tipo*, *né?*, *tá?* e *ahnn...*, pois elas prejudicam a fluência da exposição.
2. O apresentador deve estar atento ao emprego de vocábulos e conceitos específicos da área pesquisada e explicar ao público seu significado sempre que houver necessidade.
3. Durante a exposição, o apresentador deve fazer uso de *expressões de reformulação*, isto é, aquelas que permitem explicar de outra forma uma palavra, um conceito ou uma ideia complexa. As mais comuns são: *isto é*, *quer dizer*, *como*, *por exemplo*, *em outras palavras*, *vocês sabem o que é isso?*. Deve também fazer uso de expressões que confiram *continuidade* ao texto, como *além disso*, *por outro lado*, *outro aspecto*, *apesar disso*, etc.

COMO APRESENTAR UM SEMINÁRIO EM GRUPO

Além das orientações dadas anteriormente, a exposição em grupo exige atenção quanto a mais alguns aspectos específicos.

1. Cada integrante do grupo pode ficar responsável pela apresentação de uma das partes do seminário. Entretanto, entre a exposição de um participante e a de outro deve haver *coesão*, isto é, não pode haver contradição entre as exposições nem ser dada a impressão de que uma fala é independente de outra. Cada exposição deve retomar o que já foi desenvolvido e acrescentar, ampliar. Além disso, devem ser empregados elementos linguísticos de coesão, como "*Além* das causas que fulano comentou, *vejamos agora* outras causas menos conhecidas...", "Vocês viram as consequências desse problema no meio urbano; *agora, vão conhecer* as consequências do mesmo problema no meio rural...".
2. O grupo todo deve se "especializar" no assunto em foco. Além de conferir maior segurança às exposições individuais, isso permite também que todos respondam com tranquilidade a qualquer pergunta feita pelo público.
3. Devem ser evitadas atitudes que desviem a atenção do apresentador, como conversas entre os membros do grupo, conversas entre um membro do grupo e uma pessoa da plateia, movimen-

NYT/Latinstock

: Seminário em grupo.

tos, ruídos ou brincadeiras que atrapalhem a exposição. Não há obrigatoriedade de que todos fiquem em pé enquanto um dos integrantes do grupo faz sua apresentação.

4. Enquanto um dos apresentadores expõe, os outros podem contribuir manuseando os equipamentos (transparências, vídeo), trocando cartazes, apagando a lousa ou simplesmente ouvindo.

PROPOSTAS PARA A PRODUÇÃO DE SEMINÁRIOS

O *fast-food*, a alimentação natural, os alimentos *diet* e *light*, as doenças decorrentes da má alimentação, os sacrifícios para ter um corpo em forma, a dieta do tipo sanguíneo ou a das frutas – tudo isso vem sendo insistentemente discutido pela mídia nos últimos anos, às vezes até desorientando as pessoas sobre o que é uma alimentação equilibrada e saudável. Eis, portanto, um bom assunto para pesquisar, a fim de compreender melhor a avalanche de informações que circulam diariamente sobre o tema, desfazer mitos e orientar-se.

Leia o painel de textos a seguir para situar-se quanto ao tema.

COM ALIMENTAÇÃO PIOR, AUMENTA NÚMERO DE OBESOS NO PAÍS

Os brasileiros estão se alimentando pior e, com isso, é cada vez maior o número de pessoas acima do peso. [...]

A constatação é de pesquisa anual do Ministério da Saúde divulgada nesta segunda-feira. O levantamento foi feito nas 27 capitais por meio de 54 mil entrevistas por telefone com pessoas com mais de 18 anos.

Os dados mostram que 48% da população está acima do peso, entre os quais 15% têm obesidade. Em 2006, os percentuais eram de 42,7% e 11,4% respectivamente. O crescimento de mais de um ponto percentual por ano é considerado 'preocupante' pela pasta, já que o excesso de peso está ligado ao aumento de doenças crônicas.

Para Deborah Malta, da Secretaria de Vigilância em Saúde do ministério, o fenômeno está ligado a uma mudança no padrão alimentar: maior consumo de produtos industrializados em detrimento de opções mais saudáveis como frutas e legumes.

O feijão é um exemplo. O índice de brasileiros que comem o alimento cinco vezes por semana caiu de 71,9% para 66,7% em apenas quatro anos.

Alamy/Other Images

Outro dado preocupante é o sedentarismo: 14,2% da população adulta não pratica nenhuma atividade física, nem durante o tempo de lazer nem para ir ao trabalho. [...]

Editoria de Arte/Folhapress

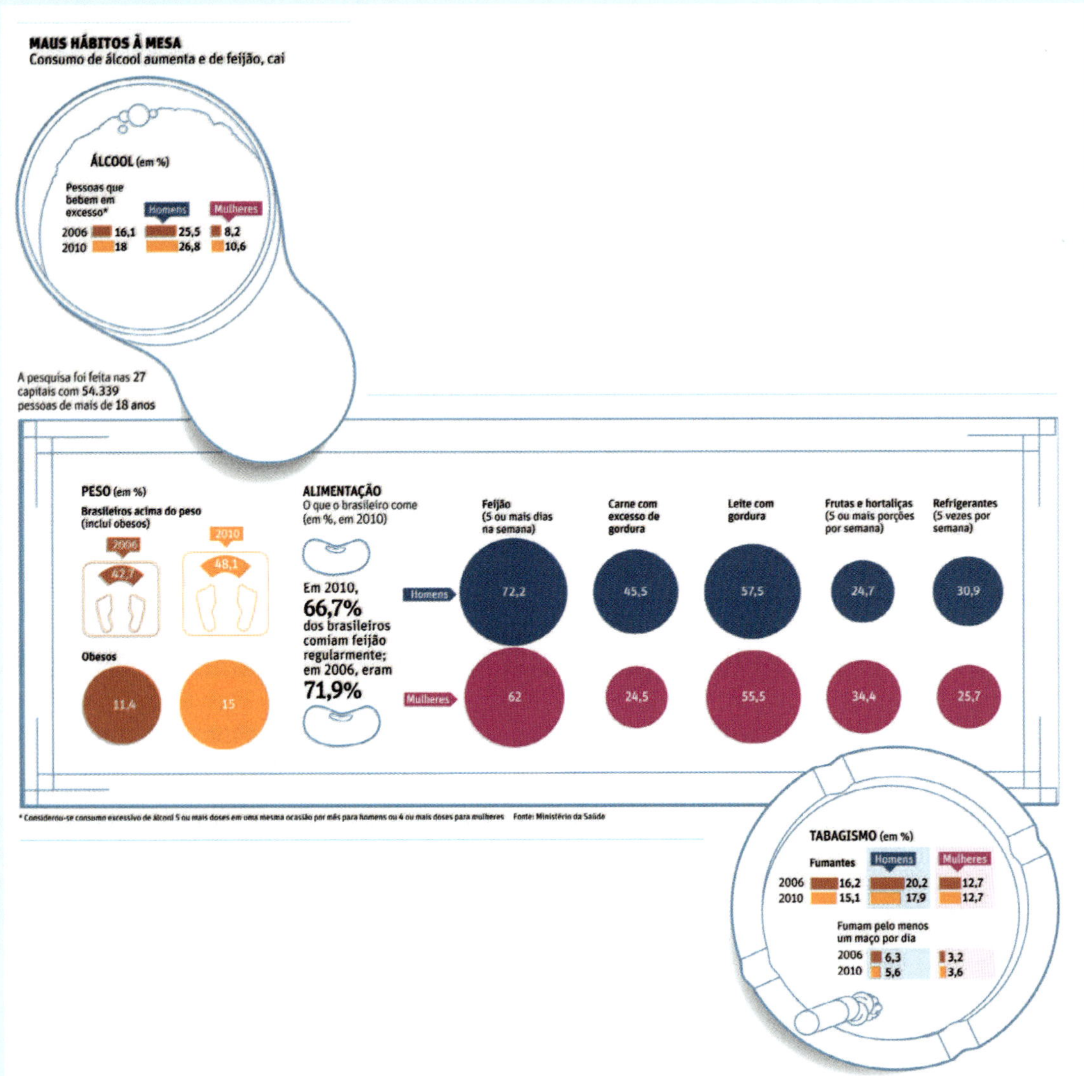

(Disponível em: http://www1.folha.uol.com.br/equilibrioesaude/904163-com-alimentacao-pior-aumenta-numero-de-obesos-no-pais.shtml. Acesso em: 4/2/2012.)

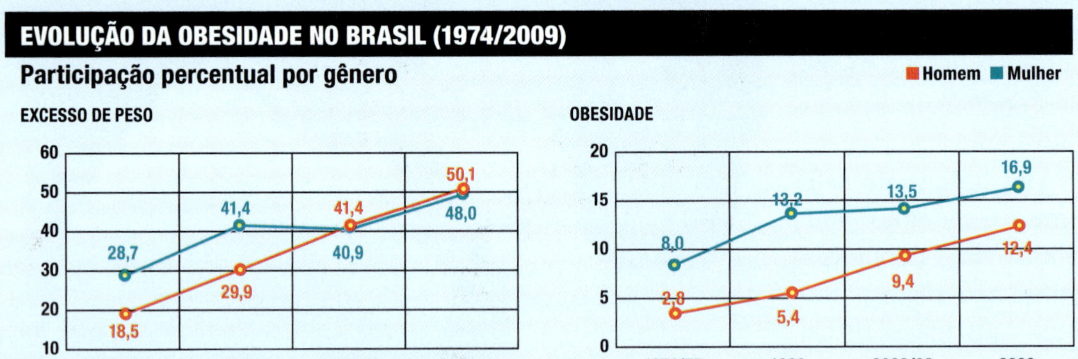

PROBLEMA CRESCENTE *A parcela de homens obesos está crescendo mais que a das mulheres no país*

Instituto Brasileiro de Geografia e Estatística, 2010

CÁLCULO DO ÍNDICE DE MASSA CORPORAL (IMC)

O Índice de Massa Corporal (IMC) é obtido dividindo-se o peso (em quilos) pela estatura (em metros) elevada ao quadrado. Por exemplo, uma pessoa com 1,64 metro de altura que pese 60 quilos deve multiplicar 1,64 por 1,64 – que resulta em 2,6896. Em seguida, dividir 60 por 2,6896 – o que indica IMC de 22,3. A tabela abaixo indica se o peso está acima ou abaixo do considerado saudável. Nem todo IMC elevado é sobrepeso ou obesidade. Atletas podem apresentar índice acima do normal devido a grande massa muscular.

O QUE SIGNIFICA CADA FAIXA DE VALOR	
Menos que 18,5	Abaixo do peso saudável
De 18,5 a 24,9	Peso normal
De 25 a 29,9	Sobrepeso
De 30 a 34,9	Obesidade

Obesidade. É o excesso de peso causado pelo desequilíbrio entre a quantidade de calorias ingeridas e a quantidade de calorias consumidas pelo organismo. As calorias excedentes se acumulam na forma de gordura. Um dos mais usados indicadores de obesidade é o índice de massa corpórea (IMC), pelo qual uma pessoa pode aferir se está no peso ideal [veja a tabela ao lado].

As maiores causas da obesidade são os maus hábitos alimentares, em geral adquiridos na infância, e o sedentarismo. [...]

A obesidade e o sobrepeso já podem ser considerados pandemias. A OMS [Organização Mundial de Saúde] estima que 1,5 bilhão de adultos com mais de 20 anos estejam acima do peso considerado ideal. Desse total, 500 mil eram obesos. [...] Também segundo a OMS, 65% da população mundial vive em países onde o sobrepeso e a obesidade matam, com suas consequências, duas vezes mais que a subnutrição.

(*Almanaque Abril* – 2012, p. 155. Editora Abril.)

Emagrecer com saúde

Detesto a palavra regime. Regime é, invariavelmente, algo doloroso e sacrificado, que as pessoas fazem para perder peso. E, não bastasse isso, regime é temporário. Em outras palavras: faz-se por algum tempo, perde-se peso e, após, abandona-se. Resultado: volta-se ao peso antigo (ou ainda maior).

E dieta, o que é? No sentido exato do termo, é tudo o que comemos, no dia a dia, independentemente de ganharmos, mantermos ou perdermos peso. Para o leigo, no entanto, dieta e regime têm o mesmo significado. Sendo assim, regimes e "dietas" (no sentido popular) não funcionam! Claro, muitos dos regimes e "dietas" da moda (e há tantas) fazem emagrecer. Por quê? Pelo simples fato de que, ao resolver emagrecer, você presta atenção no que come e come menos.

Pode ser a dieta do abacaxi, da lua, do tipo sanguíneo, das proteínas, das gorduras, da sopa e inúmeras outras variações estapafúrdias que, na maior parte das vezes, não têm nenhuma consistência científica e nenhum bom senso. Mas fazem emagrecer — no curto prazo.

Não basta, no entanto, emagrecer. É necessário que se consiga conservar o novo peso. E, para isso, é preciso que você abandone a ideia de regimes e de "dietas" radicais e aprenda a comer (comendo gostoso, de tudo e respeitando seu cotidiano).

Há que ter motivação, persistência e conscientização de que manter-se com um peso adequado é uma luta por toda a vida. [...]

Alfredo Halpern, médico endocrinologista do Hospital das Clínicas de São Paulo, é inventor da dieta dos pontos e criador do *site* www.emagrecendo.com.br.
(Revista *Saúde*, Editora Abril.)

Por que a obesidade vem crescendo tanto?

Thinkstock/Getty Images

Essa é uma pergunta frequente. E as respostas são um tanto óbvias: estamos comendo mais e gastando menos calorias por causa do sedentarismo, sem dúvida. Mas tudo leva a crer que outros fatores estejam relacionados à incrível epidemia de obesidade que nos assola. Quais são eles? A ciência vem pesquisando vários, mas [...] vou citar apenas dois: estresse e falta de sono. Estudos em animais, incluindo macacos geneticamente muito semelhantes aos humanos, mostram que as tensões levam ao ganho de peso, particularmente na região abdominal, mesmo sem aumento na quantidade de alimentos ingeridos. Isso se deve, entre outras causas, à elevação na produção do cortisol, hormônio eminentemente engordativo. Inúmeros dados mostram também que dormir poucas horas engorda. É que a privação está associada à diminuição dos níveis de leptina, hormônio emagrecedor. Isso é só o começo da história. [...]

Alfredo Halpern, médico endocrinologista do Hospital das Clínicas de São Paulo.
(Revista *Saúde*, Editora Abril.)

Reúna-se com seus colegas de grupo e, com a orientação do professor, escolham o tema para a realização de um seminário. Apresentamos a seguir algumas sugestões de temas, mas, se preferirem, poderão pensar em outros que se relacionem com o assunto alimentação.

- Alimentos: o benefício para o corpo humano proporcionado pelos nutrientes contidos nos alimentos.
- Doenças relacionadas com a má alimentação: bulimia, anorexia, hipertensão, colesterol alto, etc.
- A alimentação do brasileiro: ela é equilibrada e adequada? Se necessário fazer alterações, quais seriam?
- Mídia, beleza e alimentação: quais os critérios de beleza ao longo dos séculos? A mídia interfere nos padrões de beleza atuais e provoca mudanças nos padrões de alimentação? Sugerimos a utilização da pintura como recurso para demonstrar as alterações nos critérios de beleza.
- Os diferentes tipos de dieta (a do tipo sanguíneo, a de carboidratos, a de proteínas, a da lua, a dos vigilantes do peso, etc.): vantagens e desvantagens de cada uma.
- A fitoterapia: as ervas podem curar as doenças?
- Obesidade: um fenômeno mundial.

Dividam as tarefas para a realização da pesquisa. Coletem materiais, reúnam-se e discutam a produ-

Sugestões de fontes de pesquisa sobre alimentação

Revista

- *Saúde* e *Boa Forma*, publicadas pela Editora Abril.

Livros

- *Entenda a obesidade e emagreça*, de Dr. Alfredo Halpern (MG Editores Associados).
- *A natureza cura – Segredos para conservação e recuperação da saúde*, de Juan Alfonso Yépez (Vozes).
- *Cem receitas de saúde – Segredos da dieta perfeita*, de Anna Selby (Publifolha).
- *A alimentação que previne doenças*, de Jocelem Mastrodi Salgado (Madras).
- *Alimentação natural*, de Jane Gould (Gaia).
- *A arte da cura pela alimentação*, de Gilberto Pereira (Mauad).

Sites

- www.alimentacaosaudavel.org/
- www.revistasaude.com.br/
- http://portalsaude.saude.gov.br/
- www.nutriweb.org.br/
- http://drauziovarella.com.br/
- www.alimentacao.org.br

ção do roteiro para um seminário em grupo. Depois, de acordo com as orientações fornecidas no item "Como apresentar um seminário em grupo", exponham para a classe o resultado da pesquisa.

Preparação da sala e dos recursos

No dia combinado para a apresentação do seminário, preparem o local com antecedência: iluminação, disposição das cadeiras e dos recursos audiovisuais. Organizem e disponham sobre a mesa os materiais que serão utilizados durante a exposição. Procurem utilizar de modo equilibrado e harmônico recursos audiovisuais como cartazes, transparências para retroprojetor, filmes, músicas, *slides*, *datashow*, a fim de tornar o evento mais agradável e facilitar a transmissão de um volume grande de informações.

Filmando o seminário

Se possível, filmem o seminário para que, posteriormente, todos possam assistir a algumas partes dele ou a todo ele, a fim de observar aspectos positivos e negativos e aprimorar um próximo seminário.

REVISÃO E AVALIAÇÃO DOS SEMINÁRIOS

Depois da apresentação, os seminários devem ser revistos e avaliados, levando-se em conta aspectos como os apontados no quadro abaixo. Caso os seminários sejam filmados, convém assistir a alguns trechos deles para confirmar impressões ou tirar dúvidas. E, com base nas observações feitas, estabelecer metas e compromissos com vistas à realização de um próximo seminário.

CRITÉRIOS PARA A AVALIAÇÃO DO SEMINÁRIO				
Posicionamento do apresentador	Fala e voz	Linguagem	Olhar	Tempo
Verifique se o apresentador: • falou em pé, com o roteiro nas mãos; • demonstrou domínio do conteúdo; • nunca deu as costas ao público ao usar os recursos audiovisuais; • ficou bem-posicionado e movimentou-se entre o público (se possível).	Verifique se o apresentador: • falou alto e claro e variou a entonação, evitando monotonia; • explorou pausas e velocidade em determinadas falas para ressaltar pontos importantes.	Verifique se o apresentador: • utilizou uma variedade de acordo com a norma-padrão, com grau de formalidade adequado ao perfil dos interlocutores; • evitou palavras de baixo calão, gírias e expressões da linguagem oral; • empregou e explicou adequadamente vocábulos e conceitos específicos da área pesquisada; • fez uso de expressões de reformulação, isto é, aquelas que permitem explicar de outra forma uma palavra, um conceito, uma ideia complexa.	Verifique se o apresentador: • olhou para o público, observando reações positivas e negativas; • olhou para todas as pessoas uniformemente, sem privilegiar um único interlocutor; • usou adequadamente o roteiro, fazendo consultas rápidas, sem interromper o pensamento e sem abaixar o tom da voz.	Verifique se o apresentador: • controlou e organizou bem o tempo, sendo capaz de ajustar a exposição ao tempo estipulado.

LÍNGUA: USO E REFLEXÃO

Lessing/Album/Latinstock

Undine ou a dança (1913), de Francis Picabia.

CAPÍTULO 9

A expressão escrita: acentuação

CONSTRUINDO O CONCEITO

Leia este poema, de Arnaldo Antunes:

Arnaldo Antunes

(Disponível em: http://arnaldoantunes.blogspot.com/2010/08/o-que.html. Acesso em: 4/4/2012.)

1. O poema é composto por duas palavras. Que diferenças as palavras apresentam entre si quanto:

a) aos fonemas que as constituem?

b) à sílaba tônica de cada uma?

2. Se retirarmos os acentos das duas palavras, elas continuam sendo termos existentes na língua portuguesa.

a) Desenhe em seu caderno uma tabela como a seguinte e distribua nela as palavras *mascara, rasgará* e *rasgara*, levando em conta os critérios de tonicidade das sílabas e classificação morfológica. Veja, como modelo, a classificação da palavra *máscara*.

	Posição da sílaba tônica	Classe morfológica
máscara	proparoxítona	substantivo simples comum

b) Embora as palavras *máscara, mascara, rasgará* e *rasgara* tenham três sílabas e terminem em *a*, elas variam quanto à acentuação e à posição da sílaba tônica. A partir da tabela que você montou, tente deduzir algumas regras de acentuação.

3. Observe novamente o poema.

a) De que material são constituídas as letras que compõem as palavras?

b) Levante hipóteses: Ao associar as palavras *máscara* e *rasgará*, da maneira como estão formadas, que sentido o poema constrói?

CONCEITUANDO

Ao ler o poema e responder às questões sobre ele, você deve ter observado que:

- algumas palavras têm *acento gráfico* e outras não;
- na pronúncia das palavras, ora se dá maior *intensidade sonora* a uma sílaba, ora a outra.

Assim, as palavras da nossa língua têm dois tipos de acento, de naturezas distintas: o tônico e o gráfico.

O **acento tônico** corresponde à maior intensidade sonora com que se pronuncia uma das sílabas das palavras, a **sílaba tônica**.
O **acento gráfico** é um sinal utilizado para indicar a sílaba tônica de certas palavras.

No estudo do poema, você viu a oposição entre *máscara* e *mascara*. Na fala, essas palavras distinguem-se pela maior intensidade sonora com que se pronuncia a sílaba tônica. Na escrita, como as palavras têm a mesma grafia, a distinção entre elas é feita por meio do acento gráfico.

O papel do acento gráfico é, assim, evitar, na escrita, possíveis confusões quanto à leitura e à compreensão de certas palavras.

A reforma ortográfica de 2009

Em 2009, entrou em vigor no Brasil o Acordo Ortográfico da Língua Portuguesa assinado em 1990 pelos países lusófonos: Brasil, Portugal, Moçambique, Angola, Guiné-Bissau, Cabo Verde, Timor Leste e São Tomé e Príncipe. Contudo, somente a partir de 2012 as alterações constantes no acordo passaram a ser obrigatórias.

Para chegar ao acordo, todos os países tiveram de fazer algumas concessões. Para nós, brasileiros, as mudanças foram pequenas e afetaram apenas 0,5% das palavras.

Entre as vantagens da reforma ortográfica, está a unificação do sistema de escrita da língua. Na prática, isso quer dizer que um livro publicado em Moçambique ou em Portugal pode ser lido no Brasil ou em Angola sem causar estranhamentos. Cursos a distância, pela Internet, também foram beneficiados.

Alamy/Other Images

: Praia de Vilankulo, em Moçambique.

REGRAS DE ACENTUAÇÃO GRÁFICA

1. Acentuam-se os monossílabos tônicos terminados em *a(s)*, *e(s)*, *o(s)* e em ditongos abertos *éi(s)*, *éu(s)* e *ói(s)*:

pá – pás	méis
pé – pés	céu – véus
pó – pós	mói – sóis

O que são monossílabos tônicos e monossílabos átonos?

1. Chamam-se *monossílabos tônicos* as palavras de uma única sílaba que têm intensidade sonora forte. Os *monossílabos átonos*, por terem intensidade sonora fraca, acabam por apoiar-se em outras palavras tônicas. Além do aspecto fonético, diferenciam-se também pelo significado: os monossílabos tônicos têm significação própria, enquanto os monossílabos átonos só assumem significado quando estabelecem relação entre outras palavras.
2. Os monossílabos que pertencem às classes dos substantivos, adjetivos, advérbios, além de alguns pronomes, etc., são *tônicos*. Por exemplo: *flor, má, dá, três*.
3. São monossílabos átonos as preposições, as conjunções, os artigos e alguns pronomes oblíquos, como, por exemplo, *me, nos, lhe, mas, de, o*.

2. Acentuam-se as palavras **oxítonas** terminadas em *a(s)*, *e(s)*, *o(s)* e *em(ens)* e nos ditongos abertos *éi(s)*, *éu(s)*, *ói(s)*:

Amapá	até	capô	também	anéis	herói(s)
babás	vocês	paletós	armazéns	chapéu(s)	

3. Acentuam-se as **paroxítonas** terminadas em *l, n, r, x, ã(s), ão(s), i(s), ei(s), um(uns), us, ps*:

dócil	ímã(s)	álbum
hífen	órfão(s)	álbuns
açúcar	júri(s)	vírus
ônix	jóquei(s)	bíceps

De acordo com a reforma ortográfica, **não** se acentuam os ditongos abertos **ei** e **oi** nas palavras paroxítonas: assembleia, ideia, boia, heroico.

4. Acentuam-se todas as palavras **proparoxítonas**:

lâmpada   cédula   público

5. Acentuam-se as vogais *i* e *u* tônicas dos hiatos, seguidas ou não de *s*, nas palavras oxítonas e paroxítonas:

aí   baú   sanduíche   graúdo   país

Exceção: Quando seguida de *nh* na sílaba seguinte, a vogal *i* tônica não é acentuada: rainha, bainha, tainha.

De acordo com a nova reforma ortográfica, **não** se acentuam as vogais **i** e **u** tônicas precedidas de ditongo das palavras paroxítonas: feiura, baiuca.

Acento diferencial

O verbo *pôr* é acentuado para diferenciar-se da preposição *por*:

Vou *pôr* a mesa imediatamente.
A sobremesa foi feita *por* mim.

A forma verbal *pôde* (pretérito perfeito) diferencia-se de *pode* (presente do indicativo) por meio do acento circunflexo:

Ontem ele não pôde assinar os documentos.

O trema caiu

De acordo com a reforma ortográfica, o trema deixou de existir na língua portuguesa. Assim, por exemplo, hoje se grafam: frequente, tranquilo, aguentar, sagui.

Vem ou vêm? Tem ou têm? Intervém ou intervêm?

1. Os verbos **vir** e **ter** na 3ª pessoa do plural do presente do indicativo, apesar de serem monossílabos tônicos terminados em *-em*, recebem o acento circunflexo para diferenciarem-se da 3ª pessoa do singular:

ele vem — eles vêm   ele tem — eles têm

Os verbos derivados de *ter* e *vir*, como **deter**, **manter**, **reter**, **intervir**, **convir**, etc., por não serem monossílabos, obedecem à regra das oxítonas. Na 3ª pessoa do plural, entretanto, usa-se o acento circunflexo para a diferenciação:

ele intervém — eles intervêm   ele mantém — eles mantêm

2. Não se deve confundir o plural dos verbos citados com o dos verbos **crer**, **ler**, **ver** e **dar**:

ele crê — eles creem   ele lê — eles leem   ele vê — eles veem   ele dê — eles deem

EXERCÍCIOS

1. No texto a seguir, foram propositalmente omitidos os acentos gráficos de algumas palavras. Leia o texto integralmente e, em seu caderno, reescreva essas palavras, levando em conta as regras de acentuação da língua portuguesa.

Estudo mostra que jogar Wii não eleva atividade fisica de criança

Boxe, tenis e dança virtuais de videogames podem não estar ajudando as crianças a satisfazerem suas necessidades diarias de exercicios.

Crianças que jogam videogames ditos "ativos" em um Nintendo Wii não realizam mais atividades fisicas moderadas ou vigorosas do que aquelas que jogam titulos nos quais ficaram sentadas no sofa, segundo um estudo da Baylor College of Medicine (Texas, EUA).

Chris Ryan/Glow Images

Alguns pesquisadores de saude publica tinham esperança de que os videogames ativos servissem como alternativa a brincadeiras ao ar livre e esportes [...]. Em especial, aquelas que vivem em bairros pouco seguros, em que nem sempre e viavel brincar na rua.

"Esperavamos que jogar videogames pudesse de fato resultar em elevação consideravel da atividade fisica das crianças", afirmou Tom Baranowski, lider da equipe de pesquisa do Baylor.

"Francamente, ficamos chocados ao constatar que não existe qualquer diferença", acrescentou.

(Disponível em: http://www1.folha.uol.com.br/equilibrioesaude/1054553-estudo-mostra-que-jogar-wii-nao-eleva-atividade-fisica-de-crianca.shtml. Acesso em: 4/4/2012.)

Leia as placas a seguir e responda às questões de 2 a 4.

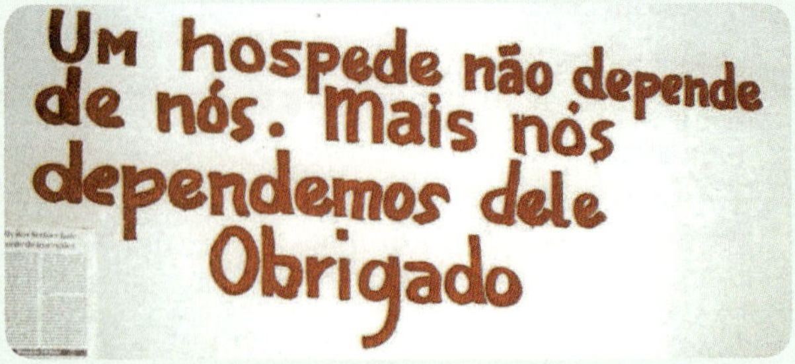

José Eduardo Camargo

(Disponível em: http://noticias.r7.com/vestibular-e-concursos/fotos/r7-corrige-placas-com-erros-de-portugues-pelo-brasil-20110620-23.html. Acesso em: 4/4/2012.)

José Eduardo Camargo

(Disponível em: http://noticias.r7.com/vestibular-e-concursos/fotos/r7-corrige-placas-com-erros-de-portugues-pelo-brasil-20110620-1.html#fotos. Acesso em: 4/4/2012.)

Reprodução

(Disponível em: http://noticias.terra.com.br/brasil/noticias/0,,OI3702539-EI8139,00-vc+reporter+antigo+posto+fiscal+e+cedido+a+policias+em+SC.html#tphotos. Acesso em: 4/4/2012.)

Reprodução

(Disponível em: http://caraguablog.blogspot.com/2010_11_01_archive.html. Acesso em: 4/4/2012.)

2. Identifique as palavras que foram grafadas inadequadamente e, em seu caderno, construa uma tabela, identificando os desvios quanto à acentuação e a regra que não foi levada em conta. Veja, como modelo, a palavra *hóspede*:

Palavra na placa	Grafia padrão	Regra de acentuação não respeitada
hospede	hóspede	Todas as proparoxítonas são acentuadas.

3. Entre as palavras da tabela, há uma que pode ser escrita da maneira como aparece na placa, porém com outro significado. Identifique essa palavra e descreva a diferença morfológica e semântica entre a forma com acento e a forma sem acento.

4. Releia estas palavras, empregadas em uma das placas:

obrigatória(s)
vázio(s)

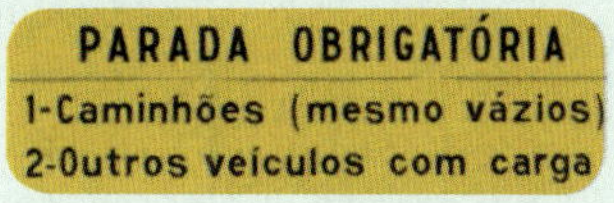

Conforme você já observou, uma delas não deveria ser acentuada. Tendo em vista que as duas palavras são terminadas em *-ia*/*-io*, explique por que uma é acentuada e a outra não.

5. Observe a sílaba tônica destacada nestas palavras:

*de*do *á*rabe *ál*bum

Indique o item em que a sílaba tônica das palavras esteja na mesma posição das relacionadas acima:

a) álcool – rubrica – tulipa
b) látex – pudico – avaro
c) celtibero – pêndulo – quilômetro
d) ibero – álibi – aziago

6. Observe a sílaba tônica destacada nestas palavras:

ma*nhã* re*fém* *lê*vedo

Indique o item em que a sílaba tônica das palavras esteja na mesma posição das relacionadas acima:

a) Nobel – mister – protótipo
b) ureter – necropsia – fôlego
c) sutil – cânon – Niágara
d) recém – néctar – erudito

7. Algumas palavras admitem dupla prosódia (pronúncia), ambas consideradas corretas. Transforme em paroxítonas as oxítonas:

zangão projetil reptil soror

8. Ocorre dupla prosódia também com palavras que podem ser paroxítonas e proparoxítonas. Transforme em proparoxítonas as paroxítonas:

acrobata alopata hieroglifo nefelibata

9. Dê as formas verbais que completam convenientemente as frases:

a) Eu pude, mas ele nunca (poder).
b) Eles (ter, pres. ind.) sabedoria, mas não (reter) na memória o que o mais simples dos homens (reter).
c) Ele só (intervir, pres. ind.) quando os outros não (intervir) por ele.

A ACENTUAÇÃO NA CONSTRUÇÃO DO TEXTO

Leia esta tira, de Bob Thaves:

(*O Estado de S. Paulo*, 21/1/2006.)

1. Na tira, a personagem que fala faz um comentário sobre a acentuação de palavras na língua portuguesa.

a) De acordo com o contexto, por que ela emprega o sujeito (os cágados) no plural?

b) Que palavra desse comentário exclui os demais usuários da língua portuguesa?

c) Portanto, na opinião da personagem, de que maneira os demais usuários acentuam as palavras?

2. Você sabe que, na escrita, o papel do acento gráfico é evitar possíveis confusões quanto à leitura e à compreensão das palavras.

a) A palavra *cágados*, tal como está grafada na tira, deixa o leitor em dúvida quanto ao seu sentido? Por quê?

b) Como se classifica essa palavra quanto à posição da sílaba tônica?

c) Há uma palavra paroxítona que é parônima de *cágado*. Na sua opinião, por que a personagem não deseja ser designada por essa outra palavra?

d) A preocupação da personagem é o emprego adequado do acento gráfico na palavra que designa sua espécie. Explique por que essa preocupação é absurda.

e) Que recurso da escrita permitiu ao cartunista criar o humor na tira?

Para que serve a acentuação?

A acentuação serve para auxiliar a representação escrita da linguagem.

Quando ouvimos, distinguimos com facilidade uma sílaba tônica de uma sílaba átona. Quando lemos, entretanto, isso não é tão fácil, o que pode dificultar a leitura. Assim, os sinais de acentuação cumprem o papel de distinguir, na escrita, palavras de grafia idêntica mas de tonicidade diferente, como *secretária*/*secretaria*, *baba*/*babá*, *mágoa*/*magoa*, *público*/*publico*, etc.

SEMÂNTICA E DISCURSO

Leia a tira a seguir, de Adão Iturrusgarai, para responder às questões de 1 a 4.

(*O Estado de S. Paulo*, 22/1/2005.)

1. A personagem da tira é um dos membros da Família Bíceps, personagens inventadas pelo cartunista.

a) Considerando-se o contexto e essa informação, como provavelmente se caracterizam os membros dessa família?

b) Por que motivo provavelmente Marcel está internado numa clínica para viciados em ginástica?

2. Marcel foi submetido a uma "dieta sedentária".

a) O que foi feito para ele se tornar sedentário?

b) A dieta alimentar prescrita para Marcel é geralmente a que se considera adequada a um doente? Por quê?

3. No 2º quadrinho, parece que a dieta prescrita estava dando os resultados esperados.

a) A que campo semântico pertencem as palavras *bíceps*, *tríceps* e *quadríceps*?

b) Por que essas palavras são acentuadas?

4. No último quadrinho, vê-se o resultado final da dieta prescrita: um músculo se desenvolveu – o pânceps.

a) Essa palavra existe na língua portuguesa?

b) A partir de que palavras ela foi criada?

c) *Bíceps*, *tríceps* e *quadríceps* referem-se a determinados músculos que têm, respectivamente, dois, três e quatro feixes fibrosos. Explique por que, de acordo com o contexto, o emprego de *pânceps* provoca humor.

5. Leia este quadrinho, de Caco Galhardo:

Caco Galhardo

a) O cartunista se refere a três novas regras do Acordo Ortográfico. Quais são essas regras?

b) Cite mais duas palavras – que antes eram acentuadas e agora deixaram de ser – para exemplificar alterações introduzidas pela reforma ortográfica.

INTERPRETAÇÃO DE TEXTO

: *O casamento de Fígaro*, de Rafal Olbinski.

CAPÍTULO 10

A comparação e a memorização

Você já conheceu três importantes operações relacionadas à leitura: a observação, a análise e a identificação. Neste capítulo, vai conhecer a comparação e a memorização e aprender como lidar com essas operações nos exames do Enem e dos vestibulares.

COMPARAÇÃO

A **comparação** é uma das operações de leitura mais solicitadas nas provas de interpretação de textos do Enem e dos vestibulares. Lino de Macedo, professor do Instituto de Psicologia da USP e um dos responsáveis pela metodologia adotada pelo Enem, conceitua assim essa operação:

Segundo o dicionário, comparar consiste em "examinar simultaneamente duas ou mais coisas, para lhes determinar semelhança, diferença ou relação; confrontar; cotejar; ter como igual ou como semelhante".

Confrontar e relacionar são formas de comparar, sendo os três, igualmente, formas de análise.

(In: *Eixos cognitivos – Versão preliminar*. Brasília: MEC, 2007. p. 71.)

Veja como essa operação foi solicitada na seguinte questão do Enem.

TEXTO I

Sob o olhar do *Twitter*

Vivemos a era da exposição e do compartilhamento. Público e privado começam a se confundir. A ideia de privacidade vai mudar ou desaparecer.

O trecho acima tem 140 caracteres exatos. É uma mensagem curta que tenta encapsular uma ideia complexa. Não é fácil esse tipo de síntese, mas dezenas de milhões de pessoas o praticam diariamente. No mundo todo, são disparados 2,4 trilhões de SMS por mês, e neles cabem 140 toques, ou pouco mais. Também é comum enviar *e-mails*, deixar recados no Orkut, falar com as pessoas pelo MSN, tagarelar no celular, receber chamados em qualquer parte, a qualquer hora. Estamos conectados. Superconectados, na verdade, de várias formas.

[...] O mais recente exemplo de demanda por total conexão e de uma nova sintaxe social é o *Twitter*, o novo serviço de troca de mensagens pela internet. O *Twitter* pode ser entendido como uma mistura de *blog* e celular. As mensagens são de 140 toques, como os torpedos de *blogs*. Em vez de seguir para apenas uma pessoa, como no celular ou no MSN, a mensagem do *Twitter* vai para todos os "seguidores" – gente que acompanha o emissor. Podem ser 30, 300 ou 409 mil seguidores.

(MARTINS, I.; LEAL, R. *Época*. 16 mar. 2009 (fragmento adaptado).)

TEXTO II

DICAS Para usar melhor o Twitter

Coloque-se no lugar de seu leitor: você gostaria de saber que alguém está comendo um lanche?

Cuidado com o que você vai publicar: você quer mesmo que todo mundo saiba detalhes de sua vida afetiva ou sexual?

Encontre uma velocidade ideal de mensagens: se forem poucas, ninguém vai segui-lo; se forem muitas, as pessoas vão deixar você de lado.

Use a busca para encontrar pessoas e assuntos que lhe interessam. Se quiser seguir os resultados da busca, cadastre-a em seu leitor de RSS.

Aprecie com moderação: o Twitter pode dispersá-lo. Se estiver concentrado, deixe-o fechado. Dose o tempo que você gasta com ele.

Se a conversa começar a ficar longa, **ligue para a pessoa ou use o MSN**.

Não tente ler tudo. É impossível! De tempos em tempos, avalie se você quer realmente seguir todas aquelas pessoas.

(MARTINS, I.; LEAL, R. *Época*. 16 mar. 2009.)

Da comparação entre os textos, depreende-se que o texto II constitui um passo a passo para interferir no comportamento dos usuários, dirigindo-se diretamente aos leitores, e o texto I:

a) adverte os leitores de que a internet pode transformar-se em um problema porque expõe a vida dos usuários e, por isso, precisa ser investigada.
b) ensina aos leitores os procedimentos necessários para que as pessoas conheçam, em profundidade, os principais meios de comunicação da atualidade.
c) exemplifica e explica o novo serviço global de mensagens rápidas que desafia os hábitos de comunicação e reinventa o conceito de privacidade.
d) procura esclarecer os leitores a respeito dos perigos que o uso do *Twitter* pode representar nas relações de trabalho e também no plano pessoal.
e) apresenta uma enquete sobre as redes sociais mais usadas na atualidade e mostra que o *Twitter* é preferido entre a maioria dos internautas.

Resposta: *c*.

A resolução da questão exigia que algumas operações fossem realizadas concomitantemente. O estudante deveria analisar cada um dos textos e identificar e comparar as principais informações de cada um. Para isso, deveria aproximar os dois textos, a fim de perceber diferenças ou semelhanças entre eles quanto a diferentes critérios: tema, forma, finalidade comunicativa, etc.

Em relação às semelhanças, por exemplo, o estudante deveria perceber que ambos os textos abordam um tema comum: o novo serviço de troca de mensagens, o Twitter. Em relação às diferenças, deveria observar que o próprio enunciado da questão já introduz uma diferença quanto à função ou à finalidade de cada um dos textos: "o texto II constitui um passo a passo para interferir no comportamento dos usuários". Logo, a resposta esperada é aquela que expressa melhor a diferença entre os dois textos a partir do mesmo critério, da finalidade comunicativa. Por meio da análise e da comparação, o estudante concluiria que a resposta correta é a alternativa *c*, na qual se afirma que o texto I "exemplifica e explica o novo serviço global de mensagens rápidas que desafia os hábitos de comunicação e reinventa o conceito de privacidade".

Na questão examinada, a comparação tem como base dois critérios: tema e finalidade comunicativa. Comparar, portanto, pressupõe adotar um ou mais critérios e cotejar dois ou mais elementos segundo os critérios adotados. Assim, quando se pede ao estudante num exame que compare dois textos, é necessário que ele adote um ou mais critérios para estabelecer a comparação. Com base nesses critérios, ele poderá buscar semelhanças ou diferenças entre os textos quanto ao tema abordado ou quanto ao tratamento dado ao tema; quanto ao tipo de composição (poesia ou prosa); quanto ao gênero do discurso; quanto aos sentimentos do enunciador; quanto à linguagem; etc. Se, entretanto, ele resumir as ideias principais de cada um dos textos isoladamente, sem estabelecer um cruzamento entre eles, essa operação não consistirá propriamente numa comparação, mas, talvez, em uma paráfrase ou em um resumo.

MEMORIZAÇÃO

Leia a seguinte questão de História, extraída do exame vestibular da Universidade Federal de Alagoas, e observe como sua resolução exige o exercício da operação da *memorização*.

O mundo medieval europeu recebeu influência destacada do catolicismo. A religião esteve presente na sociedade, em grande parte das suas experiências culturais. O poder da Igreja Católica foi visível, e a ordem feudal predominou em várias regiões da Europa. Na ordem feudal:

a) durante toda a Idade Média, prevaleceu o poder da nobreza, sem interferência dos papas na sua política.

b) existiam latifúndios com uma produção que buscava a autossuficiência econômica.
c) havia uma hierarquia social, onde a riqueza definia a posição social, independente da origem familiar.
d) havia uma produção agrícola importante, em que o comércio entre as cidades era fundamental para a venda dos excessos.
e) eram adotadas regras definidas para todos, com usos e costumes universalizados para toda a Europa Ocidental.

Resposta: *b*.

Para resolver a questão, o estudante deveria ter conhecimento prévio sobre vários aspectos que caracterizavam o mundo medieval e acionar sua memória para examinar o teor das alternativas.

Por exemplo, para saber que a afirmação do item *a* é incorreta, teria de lembrar que no mundo medieval a nobreza tinha poderes e riquezas, mas era o papa quem controlava politicamente a maior parte das situações; para saber que afirmação do item *c* é incorreta teria de lembrar que a sociedade feudal era organizada por estamentos e nela a origem social do indivíduo era importante; para saber que a afirmação do item *d* é incorreta, teria de lembrar que o mundo rural era o centro da vida medieval e que as cidades perderam importância nessa época; e, para concluir que a afirmação do item *e* também é incorreta, teria de lembrar que havia na Idade Média uma política descentralizada, ou seja, cada feudo tinha autonomia e definia seus direitos e deveres. Por fim, para indicar a resposta correta, teria de lembrar que, na Idade Média, além de existirem muitos latifúndios e a terra ser muito disputada, cada feudo se empenhava em ter uma produção baseada na autossuficiência.

Além de todos esses conhecimentos, o estudante já deveria ter se apropriado de conceitos como *feudo*, *latifúndio*, *Idade Média*, *nobreza*, etc.

Em questões específicas de interpretação de textos, a memorização é exigida sempre que se solicita o domínio de conceitos, datas, fatos históricos, dados sobre pessoas, países, etc.

PREPARE-SE PARA O ENEM E O VESTIBULAR

1. Leia e compare os textos:

TEXTO 1

Os grandes olhos azuis, meio cerrados, às vezes se abriam languidamente como para se embeberem de luz, e abaixavam de novo as pálpebras rosadas.

Os lábios vermelhos e úmidos pareciam uma flor da gardênia dos nossos campos, orvalhada pelo sereno da noite; o hálito doce e ligeiro exalava-se formando um sorriso. Sua tez alva e pura como um froco de algodão, tingia-se nas faces de uns longes cor-de-rosa, que iam, desmaiando, morrer no colo de linhas suaves e delicadas.

(José de Alencar. *O guarani*. São Paulo: Saraiva, 2009.)

TEXTO 2

Uma noite, e após uma orgia, eu deixara dormida no leito dela a condessa Barbora. Dei um último olhar àquela forma nua e adormecida com a febre nas faces e a lascívia nos lábios úmidos, gemendo ainda nos sonhos como na agonia voluptuosa do amor. — Saí... Não sei se a noite era límpida ou negra: sei apenas que a cabeça me escaldava de embriaguez. As taças tinham ficado vazias na mesa: aos lábios daquela criatura eu bebera até a última gota o vinho do deleite...

(Álvares de Azevedo. *Macário e Noite na taverna*. São Paulo: Saraiva, 2010. p. 80. Col. Clássicos Saraiva.)

Trechos de obras do período romântico, o texto 1 e o texto 2 tratam do mesmo assunto: ☐. Por outro lado, abordam o assunto de maneiras diferentes, uma vez que no segundo texto prevalece ☐.

Assinale a alternativa que completa corretamente a afirmação ao lado, feita a respeito dos dois textos.

a) o desejo / o sensualismo
b) a noite / a visão depreciativa da mulher
c) a morbidez / o sensualismo
d) o desejo / a presença da morte
e) a noite / o amor casto

2. Leia os textos:

TEXTO 1

Casamento

Há mulheres que dizem:
Meu marido, se quiser pescar, pesque,
mas que limpe os peixes.
Eu não. A qualquer hora da noite me levanto,
ajudo a escamar, abrir, retalhar e salgar.
É tão bom, só a gente sozinhos na cozinha,
de vez em quando os cotovelos se esbarram,
ele fala coisas como “este foi difícil”
“prateou no ar dando rabanadas”
e faz o gesto com a mão.
O silêncio de quando nos vimos a primeira vez
atravessa a cozinha como um rio profundo.
Por fim, os peixes na travessa,
vamos dormir.
Coisas prateadas espocam:
somos noivo e noiva.

(Adélia Prado. *Poesia reunida*. São Paulo: Siciliano, 1991.)

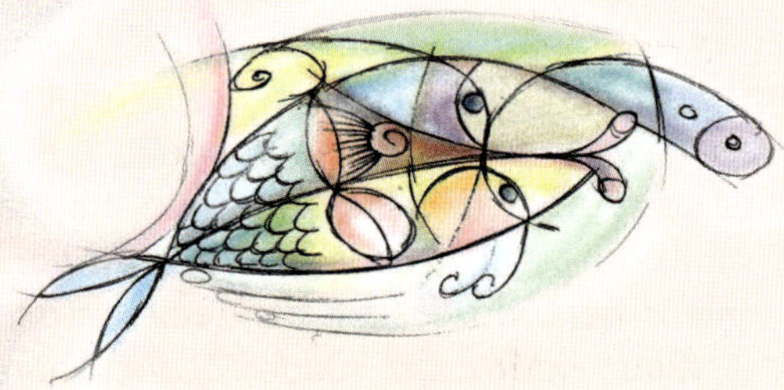

TEXTO 2

Casal

No quarto ela arruma a mala
Na sala ele vê televisão

(Francisco Alvim. *Poesia reunida*. São Paulo: Duas Cidades, 1988.)

Ilustrações: Ricardo Dantas

A relação entre homem e mulher é o tema dos dois poemas, que são contemporâneos. Contudo, a abordagem que fazem do tema é diferente. Assinale a alternativa que se refere apropriadamente a essa diferença.

a) O primeiro revela intimidade e encantamento, e o segundo, separação.
b) O primeiro é sensual, e o segundo ridiculariza a paixão entre homem e mulher.
c) O primeiro é casto, e o segundo idealiza a relação entre homem e mulher.
d) O primeiro tem caráter religioso, e o segundo expõe conflito.
e) O primeiro satiriza o desejo, e o segundo fala de tédio.

3. Leia e compare os textos:

TEXTO 1

Se sou pobre pastor, se não governo
Reinos, nações, províncias, mundo, e gentes;
Se em frio, calma, e chuvas inclementes
Passo o verão, outono, estio, inverno;

Nem por isso trocara o abrigo terno
Desta choça, em que vivo, coas enchentes
Dessa grande fortuna: assaz presentes
Tenho as paixões desse tormento eterno.

Adorar as traições, amar o engano,
Ouvir dos lastimosos o gemido,
Passar aflito o dia, o mês, e o ano;

Seja embora prazer; que a meu ouvido
Soa melhor a voz do desengano,
Que da torpe lisonja o infame ruído.

(Cláudio Manuel da Costa. *Poemas de Cláudio Manuel da Costa*. São Paulo: Cultrix, 1976.)

TEXTO 2

Lira XXI

[...]

Saio da minha cabana
Sem reparar no que faço;
Busco o sítio aonde moras,
Suspendo defronte o passo.
Fito os olhos na janela,
Aonde, Marília bela,
Tu chegas ao fim do dia;
Se alguém passa, e te saúda,
Bem que seja cortesia,
Se acende na face a cor.
Que efeitos são os que sinto?
Serão efeitos de Amor?

Se estou, Marília, contigo,
Não tenho um leve cuidado;
Nem me lembra se são horas
De levar à fonte o gado.
Se vivo de ti distante,
Ao minuto, ao breve instante
Finge um dia o meu desgosto:
Jamais, Pastora, te vejo
Que em teu semblante composto
Não veja graça maior.
Que efeitos são os que sinto?
Serão efeitos de Amor?

[...]

(Tomás Antônio Gonzaga. *Marília de Dirceu*. Rio de Janeiro/São Paulo: Ediouro/Publifolha, 1997. p. 65-6.)

FrickCollection

I. Os textos revelam influência clássica, na estrutura, no lirismo e no conteúdo.
II. Os poemas têm como pano de fundo a natureza idílica.
III. Os sonetos tratam do amor e também do desejo de morte.

Em relação às afirmações acima, feitas a propósito dos textos, conclui-se:

a) apenas a I é correta.
b) apenas a II é correta.
c) a I e a III são corretas.
d) todas são corretas.
e) a I e a II são corretas.

4. No Brasil do século XX, mais especificamente, nos anos 1950, surgiu uma tendência literária que explorava recursos visuais de letras e palavras dispostas expressivamente no papel. Que tendência era essa?

a) Concretismo
b) Tropicalismo
c) Cubismo
d) Brutalismo
e) Futurismo

5. Ao acessar uma página de um portal da Internet, o usuário tem a possibilidade de escolher múltiplos caminhos de leitura, resultantes de sequências associativas, apresentadas como "janelas". O arranjo de informações que possibilita ao usuário essa liberdade de leitura é conhecido como:

a) multivisão.
b) hipertexto.
c) *browser*.
d) *on-line*.
e) *twitter*.

Ikon Illustration RM/Other Images

6. O tratamento subjetivo dado ao amor e ao cenário observado em produções literárias do século XVIII pode ser considerado uma característica de estilo que, mais tarde, teve presença marcante no:

a) Simbolismo. c) Indianismo. e) Parnasianismo.
b) Barroco. d) Byronismo.

7. Muitos poemas produzidos em meados do século XX trazem como marca de modernidade uma linguagem simples, próxima da utilizada no dia a dia. Contudo, quanto à estrutura, eles revelam influência de uma escola literária anterior, que é o:

a) Romantismo. d) Surrealismo.
b) Classicismo. e) Impressionismo.
c) Barroco.

8. Leia os textos:

TEXTO I

[...] Bertoleza então, erguendo-se com ímpeto de anta bravia, recuou de um salto e, antes que alguém conseguisse alcançá-la, já de um só golpe certeiro e fundo rasgara o ventre de lado a lado.

E depois emborcou para a frente, rugindo e esfocinhando moribunda numa lameira de sangue.

João Romão fugira até o canto mais escuro do armazém, tapando o rosto com as mãos.

Nesse momento parava à porta da rua uma carruagem. [...]

(Aluísio Azevedo. *O cortiço*. São Paulo: Saraiva, 2009. p. 208.)

TEXTO II

Ricardo Dantas

O deus-verme

Fator universal do transformismo,
Filho da teleológica matéria,
Na superabundância ou na miséria,
Verme – é o seu nome obscuro de [batismo.

Jamais emprega o acérrimo exorcismo
Em sua diária ocupação funérea,
E vive em contubérnio com a bactéria,
Livre das roupas do antropomorfismo.

Almoça a podridão das drupas agras,
Janta hidrópicos, rói vísceras magras
E dos defuntos novos incha a mão...
Ah! Para ele é que a carne podre fica,
E no inventário da matéria rica
Cabe aos seus filhos a maior porção!

(Augusto dos Anjos. *Obra completa*. Rio de Janeiro: Nova Aguilar.)

Características marcantes da literatura brasileira do final do século XIX até o começo do século XX são o cientificismo e a busca de uma visão mais documental do cotidiano do homem urbano. Considerando os textos lidos e essas características da produção literária do período mencionado, assinale a alternativa errada.

a) Ambos os textos revelam influência do determinismo.
b) O segundo texto explora a visão orgânica da morte.
c) O primeiro texto expõe a violência e a exploração social.
d) O Pré-Modernismo é o movimento literário ao qual estão relacionados ambos os textos.
e) O segundo texto apresenta vocabulário mais científico.

9. Pe. Antônio Vieira e Eça de Queirós são dois escritores portugueses cujas obras revelam marcas da história do país. Os gêneros de texto em que suas obras principais foram produzidas são, respectivamente:

a) sermão e romance.
b) carta e drama.
c) romance e comédia.
d) sermão e crônica.
e) catequese e romance.

EM DIA COM O ENEM E O VESTIBULAR

Literatura e estudos de linguagem

1. (UFPE-PE, adaptada) O leitor sempre povoou o universo literário, seja como interlocutor, seja como personagem. A preocupação com a arte de escrever e com os efeitos da leitura revela-se nos textos em prosa e em verso de todas as épocas, mostrando que a criação literária é um trabalho consciente e comprometido com a realidade na qual se insere. Considere o trecho do *Sermão da Sexagésima*, de Pe. Antônio Vieira, e analise as questões a seguir. Indique com *V* as questões verdadeiras e com *F* as falsas.

> Aprendamos do Céu o estilo da disposição e também das palavras. Como hão de ser as palavras? Como as estrelas. As estrelas são muito distintas e muito claras. Assim há de ser o estilo da pregação – muito distinto e muito claro. E nem por isso temais que pareça o estilo baixo; as estrelas são muito distintas e muito claras e altíssimas. O estilo pode ser muito claro e muito alto; tão claro que o entendam os que não sabem e tão alto que tenham muito que entender os que sabem. O rústico acha documentos nas estrelas para sua lavoura e o matemático para as suas observações. De maneira que o rústico que não sabe ler nem escrever entende as estrelas, e o matemático, que tem lido quantos escreveram, não alcança a entender quanto nelas há. Tal pode ser o sermão – estrelas, que todos veem e muito poucos as medem.

a) Mais do que o poema e o romance, o gênero da oratória exige uma preocupação especial com o receptor, na medida em que o objetivo da pregação é persuadir e convencer o ouvinte.
b) No *Sermão da Sexagésima*, Vieira resume a arte de pregar, procurando analisar por que a palavra de Deus não frutificava no mundo.
c) De acordo com a retórica cultista, Vieira defende um sermão baseado na expressão clara das ideias, interessante e acessível aos ouvintes, desde os mais simples até os mais cultos.
d) Apesar de defender a clareza das ideias, Vieira não deixa de utilizar em seus sermões grande riqueza de imagens, a exemplo de seus adversários católicos, os gongóricos dominicanos, partidários do estilo conceptista.
e) A comparação do estilo do sermão à disposição das estrelas no Céu é um exemplo de como as imagens literárias podem ser utilizadas para facilitar o entendimento, e não para servir à afetação e à pompa.

(UFMS-RS) Leia o trecho a seguir para responder às questões 2 e 3.

> Por isto são maus ouvintes os de entendimentos agudos. Mas os de vontades endurecidas ainda são piores, porque um entendimento agudo pode-se ferir pelos mesmos fios e vencer-se uma agudeza com outra maior; mas contra vontades endurecidas nenhuma coisa aproveita a agudeza, antes dana mais, porque quando as setas são mais agudas, tanto mais facilmente se despontam na pedra. Oh! Deus nos livre de vontades endurecidas, que ainda são piores que as pedras.
>
> (*Sermão da Sexagésima*, de Pe. Antônio Vieira.)

2. A afirmação "um entendimento agudo pode-se ferir pelos mesmos fios e vencer-se uma agudeza com outra maior" confrontada com os versos "[ó Madre Natureza] troca desta alma a fria morbideza / nessa ubérrima seiva soberana", de Castro Alves, possibilita afirmar:

I. Os dois registros postulam a transformação do homem, o primeiro pela fé na palavra divina, o segundo pela crença na força da natureza.
II. Enquanto o primeiro registro afirma a força persuasiva da palavra e da ideia, o segundo sugere que a fertilidade do ambiente natural é uma força poderosa que pode agir sobre a vontade humana.
III. O primeiro autor, barroco, vê a dificuldade de moldar certas inteligências, enquanto o segundo enxerga a submissão da vontade humana diante da natureza.

Está(ão) correta(s):

a) apenas I.
b) apenas I e III.
c) apenas II e III.
d) apenas II.
e) I, II e III.

3. Pelo trecho reproduzido, pode-se concluir que o Sermão da Sexagésima trata da:

a) problemática da pregação religiosa, considerando as figuras dos pregadores e dos fiéis.
b) necessidade do engajamento dos fiéis nas batalhas contra os holandeses.
c) perseguição sofrida pelo pregador em função do apoio que emprestava a índios e negros.

d) exortação que o pregador fazia em favor de seu projeto de criar a Campanha das Índias Ocidentais.
e) condenação aos governantes locais que desobedeciam os princípios do mercantilismo seiscentista.

(UEL-PR) Leia o poema a seguir e responda às questões 4 e 5.

QUEIXA-SE O POETA EM QUE O MUNDO VAY ERRADO, E QUERENDO EMENDÂLO O TEM POR EMPREZA DIFFICULTOSA.

Carregado de mim ando no mundo,
E o grande peso embarga-me as passadas,
Que como ando por vias desusadas,
Faço o peso crescer, e vou-me ao fundo.

O remédio será seguir o imundo
Caminho, onde dos mais vejo as pisadas,
Que as bestas andam juntas mais ornadas,
Do que anda só o engenho mais profundo.

Não é fácil viver entre os insanos,
Erra, quem presumir, que sabe tudo,
Se o atalho não soube dos seus danos.

O prudente varão há-de ser mudo,
Que é melhor neste mundo, mar de enganos,
Ser louco cos demais que ser sisudo.

(MATOS, Gregório de. *Poesias selecionadas*. 3. ed. São Paulo: FTD, 1998. p. 70.)

4. A partir da leitura do poema, assinale a alternativa correta.

a) De temática satírica, o soneto aborda o tema da insanidade, buscando criticar a sociedade da época que não sabia lidar com a loucura, o que antecipa um tema que será abordado pelos poetas românticos.
b) O eu-lírico expressa um sentimento de culpa diante da sua impossibilidade de compreender o mundo, o que está em total consonância com o veio religioso da obra de Gregório de Matos.
c) De inspiração filosófica, o poema trata dos desenganos do eu-lírico frente a um mundo que não o entende e que o torna um indivíduo solitário, muitas vezes obrigado a acompanhar a loucura "dos demais".
d) A temática religiosa aparece neste poema por meio da referência a Jesus Cristo, dada já na primeira estrofe, em que a metáfora da via-crucis é apresentada pelo eu-lírico como retrato de seu próprio sofrimento.
e) De temática amorosa, o poema traz os lamentos do eu-lírico, que, incapaz de conquistar o amor da mulher amada, usa o poema como fuga da realidade, procurando na loucura, assim, uma redenção para a sua dor.

5. A respeito do poema, considere as afirmativas a seguir.

I. O eu-lírico se identifica com os intelectuais parnasianos, cujo engenho lhe inspira admiração, em oposição aos insanos de quem se distancia, associados a "bestas", numa referência indireta à liberdade artística do movimento romântico.
II. O caminho a que se refere o eu-lírico ao longo do poema é uma metáfora da vida do próprio poeta, que se vale de dados concretos e fatos autobiográficos a fim de conferir maior verossimilhança à comparação entre vida e caminho.
III. O soneto de Gregório de Matos demonstra nítida inspiração petrarquiana, de modo que o equilíbrio formal do poema é alcançado pelo uso de versos decassílabos e de rimas interpoladas nos quartetos e intercaladas nos tercetos.
IV. Característica da lírica de Camões, o desconcerto do mundo aparece no soneto de Gregório de Matos na voz do eu-lírico que reconhece a insuficiência do intelecto diante da complexidade do universo.

Assinale a alternativa correta.

a) Somente as afirmativas I e II são corretas.
b) Somente as afirmativas I e IV são corretas.
c) Somente as afirmativas III e IV são corretas.
d) Somente as afirmativas I, II e III são corretas.
e) Somente as afirmativas II, III e IV são corretas.

(UFSM-RS) Texto para as questões 6 e 7:

"Os mensaleiros, os sanguessugas, os corruptos de todas as grandezas continuam aí, expondo suas *caras de pau* envernizadas, afrontando os que pensam e agem honestamente. Tudo isso, entretanto, não é motivo para anular o voto ou votar em branco."

(Sergio Blattes, *Diário de Santa Maria*, 03 de agosto de 2006.)

6. A palavra *sanguessuga* possui 11 letras, 8 fonemas e 3 dígrafos; *democracia* tem 10 letras, 1 encontro consonantal e 1 hiato. Relacione as duas colunas a seguir e depois assinale a alternativa com a sequência correta.

1. república	( ) 9 fonemas, 1 dígrafo
2. hábito	( ) 7 fonemas, 2 dígrafos
3. reeleição	( ) 8 fonemas, 1 dígrafo, 1 encontro consonantal
4. candidatos	( ) 9 fonemas, 1 encontro consonantal
5. corrupção	( ) 9 fonemas, 2 ditongos, 1 hiato
6. excessivo	( ) 5 fonemas

a) 6 - 4 - 1 - 5 - 3 - 2
b) 2 - 4 - 5 - 6 - 3 - 1

c) 5 - 1 - 6 - 4 - 2 - 3
d) 4 - 6 - 5 - 1 - 3 - 2
e) 3 - 5 - 2 - 6 - 4 - 1

7. Usualmente, uma expressão linguística é usada para falar de coisas, mas também pode ser mencionada, isto é, podemos falar a respeito dela. Com base nessa distinção, é correto afirmar que o modo como as palavras *sanguessuga*, *fonemas* e *dígrafos* estão sendo empregadas no enunciado da questão anterior chama-se, respectivamente:

a) menção - uso - uso
b) uso - menção - uso
c) uso - menção - menção
d) uso - uso - menção
e) menção - menção - uso

8. (UFSM-RS) Observe o trecho: "a maior parte dos eleitores (cerca de 30 milhões) tem entre 25 e 34 anos, mas seguida de perto pelos que têm entre 45 e 59 anos". O verbo *ter* aparece duas vezes, uma sem acento gráfico e outra com acento. A segunda forma é acentuada:

a) porque é uma palavra monossílaba átona.
b) porque é uma oxítona terminada em "-em".
c) para concordar com "a maior parte".
d) para concordar com "entre 45 e 59 anos".
e) para indicar a flexão da terceira pessoa do plural.

9. (ENEM) O presidente Lula assinou, em 29 de setembro de 2008, decreto sobre o Novo Acordo Ortográfico da Língua Portuguesa. As novas regras afetam principalmente o uso dos acentos agudo e circunflexo, do trema e do hífen. Longe de um consenso, muita polêmica tem-se levantado em Macau e nos oito países de língua portuguesa: Brasil, Angola, Cabo Verde, Guiné-Bissau, Moçambique, Portugal, São Tomé e Príncipe e Timor Leste. Comparando as diferentes opiniões sobre a validade de se estabelecer o acordo para fins de unificação, o argumento que, em grande parte, foge a essa discussão é:

a) "A Academia (Brasileira de Letras) encara essa aprovação como um marco histórico. Inscreve-se, finalmente, a Língua Portuguesa no rol daquelas que conseguiram beneficiar-se há mais tempo da unificação de seu sistema de grafar, numa demonstração de consciência da política do idioma e de maturidade na defesa, difusão e ilustração da língua da Lusofonia."

SANDRONI, C. Presidente da ABL. Disponível em: http://www.academia.org.br. Acesso em: 10 nov. 2008.

b) "Acordo ortográfico? Não, obrigado. Sou contra. Visceralmente contra. Filosoficamente contra. Linguisticamente contra. Eu gosto do "c" do "actor" e o "p" de "cepticismo". Representam um património, uma pegada etimológica que faz parte de uma identidade cultural. A pluralidade é um valor que deve ser estudado e respeitado. Aceitar essa aberração significa apenas que a irmandade entre Portugal e o Brasil continua a ser a irmandade do atraso."

COUTINHO, J. P. *Folha de S. Paulo*. Ilustrada. 28 set. 2008, E1 (adaptado).

c) "Há um conjunto de necessidades políticas e econômicas com vista à internacionalização do português como identidade e marca econômica." "É possível que o (Fernando) Pessoa, como produto de exportação, valha mais do que a PT (Portugal Telecom). Tem um valor econômico único."

RIBEIRO, J. A. P. Ministro da Cultura de Portugal. Disponível em: http://ultimahora.publico.clix.pt. Acesso em: 10 nov. 2008.

d) "É um acto cívico batermo-nos contra o Acordo Ortográfico." "O acordo não leva a unidade nenhuma." "Não se pode aplicar na ordem interna um instrumento que não está aceito internacionalmente" e nem assegura "a defesa da língua como património, como prevê a Constituição nos artigos 9º e 68º."

MOURA, V. G. Escritor e eurodeputado. Disponível em: www.mundoportugues.org. Acesso em: 10 nov. 2008.

e) "Se é para ter uma lusofonia, o conceito [unificação da língua] deve ser mais abrangente e temos de estar em paridade. Unidade não significa que temos que andar todos ao mesmo passo. Não é necessário que nos tornemos homogéneos. Até porque o que enriquece a língua portuguesa são as diversas literaturas e formas de utilização."

RODRIGUES, M. H. Presidente do Instituto Português do Oriente, sediado em Macau. Disponível em: http://taichungpou.blogspot.com. Acesso em: 10 nov. 2008 (adaptado).

(UEL-PR) Leia o texto a seguir e responda às questões de 10 a 12.

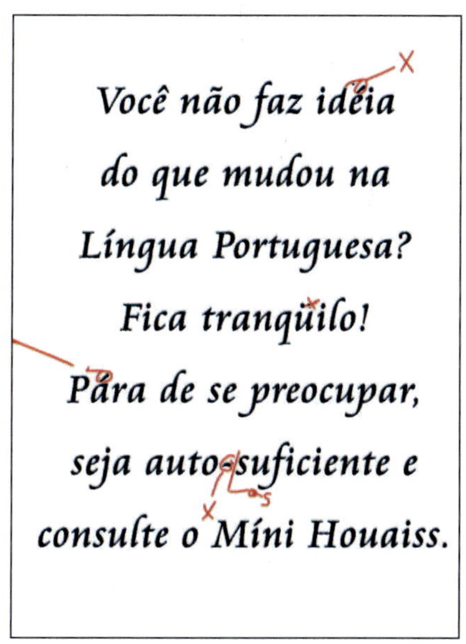

Reprodução

(*Nova Escola*. São Paulo: Abril. ago. 2008. 4ª capa.)

10. O texto faz parte da propaganda de um dicionário de língua portuguesa. Sobre as marcas de correção presentes no texto, assinale a alternativa correta.

a) Trata-se de retificações, no plano semântico, das palavras do léxico brasileiro.
b) Referem-se às alterações ortográficas a serem feitas na língua portuguesa.
c) São correções necessárias para a modificação da pronúncia dessas palavras.
d) São parte das mudanças sintáticas que deverão ocorrer em breve no Português.
e) Configuram sugestões de correção para que o texto se torne mais coeso.

11. Sobre cada uma das marcações feitas no texto, considere as afirmativas a seguir.

I. A palavra "idéia" perderá o acento, visto que haverá alteração no timbre dessa palavra cujo ditongo aberto passará a ser fechado.
II. Em "tranqüilo", a eliminação do trema implicará alteração na pronúncia, aproximando-a da palavra "aquilo".
III. "Pára" perderá o acento que o diferencia de "para", o que exigirá do leitor a observação do contexto para a correta distinção desses vocábulos.
IV. Quanto a "auto-suficiente", o acréscimo do "s" visa manter a pronúncia original de "suficiente" quando este se juntar ao prefixo "auto" sem a presença do hífen.

Assinale a alternativa correta.

a) Somente as afirmativas I e II são corretas.
b) Somente as afirmativas I e IV são corretas.
c) Somente as afirmativas III e IV são corretas.
d) Somente as afirmativas I, II e III são corretas.
e) Somente as afirmativas II, III e IV são corretas.

12. Levando-se em conta que o texto é dirigido a um potencial comprador do dicionário anunciado, assinale a alternativa correta quanto à sua construção.

I. O anúncio, ao dirigir-se ao leitor, reforça a finalidade persuasiva própria do gênero anúncio publicitário.
II. A segunda frase pressupõe desconhecimento, por parte do leitor, do conteúdo das mudanças referidas na pergunta lançada anteriormente.
III. O uso do modo imperativo, comum em anúncios publicitários, está contrariando a norma padrão do Português, por misturar pessoas verbais.
IV. Os adjetivos presentes no anúncio publicitário conferem ao texto maior cientificidade.

Assinale a alternativa correta.

a) Somente as afirmativas I e II são corretas.
b) Somente as afirmativas I e IV são corretas.
c) Somente as afirmativas III e IV são corretas.
d) Somente as afirmativas I, II e III são corretas.
e) Somente as afirmativas II, III e IV são corretas.

Produção de texto

13. (UEL-PR) Leia o texto a seguir, sobre o fundador da Apple, Steve Jobs, morto recentemente de câncer no pâncreas.

Centralizador maníaco, totalitário e explosivo, exigia que os produtos da Apple tivessem leveza, simplicidade, funcionalidade e fossem, a começar pela embalagem, a fonte de uma experiência quase zen para seus usuários. Desapegado do dinheiro, andava em trajes despojados – calça jeans, tênis e camiseta preta –, mas triturou os executivos de terno e gravata da sua concorrente mais constante, a Microsoft, de Bill Gates. No começo do ano 2000, com o valor de uma ação da Microsoft podiam-se comprar duas ações da Apple. Onze anos depois, a Microsoft valia apenas 7% da Apple, que vem se alternando com a Exxon no posto de empresa mais valiosa do mundo. Jobs tem a estatura de Henry Ford e Thomas Edison quando se analisa seu impacto na criação da civilização tecnológica contemporânea. Será lembrado e até reverenciado daqui a 100 anos.

Na vida pessoal cometeu alguns indesculpáveis erros humanos – entre eles o reconhecimento tardio da filha que teve com uma namorada quando tinha 23 anos. Sonhou em deixar uma marca no universo – e conseguiu. Morreu como um ídolo pop, o que é extraordinário para o dono de uma empresa que vendia produtos caros, ainda que quase mágicos e esteticamente próximos da perfeição. "Foi parecido com a morte de John Lennon" disse Steve Wozniak, parceiro dos primeiros tempos na Apple. O legado de Jobs é imenso e incontornável. Foi-se um Leonardo da Vinci da era digital, mas suas ideias e sua sabedoria ficam. Elas podem ser resumidas, em um exercício de simplicidade que era caro a Jobs, por uma de suas frases no magnífico discurso feito em 2005 para uma turma de formandos da Universidade de Stanford. Disse ele: "Tenha coragem de seguir o seu coração e a sua intuição. Eles, de algum modo, já sabem o que você realmente quer ser". Jobs, de algum modo, sabia o que as pessoas queriam ter antes mesmo que elas se dessem conta do desejo de consumo.

(Adaptado de: ALTMAN, Fábio. Quero deixar uma marca no universo. *Veja*, n. 41, p. 94-95, 12 out. 2011.)

Resuma o texto em, no máximo, 10 linhas. Você deverá:

- Escrever com letra legível, cursiva ou de fôrma, diferenciando as maiúsculas das minúsculas.

- Construir apenas 1 (um) parágrafo.
- Usar linguagem formal.
- Utilizar somente as informações fornecidas pelo texto.
- Evitar cópia de partes do texto.

14. (UFPR-PR)

A Rede Idiota

Segundo leio no *Google*, num site aberto ao acaso, a internet surgiu com objetivos militares, ainda em plena Guerra Fria, como uma forma de as Forças Armadas americanas manterem o controle, caso ataques russos destruíssem seus meios de comunicação ou se infiltrassem nestes e trouxessem a público informações sigilosas. Outro site diz: "Eram apenas quatro computadores ligados em dezembro de 1969, quando a internet começou a existir, ainda com o nome de Arpanet e com o objetivo de garantir que a troca de informações prosseguisse, mesmo que um dos pontos da rede fosse atingido por um bombardeio inimigo".

Entre as décadas de 70 e 80, estudantes e professores universitários já trocavam informações e descobertas por meio da rede. Mas foi a partir de 1990 que a internet passou a servir aos simples mortais. Hoje há um bilhão de usuários no mundo todo, afirma outro site. Outro informa que o Brasil é o quinto no *ranking* dos países com mais usuários na internet, tem hoje cerca de 50 milhões de internautas ativos, atrás apenas da Índia, Japão, Estados Unidos e China, estes últimos com 234 e 285 milhões de usuários, respectivamente, informa ainda outro site.

Ilustro com essas informações (suspeitas, como todas que vagam no espaço virtual) a abrangência que tem hoje a internet em todo o mundo, em especial no Brasil. Quase nada acontece hoje sem que passe pela grande rede. Coisas importantes e coisas nem tão importantes assim, como este texto, que não chegaria tão ágil à redação da ISTOÉ se não fosse enviado de um computador a outro num piscar de olhos.

Não pretendo demonizar a internet, até porque sou bastante dependente dela. De todo modo, é histórico o mau uso que os humanos fazem de meios fantásticos de comunicação, e o rádio e a tevê estão aí e não me deixam mentir. De todas as ilusões que a internet alimenta, a que julgo mais grave é a terrível onipotência que seu uso desperta. Todos se acham capazes de tudo, com direito a tudo, opinar, julgar, sugerir, depreciar, mas sempre à sombra da marquise, no confortável "anonimato público" que o mundo paralelo da rede propicia. Consultam o *Google* como se consulta um oráculo, como se lá repousasse toda a sabedoria do mundo. Pra que livros, enciclopédias, se há *Google*? – perguntam-se.

No livro "A Marca Humana", de Philip Roth, um personagem fala: "As pessoas estão cada vez mais idiotas, mas cheias de opinião". Não sei o que vem por aí, é cedo para vaticínios sombrios, mas posso antever um mundo povoado por covardes anônimos e cheios de opiniões. O sujeito se sente participando da "vida coletiva", integrado ao mundo, quando dá sua opinião sobre o que quer que seja: a cantora que errou o "Hino Nacional", o discurso do presidente, a contratação milionária do clube, o novo disco do velho artista, etc. Julga-se um homem de atitude se protesta contra tudo e todos em *posts* no *blog* de economia e comentários abaixo do vídeo no *You Tube*. Faz tudo isso no escuro, protegido por um *nickname*, um endereço de e-mail, uma máscara. Raivosa, mas covarde.

(Zeca Baleiro. *ISTOÉ*, 16 set. 2009.)

Resuma esse texto, utilizando até 10 linhas.

Interpretação de texto

15. (SAEB)

Texto I

O chamado "fumante passivo" é aquele indivíduo que não fuma, mas acaba respirando a fumaça dos cigarros fumados ao seu redor. Até hoje, discutem-se muito os efeitos do fumo passivo, mas uma coisa é certa: quem não fuma não é obrigado a respirar a fumaça dos outros.

O fumo passivo é um problema de saúde pública em todos os países do mundo. Na Europa, estima-se que 79% das pessoas estão expostas à fumaça "de segunda mão", enquanto nos Estados Unidos, 88% dos não fumantes acabam fumando passivamente. A Sociedade do Câncer da Nova Zelândia informa que o fumo passivo é a terceira entre as principais causas de morte no país, depois do fumo ativo e do uso de álcool.

Disponível em: www.terra.com.br. Acesso em: 27 abr. 2010 (fragmento).

Texto II

Ricardo Jaime

(Disponível em: http://rickjaimecomics.blogspot.com.br. Acesso em: 27 abr. 2010.)

Ao abordar a questão do tabagismo, os textos I e II procuram demonstrar que:

a) a quantidade de cigarros consumidos por pessoa, diariamente, excede o máximo de nicotina recomendado para os indivíduos, inclusive para os não fumantes.
b) para garantir o prazer que o indivíduo tem ao fumar, será necessário aumentar as estatísticas de fumo passivo.
c) a conscientização dos fumantes passivos é uma maneira de manter a privacidade de cada indivíduo e garantir a saúde de todos.
d) os não fumantes precisam ser respeitados e poupados, pois estes também estão sujeitos às doenças causadas pelo tabagismo.
e) o fumante passivo não é obrigado a inalar as mesmas toxinas que um fumante; portanto, depende dele evitar ou não a contaminação proveniente da exposição ao fumo.

16. (SAEB)

Texto I

Ainda que eu falasse a língua dos homens
E falasse a língua dos anjos, sem amor eu nada
[seria.
É só o amor, é só o amor.
Que conhece o que é verdade.
O amor é bom, não quer o mal.
Não sente inveja ou se envaidece.
Amor é fogo que arde sem se ver.
É ferida que dói e não se sente.
É um contentamento descontente.
É dor que desatina sem doer.

Ainda que eu falasse a língua dos homens
E falasse a língua dos anjos, sem amor eu nada
[seria.

É um não querer mais que bem querer.
É solitário andar por entre a gente.
É um não contentar-se de contente.
É cuidar que se ganha em se perder.

É um estar-se preso por vontade.
É servir a quem vence o vencedor.
É um ter com quem nos mata lealdade.
Tão contrário a si é o mesmo amor.

Estou acordado e todos dormem todos dormem
[todos dormem.
Agora vejo em parte. Mas então veremos face
[a face.
É só o amor, é só o amor.
Que conhece o que é verdade.

Ainda que eu falasse a língua dos homens
E falasse a língua dos anjos, sem amor eu nada
[seria.

(Legião Urbana. *As quatro estações*, 1989. © Legião Urbana Produções/Copyrights Consultoria.)

Texto II

Amor é fogo que arde sem se ver;
É ferida que dói e não se sente;
É um contentamento descontente;
É dor que desatina sem doer;

É um não querer mais que bem querer;
É solitário andar por entre a gente;
É nunca contentar-se de contente;
É cuidar que se ganha em se perder;

É querer estar preso por vontade;
É servir a quem vence o vencedor;
É ter com quem nos mata lealdade.

Mas como causar pode seu favor
Nos corações humanos amizade,
Se tão contrário a si é o mesmo amor?

(Luís de Camões. *Lírica*. São Paulo: Cultrix, 1976. p. 123.)

O texto I difere do texto II:

a) na constatação de que o amor pode levar à morte.
b) na exaltação da dor causada pelo sofrimento amoroso.
c) na expressão da beleza do sentimento dos que amam.
d) na rejeição da aceitação passiva do sofrimento amoroso.

17. (UFG-GO) Leia os poemas de Cora Coralina e Olavo Bilac:

Rio vermelho

IV
Água - pedra.
Eternidades irmanadas.
Tumulto — torrente.
Estática — silenciosa.
O paciente deslizar,
o chorinho a lacrimejar
sutil, dúctil
na pedra, na terra.
Duas perenidades -
sobreviventes
no tempo.
Lado a lado — conviventes,
diferentes, juntas, separadas.
Coniventes.
Meu Rio Vermelho.

CORALINA, Cora. *Melhores poemas.* Seleção de Darcy França Denófrio. São Paulo: Global, 2004. p. 319. (Col. Melhores Poemas).

dúctil: dócil

Rio abaixo

Treme o rio, a rolar, de vaga em vaga...
Quase noite. Ao sabor do curso lento
Da água, que as margens em redor alaga,
Seguimos. Curva os bambuais o vento.

Vivo há pouco, de púrpura, sangrento,
Desmaia agora o ocaso. A noite apaga
A derradeira luz do firmamento...
Rola o rio, a tremer, de vaga em vaga.

Um silêncio tristíssimo por tudo
Se espalha. Mas a lua lentamente
Surge na fímbria do horizonte mudo:
E o seu reflexo pálido, embebido
Como um gládio de prata na corrente,
Rasga o seio do rio adormecido.

BILAC, Olavo. *Melhores poemas.* Seleção de Marisa Lajolo. São Paulo: Global, 2003. p. 71. (Col. Melhores Poemas).

ocaso: pôr do sol
fímbria: orla, borda
gládio: espada

Tanto Cora Coralina, em "Rio vermelho", quanto Olavo Bilac, em "Rio abaixo", poetizam assuntos semelhantes. Os dois poemas, entretanto, diferenciam-se, respectivamente, por:

a) linguagem coloquial do primeiro e linguagem anacrônica do segundo.
b) caráter contido do primeiro e caráter intenso do segundo.
c) tonalidade satírica do primeiro e tonalidade avaliativa do segundo.
d) ênfase narrativista do primeiro e ênfase descritivista do segundo.
e) registro regionalista do primeiro e registro universalista do segundo.

18. (FUVEST-SP)

Figura 1 — Densidade demográfica em 15 cidades — 1995

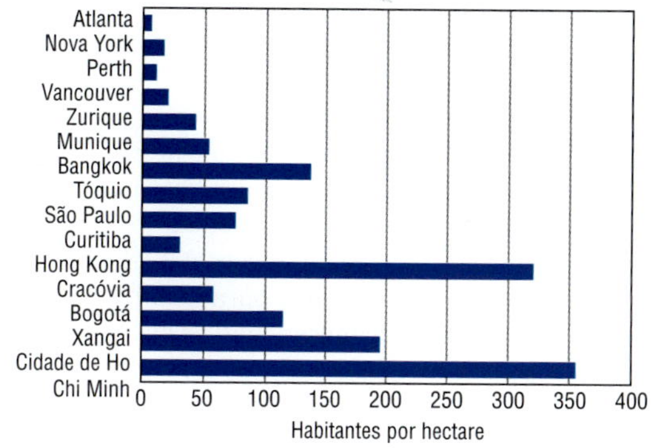

Figura 2 — Consumo de gasolina em transporte particular de passageiros em 15 cidades — 1995

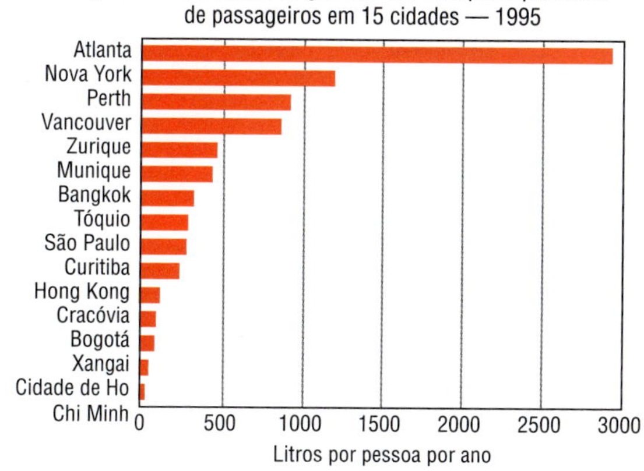

Fonte: *O estado do mundo em 2007. Nosso futuro urbano* (2007 State of the world. Our Urban Future). Linda Starke (ed.). Nova Iorque e Londres: W. W. Norton & Company, 2007, p. 69 e 70. Adaptado.

Com base nesses gráficos sobre 15 cidades, pode-se concluir que, no ano de 1995:

a) as três cidades com o menor número de habitantes, por hectare, são aquelas que mais consomem gasolina no transporte particular de passageiros.
b) nas três cidades da América do Sul, vale a regra: maior população, por hectare, acarreta maior consumo de gasolina no transporte particular de passageiros.
c) as cidades mais populosas, por hectare, são aquelas que mais consomem gasolina no transporte particular de passageiros.

d) nas três cidades da América do Norte, vale a regra: maior população, por hectare, acarreta maior consumo de gasolina no transporte particular de passageiros.

e) as três cidades da Ásia mais populosas, por hectare, estão entre as quatro com menor consumo de gasolina no transporte particular de passageiros.

(UFG-GO) Leia os textos a seguir para responder às questões 19 e 20.

Quer tomar bomba?

Quer tomar bomba? Pode aplicar
Mas eu não garanto se vai inchar
Efeito estufa, ação, reação
Estria no corpo, aí, vai, vacilão
Deca, winstrol, durateston, textex
A fórmula mágica pra você ficar mais sexy
Mulher, dinheiro, oportunidade
Um ciclo de winstrol e você é celebridade
Barriga estilo tanque, pura definição
Duas horas de tensão, não vacila, vai pro chão
Três, quatro, quanto mais repetição
Vai perder muito mais rápido
Então, vem, sente a pressão

MAG. Quer tomar bomba? Disponível em: <ww.vagalume.com.br>. Acesso em: 2 out. 2007. [Adaptado].

Canção

Dá-me pétalas de rosa
Dessa boca pequenina:
Vem com teu riso, formosa!
Vem com teu beijo, divina!

Transforma num paraíso
O inferno do meu desejo...
Formosa, vem com teu riso!
Divina, vem com teu beijo!

Oh! tu, que tornas radiosa
Minh'alma, que a dor domina,
Só com teu riso, formosa,
Só com teu beijo, divina!

Tenho frio, e não diviso
Luz na treva em que me vejo:
Dá-me o clarão do teu riso!
Dá-me o fogo do teu beijo!

BILAC, Olavo. *Melhores poemas*. Seleção de Marisa Lajolo. São Paulo: Global, 2003. p. 70. (Coleção Melhores Poemas).

19. No rap "Quer tomar bomba?", a associação do uso de "medicamentos" ao exercício físico sugere o seguinte dilema:

a) O culto à beleza física *versus* o cultivo da beleza interior.
b) O zelo com a saúde mental *versus* a preocupação com a saúde corporal.
c) A obtenção de resultados pela força de vontade *versus* o recurso à medicina desportiva.
d) A manutenção da juventude *versus* a aceitação do envelhecimento.
e) O cuidado consigo mesmo *versus* o desejo de ser atraente ao outro.

20. No poema "Canção", um dos recursos linguísticos utilizados para expressar a dependência do poeta em relação à mulher amada é:

a) a recuperação da voz feminina pela citação direta e explícita.
b) a oposição semântica entre termos dos universos da razão e da espiritualidade.
c) a construção da antítese mediante o encadeamento de orações coordenadas.
d) a alternância das formas verbais nos modos indicativo e imperativo.
e) a sequência sonora indicativa da melancolia causada pela distância entre eles.

(ENEM) Figura para as questões 21 e 22:

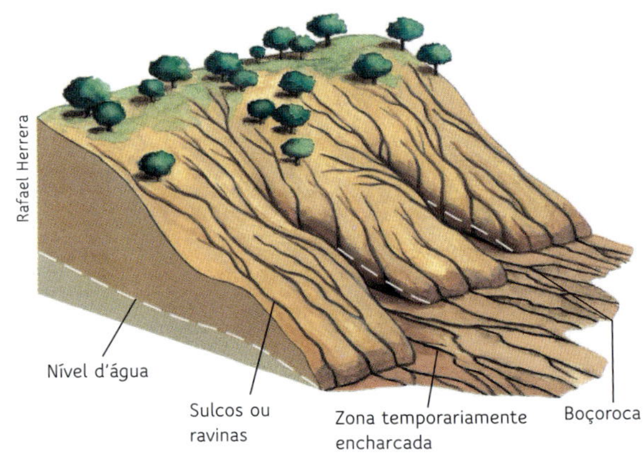

TEIXEIRA, W. et al. (Orgs.) *Decifrando a Terra*. São Paulo: Companhia Editora Nacional, 2009.

21. Muitos processos erosivos se concentram nas encostas, principalmente aqueles motivados pela água e pelo vento. No entanto, os reflexos também são sentidos nas áreas de baixada, onde geralmente há ocupação urbana. Um exemplo desses reflexos na vida cotidiana de muitas cidades brasileiras é:

a) a maior ocorrência de enchentes, já que os rios assoreados comportam menos água em seus leitos.
b) a contaminação da população pelos sedimentos trazidos pelo rio e carregados de matéria orgânica.
c) o desgaste do solo nas áreas urbanas, causado pela redução do escoamento superficial pluvial na encosta.
d) a maior facilidade de captação de água potável para o abastecimento público, já que é maior o efeito do escoamento sobre a infiltração.

e) o aumento da incidência de doenças como a amebíase na população urbana, em decorrência do escoamento de água poluída do topo das encostas.

22. O esquema representa um processo de erosão em encosta. Que prática realizada por um agricultor pode resultar em aceleração desse processo?

a) Plantio direto.
b) Associação de culturas.
c) Implantação de curvas de nível.
d) Aração do solo, do topo ao vale.
e) Terraceamento na propriedade.

23. (UFPEL-RS) No decorrer do período colonial no Brasil os interesses entre metropolitanos e colonos foram se ampliando.

> O descontentamento se agravou quando, a 1º de abril de 1680, a Coroa estabeleceu a liberdade incondicional dos indígenas, proibindo taxativamente que fossem escravizados. Além disso confiou-os aos jesuítas, que passaram a ter jurisdição espiritual e temporal das aldeias indígenas.
>
> Visando solucionar o problema da mão de obra para as atividades agrícolas do Maranhão, o governo criou a Companhia do Comércio do Estado do Maranhão (1682).
>
> Durante vinte anos, a Companhia teria o monopólio do comércio importador e exportador do Estado do Maranhão e do Grão-Pará. Cabia-lhe fornecer dez mil escravos africanos negros, à razão de quinhentos por ano, durante o período da concessão outorgada.
>
> AQUINO, Rubim Santos Leão de [et al]. *Sociedade brasileira: uma história através dos movimentos sociais*. 3. ed. Rio de Janeiro: Record, 2000.

Pelos elementos mercantilistas, geográficos e cronológicos, o conflito inferido do texto foi a Revolta:

a) dos Emboabas.
b) dos Mascates.
c) de Amador Bueno.
d) de Filipe dos Santos.
e) de Beckman.
f) I.R.

24. (ESPM-SP)

> O empresário australiano Rupert Murdoch adquiriu por 5,6 bilhões de dólares uma das maiores e mais veneradas instituições da imprensa americana. Com seus textos elegantes, visual cuidadosamente conservador e cobertura ampla e criteriosa dos grandes assuntos econômicos dos EUA e do mundo, o veículo de comunicação em questão conta com circulação diária de 2 milhões de exemplares e conquistou, em 118 anos de história, 31 prêmios Pulitzer, a coroação máxima por excelência jornalística no país. A reputação lhe rendeu o apelido de "A Bíblia do Capitalismo".
>
> Polêmico, chamado de tirano por seus vários inimigos, visto como exterminador do jornalismo sério, Murdoch é um empresário sagaz e também um homem de mídia, sendo o presidente da News Corp, um dos maiores conglomerados de mídia e entretenimento do planeta, com faturamento anual de quase 29 bilhões de dólares.
>
> (Revista *Exame*, 29/08/2007.)

O veículo de comunicação adquirido pelo empresário Rupert Murdoch, considerado como "A Bíblia do Capitalismo", é:

a) New York Times.
b) Times.
c) USA Today.
d) The Economist.
e) Wall Street Journal.

25. (UFC-CE) No cordel *Antônio Conselheiro*, lemos:

> Este cearense nasceu / lá em Quixeramobim, / se eu sei como ele viveu, / sei como foi o seu fim. / Quando em Canudos chegou, / com amor organizou / um ambiente comum / sem enredos nem engodos, / ali era um por todos / e eram todos por um

A história de Antônio Conselheiro, líder da Revolta de Canudos, evocada por Patativa, é tema também de:

a) *O Quinze*, de Raquel de Queiroz.
b) *Os Sertões*, de Euclides da Cunha.
c) *Macunaíma*, de Mário de Andrade.
d) *Vidas Secas*, de Graciliano Ramos.
e) *Grande Sertão: Veredas*, de Guimarães Rosa.

26. (FUVEST-SP) No início do século XX, focos de varíola e febre amarela fizeram milhares de vítimas na cidade do Rio de Janeiro. Nesse mesmo período, a atuação das Brigadas Mata-Mosquitos, a obrigatoriedade da vacina contra a varíola e a remodelação da região portuária e do centro da cidade geraram insatisfações entre as camadas populares e entre alguns políticos. Rui Barbosa, escritor, jurista e político, assim opinou sobre a vacina contra a varíola: *"...não tem nome, na categoria dos crimes do poder, a temeridade, a violência, a tirania a que ele se aventura (...) com a introdução, no meu sangue, de um vírus sobre cuja influência existem os mais bem fundados receios de que seja condutor da moléstia ou da morte"*.
Considerando esse contexto histórico e as formas de transmissão e prevenção dessas doenças, é correto afirmar que:

a) a febre amarela é transmitida pelo ar e as ruas alargadas pela remodelação da área portuária e central da cidade permitiriam a convivência mais salubre entre os pedestres.
b) o princípio de ação da vacina foi compreendido por Rui Barbosa, que alertou sobre seus efeitos e liderou a Revolta da Vacina no Congresso Nacional.
c) a imposição da vacina somou-se a insatisfações populares geradas pela remodelação das áreas portuária e central da cidade, contribuindo para a eclosão da Revolta da Vacina.
d) a varíola é transmitida por mosquitos e o alargamento das ruas, promovido pela remodelação urbana, eliminou as larvas que se acumulavam nas antigas vielas e becos.
e) a remodelação da área portuária e central da cidade, além de alargar as ruas, reformou as moradias populares e os cortiços para eliminar os focos de transmissão das doenças.

27. (U. F. Viçosa-MG) Observe a charge abaixo, do cartunista Henfil:

(Fonte: RODRIGUES, Marly. *O Brasil da Abertura. De 1974 à Constituinte*. 3. ed. São Paulo: Atual, 1990. p. 62.)

Assinale a alternativa que identifica *corretamente* o período da história republicana brasileira contemporânea retratada e ironizada pela charge do cartunista Henfil:

a) O *impeachment* do presidente Collor.
b) O início da redemocratização.
c) Os chamados "Anos de Chumbo".
d) O período do "milagre brasileiro".

28. (U. F. Viçosa-MG) Entre 1917 e 1920, uma série de greves de grandes proporções ocorreu nas principais cidades brasileiras, sobretudo no Rio de Janeiro e em São Paulo. Na extensa pauta de reivindicações dos trabalhadores, estava a abolição do trabalho noturno de mulheres e menores de dezoito anos. Estes itens se relacionavam, entre outras coisas, com o padrão de industrialização brasileiro do período, caracterizado pelo predomínio do setor:

a) comércio e serviços.
b) químico e automobilístico.
c) têxtil e alimentício.
d) siderúrgico e metalúrgico.

29. (ITA-SP) Assinale a opção em que a frase apresenta figura de linguagem semelhante à da fala de Helga no primeiro quadrinho.

King Features Syndicate/Ipress

(Dik Browne. *Hagar*. Em: *Folha de S. Paulo*, 21/3/2005.)

a) O país está coalhado de pobreza.
b) Pobre homem rico!
c) Tudo, para ele, é nada!
d) O curso destina-se a pessoas com poucos recursos financeiros.
e) Não tenho tudo que amo, mas amo tudo que tenho.

INTERVALO

© Images.com/Corbis/Latinstock

A tecnologia é um assunto que interessa a todos. Embora hoje nem todas as pessoas do nosso país estejam incluídas digitalmente na sociedade, é difícil encontrar alguém que, de alguma forma, não esteja ligado ao mundo digital. Seja por meio das redes sociais, seja recebendo *e-mails* no celular ou no escritório, seja navegando na Internet ou se comunicando por ela, cada vez mais as pessoas começam a participar desse movimento chamado revolução digital.

Acompanhar o desenvolvimento tecnológico, entretanto, é possível para um número limitado de pessoas, uma vez que a tecnologia digital se desenvolve rápida e continuamente.

Neste projeto você vai reunir sua produção textual das unidades 2 e 3 relacionada ao assunto, vai produzir novos tutoriais e, juntamente com seu grupo e com a classe, montar uma feira voltada à inclusão de pessoas no mundo digital.

Convidem para participar da feira colegas de outros anos, professores e funcionários da escola, bem como familiares e amigos. Divulguem amplamente o evento, por meio de folhetos e faixas distribuídas pela escola.

Projeto

FEIRA DE INCLUSÃO DIGITAL

1. Tô ligado na rede!

- ***E-mails* e comentários**

Muitas pessoas desconhecem a possibilidade de interferir na vida social e política de sua cidade ou de seu país por meio de certos gêneros digitais, como *e-mails*, comentários e *blogs*.

Reúnam os *e-mails* que vocês produziram e encaminharam no capítulo 8 da unidade 2, assim como os comentários que postaram em *blogs* e *sites*, e exponham-nos em um amplo painel, montado com a participação de toda a classe.

- **Tutoriais**

Reúnam em um painel os tutoriais que produziram no capítulo 2 desta unidade. De um lado, exponham os tutoriais divertidos que criaram, como, por exemplo, o que ensina a ficar mais 5 minutos na cama de manhã e não perder a hora. De outro, exponham os tutoriais que ensinam como proceder para utilizar o *site* Google Art Project.

Deem um nome aos painéis, como **Tô ligado na rede!** ou outro que escolherem.

2. Divulgando ferramentas

Ao lado dos tutoriais, deixem disponíveis alguns computadores conectados à Internet, a fim de que eles possam ser acessados pelos visitantes.

- **Navegando pelo Google Art Project**

Convidem os visitantes da Feira para conhecer o Google Art Project. Para isso, estimule-os a seguir passo a passo as instruções dadas nos tutoriais produzidos por vocês. Para cada pessoa, proponham visitar um museu diferente.

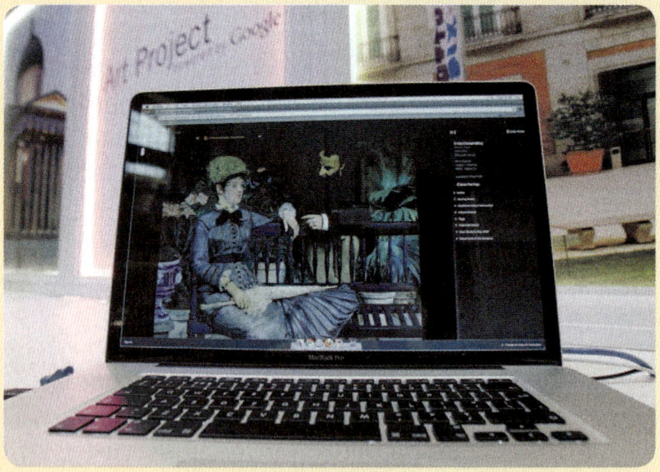

Reuters/Latinstock

- **Navegando pelo Tag Galaxy**

Em grupo, acessem previamente o *site* Tag Galaxy, em http://taggalaxy.de/, e conheçam as suas características. De navegação muito simples, o *site* reúne fotos provenientes de todo o mundo e apresenta-as em um globo giratório, que pode ser visualizado em 3D.

Durante a visita, insiram na pesquisa alguns assuntos atraentes, como *Chaplin*, *Van Gogh*, *Roma* ou outros que queiram, e orientem as pessoas. Se quiserem, produzam um tutorial sobre como navegar no *site* e disponham-no ao lado dos computadores.

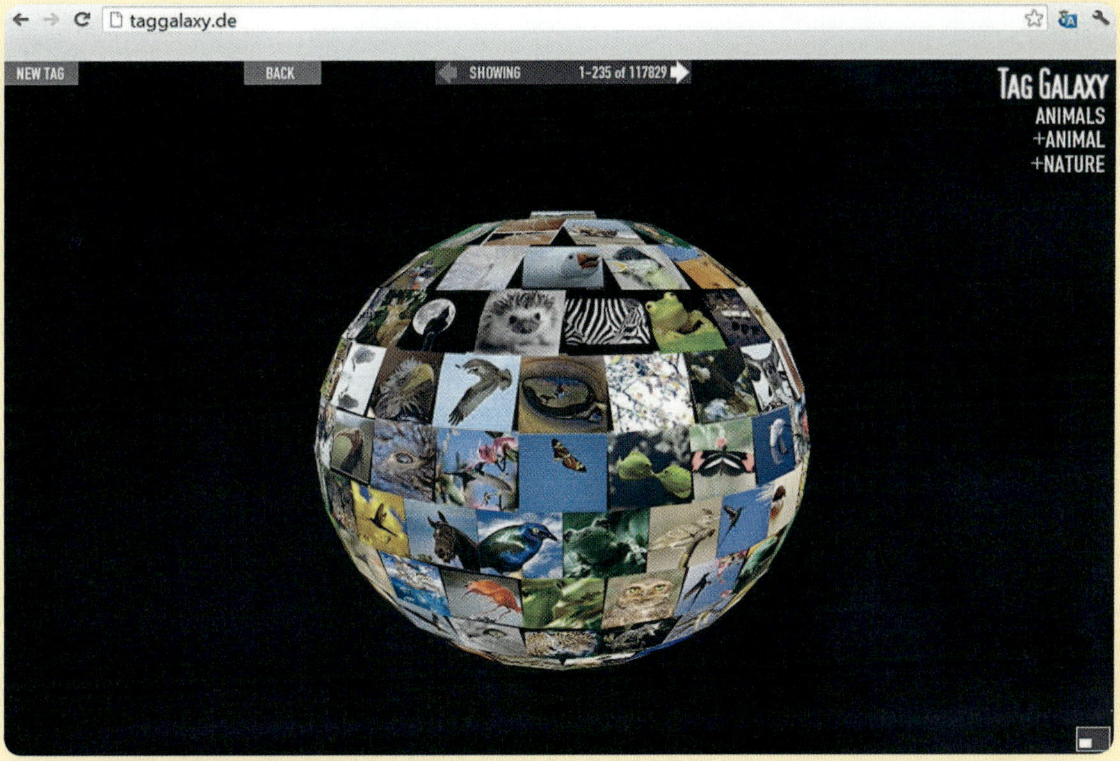

taggalaxy.de

- **Facebook e Twitter**

Há pessoas que ainda não sabem como fazer parte de uma rede social. Produzam, então, um tutorial para cada uma dessas redes, ensinando como fazer parte delas. Depois ajudem os visitantes a se inscrever em uma ou outra rede e a traçar o seu perfil, bem como a operar as ferramentas básicas que cada uma oferece.

Alamy/Other Images

- **Prezi, Google Docs, Slide Share, Skype & cia.**

Se você e seu grupo dominam outras ferramentas ainda pouco conhecidas do grande público, como as dos *sites* Prezi, Google Docs, Slide Share, Moodle e Wordpress (para criar *blogs*), entre outros, escrevam tutoriais ensinando a usá-las e convidem os visitantes da feira para conhecê-las.

Nationalmuseum, Stockholm/Nationalmuseum, Stockholm

UNIDADE 4

HISTÓRIA SOCIAL DO ARCADISMO

Se observarmos a história da cultura, veremos que cada novo momento opõe-se ao anterior. O homem parece estar sempre insatisfeito com o rumo dos acontecimentos do seu tempo e, por isso, rompe com o presente, propondo algo novo. Porém, ao analisarmos o novo, notamos que muitos de seus elementos são mais antigos que os abandonados. É o velho que, misturado a certas tendências, volta à tona como novidade.

Assim ocorreu com a cultura e a arte do século XVIII. Depois da onda de religiosidade e fé que se seguiu à Contrarreforma – cuja expressão artística foi o Barroco –, houve um reflorescimento das tendências artístico-científicas que haviam marcado o Renascimento. E dele resultaram o Iluminismo, na filosofia, o Empirismo, na ciência, e o Neoclassicismo ou Arcadismo, na literatura.

Compreender o alcance ideológico e estético do Arcadismo implica conhecer suas relações com o quadro de transformações por que passaram as sociedades europeia e brasileira no século XVIII.

Fique ligado! Pesquise!

Para você ampliar seus conhecimentos sobre o Arcadismo e suas relações com a vida sociopolítica europeia e brasileira do século XVIII, eis algumas sugestões:

- No bloco 5 do DVD ***Literatura e outras linguagens*** há declamações, entrevistas, depoimentos, trechos de filmes e músicas relacionados com o Arcadismo. Converse com o professor sobre a possibilidade de assistir a esse bloco.
- ***Danton – O processo da Revolução***, de Andrzej Wajda; ***Ligações perigosas***, de Stephen Frears; ***Casanova e a Revolução***, de Ettore Scola; ***Amadeus***, de Milos Forman; ***A missão***, de Roland Joffé; ***Os inconfidentes***, de Joaquim Pedro de Andrade; ***Xica da Silva***, de Cacá Diegues; ***Chico Rei***, de Walter Lima Jr.; ***A inglesa e o duque***, de Eric Rhomer; ***Napoleão***, de Abel Gance; ***Napoleão***, de Yves Simoneau; ***Barry Lyndon***, de Stanley Kubrick.

- ***As relações perigosas***, de Choderlos de Laclos (Globo); ***Moll Flanders***, de Daniel Defoe (Abril Cultural); ***O príncipe e o mendigo***, de Mark Twain (Ática); ***Emma*** (Nova Fronteira), ***Orgulho e preconceito*** (Ediouro), ***Razão e sensibilidade*** (Best Seller), de Jane Austen; ***As viagens de Gulliver***, de Jonathan Swift (Ediouro); ***Cândido***, de Voltaire (Scipione); ***Mozart – Um compêndio***, organizado por H. C. Robbins Landon (Jorge Zahar); ***O romanceiro da Inconfidência***, de Cecília Meireles (Nova Fronteira); ***Marília de Dirceu***, de Tomás Antônio Gonzaga (Ediouro); ***Poemas escolhidos***, de Cláudio Manuel da Costa (Ediouro); ***O Iluminismo e os reis filósofos***, de Luiz Salinas (Brasiliense); ***Nossos índios***, de Gil Kipper (Kuarup).

- Ouça a produção musical dos compositores clássicos Franz Joseph Haydn e Wolfgang Amadeus Mozart.

- www.nilc.icmc.sc.usp.br/nilc/literatura/antologia16.htm
- www.nilc.icmc.sc.usp.br/literatura/antologia7.htm
- www.dominiopublico.gov.br/

- Pesquise sobre as ideias e as obras dos filósofos iluministas Voltaire, Montesquieu, Rousseau, Diderot e D'Alembert. Procure saber também sobre a ***Enciclopédia***, escrita por eles, e sobre o despotismo esclarecido. Pesquise a pintura rococó, cujos representantes principais são Watteau, Boucher, Fragonard e Chardin. E também a pintura neoclássica, especialmente a produzida por Gainsborough, David e Ingres.

Orlando Abrunhosa/Tyba

INTERVALO

Projeto:

Entre o Barroco e o Iluminismo: a arte brasileira no período colonial

Produção de uma mostra sobre a arte brasileira do período colonial, incluindo artes plásticas, música, poesia e declamações de textos de poetas da época e textos que abordam o tema da Inconfidência Mineira.

Nesta cruel masmorra tenebrosa
ainda vendo estou teus olhos belos,
a testa formosa,
os dentes nevados,
os negros cabelos.

Vejo, Marília, sim; e vejo ainda
a chusma dos Cupidos, que pendentes
dessa boca linda,
nos ares espalham
suspiros ardentes.

(Tomás Antônio Gonzaga. *Marília de Dirceu.*)

A IMAGEM EM FOCO

Observe esta pintura:

Museu do Louvre, Paris

O juramento dos Horácios (1784), de Jacques-Louis David.

1. Leia o boxe "O contexto da cena". Depois responda:

a) Que traço do Classicismo é retomado por essa tela neoclássica?

b) Quanto ao tema, que mudança essa tela apresenta, se comparada às obras barrocas?

2. O Neoclassicismo contrapõe-se aos excessos do Barroco, presentes no movimento das formas, no detalhismo, no artificialismo, etc. Observe na tela estes elementos:

- os jovens romanos
- as espadas
- as mulheres
- os arcos ao fundo

O contexto da cena

O quadro *O juramento dos Horácios* retrata um tema histórico da Roma antiga. As cidades de Roma e Alba estavam em guerra e um acordo definiu que a disputa seria resolvida por um combate mortal entre três homens de cada lado. Os romanos enviaram os trigêmeos Horácios, e os albanos enviaram os trigêmeos Curiácios. O vencedor e único sobrevivente foi um dos Horácios, que, ao chegar a Roma, descobriu que sua irmã Camila (a mulher do meio) estava noiva de um dos Curiácios. Enraivecido, matou-a. Foi condenado à morte, mas conseguiu revogação da pena.

A cena retrata o momento em que os três irmãos Horácios juram ao pai lealdade à República.

a) O que esses elementos têm em comum?

b) Que traço clássico ou neoclássico se verifica nesse procedimento?

3. Observe os três jovens romanos: a postura, o contorno do físico, a musculatura.

a) Como eles são caracterizados?

b) Que relação essas características têm com a pintura renascentista?

4. Leia novamente o boxe "O contexto da cena". A cena pode ser dividida em duas partes. Do lado esquerdo, o mundo masculino; do lado direito, o mundo feminino e infantil.

a) O que os gestos do pai e dos filhos demonstram, sabendo-se que os rapazes poderão voltar sem vida?

b) Em contraposição, o que os gestos das mulheres representam?

5. A filosofia do século XVIII tinha caráter reformador e moralizador, em oposição ao Absolutismo e aos privilégios da aristocracia. A tela *O juramento dos Horácios* foi concluída quatro anos antes da Revolução Francesa. Na sua opinião, esse quadro pode ser visto como contestação ao regime vigente? Por quê?

6. Veja algumas das principais características do Classicismo:

- valorização da cultura clássica greco-latina
- equilíbrio, harmonia
- nacionalismo, heroísmo
- paganismo
- antropocentrismo
- racionalismo

Quais dessas características é possível identificar nessa pintura neoclássica? Explique como se manifestam no quadro essas características identificadas.

Jacques-Louis David. *O juramento dos Horácios*, 1784/Museu do Louvre, Paris

LITERATURA

: *A cabra-cega* (1769-70), de Jean-Honoré Fragonard.

CAPÍTULO 1

A linguagem do Arcadismo

No século XVIII, as transformações que ocorriam no plano político e social — o fortalecimento político da burguesia, o aparecimento dos filósofos iluministas, o combate à Contrarreforma, entre outras — exigiam dos artistas uma arte que atendesse às necessidades de expressão do ser humano naquele momento. O Neoclassicismo, também conhecido como Arcadismo, foi a resposta artística que a burguesia pôde dar a essa necessidade.

Os efeitos da Contrarreforma foram sentidos durante todo o século XVII e manifestaram-se fortemente na arte barroca. No século XVIII, entretanto, os esforços dos artistas e intelectuais concentraram-se no combate tanto à mentalidade religiosa quanto às formas de expressão do Barroco. Assim, a arte neoclássica, que no Brasil se manifestou sob a forma de Arcadismo, procura resgatar o racionalismo e o equilíbrio do Classicismo do século XVI como meio de combater a influência do Barroco.

LEITURA

Você vai ler a seguir três textos. O primeiro é parte de um soneto de Cláudio Manuel da Costa, o fundador do Arcadismo no Brasil; o segundo pertence à obra *Marília de Dirceu*, de Tomás Antônio Gonzaga; o terceiro é um soneto do poeta português Bocage.

TEXTO I

Já me enfado de ouvir este alarido,
Com que se engana o mundo em seu cuidado;
Quero ver entre as peles, e o cajado,
Se melhora a fortuna de partido.
[...]
Aquele adore as roupas de alto preço,
Um siga a ostentação, outro a vaidade;
Todos se enganam com igual excesso.

Eu não chamo a isto já felicidade:
Ao campo me recolho, e reconheço,
Que não há maior bem, que a soledade.

(Cláudio Manuel da Costa. In: Massaud Moisés. *Literatura brasileira através dos textos*. São Paulo: Cultrix, 2000. p. 92.)

cajado: bastão do pastor.
partido: utilidade, vantagem, proveito, ganho.
soledade: solidão.

TEXTO II

Lira I

Eu, Marília, não sou algum vaqueiro,
que viva de guardar alheio gado,
de tosco trato, de expressões grosseiro,
dos frios gelos e dos sóis queimado.
Tenho próprio casal e nele assisto;
dá-me vinho, legume, fruta, azeite;
das brancas ovelhinhas tiro o leite
e mais as finas lãs de que me visto.
Graças, Marília bela,
graças à minha estrela!

[...]
Irás a divertir-te na floresta,
sustentada, Marília, no meu braço;
aqui descansarei a quente sesta,
dormindo um leve sono em teu regaço;
enquanto a luta jogam os pastores,
e emparelhados correm nas campinas,
toucarei teus cabelos de boninas,
nos troncos gravarei os teus louvores.
Graças, Marília bela,
graças à minha estrela!
[...]

(Tomás Antônio Gonzaga. In: *Antologia da poesia árcade brasileira*. Organização de Pablo Simpson. São Paulo: Nacional/Lazuli, 2007. p. 83-5.)

The Bridgeman Art Library /Glow Images/ Royal Pavilion, Libraries Museums, Brighton Hove

Uma cena pastoral (1750), por Francesco Zuccarelli.

bonina: espécie de flor do campo.
casal: sítio, chácara.
minha estrela: sorte, destino.
regaço: colo.
toucar: enfeitar, adornar.

TEXTO III

Ser prole de varões assinalados,
Que nas asas da fama e da vitória
Ao templo foram da imortal Memória
Pendurar mil troféus ensanguentados:

Ler seus nomes nas páginas gravados
D'alta epopeia, d'elegante história,
Não, não nos serve de esplendor, de glória,
Almas soberbas, corações inchados!

Ouvir com dor o miserável grito
De inocentes, que um bárbaro molesta,
Prezar o sábio, consolar o aflito;

Prender teus voos, ambição funesta,
Ter amor à virtude, ódio ao delito,
Das almas grandes a nobreza é esta.

(Bocage. *Sonetos completos*. São Paulo: Núcleo, 1989. p. 50.)

1. A propósito do texto I, responda:

a) O eu lírico do poema, na primeira estrofe, emprega metonímias para caracterizar dois ambientes distintos. Quais são as características de um e outro ambiente?

b) A que ambientes correspondem?

c) No campo, a que atividade o eu lírico vai se dedicar?

2. Influenciados pelo poeta latino Horácio, os árcades costumavam reaproveitar dois temas da tradição clássica: o *fugere urbem* e o *aurea mediocritas*. Leia os boxes laterais e, a seguir:

a) Identifique no texto I trechos em que se destacam esses dois temas.

b) Em que o eu lírico se diferencia das demais pessoas?

3. A propósito do texto II, responda:

a) O eu lírico revela a Marília os bens que possui. Ele aspira à riqueza material ou à simplicidade, representada pelo princípio chamado *aurea mediocritas*?

b) Em que passagem o eu lírico expressa um ideal de autonomia ou independência?

c) É comum haver nos textos árcades a descrição de um *locus amoenus*, isto é, um lugar ameno ou aprazível onde o eu lírico gostaria que sua musa ou pastora estivesse. Identifique uma passagem do texto que apresenta esse tema.

d) Por que, no texto, o tema do *locus amoenus* envolve também o tema do *carpe diem*?

4. A literatura árcade foi bastante influenciada pelas ideias do Iluminismo, movimento filosófico que, entre outras coisas, defendia o uso da razão, a igualdade de direitos entre os cidadãos

Fugere urbem e aurea mediocritas

Equivalente a *bucolismo*, o *fugere urbem* (fuga da cidade) traduz uma vida simples e natural, no campo, longe dos centros urbanos. Tal princípio era reforçado no século XVIII pelo pensamento do filósofo Jean-Jacques Rousseau, segundo o qual a civilização corrompe os costumes do ser humano, que é bom por natureza.

O *aurea mediocritas* (vida medíocre materialmente, mas rica em realizações espirituais) é a idealização de uma vida pobre e feliz no campo, em oposição à vida luxuosa e triste na cidade.

O convencionalismo amoroso árcade

Nos poemas árcades, o poeta não fala dos seus próprios sentimentos. Ele sempre dá voz a um pastor, que confessa seu amor a uma pastora e a convida para aproveitarem a vida em meio à natureza. Tem-se, porém, a impressão de que se trata sempre do mesmo homem e da mesma mulher. Não há variações emocionais de um poema para outro nem de um poeta para outro. Isso ocorre devido ao convencionalismo amoroso, isto é, os poetas não estavam preocupados em expressar seus reais sentimentos, mas em seguir o modelo da poesia clássica. O distanciamento amoroso que havia entre Petrarca e Laura, ou entre Camões e sua amada, continua a existir entre o poeta árcade Cláudio Manuel da Costa e sua Nise, entre Tomás Antônio Gonzaga e sua Marília.

e a liberdade de expressão. O texto III apresenta um ponto de vista iluminista ao discutir o conceito de herói.

a) Para o eu lírico, o que é, na verdade, ser herói, ou seja, qual é "a nobreza das almas grandes"?

b) Em que medida o conceito de herói do eu lírico é diferente do que foi estabelecido pela História tradicional?

5. O Neoclassicismo ou Arcadismo é um movimento literário que procurou resgatar os princípios do Classicismo do século XVI. Além dos temas do Classicismo, o Arcadismo também incorpora entidades da mitologia pagã e imita os procedimentos formais daquele período.

a) Identifique nos textos I e II elementos que são próprios da cultura grega.

b) O texto III constitui um tipo de composição criado pelos humanistas italianos. Qual é o nome desse tipo de composição?

c) Os três textos apresentam um tipo de verso também criado pelos humanistas italianos. Faça a escansão de alguns desses versos e responda: Que tipo de verso foi empregado?

6. Para os padrões de hoje, os poetas árcades utilizavam uma linguagem sofisticada, com vocabulário pouco comum. No entanto, é preciso considerar que o Arcadismo, na época, opunha-se ao Barroco. Observe estes versos de Botelho de Oliveira, poeta barroco brasileiro:

De Anarda o rosto luzia
No vidro que o retratava,
E tão belo se ostentava,
Que animado parecia:
Mas se em asseios do dia
No rosto o quarto farol
Vê seu lustroso arrebol;
Ali pondera meu gosto
O vidro espelho do rosto,
O rosto espelho do sol.

(In: Antonio Candido e José A. Castello. *Presença da literatura brasileira*. São Paulo: Difel, 1968. v. 1. p. 72.)

Rafael Valls Gallery, London, UK/The Bridgeman Art Library/Glow Images/Private Collection

Retrato de mulher (1778), de Jens Juel.

Compare os textos árcades (principalmente o de Tomás Antônio Gonzaga) a esses versos barrocos quanto ao vocabulário, à ordem sintática das orações, ao emprego de figuras de linguagem. Qual dos dois estilos de época emprega uma linguagem mais simples?

Como síntese do estudo feito até aqui, compare as características do Arcadismo com as do Barroco:

ARCADISMO	BARROCO
Quanto ao conteúdo	
Antropocentrismo	Conflito entre visão antropocêntrica e teocêntrica
Racionalismo, busca do equilíbrio	Oposição entre mundo material e mundo espiritual, fé e razão
Paganismo; elementos da cultura greco-latina	Cristianismo
Imitação dos clássicos renascentistas	Restauração da fé religiosa medieval
Idealização amorosa, neoplatonismo, convencionalismo amoroso	Idealização amorosa, sensualismo e sentimento de culpa cristão
Fugere urbem, carpe diem, aurea mediocritas	Consciência trágica da enfermidade do tempo, *carpe diem*
Busca da clareza das ideias	Gosto por raciocínios complexos, intricados, desenvolvidos em parábolas e narrativas bíblicas
Pastoralismo, bucolismo	Morbidez
Universalismo	
Ideias iluministas	Influências da Contrarreforma
Quanto à forma	
Vocabulário simples	Vocabulário culto
Gosto pela ordem direta e pela simplicidade da linguagem	Gosto por inversões e por construções complexas e raras
Gosto pelo soneto e pelo decassílabo	Gosto pelo soneto e pelo decassílabo
Ausência quase total de figuras de linguagem	Linguagem figurada

DO TEXTO AO CONTEXTO DO ARCADISMO

Leia, a seguir, um painel de textos que relacionam a produção literária do Arcadismo ao contexto histórico, social e cultural em que o movimento floresceu.

1638-40 — Introdução do tema da Arcádia na pintura, apontando para a renovação neoclássica, com o quadro *Et in Arcadia ego*, de Nicolas Poussien

1746 — Publicação de *Verdadeiro método de estudar*, de Pe. Luís Antônio Verney, em que a arte barroca é condenada

1750 — Nomeação do Marquês de Pombal para secretário de Estado, no reinado de D. José I

1755 — Terremoto em Lisboa, que levou à reconstrução da cidade

1756 — Fundação da Arcádia Lusitana, marco introdutório do Arcadismo em Portugal

1759 — Expulsão dos jesuítas de Portugal e do Brasil

1768 — Publicação de *Obras poéticas*, de Cláudio Manuel da Costa, marco introdutório do Arcadismo no Brasil

1776 — Independência dos Estados Unidos

1787-8 — Circulação das *Cartas chilenas* em Vila Rica, atual Ouro Preto

1789 — Prisão dos poetas mineiros inconfidentes

1789 — Revolução Francesa e, no Brasil, Inconfidência Mineira

1792 — Enforcamento de Tiradentes

Palácio dos Marqueses de Pombal, Oeiras

O marquês de Pombal expulsando os jesuítas, de Louis-Michel van Loo e Claude-Joseph Vernet.

Autor desconhecido. A tomada da Bastilha. s/d./ Chateau de Versailles, France

Um olhar para o futuro

A passagem do século XVII para o seguinte, na Europa, representou uma mudança muito grande de mentalidade e cosmovisão; quer dizer, em muitos aspectos o homem abandonou uma visão religiosa do mundo e da vida e adotou uma perspectiva mais terrena para a busca do conhecimento e orientação dos seus esforços. Todos os ganhos do pensamento filosófico do século XVII [...], à medida que foram sendo discutidos, refutados, aceitos, reproduzidos e vulgarizados, foram sendo difundidos e assimilados pelo homem comum, interferindo na sua forma de ver o mundo.

Ao invés de continuar olhando para o passado como sendo a origem e a perfeição das coisas — já que o mundo era uma obra de Deus [...] — o homem do novo século passou a duvidar da legitimidade dos privilégios dos membros da nobreza, justificados por serem considerados os descendentes mais próximos de Adão e Eva. Os valores guerreiros e heroicos aristocráticos foram negados e duvidava-se das verdades proclamadas por autores da Antiguidade que haviam errado sobre tantas coisas e eram contestados pelas novas descobertas, principalmente as realizadas no campo da ciência. Em lugar do passado, os homens invertiam a perspectiva e olhavam para o futuro: o homem, através da razão, com sua capacidade de conhecer e chegar à verdade das coisas, seria capaz de corrigir o que houvesse de errado no mundo e, com isso, construir uma vida mais razoável e mais próxima da vida natural.

(Luiz Roncari. *Literatura brasileira – Dos primeiros cronistas aos últimos românticos.* 2. ed. São Paulo: Edusp/FDE, 1995. p. 180-1.)

Maria Antonieta. Direção: Sofia Coppola. 2006/Columbia Pictures Corporation/American Zoetrope/Johnson, Leigh/Latinstock

: Cena do filme *Maria Antonieta* (2006), de Sofia Coppola, que retrata a vida da aristocracia francesa no século XVIII.

A burguesia e o fim da sociedade feudal

Foi essa classe média, a burguesia, que provocou a Revolução Francesa, e que mais lucrou com ela. A burguesia provocou a Revolução porque tinha de fazê-lo. Se não derrubasse seus opressores, teria sido por eles esmagada. Estava na mesma situação do pinto dentro do ovo que chega a um tamanho em que tem que romper a casca ou morrer. Para a crescente burguesia os regulamentos, restrições e contenções do comércio e indústria, a concessão de monopólios e privilégios a um pequeno grupo, os obstáculos ao progresso criados pelas obsoletas e retrógradas corporações, a distribuição desigual dos impostos continuamente aumentados, a existência de leis antigas e a aprovação de novas sem que a burguesia fosse ouvida, o grande enxame de funcionários governamentais bisbilhoteiros e o crescente volume da dívida governamental — toda essa sociedade feudal decadente e corrupta era a casca que devia ser rompida. Não desejando ser asfixiada até morrer penosamente, a classe média burguesa que surgia tratou de fazer com que a casca se rompesse.

Quem era a burguesia? Eram os escritores, os doutores, os professores, os advogados, os juízes, os funcionários — as classes educadas; eram os mercadores, os fabricantes, os banqueiros — as classes abastadas, que já tinham direitos e queriam mais.

(Leo Huberman. *História da riqueza do homem*. 21. ed. Rio de Janeiro: LTC, 1986. p. 136.)

Os iluministas e as ideias de liberdade

Fala-se muito nos dias de hoje em direitos do homem. Pois bem: foi no século XVIII — em 1789, precisamente — que uma Assembleia Constituinte [...] produziu e proclamou em Paris, solenemente, a primeira "Declaração dos Direitos do Homem e do Cidadão" de que se tem notícia. Até então era como se o homem não existisse.

É claro que [...] isso não significa que estes direitos sejam respeitados. Às vezes, como ocorre hoje em dia, é sintoma justamente do contrário [...] Se uma "Declaração" como aquela que se produziu durante a grande revolução francesa do século foi possível e se impôs como necessária para um grupo de entusiasmados revolucionários, foi por ter sido preparada por uma mutação no plano das ideias e das mentalidades.

(Luiz R. Salinas Fortes. *O Iluminismo e os reis filósofos*. São Paulo: Brasiliense, 1981. p. 7-8.)

Arcadismo: expressão artística da burguesia

Como expressão artística da burguesia, o Arcadismo identifica-se com as ideias da Ilustração e as veicula sob a forma de valores que se opõem ao tipo de vida levado pelas cortes aristocráticas e à arte que estas consumiam, o Barroco.

Daí a idealização da ***vida natural***, em oposição à vida urbana; a ***humildade***, em oposição aos gastos exorbitantes da nobreza; o ***racionalismo***, em oposição à fé; a ***linguagem simples e direta***, em oposição à linguagem complexa e elitista do Barroco. Esses valores artísticos e culturais assumiram no contexto da sociedade europeia do século XVIII um significado de clara contestação política, pois evidenciavam os privilégios e a vida luxuosa da nobreza e do clero.

Engajado no processo de luta ideológica e política que levaria a burguesia ao poder em 1789, o Arcadismo pode ser visto, do ponto de vista ideológico, como uma arte revolucionária. Contudo, do ponto de vista estético, é uma arte conservadora, pois ainda se liga aos modelos clássicos, tanto tempo cultivados pelas cortes aristocráticas.

Somente no século XIX, após a Revolução Francesa, é que aconteceria a verdadeira revolução burguesa na literatura, com o surgimento do Romantismo.

Simplicidade: protesto contra a aristocracia

Você já se perguntou sobre a origem de certos modismos e de certas "tribos urbanas", como a dos *punks*, dos metaleiros, dos emos e dos amantes do *rap* e do *funk*? Por que essas tribos precisam se vestir de uma forma especial, ouvir os mesmos discos e usar o mesmo tipo de linguagem?

Quase sempre, essa é uma forma de identificação entre pessoas que têm afinidades. Mas não é só isso. Esses grupos representam uma ideologia, um conjunto de valores e de ideias que, normalmente, se contrapõe à ideologia vigente. Um jovem, ao rapar parte do cabelo, ou ao pintá-lo de verde, deseja, de alguma forma, chocar e agredir os valores sociais que julga conservadores. É uma forma particular e ao mesmo tempo grupal de protesto.

No século XVIII, a maior parte dos escritores árcades eram burgueses, gente de dinheiro. Apesar disso, idealizaram uma forma de vida simples, como meio de contestar os valores da aristocracia – a nobreza e o alto clero –, classe que tinha uma vida de luxo e esbanjamento.

Thinkstock/Getty Images

• Roteiro de estudo •

Ao final da leitura dos textos, você deverá:

- Saber explicar por que o prestígio da razão e da ciência punha em xeque o sistema de poder e de classe do Absolutismo.
- Saber comentar por que, de acordo com o ponto de vista de Leo Huberman, era inevitável que a burguesia fizesse a Revolução Francesa.
- Reconhecer a importância da Revolução Francesa para os "direitos do cidadão", tão reivindicados nos dias de hoje.
- Saber estabelecer relações entre as opções estéticas do Arcadismo (forma e conteúdo dos textos literários) e as ideias iluministas e explicar por que a arte árcade era uma espécie de grito de protesto da burguesia.

PRODUÇÃO DE TEXTO

Alamy/Other Images

CAPÍTULO 2

O debate regrado público

TRABALHANDO O GÊNERO

No trabalho, nas conversas com familiares, professores, vizinhos e amigos, assim como em outras situações cotidianas, temos a oportunidade de opinar sobre certos assuntos. Muitas vezes há divergência entre o que pensamos e o que nosso interlocutor pensa. Então, somos compelidos a defender nosso ponto de vista a fim de mostrar que temos razão ou a apresentar um ponto de vista mais adequado àquela situação comunicativa.

Além dessas situações, em que a argumentação oral ocorre espontaneamente, existem aquelas em que duas ou mais pessoas participam de uma discussão que envolve um tema de interesse coletivo. Nesses casos a discussão se dá em torno de um confronto de ideias, e os participantes obedecem a certas regras preestabelecidas. É então utilizado o gênero argumentativo oral chamado **debate regrado público**, mais conhecido como **debate**, simplesmente.

Embora o debate seja um gênero argumentativo oral, transcrevemos a seguir, com o objetivo de que sejam observadas algumas características do gênero, uma parte de um debate realizado em São Paulo sobre o tema **Orkut, MSN, YouTube: paquera e narcisismo na Internet**. O debate teve participação do escritor e dramaturgo Fernando Bonassi e da professora Lucia Santaella, do Centro de Investigação em Mídias Digitais, da PUC-SP, e mediação do escritor Marcelo Rubens Paiva e do jornalista Marcelo Tas.

***Marcelo Rubens Paiva* — [...] segundo o Ibope existem 900 mil pessoas no Brasil que acessam diariamente as salas de paquera e a maioria é homem, o que me surpreendeu. Queria que você explicasse se há alguma razão para isso ou não.**

Lucia — Esta notícia me surpreende, mas a Internet é feita de surpresas. [...] se os homens entram mais na Internet, é porque as mulheres são mais tímidas do que eles. Eu creio na possibilidade de se comunicar através da tela; longe da ideia de que esta tela seja constrangedora, ela é liberadora. Então para o homem esta liberação funciona.

***Marcelo Rubens Paiva* — [...] os homens são mais travados e precisam dessa ferramenta para se soltar?**

Lucia — Que os homens são mais travados não tenho dúvida nenhuma. Quando digo travado, não estou ofendendo os homens. As mulheres são mais maleáveis, faz parte da psique feminina. A questão da sedução tem a marca registrada da mulher, porque a mulher conhece esta manha. Ela detém esta arte. As artimanhas da sedução pertencem à mulher. Basta olhar o corpo curvilíneo da mulher, os olhares, etc. Então, para o homem me parece que a tela funciona mesmo como uma possibilidade liberadora. Mas não podemos extrair regras da Internet. Amanhã mesmo ou daqui a um mês as coisas podem mudar. [...] Há alguns anos me chamaram para falar, no Dia dos Namorados, sobre a paixão. E eu comecei por um texto que foi publicado em um livro meu chamado "Miniaturas", que dizia "a paixão não se fala, a paixão se vive". E a paquera é a mesma coisa, falar sobre ela é de certa forma destruí-la, assim como pôr a mão em uma espuma. O que gostaria de dizer hoje é que o que o ser humano mais deseja é ser desejado por outro ser humano. E os meios que aparecem para que nós consigamos atingir este fim são múltiplos. E a Internet veio acrescentar mais um meio possível com suas características próprias. [...] há ganhos na Internet, porque temos acesso na hora em que queremos. De madrugada, quando se perde o sono e manda uma mensagem. A qualquer hora é como se o outro estivesse lá presente. Então o que este mundo traz parece paradoxal, mas é esta presença-ausente. Você sente que o outro está presente sem estar.

***Marcelo Tas* — [...] Bonassi, [...] todas essas novidades nos levam a um estágio de evolução no caso do namoro, da paquera, ou tudo continua a mesma coisa?**

Fernando — Com a tecnologia tudo muda. Quer dizer, às coisas se agregam valor e possibilidades tecnológicas diferentes. Então a plataforma tecnológica [...] te permite o anonimato que te protege. É uma situação em que todos se protegem de todo mundo, portanto todos podem inventar tudo. [...] isto é um traço da paquera. Quando você se aproxima de alguém, quando se está buscando seduzir alguém, você também se transforma. Você tem estratégias para obter este amor que você não tem. [...] a Internet te permite dizer coisas que você não diria, fazer coisas que você não faria e engendrar ideias e identidades que você não teria. Esta coisa do horário, de ser on-line, de estar sempre aberta, de poder escrever uma mensagem fora do horário convencional requalifica esta relação. [...] A

Thinkstock/Getty Images

Internet [...] coloca no meio das pessoas uma plataforma de contato que tem os ganhos e as perdas de ser uma coisa virtual. Esta coisa da identidade é muito curiosa. [...] o que acho importante é que a Internet permite que qualquer cidadão comum, não apenas os que estão aqui ou na rede, recoloque o tema do afeto no seu cotidiano. Porque esta nuvem do anonimato é a chave da sedução. Não vamos seduzir ninguém com o que nós somos. Ninguém vai seduzir ninguém com mau hálito, mal vestido, com a roupa que dorme, com um moletom amarfanhado. Ao entrar no jogo da sedução, nós preparamos a nossa identidade, nos requalificamos para apresentar o melhor possível. Nenhuma plataforma tecnológica que viabiliza isto poderia ser um problema, porque o que ela faz é justamente isso, a sedução é um projeto de melhora de si próprio. E acho que os homens são mais travados do que as mulheres por fatores de criação, de encaminhamento dentro da sociedade. [...]

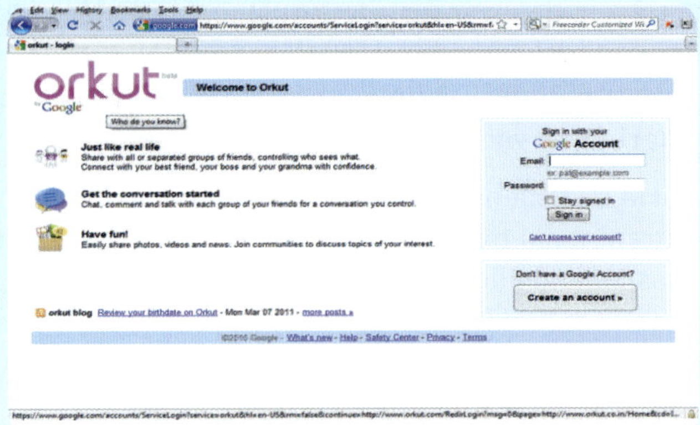

Anil Kumar/Alamy/Other Images

***Marcelo Tas* — O que eu queria trazer aqui pra vocês é o site de maior audiência da Internet brasileira [...] o Orkut, que é um subproduto do Google. O Orkut é um site criado por um cara chamado Orkut, um turco que até visitou o Brasil este ano. E ele criou nas horas vagas esse site e aqui no Brasil ele é primeiro lugar de audiência. [...] Por que esse é o site de maior audiência no Brasil e o que isso significa?**

Fernando — Este é um país pobre e burro em que é perigoso andar na rua. O mundo real é muito afetivo e muito perigoso. Ou assim nos é vendido, assim se produzem as relações sociais por aqui. Então o Orkut tem uma coisa que é poder entrar em contato com muitas pessoas, com toda a proteção e partilhando um tema ou não. O que acho mais bacana do Orkut é justamente encará-lo seriamente, porque é o primeiro espaço livre que se tem. Não conheço outro semelhante. Eu me lembro de uma praça em Londres em que você pode ir lá, subir na tribuna e xingar todo mundo, menos a rainha. Você pode falar mal de todo mundo, menos da rainha. É ridículo isto, britânico demais. Este espaço livre permite que pessoas de diferentes lugares e pensamentos entrem para debater conjuntamente um tema como, por exemplo, um senador da República cuja contabilidade é no mínimo esquisita. [...] é um dos poucos espaços ainda livres em que se pode promover discussões sem características rigorosas, sem o rigor dos vários ambientes sociais. Permite que as pessoas entrem em contato e se manifestem politicamente. Especialmente a indústria cultural ao olhar para isso. Não é incomum que os jornalistas demonizem isso, porque serão os primeiros a serem varridos do mapa. A indústria cultural está morrendo de medo do que vai acontecer. Na indústria do livro, cinema e televisão as pessoas não sabem mais onde vão ganhar dinheiro. Há uma dúvida sobre o futuro em negócios fundamentais da raça humana neste momento. Então é fácil demonizar isto. Porque é um espaço de liberdade onde os cidadãos manifestam pelo menos o seu querer político, o seu querer afetivo, o seu senso de humor. [...]

Lucia — Primeiro que o Orkut não é só frequentado, ele é habitado. [...] a cultura brasileira é muito expansiva. O brasileiro não se intimida de expor a sua vida privada. Quem tem experiência de viver fora do Brasil em culturas mais contidas isto fica muito claro. Você está em um ponto de ônibus ou viaja de trem com alguém e de repente aquela pessoa começa a contar a sua vida inteira, de repente você também se vê contando coisas íntimas de sua vida. Isto é muito do brasileiro.

(diversão.uol.com.br/ultnot/2007/06/12/ult4326u249.jhtm. Debate realizado em 12/6/2007. Adaptado.)

1. Num debate regrado público, há geralmente um coordenador e organizador, chamado **mediador** ou **moderador**. Além de conduzir o debate, cabe a ele, juntamente com os participantes, definir as regras e colocá-las em prática durante o evento. De modo geral, o moderador procura fazer poucas interferências.
   a) No debate lido, quem desempenha o papel de moderador?
   b) No decorrer do debate, se o moderador percebe que a discussão sobre determinado aspecto do tema está perdendo força, ou se julga que o debate ficaria mais enriquecido se fosse incluído outro aspecto, ele tem a liberdade de fazer perguntas aos debatedores, pedir a um ou a outro participante que dê um exemplo ou explique melhor sua afirmação, etc. No debate em estudo, o moderador faz alguma interferência desse tipo? Em caso afirmativo, identifique o trecho em que isso ocorre.

2. Num debate, é comum as pessoas apresentarem opiniões diferentes ou até contrárias acerca de um tema. Compare as falas de Fernando Bonassi e de Lucia Santaella nas respostas às três primeiras perguntas.
   a) Há divergência entre eles quanto à afirmação de que os homens são mais travados do que as mulheres para paquerar?
   b) Eles apresentam os mesmos argumentos em relação a esse tema? Justifique sua resposta.

3. Segundo Marcerlo Tas, o Orkut é o *site* de maior audiência da Internet brasileira.
   a) Qual dos dois debatedores apresenta argumentos que justificam a preferência brasileira por esse *site*?
   b) Para Fernando Bonassi, o Orkut constitui um espaço de cidadania em qualquer país? Por quê?

4. Fernando Bonassi aborda o tema da sedução dentro e fora da Internet. Há, de acordo com ele, características próprias da Internet no que se refere à sedução? Se sim, quais?

5. Nos debates, é comum uma pessoa retomar a fala de outra para concordar com ela ou refutar o que ela afirmou. Essa retomada pode ocorrer explicitamente, por meio de frases como: *conforme fulano falou..., concordo com..., discordo de...* . Ou pode ocorrer implicitamente, como quando o debatedor, por exemplo, cita uma parte do discurso de outro. No debate em estudo, há concordância ou negação explícita de um dos debatedores em relação ao outro debatedor? E concordância implícita? Se houver, dê um exemplo.

Debate: divergências que fazem crescer

Debater não é brigar. É argumentar, expor livremente nosso ponto de vista e conhecer o pensamento dos outros.

Quando debatemos, pretendemos convencer nosso interlocutor de que temos razão. Contudo, nem sempre conseguimos esse resultado. Por outro lado, por entrarmos em contato com outras ideias e passarmos a ver diferentes ângulos do problema, pode acontecer de sermos convencidos pelo interlocutor. Qualquer que seja o resultado, o debate é sempre enriquecedor para quem dele participa ou para quem o presencia.

6. Ao argumentar, um debatedor expressa seu ponto de vista. Por isso, é comum o emprego de expressões, como *na minha opinião, para mim, do meu ponto de vista*. Há, no debate lido, expressões como essas? Se sim, dê exemplos.

7. Geralmente, nos debates públicos predomina a norma culta, menos ou mais formal, dependendo do perfil sociocultural dos participantes: idade, hábitos linguísticos, grau de escolaridade, profissão, grau de intimidade que têm entre si, etc. Observe a linguagem empregada pelos participantes no debate lido.

a) O que predomina: a formalidade ou a informalidade?

b) Identifique marcas da oralidade nas falas de Fernando Bonassi.

8. A que tipo de público o debate regrado público se destina?

9. Qual é o suporte desse gênero textual, isto é, como ele é veiculado para atingir o público a que se destina?

10. Reúna-se com os colegas de seu grupo e, juntos, concluam: Quais são as características do debate regrado público? Respondam, considerando os seguintes critérios: finalidade do gênero, perfil dos interlocutores, suporte ou veículo, tema, estrutura, linguagem.

PRODUZINDO O DEBATE REGRADO

Há, a seguir, duas propostas para a realização de debates regrados. Com a orientação do professor, realize ao menos uma das propostas.

1. O texto a seguir trata da amizade nas redes sociais da Internet. Leia-o com atenção.

Como a internet está mudando a amizade

[...]

Masterfile/Other Images

Então as pessoas começam a se adicionar no Facebook e no final todo mundo vira amigo? Não é bem assim. A internet raramente cria amizades do zero — na maior parte dos casos, ela funciona como potencializadora de relações que já haviam se insinuado na vida real. [...] As redes sociais têm o poder de transformar os chamados elos latentes (pessoas que frequentam o mesmo ambiente social que você, mas não são suas amigas) em elos fracos – uma forma superficial de amizade. Pois é. Por mais que existam exceções a qualquer regra, todos os estudos apontam que amizades geradas com a ajuda da internet são mais fracas, sim, do que aquelas que nascem e crescem fora dela.

Isso não é inteiramente ruim. Os seus amigos do peito geralmente são parecidos com você: pertencem ao mesmo mundo e gostam das mesmas coisas. Os elos fracos não. Eles transitam por grupos diferentes do seu, e por isso podem lhe apresentar coisas e pessoas novas e ampliar seus horizontes – gerando uma renovação de ideias que faz bem a todos os relacionamentos, inclusive às amizades antigas. Os sites sociais como Orkut e Facebook tornam mais fácil fazer, manter e gerenciar amigos. Mas também influem no desenvolvimento das relações – pois as possibilidades de interagir com outras pessoas são limitadas pelas ferramentas que os sites oferecem. “Você entra nas redes sociais e faz o que elas querem que você faça: escrever uma mensagem, mandar um link, cutucar”, diz o físico e especialista em redes Augusto de Franco, que já escreveu mais de vinte livros sobre o tema. O problema, por assim dizer, é que a maioria das redes na internet é simétrica: se você quiser ter acesso às informações de uma pessoa ou mesmo falar reservadamente com ela, é obrigado a pedir a amizade dela, que tem de aceitar. Como é meio grosseiro dizer “não” a alguém que você conhece, mesmo que só de vista, todo mundo acaba adicionando todo mundo. E isto vai levando à banalização do conceito de amizade. [...] É verdade. Mas, com a chegada de sites como o Twitter, a coisa ficou diferente.

Amizade assimétrica

Bernhard Lang/Riser/Getty Images

No Twitter, eu posso te seguir sem que você tenha de autorizar isso, ou me seguir de volta. É uma rede social completamente assimétrica. E isso faz com que as redes de "seguidores" e "seguidos" de alguém possam se comunicar de maneira muito mais fluida. [...]

É o seguinte. Eu posso me interessar pelo que você tem a dizer e começar a te seguir. Nós não nos conhecemos. Mas você saberá quando eu o retuitar ou mencionar seu nome no site, e poderá falar comigo. Meus seguidores também podem se interessar pelos seus tuítes e começar a seguir você. Os seus seguidores podem ter curiosidade sobre mim e entrar na conversa que estamos tendo. Em suma: nós continuaremos não nos conhecendo, mas as pessoas que estão à nossa volta estabelecem vários níveis de interação – e podem até mesmo virar amigas entre si.

Mas boa parte dos cientistas ainda acha que, mesmo estando em contato com qualquer pessoa mais facilmente e a todo momento, a distância continuará prejudicando as amizades. [...] É verdade. A maioria dos especialistas em relacionamento humano acredita que a proximidade física é essencial para sentirmos os efeitos benéficos das amizades profundas. Só que o cérebro pode estar começando a mudar de opinião.

Um estudo que está sendo realizado na Universidade da Califórnia começou a desvendar o efeito que as redes sociais produzem no organismo. Mais precisamente, o que acontece com os níveis de ocitocina quando usamos o Twitter, por exemplo. E há um efeito. Os primeiros resultados mostraram que tuitar estimula a liberação desse hormônio, e consequentemente diminui os níveis de hormônios como cortisol e ACTH, associados ao estresse.

Isso significa que o cérebro pode ter desenvolvido uma nova maneira de interpretar as conversas no Twitter. "O cérebro entende a conexão eletrônica como se fosse um contato presencial", diz Paul Zak. Isso seria uma adaptação evolutiva ao uso da internet. "O sistema de ocitocina está sempre se ajustando ao ambiente em que você está", diz. "Pode ser que, de tanto interagir em redes sociais, as pessoas estejam se tornando mais sintonizadas para a amizade. E aí elas acabam fazendo mais amigos, inclusive presencialmente." Ou seja: além de mudar as amizades, a internet também pode acabar modificando o próprio cérebro humano. Mas ainda é cedo para dizer se acabaremos nos tornando seres hipersociais, com cérebros capazes de acomodar um número maior de amigos. O próprio Paul Zak diz que não é possível desconsiderar a importância do contato físico – um dos mais importantes estimulantes da liberação de ocitocina no organismo. "No máximo, vamos ter mais possibilidades de manter relações íntimas a distância por mais tempo", diz. Outros, como Robin Dunbar, acham que a tecnologia ainda pode nos surpreender e romper a última barreira da amizade online: "O Skype e outros serviços do tipo não são bons o suficiente, porque não nos permitem tocar um no outro em realidade virtual. Ainda."

ocitocina: hormônio que estimula a interação entre as pessoas. Age no corpo como um oposto da adrenalina: reduz os batimentos cardíacos e a pressão sanguínea e, por consequência, o estresse.

Paul Zak: neurologista.

Robin Dunbar: antropólogo.

(Camilla Costa. *Superinteressante*, nº 288, p. 55-7.)

Debata com os colegas o seguinte tema: **As amizades feitas pela Internet são reais e duradouras, mesmo sem a presença física do outro?**.

Ao tratar do tema, procurem considerar se, ao contrário, o relacionamento virtual leva as pessoas a se isolar e encontrar dificuldades para fazer amizades sólidas fora do círculo da Internet.

2. Releia o texto "Adolescentes abrem mão da privacidade e dividem senhas na Web", que se encontra na página 310.

Depois debata com seus colegas a seguinte questão: **Os namorados devem dividir as senhas na Web? Por quê?.**

Prepare-se para debater o tema lendo também o quadro "Planejamento do debate regrado público". Em seguida, junto com os colegas, elejam o moderador, definam as regras e iniciem o debate.

PLANEJAMENTO DO DEBATE REGRADO PÚBLICO

Preparação da sala	O moderador
• Não há uma disposição obrigatória da sala para a realização do debate. Se o número de participantes for pequeno, é possível que todos se sentem em círculo. Se, entretanto, forem muitos os participantes (debatedores e/ou público), as pessoas devem ocupar as cadeiras normalmente, conforme a disposição original da sala.	• Posicione-se em pé na sala, numa posição central, de modo que possa ver e ser visto por todos. • Inicie os trabalhos cumprimentando o público e apresentando o tema a ser debatido. Faça algumas considerações sobre o tema ou sobre a importância daquele debate e lembre as regras previamente estabelecidas. • Se julgar necessário, indique uma pessoa para secretariar os trabalhos, fazendo as inscrições das pessoas que desejam falar. • Ao passar a palavra a um debatedor, utilize expressões como: "Vamos ouvir a opinião de fulano", ou "Fulano, sua vez". • Faça sinais para os debatedores alguns segundos antes do término da fala (por exemplo, 10 ou 15 segundos), a fim de alertá-los sobre o tempo. • Interfira no debate ao perceber que o debatedor está apresentando um argumento pouco claro ou superficial, fazendo perguntas como "Por quê?", pedindo que dê exemplo ou que explique melhor determinada afirmação. • Interfira sempre que houver na sala ruídos ou conversas paralelas que atrapalhem o andamento dos trabalhos.

Os debatedores

Tempo	Procedimento	Expressão	Uso da língua
• Os debatedores devem ter igualdade de condições e de tempo para expor suas ideias. • Não se alongue com informações secundárias ou supérfluas, pois corre o risco de não concluir o pensamento por falta de tempo. • Vá ao ponto principal logo no início da fala e, se possível, use o restante do tempo com exemplos. • Durante a fala de outro debatedor, anote o nome dele e o argumento que ele apresentou. Posteriormente, se for retomar ou combater esse argumento, consulte suas anotações.	• Nunca leve as discussões para o terreno pessoal. O que está em avaliação são as ideias, não as pessoas. • Fale livremente; é seu direito não sofrer interrupções e não ser alvo de zombaria. Porém, manifeste-se apenas quando chegar a sua vez. • Respeite as regras estabelecidas; caso contrário, porá em risco o andamento e o sucesso de todo o debate.	• Fale alto, de modo claro e articulado. Se necessário, fale em pé para ser ouvido por todos. • Olhe diretamente nos olhos do moderador ou dos demais participantes; assim passará a impressão de firmeza e segurança. • Se fizer uso de anotações durante a fala, leia-as de forma rápida e sutil, sem interromper o fluxo da fala e do pensamento. Evite abaixar a cabeça e o tom da fala. • Evite gesticulação excessiva, que possa distrair a atenção dos ouvintes.	• Use a norma culta, menos ou mais formal, de acordo com o perfil dos participantes. • Evite o uso reiterado de palavras e expressões como *né?*, *tipo*, *tipo assim*, etc., pois atrapalham o fluxo das ideias e dispersam a atenção dos ouvintes. • Faça referência à fala de outro debatedor, com expressões como *Conforme disse fulano...*, *Concordo com a opinião de fulano...*, *Discordo em parte do ponto de vista de fulano...*, *Gostaria de acrescentar ao comentário de fulano que...*

Filmando o debate

Filmem o debate para que, posteriormente, todos possam assistir a algumas partes dele, ou a todo ele, a fim de observar aspectos positivos e negativos e aprimorar o próximo debate.

Jeff Greenberg/Alamy/Other Images

Revisão e avaliação

Depois de realizado o debate, avaliem-no, levando em conta as orientações apresentadas no quadro "Planejamento do debate regrado público". Verifiquem:

- se houve respeito às regras estabelecidas;
- se o moderador cumpriu bem o seu papel de coordenador;
- se o tempo foi respeitado;
- se houve riqueza de ideias e argumentos;
- se o desempenho dos participantes foi bom;
- se houve respeito entre os participantes;
- se a linguagem empregada pelos participantes seguiu a norma-padrão informal;
- se houve ou não na fala dos participantes certos vícios de linguagem, como "tipo", "tipo assim", "tá ligado", entre outros.

Se necessário, assistam novamente a alguns trechos do debate gravado para observar detalhes, confirmar impressões ou tirar dúvidas. Ao final, estabeleçam metas e compromissos com vistas à realização do próximo debate.

LÍNGUA: USO E REFLEXÃO

Jeff Greenberg/Alamy/Other Images

CAPÍTULO 3

Estrutura de palavras

CONSTRUINDO O CONCEITO

Leia o anúncio:

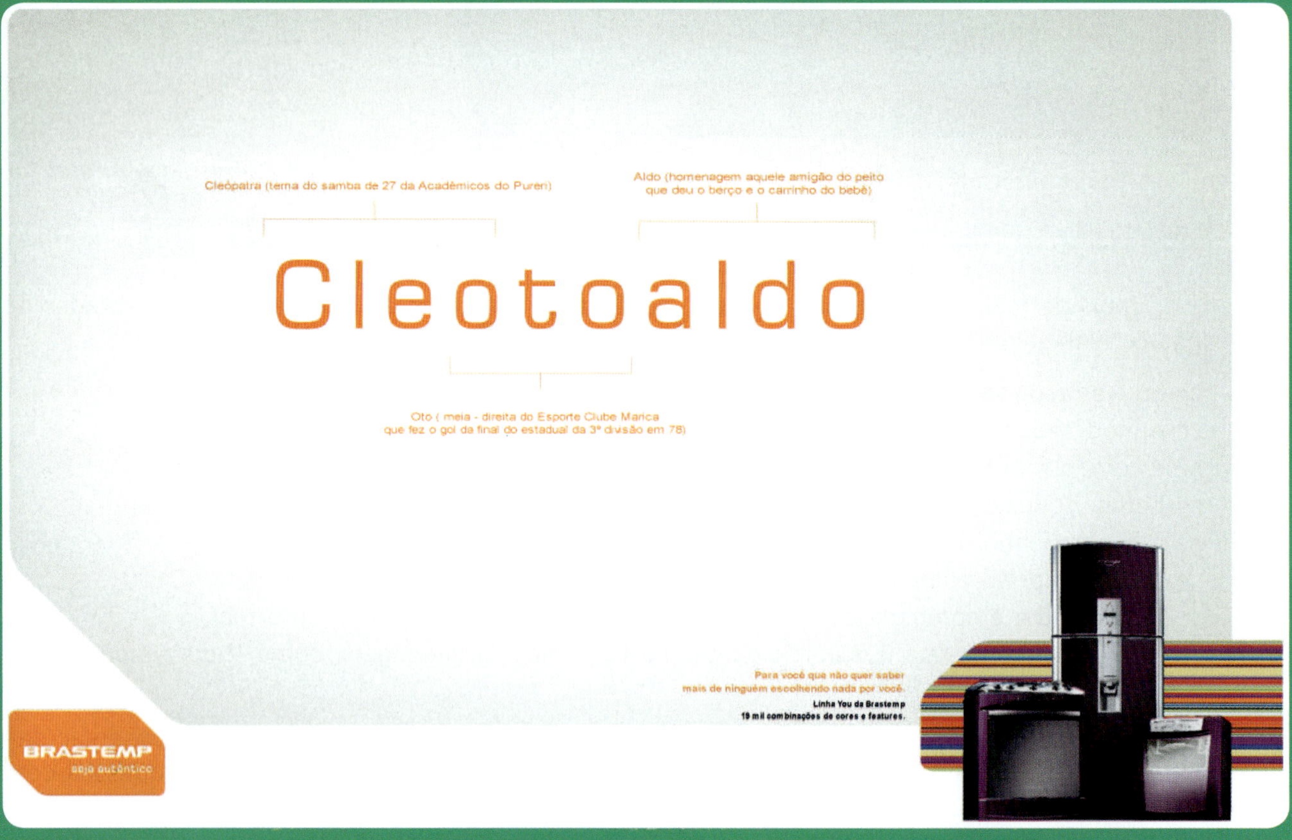

WMO

1. O texto do anúncio faz uma brincadeira com a escolha do nome de uma pessoa: Cleotoaldo.

a) Qual é o enunciado do texto que permite inferir essa informação?

b) Levante hipóteses: Quem escolheu o nome dessa pessoa? Justifique sua resposta com base no texto.

c) Releia todo o texto e conclua: Como o nome *Cleotoaldo* foi formado?

2. Assim como o nome do anúncio, as palavras da nossa língua também podem ser segmentadas em unidades portadoras de sentido. Observe as palavras abaixo, empregadas no texto:

amigão
carrinho

Ambas podem ser fragmentadas fonologicamente, em /a/ /m/ /i/ /g/ /ã/ /w/ e /k/ /a/ /R/ /i/ /ɲ/ /u/, ou em sílabas: a-mi-gão e car-ri-nho. Em uma e outra forma de segmentação, as unidades menores são portadoras de sentido?

3. As palavras *amigão* e *carrinho* também podem ser segmentadas ainda nas seguintes unidades: amig-ão e carr-inh-o. Nesse caso, temos dois elementos mórficos na primeira palavra e três na segunda.

a) Tente formar outras palavras a partir das unidades *amig-* e *carr-*.

b) Que sentido contém cada uma dessas unidades?

- amig-
- carr-

4. Observe as unidades *-ão* e *-inh* nestas palavras:

pedaç*ão*	pedac*inh*o
cadern*ão*	cadern*inh*o
estoj*ão*	estoj*inh*o
amig*ão*	amigu*inh*o
carr*ão*	carr*inh*o

Thinkstock/Getty Images

a) A unidade *-inh* geralmente confere às palavras o sentido de "pequeno(a)". Entre as palavras da segunda coluna, identifique ao menos uma em que seja possível apreender também outro sentido para a unidade *-inh*. Qual é esse sentido?

b) A unidade *-ão* geralmente confere às palavras o sentido de "grande". Entre as palavras da primeira coluna, identifique ao menos uma em que seja possível apreender também outro sentido para a unidade *-ão*. Qual é esse sentido?

c) Se em vez de *carrinho* tivéssemos *carrinhos*, o sentido da palavra seria alterado. Que informação é dada pela unidade *-s*?

CONCEITUANDO

Você observou que uma palavra pode ser segmentada em letras e sílabas e que essas unidades não são portadoras de sentido. E também que outra forma de segmentação de palavras possibilita obter unidades portadoras de sentido.

As unidades *amig-* e *carr-*, das palavras *amigão* e *carrinho*, por exemplo, podem aparecer em outras palavras, como *amiguinho*, *amiga*, *amigar*, *amigado* e *carreta*, *carreata*, *carrão*, *carroça*, a pri-

Transtock/Masterfile/Other Images

meira delas sempre relacionada com o sentido de "aquele que está junto de", e a segunda, com o sentido de "meio de transporte mecânico". As unidades *-inh* e *-ão* também têm sentido, informando sobre tamanhos. Unidades como essas, portadoras de sentido, chamam-se **morfemas**.

Morfema é a menor unidade portadora de sentido de uma palavra.

TIPOS DE MORFEMAS

Radical

É o morfema que informa sobre o sentido básico da palavra:

carr - inh - o   *pequen* - o

A partir do radical, podemos formar outras palavras. Do radical *pequen-*, por exemplo, podemos formar: *pequeninho, pequenez, pequenino, pequenito, pequenice, pequenote, apequenar, apequenado*, etc. O conjunto de palavras que têm um radical comum denomina-se **família de palavras** ou **palavras cognatas**.

Alguns radicais podem apresentar variações. É o caso, por exemplo, do radical *vit/vid*, nas palavras *vital, vitalício, revitalizar, vidinha, vidão, vidaço, vidaça*. Apesar das diferenças de sentido, essas palavras têm um núcleo significativo comum, que é o radical. Por isso, elas são palavras cognatas.

Afixos

São morfemas que se juntam ao radical, modificando seu sentido básico. Quando são colocados *antes* do radical, chamam-se **prefixos**; quando colocados *depois* do radical, chamam-se **sufixos**. Veja:

a	pequen	*ar*
prefixo	radical	sufixo

Vogal temática

É a vogal que sucede o radical de verbos e nomes.

Em verbos, indica a conjugação a que eles pertencem.

São vogais temáticas de verbos:

- **-a**, que indica a 1ª conjugação: começ *a* mos
- **-e**, que indica a 2ª conjugação: com *e* ndo
- **-i**, que indica a 3ª conjugação: produz *í* ssemos

O verbo *pôr* e seus compostos pertencem à 2ª conjugação. Observe, por exemplo, que na forma verbal *pus **e** mos* a vogal temática é *e*.

Em nomes, há três vogais temáticas:

- **-a**: cas *a*, folh *a*
- **-e**: dent *e*, pel *e*
- **-o**: med *o*, carr *o*

São chamadas de *atemáticas* as palavras oxítonas terminadas em *a, e, i, o, u*, como *alvará, candomblé, avó, tupi, urubu*, e as palavras terminadas em consoantes, como *feliz, mulher, flor*, que recuperam a vogal temática no plural: *felizes, mulheres, flores*.

Tema

É o radical somado à vogal temática:

começ (radical) + *a* (vogal temática) = tema; mos

com (radical) + *e* (vogal temática) = tema; ndo

produz (radical) + *í* (vogal temática) = tema; ssemos

Desinências

São morfemas que se colocam após os radicais.

As **desinências nominais** informam sobre o *gênero* e o *número* dos nomes:

garot *a* (gênero (feminino)) *s* (número (plural))

Nesse caso, de acordo com o gramático Evanildo Bechara, o morfema *a* é desinência nominal de gênero e é, cumulativamente, vogal temática. O mesmo ocorre com o morfema *o* da palavra *garoto*.

As **desinências verbais** informam sobre o modo, o tempo, o número e a pessoa dos verbos:

começá *sse* (modo e tempo (imperfeito do subjuntivo)) *mos* (pessoa e número (1ª pessoa do plural))

Não só a desinência é portadora de informação. A ausência de desinência também informa: *começasse* (desinência número-pessoal zero: 1ª ou 3ª pessoa do singular); *garoto* (desinência de número zero: singular).

DESINÊNCIAS VERBAIS	
Modo-temporais	**Número-pessoais**
-va: imperfeito do indicativo (amava)	1ª pessoa do singular: desinência zero ou *-o* (amo, presente do indicativo) ou *-i* (pretérito perfeito)
-ia: imperfeito do indicativo (partia)	2ª pessoa do singular: *-s* (amas)
-ra: mais-que-perfeito do indicativo (amara)	3ª pessoa do singular: -ϕ (amaϕ)
-sse: imperfeito do subjuntivo (amasse)	1ª pessoa do plural: *-mos* (amamos)
-ria: futuro do pretérito do indicativo (amaria)	2ª pessoa do plural: *-is/-des* (amais/amardes)
-ra/-re: futuro do presente do indicativo (amará/amaremos)	3ª pessoa do plural: *-m* (amam)
-r: futuro do subjuntivo (quiser)	
-a: presente do subjuntivo (peça)	
-e: presente do subjuntivo (ame)	
-u: pretérito perfeito do indicativo (amou)	

Observações

1ª) As desinências *-ste* e *-stes* acumulam as funções número-pessoal e modo-temporal no pretérito perfeito do indicativo: quise*ste*, quise*stes*.

2ª) As chamadas formas nominais do verbo, o *infinitivo*, o *gerúndio* e o *particípio*, são marcadas respectivamente pelas desinências verbo-nominais *-r*, *-ndo* e *-do(a)*: senti*r*, chega*ndo*, destaca*do*.

Vogais e consoantes de ligação

São elementos que aparecem no interior dos vocábulos apenas para facilitar a pronúncia ou ligar morfemas. Não constituem morfemas, porque não são portadoras de informações nem modificam o radical.

Existe vogal de ligação em: gas*ô*metro, cafe*i*cultura.

Há consoante de ligação em: mama*d*eira, cha*l*eira.

EXERCÍCIOS

Leia o texto a seguir para responder às questões de 1 a 4.

Por que a gente pisca?

A gente dá cerca de 25 mil piscadas por dia, e todo esse esforço serve para espalhar lágrimas pelos olhos. Eles precisam ser mantidos úmidos e lubrificados o tempo todo para se protegerem de corpos estranhos, como poeira. As lágrimas são produzidas por glândulas e se espalham pelos olhos por meio de dois pequenos canais, os dutos lacrimais. Por dia, uma pessoa adulta produz de 1 a 2 litros de lágrimas — sem contar as derramadas no choro. Haja piscada para dar vazão a esse aguaceiro!

(*Mundo Estranho*, nº 72.)

Thinkstock/Getty Images

1. Forme uma família de palavras a partir do radical da palavra *aguaceiro*.

2. Identifique no texto uma palavra formada a partir de uma variação do radical da palavra *lágrima*.

3. Indique o radical, a vogal temática e o tema da forma verbal *espalham*, empregada no texto.

4. Na palavra *úmidos*, o morfema *o* indica gênero masculino.

a) O que indica o morfema *s*?

b) Identifique no texto outras palavras que apresentam esses mesmos morfemas.

5. Indique a alternativa em que o elemento mórfico destacado está classificado incorretamente:

a) olho*s* – desinência nominal de número

b) precisa*m* – desinência verbal número-pessoal

c) adult*a* – desinência verbal modo-temporal

d) po*eira* – sufixo

6. Leia esta tira, de Adão Iturrusgarai:

(*Folha de S. Paulo*, 11/10/2004.)

A tira provoca humor por meio de um jogo entre as palavras *pessoal* e *impessoal*.

a) Qual é o significado do prefixo *im-* na palavra *impessoal*?

b) Por que o resultado obtido com as plásticas não foi capaz de resolver a insatisfação da personagem?

OS ELEMENTOS MÓRFICOS NA CONSTRUÇÃO DO TEXTO

Poemas concretos são aqueles cuja construção se baseia na utilização de recursos visuais, sonoros e gráficos. Leia o poema concreto abaixo, de autoria do poeta e compositor Arnaldo Antunes, e responda às questões propostas.

(*2 ou + corpos no mesmo espaço*. São Paulo: Perspectiva, 1997. p. 55.)

Arnaldo Antunes.

1. O poema está organizado em duas partes, ou duas estrofes não convencionais, cada uma com o formato de um círculo. Observe as palavras e expressões que formam o círculo da esquerda, lidas no sentido horário: *gera, degenera, já era, regenera*. Sabendo que o verbo *gerar* origina-se da forma latina *generare*, responda:

a) As palavras *gerar, degenerar* e *regenerar* podem ser consideradas cognatas entre si? Por quê?

b) Que figura de linguagem se verifica na oposição entre *degenerar* e *regenerar*?

c) Que palavra desse círculo mantém com a expressão *já era* o mesmo tipo de oposição?

2. Observe o sentido dos prefixos *de-* e *re-*:

de-: movimento de cima para baixo; origem, procedência; afastamento; extração; intensidade; significação contrária
re-: movimento para trás; repetição; intensidade; reciprocidade; mudança de estado

a) Com quais sentidos esses prefixos foram empregados no texto?

b) Entre esses prefixos existe uma relação de oposição ou de semelhança?

3. A expressão *já era* não possui vínculos etimológicos com as demais do círculo da esquerda; no entanto, apresenta sonoridade e sentido que se aproximam dos de outras palavras desse círculo.

a) Que palavra do círculo se aproxima sonoramente da expressão *já era*?

b) E semanticamente?

4. O círculo da direita é formado pela repetição da palavra *zera*, uma forma verbal de *zerar*. Veja alguns dos sentidos da palavra *zero* registrados no *Novo dicionário Aurélio*: "Ponto em que se principiam a contar os graus e que corresponde, em alguns termômetros, à temperatura de gelo fundente; ponto inicial da maioria dos instrumentos de medição; pessoa ou coisa sem valor, sem préstimo".
Comparando as duas estrofes quanto à disposição espacial e visual na página e quanto ao sentido, responda:

a) Visualmente as duas estrofes se igualam ou se diferenciam?

b) Que relação existe entre a palavra *zero* e o círculo formado pela palavra *zera*?

c) Considerando os sentidos da palavra *zero*, aponte semelhanças entre as duas estrofes quanto ao significado.

5. Imagine um corpo se movimentando num círculo: ele só terá completado uma volta inteira quando passar novamente pelo ponto de partida. Nesse sentido, o ponto de partida e o de chegada são o mesmo. Ao empregar palavras como *gera* e *degenera*, o autor trabalha com a oposição *vida* e *morte*. Considerando essas informações, responda:

a) Por que o autor teria escolhido o círculo como forma para dispor seu poema?

b) Pela perspectiva do texto, a vida se esgota com a morte?

SEMÂNTICA E DISCURSO

Leia a tira a seguir, de Laerte, e responda às questões de 1 a 3.

Laerte

1. É possível perceber que a tira retrata uma situação administrativa, em que um funcionário preenche uma ficha com os dados pessoais de um cliente.
O cliente compreende claramente as perguntas do funcionário? Justifique sua resposta.

2. O humor da tira é construído a partir de um mal-entendido entre as duas personagens, causado pela dupla possibilidade de segmentação da sequência sonora *assina*.

a) Como o cliente entendeu o que o funcionário disse?

b) Qual era a intenção do funcionário?

c) As palavras *assina* e *sina* têm o mesmo radical?

3. Em qual alternativa os morfemas que compõem as palavras *assina* e *sina* estão segmentados corretamente?

a) assina → a (prefixo) + ssin (radical) + a (vogal temática)
sina → sin (prefixo) + a (vogal temática)

b) assina → a (prefixo) + ssin (radical) + a (sufixo)
sina → sin (prefixo) + a (sufixo)

c) assina → assin (radical) + a (vogal temática)
sina → sin (radical) + a (vogal temática)

4. Indique as palavras em que o *a* inicial é prefixo:

apaziguar   ateu   amar   acéfalo   acessível   adoçar

5. Veja o significado dado pelo jornalista e humorista José Simão a três palavras:

Tricotar — Dividir em três cotas.
Trimestre — Companheiro com mestrado em três áreas diferentes.
Tripulante — Campeão de salto triplo.

(*No país da piada pronta – Dicionário lulês, dicionário tucanês, dicionário antitucanês.* São Paulo: Editora do Bispo, 2007.)

O sentido novo dado a essas palavras baseia-se na sua desestruturação.

a) Qual é o radical de cada uma das palavras?

b) O morfema *tri-* desempenha em todas elas o papel de prefixo?

c) Explique o processo explorado pelo autor para dar um novo sentido às palavras e provocar humor.

Leia o poema a seguir e responda às questões de 6 a 8.

durassolado
petrifincado
amargamado
agrusurado
capitalienado
massamorfado

solumano
corpumano
fardumano
servumano
gadumano
desumano

(José Lino Grünewald. In: *Poesia concreta.* São Paulo: Abril Educação, 1982. Literatura Comentada.)

Filipe Rocha

6. Nesse poema, o autor utilizou principalmente palavras que criou a partir da combinação de alguns radicais e prefixos. Da forma como estão estruturadas, com exceção da palavra *desumano*, todas as outras não existem na língua. Apesar disso, podemos depreender significados a partir de seus radicais, como, por exemplo, no 1º verso, *dura, solo, sol, (h)umano*. Releia o poema e identifique outros radicais.

7. A que áreas semânticas se relaciona a maioria dos radicais do poema?

- lazer e cultura
- trabalho e capital
- família e amigos

8. O poema também pode ser lido na vertical. Nesse caso, ele apresenta duas colunas. Observe a coluna da direita.

a) Qual é o radical que se repete em todas as palavras dessa coluna?

b) Observe os radicais que se unem ao radical que se repete. Note que de uma palavra para outra ocorre uma gradação. Que ponto de chegada é sugerido por essa gradação?

9. Você já imaginou um dicionário de insultos? Pois existe! Leia este verbete:

enchouriçado Ativo, arrogante. Vem de chouriço, sem que fique clara a ligação entre a arrogância e o embutido de porco.

(Altair J. Aranha. *Dicionário brasileiro de insultos*. Cotia: Ateliê, 2002. p. 124.)

Ateliê Editorial

Com base no verbete, é possível extrair algumas conclusões. Indique a conclusão falsa:

a) Na palavra *enchouriçado*, o radical é *chouriç-*.

b) Em *enchouriç - a - do*, a letra *a* é vogal temática.

c) Em *enchouriçado*, *en-* é prefixo e tem o sentido de "aproximação".

d) Em *enchouriçado*, *-ado* é sufixo e a ele se deve a adjetivação da palavra.

e) Em *enchouriçado*, o sufixo *-ado* poderia sofrer variação de gênero, recebendo a desinência nominal *-a* (enchouriçada).

LITERATURA

Câmara Municipal de Lisboa, em estilo neoclássico.

CAPÍTULO 4

O Arcadismo em Portugal

Depois do apogeu que experimentou entre os séculos XV e XVI, Portugal viveu um período de declínio político, econômico e cultural que se estendeu por todo o século XVII. Com a chegada das ideias iluministas no século XVIII, contudo, o país se renovou e se modernizou. Na literatura, teve grande expressão Manuel Maria du Bocage, um dos maiores poetas portugueses de todos os tempos.

Nas primeiras décadas do século XVIII, as ideias iluministas, ao chegarem a Portugal, entusiasmaram intelectuais, artistas e até mesmo o rei D. João V e seu sucessor, D. José I, que desejavam modernizar o país.

Foi então posto em prática projeto de reformas políticas, econômicas, educacionais e culturais, voltado tanto a satisfazer os interesses da burguesia mercantil e colonialista quanto a equiparar Portugal novamente às grandes nações europeias. Nesse projeto, esteve à frente, na condição de ministro e com amplos poderes, o Marquês de Pombal, também adepto das ideias iluministas.

POMBAL E VERNEY: A MISSÃO DE "ILUMINAR" PORTUGAL

Pombal contou com o apoio de diversos intelectuais e cientistas portugueses, a maioria com formação no exterior. Nesse grupo destacou-se Pe. Luís Antônio Verney, cujo projeto de reforma pedagógica, aplicado parcialmente por Pombal, mudou de modo significativo o cenário científico e artístico português.

As ideias de Verney foram expostas na obra *Verdadeiro método de estudar*, publicada em 1746. Nela o escritor atacava a orientação que os jesuítas davam à educação, condenava a arte barroca e seus adeptos, como Pe. Vieira, e criticava até mesmo Camões, em cujas antíteses via traços da estética barroca.

Essas críticas originaram um amplo debate sobre a necessidade de renovar a cultura portuguesa. Em torno da questão estética da literatura, foram publicados inúmeros tratados, envolvendo temas como o belo e a verdade na arte. Como decorrência desse período de efervescência cultural, foi fundada a Arcádia Lusitana, em 1756, considerada o marco introdutório do Arcadismo em Portugal.

Inutilia truncat ("Cortar as inutilidades"), o lema da Arcádia Lusitana, revela a condenação aos exageros do Barroco e a proposta de uma arte mais simples.

AS ACADEMIAS

As academias literárias eram agremiações que tinham por objetivo promover um debate permanente sobre criação artística, avaliar criticamente a produção de seus filiados e facilitar a publicação de suas obras.

Portugal contou com duas importantes academias árcades: a **Arcádia Lusitana**, que efetivamente deu início ao movimento árcade em Portugal, e a **Nova Arcádia** (1790), que contou com o maior poeta português do século XVIII: Bocage.

O gênero literário predominante durante o Arcadismo português foi a poesia, embora tenha havido criação em todos os gêneros. Apesar da vasta produção do período, poucas são as obras que hoje interessam ao leitor moderno, particularmente o leitor brasileiro.

Durante o século XVIII, os escritores portugueses que mais se destacaram foram:

- **na poesia**: Cruz e Silva, Correia Garção, Reis Quita, Nicolau Tolentino, Filinto Elísio, Marquesa de Alorna, Bocage;
- **na prosa**: Correia Garção, Luís Antônio Verney;
- **no teatro**: Cruz e Silva, Correia Garção, Reis Quita, Manuel de Figueiredo.

BOCAGE: O SALTO DA EMOÇÃO

Magro, de olhos azuis, carão moreno,
Bem servido de pés, meão de altura,
Triste de facha, o mesmo de figura,
Nariz alto no meio e não pequeno;

....

Devoto incensador de mil deidades
(Digo, de moças mil) num só momento,
E somente no altar amando os frades

(Disponível em: http://www.dominiopublico.gov.br/download/texto/bv000059.pdf. Acesso em: 12/3/2012.)

deidade: deusa.
facha: rosto.
meão: mediano.

Manuel Maria du Bocage, retratado pelo pintor João Elói do Amaral.

Nesses versos, o poeta português Manuel Maria Barbosa du Bocage (1765-1805), também conhecido pelo pseudônimo árcade de Elmano Sadino (*Elmano* é um anagrama de Manoel, e *Sadino* é relativo ao rio Sado, que corta a cidade de Setúbal, onde o escritor nasceu), procura descrever a si mesmo. Neles fica claro um aspecto marcante da vida e da obra do autor: "Devoto incensador de mil deidades", isto é, bajulador ou conquistador de mil moças.

Além das inúmeras experiências amorosas, Bocage também viveu aventuras nas colônias portuguesas da Índia (Goa) e da China (Macau), ou seja, fez a mesma rota e teve quase as mesmas experiências que Camões. Como o autor de *Os lusíadas*, Bocage também se incorporou em companhias militares, lutou na guerra, naufragou, amou muitas mulheres, foi preso e morreu na miséria.

Tendo plena consciência dessas coincidências, Bocage perseguia o modelo da vida e da obra de seu mestre:

Camões, grande Camões, quão semelhante
Acho teu fado ao meu, quando os cotejo!
....
Modelo meu tu és... Mas, oh tristeza!...
Se te imito nos transes da Ventura,
Não te imito nos dons da Natureza.

(Disponível em: http://www.dominiopublico.gov.br/download/texto/bv000059.pdf. Acesso em: 12/3/2012.)

fado: sorte, destino.
Ventura: sorte, destino.

Foi na lírica, em especial nos sonetos, que Bocage atingiu o ponto alto de sua obra, embora também tenha se destacado como poeta satírico e erótico.

A poesia erótica de Bocage

Portugal tem uma longa tradição de poesia satírica, que remonta às cantigas trovadorescas.

Bocage, além de ter se destacado como poeta lírico, também foi um bom poeta satírico e erótico. Contudo, sua produção nada tem a ver com certas revistas de banca de jornal intituladas *Piadas de Bocage*. Provavelmente elas exploram o nome do autor, comumente associado a histórias engraçadas e picantes.

O Bocage que estamos estudando é autor de versos elegantes como estes:

Ao voluptuoso tacto palpitante
mais, e mais se arrijaram, de maneira
que os lábios não podiam comprimi-los.
Meus braços nus, meu colo, eu toda estava
coberta de sinais de ardentes beijos.
Os leves trajos que ainda conservava,
em vão eu quis suster: rápido impulso
guiava Alcino: de Hércules as forças
ali vencera... As minhas que fariam?

(In: Natália Correia, org. *Antologia de poesia portuguesa erótica e satírica*. Lisboa: Antígona/Frenesi, 2005. p. 239.)

Bocage no cinema

Bocage: o triunfo do amor é o título de um filme de Djalma Limongi Batista, produção luso-brasileira de 1997.

Drama erótico baseado na vida do ferino poeta lusitano Manuel Maria Barbosa du Bocage. O resultado aparece como um delírio para o espectador. A verve irreverente, debochada e não raro pornográfica de Bocage (Victor Wagner) é mostrada em períodos de desterro em sua vida e acompanhada de seus poemas. Com Francisco Farinelli, Linneu Dias e a cantora portuguesa Eugénia Melo e Castro.

(*Veja S. Paulo*, nº 1534.)

Bocage, o triunfo do amor. Djalma Limongi Batista. 1997/Cinemateca Brasileira

Bocage e a transição

Bocage é considerado o melhor escritor português do século XVIII e, ao lado de Camões e de Antero de Quental, um dos três maiores sonetistas de toda a literatura portuguesa. Contudo, esse título de o melhor escritor da época não significa que Bocage tenha sido o mais perfeito poeta árcade, papel que talvez caiba a Filinto Elísio. A importância conferida à obra de Bocage advém principalmente de nela se encontrar a tradução do momento transitório em que o escritor viveu, um período marcado por mudanças profundas, como a Revolução Francesa (1789) e o florescimento do Romantismo. Assim, a obra de Bocage, em sua totalidade, não é árcade nem romântica. É uma obra de transição, que apresenta simultaneamente aspectos dos dois movimentos literários.

A fase inicial da poesia de Bocage é marcada por formas e temas próprios do Arcadismo: ambiente bucólico, o *fugere urbem*, o ideal de vida simples e alegre (*aurea mediocritas*), a simplicidade e a clareza das ideias e da linguagem, etc.

Contudo, outro conjunto de poemas do autor, classificados como pré-românticos, contraria os postulados árcades e prenuncia o movimento literário posterior, o Romantismo. É o caso deste soneto:

Oh retrato da morte, oh noite amiga,
Por cuja escuridão suspiro há tanto!
Calada testemunha do meu pranto,
De meus desgostos secretária antiga!

Pois manda Amor que a ti somente os diga,
Dá-lhes pio agasalho no teu manto;
Ouve-os, como costumas, ouve, enquanto
Dorme a cruel, que a delirar me obriga.

E vós, oh cortesãos da escuridade,
Fantasmas vagos, mochos piadores,
Inimigos, como eu, da claridade!

Em bandos acudi aos meus clamores;
Quero a vossa medonha sociedade,
Quero fartar meu coração de horrores.

(In: Hernâni Cidade. *Bocage – A obra e o homem*. 3. ed. Lisboa: Arcádia, 1978. p. 141-2.)

mocho: coruja.
pio: piedoso.

Observe que não há aqui o convencionalismo amoroso e o racionalismo dos árcades. O eu lírico, não sendo correspondido pela "cruel" amada, fala abertamente de seus sentimentos em relação à morte, compondo um quadro macabro. O quadro é completado pelos demais "membros" da corte noturna (corujas, fantasmas) e nele o eu lírico também se coloca, num gesto de total desespero e descontrole emocional.

O poema compõe um painel que é o oposto do universo claro e equilibrado do Arcadismo. Em vez do equilíbrio, nota-se o pessimismo existencial e a morte como saída para a angústia de viver; em vez de racionalismo, há o predomínio absoluto da emoção; em vez de objetividade, o subjetivismo.

LEITURA

Você vai ler a seguir dois sonetos de Bocage. Observe as semelhanças e as diferenças entre um e outro quanto à forma e ao conteúdo. Após a leitura, responda às questões propostas.

TEXTO I

Já o Inverno, espremendo as cãs nevosas,
Geme, de horrendas nuvens carregado;
Luz o aéreo fuzil, e o mar inchado
Investe ao Polo em serras escumosas;

Oh benignas manhãs! Tardes saudosas,
Em que folga o pastor, medrando o gado,
Em que brincam no ervoso e fértil prado
Ninfas e Amores, Zéfiros e Rosas!

Voltai, retrocedei, formosos dias:
Ou antes vem, vem tu, doce beleza
Que noutros campos mil prazeres crias;

E ao ver-te sentirá minh'alma acesa
Os perfumes, o encanto, as alegrias
Da estação, que remoça a Natureza.

(Bocage. *Sonetos completos*. São Paulo: Núcleo, 1989. p. 22.)

Thinkstock/Getty Images

cãs: cabelos brancos.
ervoso: recoberto de erva.
medrar: crescer, fazer crescer, desenvolver.
nevoso: coberto de neve.

TEXTO II

O céu, de opacas sombras abafado,
Tornando mais medonha a noite feia;
Mugindo sobre as ondas, que salteia,
O mar, em crespos montes levantado:

Desfeito em furacões o vento irado,
Pelos ares zunindo a solta areia,
O pássaro noturno, que vozeia
No agoureiro cipreste além pousado:

Formam quadro terrível, mas aceito,
Mas grato aos olhos meus, grato à fereza
Do ciúme, e saudade, a que ando afeito:

Quer no horror igualar-me a Natureza;
Porém cansa-se em vão, que no meu peito
Há mais escuridade, há mais tristeza.

(Bocage. *Sonetos completos*, cit., p. 34.)

agoureiro: agourento, que prevê desgraças.
escuridade: escuridão, obscuridade.
fereza: crueldade, perversidade.

Jovem com chapéu de palha (1769), de Jean-Baptiste Huet.

1. Os dois sonetos se iniciam fazendo referências semelhantes ao céu e ao mar.
   a) Como o céu e o mar são retratados na primeira estrofe desses textos?
   b) Em qual dos textos o cenário se modifica a partir da segunda estrofe?
2. A natureza está presente em ambos os textos.
   a) Em qual deles o ambiente retratado na primeira estrofe se mantém?
   b) No outro texto, como a natureza passa a ser retratada?
   c) Em qual dos sonetos a natureza é apresentada de acordo com a convenção árcade? Justifique sua resposta.
3. Nos dois sonetos, de forma explícita ou implícita, há menção a uma figura feminina.
   a) No texto I, que tipo de sentimento a figura feminina produz no eu lírico?
   b) E no texto II?
4. No texto II, o eu lírico identifica-se com a natureza tempestuosa, com a noite e pássaros agourentos, sente-se cheio de horror, de tristeza e escuridão. Esse modo de ver o mundo enquadra-se nas características árcades? Por quê?
5. Nos textos árcades, é comum haver referências à mitologia greco-latina. Em qual dos textos se verifica esse traço? Justifique sua resposta com elementos do texto.
6. O Romantismo é o movimento literário que ocorreu no início do século XIX, logo após o Arcadismo. Observe algumas das características desses dois movimentos literários:

Arcadismo	Romantismo
• Amor convencional • Racionalismo • Presença da mitologia greco-latina • Manutenção de formas clássicas e gosto pelo soneto	• Paixão • Predomínio da emoção • Cristianismo • Gosto por formas populares e pelas redondilhas

Considerando essas características, responda:
   a) Qual dos dois textos representa a fase árcade de Bocage? Por quê?
   b) Qual representa a fase pré-romântica? Por quê?

Bocage: um poema épico para celebrar o descobrimento do Brasil

Bocage partiu para Goa (Índia) em 1786, e seu navio fez uma escala no Rio de Janeiro, onde o poeta foi recebido pelo governador Luís de Vasconcelos Sousa Veiga e Faro, mecenas e amante da literatura. O contato com a terra brasileira acentuou em Bocage o desejo de, a exemplo de seu mestre Camões, também fazer um poema épico – no caso, um poema que falasse do descobrimento do Brasil. Esse projeto, contudo, não se realizou.

Detalhe do quadro *Jovem com chapéu de palha.*

Para quem quer mais

Se você deseja aprofundar os seus conhecimentos sobre a poesia de Bocage, leia os textos a seguir e, depois, sozinho, em dupla ou em grupo, procure resolver as questões propostas pelo **Roteiro de estudo**.

Nascemos para amar: a Humanidade
Vai, tarde ou cedo, aos laços da ternura.
Tu és doce atractivo, oh formosura,
Que encanta, que seduz, que persuade.

Enleia-se por gosto a liberdade;
E depois que a paixão na alma se apura,
Alguns então lhe chamam desventura,
Chamam-lhe alguns então felicidade.

Qual se abisma nas lôbregas tristezas,
Qual em suaves júbilos discorre,
Com esperanças mil na ideia acesas.

Amor ou desfalece, ou para, ou corre;
E, segundo as diversas naturezas,
Um porfia, este esquece, aquele morre.

(In: Hernâni Cidade. *Bocage – A obra e o homem*. 3. ed. Lisboa: Arcádia, 1978. p. 144.)

desventura: infelicidade.
enlear: atar, prender.
lôbrego: sombrio, escuro, funesto.
porfiar: insistir.

Meu ser evaporei na lida insana
Do tropel das paixões que me arrastava;
Ah! cego eu cria, ah! mísero eu sonhava
Em mim quase imortal a essência humana.

De que inúmeros sóis a mente ufana
Existência falaz me não dourava!
Mas eis sucumbe a natureza, escrava
Do mal que a vida em sua origem dana.

Prazeres, sócios meus e meus tiranos!
Esta alma que sedenta em si não coube,
No abismo vos sumiu dos desenganos.

Deus, oh Deus!... Quando a morte à luz me roube,
Ganhe um momento o que perderam anos,
Saiba morrer o que viver não soube.

(Idem, p. 113.)

Cupido (1786), de Jean-Baptiste Greuze.

falaz: enganoso. **lida**: luta. **ufano**: orgulhoso.

• Roteiro de estudo •

Ao final da leitura, você deverá ser capaz de:

- Reconhecer e distinguir no primeiro texto os diferentes efeitos que o Amor produz nas pessoas.
- Comentar, a partir do segundo soneto, criado por Bocage quando estava no leito de morte, a visão do poeta sobre a vida de prazeres que tivera.
- Examinar os dois textos, considerando os princípios do Arcadismo, e concluir se eles são da fase árcade ou da fase pré-romântica da poesia de Bocage.

Para quem quer mais na Internet

Em nosso *site*, http://www.atualeditora.com.br/pl/paraquemquermais, você poderá ler e baixar outros textos de Bocage e conhecer um pouco da poesia de Filinto Elísio e Marquesa de Alorna.

© Images.com/Corbis/Latinstock

PRODUÇÃO DE TEXTO

CAPÍTULO 5

O artigo de opinião

TRABALHANDO O GÊNERO

No mundo em que vivemos, com frequência temos de nos posicionar sobre certos temas que circulam socialmente. Por exemplo: Os médicos têm o direito de interromper o tratamento de um paciente em estado terminal? Os programas de televisão devem sofrer algum tipo de controle? Os governos têm o direito de invadir a privacidade dos internautas com o pretexto de fazer investigações policiais?

Para responder a essas e a outras questões, são publicados em jornais, revistas e em *sites* da Internet **artigos de opinião**, nos quais os autores expressam seu ponto de vista sobre certos temas.

Um tema polêmico que vem sendo muito debatido nos últimos anos, e tem dividido a opinião pública em geral, é a implementação do sistema de cotas para ingresso nas universidades. A adoção desse sistema é apresentada como forma de reduzir as desigualdades, promover a diversidade étnica e combater a exclusão.

A propósito desse tema, leia, a seguir, um artigo de opinião de autoria da escritora Lya Luft.

Cotas: o justo e o injusto

Ron Chapple/Taxi/Getty Images

O medo do diferente causa conflitos por toda parte, em circunstâncias as mais variadas. Alguns são embates espantosos, outros são mal-entendidos sutis, mas em tudo existe sofrimento, maldade explícita ou silenciosa perfídia, mágoa, frustração e injustiça.

Cresci numa cidadezinha onde as pessoas (as famílias, sobretudo) se dividiam entre católicos e protestantes. Muita dor nasceu disso. Casamentos foram proibidos, convívios prejudicados, vidas podadas. Hoje, essa diferença nem entra em cogitação quando se formam pares amorosos ou círculos de amigos. Mas, como o mundo anda em círculos ou elipses, neste momento, neste nosso país, muito se fala em uma questão que estimula tristemente a diferença racial e social: as cotas de ingresso em universidades para estudantes negros e/ou saídos de escolas públicas. O tema libera muita verborragia populista e burra, produz frustração e hostilidade. Instiga o preconceito racial e social. Todas as "bondades" dirigidas aos integrantes de alguma minoria, seja de gênero, raça ou condição social, realçam o fato de que eles estão em desvantagem, precisam desse destaque especial porque, devido a algum fator que pode ser de raça, gênero, escolaridade ou outros, não estão no desejado patamar de autonomia e valorização. Que pena.

Nas universidades inicia-se a batalha pelas cotas. Alunos que se saíram bem no vestibular — só quem já teve filhos e netos nessa situação conhece o sacrifício, a disciplina, o estudo e os gastos implicados nisso — são rejeitados em troca de quem se saiu menos bem mas é de origem africana ou vem de escola pública. E os outros? Os pobres brancos, os remediados de origem portuguesa, italiana, polonesa, alemã, ou o que for, cujos pais lutaram duramente para lhes dar casa, saúde, educação?

A ideia das cotas reforça dois conceitos nefastos: o de que negros são menos capazes, e por isso precisam desse empurrão, e o de que a escola pública é péssima e não tem salvação. É uma ideia esquisita, mal pensada e mal executada. Teremos agora famílias brancas e pobres para as quais perderá o sentido lutar para que seus filhos tenham boa escolaridade e consigam entrar numa universidade, porque o lugar deles será concedido a outro. Mais uma vez, relega-se o estudo a qualquer coisa de menor importância.

Lembro-me da fase, há talvez vinte anos ou mais, em que filhos de agricultores que quisessem entrar nas faculdades de agronomia (e veterinária?) ali chegavam através de cotas, pela chamada "lei do boi". Constatou-se, porém, que verdadeiros filhos de agricultores eram em número reduzido. Os beneficiados eram em geral filhos de pais ricos, donos de algum sítio próximo, que com esse recurso acabaram ocupando o lugar de alunos que mereciam, pelo esforço, aplicação, estudo e nota, aquela oportunidade. Muita injustiça assim se cometeu, até que os pais, entrando na Justiça, conseguiram por liminares que seus filhos recebessem o lugar que lhes era devido por direito. Finalmente a lei do boi foi para o brejo.

Nem todos os envolvidos nessa nova lei discriminatória e injusta são responsáveis por esse desmando. Os alunos beneficiados têm todo o direito de reivindicar uma possibilidade que se lhes oferece. Mas o triste é serem massa de manobra para um populismo interesseiro, vítimas de desinformação e de uma visão estreita, que os deixa em má posição. Não entram na universidade por mérito pessoal e pelo apoio da família, mas pelo que o governo, melancolicamente, considera deficiência: a raça ou a escola de onde vieram — esta, aliás, oferecida pelo próprio governo.

Lamento essa trapalhada que prejudica a todos: os que são oficialmente considerados menos capacitados, e por isso recebem o pirulito do favorecimento, e os que ficam chupando o dedo da frustração, não importando os anos de estudo, a batalha dos pais e seu mérito pessoal. Meus pêsames, mais uma vez, à educação brasileira.

(*Veja*, nº 2 046.)

1. A autora introduz o tema e seu ponto de vista sobre ele por meio de uma ampla apresentação.

a) Qual é o tema do artigo de opinião lido?

b) Identifique, no 2º parágrafo, o ponto de vista da autora.

2. A articulista, ao apresentar sua opinião sobre o tema, mostra que a implementação do sistema de cotas fere um princípio fundamental das sociedades democráticas.

a) Qual é esse princípio?

b) Qual é a posição da articulista em relação ao sistema de cotas?

3. Num texto de opinião, o autor normalmente fundamenta seu ponto de vista em verdades e opiniões (leia o boxe "Verdade × opinião").

a) Identifique no texto verdades, isto é, dados objetivos que podem ser comprovados.

b) Com que objetivo a autora cita essas verdades?

c) Afirmações como:

> "uma questão que estimula tristemente a diferença racial e social: as cotas de ingresso em universidades para estudantes negros e/ou saídos de escolas públicas"
>
> "A ideia das cotas reforça dois conceitos nefastos: o de que negros são menos capazes, e por isso precisam desse empurrão, e o de que a escola pública é péssima e não tem salvação. É uma ideia esquisita, mal pensada e mal executada."

são verdades ou opiniões?

4. Num texto de opinião, a ideia principal defendida pelo autor precisa ser fundamentada com bons **argumentos**, isto é, com razões ou explicações.

A ideia principal do texto lido é fundamentada por dois argumentos básicos, contrários à implementação do sistema de cotas. Quais são eles?

5. No 6º parágrafo, a autora faz referência aos envolvidos na lei: os alunos beneficiados e os responsáveis pela lei das cotas.

a) Ela exime de responsabilidade os alunos beneficiados pelo sistema de cotas? Justifique sua resposta.

b) Que opinião ela expressa sobre os responsáveis pela lei das cotas?

Verdade × opinião

Nos gêneros argumentativos em geral, o autor sempre tem a intenção de convencer seus interlocutores. Para isso, precisa apresentar bons argumentos, que consistem em verdades e opiniões.

Consideram-se verdades tanto as afirmações universalmente aceitas (por exemplo, o fato de a Terra girar em torno do Sol, a poluição prejudicar o meio ambiente) quanto dados científicos em geral, como estatísticas, resultados de pesquisas sociais ou de laboratório, entre outras. Já as opiniões são fundamentadas em impressões pessoais do autor do texto e, por isso, são mais fáceis de contestar.

Os bons textos argumentativos geralmente fazem um uso equilibrado dos dois tipos de argumento.

6. No último parágrafo, a autora conclui seu ponto de vista sobre o assunto. De acordo com essa conclusão:

a) Quem são as vítimas do sistema de cotas?

b) Do que o texto expõe, conclua: Para a autora, a exclusão do negro das universidades públicas deve ser tratada como uma questão étnico-racial? Justifique sua resposta.

7. Observe a organização do texto quanto à estrutura e à exposição das ideias. A conclusão é coerente com a ideia e com os argumentos apresentados ao longo do texto? Justifique sua resposta.

8. Observe a linguagem do texto.

a) Que variedade linguística foi empregada? A formal ou a informal?

b) Considerando-se o tema, o veículo em que o texto foi publicado e o perfil do público leitor, pode-se dizer que a escolha dessa variedade linguística foi adequada? Por quê?

9. Reúna-se com seus colegas de grupo e, juntos, concluam: Quais são as características do artigo de opinião? Respondam, considerando os seguintes critérios: finalidade do gênero, perfil dos interlocutores, suporte ou veículo, tema, estrutura, linguagem.

PRODUZINDO O ARTIGO DE OPINIÃO

Em décadas passadas, os jovens saíam às ruas para protestar e divulgar suas ideias, às vezes enfrentando a repressão policial. Hoje, muitos jovens se contentam em fazer um *click* num *site* ou numa rede social e, assim, protestar contra a matança de baleias, contra a corrupção, ou contra a construção de uma usina nuclear.

Prepare-se para produzir um artigo de opinião sobre o tema: **A participação política dos jovens na Web tem o mesmo valor que a participação política presencial?**.

Para isso, leia o painel de textos a seguir.

A internet como força mítica

[...]

Ser jovem é saber como participar no Twitter e no Facebook, é entender o novo código de conduta digital e segui-lo. Quando surgiu o rádio e, depois, a TV, muita gente achou que seria o fim da civilização. O mesmo com a internet e suas mídias sociais.

Na rede, a liberdade pode ser virtual, mas tem gosto de real. E aqueles que sentem o seu gosto, que veem a importância de pensar criticamente sobre a sociedade e a possibilidade de manifestar posições contrárias ao regime sem ser morto ou preso não querem ter as asas cortadas. [...]

Que a luta desses milhões de pessoas leve a resultados concretos e duradouros. Também querem contribuir na criação da nova ordem mundial. E têm todo o direito de buscar esse objetivo.

(Marcelo Gleiser. *Folha de S. Paulo*, 6/3/2011.)

Masterfile/Other Images

Faça sua revolução

Depois de 5 anos pesquisando campanhas e movimentos ao redor do globo, a jornalista norte-americana Tina Rosenberg chegou à conclusão de que as pessoas apoiam uma causa não por ela ser correta, justa, ou porque aquilo parece o melhor a ser feito, mas sim por uma característica humana primitiva: a vontade de pertencer e ser aceito por um grupo. [...]

Partindo da lógica de que todos nós queremos viver em bandos, as causas que mais conseguem adeptos são aquelas que formam os grupos mais atraentes. "Elas oferecem às pessoas um novo e desejável clube a se juntar — na maioria das vezes, são grupos tão fortes e tão convincentes que a pessoa adota uma nova identidade por meio dele", diz Rosenberg.

[...]

A questão é que, muitas vezes, as pessoas restringem sua participação ao mundo virtual, seguindo o que [Malcolm] Gladwell chama de engajamento de ocasião: é fácil passar os olhos e dar um clique de apoio a um movimento sem, de fato, arregaçar as mangas. Das cerca de 50 mil pessoas que confirmaram no Facebook sua presença no Churrascão da Gente Diferenciada, em maio, 4 mil compareceram. O evento era um protesto contra o cancelamento das obras da estação Angélica do metrô de São Paulo (moradores eram contra, porque ela poderia trazer uma "gente diferenciada" a Higienópolis, bairro de alto padrão da capital paulista). "Não dá pra ser só guerrilheiro de teclados", diz Marcelo Marquesini, da Escola de Ativismo, em São Paulo, que ensina a organizar manifestações. "Boa parte da juventude brasileira perdeu o hábito de ir para as ruas de forma organizada e com estratégia."

Ninguém duvida do poder de disseminação da Web, mas ela deve servir como ferramenta para os protestos, que precisam se concretizar no mundo offline. Pois aí sim o efeito é multiplicado. [...] O próprio Churrascão da Gente Diferenciada, provavelmente, só teve uma boa repercussão, com aparição em jornais e TVs, porque migrou do Twitter para um encontro de verdade. Não se sabe o quanto o evento colaborou, mas os governantes decidiram construir a estação de metrô antes banida.

[...]

(Rafael Tonon e Marcelo Min. Revista *Galileu*, nº 247, p. 39-43.)

Danilo Verpa/Folhapress

Manifestação estudantil em São Paulo, em 2011.

Política não se curte

[...] as redes on-line incentivam os membros a expor seu lado militante. O mural (onde as mensagens são publicadas) do Facebook, por exemplo, é, como o próprio nome sugere, um ótimo lugar para "colar" cartazes e "estender" bandeiras ideológicas virtuais. Ali se faz proselitismo de vegetarianismo, de crenças religiosas, de posições políticas e de outras causas. Como não há botão de "Não curtir" no Facebook, resta discordar por meio de um comentário ou se calar. Alguns sociólogos acreditam que o contato involuntário com opiniões conflitantes nas redes on-line pode ter ao menos o efeito positivo de estimular a participação política dos cidadãos. Uma pesquisa com 3 500 jovens de 18 a 24 anos feita durante as primárias das eleições presidenciais americanas de 2008, contudo, mostrou que o interesse em compartilhar informações e comentários de cunho ideológico na internet não se estendia a atividades políticas convencionais, como votar. Nada é mais improdutivo do que usar o botão do mouse para discutir política com os amigos.

(Diogo Schelp. *Veja*, nº 2 255, p. 87.)

Planejamento do texto

Thinkstock/Getty Images

- Decida com os colegas e com o professor em que suporte os artigos de opinião irão circular. Vocês podem, por exemplo, publicá-los em um *blog* coletivo da sala ou em uma rede social, ou enviá-los a um fórum de debates na Internet. Se quiserem, poderão também expô-los para a escola toda, em um mural.
- Decidido o suporte, pense no perfil do seu leitor: você vai escrever para jovens como você e para adultos. A linguagem deve estar, portanto, adequada ao gênero e ao perfil desse público leitor.
- Anote as ideias e os argumentos dos textos lidos que podem ser úteis para fundamentar o ponto de vista que você pretende desenvolver.
- Pense em um enunciado (uma ou mais frases) que possa cumprir o papel de introduzir o texto e, ao mesmo tempo, expressar a ideia principal (a síntese de seu ponto de vista) que pretende defender e anote-o.
- Entre os argumentos que anotou, escolha aqueles que podem fundamentar de modo mais consistente a ideia principal do texto. Em vez de quantidade, dê preferência à qualidade e à profundidade dos argumentos. Se achar conveniente, acrescente novos argumentos.

- Pense na melhor forma de concluir seu texto: ou retomando o que foi exposto, ou confirmando a ideia principal, ou fazendo uma citação de algum escritor ou alguém importante na área relativa ao tema debatido.
- Dê ao texto um título que desperte a curiosidade do leitor.
- Lembre-se de que o artigo de opinião tem uma estrutura convencional e linguagem objetiva, de acordo com a norma-padrão.
- Se digitar o texto, formate-o em colunas. Faça as alterações necessárias e passe seu artigo de opinião para o suporte final.

Revisão e reescrita

Antes de fazer a versão final do seu artigo de opinião, releia-o, observando:

- se você se posiciona claramente sobre o tema;
- se o texto apresenta uma ideia principal que resume seu ponto de vista;
- se a ideia principal é fundamentada com argumentos claros e consistentes;
- se os argumentos são bem-desenvolvidos;
- se a conclusão retoma e confirma o ponto de vista defendido;
- se o título dado ao texto é, além de atraente, também coerente com as ideias desenvolvidas;
- se o texto como um todo é persuasivo;
- se a linguagem está de acordo com a norma-padrão da língua e com um grau de formalidade adequado ao público-alvo.

Flickr RF/Getty Images

LÍNGUA: USO E REFLEXÃO

CAPÍTULO 6

Formação de palavras

CONSTRUINDO O CONCEITO

Leia as tiras a seguir, de Bob Thaves:

Frank Ernest, Bob Thaves/ Universal Uclick

Frank Ernest, Bob Thaves © 2008 Thaves/Universal Uclick for UFS

1. O humor da primeira tira é construído a partir da oposição semântica entre as palavras *fundar* e *afundar*. Ambas as palavras apresentam a mesma origem latina (*fundus*, *fundare*), porém historicamente ganharam sentidos diferentes.

a) Que diferença de sentido há entre essas palavras?

b) Que elemento mórfico é responsável pela oposição de sentido entre as palavras?

2. A palavra *fundador*, empregada na primeira tira, apresenta o sufixo *-dor*. Compare essa palavra a estas outras: vendedor, elevador, catador, fiador, agitador.
Que sentido o sufixo *-dor* acrescenta ao radical de todas essas palavras?

3. O humor da segunda tira também está relacionado com o sentido e a origem das palavras.
   a) Que palavras, na visão do primeiro monge, estariam ligadas pelo mesmo radical?
   b) A que classes de palavras elas pertencem?
   c) Que substantivo deu origem à palavra *canonizar*?
   d) Que verbo poderia ser formado a partir da palavra *cano*?
   e) Sabendo que várias palavras da língua se formam pelo acréscimo do sufixo *-izar* a um nome (canal + -izar = canalizar; humano + -izar = humanizar; banal + -izar = banalizar), levante hipóteses: Qual foi o raciocínio do monge para chegar à conclusão de que *canonizar* seria "entrar pelo cano"?

4. Observe os elementos mórficos que compõem estas palavras:

fundador
afundar
canonizado
encanar
canalizar

Frank Ernest, Bob Thaves © 2008 Thaves/ Universal Uclick for UFS

Quais dessas palavras se formaram a partir do acréscimo:
   a) de apenas sufixo?
   b) de prefixo e sufixo?

CONCEITUANDO

Uma sociedade em permanente mudança, que cria a todo instante novas necessidades e novos objetos de consumo, precisa ter também uma linguagem dinâmica, que acompanhe as transformações.

Assim, sempre que for necessário um nome para designar uma ideia ou um objeto novo, o falante de uma língua poderá criar uma palavra a partir de elementos já existentes na língua, importar um termo de uma língua estrangeira ou alterar o significado de uma palavra antiga. Tais palavras são denominadas **neologismos**. Os avanços na área da informática nos últimos tempos, por exemplo, acabaram por incorporar à língua portuguesa inúmeros termos novos.

Há, na língua portuguesa, muitos processos pelos quais se formam palavras. Entre eles, os dois mais comuns são a *derivação* e a *composição*.

PROCESSOS DE FORMAÇÃO DE PALAVRAS

Derivação

Derivação é o processo pelo qual a partir de uma palavra se formam outras, por meio do acréscimo de elementos que lhe alteram o sentido primitivo ou lhe acrescentam um sentido novo.

A palavra assim formada chama-se *derivada*; a que lhe dá formação é denominada *primitiva*.

As palavras *contrapor*, *arvoredo*, *engarrafar* e *consumo*, por exemplo, originaram-se de outras já existentes na língua, ou seja, são derivadas.

Os processos de derivação são de vários tipos.

- **Derivação prefixal**: ocorre quando há acréscimo de um prefixo a um radical:

contrapor ⟶ *contra-* + *por*
(*contra-*: prefixo; *por*: radical)

- **Derivação sufixal:** ocorre quando há acréscimo de um sufixo a um radical:

arvoredo ⟶ *arvor* + *-edo*
radical sufixo

- **Derivação parassintética**: ocorre quando há acréscimo *simultâneo* de um prefixo e de um sufixo a um radical:

engarrafar ⟶ *en-* + *garraf* + *-ar*
prefixo radical sufixo

Animalzinho: grau diminutivo ou derivação sufixal?

As gramáticas tradicionais costumam classificar os diminutivos como um dos tipos de flexão (de grau) dos nomes, assim como as flexões de gênero e número.

Os linguistas, entretanto, criticam essa visão, pois entendem que em *animalzinho*, por exemplo, o emprego do sufixo *-zinho* forma uma nova palavra. Para eles, não se trata de flexão da palavra *animal*, e sim de uma nova palavra, derivada de *animal*. Logo, *animalzinho* seria um caso de derivação sufixal.

As formas parassintéticas são constituídas por substantivos e adjetivos e podem ser nominais, como *alinhamento*, *embarcação*, *desalmado*, e verbais, como *anoitecer*, *enraivecer*, *endurecer*.

Os prefixos que geralmente são empregados na formação de parassintéticos verbais são *es-*, *em-*, *a-*.

- **Derivação prefixal e sufixal**: ocorre quando há acréscimo *não simultâneo* de um prefixo e de um sufixo a um radical:

imperdoável ⟶ *im-* + *perdo* + *-ável*
prefixo radical sufixo

Observação

Atente para o fato de que a condição para a existência da parassíntese é a *simultaneidade* da anexação do prefixo e do sufixo ao radical. Se eliminarmos, por exemplo, qualquer um dos afixos da palavra *empobrecer*, o que resta não constitui palavra existente na língua:

em/pobrecer ⟶ pobrecer (forma inexistente)
empobr/ecer ⟶ empobr(e) (forma inexistente)

Entretanto, em *imperdoável* não ocorre parassíntese, pois existe *perdoável*.

- **Derivação regressiva**: ocorre quando há eliminação de elementos terminais (sufixos, desinências):

consumir ⟶ consumo

Os derivados regressivos são, em sua maioria, substantivos formados pela junção das vogais temáticas nominais *-a*, *-e*, *-o* ao radical de um verbo. Esses substantivos recebem o nome de *deverbais*. Observe:

sobrar ⟶ sobra

Alguns substantivos deverbais apresentam, simultaneamente, formas masculinas e femininas:

custar ⟶ custo/custa

- **Derivação imprópria**: ocorre quando há mudança de sentido e de classe gramatical:

Só compramos coisas *baratas* na feira.
adjetivo

Cara, a festa estava um tremendo *barato*.
substantivo

Composição

Leia esta tira, de Fernando Gonsales:

Fernando Gonsales

(Fernando Gonsales. *Níquel Náusea – Minha mulher é uma galinha*. São Paulo: Devir, 2008. p. 31.)

A palavra *Mulher-Gato*, empregada na tira, não é dicionarizada, pois se trata de um nome próprio e, ao mesmo tempo, um neologismo, criado para designar uma das personagens das histórias do super-herói Batman. Essa palavra é formada por dois radicais, *mulher* e *gat-*, que isoladamente têm significação própria.

O processo de formação de palavras resultante da união de dois radicais é denominado **composição**.

Conforme o modo como se dá a fusão dos elementos componentes, a composição ocorre por *justaposição* ou por *aglutinação*.

- **Composição por justaposição**: as palavras associadas conservam sua autonomia fonética, isto é, cada componente conserva seu acento tônico e seus fonemas:

pé-de-meia   passatempo

- **Composição por aglutinação**: as palavras associadas se fundem num todo fonético, e o primeiro componente perde alguns elementos, normalmente o acento tônico, vogais e consoantes:

planalto (plano + alto)   fidalgo (filho + de + algo)

Hibridismo

Inúmeros radicais gregos e latinos também participam da formação de palavras, como primeiro ou como segundo elemento da composição. Veja a composição destas palavras:

bis + avô > bisavô   crono- + -metro > cronômetro

bis: radical latino; crono-: radical grego; -metro: radical grego

As palavras formadas por elementos provenientes de línguas diferentes denominam-se **hibridismos**:

automóvel (grego + português)   burocracia (francês + grego)

Tu hablas portunhol?

Além dos processos clássicos de formação de palavras, há também neologismos formados a partir do cruzamento de vocábulos. É o que ocorre, por exemplo, em palavras como *chafé* (chá + café), *portunhol* (português + espanhol), *brasiguaio* (brasileiro + uruguaio).

EXERCÍCIOS

Os textos a seguir procuram responder à pergunta "Se desse para jogar uma pedra num buraco que atravessasse o planeta, o que aconteceria com ela?", feita pela revista *Mundo Estranho* a seus leitores. A resposta mais correta e a resposta mais criativa seriam publicadas na revista e seus autores ganhariam uma assinatura dela por um ano. Leia as respostas premiadas e a resposta do físico Cláudio Furukawa, da Universidade de São Paulo. Depois responda às questões de 1 a 3.

A mais criativa

É incrível, mas isso já aconteceu em 1961, quando um chinês que estava brincando achou um buraco e resolveu jogar uma pedra lá dentro. Naquele momento, em Londres, do outro lado do mundo, seis jovens amigos comemoravam com uma festa a formação de sua nova banda. O conjunto recém-nascido, porém, ainda não tinha nome. Após muito palpite e muita bebedeira, um deles percebeu a pedra rolando de um buraco no jardim e falou:

— Ei, Mick! Que tal Rolling Stones?

L. H. de C. (Campinas, SP)

Laerte Silvino

A mais correta

Ao jogarmos a pedra no buraco, ela é atraída pela gravidade em direção ao centro da Terra com grande aceleração e velocidade crescente. No máximo de rapidez, ela passa direto pelo centro da Terra em direção ao outro lado do buraco. Depois, como o centro continua atraindo o objeto, a pedra é desacelerada e perde velocidade. Quando a velocidade cair a zero, a rocha estará na outra extremidade do buraco, voltando a cair e reiniciando o processo no sentido inverso — ou, como diria Lulu Santos, "num indo e vindo infinito".

O. P. F. (São Paulo, SP)

[...] O físico Cláudio Furukawa, da Universidade de São Paulo (USP), completa: "Dentro da Terra, a força gravitacional que age sobre um objeto varia conforme o raio. Se a distância do centro do planeta diminui, a força gravitacional também cai, até chegar a zero no meio — mas a velocidade está em seu maior valor. Depois de passar pelo centro, o objeto é desacelerado porque volta a ser atraído, oscilando de um lado para outro como uma mola".

(*Mundo Estranho*, nº 22.)

1. Analise o processo de formação das seguintes palavras dos textos e depois responda ao que se pede.

palpite rapidez desacelerado
reiniciar incrível velocidade

a) A palavra *rapidez* formou-se por derivação sufixal. Qual das outras palavras se formou pelo mesmo processo?

b) Qual é, respectivamente, o radical das palavras *desacelerado* e *incrível*? Elas foram formadas por derivação parassintética ou por derivação prefixal e sufixal?

2. No texto correspondente à resposta mais correta, na frase de Lulu Santos citada, há duas palavras empregadas numa classe gramatical diferente daquela a que pertencem.

a) Que palavras são essas?

b) A que classe gramatical elas pertencem habitualmente?

c) Que alteração de classe gramatical elas sofreram?

d) Conclua: Que processo de derivação ocorreu nessa frase?

3. Empregando a derivação prefixal e sufixal ou a derivação parassintética, forme verbos a partir dos radicais das palavras abaixo. Depois indique o tipo de derivação empregado na formação de cada verbo.

a) pedra

b) centro

c) terra

d) jardim

e) buraco

Leia a primeira estrofe de um poema de Carlos Drummond de Andrade e responda às questões de 4 a 6.

Amar-amaro

por que amou por que a!mou
se sabia
p r o i b i d o   p a s s e a r   s e n t i m e n t o s
ternos ou sopɐɹədsəsəp
nesse museu do pardo indiferente
me diga: mas por que
amar sofrer talvez como se morre
de varíola voluntária vágula ev
idente?
[...]

(*Reunião*. 10. ed. Rio de Janeiro: José Olympio, 1980. p. 259.)

Filipe Rocha

4. Em relação ao título "Amar-amaro", responda: Qual é a classe morfológica da palavra *amaro* e qual é seu sentido no poema?

5. A palavra *amar* normalmente é verbo, mas pode ser também substantivo. Neste último caso, é derivada pelo processo de derivação imprópria. Levante hipóteses: Qual é a provável classificação morfológica e o sentido da palavra *amar* no título do poema?

6. Tendo em vista o sentido de *amar* e *amaro*, responda:

a) Pode-se dizer que a palavra *amaro* é formada a partir do mesmo radical que a palavra *amar*? Justifique sua resposta.

b) Que efeito de sentido é criado pela palavra composta *amar-amaro*?

Onomatopeia

Leia esta tira, de Nik:

(*Gaturro*. Cotia-SP: Vergara e Riba, 2008. nº 1, p. 34.)

As palavras empregadas nos três primeiros quadrinhos são onomatopeias.

> **Onomatopeias** são palavras criadas com a finalidade de imitar sons e ruídos produzidos por armas de fogo, sinos, campainhas, veículos, instrumentos musicais, vozes de animais, etc. São onomatopeias: *fru-fru, pingue-pongue, zum-zum* (substantivos), *ciciar, tilintar, cacarejar, ronronar* (verbos), *pá!, pow!, zás-trás!* (interjeições).

Redução

Um dos processos de formação de palavras consiste em reduzi-las com o objetivo de economizar tempo e espaço na comunicação falada e escrita. São tipos especiais de redução as *siglas*, as *abreviações* e as *abreviaturas*.

- **Siglas**: são empregadas principalmente como redução de nomes de empresas, firmas, organizações internacionais, partidos políticos, serviços públicos, associações estudantis e recreativas:

IBOPE (Instituto Brasileiro de Opinião Pública e Estatística)

Às vezes, as siglas provêm de outras línguas:

CD — *compact disc*
AIDS — *acquired immunological deficiency syndrome*

OBSERVAÇÃO

A sigla pode funcionar como palavra primitiva, tornando-se capaz, portanto, de formar derivados: *petista, peemedebista, aidético*, etc.

- **Abreviações:** consistem na redução de palavras até limites que não comprometam sua compreensão. Por exemplo: *moto* (motocicleta), *metrô* (metropolitano), *ônibus* (auto-ônibus), *foto* (fotografia), *quilo* (quilograma).
- **Abreviaturas**: consistem na redução principalmente de nomes científicos e gramaticais, de Estados e territórios, profissões, pronomes de tratamento:

PB (Paraíba)   av. (avenida)

Eu vou de refri!

Algumas palavras sofrem um processo de redução chamado *truncamento*. Essa redução ocorre quando há perda de fonemas no final da palavra, como é o caso, por exemplo, de *portuga* (português), *Maraca* (Maracanã), *estranja* (estrangeiro), *refri* (refrigerante).

EMPRÉSTIMOS E GÍRIAS

Além dos processos de formação de palavras, outros meios de enriquecimento vocabular muito explorados são os *empréstimos* e as *gírias*.

- **Empréstimos**: são palavras estrangeiras que entram na língua em consequência de contatos entre os povos. Alguns desses empréstimos se aportuguesam, como ocorreu, por exemplo, com *iogurte* (do turco *yoghurt*), *chisbúrguer* (do inglês *cheeseburger*), *chique* (do francês *chic*); outros mantêm sua grafia original, como, por exemplo, *apartheid, diesel, shopping center, outdoor* e *office boy* (do inglês), *telex, bon vivant* e *belle époque* (do francês).

Qual é a "língua da gente"?

A norma-padrão recomenda o emprego de estrangeirismos (palavras estrangeiras) só quando necessário, ou seja, quando não houver na língua portuguesa uma palavra correspondente ou aportuguesada. Assim, deve-se empregar *fim de semana*, em vez de *weekend* (do inglês), e *encenação*, em vez de *mise-en-scène* (do francês), que são palavras portuguesas correspondentes às estrangeiras. E devem-se empregar também formas aportuguesadas, como *abajur, xampu, recorde*, em vez de *abat-jour, shampoo, record*.

O estrangeirismo procedente do inglês é chamado *anglicismo*; o do francês, *galicismo*; o do espanhol, *espanholismo*, etc.

Os estrangeirismos já foram alvo de grandes polêmicas, dividindo os que consideram os empréstimos uma agressão à soberania da língua nacional e aqueles que veem o fenômeno como típico da evolução natural de qualquer idioma.

Observe na tira abaixo como o uso frequente de anglicismos por toda a população e o fato de eles serem incorporados naturalmente e com grande facilidade à linguagem cotidiana são explorados para criar humor.

Joaquín Salvador Lavado (Quino). Toda Mafalda, Ediciones De La Flor, 1993.

(Quino. *Toda a Mafalda*. São Paulo: Martins Fontes.)

• **Gírias**: são palavras ou expressões de criação popular que nascem em determinados grupos sociais ou profissionais e que, às vezes, por sua expressividade, acabam se estendendo à linguagem de todas as camadas sociais. Uma das características dessa variedade linguística é seu caráter passageiro; algumas não chegam a durar mais do que alguns meses.

Gíria dos skatistas

Baba-egg: pessoa muito bajuladora, tipo puxa-saco.
Chupar uma manguita: se dar mal, cair.
É novas: todo mundo já sabe.
Madonna: manobra radical.
Morcegar: andar de skate à noite.
Pleiba: rico que anda de skate.
Radical: no skate, tudo é radical. Pode ser usado como bom e ruim. Por exemplo: uma manobra radical e uma garota radical de feia.
Tá na *hands*: está tudo certo.
Tem jeito?: tudo bem?

(Marcelo Duarte. *O guia dos curiosos*. 3. ed., atualizada. São Paulo: Panda Books, 2005. p. 564.)

Thinkstock/Getty Images

EXERCÍCIOS

Leia a tirinha:

Moisés Gonçalves

(www.seventouch.com/2009/11/o-la-cidadaos-trago-uma-tirinha-que.html)

1. O humor da tira é construído a partir da contraposição dos sentidos de duas palavras. Quais são essas palavras?

2. Sabendo que *téo*, *demo* e *cracia* são radicais gregos, responda:

a) Qual é o processo de formação das palavras cujos sentidos são contrapostos na tira?

b) Qual é o sentido dos radicais *téo*, *demo* e *cracia*? Se necessário, consulte o dicionário.

c) Logo, a definição dada pelo garoto à palavra *teocracia* está correta?

3. Ao atribuir um possível sentido à palavra *democracia*, o garoto levou em conta um processo de formação de palavras. A palavra *demo*, quando empregada sozinha, pode ter os seguintes significados:

1 espírito maligno; demônio, diabo
Derivação: por extensão de sentido.
2 pessoa de índole maldosa, cruel
Ex.: *aquele assassino é o d.*
Derivação: sentido figurado.
3 indivíduo que age com esperteza, ardil, sagacidade
Derivação: sentido figurado.
4 pessoa de comportamento inquieto, turbulento

(*Dicionário eletrônico Houaiss da língua portuguesa 1.0*)

Conclua:

a) Qual é o sentido habitual da palavra *democracia*?

b) Qual foi o sentido provavelmente atribuído pelo garoto ao radical *demo*?

c) Por que motivo o garoto teria ficado preocupado, segundo ele afirma?

Leia a tira a seguir, de Angeli, e responda às questões 4 e 5:

Angeli

4. Os dois primeiros quadrinhos são inteiramente construídos com base na função fática da linguagem, pois neles não há um assunto específico sobre o qual as personagens conversam.

a) Se não há um assunto, que papel as falas das personagens cumprem?

b) Identifique na tira três gírias e dê o significado de cada uma, de acordo com o contexto.

5. Sabendo que Tantra, a personagem de calça verde e blusa branca, é apaixonada por Orelha e que esse sentimento não é correspondido, levante hipóteses: Por que a conversa não se desenvolve mais?

PROCESSOS DE FORMAÇÃO DE PALAVRAS NA CONSTRUÇÃO DO TEXTO

Leia, a seguir, a letra de uma canção de Zeca Baleiro. Se possível, ouça a canção, disponível na Internet.

Samba do approach

Venha provar meu brunch
Saiba que eu tenho approach
Na hora do lunch
Eu ando de ferryboat...

Eu tenho savoir-faire
Meu temperamento é light
Minha casa é hi-tech
Toda hora rola um insight
Já fui fã do Jethro Tull
Hoje me amarro no Slash
Minha vida agora é cool
Meu passado é que foi trash...

Marcelo Cortes/Fotoarena

[...]

Fica ligado no link
Que eu vou confessar my love
Depois do décimo drink
Só um bom e velho engov
Eu tirei o meu green card
E fui pra Miami Beach
Posso não ser pop-star
Mas já sou um noveau-riche...

[...]

Eu tenho sex-appeal
Saca só meu background
Veloz como Damon Hill
Tenaz como Fittipaldi
Não dispenso um happy end
Quero jogar no dream team
De dia um macho man
E de noite, drag queen...

Venha provar meu brunch
Saiba que eu tenho approach
Na hora do lunch
Eu ando de ferryboat...

(Disponível em: http://letras.terra.com.br/zeca-baleiro/43674/. Acesso em: 20/4/2012.)

Em cada verso da canção há uma palavra estrangeira. Algumas delas já foram incorporadas à língua portuguesa e podem ser consideradas neologismos ou estrangeirismos. Em grupo, troque ideias com os colegas sobre o assunto e façam o que é pedido.

1. Montem uma tabela, distribuindo em colunas as palavras estrangeiras utilizadas na canção, o significado que elas têm e frases em que poderiam ser empregadas. Observem, como exemplo, a palavra *light*:

Palavra	Significado	Exemplo de emprego
light	leve, sem gordura	Só como alimentos *light*.

2. Discutam e levantem hipóteses:
   a) Que efeito de sentido o autor da canção pretende construir ao utilizar tantas palavras e expressões em inglês?
   b) Que explicação pode ser dada para o uso tão frequente de palavras como essas e a sua rápida incorporação ao vocabulário dos usuários da língua portuguesa no Brasil?

3. Alguns estudiosos da língua portuguesa condenam o uso de estrangeirismos, enquanto outros o veem como inevitável. Qual é a opinião do grupo sobre esse uso?

Para que servem os processos de formação de palavras?

Independentemente de o falante de uma língua ter ou não conhecimento deles, os processos de formação de palavras existem e são responsáveis pela criação e incorporação de novas palavras à língua.

Num mundo em constante transformação, com objetos e conceitos que surgem a cada dia no campo da tecnologia e da ciência, a língua igualmente se transforma, se recria constantemente, adaptando-se às novas necessidades de comunicação.

Se você fosse inventor, que nome daria, por exemplo, a uma máquina que fosse capaz de trocar lâmpadas sozinha?

Conhecer os processos de formação de palavras nos habilita a utilizá-los de forma mais eficiente e criativa.

SEMÂNTICA E DISCURSO

O anúncio a seguir divulga um programa de uma rede de televisão cujo público-alvo são os jovens. Leia-o.

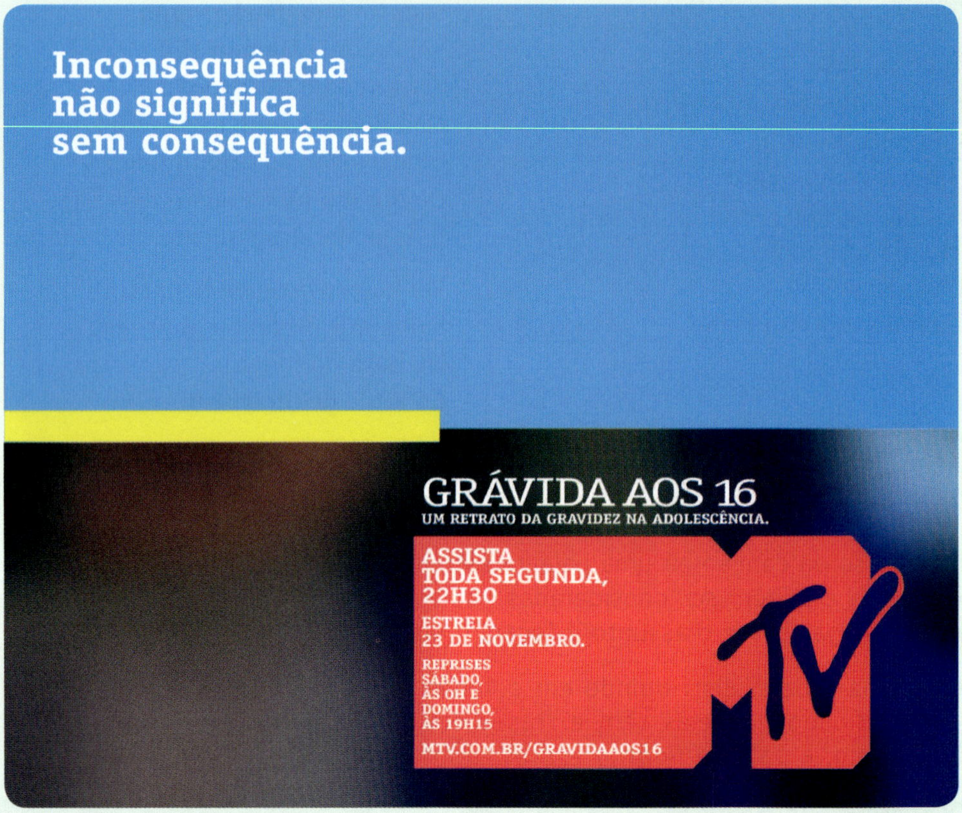

(Disponível em: http://old.propmark.com.br/publique/media/07MTV02.jpg. Acesso em: 20/4/2012.)

1. O enunciado "Inconsequência não significa sem consequência", no alto do anúncio, faz uma alusão ao significado do prefixo *in*.

a) Qual é o processo de formação da palavra *inconsequência*?

b) Observe as palavras abaixo e seus significados:

indecisão: falta de decisão
impossibilidade: falta de possibilidade
inconveniência: falta de conveniência

Qual é o sentido do prefixo *in/im* nessas palavras?

c) Considerando o sentido do prefixo *in*, qual é o sentido da palavra *inconsequência*, no anúncio?

2. Releia o anúncio.

a) Que programa de TV é divulgado pelo anúncio? Sobre o que ele trata?

b) Que relação pode ser estabelecida entre o assunto de que trata o programa e o termo *inconsequência*?

3. Os termos *inconsequência* e *consequência* fazem, no anúncio, referência a elementos distintos.

a) A que ou a quem o termo *inconsequência* faz referência?

b) A que ou a quem o termo *consequência* faz referência?

4. Com base no estudo realizado, conclua: Qual é o sentido do enunciado "Inconsequência não significa sem consequência", no anúncio?

Museu Antônio Parreiras, Niterói

Julgamento de Felipe dos Santos (1923), por Antônio Parreiras.

CAPÍTULO 7

O Arcadismo no Brasil

O Arcadismo no Brasil reflete a condição do intelectual brasileiro no século XVIII: de um lado, recebia as influências da literatura e das ideias iluministas vindas da Europa; de outro, interessava-se pelas coisas da terra e alimentava sonhos de liberdade política, dando forma e expressão a um sentimento nativista.

O Arcadismo brasileiro originou-se e teve expressão principalmente em Vila Rica (hoje Ouro Preto), Minas Gerais, e seu aparecimento teve relação direta com o grande crescimento urbano verificado no século XVIII nas cidades mineiras, cuja vida econômica girava em torno da extração de ouro.

O crescimento dessas cidades favorecia tanto a divulgação de ideias políticas quanto o florescimento da literatura. Os jovens brasileiros das camadas privilegiadas da sociedade costumavam ser mandados a Coimbra para estudar, uma vez que na colônia não havia cursos superiores. E, ao retornarem de Portugal, traziam consigo as ideias que faziam fermentar a vida cultural portuguesa à época das inovações políticas e culturais do ministro Marquês de Pombal, adepto de algumas ideias do Iluminismo.

Em Vila Rica, essas ideias levaram vários intelectuais e escritores a sonhar com a independência do Brasil, principalmente após a repercussão do movimento de independência dos Estados Unidos da América (1776). Tais sonhos culminaram na frustrada Inconfidência Mineira (1789).

ARCADISMO NA COLÔNIA: ENTRE O LOCAL E O UNIVERSAL

Os escritores brasileiros do século XVIII comportavam-se em relação ao Arcadismo importado de Portugal de modo peculiar. Por um lado, procuravam obedecer aos princípios estabelecidos pelas academias literárias portuguesas ou se inspiravam em certos escritores clássicos consagrados, como Camões, Petrarca e Horácio, ao mesmo tempo que, visando elevar a literatura da colônia ao nível das literaturas europeias e conferir a ela maior universalidade, tentavam eliminar vestígios pessoais ou locais.

Por outro lado, porém, acabaram por apresentar em suas obras aspectos diferentes dos prescritos pelo modelo importado. A natureza, por exemplo, aparece na poesia de Cláudio Manuel da Costa como mais bruta e selvagem do que na poesia europeia; o mito do "homem natural" culminou, entre nós, na figura do índio, presente nas obras de Basílio da Gama e Santa Rita Durão; a expressão dos sentimentos, em Tomás Antônio Gonzaga e Silva Alvarenga, é mais espontânea e menos convencional. Esses aspectos característicos da poesia árcade nacional foram mais tarde recuperados e aprofundados pelo Romantismo, movimento que buscou definir uma identidade nacional em nossa literatura.

Além dessa espécie de adaptação do modelo europeu a peculiaridades locais, não se pode esquecer a forte influência barroca exercida no Brasil ainda durante o século XVIII. Muitas das igrejas de Ouro Preto, por exemplo, só tiveram sua construção concluída quando o Arcadismo já vigorava na literatura.

Entre os autores árcades brasileiros, destacam-se:

- **na lírica**: Cláudio Manuel da Costa, Tomás Antônio Gonzaga e Silva Alvarenga;
- **na épica**: Basílio da Gama, Santa Rita Durão e Cláudio Manuel da Costa;
- **na sátira**: Tomás Antônio Gonzaga;
- **na encomiástica**: Silva Alvarenga e Alvarenga Peixoto.

A poesia laudatória ou encomiástica, gênero poético que faz a exaltação de uma pessoa, foi muito praticada no século XVIII e serviu de veículo a ideias políticas relacionadas ao Iluminismo.

A primeira obra árcade publicada no Brasil é *Obras poéticas*, de Cláudio Manuel da Costa, em 1768.

OS ÁRCADES E A INCONFIDÊNCIA

Os escritores árcades mineiros tiveram participação direta no movimento da Inconfidência Mineira. Chegados de Coimbra com ideias enciclopedistas e influenciados pela independência dos EUA, eles não apenas se somaram aos revoltosos contra a exploração praticada pelo erário régio, que confiscava a maior parte do ouro extraído na colônia, mas também ajudaram a divulgar os sonhos de um Brasil independente e contribuíram para a organização do grupo inconfidente. Esses escritores eram Tomás Antônio Gonzaga, Alvarenga Peixoto e Cláudio Manuel da Costa.

Do grupo dos inconfidentes, apenas um homem não tinha a mesma formação intelectual dos demais nem era escritor: o alferes Joaquim José da Silva Xavier, o Tiradentes (alcunha que recebeu por ser dentista prático), maçom e simpatizante dos ideais iluministas.

Com a traição de Joaquim Silvério dos Reis, que devia vultosas somas ao governo português, o grupo foi preso. Todos, com exceção de Tiradentes, negaram ter participação no movimento. Cláudio Manuel da Costa, segundo versão oficial, teria se suicidado na prisão antes do julgamento.

No julgamento, vários inconfidentes, entre eles Tiradentes e Alvarenga Peixoto, foram condenados à morte por enforcamento. Tomás Antônio Gonzaga e outros foram condenados ao exílio temporário ou perpétuo. Tiradentes assumiu para si a responsabilidade da liderança do grupo.

No dia 20 de abril de 1792, foi comutada a pena de todos os participantes do movimento, menos a de Tiradentes, enforcado no dia seguinte. Seu corpo foi esquartejado, e as partes, expostas por Vila Rica; seus bens, confiscados; sua família, amaldiçoada por quatro gerações; e o chão de sua casa foi salgado para que nele nenhuma planta voltasse a nascer.

Chica da Silva: a escrava que virou rainha

No século XVIII, em Minas Gerais, em meio à febre da exploração do ouro e dos diamantes, ocorre uma curiosa história de amor. O rico contratador de diamantes João Fernandes apaixona-se pela escrava Chica da Silva e se curva aos seus mais insólitos desejos, como, por exemplo, o de construir um grande barco para que ela navegasse numa lagoa, já que não poderia fazê-lo no mar.

As relações entre o contratador e a negra escandalizavam a aristocracia local, dando margem à implacável perseguição política movida pelo Conde de Valadares contra João Fernandes, que foi obrigado a regressar a Portugal, deixando Chica no Brasil.

Xica da Silva. Direção: Carlos Diegues. 1976/ EVERETT COLLECTION/GRUPO KEYSTONE

Cena do filme *Xica da Silva.*

Essa história já foi contada no cinema por Cacá Diegues, no filme *Xica da Silva* (1976), em música de Jorge Benjor e na televisão, em novela com roteiro de Walcyr Carrasco.

CLÁUDIO MANUEL DA COSTA: A CONSCIÊNCIA ÁRCADE

Cláudio Manuel da Costa (1729-1789), também conhecido pelo pseudônimo pastoral de Glauceste Satúrnio, nasceu em Mariana, Minas Gerais. Depois de estudar no Brasil com os jesuítas, completou seus estudos em Coimbra, onde se formou advogado. Em Portugal, tomou contato com as renovações da cultura portuguesa empreendidas por Pombal e Verney e também com os novos procedimentos literários adotados pela Arcádia Lusitana.

De volta ao Brasil, Cláudio Manuel da Costa trabalhou em Vila Rica como advogado e administrador. Sua carreira de escritor teve início com a publicação de *Obras poéticas*. Em 1789, foi acusado de envolvimento na Inconfidência Mineira. Encontrado morto na prisão, a alegação oficial para sua morte foi a de suicídio.

Suicídio ou assassinato?

Oficialmente a história registrou a morte de Cláudio Manuel da Costa como suicídio por enforcamento. Segundo alguns, o poeta não teria resistido ao sentimento de culpa, uma vez que havia delatado, sob tortura, os participantes da conjuração. Contudo, essa versão vem sendo contestada. Conta-se em Ouro Preto que várias igrejas badalaram os sinos quando da morte do poeta. Como, por tradição, a Igreja não toca sinos a suicidas, esse fato pode ser indício de que houve assassinato e não suicídio.

Rubens Chaves/Pulsar Imagens

Casa dos Contos, em Ouro Preto, onde morreu o poeta.

Com ampla formação cultural, Cláudio liderou o grupo de escritores árcades mineiros e soube dar continuidade, apesar das limitações da colônia, à tradição de poetas clássicos. Seus sonetos apresentam notável afinidade com a lírica de Camões.

Em virtude dessas ligações com a tradição clássica, sua obra foi a que melhor se ajustou aos padrões do Arcadismo europeu. Porém, ainda é possível observar influências do Barroco em alguns de seus textos. Observe:

Já rompe, Nise, a matutina aurora
O negro manto, com que a noite escura,
Sufocando do Sol a face pura,
Tinha escondido a chama brilhadora.

Observe que o poema apresenta inversões (na ordem direta teríamos: Nise, a matutina aurora já rompe o negro manto com que a noite escura tinha escondido a chama brilhadora, sufocando a face pura do Sol) e figuração ("negro manto" para noite e "chama brilhadora" para Sol) tipicamente barrocas. Esses traços demonstram haver em alguns poemas de Cláudio Manuel da Costa resquícios do Barroco, apesar de ele ser o introdutor do Arcadismo no Brasil.

O autor cultivou a poesia lírica e a épica. Na **lírica**, tem destaque o tema da desilusão amorosa. A situação mais comum observada em seus sonetos é Glauceste, o eu lírico pastor, lamentar-se em razão de não ser correspondido por sua musa inspiradora, Nise, ou então por se encontrar num lugar de grande beleza natural sem a companhia da mulher amada.

Galeria Jacques Ardies

: *Ouro Preto sob o luar* (2006), de Lucia Buccini.

Nise é uma personagem fictícia incorpórea, presente apenas pela citação nominal. Não se manifesta na relação amorosa, não é descrita fisicamente, nem dá nenhuma demonstração de correspondência às invocações do eu lírico. Apenas representa o ideal da mulher amada inalcançável – nítido traço de reaproveitamento do neoplatonismo renascentista.

Na **épica**, Cláudio Manuel da Costa escreveu o poema *Vila Rica,* inspirado nas epopeias clássicas, que trata da penetração bandeirante, da descoberta das minas, da fundação de Vila Rica e de revoltas locais. Hoje, no conjunto da obra do autor, esse poema possui um valor menor do que a lírica, apesar de sua importância histórica. Eis alguns de seus versos:

Enfim serás cantada, Vila Rica,
Teu nome alegre notícia, e já clamava;
Viva o senado! viva! repetia
Itamonte, que ao longe o eco ouvia.

Têm espaço na poesia de Cláudio Manuel da Costa também elementos da paisagem local: o ribeirão do Carmo, rio que corta a região; os vaqueiros, em lugar de pastores gregos; as montanhas e os vales; e as constantes referências às penhas, pedras que sugerem o ambiente agreste e rústico de Minas Gerais. Veja:

Destes penhascos fez a natureza
O berço, em que nasci: oh quem cuidara,
Que entre penhas tão duras se criara
Uma alma terna, um peito sem dureza.

LEITURA

Leia o poema que segue, de Cláudio Manuel da Costa, e responda às questões propostas.

Que inflexível se mostra, que constante
Se vê este penhasco! já ferido
Do proceloso vento e já batido
Do mar, que nele quebra a cada instante!

Não vi; nem hei de ver mais semelhante,
Retrato dessa ingrata, a que o gemido
Jamais pode fazer que, enternecido,
Seu peito atenda às queixas de um amante.

Tal és, ingrata Nise: a rebeldia,
Que vês nesse penhasco, essa dureza
Há de ceder aos golpes algum dia:

Mas que diversa é tua natureza!
Dos contínuos excessos da porfia,
Recobras novo estímulo à fereza.

(In: Luiz Roncari. *Literatura brasileira – Dos primeiros cronistas aos últimos românticos*. 2. ed. São Paulo: Edusp/FDE, 1995. p. 237-8.)

Thinkstock/Getty Images

fereza: crueldade.
porfia: insistência, tenacidade, disputa.
proceloso: agitado, tempestuoso.

1. O soneto é construído a partir de relações de semelhança entre a paisagem observada pelo eu lírico e as atitudes da mulher amada. No primeiro quarteto:

a) Como é caracterizada a natureza? Trata-se de uma paisagem amena, de acordo com a tradição árcade, ou uma paisagem hostil, desarmônica?

b) Qual elemento dessa paisagem é caracterizado como "inflexível", "constante"?

Na natureza selvagem e os temas árcades

O filme *Na natureza selvagem* (2007), de Sean Penn, retoma, em pleno século XXI, os ideais árcades de *fugere urbem* e *aurea mediocritas*. Baseado na obra de Jon Krakauer, o filme conta a história verídica de um jovem de classe média que, ao terminar a universidade, abandona tudo e põe o pé na estrada para concretizar seu sonho: viver sozinho no Alasca, longe de todas as preocupações que marcam a civilização: dinheiro, trabalho, poluição, casamento, etc. E você, teria coragem de fazer o mesmo?

Surpreenda-se com as imagens e com o inesperado final desse filme, vencedor de dois Oscars.

Cena do filme *Na natureza selvagem*.

Direção: Sean Penn. 2007/Paramount Vantage/ River Road Films/Art Linson Productions/Latinstock

2. No segundo quarteto, o eu lírico faz uma analogia entre a natureza e o comportamento feminino.

a) Pela perspectiva do eu lírico, a quem se assemelha o rochedo?

b) Que ações do eu lírico em relação à amada correspondem às ações do vento e do mar contra o rochedo?

c) Em que aspecto a amada se assemelha ao rochedo?

3. Nos tercetos, o eu lírico nomeia a mulher amada e continua a fazer uma analogia entre ela e a paisagem natural.

a) No primeiro terceto, que constatação do eu lírico reacende sua esperança de conseguir a atenção de Nise?

b) Essa esperança se mantém no último terceto?

4. O poema, apesar de apresentar uma paisagem hostil e desarmônica, marcada pela influência barroca, é representativo do Arcadismo. Aponte nele elementos da estética árcade.

TOMÁS ANTÔNIO GONZAGA: A RENOVAÇÃO ÁRCADE

O mais popular dos poetas árcades mineiros é Tomás Antônio Gonzaga (1744-1810). Sua obra ainda hoje é lida com interesse.

Nascido no Porto, em Portugal, veio ainda menino com a família para a Bahia, onde viveu e estudou até a juventude. Posteriormente, fez o curso de Direito em Coimbra e, como Cláudio Manuel da Costa, lá estabeleceu contato com as ideias iluministas e árcades, tendo chegado a escrever uma obra filosófica em homenagem ao Marquês de Pombal: *Tratado de Direito Natural*.

Voltando ao Brasil, passou a viver em Vila Rica, onde exerceu a função de ouvidor. Iniciou ali sua atividade literária e sua relação amorosa com Maria Doroteia de Seixas, uma jovem então com 16 anos, cantada em seus versos com o pseudônimo de Marília.

Em 1789, acusado de participar da Inconfidência, Gonzaga foi preso e mandado ao Rio de Janeiro, onde ficou encarcerado até 1792, quando foi exilado para Moçambique. Apesar dos sofrimentos passados na prisão, Gonzaga levou na África uma vida relativamente tranquila. Ali se casou, enriqueceu e ainda se envolveu com a política local.

Quando a vida vira arte

A poesia de Tomás Antônio Gonzaga, se comparada à dos demais poetas árcades brasileiros, apresenta algumas inovações que apontam para uma transição entre Arcadismo e Romantismo.

Incorporando muito de sua experiência pessoal à poesia, escrita antes e durante a prisão, Gonzaga conseguiu quebrar em grande parte a rigidez dos princípios árcades. Por exemplo, em contraposição à contenção dos sentimentos, sua poesia é mais emotiva e espontânea. Sua Marília, em vez de se apresentar como uma mulher irreal, como a Nise de Cláudio Manuel da Costa, mostra-se mais humana, próxima e real. Observe esta descrição do rosto de Marília:

Na sua face mimosa,
Marília, estão misturadas
purpúreas folhas de rosa,
brancas folhas de jasmim.

Dos rubins mais preciosos
os seus beiços são formados;
os seus dentes delicados
são pedaços de marfim.

Acervo Iconographia

Os temas árcades do distanciamento da mulher amada e do sofrimento dele decorrente não são, no caso de Gonzaga, meros temas clássicos convencionais, mas assumem feição de pura verdade, uma vez que muitos dos seus poemas o poeta escreveu quando se encontrava preso. Veja os versos ao lado.

Estou no inferno, estou, Marília bela;
e numa coisa só é mais humana
a minha dura estrela;
uns não podem mover do inferno os passos;
eu pretendo voar e voar cedo
à glória dos teus braços.

Essas experiências dão à obra de Gonzaga maior subjetividade, espontaneidade e emotividade – traços que foram aprofundados pelo movimento literário subsequente, o Romantismo.

Gonzaga cultivou a poesia lírica, reunida na obra *Marília de Dirceu*, e a poesia satírica, reunida nas *Cartas chilenas*.

A poesia lírica: *Marília de Dirceu*

A poesia lírica é a parte mais conhecida da produção literária de Tomás Antônio Gonzaga. São popularmente conhecidos, principalmente na região de Minas Gerais, os amores entre Dirceu (pseudônimo pastoral de Gonzaga) e Marília. Até mesmo na literatura de cordel esse tema já foi explorado.

LEITURA

Leia o texto que segue, de Tomás Antônio Gonzaga, e responda às questões propostas.

Lira 77

Eu, Marília, não fui nenhum vaqueiro
fui honrado pastor da tua aldeia;
vestia finas lãs e tinha sempre
a minha choça do preciso cheia.
Tiraram-me o casal e o manso gado,
nem tenho a que me encoste um só cajado.

Para ter que te dar, é que eu queria
de mor rebanho ainda ser o dono;
prezava o teu semblante, os teus cabelos
ainda muito mais que um grande trono.
Agora que te oferte já não vejo,
além de um puro amor, de um são desejo.

Se o rio levantado me causava,
levando a sementeira, prejuízo,
eu alegre ficava, apenas via
na tua breve boca um ar de riso.
Tudo agora perdi; nem tenho o gosto
de ver-te ao menos compassivo o rosto.

....

Ludwig Adrian Richter. Shepherd and Shepherdess in a German landscape. 1844/The Bridgeman Art Library/Glow Images/Kunstmuseum, Dusseldorf, Germany

Pastores numa paisagem alemã (1844), de Ludwig A. Richter.

Ah! minha bela, se a fortuna volta,
Se o bem, que já perdi, alcanço e provo
por essas brancas mãos, por essas faces
te juro renascer um homem novo,
romper a nuvem que os meus olhos cerra,
amar no céu a Jove e a ti na terra!

....

Se não tivermos lãs e peles finas,
podem mui bem cobrir as carnes nossas
as peles dos cordeiros mal curtidas,
e os panos feitos com as lãs mais grossas.
Mas ao menos será o teu vestido
Por mãos de amor, por minhas mãos cosido

....

Nas noites de serão nos sentaremos
cos filhos, se os tivermos, à fogueira:
entre as falsas histórias, que contares,
lhes contarás a minha, verdadeira.
Pasmados te ouvirão; eu, entretanto,
ainda o rosto banharei de pranto.

Quando passarmos juntos pela rua,
nos mostrarão co dedo os mais pastores,
dizendo uns para os outros: — Olha os nossos
exemplos de desgraça e sãos amores.
Contentes viveremos desta sorte,
até que chegue a um dos dois a morte.

(In: Antonio Candido e José A. Castello. *Presença da literatura brasileira*. São Paulo: Difel, 1976. v. 1, p. 165-6.)

Ludwig Adrian Richter. Shepherd and Shepherdess in a German landscape. 1844/The Bridgeman Art Library/Glow Images/Kunstmuseum, Dusseldorf, Germany

casal: sítio, pequena propriedade rural.
choça: habitação humilde.
cosido: costurado.
Jove: pai dos deuses na mitologia romana, conhecido também como Júpiter.

1. O poema pode ser dividido em duas partes: a primeira trata de uma experiência real, vivida no passado ou no presente; a segunda envolve os planos para o futuro.

a) Identifique as estrofes que compõem cada uma das partes.

b) Que tipo de vida levava o eu lírico, na primeira parte? Como se sentia?

c) Que tipo de vida idealiza, na segunda parte?

2. O poema, apesar de apresentar traços diferentes dos prescritos pela orientação árcade, está ligado a essa tradição. Retire do texto exemplos de bucolismo, pastoralismo, *aurea mediocritas* e elementos da cultura greco-latina.

3. O movimento do Arcadismo veicula valores e ideias da classe que o produz e o consome: a burguesia.

a) Destaque do poema os versos relativos a duas situações em que fica clara a preocupação econômica e material do pastor Dirceu, indício da ideologia burguesa.

b) Destaque das duas últimas estrofes valores próprios da moral burguesa da época.

A poesia satírica: *Cartas chilenas*

As *Cartas chilenas* são um poema satírico, incompleto, que circulou em partes pela cidade de Vila Rica em 1787-1788. Depois da Inconfidência Mineira, essas cartas nunca mais apareceram pela cidade, o que fez supor que os seus autores ou o seu autor fosse um dos poetas árcades presos: Cláudio Manuel da Costa, Tomás Antônio Gonzaga ou Alvarenga Peixoto. Estudos estilísticos feitos no século XX pelo especialista português Rodrigues Lapa atribuíram a autoria delas a Tomás Antônio Gonzaga.

A omissão da autoria nas *Cartas chilenas* decorre do risco resultante de seu conteúdo: elas satirizavam os desmandos administrativos e morais de Luís da Cunha Meneses, que governou a capitania de Minas entre 1783 e 1788.

A obra é um jogo de disfarces: *Fanfarrão Minésio* é o pseudônimo do governador; *chilenas* equivale a *mineiras*; *Santiago*, de onde são assinadas, equivale a *Vila Rica*. O autor das cartas é identificado como *Critilo*, e seu destinatário, como *Doroteu*.

As *Cartas chilenas* são a principal expressão satírica da literatura colonial do século XVIII. Trilhando os caminhos abertos por Gregório de Matos, Gonzaga dá continuidade à irregular tradição satírica de nossa literatura, ao mesmo tempo que oferece à historiografia um rico painel social e político daqueles dois anos que precederam a Inconfidência Mineira.

Embora a crítica do poema tenha como alvo apenas o governador e seus assessores, e não o colonialismo português, fica clara a fragilidade da estrutura política colonial e os abusos de poder praticados pela Coroa.

Apesar de se supor que o poema tenha sido escrito para ser distribuído por Vila Rica em forma de panfleto, sua qualidade apresenta certa regularidade, só raramente caindo no panfletário. E, como se constatou, o poema ainda mantém alguma atualidade, acostumados que estamos a muitos fanfarrões.

Contradições da História

O pesquisador Adelto Gonçalves, em tese de doutoramento defendida na Universidade de São Paulo, prova que nem todos os inconfidentes mineiros eram movidos pelo desejo de liberdade. Havia muitos interesses econômicos por trás do movimento e, além disso, nem todos eram favoráveis à abolição da escravatura.

> Após vasculhar cerca de 50.000 documentos no Brasil, em Portugal e Moçambique, Adelto Gonçalves traçou um perfil de Gonzaga muito diferente do que aparece nos livros. [...] Degredado para o exterior com o malogro do movimento, Tomás Antônio Gonzaga se envolveu no tráfico de escravos em Moçambique. Não que ele próprio traficasse, mas, uma vez trabalhando como juiz interino da alfândega, facilitava as coisas — provavelmente mediante suborno — para seus amigos contraventores. Por fim, a tese revela uma falsificação. Depois de morto, Gonzaga foi enterrado em Moçambique. No túmulo dele, que é visitado por turistas em Ouro Preto, estão, na verdade, os ossos de seu neto. [...]
>
> Teses como essa reforçam a ideia de que a História não é feita apenas por heróis ou facínoras, e sim por gente de carne e osso.

(*Veja*, nº 1530.)

LEITURA

O texto a seguir, de Tomás Antônio Gonzaga, é constituído por fragmentos da "Carta 2ª", na qual Critilo narra a seu amigo Doroteu o comportamento de Fanfarrão Minésio na cidade de Santiago. Leia-o e responda às questões propostas.

Não cuides, Doroteu, que brandas penas
me formam o colchão macio e fofo;
não cuides que é de paina a minha fronha
e que tenho lençóis de fina holanda,
com largas rendas sobre os crespos folhos;
custosos pavilhões, dourados leitos
e colchas matizadas não se encontram
na casa mal provida de um poeta,
aonde há dias que o rapaz que serve
nem na suja cozinha acende o fogo.
Mas nesta mesma cama tosca e dura,
descanso mais contente do que dorme
aquele que só põe o seu cuidado
em deixar a seus filhos o tesouro
que ajunta, Doroteu, com mão avara,
furtando ao rico e não pagando ao pobre.
Aqui... mas onde vou, prezado amigo?
Deixemos episódios que não servem,
e vamos prosseguindo a nossa história.
Apenas, Doroteu, o nosso chefe
as rédeas manejou do seu governo,
fingir nos intentou que tinha uma alma
amante da virtude. Assim foi Nero.
Governou aos romanos pelas regras
da formosa justiça, porém logo
trocou o cetro de ouro em mão de ferro.
Manda, pois, aos ministros lhe deem listas
de quantos presos as cadeias guardam:
faz a muitos soltar e aos mais alenta
de vivas, bem fundadas esperanças.
Estranha ao subalterno, que se arroga
o poder castigar ao delinquente
com troncos e galés, enfim, ordena
que aos presos, que em três dias não tiverem
assentos declarados, se abram logo
em nome dele, chefe, os seus assentos.
Aquele, Doroteu, que não é santo,
mas quer fingir-se santo aos outros homens,
pratica muito mais do que pratica
quem segue os sãos caminhos da verdade.
Mal se põe nas igrejas, de joelhos,
abre os braços em cruz, a terra beija,
entorta o seu pescoço, fecha os olhos,
faz que chora, suspira, fere o peito
e executa outras muitas macaquices,
estando em parte onde o mundo as veja.
Assim o nosso chefe, que procura
mostrar-se compassivo, não descansa
com estas poucas obras: passa a dar-nos
da sua compaixão maiores provas.

....

O povo, Doroteu, é como as moscas
que correm ao lugar, aonde sentem
o derramado mel; é semelhante
aos corvos e aos abutres, que se ajuntam
nos ermos, onde fede a carne podre.
À vista, pois, dos fatos, que executa
o nosso grande chefe, decisivos
da piedade que finge, a louca gente
de toda a parte corre a ver se encontra
algum pequeno alívio à sombra dele.

(In: *Tomás Antônio Gonzaga*. São Paulo: Abril Educação, 1980. p. 66-70. Literatura Comentada.)

Rubens Chaves/Pulsar Imagens

Museu da Inconfidência Mineira, onde estão os restos mortais dos inconfidentes.

avara: gananciosa.
compassivo: cheio de compaixão.
crespos folhos: detalhes em tiras.
ermo: lugar deserto.
galé: antiga embarcação movida a dezenas de remos.
matizadas: com várias cores.
tosca: grosseira.

1. Na primeira estrofe do poema, antes de passar propriamente ao relato crítico e político, Critilo reflete sobre sua condição e compara-a à de um homem rico.

a) Qual é a condição social do poeta?

b) Comparada sua condição com a do rico, qual o poeta prefere? Por quê?

2. É próprio da sátira não apenas ridicularizar algo ou alguém, mas também censurar-lhe os erros. Que comportamentos de Fanfarrão Minésio são criticados?

3. A prática política do governador chileno (ou mineiro) é muito conhecida na política brasileira. Seu princípio fundamental é ganhar o apoio do povo por meio de algumas concessões de interesse popular e, com base nesse apoio, obter regalias no poder. A esse tipo de política se dá o nome de *populismo*. De acordo com a última estrofe do texto, que tipo de relação o povo mantém com seu governante?

BASÍLIO DA GAMA E O NATIVISMO INDIANISTA

Basílio da Gama (1741-1795) nasceu em Minas Gerais, na cidade hoje chamada Tiradentes. Estudou em colégio jesuíta, no Rio de Janeiro, e tinha intenção de ingressar na carreira eclesiástica. Completou seus estudos em Portugal e na Itália, no período em que os jesuítas foram expulsos dos domínios portugueses. Na Itália, Basílio construiu uma carreira literária, tendo conseguido uma façanha única entre os brasileiros da época: ingressar na Arcádia Romana, na qual assumiu o pseudônimo de Termindo Sipílio.

Em 1767 voltou ao Rio de Janeiro, onde foi preso no ano seguinte, acusado de ter ligação com os jesuítas. De acordo com um decreto então em vigor, qualquer pessoa que mantivesse comunicação com os jesuítas, oral ou escrita, deveria ficar exilada por oito anos, em Angola.

Preso, Basílio da Gama foi levado a Lisboa. Lá, livrou-se da prisão por fazer um poema em homenagem à filha do Conde de Oeiras, futuro Marquês de Pombal. Essa amizade lhe possibilitou ter novos contatos com os árcades portugueses e lhe permitiu escrever sua obra máxima, *O Uraguai*.

O Uraguai

Publicado em 1769, *O Uraguai* é considerado a melhor realização no gênero épico no Arcadismo brasileiro. Seu tema é a luta de portugueses e espanhóis contra índios e jesuítas que, instalados nas missões jesuíticas do atual Rio Grande do Sul, não queriam aceitar as decisões do Tratado de Madri.

A quebra do modelo clássico

A luta travada por portugueses e espanhóis contra índios e jesuítas é narrada por Basílio da Gama desde os preparativos até sua conclusão. Os cantos apresentam esta sequência de fatos:

- Canto I: as tropas aliadas se reúnem para combater os índios e os jesuítas.
- Canto II: o exército avança e há uma tentativa de negociação com os chefes indígenas Sepé e Cacambo. Sem acordo, trava-se a luta, que termina com a derrota e a retirada dos índios.
- Canto III: Cacambo ateia fogo à vegetação em volta do acampamento aliado e foge para sua aldeia. O padre Balda, vilão da história, faz prender e matar Cacambo para que seu filho sacrílego Baldeta possa casar-se com Lindoia, esposa de Cacambo, e tomar a posição do chefe indígena morto.

A volta do épico

A imitação da literatura do Classicismo fez renascer em nossa literatura o gosto pelo poema épico. A grande novidade, contudo, encontra-se no tema: o índio brasileiro e seu ambiente natural. Assim, a épica árcade, ao mesmo tempo que desperta na cultura colonial brasileira uma consciência nativista, que alguns anos depois se transformaria em nacionalismo, lança as bases do indianismo, tema que, nos séculos seguintes, daria origem a grandes obras de nossa literatura, como *O guarani*, de José de Alencar, e *Macunaíma*, de Mário de Andrade.

Museu Nacional de Copenhague, Dinamarca

Índio tupi (1643), de Albert Eckhout.

Lindoia, em uma visão, prevê o terremoto de Lisboa e a expulsão dos jesuítas por Pombal.

- Canto IV: o mais bonito dos cinco cantos, nele são retratados os preparativos do casamento de Baldeta com Lindoia. Esta, chorando a morte do marido e não desejando casar-se, entra num bosque e deixa-se picar por uma cobra venenosa. Chegam os brancos, que cercam a aldeia. Todos fogem; antes, porém, os padres mandam queimar as casas e a igreja.
- Canto V: o líder português Gomes Freire de Andrade prende os inimigos na aldeia próxima, e há referências ao domínio universal da Companhia de Jesus e a seus crimes.

Escrito em apenas cinco cantos, com a utilização de versos brancos (sem rima) e sem estrofação, *O Uraguai* não segue a estrutura camoniana de *Os lusíadas*. Além disso, embora apresente as cinco partes tradicionais das epopeias – proposição, invocação, dedicatória, narração e epílogo –, o poema já se inicia com a ação em pleno desenvolvimento:

Fumam ainda nas desertas praias
Lagos de sangue tépidos e impuros
Em que ondeiam cadáveres despidos,
Pasto de corvos. Dura inda nos vales
O rouco som da irada artilheria.

O fato de o autor tratar de um episódio histórico recente (na época, ocorrido havia pouco mais de dez anos) é outro aspecto que diferencia *O Uraguai* dos poemas épicos tradicionais.

Quem é o herói da história?

Pelo fato de *O Uraguai* ser uma obra de intenções épicas, seria de esperar que nela tivessem destaque os movimentos de guerra e os atos de heroísmo. Contudo, não é o que se verifica. Ao contrário, a própria guerra chega a ser questionada como meio de atuação política, o que revela uma postura tipicamente iluminista da parte do autor, cujas ideias coincidem com as de seu amigo Marquês de Pombal.

Observe:

Vinha logo de guardas rodeado,
Fonte de crimes, militar tesouro,
Por quem deixa no rego o curto arado
O lavrador, que não conhece a glória;
E vendendo a vil preço o sangue e a vida
Move, e nem sabe por que move a guerra.

O herói português Gomes Freire de Andrade, o líder das tropas luso-espanholas, também não mostra o entusiasmo dos heróis épicos tradicionais:

... Descontente e triste
Marchava o General: não sofre o peito
Compadecido e generosa a vista
Daqueles frios e sangrados corpos,
Vítimas da ambição de injusto império

O genocídio de Sete Povos das Missões

O Tratado de Madri (1750) determinava uma troca de territórios: os portugueses que se encontravam na colônia de Sacramento (hoje parte do Uruguai) deveriam desocupar a região e instalar-se nos sete povoados, chamados "Sete Povos", pertencentes a Portugal e ocupados por índios. Em troca, a Espanha teria soberania sobre as Tordesilhas. Ocorre que os indígenas que ocupavam esses povoados, provavelmente influenciados pelos jesuítas, não queriam passar ao domínio português. Diante do impasse, os governos português e espanhol uniram-se para intervir militarmente na região. Foram necessárias duas investidas para que conseguissem seu objetivo – a segunda das quais narrada em *O Uraguai*. Essas lutas ocasionaram a morte de alguns milhares de índios e constituem um dos principais genocídios verificados na América Latina.

Apesar da postura de crítica à guerra manifestada pelo autor, o fato histórico narrado não é alterado, e espanhóis e portugueses saem vencedores da batalha.

Do lado inimigo, apenas os jesuítas são verdadeiramente tratados no poema como vilões – outro traço da obra que satisfazia os interesses do Marquês de Pombal.

Os índios derrotados são vistos com simpatia. Talvez até se possa dizer que o autor enfoca os índios como *vítimas* da ação jesuítica na região e dos conflitos que dela resultaram.

Destacadas a força e a coragem do indígena, fica claro que a derrota se dá apenas em virtude da desigualdade de armas. O índio seria uma espécie de herói moral da luta, dadas suas qualidades de caráter, conforme mostram estes versos:

> Fez proezas Sepé naquele dia.
> Conhecido de todos, no perigo
> Mostrava descoberto o rosto e o peito
> Forçando os seus co exemplos e coas palavras.

O poema não enfatiza a guerra em si, nem as ações dos vencedores, nem os vilões jesuítas – tratados caricaturalmente. Ganham destaque, de fato, a descrição física e moral do índio, o choque de culturas e a paisagem nacional. Além disso, o autor cria passagens de forte lirismo, como a do episódio da morte de Lindoia. Observe a valorização da paisagem brasileira nestes versos:

> Que alegre cena para os olhos! Podem
> Daquela altura, por espaço imenso,
> Ver as longas campinas retalhadas
> De trêmulos ribeiros, claras fontes,
> E lagos cristalinos, onde molha
> As leves asas o lascivo vento.
> Engraçados outeiros, fundos vales,
> Verde teatro, onde se admira quanto
> Produziu a supérflua Natureza.

A valorização do índio e da natureza selvagem do Brasil corresponde ao ideal de vida primitiva e natural cultivado pelos iluministas e pelos árcades. Por outro lado, porém, esses aspectos, que podemos chamar de *nativistas*, prenunciam as tendências da literatura do século XIX: o Romantismo.

Warner Brothers/Latinstock

Robert de Niro, em cena do filme *A missão*, que retrata no cinema os conflitos de Sete Povos das Missões.

SANTA RITA DURÃO: APEGO AO MODELO CLÁSSICO

Santa Rita Durão (1722?-1784) nasceu na cidade de Mariana, em Minas Gerais. Como Basílio da Gama, estudou no colégio dos jesuítas e completou seus estudos em Portugal. Lá ingressou na vida religiosa e tornou-se frei professor de Teologia.

Afirmando que a razão do poema *Caramuru* era "o amor à pátria", Santa Rita, embora tenha passado a maior parte de sua vida em Portugal, confirma a tendência nativista de seu poema.

Caramuru: um retrocesso?

O poema de Santa Rita Durão foi publicado em 1781, portanto doze anos depois de *O Uraguai*. É provável que Santa Rita tenha sido estimulado pela publicação de Basílio da Gama, porém há diferenças fundamentais entre os dois poemas.

Acervo MASP, São Paulo

Moema (1832), de Vítor Meireles, inspirada na personagem de Santa Rita Durão.

Santa Rita, sendo religioso, não apresenta o antijesuitismo de seu colega. Ao contrário, valoriza a ação catequética dos jesuítas sobre os índios, dando a ela um enfoque inteiramente cristão.

Do ponto de vista literário, as liberdades formais e líricas de que Basílio da Gama fez uso são ignoradas por Santa Rita. O poema *Caramuru* segue rigidamente o modelo camoniano: apresenta dez cantos, estrofes em oitava-rima, versos decassílabos e estrutura convencional. E, como em Camões, há nele a presença das mitologias cristã e pagã, esta representada por deuses indígenas, em vez de deuses greco-latinos.

Santa Rita, apesar de distante do Brasil desde os 9 anos, procura retratar a natureza brasileira, descrevendo o clima, a fertilidade da terra, as riquezas naturais. Assim, alia-se à tradição dos cronistas e viajantes que descreveram a colônia no século XVI. Interessa-se particularmente pelo indígena, descreve seus costumes e instituições e ressalta sua catequese. Contudo, percebe-se em seu poema certo artificialismo, próprio de quem *leu* sobre o país, mas não vivenciou o que descreve. Por isso, *Caramuru* é considerado um poema inferior a *O Uraguai* e, de certa forma, um retrocesso do ponto de vista temático e estilístico.

O tema de *Caramuru*

O poema narra as aventuras, em parte históricas, em parte lendárias, do náufrago português Diogo Álvares Correia, o Caramuru. Em meio às aventuras do protagonista, o autor aproveita para fazer uma longa descrição das qualidades da terra, como nestes versos:

> Não são menos que as outras saborosas
> As várias frutas do Brasil campestres;
> Com gala de ouro e púrpura vistosas
> Brilha a mangaba e os mocujés silvestres.

ou dos costumes indígenas, enfocados pela ótica cristã:

> Que horror da humanidade! ver tragada
> Da própria espécie a carne já corruta!
> Quando não deve a Europa abençoada
> A fé do Redentor, que humilde escuta!

Caramuru, como *O Uraguai*, apresenta, em meio à narrativa épica, momentos líricos de significativa beleza, nos quais, ao lado de aspectos próprios da cultura indígena, aparece o tema universal da morte por amor.

Caramuru: o "homem de fogo"

Diogo Álvares Correia, ao naufragar na costa brasileira em 1510, foi aprisionado pelos tupinambás. Certa vez pegou num mosquete e atirou num pássaro, matando-o. Os índios, que não conheciam armas de fogo, ficaram impressionados com a detonação e gritaram *Caramuru! Caramuru!*, vocábulo que significa "homem de fogo" ou "dragão saído do mar". Diogo viveu entre os índios tupinambás, na Bahia, no século XVI, e desposou Paraguaçu, ambos personagens do poema *Caramuru*. De acordo com a lenda, confirmada pela versão de Santa Rita, Diogo foi resgatado por uma nau francesa e, em companhia de Paraguaçu, levado à Corte francesa, de onde posteriormente partiu para Portugal.

LEITURA

Os textos que seguem são, respectivamente, de *O Uraguai*, de Basílio da Gama, e de *Caramuru*, de Santa Rita Durão. Leia-os com atenção e responda às questões propostas.

TEXTO I

Os índios já haviam perdido a guerra e, reunidos na tribo, preparavam-se para a cerimônia de casamento de Lindoia com Baldeta (filho sacrílego do jesuíta Balda), que tem garantido o papel de chefe da tribo. Lindoia, contudo, não está interessada no casamento. Inconformada com a morte de seu marido Cacambo, ela se retira da tribo, desgostosa, e entra na floresta. Seu irmão Caitutu e outros índios vão procurá-la.

Entram enfim na mais remota e interna
Parte de antigo bosque, escuro e negro,
Onde ao pé de uma lapa cavernosa
Cobre uma rouca fonte, que murmura,
Curva latada de jasmins e rosas.
Este lugar delicioso e triste,
Cansada de viver, tinha escolhido
Para morrer a mísera Lindoia.
Lá reclinada, como que dormia,
Na branda relva e nas mimosas flores,
Tinha a face na mão e a mão no tronco
De um fúnebre cipreste, que espalhava
Melancólica sombra. Mais de perto
Descobrem que se enrola no seu corpo
Verde serpente, e lhe passeia, e cinge
Pescoço e braços, e lhe lambe o seio.
Porém o destro Caitutu, que treme
Do perigo da irmã, sem mais demora
Dobrou as pontas do arco, e quis três vezes
Soltar o tiro, e vacilou três vezes
Entre a ira e o temor. Enfim sacode
O arco e faz voar a aguda seta,
Que toca o peito de Lindoia, e fere
A serpente na testa, e a boca e os dentes
Deixou cravados no vizinho tronco.
Açouta o campo coa ligeira cauda
O irado monstro, e em tortuosos giros
Se enrosca no cipreste, e verte envolto
Em negro sangue o lívido veneno.
Leva nos braços a infeliz Lindoia
O desgraçado irmão, que ao despertá-la
Conhece, com que dor! no frio rosto
Os sinais do veneno, e vê ferido
Pelo dente sutil o brando peito.
Os olhos, em que Amor reinava, um dia,
Cheios de morte; e muda aquela língua
Que ao surdo vento e aos ecos tantas vezes
Contou a larga história de seus males.
Nos olhos Caitutu não sofre o pranto,
E rompe em profundíssimos suspiros,
Lendo na testa da fronteira gruta
De sua mão já trêmula gravado
O alheio crime e a voluntária morte.
E por todas as partes repetido
O suspirado nome de Cacambo.
Inda conserva o pálido semblante
Um não sei quê de magoado e triste,
Que os corações mais duros enternece.
Tanto era bela no seu rosto a morte!

(Basílio da Gama. In: Antonio Candido e José A. Castello, op. cit., v. 1. p. 150-1.)

Mariângela Haddad

TEXTO II

Os chefes indígenas oferecem as filhas a Diogo Álvares para se honrarem com seu parentesco. O lusitano aceita o parentesco, mas não as donzelas, por fidelidade a Paraguaçu. Tomado por saudades da Europa, embarca numa nau francesa. Moema, uma índia apaixonada pelo português, desesperada de o ver partir com Paraguaçu, tenta acompanhá-lo, nadando.

— "Bárbaro (a bela diz:) tigre e não homem...
Porém o tigre, por cruel que brame,
Acha forças amor, que enfim o domem;
Só a ti não domou, por mais que eu te ame.
Fúrias, raios, coriscos, que o ar consomem,
Como não consumis aquele infame?
Mas pagar tanto amor com tédio e asco...
Ah! que corisco és tu... raio... penhasco!

....

Tão jura ingratidão menos sentira
E esse fado cruel doce me fora.
Se o meu despeito triunfar não vira
Essa indigna, essa infame, essa traidora.
Por serva, por escrava, te seguira.
Se não temera de chamar senhora
A vil Paraguaçu, que, sem que o creia,
Sobre ser-me inferior, é néscia e feia.

Enfim, tens coração de ver-me aflita,
Flutuar, moribunda, entre estas ondas;
Nem o passado amor teu peito incita
A um ai somente, com que aos meus respondas.
Bárbaro, se esta fé teu peito irrita,
(Disse, vendo-o fugir) ah! Não te escondas
Dispara sobre mim teu cruel raio..."
E indo a dizer o mais, cai num desmaio.

Perde o lume dos olhos, pasma e treme,
Pálida a cor, o aspecto moribundo;
Com mão já sem vigor, soltando o leme,
Entre as salsas escumas desce ao fundo.
Mas na onda do mar, que, irado, freme,
Tornando a aparecer desde o profundo,
— Ah! Diogo cruel! — disse com mágoa, —
e sem mais vista ser, sorveu-se na água.

(Santa Rita Durão. In: Hernâni Cidade. *Santa Rita Durão*. Rio de Janeiro: Agir, 1957. p. 87-8.)

asco: repugnância, nojo.
bramir: berrar, urrar.
corisco: pequeno raio, centelha.
escuma: espuma.
moribundo: aquele que está prestes a morrer.
néscio: ignorante, tolo.
sobre: além de.

Mariângela Haddad

1. Compare os dois textos quanto aos aspectos formais de estrofação métrica e presença de rimas. Que semelhanças e diferenças eles apresentam entre si?

2. Que semelhança os textos apresentam quanto ao assunto?

3. Em relação ao texto I:
   a) Descreva o lugar que Lindoia escolheu para morrer.
   b) A paisagem descrita é árcade? Justifique.

4. Em relação ao texto II:

a) Como Moema descreve Diogo Álvares e Paraguaçu?

b) Entre a fala do narrador e a fala de Moema não há diferenças linguísticas. A que conclusão se pode chegar a partir dessa constatação?

5. Comparando os episódios relatados nos dois textos, indique, justificando:

a) o mais dramático;

b) aquele que mais enaltece o indígena e o mostra mais integrado à natureza.

LITERATURA COMPARADA

DIÁLOGO ENTRE A POESIA MODERNA E A POESIA ÁRCADE

A seguir, você vai ler e comparar quatro textos. O primeiro é de Cláudio Manuel da Costa, e o segundo, de Tomás Antônio Gonzaga, poetas árcades; o terceiro e o quarto são de Fernando Pessoa, poeta que participou da fundação do movimento modernista português, no início do século XX (leia o boxe lateral).

Fernando Pessoa: o criador de poetas

Fernando Pessoa é considerado um dos principais poetas da língua portuguesa. O que mais impressiona em sua obra é que, além de criar poemas, ele também criava poetas, com características biográficas, estilísticas, temáticas e ideológicas específicas. Esses poetas inventados por Pessoa são chamados heterônimos e, entre eles, destacam-se Alberto Caeiro, Ricardo Reis e Álvaro de Campos.

TEXTO I

Quem deixa o trato pastoril amado
Pela ingrata, civil correspondência,
Ou desconhece o rosto da violência,
Ou do retiro a paz não tem provado.
Que bem é ver nos campos transladado
No gênio do pastor, o da inocência!
E que mal é no trato, e na aparência
Ver sempre o cortesão dissimulado!

Ali respira amor sinceridade
Aqui sempre a traição seu rosto encobre;
Um só trata a mentira, outro a verdade.
Ali não há fortuna, que soçobre;
Aqui quanto se observa, é variedade:
Oh ventura do rico! Oh bem do pobre!

(Cláudio Manuel da Costa. In: Luiz Roncari. *Literatura brasileira – Dos primeiros cronistas aos últimos românticos.* São Paulo: Edusp/FDE, 1995. p. 234.)

civil: civilizado, polido.
cortesão: o que frequenta a corte.
dissimulado: fingido, disfarçado.
soçobrar: naufragar, aniquilar-se.
transladado: que se mudou de um lugar para outro.
trato: convivência.
ventura: destino, felicidade, boa sorte.

TEXTO II

Minha bela Marília, tudo passa;
a sorte deste mundo é mal segura;
se vem depois dos males a ventura,
vem depois dos prazeres a desgraça.
Estão os mesmos deuses
sujeitos ao poder do ímpio fado:
Apolo já fugiu do céu brilhante,
Já foi pastor de gado.
[...]
Ah! enquanto os destinos impiedosos
não voltam contra nós a face irada,
façamos, sim, façamos, doce amada,
os nossos breves dias mais ditosos.
[...]

(Tomás Antônio Gonzaga. In: Luiz Roncari, op. cit. p. 254.)

ditoso: feliz, afortunado.
ímpio: cruel, desapiedado.
irado: enraivecido, furioso.

TEXTO III

Da minha aldeia vejo quanto da terra se pode ver no Universo...
Por isso a minha aldeia é tão grande como outra terra qualquer
Porque eu sou do tamanho que vejo
E não do tamanho da minha altura...

Nas cidades a vida é mais pequena
Que aqui na minha casa no cimo deste outeiro.
Na cidade as grandes casas fecham a vista à chave,
Escondem o horizonte, empurram o nosso olhar para longe de todo o céu,
Tornam-nos pequenos porque nos tiram o que os nossos olhos nos podem dar,
E tornam-nos pobres porque a nossa única riqueza é ver.

(Alberto Caeiro. In: Fernando Pessoa. *Obra poética*. Rio de Janeiro: Aguilar, 1965. p. 208.)

cimo: parte de cima, topo.
mais pequena: expressão equivalente a menor, usada normalmente na norma culta em Portugal.
outeiro: colina, monte.

TEXTO IV

Vem sentar-te comigo, Lídia, à beira do rio.
Sossegadamente fitemos o seu curso e aprendamos
Que a vida passa, e não estamos de mãos enlaçadas.
(Enlacemos as mãos.)

Depois pensemos, crianças adultas, que a vida
Passa e não fica, nada deixa e nunca regressa,
Vai para um mar muito longe, para ao pé do Fado,
Mais longe que os deuses.

[...]

Amemo-nos tranquilamente, pensando que podíamos,
Se quiséssemos, trocar beijos e abraços e carícias,
Mas que mais vale estarmos sentados ao pé um do outro
Ouvindo correr o rio e vendo-o.

Colhamos flores, pega tu nelas e deixa-as
No colo, e que o seu perfume suavize o momento —
Este momento em que sossegadamente não cremos em nada,
Pagãos inocentes da decadência.

(Ricardo Reis. In: Fernando Pessoa, *Obra poética*, cit., p. 256.)

João Prudente/Pulsar Imagens

Fado: deus do destino; sorte.
pagão: aquele que não adota o cristianismo por religião; aquele que não foi batizado.

1. Compare os textos I e III. Apesar de serem de épocas diferentes, há entre eles alguns elementos comuns, como a oposição entre campo e cidade.

a) Que expressão latina traduz essa oposição, muito comum nos textos árcades?

b) Ambos os textos criticam a vida urbana. O que o texto I critica na vida da cidade? E o texto III?

2. O texto II e o texto IV também são de épocas diferentes. Apesar disso, em ambos os textos o eu lírico se dirige à mulher amada e lhe faz um convite.

a) Quem é a mulher amada em cada um dos textos?

b) Que tipo de convite o eu lírico de cada texto faz à mulher amada?

c) Que argumento eles apresentam para convencê-las?

d) Que expressão latina nomeia esse tema clássico, característico também do Barroco e do Arcadismo, abordado nos dois textos?

3. Contrapondo-se ao Barroco e à Contrarreforma, o Arcadismo retomou o paganismo da cultura greco-latina.

a) Identifique no poema de Tomás Antônio Gonzaga um traço do paganismo.

b) No poema de Ricardo Reis também é possível identificar traços do paganismo? Justifique sua resposta.

Para quem quer mais

Se você deseja aprofundar os seus conhecimentos sobre literatura árcade no Brasil, leia os textos a seguir, de outros dois poetas árcades: Alvarenga Peixoto e Silva Alvarenga. Posteriormente, sozinho, em dupla ou em grupo, procure resolver as questões propostas pelo **Roteiro de estudo**.

Ode ao Marquês de Pombal

Não os heróis, que o gume ensanguentado
da cortadora espada,
em alto pelo mundo levantado,
trazem por estandarte
dos furores de Marte;

....

Ensanguentados rios, quantas vezes
vistes os férteis vales
semeados de lanças e de arneses?

....

Que importam os exércitos armados,
no campo com respeito conservados,
se lá do gabinete a guerra fazes
e a teu arbítrio dás o tom às pazes?
que, sendo por mão destra manejada,
a política vence mais que a espada.

Que importam tribunais e magistrados,
asilos da inocência,
se pudessem temer-se declarados
patronos da insolência?
De que servirão tantas
tão saudáveis leis, sábias e santas,
se, em vez de executadas,
forem por mãos sacrílegas frustradas?

Mas vives tu, que para o bem do mundo
sobre tudo vigias,
cansado o teu espírito profundo,
as noites e os dias.
Ah! quantas vezes, sem descanso uma hora,
vês recostar-se o sol, erguer-se a aurora,
enquanto volves com cansado estudo
as leis e a guerra, e o negócio, e tudo?

Vale mais do que um reino um tal vassalo:
graças ao grande rei que soube achá-lo.

(Alvarenga Peixoto. In: Antonio Candido e José A. Castello, op. cit., v. 1. p. 172-4.)

Alvarenga Peixoto: a presença da Ilustração

Autor de poemas líricos e laudatórios (que homenageiam uma pessoa), talvez o melhor da produção de Alvarenga Peixoto esteja na poesia laudatória, pelo fato de esta veicular as ideias filosóficas e políticas que estavam em discussão na época. Em sua poesia, o poeta abordou temas como o pombalismo, a exploração colonialista, o nativo, a paz, a importância do saber e da razão, entre outros.

O Beija-flor

Deixo, ó Glaura, a triste lida
Submergida em doce calma;
E a minha alma ao bem se entrega,
Que lhe nega o teu rigor.

Neste bosque alegre e rindo
Sou amante afortunado,
E desejo ser mudado
No mais lindo Beija-flor.

Todo o corpo num instante
Se atenua, exala e perde:
É já de oiro, prata e verde
A brilhante e nova cor.

Deixo, ó Glaura, a triste lida
Submergida em doce calma;
E a minha alma ao bem se entrega,
Que lhe nega o teu rigor.

Vejo as penas e a figura,
Provo as asas, dando giros;
Acompanham-me os suspiros,
e a ternura do Pastor.

E num voo feliz ave
Chego intrépido até onde
Riso e pérolas esconde
O suave e puro Amor.

Deixo, ó Glaura, a triste lida
Submergida em doce calma;
E a minha alma ao bem se entrega,
Que lhe nega o teu rigor.

Toco o néctar precioso,
Que a mortais não se permite;
É o insulto sem limite,
Mas ditoso o meu ardor;

Já me chamas atrevido,
Já me prendes no regaço;
Não me assusta o terno laço,
É fingido o meu temor.

Deixo, ó Glaura, a triste lida
Submergida em doce calma;
E a minha alma ao bem se entrega,
Que lhe nega o teu rigor.

Zuri

Se disfarças os meus erros,
E me soltas por piedade;
Não estimo a liberdade,
Busco os ferros por favor.

Não me julgues inocente,
Nem abrandes meu castigo;
Que sou bárbaro inimigo,
Insolente e roubador.

Deixo, ó Glaura, a triste lida
Submergida em doce calma;
E a minha alma ao bem se entrega,
Que lhe nega o teu rigor.

(Silva Alvarenga. In: Antonio Candido e José A. Castello, op. cit. p. 179-80.)

Silva Alvarenga: a poesia nativista e sensual

Silva Alvarenga (1749-1814), autor de *Glaura*, destacou-se no cultivo de rondós e madrigais em que há forte musicalidade e presença de elementos da fauna e flora nacionais, como o beija-flor, a pomba, a cobra, a onça, as mangueiras, os cajueiros, os jambeiros. Em razão desses traços, sua poesia é considerada nativista, já representando uma transição para o Romantismo.

• Roteiro de estudo •

Ao final da leitura, você deverá ser capaz de:

- Reconhecer no texto de Alvarenga Peixoto a influência das ideias iluministas vigentes na época e explicar por que o verso "a política vence mais que a espada" pode ser considerado uma síntese do poema.
- Identificar no texto de Silva Alvarenga elementos que apontam para uma renovação, ou seja, indicadores de uma transição do Arcadismo para o Romantismo.

Para quem quer mais na Internet

Em nosso *site*, http://www.atualeditora.com.br/pl/paraquemquermais, você poderá ler e baixar outros textos de Cláudio Manuel da Costa, Tomás Antônio Gonzaga, Basílio da Gama, Santa Rita Durão, Alvarenga Peixoto e Silva Alvarenga.

PRODUÇÃO DE TEXTO

© Matthias Tunger/Corbis/Latinstock

CAPÍTULO 8

O texto dissertativo-argumentativo

TRABALHANDO O GÊNERO

Durante décadas, as aulas de produção de texto nas escolas brasileiras limitaram-se ao trabalho com três tipos de texto: a narração, a descrição e a dissertação. Com a introdução do estudo dos gêneros do discurso, entretanto, as aulas começaram a se aproximar mais das práticas textuais desenvolvidas na sociedade e passaram a ter o objetivo de instrumentalizar os alunos para atuar socialmente, seja escrevendo uma carta ou um artigo de opinião, seja fazendo uma crônica ou falando em público.

Apesar disso, a *dissertação* ainda vem sendo exigida em alguns vestibulares do país e nas provas do Enem como meio de avaliação da competência linguístico-discursiva do estudante. Por essa razão, em todos os volumes desta coleção propomos o trabalho com a dissertação, a fim de ajudar você a se preparar para os exames que deverá enfrentar no final do ensino médio.

Dissertar é o mesmo que explanar sobre um tema, desenvolvê-lo. Em princípio, o texto dissertativo não tem como finalidade a persuasão, e sim a transmissão de conhecimentos. Apesar disso, os temas propostos para o texto dissertativo na esfera escolar são quase sempre polêmicos – desarmamento, violência urbana, meio ambiente, ética, vantagens e desvantagens da comunicação digital, etc. – e exigem um posicionamento argumentativo do autor. Por essa razão, o que se espera do estudante é que analise e discuta o tema apresentado, defenda seu ponto de vista e, às vezes, proponha soluções.

A dissertação escolar tem uma estrutura formada por três partes convencionais – a tese (ou ideia principal), o desenvolvimento e a conclusão –, que coincidem com a estrutura da maior parte dos gêneros argumentativos, como o debate regrado e o artigo de opinião. Por isso, se você se saiu bem na produção do artigo de opinião, provavelmente não terá dificuldades para desenvolver dissertações.

A seguir você vai conhecer o tema de redação proposto no vestibular da Fuvest, em 2010, e a dissertação do estudante que obteve a nota máxima no exame. O texto do estudante está reproduzido conforme sua redação original.

Um mundo por imagens

Amana Images Inc./Alamy/Other Images

A imaginação simbólica é sempre um fator de equilíbrio. O símbolo é concebido como uma síntese equilibradora, por meio da qual a alma dos indivíduos oferece soluções apaziguadoras aos problemas.

Gilbert Durand.

Ao invés de nos relacionarmos diretamente com a realidade, dependemos cada vez mais de uma vasta gama de informações, que nos alcançam com mais poder, facilidade e rapidez. É como se ficássemos suspensos entre a realidade da vida diária e sua representação.

Tânia Pellegrini. Adaptado.

Na civilização em que se vive hoje, constroem-se imagens, as mais diversas, sobre os mais variados aspectos; constroem-se imagens, por exemplo, sobre **pessoas**, **fatos**, **livros**, **instituições** e **situações**.

No cotidiano, é comum substituir-se o real imediato por essas imagens.

Dentre as possibilidades de construção de imagens enumeradas acima, em negrito, escolha *apenas uma* como tema de seu texto e redija uma dissertação em prosa, lançando mão de argumentos e informações que deem consistência a seu ponto de vista.

Instruções:

- Lembre-se de que a situação de produção de seu texto requer o uso da modalidade escrita culta da língua portuguesa.
- Dê um título para sua redação, a qual deverá ter entre 20 e 30 linhas.
- **Não** será aceita redação em forma de verso.

Narcisos do século XXI

O aumento da importância da imagem na vida humana tem acarretado a sobreposição do mundo imaginário ao mundo real. Gradativamente, o homem tem optado por priorizar o exterior ao interior. Isso é consequência de uma sociedade que exige a propagação e dinamização de padrões estéticos e sociais, que levarão o homem à descaracterização massificada.

A preocupação do homem quanto à sua figura existe há séculos. O mito de Narciso, que se apaixonou por seu reflexo na água e na busca por ele, morreu afogado, é um exemplo. Platão também discutia isso. Para ele, o amor imaginário, impossível de se realizar, é melhor, pois pode ser perfeito, ao passo que na realidade, nunca é. Mais tarde, com os poetas, a imagem novamente ganhou importância, dessa vez, com a idealização feminina. Fosse com Marília de Dirceu, fosse com Iracema, de José de Alencar, ambos autores tinham em mente a figura de uma mulher, por eles tão necessária.

No entanto, o aumento da importância da imagem na vida humana ocorreu principalmente a partir do século XX. A preocupação com modelos externos se deu segundo um padrão surgido nos Estados Unidos pós-1ª Guerra Mundial, em que o "American Way of Life" de se ter casa própria, carros e filhos, passou a ser a imagem da felicidade.

Hoje essa preocupação pode ser vista nos jovens, figurativizada na busca pela beleza. Podemos acompanhá-la nas milhares de fotos do Orkut que tem Photoshop para tornar a pessoa perfeita, ou no aumento da procura por clínicas de estética e academias, além da grande demanda por produtos de beleza. Essa geração L'Oreal, fruto de uma sociedade capitalista que incentiva o consumo em larga escala, vai perdendo sua personalidade e individualidade na busca por ser uma Angelina Jolie ou um Brad Pitt, priorizando sempre a beleza externa em detrimento da interna.

Assim, podemos perceber que é da natureza do homem preocupar-se com sua imagem. No entanto, a preocupação doentia iniciada no século XX não pode se tornar obsessiva a ponto de dominar a juventude e espalhar-se por toda a raça humana, que um dia pode vir a ser um grande Narciso e matar-se em busca de sua imagem perfeita.

(Disponível em: http://vestibular.uol.com.br/ultnot/2010/05/11/ult7336u55.jhtm. Acesso em: 12/4/2012.)

Galleria Nazionale d'Arte Antica

Narciso (1594-6), de Caravaggio.

1. Há, no texto dissertativo, três partes essenciais: uma *introdução*, na qual é exposta a tese ou a ideia principal que resume o ponto de vista do autor acerca do tema; o *desenvolvimento*, constituído pelos parágrafos que explicam e fundamentam a tese; e a *conclusão*. Numere os parágrafos do texto em estudo e identifique:

   a) o parágrafo em que é feita a introdução do texto;

   b) os parágrafos que constituem o desenvolvimento do texto;

   c) o(s) parágrafo(s) de conclusão.

2. Releia o parágrafo em que é feita a introdução do texto. Qual é a tese defendida pelo autor?

3. O desenvolvimento é formado pelos parágrafos que fundamentam a tese. Normalmente, em cada parágrafo é apresentado e desenvolvido um argumento. Cada argumento pode ser desenvolvido por meio de procedimentos como:

   - comparação
   - oposição ou contraste
   - alusão histórica
   - definição
   - citação
   - apresentação de dados estatísticos
   - exemplificação
   - relação de causa e efeito

   Reconheça no desenvolvimento do texto o(s) parágrafo(s) em que é feito o uso de:

   a) alusão histórica;

   b) citação;

   c) exemplificação;

   d) relação de causa e efeito.

4. O texto dissertativo-argumentativo faz uso de dois tipos básicos de conclusão: a conclusão-resumo, que retoma as ideias do texto, e a conclusão-sugestão, em que são feitas propostas para a solução de problemas. Que tipo de conclusão o texto em estudo apresenta?

5. Observe a linguagem do texto.

   a) Que tempo e modos verbais são predominantes?

   b) Qual é a variedade linguística empregada?

   c) A linguagem é predominantemente pessoal ou impessoal? Justifique sua resposta com base na pessoa do discurso, nas formas verbais e nos pronomes empregados.

   d) O texto revela maior preocupação com a expressividade, com a emotividade ou com a precisão das informações?

6. Reúna-se com seus colegas de grupo e, juntos, concluam: Quais são as principais características de um texto dissertativo-argumentativo? Respondam levando em conta os seguintes critérios: finalidade do texto, perfil dos interlocutores, suporte/veículo, tema, estrutura e linguagem.

Ethan Miller/Getty Images

Angelina Jolie, um dos ícones da beleza feminina no cinema.

PRODUZINDO O TEXTO DISSERTATIVO-ARGUMENTATIVO

Há, a seguir, duas propostas para a produção de textos dissertativos. Com a orientação do professor, desenvolva ao menos uma delas.

1. (ENEM)

Pode parecer que os isótopos de oxigênio e a luta dos seringueiros no Acre tenham pouco em comum. No entanto, ambos estão relacionados ao futuro da Amazônia e a parte significativa da agroindústria e da geração de energia elétrica no Brasil.

À época em que Chico Mendes lutava para assegurar o futuro dos seringueiros e da floresta, um dos mais respeitados cientistas brasileiros, Eneas Salati, analisava proporções de isótopos de oxigênio na precipitação pluviométrica amazônica do Atlântico ao Peru. Sua conclusão foi irrefutável: a Amazônia produz a parte maior de sua própria chuva; implicação óbvia desse fenômeno: o excesso de desmatamento pode degradar o ciclo hidrológico.

Hoje, imagens obtidas por sensoriamento remoto mostram que o ciclo hidrológico não apenas é essencial para a manutenção da grande floresta, mas também garante parcela significativa da chuva que cai ao sul da Amazônia, em Mato Grosso, São Paulo e até mesmo ao norte da Argentina. Quando a umidade do ciclo, que se desloca em direção ocidental, atinge o paredão dos Andes, parte dela é desviada para o sul. Boa parte da cana-de-açúcar, da soja, de outras safras agroindustriais dessas regiões e parte significativa da geração de energia hidrelétrica dependem da máquina de chuva da Amazônia.

T. Lovejoy e G. Rodrigues. A máquina de chuva da Amazônia. *Folha de S. Paulo*, 25/7/2007 (com adaptações).

O texto acima, que focaliza a relevância da região amazônica para o meio ambiente e para a economia brasileira, menciona a "máquina de chuva da Amazônia". Suponha que, para manter essa "máquina de chuva" funcionando, tenham sido sugeridas as ações a seguir:

1 suspender completa e imediatamente o desmatamento na Amazônia, que permaneceria proibido até que fossem identificadas áreas onde se poderia explorar, de maneira sustentável, madeira de florestas nativas;

2 efetuar pagamentos a proprietários de terras para que deixem de desmatar a floresta, utilizando-se recursos financeiros internacionais;

3 aumentar a fiscalização e aplicar pesadas multas àqueles que promoverem desmatamentos não autorizados.

Escolha *uma* dessas ações e, a seguir, redija um texto dissertativo, *ressaltando as possibilidades e as limitações da ação escolhida*.

Ao desenvolver seu texto, procure utilizar os conhecimentos adquiridos e as reflexões feitas ao longo de sua formação. Selecione, organize e relacione argumentos, fatos e opiniões para defender seu ponto de vista, sem ferir os direitos humanos.

Observações:

- Seu texto deve ser escrito na modalidade padrão da língua portuguesa.
- O texto *não* deve ser escrito em forma de poema (versos) ou narração.
- O texto com até 7 (sete) linhas escritas será considerado texto em branco.

2. (ITA-SP)

Observe a charge ao lado. A partir dela, e considerando os textos desta prova cujos temas se aproximam ao da charge, redija uma *dissertação* em prosa, argumentando em favor de um ponto de vista sobre o tema.

Na avaliação de sua redação, serão considerados:

a) clareza e consistência dos argumentos em defesa de um ponto de vista sobre o tema;

b) coesão e coerência do texto; e

c) domínio do português padrão. [...]

Angeli

- Ora, saiam daqui, seus imundos! Estão pensando o quê? Só dou esmolas para tragédias internacionais!

Atenção: A Banca Examinadora aceitará qualquer posicionamento ideológico do candidato.

Planejamento do texto

- Decida, com a classe e o professor, uma possível situação de circulação para a dissertação. Uma possibilidade é sua publicação no *blog* ou no mural da classe, mas pensem em outras opções.
- Decidido o suporte, pense no perfil dos leitores, que provavelmente serão, na maioria, jovens como você. A linguagem deve estar de acordo com a norma-padrão e adequada ao gênero e ao perfil do público leitor.
- Anote as ideias e os argumentos que considerar mais interessantes para desenvolver o tema.

- Pense em um enunciado (formado por uma ou mais frases) capaz de introduzir o texto e expressar a ideia principal (a tese) que pretende defender e anote-o.
- Entre os argumentos que anotou, escolha aqueles que podem fundamentar a ideia principal de modo mais consistente. Em vez de quantidade, dê preferência à qualidade e à profundidade dos argumentos.
- Pense na melhor forma de concluir seu texto: ou retomando o que foi exposto e confirmando a ideia principal, ou fazendo uma citação de algum escritor ou alguém importante na área relativa ao tema debatido, ou fazendo uma proposta.
- Se quiser, desenvolva previamente um esquema para visualizar a estrutura e o conjunto de ideias. Se a dissertação apresentasse, por exemplo, três argumentos no desenvolvimento, ela poderia ter este esquema:

Tese:
Desenvolvimento:
    1º argumento:
    2º argumento:
    3º argumento:
Conclusão:

- Dê ao texto um título que desperte o interesse do leitor.

Revisão e reescrita

Antes de fazer a versão final de sua dissertação, releia-a, observando:

- se você tratou, de fato, do tema proposto e adotou um ponto de vista claro sobre ele;
- se o texto apresenta uma tese que resume o ponto de vista que você adotou;
- se a tese é fundamentada com argumentos claros e consistentes;
- se os argumentos são bem desenvolvidos;
- se a conclusão retoma o ponto de vista defendido, confirmando-o, ou apresenta uma proposta;
- se o título dado ao texto é, além de atraente, coerente com as ideias desenvolvidas;
- se o texto como um todo é persuasivo;
- se a linguagem está de acordo com a norma-padrão e com o grau de formalidade adequado ao público-alvo.

Faça as alterações necessárias e passe o texto a limpo.

ESCREVENDO COM EXPRESSIVIDADE

OS ESTRANGEIRISMOS

Leia a letra da música a seguir e responda às questões de 1 a 4.

Estrangeirismo

Outro dia me convidaram para ir ao *McDonalds* para comermos *cheese burger*
O salão estava lotado, fizemos os pedidos através de um tal de *drive thru*
Os colegas, percebendo minha irritação, disseram:
"Se tu estiver com pressa, eles têm um sistema de *delivery* maravilhoso".
Desacostumado com esse linguajar, chamei os cabras: "Vamos s'imbora".
Seguimos pela avenida Henrique Schaumann, onde pude observar um *outdoor* onde estava escrito China in Box [...]
E uma seta indicava *parking*. Nós não paramos lá não.
Seguimos mais adiante, avistamos um restaurante bonito e luxuoso e, na porta de entrada, uma luz *neon* piscando escrita: *Open*.
Quando olhei pro chão pude ver um capacho estampado com a bandeira americana me convidando: *Welcome*
Ao adentrarmos naquele recinto, pude observar a decoração; nas paredes estava escrito assim: *ice cake*, *cheese egg*, *cheese burger* e *fast food*.
[...]
A fome aumentava juntamente com a raiva,
E eu não sabia se pedia um *hot dog* ou um simples cachorro-quente. [...]
Na saída, o manobrista nos recebe e nos entrega a chave do nosso possante veículo,
Um Fusca 68, fabricado em Volta Redonda, na época do presidente Jucelino Kubitscheck.
Ele olha pra mim e me diz: *Thank you, sir, and have a good night.*
[...]
Eu gostaria de falar com o presidente pra cuidar melhor da gente que vive nesse país
Nossa gramática está tão dividida, tem gente falando *happy*, pensando que é feliz
Acabaria com esse tal de estrangeirismo que deturpa nossa língua e muda tudo de uma vez
E os mendigos que hoje vivem nas calçadas ensinariam ao brasileiro que aqui se fala o português
Sou simples, sou composto, oculto, indeterminado, particípio, eu sou gerúndio, eu sou fonema, sim, senhor, adjetivo, predicado, eu sou sujeito, ainda trago no meu peito esse país com muito amor (bis)
Lá no centro da cidade quase que eu morri de fome, tanta coisa, tanto nome sem eu saber pronunciar
É *fast food*, *delivery*, *self service*, *hot dog*, *catchup*
Eu só queria almoçar (refrão)
Meu Deus onde é que eu vim parar
"Oxente, *brother*"

Alan do Nascimento/Laeti Imagens

Carlos Silva e Sandra Regina
(*Língua Portuguesa*, nº 27, p. 54.)

1. A canção apresenta o ponto de vista do autor sobre uma questão linguística polêmica.

a) Qual é essa questão?

b) Qual é a posição do autor da letra da canção quanto a isso?

2. O verso "E os mendigos que hoje vivem nas calçadas ensinariam ao brasileiro que aqui se fala o português" permite associar o uso de estrangeirismos à posição social. Explique essa associação.

3. No trecho "Sou simples, sou composto, oculto, indeterminado, particípio, eu sou gerúndio, eu sou fonema, sim, senhor, adjetivo, predicado, eu sou sujeito, ainda trago no meu peito esse país com muito amor":

a) Que sentido a expressão "eu sou sujeito" apresenta?

b) No contexto da discussão sobre estrangeirismos, o que significa ser sujeito?

4. Apesar de a canção criticar o uso excessivo de estrangeirismos, o autor finaliza-a com a frase "Oxente, *brother*", em que emprega uma palavra de uma variedade regional e um estrangeirismo. Explique a contradição existente nessa expressão.

5. Leia este texto:

A fatia estrangeira do idioma

IAN HOOTON/SCIENCE PHOTO LIBRARY/Glow Images

[...] Está o português ameaçado? Está nosso idioma em decadência? Está corrompendo-se, desagregando-se? Esse discurso da ameaça, da decadência, da corrupção, da desagregação não é novo, ele ocorreu em muitas épocas da história.

Quais são as ameaças à língua, segundo esse discurso? São duas: de um lado, os falares populares e, de outro, os empréstimos estrangeiros. [...]

Segundo os que temem a decadência do idioma, os falares populares ameaçam, porque neles, em primeiro lugar, não se observam as regras gramaticais que regem o chamado falar culto. Por exemplo, diz-se "Eu amo ela" em lugar de "Eu a amo"; "Haviam muitas senhoras na sala" em vez de "Havia muitas senhoras na sala"; "A menina que os olhos dela são azuis esteve aqui hoje" ao invés de "A menina cujos olhos são azuis esteve aqui hoje"; "Eu lhe adoro" por "Eu o adoro"; "Entre eu e ela não há mais nada" em lugar de "Entre mim e ela não há mais nada"; "Você aí, por favor, pega uma laranja para mim chupar" em vez de "Você aí, pegue uma laranja para eu chupar". [...]

Os empréstimos estrangeiros ameaçam a língua, porque podem descaracterizá-la, pensam os que temem a desagregação do idioma. [...]

Não é verdade, porque eles não estão atingindo a sintaxe, a morfologia, a fonética da língua. [...] Eles são algumas centenas de empréstimos em setores bem localizados do vocabulário: a informática, a publicidade... Mas insistem os que têm preocupação com a corrupção da língua: os estrangeirismos são desnecessários, porque eles têm correspondentes perfeitos em português. Também não é verdade. Quando um estrangeirismo vem para a língua, ele entra no sistema lexical (o conjunto de palavras de um idioma) e inscreve-se numa rede de correlações de sentido que lhe dá um valor específico. Assim, delivery não é igual a "entrega em domicílio", pois aquela palavra é a entrega em domicílio daqueles produtos que, tradicionalmente, não eram entregues em casa, como, por exemplo, comida pronta. Brother não é "irmão", mas "amigo"; book, em português, não é "livro", mas é um álbum de fotografias que os modelos entregam nas agências, para que se veja como eles fotografam.

A língua é edificada por seus usuários, que buscam exprimir novas significações, que procuram expressar sua maneira particular de ver o mundo, que querem marcar sua identidade social e, por isso, erigem consensos e diferenças. A língua constrói-se entre duas forças distintas: a manutenção e a transgressão. A primeira tenta assegurar a intercompreensão; a segunda busca exprimir novas realidades e criar novas identidades. Isso é que torna a língua viva. Isso não quer dizer que tudo valha em termos de linguagem. No entanto, a questão do erro é um pouco mais complicada do que querem fazer crer os catastrofistas que acham que o português está em vias de descaracterizar-se ou mesmo de desaparecer.

(José Luis Fiorin. *Língua Portuguesa*, nº 27.)

O deputado Aldo Rebelo elaborou um projeto de lei, ainda em processo de aprovação, que proíbe o uso de estrangeirismos no país. Pelo projeto, toda palavra ou expressão em idioma estrangeiro presente em publicações escritas, em mensagens publicitárias e em informações comerciais deverá vir acompanhada, em letra de igual destaque, do seu termo correspondente em português. Não será permitido o uso de termos estrangeiros em documentos da administração pública.

Considerando os textos que você leu e as questões que respondeu nesta seção, debata com os colegas a seguinte afirmação, feita pelo deputado federal Aldo Rebelo:

Os brasileiros que aceitam e reproduzem desnecessariamente palavras estrangeiras dão uma demonstração de servilismo linguístico.

(Trecho retirado de uma entrevista que o deputado concedeu ao jornal *Tribuna Impressa*, de 15/12/2007.)

Masterfile / Radius Images/Latinstock

CAPÍTULO 9

A explicação e a demonstração

Nas unidades anteriores, você conheceu e exercitou operações ou esquemas de ação, como a observação, a análise, a identificação, a comparação e a memorização. Neste capítulo, vai conhecer a explicação e a demonstração.

A **explicação** é uma das operações mais solicitadas em questões de interpretação de textos e em questões discursivas de qualquer disciplina. Já a **demonstração** é mais comum nas provas discursivas de ciências exatas.

Leia as questões da Unicamp-SP a seguir e veja como essas operações costumam ser solicitadas nos exames oficiais.

(UNICAMP-SP, adaptada) **INSTRUÇÃO**: As questões de números 1 e 2 tomam por base um texto que integra uma reportagem da revista *Fotografe Melhor* e fragmentos de um artigo de Elisabeth Seraphim Prosser, professora e pesquisadora de História da Arte e de Metodologia da Pesquisa Científica da Escola de Música e Belas Artes do Paraná.

Manifestação surgiu em Nova York nos anos de 1970

Muitos encaram o grafite como uma mera intervenção no visual das cidades. Outros enxergam uma manifestação social. E há quem o associe com vandalismo, pichação... Mas um crescente público prefere contemplá-lo como uma instigante, provocadora e fenomenal linguagem artística.

O grafite é uma forma de expressão social e artística que teve origem em Nova York, EUA, nos anos de 1970. O nova-iorquino Jean-Michel Basquiat foi o primeiro grafiteiro a ser reconhecido como artista plástico, tendo sido amigo e colaborador do consagrado Andy Warhol — a vida de Basquiat, aliás, mereceu até filme, lançado em 1996.

A chegada ao Brasil também foi nos anos de 1970, na bagagem do artista etíope Alex Vallauri, e se popularizou por aqui. Desde a década de 1990 é pura efervescência. Irreverente, a arte das ruas colocou à prova a criatividade juvenil e deu uma chance bastante democrática de expressão, que conquistou, além dos espaços públicos, um lugar na cultura nacional. Uma arte alternativa, que saiu dos guetos para invadir regiões centrais e privilegiadas em quase todo o Ocidente.

Hoje, à vista da sociedade e totalmente integrada ao cotidiano do cidadão brasileiro, a arte de rua provoca e, ao mesmo tempo, lembra a existência de minorias desfavorecidas e suas demandas por meio de coloridos desenhos que atraem a atenção.

Essa manifestação avançou no campo artístico e vem conquistando superfícies em ambientes até então improváveis: do interior de famosas galerias às fachadas externas de museus, como o Tate Modern, de Londres, que em 2008 (maio a setembro) teve a famosa parede de tijolinhos transformada em monumentais painéis grafitados (25 metros) pelas mãos, sprays e talento de grafiteiros de vários lugares do planeta, convidados para esse desafio, com destaque para os brasileiros *Nunca* e os artistas-irmãos *Osgêmeos*.

(*Fotografe Melhor*. Um show de cores se revela na arte dos grafites. São Paulo: Editora Europa, ano 14, nº 161, fevereiro 2010.)

Alamy/Other Images

Tate Modern, Londres.

Do vandalismo anárquico à arte politicamente comprometida

Quanto à manifestação da arte de rua em si, pode-se afirmar que ela abrange desde o vandalismo anárquico até a arte politicamente comprometida. Vai da pichação, cujo propósito é sujar, incomodar, agredir, chamar a atenção sobre determinado espaço urbano ou simplesmente desafiar a sociedade estabelecida e a autoridade, até o lambe-lambe e o *graffiti*, nos quais se pretende criticar e transformar o *status quo*.

(...)

O transeunte (...) geralmente ignora, rechaça ou destrói essa arte, considerando-a sujeira, usurpação do seu direito a uma *paisagem esterilizada*, uma invasão do seu espaço (às vezes privado, às vezes público), uma afronta à mente inteligente. Escolhe não olhá-la, não observá-la, não ler nas suas entrelinhas e nos espaços entre seus rabiscos ou entre seus traços elaborados. Confunde o *graffiti* com a pichação, isto é, a arte com o vandalismo (...).

No entanto, em documentários e em entrevistas com vários artistas de rua em Curitiba em 2005 e 2006, pôde-se constatar que essa concepção é, na maioria dos casos, improcedente. Grande parte dos escritores de *graffiti* e dos artistas envolvidos com o lambe-lambe não apenas estuda ou trabalha, mas tem rendimento bom ou ótimo na sua escola ou no seu emprego.

De acordo com a pesquisa ora em andamento, o artista de rua curitibano mora tanto na periferia quanto no centro, é oriundo tanto de famílias de baixa renda como de outras economicamente mais favorecidas. Seu nível de instrução varia do fundamental incompleto ao médio e ao superior, encontrando-se entre eles inclusive funcionários de órgãos culturais e educacionais da cidade, bem como profissionais liberais, arquitetos, publicitários, designers e artistas plásticos, entre outros. Pôde-se perceber, também, que suas preocupações políticas, sua consciência quanto à ecologia e ao meio ambiente natural ou urbano, seu engajamento voluntário ou profissional em organizações educacionais e assistencialistas são uma constante.

(Elisabeth Seraphim Prosser. *Compromisso e sociedade no graffiti, na pichação e no lambe-lambe em Curitiba (2004-2006)*. Anais – Fórum de Pesquisa Científica em Arte. Escola de Música e Belas Artes do Paraná. Curitiba, 2006-2007.)

1. *O transeunte (...) geralmente ignora, rechaça ou destrói essa arte, considerando-a sujeira, usurpação do seu direito a uma* ***paisagem esterilizada****, ...*

   Nesta passagem dos fragmentos do texto de Prosser, a expressão "paisagem esterilizada" constitui uma síntese bastante expressiva da opinião do transeunte que não aprecia a arte de rua. Explique o que quis dizer a autora com a atribuição do adjetivo *esterilizada* ao substantivo *paisagem*.

2. Demonstre, com base nos textos e na imagem, que a arte de rua pode apresentar, além de características estéticas, também características de participação política.

Para responder à questão 1, o estudante teria de *explicar* o sentido da expressão "paisagem esterilizada" no contexto. De acordo com o texto, a arte de rua não interessa ao transeunte, que a vê como sujeira. Logo, "paisagem esterilizada" equivale a "cidade limpa" de pichações e grafites – e isso, na perspectiva do texto, seria um direito do transeunte, que, diante dessa arte extraoficial, se sente usurpado em seus direitos de cidadão.

O enunciado da questão 2 pede ao estudante que, "com base nos textos e na imagem", *demonstre* o caráter político do grafite. Demonstrar com base em elementos oferecidos por um texto significa valer-se deles para mostrar o que se pede, o que pode ser feito por meio da citação direta, indicada por aspas. De acordo com o primeiro texto, o grafite é uma arte que nasceu nos guetos e invadiu o espaço público e a cultura oficial, podendo ser visto hoje tanto nas ruas quanto nos principais museus do mundo, como o Tate Modern, de Londres. Dada sua origem alternativa ou "marginal", o grafite é "pura efervescência", "irreverente", expressão direta das "minorias desfavorecidas". Assim, assume também um caráter nitidamente político, já que, como aponta o segundo texto, pode "criticar e transformar o *status quo*".

Observe que, na questão 1, era necessário esclarecer por que o autor empregou a expressão "paisagem esterilizada" a partir das nuances do contexto. Já na questão 2, era necessário descrever e explicar de maneira ordenada e pormenorizada, com exemplos extraídos do próprio texto, por que os autores dos textos reconhecem um caráter político na arte de rua.

Assim, chegamos a estes conceitos:

Explicar é elucidar a relação entre fatos e ideias ou fazer entender a veracidade (ou não) de alguma ideia, teoria ou fato por meio de elementos ou argumentos; nessa situação, a relação de causa e efeito é geralmente a mais enfatizada.

Demonstrar ou **mostrar** é descrever e explicar de maneira ordenada e pormenorizada, com auxílio de exemplos; é provar com um raciocínio convincente.

PREPARE-SE PARA O ENEM E O VESTIBULAR

1. Leia esta notícia:

Presidente Lula vira personagem animado em "South Park"

O presidente Lula virou personagem na série de animação "South Park". É possível assistir ao episódio no site *South Park Studios*.

No episódio que foi ao ar nesta quarta-feira (15), nos Estados Unidos, intitulado "Pinewood Derby", Stan mata um alienígena tido como perigoso. Em seguida, a polícia espacial aterrissa na cidade e pergunta pelo alienígena. O pai de Stan, que está conversando por telefone com diversos líderes mundiais, entre os quais Lula, questiona se alguém viu o alienígena. [...] Outros líderes mundiais também podem ser identificados, como o presidente da França, Nicolas Sarkozy, a chanceler alemã, Angela Merkel, o primeiro-ministro britânico, Gordon Brown, entre outros.

South Park

(*Folha de S. Paulo*, 16/4/2009. www1.folha.uol.com.br/folha/ilustrada/ult90u551549.shtml)

De acordo com a notícia, de 2009, o então presidente brasileiro aparecia como um "líder mundial" em um episódio de uma série de desenho animado da TV norte-americana. Escolha a alternativa em que é apresentada a mais possível explicação para esse fato.

a) Tratava-se de uma campanha política a favor de Lula nas eleições de 2010.

b) O episódio satirizava líderes políticos internacionais representantes do grupo chamado G8.

c) O episódio demonstrava a projeção do Brasil e do ex-presidente no cenário internacional.

d) As cenas satirizavam o surgimento, na época, de um alienígena em Varginha.

e) As cenas ridicularizavam a obsessão norte-americana por alienígenas.

2. Leia atentamente esta notícia:

Usina de biodiesel de Quixadá comemora três anos de instalação

A usina de biodiesel de Quixadá, a 158 km de Fortaleza, se prepara para ser a grande produtora e abastecedora de biodiesel da região Nordeste. A estimativa foi feita nesta quinta-feira, 1º, pelo presidente da subsidiária, Miguel Rossetto, durante comemoração dos três anos de instalação da usina no município, no Ceará.

Segundo o presidente, a empresa já produziu 140 milhões de litros de biodiesel para abastecer estados do Piauí a Pernambuco e deve receber investimento de mais R$ 4 milhões na qualificação das instalações do equipamento. "A usina já foi duplicada, já dobramos a produção desde a inauguração da empresa", comemorou Rossetto.

Evandro Teixeira / Tyba

Açude do Cedro, Quixadá.

O presidente da subsidiária destacou ainda que a unidade gera em torno de 200 empregos diretos em Quixadá e beneficia cerca de 30 mil famílias de agricultores no Ceará.

(*O Povo*, 1/9/2011. www.opovo.com.br/app/fortaleza/2011/09/01/noticiafortaleza,2291155/usina-de-biodiesel-de-quixada-comemora-tres-anos-de-instalacao.shtml)

Parece existir no texto uma contradição verificada no confronto da afirmação de que a usina mencionada "se prepara para ser a grande produtora e abastecedora de biodiesel da região Nordeste" com o fato de ela ser mostrada já como uma grande produtora do produto. Como, no texto, essa contradição poderia ser solucionada?

Texto para as questões 3 e 4:

Pré-história nas relações

Marido que pôs fogo na casa e PM que tentou matar 'ex' são episódios de ontem que ilustram violência diária

Não há dúvida de que o mundo evoluiu e deve continuar evoluindo tecnologicamente. Além de possibilitar a comunicação online entre pessoas de qualquer lugar do planeta, essa evolução trouxe outros benefícios, como agilidade na prestação de serviços.

Entretanto, os índices e as modalidades de crimes classificados como violência doméstica, ocorridos no ambiente familiar ou relacionados à família, apontam para uma sociedade machista que ainda pratica atos semelhantes aos da Pré-História.

Dois casos registrados ontem em Cuiabá refletem o quadro de violência. Um policial militar, desrespeitando medidas protetivas decretadas por causa de ameaças e agressões anteriores, tentou matar a mulher a pedradas. Já um catador de sucatas ateou fogo na casa e no carro da mulher porque foi "incomodado" em um bar. [...]

(*Diário de Cuiabá*, 4/8/2011. www.diariodecuiaba.com.br)

3. O texto relaciona "Pré-História" aos episódios de violência doméstica que comenta, ocorridos em Cuiabá. Explique em que se baseia essa relação e avalie se ela é apresentada com coesão e coerência.

4. Há, no texto, uma palavra que foge à norma-padrão do nosso idioma. Identifique-a e indique o termo que pode substituí-la convenientemente.

5. Leia esta notícia:

Inseto pode ajudar a entender como é possível viver sem sexo

Pesquisadores da Universidade Simon Fraser, no Canadá, descobriram que o inseto Timema, que lembra o bicho-pau, se reproduz sem a necessidade de sexo e já faz isso há mais de um milhão de anos.

Em artigo publicado na revista "Current Biology", os cientistas estudaram o DNA desses animais e concluíram que eles têm uma longa história de reprodução assexuada e que as fêmeas da espécie geram suas crias sem necessidade de que seus ovos sejam fertilizados por machos. Portanto, eles criam clones genéticos deles mesmos.

A pesquisadora Tanja Schwander afirmou que o estudo indica que a assexualidade não significa sempre a extinção de uma linhagem. [...] Agora os autores esperam usar o estudo com estes insetos para compreender como é possível a vida sem sexo.

Peter Macdiarmid/Latinstock

(*O Globo*, 19/7/2011. http://oglobo.globo.com/ciencia/mat/2011/07/19/inseto-pode-ajudar-entender-como-possivel-viver-sem-sexo-924938664.asp)

O título da notícia traz uma informação que parece não combinar com o que é noticiado. Explique como poderia ser resolvida essa aparente incoerência.

EM DIA COM O ENEM E O VESTIBULAR

Literatura e estudos de linguagem

(MACK-SP) Texto para as questões 1 e 2:

Texto I

Vem, ó Marília, vem lograr comigo
Destes alegres campos a beleza,
Destas copadas árvores o abrigo.

Texto II

Razão, de que me serve o teu socorro?
Mandas-me não amar, eu ardo, eu amo;
Dizes-me que sossegue, eu peno, eu morro.

1. Considerados os dois excertos de Manuel Maria du Bocage, poeta português do século XVIII, é correto afirmar:

a) Tanto em I como em II destacam-se índices explícitos do Arcadismo – estilo que caracteriza o poeta –, como, por exemplo, a representação do *locus amoenus* e o predomínio da razão sobre a emoção.
b) Em I, a natureza é valorizada em duplo aspecto: o estético e o utilitário; em II, o poeta revela seu lado pré-romântico: o conflito entre razão e emoção.
c) Os dois textos, embora revelem traços do Arcadismo, já antecipam, no tratamento da temática amorosa e na liberdade formal, a estética romântica.
d) Em I, a natureza, porque reflete o conflito do poeta, segue o padrão romântico; em II, o discurso confessional, índice da vitória da emoção sobre a razão, aponta para a fase de transição estética do poeta.
e) I e II exemplificam a influência barroca em Bocage, marcada pela presença de paradoxos, efeito musical dos versos livres e paralelismo sintático.

2.

Razão, de que me serve o teu socorro?
Mandas-me não amar, eu ardo, eu amo;

Assinale a paráfrase adequada do trecho acima, redigida de acordo com a norma culta.

a) Ainda que me mandes não amar, eu ardo e amo; portanto, Razão, de que me vale a tua ajuda?
b) Embora de nada sirva o teu socorro, Razão, eu ardo e amo, se bem que tu me mandas não amar.
c) Se eu ardo e amo, a Razão me manda não amar; sendo, então, de que me serve o seu apoio?
d) Como a Razão me manda não amar, eu ardo e amo; contudo, de que me serve, então, o socorro dela?
e) Razão, de que me serve a tua ajuda, ao amar e arder, ainda que tu me mandes não amar?

(MACK-SP) Texto para as questões 3 e 4:

Meu ser evaporei na lida insana
Do tropel de paixões, que me arrastava:
Ah! Cego eu cria, ah! Mísero eu sonhava
Em mim quase imortal a essência humana:

Manuel Maria Barbosa du Bocage

Observação – *lida*: esforço, trabalho

3. Nessa estrofe, o eu lírico:

a) critica o fato de na mocidade os homens se entregarem a uma vida de luxúria, vícios, crimes e amores efêmeros.
b) expressa sua mágoa com relação à vida passada, por ele caracterizada como de dissipação e marcadamente passional.
c) censura a atitude ingênua dos poetas que, quando jovens, se deixam seduzir cegamente pela poesia sentimental.
d) valoriza exageradamente as paixões humanas, considerando-as como as únicas experiências que realmente dão sentido à vida.
e) reconhece o caráter imortal do espírito humano, predestinado ao amor incondicional e inevitável.

4. Considerado o contexto de produção, os aspectos estilísticos presentes na estrofe:

a) apontam para um padrão fundamentalmente árcade, o que confirma a adesão do poeta a princípios estéticos neoclássicos.
b) diferem do cânone clássico, na medida em que a linguagem expressionista e o uso de versos livres e brancos já prenunciam um novo estilo.
c) revelam inovações estéticas, como, por exemplo, a presença de linguagem confessional, com marcas da função emotiva.
d) provam que a poesia do autor é caracteristicamente barroca, com evidências do estilo conceptista e cultista.
e) assinalam um estilo de transição que caracteriza a poesia de Bocage, oscilando entre o padrão clássico e o padrão neoclássico.

(PUCC-SP) Para responder às questões de números 5 a 7, considere o texto abaixo.

> Sob a perspectiva histórica, o que faz Cláudio Manuel da Costa um homem de seu tempo é a nítida identificação com a terra natal (...). Revela-se nele o dilaceramento interior do intelectual que vê com olhos críticos a paisagem natal, como nestes versos de um soneto seu:
>
> Destes penhascos fez a natureza
> O berço, em que nasci: oh quem cuidara
> Que entre penhas tão duras se criara
> Uma alma terna, um peito sem dureza.
>
> (Sonia Salomão Khéde. "Apresentação" a *Cláudio Manuel da Costa*. Rio de Janeiro: Agir, Nossos Clássicos, 1983. p. 15)

5. Salienta-se, no trecho acima:

a) o interesse em exaltar a natureza nativa, vista como símbolo da pujança da cultura nacional.
b) o sentimento nacionalista, que caracterizou as primeiras produções do nosso romantismo.
c) o sentimento nativista, que se propagou entre escritores brasileiros do período neoclássico.
d) o ressentimento dos intelectuais brasileiros, por conta de seu desprestígio na ordem cultural do Primeiro Reinado.
e) a melancolia dos nossos pré-românticos, influenciados pela derrota dos movimentos libertários na Europa do século XVIII.

6. Nos versos citados no trecho acima, o poeta Cláudio Manuel da Costa expressa a:

a) solidez que sua linguagem poética empresta à paisagem evanescente.
b) ternura que lhe inspiram as características de seu berço natal.
c) influência que sua poesia exerce sobre seus compatriotas.
d) oposição entre seu temperamento e a natureza local.
e) homologia entre a natureza local e seus sentimentos.

7. O conhecimento histórico sobre o século XVIII permite associar a forma de olhar do poeta a que o texto se refere à dos pensadores:

a) socialistas, que propunham uma sociedade governada por um conselho de sábios e artistas renomados.
b) marxistas, que defendiam a apropriação coletiva dos meios de produção para o bem de toda sociedade.
c) iluministas, que consideravam a razão indispensável ao estudo dos fenômenos naturais e sociais.
d) anarquistas, que consideravam a autogestão a melhor forma de organização política de uma sociedade.
e) epicuristas, que sustentavam que a felicidade humana consistia apenas na busca e obtenção do prazer.

(MACK-SP) Texto para as questões 8 e 9:

> 01 Já rompe, Nise, a matutina Aurora
> 02 O negro manto, com que a noite escura,
> 03 Sufocando do Sol a face pura,
> 04 Tinha escondido a chama brilhadora.
>
> Cláudio Manuel da Costa

8. Nessa estrofe, o poeta:

a) dirige-se a *Nise*, com intuito de expressar tristeza pelo fato de *o manto negro* da *noite* corromper a beleza do dia, representada pela deusa *Aurora*.
b) dirige-se à amada para lamentar o fim de uma noite de amor pela chegada de novo dia, fato comprovado pelo uso das expressões *a matutina Aurora* e *chama brilhadora*.
c) dirige-se a *Nise* e lhe descreve um quadro da natureza por meio de metáforas como, por exemplo, *negro manto* e *Sufocando do Sol a face pura*.
d) declara seu amor a *Nise* com uma linguagem emotiva (*rompe*, *negro manto* etc.), estabelecendo uma analogia entre a natureza grandiosa e a beleza da amada.
e) declara seu amor à Musa e lamenta o fato de não ser correspondido, já que *a face pura do Sol* foi apagada pelo *negro manto* da *noite escura*.

9. Considerando suas imagens e sua forma, é correto dizer que o texto se vincula à:

a) tradição clássica, que orientou a produção literária no Brasil colonial.
b) estética romântica, que caracterizou a literatura brasileira pós-independência política.
c) tradição literária medieval, recuperada pelos poetas brasileiros do século XIX.
d) estética simbolista, que explorou a musicalidade da palavra, em detrimento do conteúdo.
e) estética parnasiana, acentuadamente subjetiva e idealizadora.

10. (UFV-MG) Considere as afirmativas abaixo, referentes ao Arcadismo brasileiro:

I. A natureza adquire um sentido de simplicidade, verdade e harmonia, impondo-se como modelo para a realização do ser humano.
II. A vinculação ao mundo natural se dá através de uma poesia de caráter pastoril.
III. Defende-se a imitação da simplicidade dos autores clássicos, que produziram suas obras na Antiguidade greco-romana e no Barroco.
IV. Há uma forte ligação com a Inconfidência Mineira, pelo fato de poetas como Cláudio Manuel da Costa e Tomás Antônio Gonzaga terem se envolvido na rebelião contra a metrópole.

V. Os poetas enfatizam a subjetividade, pois estavam convencidos de que deviam expressar em seus textos sentimentos intensos, passionais e impulsivos.

Está *correto* o que se afirma em:

a) I e III, apenas.
b) I, III, IV e V, apenas.
c) II e V, apenas.
d) I, II e IV, apenas.
e) I, II, III, IV e V.

(UNIFESP-SP) As questões de números 11 e 12 baseiam-se no texto a seguir, extraído de Formação da Literatura Brasileira, de Antonio Candido.

> No Brasil, o homem de estudo, de ambição e de sala, que provavelmente era, encontrou condições inteiramente novas. Ficou talvez mais disponível, e o amor por Doroteia de Seixas o iniciou em ordem nova de sentimentos: o clássico florescimento da primavera no outono.
>
> Foi um acaso feliz para a nossa literatura esta conjunção de um poeta de meia idade com a menina de dezessete anos. O quarentão é o amoroso refinado, capaz de sentir poesia onde o adolescente só vê o embaraçoso cotidiano; e a proximidade da velhice intensifica, em relação à moça em flor, um encantamento que mais se apura pela fuga do tempo e a previsão da morte:
>
> *Ah! enquanto os destinos impiedosos*
> *não voltam contra nós a face irada,*
> *façamos, sim, façamos, doce amada,*
> *os nossos breves dias mais ditosos.*

11. Nos versos apresentados por Antonio Candido, fica evidente que o eu lírico:

a) reconhece a amada como única forma de não sofrer pela morte.
b) se mostra frustrado e angustiado pela possibilidade de morrer.
c) considera o presente desagradável, tanto quanto a morte iminente.
d) se entrega ao amor da amada para burlar o tempo e atrasar a morte.
e) convida a amada a aproveitar o presente, já que a morte e inevitável.

12. Se a frase *O quarentão é o amoroso refinado, capaz de sentir poesia onde o adolescente só vê o* <u>*embaraçoso*</u> *cotidiano* ... for para o plural e o termo sublinhado substituído por um sinônimo, obtém-se:

Os quarentões são os amorosos refinados,

a) capazes de sentirem poesia onde os adolescentes só vem o confuso cotidiano ...
b) capaz de sentirem poesia onde os adolescentes só veem o atribulado cotidiano ...
c) capazes de sentirem poesia onde os adolescentes só vêm o enganoso cotidiano ...
d) capaz de sentir poesia onde os adolescentes só vêm o encrencado cotidiano ...
e) capazes de sentir poesia onde os adolescentes só veem o complicado cotidiano ...

13. (ENEM)

> **Carnavália**
>
> Repique tocou
> O surdo escutou
> E o meu corasamborim
> Cuica gemeu, será que era meu, quando ela passou por mim?
> [...]
>
> ANTUNES, A.; BROWN, C.; MONTE, M. *Tribalistas*, 2002 (fragmento).

No terceiro verso, o vocábulo *"corasamborim"*, que é a junção coração + samba + tamborim, refere-se, ao mesmo tempo, a elementos que compõem uma escola de samba e à situação emocional em que se encontra o autor da mensagem, com o coração no ritmo da percussão.

Essa palavra corresponde a um(a):

a) estrangeirismo, uso de elementos linguísticos originados em outras línguas e representativos de outras culturas.
b) neologismo, criação de novos itens linguísticos, pelos mecanismos que o sistema da língua disponibiliza.
c) gíria, que compõe uma linguagem originada em determinado grupo social e que pode vir a se disseminar em uma comunidade mais ampla.
d) regionalismo, por ser palavra característica de determinada área geográfica.
e) termo técnico, dado que designa elemento de área específica de atividade.

14. (ENEM)

> **Não tem tradução**
>
> [...]
> Lá no morro, se eu fizer uma falseta
> A Risoleta desiste logo do francês e do inglês
> A gíria que o nosso morro criou
> Bem cedo a cidade aceitou e usou
> [...]
> Essa gente hoje em dia que tem mania de exibição
> Não entende que o samba não tem tradução no idioma francês
> Tudo aquilo que o malandro pronuncia
> Com voz macia é brasileiro, já passou de português
> Amor lá no morro é amor pra chuchu
> As rimas do samba não são *I love you*
> E esse negócio de *alô, alô boy* e *alô Johnny*
> Só pode ser conversa de telefone
>
> ROSA, N. *In*: SOBRAL, João J. V. A tradução dos bambas. Revista *Língua Portuguesa*. Ano 4, nº 54. São Paulo: Segmento. abr. 2010 (fragmento).

As canções de Noel Rosa, compositor brasileiro de Vila Isabel, apesar de revelarem uma aguçada preocupação do artista com seu tempo e com as mudanças político-culturais no Brasil, no início dos anos 1920, ainda são modernas. Nesse fragmento do samba *Não tem tradução*, por meio do recurso da metalinguagem, o poeta propõe:

a) incorporar novos costumes de origem francesa e americana, juntamente com vocábulos estrangeiros.
b) respeitar e preservar o português padrão como forma de fortalecimento do idioma do Brasil.
c) valorizar a fala popular brasileira como patrimônio linguístico e forma legítima de identidade nacional.
d) mudar os valores sociais vigentes à época, com o advento do novo e quente ritmo da música popular brasileira.
e) ironizar a malandragem carioca, aculturada pela invasão de valores étnicos de sociedades mais desenvolvidas.

(UFSC-SC) Texto para as questões 15 e 16:

Estrangeirismos: "skate" ou "esqueite"?

Um dos fatores relevantes de variedade linguística são os *empréstimos vocabulares* em consequência do intercâmbio cultural, político e econômico entre as nações. Em geral, os países mais poderosos acabam "exportando" para os países menos poderosos palavras que definem novos objetos e necessidades em novas áreas de conhecimento.

Em princípio, não há nada de mau nesse intercâmbio vocabular, a importação de vocabulário está na essência mesmo do crescimento das línguas modernas. Por exemplo, praticamente 50% das palavras da língua inglesa são de origem latina, em decorrência da dominação do Império Romano e, mais tarde, da dominação dos normandos, embora o inglês seja uma língua não latina.

[...]

Modernamente, temos um exemplo fortíssimo no Brasil: o crescimento da informática entre nós acabou importando uma grande quantidade de palavras de origem inglesa para designar objetos e funções antes inexistentes. Nesse processo histórico, algumas palavras importadas "pegam" e se incorporam à língua, adaptando-se foneticamente, isto é, aos sons do português [...], e outras são substituídas. Durante um tempo, a palavra estrangeira transita "entre aspas", até se adaptar ou ser substituída por outra. Exemplos: *football* adaptou-se para *futebol*, mas *corner*, de largo uso antigamente, acabou sendo substituída por *escanteio*. No caso da informática, já se usa *salvar* no lugar do inglês *save* (quando poderia ser usado simplesmente *gravar*), mas *software* ainda está à solta, à procura de uma solução... A palavra *mouse* (= camundongo), para designar o popular utensílio de amplíssimo uso nos computadores, ainda continua grafada em inglês, mas não é impossível que em pouco tempo ela esteja nos dicionários como *mause*, definitivamente incorporada ao nosso léxico (como o Aurélio, por exemplo, já oficializou a palavra *máuser*, designando um tipo de arma de origem alemã).

[...]

É bom lembrar que o empréstimo vocabular não é sinal de "decadência da língua", mas justamente de vitalidade de sua cultura, em confluência com outras culturas e outras linguagens. E esse é, de fato, um terreno em que pouco se pode fazer *oficialmente* — o uso cotidiano da língua, multiplicado na diversificação de atividades dos seus milhões de usuários, pela fala e pela escrita, acaba separando o joio do trigo, consagrando formas novas e fazendo desaparecer outras. O fato é: não precisamos ter medo, porque a língua não corre perigo! Na verdade, os que correm perigo muitas vezes são os seus falantes, mas por outras razões!

FARACO, Carlos Alberto; TEZZA, Cristóvão. *Oficina de texto*. Petrópolis: Vozes, 2003. p. 37-38. [Adaptado]

15. Considerando o texto, assinale a(s) proposição(ões) *correta(s)*.

01. A pergunta formulada no título é respondida no texto: os autores defendem a grafia "skate", pois se trata de um empréstimo vocabular.
02. Uma das razões pelas quais as línguas variam e mudam são os empréstimos linguísticos.
04. Os exemplos apresentados no terceiro parágrafo evidenciam a exportação e a importação de palavras feitas pelo Brasil, isto é, um intercâmbio vocabular.
08. A importação de palavras em uma língua pode se resolver de duas maneiras: ou as palavras estrangeiras são incorporadas à língua, ou são substituídas por outras.
16. O uso de estrangeirismos não passa de um modismo elitista alimentado pela mídia nas áreas do esporte e da informática.
32. Quem soluciona a questão dos estrangeirismos são os próprios falantes no uso diário da língua.
64. O estrangeirismo deve ser oficialmente combatido, pois coloca em risco a autonomia da língua portuguesa.

16. Ainda com base no texto, é *correto* afirmar que:

01. no terceiro parágrafo, a forma verbal "pegam" (linha 25) está grafada entre aspas para indicar que se trata de uma palavra estrangeira que ainda não se adaptou à língua portuguesa.
02. as marcas de primeira pessoa do plural – nós (linha 21), nosso (linha 42) e precisamos (linha 57) – se referem aos dois autores do texto.
04. a parte sublinhada em "[...] não é impossível que em pouco tempo ela esteja nos dicionários [...]" (linhas 40-41) equivale, em significado, a é possível.
08. em "[...] designar objetos e funções antes inexistentes" (linha 23), o adjetivo sublinhado está qualificando os substantivos, objetos e funções.
16. os dois-pontos, nas linhas 20 e 30, foram usados, respectivamente, para explicar o conteúdo de uma palavra anteriormente mencionada e para anunciar uma citação.
32. o termo se desempenha nas duas ocorrências sublinhadas em "[...] se incorporam à língua" (linhas 25-26) e "[...] já se usa *salvar*" (linhas 33-34) a mesma função, que é indicar a indeterminação do sujeito.

17. (FUVEST-SP)

> Eu amo a rua. Esse sentimento de natureza toda íntima não vos seria revelado por mim se não julgasse, e razões não tivesse para julgar, que este amor assim absoluto e assim exagerado é partilhado por todos vós. Nós somos irmãos, nós nos sentimos parecidos e iguais; nas cidades, nas aldeias, nos povoados, não porque soframos, com a dor e os desprazeres, a lei e a polícia, mas porque nos une, nivela e agremia o amor da rua. É este mesmo o sentimento imperturbável e indissolúvel, o único que, como a própria vida, resiste às idades e às épocas. Tudo se transforma, tudo varia – o amor, o ódio, o egoísmo. Hoje é mais amargo o riso, mais dolorosa a ironia. Os séculos passam, deslizam, levando as coisas fúteis e os acontecimentos notáveis. Só persiste e fica, legado das gerações cada vez maior, o amor da rua.
>
> João do Rio. *A alma encantadora das ruas.*

Em "nas cidades, nas aldeias, nos povoados" (linhas 6 e 7); "hoje é mais amargo o riso, mais dolorosa a ironia" (linhas 13 e 14) e "levando as coisas fúteis e os acontecimentos notáveis" (linhas 15 e 16), ocorrem, respectivamente, os seguintes recursos expressivos:

a) eufemismo, antítese e metonímia.
b) hipérbole, gradação, eufemismo.
c) metáfora, hipérbole e inversão.
d) gradação, inversão, antítese.
e) metonímia, hipérbole e metáfora.

18. (UNIFESP-SP) Leia a charge.

Frank

(www.chargeonline.com.br. Adaptado.)

É correto afirmar que:

a) o autor obtém um efeito de humor baseado no emprego de palavras derivadas por prefixação, a partir do substantivo Batman.
b) os termos *batmana* e *batmãe* correspondem ao sujeito composto da oração, na sintaxe do período da primeira fala.
c) o termo *batbarraco* está empregado em sentido conotativo, já que *barraco*, nesse contexto, não remete à ideia de habitação, e sim à de briga e confusão.
d) o pronome *ele* assume valor indefinido na oração da primeira fala.
e) a frase de Batman manteria o sentido se fosse assim redigida: *Foi um só batboca!*

19. (UEL-PR) Assinale a alternativa que expressa o significado de cada um dos segmentos grifados em: disfunção, imprevisíveis, poderoso.

a) privação, abundância, negação
b) negação, abundância, privação
c) privação, privação, negação
d) negação, negação, privação
e) privação, negação, abundância

Produção de texto

20. (UNICAMP-SP) Coloque-se na posição de um *articulista* que, ao fazer uma pesquisa sobre *as recentes catástrofes ocorridas em função das chuvas que afetaram o Brasil* a partir do final de 2009, encontra a crônica de Drummond, publicada em 1966, e decide dialogar com ela em um *artigo jornalístico opinativo* para uma série especial sobre cidades, publicada em revista de grande circulação. Nesse artigo você, necessariamente, deverá:

a) relacionar *três (3)* problemas enfrentados recentemente pelas cidades brasileiras em função das chuvas com aqueles trabalhados na crônica;
b) mostrar em que medida concorda com a visão do cronista sobre a questão.

Os dias escuros

Carlos Drummond de Andrade

Amanheceu um dia sem luz — mais um — e há um grande silêncio na rua. Chego à janela e não vejo as figuras habituais dos primeiros trabalhadores. A cidade, ensopada de chuva, parece que desistiu de viver. Só a chuva mantém constante seu movimento entre monótono e nervoso. É hora de escrever, e não sinto a menor vontade de fazê-lo. Não que falte assunto. O assunto aí está, molhando, ensopando os morros, as casas, as pistas, as pessoas, a alma de todos nós. Barracos que se desmancham como armações de baralho e, por baixo de seus restos, mortos, mortos, mortos. Sobreviventes mariscando na lama, à pesquisa de mortos e de pobres objetos amassados. Depósito de gente no chão das escolas, e toda essa gente precisando de colchão, roupa de corpo, comida, medicamento. O calhau solto que fez parar a adutora. Ruas que deixam de ser ruas, porque não dão mais passagem. Carros submersos, aviões e ônibus interestaduais paralisados, corrida a mercearias e supermercados como em dia de revolução. O desabamento que acaba de acontecer e os desabamentos programados para daqui a poucos instantes.

Este, o Rio que tenho diante dos olhos, e, se não saio à rua, nem por isso a imagem é menos ostensiva, pois a televisão traz para dentro de casa a variada pungência de seus horrores.

Sim, é admirável o esforço de todo mundo para enfrentar a calamidade e socorrer as vítimas, esforço que chega a ser perturbador pelo excesso de devotamento desprovido de técnica. Mas se não fosse essa mobilização espontânea do povo, determinada pelo sentimento humano, à revelia do governo incitando-o à ação, que seria desta cidade, tão rica de galas e bens supérfluos, e tão miserável em sua infraestrutura de submoradia, de subalimentação e de condições primitivas de trabalho? Mobilização que de certo modo supre o eterno despreparo, a clássica desarrumação das agências oficiais, fazendo surgir de improviso, entre a dor, o espanto e a surpresa, uma corrente de afeto solidário, participante, que procura abarcar todos os flagelados.

Chuva e remorso juntam-se nestas horas de pesadelo, a chuva matando e destruindo por um lado, e, por outro, denunciando velhos erros sociais e omissões urbanísticas; e remorso, por que escondê-lo? Pois deve existir um sentimento geral de culpa diante de cidade tão desprotegida de armadura assistencial, tão vazia de meios de defesa da existência humana, que temos o dever de implantar e entretanto não implantamos, enquanto a chuva cai e o bueiro entope e o rio enche e o barraco desaba e a morte se instala, abatendo-se de preferência sobre a mão de obra que dorme nos morros sob a ameaça contínua da natureza; a mão de obra de hoje, esses trabalhadores entregues a si mesmos, e suas crianças que nem tiveram tempo de crescer para cumprimento de um destino anônimo.

No dia escuro, de más notícias esvoaçando, com a esperança de milhões de seres posta num raio de sol que teima em não romper, não há alegria para a crônica, nem lhe resta outro sentido senão o triste registro da fragilidade imensa da rica, poderosa e martirizada cidade do Rio de Janeiro.

Correio da Manhã, 14/01/1966.

21. (UFSM-RS) Desde 1999, a MTV esquadrinha o Brasil investigando valores e o comportamento do jovem brasileiro com sua série de documentos Dossiê Universo Jovem. Em sua quarta edição, a pesquisa registrou a maneira como os jovens se relacionam com o tema da sustentabilidade e as percepções que eles têm sobre futuro e meio ambiente. A seguir elencamos uma série de depoimentos de jovens que participaram dessa pesquisa:

"Há muito tempo ouço falar de meio ambiente; desde a 5ª série, a professora de ciências fazia horta no colégio e falava da água, do meio ambiente e da natureza, da nossa saúde. O colégio sempre foi muito ligado a isso, sempre tratou esse assunto como muito importante, e hoje vejo na faculdade." (SAL.19.F.B)

"Agora o tema é ecologia, aquecimento global. Eu sempre levanto a bandeira. Eu falo: 'Ah, por que você não separa o lixo?'" (RJ.18/21.F.C)

"No meu círculo de amigos tem uma galera bem envolvida com o aquecimento global. Muitas vezes a gente se encontra e conversa sobre isso, sobre o aquecimento global, o que a gente pode fazer pra melhorar alguma coisa. Tem vários que estão já se movimentando em relação a isso." (POA.22/25.F.A)

"Se for colocar em porcentagem, uns 10% realmente se preocupam com isso. Muita gente fala bastante, poucos agem." (POA.22/25.F.A)

"Quando você pergunta sobre sustentabilidade, tem muita gente que não sabe o que é. É difícil entender, não explicam muito." (SP.16.F.A)

"Um desenvolvimento [sustentável] que não atrapalha os aspectos do futuro. Que possa suprir as necessidades de agora e não atrapalhe as gerações futuras." (MAN.13.M.A)

"O que eu sei é que a partir da industrialização houve um crescimento muito grande sem se preocupar com o meio. As cidades começaram a se desenvolver, e cresceram de uma forma que eles acharam que era desenvolvimento, e na realidade não foi o que aconteceu. Agora está tendo essa consciência de desenvolvimento sustentável, mas elas foram agredindo todo um meio pra desenvolver esse capitalismo, essa coisa da indústria, sem se preocupar com as outras coisas. A gente precisa ter consciência de que as coisas não são infinitas." (POA.22/25.F.A)

"[Consumo consciente é] Comprar apenas o necessário. Usar produtos de empresa que faz alguma coisa para combater o aquecimento, ou polui menos. Papel só de empresa que faz reflorestamento. Fazer as coisas pensando no amanhã, nas consequências." (RJ.18/21.F.A)

"Eu fui comprar geladeira e fogão e falei: 'Quero uma geladeira que consuma menos energia', por mais que seja um pouquinho mais cara, foi o que eu pensei. Ela tem o selo de consumo sustentável, e eu não quero tirar o selo porque pelo menos mostra que eu fiz alguma coisa. Vou olhar pra ele todos os dias, pelo menos eu durmo um pouco tranquila. A gente não tem essa consciência de atos diários." (SAL.22/25.F.A)

"É o consumo preocupado com a preservação, que hoje em dia tudo é sustentável. As empresas lançam muitas marcas, mas temos que parar para analisar se realmente existe uma preocupação com a sustentabilidade do mundo ou é uma questão de propaganda." (SAL.22.M.C)

"Eu imagino uma pessoa sabendo exatamente o que ela está comprando, saber quais são os componentes, se aquilo é saudável, se é feito por uma empresa que colabora com o meio ambiente, que não abusa do trabalho infantil, escravo. Você saber exatamente qual é a origem daquilo que você está comprando." (RIB.24.F.A)

(Documentário da MTV mostra opinião jovem sobre sustentabilidade. Disponível em: http://www.akatu.org.br/central/noticias/2009/documentario-da-mtvmostra-opiniao-jo... Acesso em: 22 ago. 2009. Adaptado.)

A partir desses depoimentos e de seu conhecimento de mundo, produza um *artigo de opinião*, entre 25 e 30 linhas, a ser publicado no site da MTV, para esclarecer os que ainda são "eco alienados", sobre a relação entre qualidade de vida, sustentabilidade e meio ambiente.

22. (UFBA-BA)

I.

O menino parado no sinal de trânsito vem em minha direção e pede esmola. Eu preferia que ele não viesse. [...] Sua paisagem é a mesma que a nossa: a esquina, os meios-fios, os postes. Mas ele se move em outro mapa, outro diagrama. Seus pontos de referência são outros.

Como não tem nada, pode ver tudo. Vive num grande playground, onde pode brincar com tudo, desde que "de fora". O menino de rua só pode brincar no espaço "entre" as coisas. Ele está fora do carro, fora da loja, fora do restaurante. A cidade é uma grande vitrine de impossibilidades. [...] Seu ponto de vista é o contrário do intelectual: ele não vê o conjunto nem tira conclusões históricas — só detalhes interessam. O conceito de tempo para ele é diferente do nosso. Não há segunda-feira, colégio, happy hour. Os momentos não se somam, não armazenam memórias. Só coisas "importantes": "Está na hora do português da lanchonete despejar o lixo..." ou "estão dormindo no meu caixote..." [...]

Se não sentir fome ou dor, ele curte. Acha natural sair do útero da mãe e logo estar junto aos canos de descarga pedindo dinheiro. Ele se acha normal; nós é que ficamos anormais com a sua presença.

JABOR, A. O menino está fora da paisagem. *O Estado de São Paulo*, São Paulo, 14 abr. 2009. Caderno 2, p. D 10.

II.

Vinte anos se passaram desde a queda do Muro de Berlim. A cidade comemora com uma programação rica em atividades. Pode-se conferir, por exemplo, uma grande exposição de fotografias na Alexander Platz ou ver de perto a restauração da East Side Gallery, um pedaço de muro ainda existente que se transformou numa galeria de arte a céu aberto. [...] Em Berlim, [...] tenho ouvido a afirmação recorrente de que o muro persiste enquanto paisagem interiorizada pelos habitantes da cidade. [...] Onde buscar esse muro internalizado?

[...]

Tudo isso faz pensar nas cidades brasileiras, onde os muros tomam conta da paisagem, seja segregando favelas e bairros populares, seja cercando os condomínios fechados dos bairros nobres. Berlim nos ensina que o muro é forma-conteúdo, é produto e também processo, reflete e condiciona o modo como uma sociedade lida com a diferença. O muro também produz a diferença e radicaliza a ocultação do "outro", transforma diferença em segregação e desigualdade.

SERPA, A. Muros internalizados. *A Tarde*, Salvador, 1º ago. 2009. Caderno Opinião, p. A 3.

III.

Todo muro tem dois lados. Se, do lado de cá, ele impede o avanço do nosso descaso para com os pobres; do lado de lá, ele vai servir de trincheira, casamata e torre para os que se aproveitam da pobreza "criminosamente" [...]. Com o muro, concretiza-se o que o Zuenir Ventura diagnosticou como uma cidade partida que, murada, será irremediavelmente repartida.

DAMATTA, Roberto. O problema do muro no Brasil. *O Estado de São Paulo*, 15 abr. 2009. Caderno 2. p. D 12.

Os três fragmentos oferecidos para a sua reflexão apresentam situações distintas, mas que se identificam ao tratarem dos *muros visíveis e invisíveis* que separam as pessoas.

A partir de uma análise das ideias desses fragmentos, produza um texto argumentativo – na forma de prosa que julgar conveniente – em que você *discuta a desigualdade reveladora de muros visíveis e invisíveis no Brasil, sugerindo alternativas de mudança.*

Interpretação de texto

23. (UFBA-BA)

Africa

VIVO: propaganda. *Veja*, São Paulo: Abril, ed. 2000, ano 40, n. 11, 21 mar. 2007. Fragmento do encarte especial destacável.

O texto publicitário faz uso da polissemia dos signos – ou seja, da multiplicidade de significados de uma palavra – como recurso de construção de sentidos.

Identifique em que palavras se percebe o uso desse recurso na propaganda apresentada e explique como isso ocorre.

24. (UFBA-BA)

Há mais de 120 milhões de anos, enquanto gigantescos dinossauros destroçavam as florestas em combates titânicos, um drama mais silencioso se desenrolava sob os arbustos do Cretáceo: uma linhagem de seres minúsculos e peludos parou de pôr ovos e deu à luz seres jovens. Foram os progenitores de praticamente todos os mamíferos modernos. (CASTELVECCHI, 2009, p. 68)

No contexto da história reprodutiva dos vertebrados:

a) identifique o órgão que torna possível "dar à luz seres jovens", caracterizando-o quanto à origem embriológica.

b) explique o significado evolutivo do órgão referido, destacando as vantagens que ele confere aos mamíferos em relação aos organismos que põem ovos com casca.

(UFOP-MG) Texto para as questões de 25 a 27:

Eleições e suas questões

Sacha Calmon*

Seja qual for o próximo governo, três questões centrais estarão à sua frente, com a inscrição da esfinge: "Decifra-me ou te devoro". São elas: a) alongamento da dívida pública e barateamento da sua rolagem; b) a questão da segurança pública; e c) a transformação da economia informal em formal. A última questão resolverá três nós górdios: aumentará a arrecadação e diminuirá a carga tributária; resolverá ainda a questão da Previdência e equalizará a concorrência (35% da economia está na informalidade ou na semi-informalidade). A informalidade é resultante de três fatores: extrema burocracia, tributação escorchante e legislação trabalhista e previdenciária retrógradas, a prejudicar a contratação e a dispensa de empregados. A informalidade é danosa porque articula o contrabando, o furto de mercadorias, encarece os seguros, dizima a concorrência leal, escraviza empregados, desprotege o trabalhador, onera a seguridade social, desmoraliza o estado e reforça a sanha fiscal sobre o setor formal.

* In: *Estado de Minas*, 19/03/2006. p. 19.

25. Explique o significado das expressões "Decifra-me ou te devoro" (linhas 3 e 4) e "nós górdios" (linha 8) no texto apresentado.

26. (UFG-GO) Observe a pintura a seguir.

Museu Mariano Procópio, Juiz de Fora, MG

Pedro Américo. *Tiradentes esquartejado*, 1983.

A tela de Pedro Américo tematiza a morte de Tiradentes. Considerando a importância dessa pintura para o imaginário republicano:

a) apresente um argumento que explique a apropriação da figura de Tiradentes pelos republicanos.

b) explique como o quadro expressa essa apropriação.

27. Leia o trecho:

"A última questão resolverá três nós górdios: aumentará a arrecadação e diminuirá a carga tributária; resolverá ainda a questão da Previdência e equalizará a concorrência (35% da economia está na informalidade ou na semi-informalidade). A informalidade é resultante de três fatores: extrema burocracia, tributação escorchante e legislação trabalhista e previdenciária retrógradas, a prejudicar a contratação e a dispensa de empregados."

Explique e exemplifique as relações de causa e efeito estabelecidas no trecho destacado acima.

28. Explique a concordância no período "(35% da economia está na informalidade ou na semi-informalidade)".

29. (UFRJ-RJ) Os coqueiros da Bahia, as amendoeiras do Rio de Janeiro, as mangueiras que se espalham por tantas partes do Brasil são originários, na realidade, de lugares bem distantes. Trazidas de outras partes do mundo, a partir do século XVI, essas plantas são, hoje, consideradas "tipicamente brasileiras". Isso também ocorreu em outros países, onde espécies exóticas acabaram por se "nacionalizar".

Explique como ocorreu essa difusão de espécies.

Ricardo Azoury/Pulsar

INTERVALO

Leo Drumond/Nitro

Esculturas de Aleijadinho em Bom Jesus de Matosinhos, Congonhas do Campo, MG.

Nas artes plásticas e na arquitetura, o Barroco teve um florescimento tardio no Brasil. Com exceção de algumas obras do século XVII, originadas da influência dos jesuítas, a maior parte da produção barroca ou rococó (arte de transição do Barroco para o Neoclassicismo) do país data principalmente do século XVIII, período em que as ideias iluministas se opunham à mentalidade religiosa da Contrarreforma, bem como à sua expressão artística, o Barroco.

Em grupo, escolham uma das propostas a seguir e depois, com a orientação do professor, montem com os demais grupos uma mostra da arte brasileira dos séculos XVII e XVIII.

Projeto

ENTRE O BARROCO E O ILUMINISMO: A ARTE BRASILEIRA NO PERÍODO COLONIAL

1. O Barroco perto de nós

O Barroco brasileiro ganhou expressão artística em diferentes Estados brasileiros: Minas Gerais, Bahia, Goiás, Pernambuco, Paraíba e Rio Grande do Sul, entre outros.

Façam uma pesquisa a fim de averiguar se sua cidade e seu Estado dispõem de patrimônio artístico-cultural barroco. Visitem, se possível, igrejas, palácios, edifícios, prisões, museus e procurem conhecer obras em pintura, escultura, música, etc.

Ricardo Fernandes/DP/D.A Press

Igreja do Carmo, Olinda, Pernambuco.

Reúnam imagens ou gravações relacionadas ao tema da pesquisa e apresentem-nas à classe, junto com informações a respeito das obras, como contexto de produção, autoria, temas, características barrocas, estado de conservação, etc.

Walmir Monteiro/SambaPhoto

Esculturas de Aleijadinho em Bom Jesus de Matosinhos, Congonhas do Campo, MG.

2. O Barroco no Brasil: som e imagem

A fim de compor um amplo panorama da arte brasileira do século XVIII, façam um levantamento das principais realizações artísticas do período. Reúnam imagens ou gravações delas e apresentem-nas à classe.

- **O Barroco na pintura**

  Entre outras, pesquisem a obra de Manuel da Costa Ataíde, o principal pintor da época.

Nossa Senhora do Carmo e São Simão Stock, pintura atribuída a Manoel da Costa Ataíde.

- **O Barroco na escultura**

  Entre outras, pesquisem a obra de Antônio Francisco de Lisboa, o Aleijadinho, o principal escultor da época.

Tom Hanley/Alamy/Other Images

Escultura de Aleijadinho em Bom Jesus de Matosinhos, Congonhas do Campo, MG.

- **O Barroco na arquitetura**

  Entre outros, pesquisem os projetos arquitetônicos de Aleijadinho, Francisco Dias e Daniel de São Francisco.

Rogério Reis/Tyba

Igreja de São Francisco à esquerda e Igreja do Carmo à direita, na praça principal de Mariana, MG.

- **O Barroco na música**

  A produção de música barroca no Brasil, principalmente a sacra, com manifestações em Recife, Olinda, Belém, Salvador, Ouro Preto, foi muito rica. Pesquisem a produção de Lobo de Mesquita e Francisco Gomes da Rocha, entre outros, e apresentem trechos de músicas à classe.

Mauricio Simonetti/Tyba

- **O Barroco no cinema**

  Assistam ao filme *Gregório de Mattos*, de Ana Carolina, e selecionem as partes principais para apresentar à classe, comentando-as.

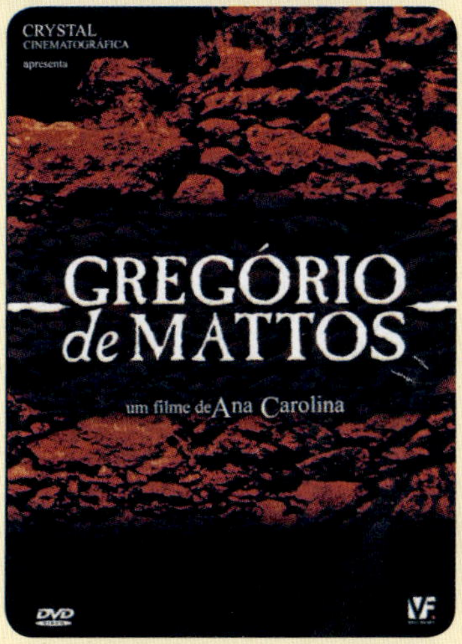

Gregorio de Mattos. Direção: Ana Carolina. 2003. Vídeo Filmes

Cartaz do filme *Gregório de Mattos*, dirigido por Ana Carolina.

3. A Inconfidência Mineira

Joaquim José da Silva Xavier, o Tiradentes, tomou para si a responsabilidade pela liderança do grupo que articulou o movimento chamado Inconfidência Mineira (1789) e, por isso, sofreu a punição máxima, a morte por enforcamento. Contudo, sabe-se, hoje, que Tiradentes não foi o mentor intelectual do movimento.

Façam uma pesquisa a respeito da vida e do envolvimento político de Tiradentes na Inconfidência, a fim de situá-lo no contexto das ideias iluministas e da opressão colonial no Brasil do século XVIII.

Reúnam e organizem as informações que obtiverem e apresentem-nas à classe na forma de exposição oral.

Museu Histórico Nacional, Rio de Janeiro

Martírio de Tiradentes (1893), de Francisco Aurélio de Figueiredo e Melo.

4. Sarau literário

- **O amor através dos tempos**

Reúnam poemas de tema amoroso de autoria de Gregório de Matos, Cláudio Manuel da Costa, Tomás Antônio Gonzaga e Silva Alvarenga, entre outros, a fim de montar um painel da poesia amorosa brasileira do período colonial. Depois declamem os poemas para a classe. Se quiserem, utilizem música (barroca ou não) como fundo para as declamações.

The Bridgeman Art Library/Glow Images/ National Gallery, London, UK

A escola do amor (1715-8), de Jean Antoine Watteau.

- **A Inconfidência Mineira revisitada**

Preparem a declamação de trechos do *Romanceiro da Inconfidência*, obra de Cecília Meireles que narra poeticamente os episódios que envolveram a Inconfidência Mineira. Sugerimos: os romances XXIV ("Da bandeira da Inconfidência"), LV ("De um preso chamado Gonzaga"), LXIII ("Do silêncio do alferes") e "Fala aos inconfidentes mortos".

Museu Mariano Procópio, Juiz de Fora

Jornada dos mártires (1928), por Antônio Parreiras.